抗日战争正面战场

中国第二历史档案馆 编

凤凰出版社

叁、战略相持阶段的主要战役

〔一〕南 昌 会 战

（一）敌我态势及作战部署

刘斐张秉钧致徐永昌等签呈

（1939年2月24日）

意见具申 二月二十四日
于军令部第一厅

一、第九战区之敌有先行攻占南昌之企图，现已判明。

二、敌人兵力共约五师团（南浔铁路方面约两师团，武、修方面约一师团，粤汉铁路及湘鄂公路方面约两师团，鄱阳湖尚有番号未明之少数水上部队），我第九战区兵力共约四十七个师，与敌兵力相较，为九与一之比。

三、根据过去经验，在此种比例之下，如战略上不发生意外之错误，有与敌胶着战场，周旋二三月时间之可能。同时，又依过去作战经验，敌之补充圆活、装备优越，如其坚持必夺某一要点或某一要线时，我军至最后亦难保其不失南昌。

四、依上述关系，大本营对第九战区之作战指导，应考虑二问题：一即我军战力消耗至如何程度，即应决心放弃南昌；一即放弃南昌后，应如何变更态势。职管见所及，有如次述：

1. 今后我军对敌之作战，因无必用全力以图确保之要点存在，故前方部队消耗至某种限度（二分之一）后，即应变更战略，避免决战，转移态势。盖不牺牲，固不能消耗敌人；不存战力，亦不能贯彻持久之目的,二者皆须兼顾也。

2. 就南浔、粤汉两线及湘赣公路方面之地形、交通与敌我态势观察,南昌放弃之后,敌若乘胜以其主力沿湘赣公路进窥浏、醴,则长沙即感受莫大威胁。粤汉正面之我军,斯时若维持原有态势,则有受敌包围之危险。如抽转兵力或向后撤退,则有被当面敌人突破与拱手奉送长沙之不利。过去晋北与娘子关两方面之作战关系与得失,可为目下第九战区作战之良好例证,不可不引为殷鉴者也。故南浔路方面之我军于放弃南昌之后,应以主力位置于湘赣公路线上。同时由长沙方面增加一部兵力,以保持长沙之目的,与粤汉路方面之友军互相提携作战,实有必要。

五、南昌放弃,南浔方面我军主力转移至湘赣公路以后,乘敌作战线之延伸,第九战区仍应以一部,由侧面山地继续扰击南浔线上之敌,再沿赣江两岸,应配置一部兵力,以行警戒,自不待言。同时,第三战区方面亦应以有力一部,位置于东乡、进贤方面,与第九战区部队相呼应,使敌进入南昌以后之作战陷于困难,是为要着。

所有以上理由,如蒙裁可,拟请对于第三、第九两战区下达要旨训令,俾其有所遵循。是否有当,伏候钧裁。

谨呈

部　　长徐

次　　长 熊
　　　　 刘　　　　转呈

参谋总长何

委 员 长蒋

　　　　　　　　　　　　　　职刘　斐

　　　　　　　　　　　　　　　张秉钧

〔何应钦、蒋介石批示〕:

意见甚是,拟请如拟办理。职何应钦。

照办。但应即指定部队制定整个部署方案为要。中正。廿五日。

薛岳与蒋介石来往密电

（1939年3月）

（1）薛岳致蒋介石密电（3月3日）

即到。重庆委员长蒋：2618令一元电奉悉。巨密。甲、战区当面之敌：第一〇四师团在永修、柘林、德安地区，第一〇一师团在星子、九江地区，第一〇六师团一部在箬溪、大桥河，主力在瑞昌、阳新地区，第九师团在通城、羊楼司、岳阳地区，第六师团及第十三师团一部在通山、崇阳、蒲圻地区，第一一六师团在咸宁、嘉鱼及其以北地区，总计约七师团。其布置于第一线占领阵地者,约三师团而弱；控置于后方各要点者，则四师团而强。其永修、柘林线，箬溪、大桥河线，通城、岳阳线，均为敌之坚固阵地；其德安、星子、九江、瑞昌、新阳〔阳新〕、通山、崇阳、蒲圻、咸宁【线】，均为敌之坚固据点，亦为敌之机动部队所在地；其由九江经瑞、新〔阳〕、通、崇、临至岳阳之横方向交通，业已完成，机动性甚大。乙、我军攻击目的，在牵制消耗敌人；攻击手段，在乘虚捣穴，出奇制胜。若以堂堂之阵击之，势与力均不如敌，地与形均有不可。若以大军击之反受挫，不若以奇兵袭之而取胜。斗智不斗力，出奇不用正，知己知彼，积小胜而为大胜。丙、如在此状况下，我若以五师以上兵力，以宜、万、铜、修、武为后方连络线，由武宁方面攻击瑞、阳之敌，不惟补给困难，要点难克，且必受敌机动部队之夹击，成功少而损害大。况战区直辖各部整补尚未完毕，我阵地直后之横方向交通毫无设备，部队不易转用，正面兵力单薄，亦不宜冒险以出击。丁、职拟以第八军之两师由大桥河、九宫山方面，以一团至一旅兵力为单位，分路攻击瑞、阳间之敌，并相机占领沿江据点，而避决战，企图发展长江南岸游击战，牵制该方面之敌，切断敌水上补给线。另以两团由柘林方面，分两路向德安以北之敌袭击，并遮断南浔线交通，牵制该方面敌兵力转用。更以两团分由盘石铺、长安桥两方面,向蒲圻、羊楼司两处之敌袭击,并切断粤汉线交通,牵制该方面敌兵力转用。戊、实施期间,系在四月上旬,届时情况如有变化,当另拟定出击方案呈核。当否,敬乞裁示。职薛岳。江戌。智。印。〔长沙〕

(2) 蒋介石致薛岳密电稿(3月8日)

限三小时到。长沙薛代长官:江戌电悉。〇密。训令:贵长官所陈意见及部署甚是,但兵力薄弱,应依照下列方案转移攻势。(甲)方针。第九战区为确保南昌及其后方连络线,决即先发制敌,转取攻势,以摧破敌之企图。攻击准备应于三月十日前完毕,预定攻击开始日期为三月十五日。(乙)指导要领及部署大要。(一)罗总司令卓英指挥第十九集团军十二个师,固守现阵地,积极拒止敌之渡河攻击,并应保持重点于左翼。(二)樊总指挥崧甫指挥第八军、第七十三军四个师,由武宁方面指向德安、瑞昌间,攻击敌之右侧。(三)王陵基部两个师即向武陵〔宁〕东北地区集结,并接替七十三军防务。杨森部两师即向武宁西北地区集结,并接替第八军防务,统限三月十五日前接替完毕。卢汉部四个师即向修水、三都推进,准备尔后之作战。(四)周磊、关麟征所指挥各部,应不断向鄂南、湘北之敌袭击,牵制敌兵力之转用。(五)孔荷宠游击队应确实破坏遮断阳新、通山、崇阳公路,阻敌增援。庐山游击队及各县游击队应不断在敌后方活动,破坏交通,袭敌辎重。(六)洞庭湖西北岸各部队对江面、湖面应严密戒备。仰即遵办,并具报为要。川。中〇。齐午。令一元远。印。

(3) 薛岳致蒋介石密电(3月10日)

限二小时到。重庆委员长蒋:巨密。齐午令一元远电奉悉。兹复谨申意见。子、钧座迭电所示要旨:(一)在钳制战区当面之敌,使其不能用兵力于他处。(一)在先发制敌,以打破其进犯南昌之企图。丑、德安、瑞昌当为敌之重要据点,工事极坚。寅、我军装备远不如敌,〔敌〕人善于固守,我则短于攻坚,故以奇兵攻击动态中之敌,较易收效。卯、兹拟令七十三军攻击箬溪、大桥河之敌;令第八军借七十三军之掩护,由武宁东北,采游击战法,进攻德、瑞间之敌;令王陵基部推进至武宁附近,以资策应;令卢汉部主力进至修水、三都,一师进至九宫山,接替一九七师任务;令孔荷宠部攻击阳新一带之敌,以保七十三军及第八军左侧背之安全;令杨森部仍在渣津、长寿街两处,以作机动之用;至罗、周、关三部之动作,均如钧电所示。辰、实施时日,稍嫌过促,部队补给成为最大问题,拟请准予展至敬日准备完毕。当否,乞示。职薛岳叩。灰亥。山。印。〔长沙〕

(4) 蒋介石致薛岳密电稿(3月13日)

限三小时到。长沙薛代长官:灰亥山电悉。〇密。所陈意见及调整部署均妥,惟因目的在先发制敌及牵制敌兵力之转用,故攻击开始日期不能迟于本月敬日。仰即饬属确实准备,并实施为要。川。中〇。元午。令一元远。印。

蒋介石致白崇禧程潜密电稿

(1939年3月5日)

急。桂林白主任、西安程主任:〇密。据报·(一)近日敌将江北岸兵力集中南岸,军运由汉渡河,络绎不绝,均在深夜行动。敌拟于肃清庐山我驻军后,有攻南昌与长沙企图。何时总攻,须视三月删日后日俄邦交如何变化而定。(二)敌对我讲和,仍进行不断,此次轰炸港英租界及占据海南岛,系促使英、法出面调停中日战事。现英、法不但无望调停意思,尚且分别加强香港、安南军备,故此动作完全失败。敌内阁拟在四月间再行改组。等情。特电参考,并希转知所属各战区参考。川。中〇。微午。令一元远。印。

845

薛岳致蒋介石密电

(1939年3月9日)

重庆委员长蒋：梗未令一元电奉悉。巨密。谨将本战区各部队调整情形电呈如次：甲、战区第一期整编部队，除新三军部及第一八二师、新十二师遵令调沅陵、桃源训练新兵外，计五八、六十、七二等三军各两个师，八七军三个师，四九军之预九师，七三军之七七师，七九军之一一八师，整训兼构筑预备阵地之十八、二十两军各两个师，卅二、七四两军各三个师，整编兼洞庭湖守备之五三军两个师，五四军三个师，共计廿七个师，现正积极整训中。乙、第一线部队计第二、第三、第十五、第十九、第廿一、第廿五、第六十、第七六、第八二、第九二、第九五、第九八、第一零五、第一零七、第一四零、第一九五、第一九七、新十三、预五等师及新十六师之吴旅，共计十九个师又一旅，以担任守备，无法抽调，须俟战区第一期整编完成后，再行对调整训。丙、战区第一期整编详情，另案呈核。谨复。薛岳。虞申。严。印。〔长沙〕

蒋介石致薛岳密电稿

(1939年3月21日)

急。长沙薛代长官：蒸申、真西、删辰、皓酉各电悉。〇密。查敌企图攻略南昌之行动已趋积极，应严饬该方面部队极力固守阵地，以待有力之部队出击制胜为要。又时届春汛，对湖防部队亦应严饬特加戒备。川。中〇。马巳。令一元远。印。

白崇禧致蒋介石密电

(1939年3月22日)

即到。重庆委员长蒋：稔密。一、敌近有猛犯南昌模样。二、为加强鄱阳湖南岸防务及策应第九战区作战有利计，甲、派有力部队向湖口以东,选择沿江要点出击,以牵制并阻击敌之河运。乙、令一六师及七九师移驻进贤,一零二师开南昌。除以上甲、乙二项已电顾长官迅速遵照实施具报外,谨电呈鉴核,并恳再电促顾长官为祷。桂行。职崇禧。养午。参一登。印。〔桂林〕

蒋介石致罗卓英密电稿

(1939年3月23日)

特急。桂林白主任健生兄养午参一鹏登电、长沙薛代长官马未智电、上饶顾长官马申钧电均悉。南昌罗总司令:○密。(一)兹为作战指挥便利起见,第三、第九两战区作战地境暂定为鄱阳湖南岸,沿抚河,经南丰,再沿闽赣边境之线,线上属第三战区。(二)第三战区应速调一○二师开南昌,归罗总司令卓英指挥,另调十六师及七十九师,移驻东乡、进贤,警戒鄱阳湖南岸,并策应南昌方面之作战。仰即分别遵办,并具报为要。川。中○。漾未。令一元远。印。

蒋介石致白崇禧密电稿

(1939年3月23日)

特急。桂林白主任健生兄:4457密。1. 南浔路敌军新增之一六一师团,乃由其国内调来,于本月八日至十五日之间完全到达九江。此次敌犯南昌,我军应积极作战,切勿以其为佯攻也。2. 宁波对各埠航行应即停止,以后无中命令,不得开放。除分令薛代长官、黄主席、罗总司令外,特电知照。川。中○。梗申。令一元远。印。

蒋介石致薛岳罗卓英等电稿

(1939年3月23日)

长沙薛代长官、南昌罗总司令并译转熊主席:○。此次战事不在南昌之得失,而在与〔予〕敌以最大之打击。即使南昌失守,我各军亦应不顾一切,皆照指定目标进击,并照此方针,决定以后作战方案为要。希以此意明告各将领,严督所部各向指定目标积极进击,达成任务为要。中正手令。漾申。机。渝。

蒋介石致薛岳罗卓英电稿

(1939年3月23日)

长沙薛代长官并转罗总司令:○。我出击部队应由在山地蹊径,选定孔隙,独立向敌军远后方一意挺进。务派有力部队约两师兵力,分为三个支队。以第一支队直冲马回岭附近,占领阵地,截断铁路交通,对九江方面防备,即以一部向黄老门、九江袭击,一面须令沿途破坏公路与铁路,其第一任务在节节截断交通,阻止敌军之增援部队。第二支队直冲乌石门附近,向德安袭击而占领固守之。第三支队约以三团兵力,向德安、永修间之驿南站附近前进,然后再向永修、涂家埠之侧背进攻。至于武宁方面之出击部队,应先占领范家铺附近之据点,并派一部向瑞昌袭击,先断绝其后方接济为要。以我军欲求战胜敌军,必先节节截断敌军之交通为唯一要诀,并防敌军在其后方有控制部队。故须分别道路与多选目标,若有一二处达到目的,则计划成矣。但各支队前进道路不可寻求大路,最好能不依正道,越超山岭,出敌不意也。担任此种任务之部队,应以中正名义,切实训诫,并悬重赏,必令达成目的,否则当以畏缩违令论罪也。如何部署,盼复。中正手启。漾。机。渝。

蒋介石关于第九战区情况处置意见致徐永昌函

(1939年3月23日)

徐部长:

第九战区情况之处置,照第一厅所拟办法,第一、第二项可即照办,第三项待各军即汤部集中完毕时,再行下令,第四项可先决定,但暂缓渡河为宜。

中正　三月廿三日

对第九战区情况处置之意见

一、薛代长官之请求确有必要,似应照准。白主任于廿一日经令第三战区调102D由东乡开进贤、16D由龙游开东乡,似可即令该两师即开南昌,归罗卓英指挥。再调驻浮梁之79D开东乡、进贤,任鄱【阳】湖南岸之守备。

二、查华中我军现在态势处于外线作战地位,战线绵跨大江南北,转移费时。敌则集中兵力,攻击我一点,甚易实行。亟应从各方面发动攻击,方可拘束敌人,故第九战区之出击仍应按照原定计划实施(已下令)。而湘鄂路及粤汉北段之我军,尤应派有力部队出击,牵制敌人转用,策应赣北方面之作战。

三、查第五战区进犯鄂西之敌,现停止于襄河以东,尚无积极行动。该方面我军此时如能乘机出击,则叫牵制敌兵力之转用,以使我赣北方面国军作战容易。故汤恩伯集团之85A及13A,似以归第五战区指挥部署,作有利之攻击为适宜。

四、第十战区派定渡河之部队(27A、45D、46D、8RD),仍应饬迅照原定计划,由晋西渡河,以与晋南部队协力夹击临汾及其以南三角地带之敌,以收战略上之效果。

右意见四项是否有当,敬乞钧裁。

蒋介石致白崇禧薛岳等密电稿

(1939年3月25日)

(有线)限三小时到。桂林白主任、长沙薛代长官、南昌罗总司令、上饶顾长官:○密。训令。以击破南浔线突进之敌,并掩护粤汉线国军右侧背之目的,尔后作战应按下述要领指导:(一)罗集团主力应保持重点于湘赣公路方面。攻击敌右侧,向赣江方面压迫之,切戒以主力背赣江作战。(二)南昌正面以必要一部固守之,必要时可在抚、赣两江间逐次抵抗,掩护赣南。(三)武宁及崇、通方面,应不顾南昌方面战况变化,断行反攻,并以有力部队向修江以北南浔线挺进,断敌退路。(四)第三战区须以有力部队(至少两师)及指挥官位置于东乡、进贤方面,与九战区呼应作战。(五)俞济时、卢汉两部,准向安义、奉新方面转用。(六)盼将部署具报。(七)其余照梗、漾及漾申三机渝手启电实施。中○。有午。令一元。

蒋介石致薛岳罗卓英等密电稿
(1939年3月27日)

限三小时【到】。长沙薛代长官、樟树罗总司令并转宋军长肯堂:○密。着宋肯堂军全部固守南昌,以待我主力由湘赣路方面之反攻。完成任务,应予重赏,非有予之命令,不得撤退。中○。感酉。令一元。

蒋介石致白崇禧薛岳等密电稿
(1939年3月28日)

(极机密。提前。即到。)桂林白主任、长沙薛代长官、樟树镇罗总司令、上饶顾长官、曲江张代长官:○密。兹策定湘赣、浙赣路作战方案如次:(甲)指导方针。以击破南浔线突进之敌,并掩护粤汉北段我军攻势作战之目的,第三战区抽出有力部队,转用于东乡、进贤方面,第九战区南浔路部队保持重点于湘赣公路方面,乘敌战线延长,依〔与〕第三、第九两战区相呼应,包围敌军于赣江江畔而击灭之。(乙)部署大要。(一)罗集团以一部固守南昌正面,必要时转移于抚河、赣江中间地区,逐次抵抗,掩护赣南。以主力保持重点于湘赣路方面,攻击敌之右侧,向赣江方面压迫敌人。(二)卢集团及俞济时所部,应在高安、奉新一带拒止敌之西进,并掩护罗集团之转移,尔后即位置罗集团左翼,协同作战,攻击敌人。(三)武宁及崇、通方面之王集团及汤集团,应不顾南昌方面战况之变化,断行反攻,并以有力一部,绕袭敌人侧后方,向修水以北南浔线马回岭、黄老门、乌石门、德安、永修及瑞昌各地挺进,截断敌交通,阻敌增援补充,以使罗集团之作战容易。(四)甘丽初军必要时加入湘赣公路或粤汉北段之作战(但使用时应先请示)。(五)第三战区应以有力部队转用于东乡、进贤方面,掩护浙赣路西段,并与第九战区之作战相呼应。同时,另以一部积极向沿江据点袭击,断敌水上补给及运输。(六)第四战区为顾虑万一敌于攻略南昌后,以一部沿赣江南下,应预以吴集团控置于赣州附近地区,准备随时策应赣江下游之作战。右各项仰即部署实施,并具报为要。本方案不可转达下级指挥官。川。中〇。俭巳。令一元远。印。

罗卓英致蒋介石密电
(1939年3月28日)

即到。重庆委员长蒋:胄密。感酉同森及俭巳同森电计呈。兹变更部署如下:甲、集团军以阻敌击敌之目的,保持重点于湘赣公路方面,占领阵地。乙、宋肯堂、俞济时所指挥部队,其任务仍旧。丙、第一集团军右翼联系七十四军,于赶车垄(不含)、赵村、盛庄、白鹭桥、大禾岭线,占领阵地,保持重点在右。丁、第四十九军于大禾岭(不含)、故县街、西岩山线,占领阵地,保持重点在右,并集结有力之一部于会埠南侧地区。戊、第七十军仍在现位置,但右翼须与四十九【军】联系。己、第七十九军集结上高附近整理。谨报。罗卓英。俭申。同森。印。〔樟树〕

蒋介石致白崇禧密电稿
(1939年3月29日)

急。桂林白主任:〇密。据报:(一)赣北敌军作战计划如下:

渡修水后南下,经奉新转向南昌,集中兵力约七个步兵旅团,一个炮兵旅团,再南下经清江、峡江等地,西向萍乡,入湘南,直迫长沙,以与由湖北入湘之敌相呼应。(二)敌军日内即将总攻浙东,海军由宁波、台州两处登陆,四面压迫我军陆军,以约三个师团兵力,由钱塘江右岸向南方进攻,以包围我军。各等情。特电参考。川。中〇。艳未。令一元远。印。

军令部编制南昌会战敌军番号对照表

(1939年3月29日)

机密

南昌会战敌军确实番号与本处判断对照表　　特字第二六四号、三月二十九日军令部第二厅第一处调制

十九集团军电报敌军文件所载部队及番号	本处判断		现在位置	附记
	番号	部队长官姓名		
第十一军	第十一军	冈村宁次	军司令部在德安	
6 D	第六师团 第十一旅团 第十三联队 第四七联队 第三六旅团 第二三联队 第四五联队 骑兵第六联队	同 左	稻叶四郎 酒井直次 长野 岩崎民男 池田龙三郎 若松平治 佐野完太 古贺九藏	主力在武宁以东、修水南北两岸地区,一部在虬津、白槎、□林一带	
101 D	第一〇一师团 第一〇一旅团 第一〇一联队 第一四九联队 第一〇二旅团 第一〇三联队 第一五九联队 骑兵第一〇一联队	同 左 第一五七联队同左	齐藤弥平太 佐藤正三郎 布施安昌 松井贯一 佐枝义重 津田辰参 福井浩太郎 大岛久忠	南昌附近	第一五九联队当系原电电码错误

(续表)

十九集团军电报敌军文件所载部队及番号	本处判断 番号	本处判断 部队长官姓名	现在位置	附记
第十一军	第十一军	冈村宁次	军司令部在德安	
106D { 第一〇六师团 / 第一一一旅团 / 第一一三联队 / 第一四七联队 / 第一三六旅团 / 第一二三联队 / 骑兵第一〇六联队 }	同左 / 第一四五联队 同左	松浦淳六郎 / 山地坦 / 饭野贤十 / 园田良夫 / 青木敬一 / 木岛袈裟雄 / 池田直三 / 母袋均	虬津、高安公路及其两侧地区	该饭野联队长已为我军在馒头山击毙,新任待查。第一四五联队现已发现于靖安,当系原电漏列
116D { 第一六六师团 / 第一一九旅团 / 第一〇九联队 / 第一二〇联队 / 第一三〇旅团 / 第一三三联队 / 第一三八联队 / 骑兵第一二〇联队 }	同左	清水喜重 / 田路朝一 / 志摩源吉 / 村井权治郎 / 高桥省三郎? / 石谷甚三郎 / 清水靖弘 / 长谷川诠次	主力在南浔线北段,一部在吴城、都昌一带	

备考:

1. 本表所列敌军部队确实番号,系根据三月二十八日第十九集团军来电报告,击落敌机搜得敌陆空联络符号,其中所载之敌第十一军之战斗序列,当属确实。

2. 本处判断,见本年二月份编印之"敌作战兵团番号及部队长姓名一览"及"改正表第一号";

三月十八日及三月二十五日之"每周敌军全般态势判断要图"及"每周敌军显著动态";

三月二十一日之特密第二六〇号"目下各战区敌陆军兵力与

853

武汉会战直后敌陆军兵力比较表";

三月廿二日至廿六日之"二日来敌情要报"第11、12、13号：赣北方面之敌情。

蒋介石致薛岳电稿
（1939年4月1日）

长沙薛代长官：○。此后战略应以避实击虚为主旨。长岳路前线主力应赶速撤退到湘阴、平江之线,且以长沙、湘阴、平江三据点,形成畸〔犄〕角之势。至于新墙河之线,只作为前进阵地,但须准备一个有力部队,留于桃林、羊楼司一带山地内,以牵制敌军之前进,勿准其后退。至于湘东布置,应以浏阳、萍乡、醴陵三据点,造成三角形,则无论敌军如何进来,必可以最大之打击。但株州、湘潭、录〔渌〕口之线,应派固定部队,专事守备,且切勿调动,以为最后抵抗之准备。接此电时,应即下令,先将新墙河一带之主力星夜撤调至湘阴、平江,而其重点,则置于平江为要。各部队如何抽调部署,希详复。中○手启。东子。机。渝。

白崇禧致蒋介石密电
（1939年4月5日）

急。重庆委员长蒋：稔密。一、综合最近倭寇企图,似先向我中央地区之南昌、长沙、宜昌三点依次攻取,一面将晋绥及平汉、粤汉以西地区之游击队肃清,树立伪政权,达到以华制华之目的,进而图我西北、西南,断我国际交通,使我早日屈服。二、职拟本钧座最高持久战的战略,侧重游击战与运动战的战术,指导所属各战区的作战。三、经济的使用兵力,非有利地形、有利时机,不轻于决战。四、三、九两战区兵力转用及布〔部〕署,计划上已决定,各部位置亦将就绪,职拟即赴前方视察。职白崇禧叩。歌。印。〔桂林〕

蒋介石抄送敌军进攻长沙衡阳情报代电

(1939年4月14日)

军令部徐部长勋鉴：兹抄交敌军进攻长沙、衡阳之兵力与路线情报一件，希特别注意研究为要。中正。寒。川。侍六。

情报　上海四月八日电

敌军进攻长沙、衡阳之兵力与路线：

甲、第三舰队及川长官，即乘出云舰驶往汉口，指挥湖南方面之作战，并以沪陆战队之一部约二一一〇名，移往汉口。

乙、敌军作战目标及其进击路线：

一、依于南昌、武宁作战之进展，华中军南岸部队为迅速达成贯通粤汉路之目的，并与华南军作战协力起见，应以长沙、衡阳二地为攻击目标，开始今后作战。

二、进击长沙预定以"武宁攻击部队"、"岳阳待机部队"及海军"洞庭湖部队"，向平江、湘阴之线进出，协攻长沙。

三、对于进攻衡阳，以"南昌攻击部队"，使沿湘赣公路及铁路线前进，占领萍乡后，会同华南军北上部队，施行衡阳之攻坚作战。

丙、敌军进攻兵力部署：

一、武宁第六师团应出修水，以平江为目标前进，至湖南省境后，视岳阳待机中之海军部队，在洞庭湖扫荡工作，得进至湘阴后，即进攻平江之线。

二、岳阳待机之第九师团，应扫荡岳阳、通城一带，并协助海军部队洞庭湖畔之作战，逐次向南推进，依平江、湘阴方面作战之进展，并力沿粤汉路南下，直攻长沙。

三、南昌第一零一师团，俟陆军航空部队南昌基地移驻完毕，并将该地之警备移交海军陆战队担任后，应速自南昌出发，向丰城、清江、分宜方面进击，然后依情况，协助长沙之攻击作战。

四、第一零六师团应向高安、上高、万载、萍乡之线进出,依作战之方向,采迂回战略,径向衡阳方面前进,俾与华南军粤汉路北上部队协力衡阳之攻击作战。

五、海军部队为协同作战起见,以第五炮艇队及吴镇守府第四、第五、横须贺第三各特别陆战队编成之,担任洞庭湖及湘江水道之开启,并扫荡洞庭湖及沿岸地区,向湘阴方面进击,协同陆军作战。

六、以海军根据地部队之一部,接替南昌之警备。

七、航空部队之部署,陆军所属之航空部队及海军第二联合航空队,应即进驻南昌基地,协助长沙、衡阳之攻击作战。

(二)会战经过

薛岳致蒋介石密电

(1939年4月5日)

限二小时到。重庆委员长蒋:江西令一元远电奉悉。稔密。冬酉智电(该电系申具本战区作战意见)谅邀鉴察。谨再具申本战区作战意见如次。甲、查敌军战略惯行侧背运动,避免正面攻击。近如德安会战,不以主力攻击乌石门正面阵地,而以主力迂回万家岭;南昌会战,不以主力攻击乐化正面阵地,而以主力由虬津方面突破后,经安义迂回生米街。刻敌在南昌方面,约有三师团兵力,如继续进犯,在敌人方面,仍以由高安方面突破我军,向本战区侧背活动为最有利。乙、在湘北方面,敌如以有力部队向我军攻击,我可利用既设阵地有利地形坚强抵抗,即万不得已时,仍可向后方联络线方向行逐次持久防御。丙、在赣西方面,敌如确以主力将我阵地突破,继续南犯,则我对东之正面扩大。我正面愈大,兵力愈不敷分配；正面愈薄弱，敌主力愈易消耗①，攻我后方。且敌军有机械化部队及骑兵，其机动性大，如我右翼不利，敌轻快部队进至安福、莲花一带后，则我在湘北及赣西北一带山地之部队，欲以徒步之速度转用兵力，在时间与空间上实不可能，势必陷于艰苦之境地。丁、如在上高、新喻、分宜、万载一带不与敌决战，则将主力控置于平江、浏阳、长沙、醴陵一带，俟敌军接近再行决战时，在地形上及内外作战之态势上，均有不利。职前冬酉智电乙项，业已呈明在案。戊、以陈沛之两师控置于浏阳，尔后可策应万载、铜鼓、平江各方面之作战，如控置于平江，仅能策应一方面之作战。己、如夏楚中、刘多荃两军西移，则现阵地恐无坚强防御力量，更不能转移攻势。庚、查自南昌失守，本战区正面增大，如处处配置，则处处薄弱，将防不胜防。如敌继续进犯，必须以攻为守，方能转危为安。但本战区兵力不足，仅敷对东正面之用，恳饬九集团推进泰和、永新一带，准备将来对北正面夹击敌军。当否，乞裁。职薛岳。微未。智。印。〔长沙〕

蒋介石致薛岳陈诚电稿

（1939年4月15日）

长沙薛代长官并转陈长官：○。前以筹备反攻之电谅达。如果照中意旨作战，则应沿途注重布置伏兵，其伏兵处所须离敌军行进道路两侧卅华里以上地点，约半日行程可到目的地，使之层层配备，以便节节截断。最要在长沙市内亦准备零星散伏，但须极端隐蔽，以便内外响应。例如化装乡农、乞丐以及假降、带路等，种种准备练习，皆为必要，总使长沙以东以北各道路百里之内，皆可节节腰击。而事前信号、暗号等各种联络记号更为重要。敌军最近宣传，称我军战略由集中的变为分散的，由阵地战略变为游击战略，

---

① 原文如此，疑有误。

由坚强抵抗战变为谨慎的保存实力战。我军如为诱敌之宣传,即可将其所宣传者设计行之。如果为此,则前方部队更应节节抵抗,与之不断接触。然此抵抗之部队应向正后方撤退,勿使两侧埋伏部队被敌发觉。而埋伏部队与抵抗部队,其任务应分明规定,不可混杂,更不可使我下级官兵明知我军所用之策略,且可扬言我军统帅撤退长沙,集中主力在湘桂边境与敌决战之意,能使我前方抵抗之官兵亦略知之更好。中正手启。删亥。机。渝。

蒋介石致白崇禧陈诚薛岳密电稿

(1939年4月16日)

(极机密。即到。)桂林白主任、南岳陈长官、长沙薛代长官:○密。(一)第九战区应策〔乘〕通山、崇阳方面敌集中未毕之际,派有力部队猛烈袭击,以妨害其准备。(二)向南昌方面出击之部队,仍盼努力确实施行,不得因敌转用于通、崇方面而中止。(三)万一敌对长沙行真面目之攻击,可照健生兄齐午桂行参一及吉安真电、辞文亥电及伯文戌仁甲、乙两电部署实施,湘东部队归伯陵指挥,湘西、湘南部队归辞修指挥,暂不另划战区。右三项仰即遵办并具报为要。川。中○。铣酉。令一元远。印。

蒋介石与白崇禧等来往密电

(1939年4月)

(1)蒋介石致白崇禧等密电稿(4月17日)

(极机密。限三小时到。)桂林白主任健生兄、南岳陈长官、长沙薛代长官、上饶顾长官:○密。兹策应攻略南昌计划如左,希饬参照实施。第一、方针。先以主力进攻南浔沿线之敌,确实断敌联络,再以一部直取南昌。攻击开始之时机,预定四月廿四日。第二、部署大要。(一)高集团军以一部监视安义、奉新、靖安之敌,相机攻略之。主力(至少两师)由奉新、安义两侧,向乐化、永修间南浔沿线挺进。(二)俞济时军以一部监视高安之敌,相机攻略之。主力由大城、万寿宫向牛行、乐化间南浔沿线挺进,彻底破坏交通,断敌增援,并协力南昌之攻略战。(三)刘多荃军逐次向高安方面推进,为总预备队。(四)上官集团应以一部固守现阵地,主力(至少三个师)与九战区相策应,击破南昌之敌,相机占领之。该集团应预组袭击部队(约一团),务以奇袭手段,袭取南昌。(五)以上各部,均归第九战区前敌总司令罗卓英指挥。(六)武宁方面,王陵基集团以有力一部,向永修以北南浔沿线挺进,主力攻击武宁之敌,相机占领之。第三、注意。(一)当我挺进部队进出南浔线之际,应巧行宣传,眩惑敌人,以牵制及分离敌人,使我攻城部队容易奏功。(二)除派挺进部队以攻其外,并应先设法策动南昌市内民众,并组织便衣队潜入,以攻其内,使南昌之攻略容易成功。(三)为鼓励士气,如攻克南昌,奖洋伍拾万元,官兵晋级,伤亡优予抚恤。右计划仰即妥为部署实施,并具报为要。川、中○、篠酉。令、元远。印。

(2)白崇禧复蒋介石密电(4月18日)

限即到。重庆委员长蒋:稔密。篠酉令一元远电奉悉。谨遵所示实施,惟关于兵团部署方面,谨将职意分述如下:(一)上官集团以三师编成攻击部队,余两师为第二线部队。对南昌以北之南浔路,应派遣多数之小部队,由东向西,以破坏扰乱敌之交通及后方。(二)俞军以有力之一部,攻击高安及锦河正面之敌,击破或吸引之。另以一部由锦河下游向牛行、乐化间挺进,切断敌之联络线。(三)卢集团遵照钧座所示实施,但先应以主力攻击奉新、靖安一带之敌,并借以掩护挺进军之侧背,另以二师为挺进军,向乐化、永修间挺进,遮断敌之交通,阻敌南下。(四)武宁方面,遵照钧座所示速办。(五)南昌城内民众及便衣队之组织并宣传等,由熊式辉及罗卓英负责。(六)攻击时间应提前,从速实施,至迟须在二十二日左右,俞军及卢集团应先期发动。上项除电三、九两战区供参

考外,谨电呈察。职白崇禧。桂行。巧申。参一鹏。印。〔桂林〕

蒋介石致陈诚薛岳电稿
（1939年4月21日）

南岳陈长官、长沙薛代长官:○。此次战略虽在诱敌深入,而目的则仍在消耗其兵力,使我容易达成最后歼灭之任务。故照现在部署,凡留在第一线、第二线各部队,除诱敌部队以外,其正面主力部队,皆应积极抵抗死守,与阵地共存亡,非有该司令长官命令,不得任意撤退,而该长官亦非有本委员长命令,亦不能擅自转移阵地。希即转令为要。中○手令。马。机。渝。

薛岳致何应钦密电
（1939年4月21日）

限即到。重庆总长何:4457密。罗卓英皓亥电报攻击部署:(子)上官集团:甲、以一师兵力附曾戛初师一部为一组,编成以团、营为基干之若干支队,分由南昌以东武溪市、谢埠市一带地区,乘敌不备,化装潜进,向南昌城厢一带袭击。乙、以两师兵力为市民装戴之样,自北接近攻击。对于公路附近敌之坚固据点工事,宜派队钳制之。以主力分编若干挺进队,向敌空隙或薄弱部挺进,攻破南昌之敌,相机占领之。(丑)俞集团:甲、七四军除两支队各约兵力一团,一由木梓【洲】〔担任〕(松湖街北端)、涂家洲之〔间〕渡河,向西山、万寿宫、黄水冈一带地区攻击,一由鼻狗岭、河头、金家之〔间〕渡河,向古楼冈、白仙岭一带地区攻击。其余全部由俞兼军长率领,由高安以西渡河后,以一师占领石脑圩以东高地,经七里桥至后背山概略线,钳制高安城之敌,最好先攻占高安,为该军之攻击责任,以后相机策应该军主力之作战。以两师由米峰(不含)以南地区,向赤土街、虬岭一带地区攻击。乙、四九军以一零五师接替罗仙坛、咽喉山、彭家铺(不含)线七四军阵地,重兵器应由锦河南岸配备有力警戒部队直接守备。第九预备师仍担任赣江至高安河南岸守备,但须集结有力机动部队。(寅)高集团:以一师占领马鞍岭、大禾岭概略线阵地,并相机策应该集团军主力作战。以两师由米峰(不含)以北地区,向奉新附近地区攻击。对奉新如不攻占时,则以一师钳制之。以一师务攻占陶仙岭、鸦日岭、凤凰山一带高地。另以一师分编三个支队,以一支队钳制安义城厢,以一支队钳制靖安城之敌,以一支队绕靖安、安义以北,向滩溪挺进,遮断张公渡至万家埠之交通。(卯)作战地境。甲、上官集团与俞部同篠午电规定。乙、俞部与高集团,为推口(上高东十一公里)、杨公圩、斜桥、米峰、赤田张北端、高岭、王店、前街、慈姑之线,线上属高集团。(辰)俞、高两部担任攻击之部队,到达指定地点之黄水冈、白仙岭、虬岭、凤凰山或奉新一带地域后,俞部应继续向生米街、乐化线攻击,高部以主力向乐化以北南浔线挺进,截断敌之增援,于【敌】后退【时】,以一部向张公渡附近挺进,阻止敌援兵南下。(巳)钳制高安、奉新、安义、靖安之各部队,如敌固守时,我即围困之,断其接济;如敌出城时,我则伏于敌之一侧或两侧,猛攻以歼灭之。(午)各攻击部队,尤以各支队,务编组破坏队随行,尽力破坏公路、桥梁,割断电线、电杆。(未)攻击开始时间:俞、高两部养子,上官集团漾子。等语。谨闻。职薛岳。马申。智。印。〔长沙〕

军令部关于第九战区屡次变更进攻南昌时间的说明及意见

(1939年4月24日)

对薛岳号未智电说明并附意见

甲、修江南岸战斗前之配备

(一)阵地虽形成纵深,但自98D、118D及9RD推进至第一线后,第二线(乐化、万家埠、安义线)即已无守备部队。故敌快速部队于突破第一线后,得以迅速占领万家埠、安义及奉新,且32A及79A

主力之后退，亦仅沿铁道线附近配备，未能形成重点于左翼。

（二）既以张公渡方面为攻势地区，则不应以素质太弱之刘多荃军任该地区之守备，而自形成一弱点，被敌突破，此亦为失算之一。

乙、对第九战区转移攻势之时期及一再变更之原因及其始末

（一）第一次。大本营为自主的转移攻势，于二月廿六日以2608令一元电，规定第九战区于四月上旬反攻。因当时敌情未判明，部队整理尚未完竣，又因顾虑全战场各战区之反攻时期，故定于四月上旬。旋接薛长官三月三日江戌智复电谓：因势与力及地与形均不如敌，不宜以堂堂之阵击敌而受挫。且判断敌在该战区有约七师之兵力（104D、101D、106D、9D、6D、116D、13D一部），实则当时敌军最多不过四师半兵力（101D、106D、9D、6D、13D一部），夸大敌情。另为消极补救之出击计划，遵令于四月上旬实施。

（二）第二次。因敌人略取南昌之行动愈益显著，大本营为先发制敌计，经委座裁可，又于三月八日，以齐午令一元远电，策定转移攻势方案，限令该战区于三月十五日开始反攻。旋接薛长官灰亥山电，又以实施时日稍嫌过促，部队补给为最大问题，拟请准予展至敬日完毕。等情。大本营为迁就事实起见，经以元午令一元远电令：不能迟于三月敬日实施。又于三月接薛长官文亥智电称：本战区当面之敌，其重点配置于两翼，虽扬言攻击南昌，似无积极企图。此时对敌情之判断，尚谓其无积极攻击南昌之企图，其错误已可想见（盖三月十七日敌已开始攻击修江南岸矣。）

（三）第三次。因奉委座谕：第九战区之移转攻势，须候令实施。本部于三月十六日以铣巳令一元远电规定：转移攻势准备，应依限完成，仍仰候令实施。但三月十七日，敌已开始攻击，反攻之说，于是全成话柄矣。

（四）第四次。因敌已突破修江南岸阵地，南昌岌岌可危。大本营为顾虑尔后之作战，于是于三月廿五日以有午令一元电，令该

战区以罗集团主力,保持重点于湘赣路,攻敌右侧,而武宁、崇通方面,仍须断行反攻。且委座梗、漾机渝两手启电,指定第8A向南浔线挺进。兹据薛电谓:已遵命,令197D挺进至德安、马回岭一带。但该师到达何地,破坏交通情形如何,始终未见据报。

丙、意见

如能遵令于三月十五日实施,先敌发动攻势,南昌之陷落,必不如是之速。因战区无坚决反攻之意志,往返商量,致失战机,殊感遗憾。

陈诚致蒋介石密电

（1939年4月26日）

即到。渝委员长蒋:敬辰令一元勤电奉悉。逐密。一、敌军调动情形,当饬属严加注意侦察具报。二、本战区今后采取以攻为守、积小胜为大胜之原则,并以袭奇攻袭方法,吸引转向第五战区之敌。除湘西、湘南部队积极充实备战外,已令:(一)罗总司令积极固坚之攻略南昌;(二)范〔樊〕崧甫向通山方面增加兵力,扩张战果;(三)关麟征部抽出两师、李仙洲部抽出一师,编为多数突击队,分向通城、崇阳、羊楼司、西塘、桃林、临湘、岳阳进攻。谨闻。衡岳。职陈诚。宥巳。战。印。〔南岳〕

白崇禧致蒋介石密电

（1939年4月27日）

即到。重庆委员长蒋:稔密。一、南昌方面进展状况如另电所陈。二、依照目下状况,现对九战区指示注意各点如次:(一)上官集团应即派遣有力支队,向乐化及其附近挺进,破坏敌交通,阻敌增援。(二)修水以北游击队,应积极活动,牵制敌兵力。(三)牛行、乐化等处,应由七四军速派挺进队占领之。(四)一集团军应速派挺进队数组轻装出发,昼夜兼行,截断万家埠、张公渡间公路,阻敌增援,并遮断其退路。(五)武宁方面,应令七八军、七二军、第三师加紧攻击,最低限度须使敌无法抽调兵力转用于南昌方面。(六)为扩张战果、策应事变计,七十军有速归罗总司令使用之必要。(七)南昌如克复,三二集团可留一师守备,其余主力应指向德安前进,但张公渡与万家埠须确实掌握之。谨电呈察。职白崇禧。感巳。参一鹏。印。〔桂林〕

陈诚致蒋介石密电

(1939年4月29日)

限即到。重庆委员长蒋:稔密。兹拟定作战指导如下:一、南昌方面:甲、赣江以东、南昌以南各驻军:(1)目前仍积极继续反攻,并选拔奋勇官兵,编组多数便衣队,到处乘隙,进入敌后方及南昌城内,破坏扰乱,内外互应。抚河方面,除仍积极进攻外,对于各渡口、据点,须确实掌握之。(2)攻击奏功后,【除】应以有力一部守备南昌及湖防外,主力应向涂家埠、吴城镇推进,并确实占领之。乙、锦江以北各部:(1)对奉新附近敌人仍积极进攻迂回,并用攻虚突击埋伏方法,与敌周旋。另派多数轻装部队,向牛行、乐化及沿南浔路挺进,破坏敌交通线。如遇敌坚固据点,派必要兵力监视或迂回之。对于高安、高邮市一带据点工事,须加强之。(2)第三十二军先位置上高附近,并加强该方面原有之工事。(3)攻击奏功后,应向永修前进,并确实占领乐化、涂家埠各据点。二、武宁方面:仍以攻击牵制敌人,积极扩大游击,以断敌后方交通通讯与妨碍其运输,并设法占领张公渡。三、通山方面:仍极力扩张战果,以遮断敌方湘鄂之交通。四、武长路方面:仍以攻为守,并多派小部队,分向崇阳、羊楼司、岳阳方向袭击,扰乱敌后方。五、常德方面:对洞庭湖沿岸各要点,应严密警戒,第五十三军仍控制主力于澧县,第五十四军仍控制主力于常德,并应尽量破坏各公路、码头及碉堡工事。对于预定放弃之城市、村落,须作焚毁之充分准备。除饬各部

遵照实施外,谨闻。陈诚。艳亥。战。印。〔南岳〕

薛岳致蒋介石密电

(1939年4—5月)

(1) 4月30日密电

限即到。重庆委员长蒋:稔密。本战区三十辰总攻击部署如次:(甲)南昌方面:子、上官集团除以主力继续进攻南昌外,另派得力便衣支队偷渡赣江,袭击蛟桥、乐化之敌及其附近敌之司令部。丑、罗集团之刘军张师,应继续进攻长头埭、牛行;俞军施师攻进白仙岭、大城后,即派一部向万家埠挺进,破坏敌之交通通信,阻敌增援,断其归路;俞军主力攻占虬岭后,即转攻奉新敌之左侧,并以一部向宋埠攻击;卢集团之安军攻击奉新西南部之敌,孙军仍自奉新西北攻击奉新敌之右侧,其左侧支队应加强兵力,向靖安、乾州街积极进攻,并另派便衣支队向湘浬挺进,截断敌之交通通信。寅、各部于三十辰全线总攻。(乙)赣北、鄂南、湘北方面:子、上陵县部向北岜渡挺进之支队,须加派兵力一团,并派得力旅长前往指挥,确实切断万家埠、德安间之交通通信。对武宁之敌,仍正面钳制,多编团、营之支队,绕出敌后,积极攻击。丑、第八军之丁师于三十辰攻击咸宁、汀泗桥之敌,赵师派支队攻击瑞昌之敌。寅、二十军之向支队方面,立增兵力一团,派得力旅长或师长前往指挥,务于三十辰攻下南〔楠〕林桥,即向蒲圻攻击,该部归十五师汪师长统一指挥。卯、七三军之汪师,务于三十辰攻下崇阳,即向蒲圻、羊楼洞攻击。辰、关集团之攻击部队,务于三十辰总攻击。谨电察。职薛岳。卅巳。策。印。〔长沙〕

(2) 5月4日密电

限即到。重庆委员长蒋:稔密。卅巳策电计呈。本战区冬申下达各部电令要旨如次:子、罗卓英部务按前电所示要旨及该部既定计划,于汀日午后四时继续总攻,限五月微日击破南昌、奉新之敌而占领之。丑、王陵基部派向张公渡挺进之支队,务于江夜确实占领张公渡,断敌归路及增援,对公路、桥梁、电线、电话务彻底破坏。对武宁之敌,仍按前电所示,继续攻击。寅、樊崧甫、杨森、关麟征等部之进攻部队,务按前电所示要旨及各该部既定计划,于江日午后四时继续总攻,限五月微日达成任务。卯、如有畏缩不前、作战不力【者】,当重罚;达成任务、杀敌有功者,当重赏。谨电察。职薛岳。支巳。策。印。

罗卓英致蒋介石密电

(1939年5月2日)

即到。重庆委员长蒋:肖、东两酉【令】一元慎【电】奉悉。稔密。冬午下达各部电令,要旨如左:甲、上官集团至少以两师半兵力担任直攻南昌,并限微日前攻克。对牛行以北地区,应派出有力搜索队,搜索敌情,破坏通信网。对市汊街应以一部迅速攻占后,即使〔便〕担任对赣江警戒。乙、俞部(欠预九师)一〇五师任务同前,七四军应迅速扫荡当面之敌,全力向西山、万寿宫、白仙岭、赤田张一带进出后,以一部占领上线各要点,以主力速向生米街、牛行攻击前进,协力上官集团攻占南昌。丙、高集团(欠鲁师)应先以一部钳制奉新,以主力确实攻占黄埠冈、儒里、头〔温〕村、天尖岭、陶仙岭、凤凰山各要点,然后以大部向奉新攻击,以有力一部进出宋埠、安义一带地区。丁、限支日前,俞部预九师须进出牛行、乐化一带,高部、鲁部须进出安义以北地区。戊、第三十二军以一部推进高安及其以南地区,一师推进村前街附近,军部率一部推进泗溪、东港一带,均限支日到达。谨电报。罗卓英。肖申。森。印。〔宜春〕

白崇禧致蒋介石何应钦密电

(1939年5月5日)

限即到。重庆委员长蒋、何总长:6632密。(极机密)窃维我军对敌之攻击,必须出其不意,始能奏效。今南昌之敌既已有备,且我军兼旬攻击,亦已尽其努力。为顾虑士气与我最高战略原则计,拟请此后于南昌方面,以兵力三分之一继续围攻,三分之二分别整理,在外则仍宣传积极攻略,而实际则变换攻击目标,另以有力约二师之兵力,并配合轻装之炮、工兵,用最密速之行动,由渣津附近袭击,进出蒲圻两侧,切断粤汉北段公路、铁路。武长正面同时亦猛烈攻击,该方面敌仅一师,正面尤广,且不预期我行有力之攻击。进攻出其不意,必可获相当成绩。如果武汉或赣北方面之敌前来增援,则我牵制目的可达;如赣北敌兵力调动或防备松懈,则我以整理休养之新锐,再袭南昌,善用声东击西之法,使敌疲于奔命,则我能确保主动地位矣。刍荛之见,是否有当,伏乞钧裁。桂行。职白崇禧。微未。参一。印。〔桂林〕

陈诚致蒋介石密电

(1939年5月5—7日)

(1) 5月5日电

重庆委员长蒋:据薛代长官江未福电称:稔密。查南昌、奉新方面之攻击,自四月漾日开始,已十一天。因我军之装备等不及敌人,而敌人之重兵器、机械化部队与飞机等,能处处协力敌陆军之作战,因此攻击颇难摧毁敌之坚固阵地。现迭奉委座电令:我军作战之方略在消耗敌人,而不被敌人消耗,避实击虚,造成持久抗战之目的。故此次南昌之攻击,即在消耗敌人、避实击虚之原则下,预行设伏,采用奇袭方式,四面进攻,冀以最迅速敏活之手段,夺回南昌。现时已持久,攻坚既不可能,击虚又不可得,敌势虽蹙,但欲求五月五日前攻克南昌,事实上恐难达成任务。除严令各部排除万难,不顾一切,继续猛攻外,拟恳与委座通电话时,将上述情形婉为陈明。等语。谨电转报。陈诚。微酉。战。印。〔南岳〕

(2) 5月7日电

限二小时到。重庆委员长蒋：玉密。微亥岳电计呈钧鉴。顷据三二集团军刘参谋长普珩电话报称：据陈军长随从副官由市汊街转称：陈军长安宝于微晚亲率廿六师及七九师各一部，拟由莲塘经青云谱〔？〕，向南昌挺进。迫至莲塘南约二公里处，被敌夹击。陈军长决心突围后仍照原定计划，达成任务。惟至鱼晨，敌以空军助战，陈军长遂不幸阵亡，廿六师刘师长负伤，现不知下落，各该部完全溃乱，该副官将陈军长遗尸掩埋后，只身出险。等语。除饬即于谢埠市、武阳渡、抚河东岸，以便廿六师、七九师（及梁家渡）、预十师（天王渡、滚口渡）、一零二师（市汊街）、十六师各要点，先行妥为部署，并令赣江以西各部仍取攻势，以牵制南昌之敌南下外，并决于明晨至衡阳，与白主任会晤后，即赴吉安指挥。惟各部缺额，原未补充，此次又遭挫失，士气不振，甚以为虑耳。查此次进攻南昌，各级均能遵照钧座意旨，奋不顾身，实可告慰。而陈军长求仁得仁，自当瞑目。惟职明知其不可再攻，仅以电话请文白兄转报钧座，而不能补救此失，实无以对所部、无以慰钧座也。衡岳。陈诚手呈。虞申。印。〔南岳〕

〔张治中签注〕：辞修兄最近有一次电话，只说"反攻南昌，恐怕无希望了"，即"攻不下"之意，而绝未明言"不可再攻"。"攻不下"与"不可再攻"，其函〔涵〕义与解释，固大有差别在也。治中谨注。

薛岳致蒋介石密电

（1939年5月8日）

特急。重庆委员长蒋：稔密。本战区虽未如期攻克南昌，但敌锋已挫，困难比我更甚。安奉、鄂南、湘北各方面，经我不断猛攻奇袭，敌寇已陷疲于奔命之苦。我军仍以攻为守，破敌之进犯企图。子、上官集团方面。抚河东岸部队握守武溪市、谢埠市、武阳渡、茌港、梁家渡东岸各要点，并从速收容整理抚河、赣江间部队，仍应以小部队不断攻击,以钳制敌军。丑、罗集团方面。仍照既定计划,继续积极进攻,以消耗敌力而困疲之。但攻击目标,【应】逐次更换挺进之。预九师及新十一师绝对机动敏捷,不常攻一点,呆置一面,不为敌军所算,而使敌军疲于奔命。寅、王陵基之张公渡挺进支队,多袭敌后方,劫其辎重,破坏其交通、通信,断敌增援及补给。对武宁之敌,仍正面钳制,多派支队迂回敌后,积极攻击。卯、樊崧甫部仍分向阳新、大冶、咸宁、蒲圻、汀泗桥积极进攻,切实破坏敌之铁道、公路、电线,并派一部向黄石港、半南山、黄颡口等处,袭击敌之长江往来船舶,断敌水上补给。辰、杨森部之汪师及杨师向、赵两团,由汪师长统一指挥,继续向南〔楠〕林桥、崇阳以北地区攻击敌之后侧。巳、关麟征部之两攻击师、加强一旅,仍照既定计划,积极进攻。谨电察。职薛岳。齐申。策。印。〔长沙〕

陈诚致蒋介石密电

(1939年5月9日)

重庆委员长蒋:稔密。兹谨拟具作战意见如下:甲、敌情判断。一、第五战区当面之敌将略取襄樊,然后以有力一部,沿襄沙路南下,夺取荆、沙,进攻宜昌,并以一部增加鄂南粤汉北段方面,协助其第六、第十两师团会攻长沙。二、如洞庭湖水位增高时,敌当更以一部,附海军进攻常德、益阳,以威胁我长沙之侧背。乙、作战指导。一、第五战区方面:(1)以汤恩伯全部控制于随、枣以北地区,牵制敌转至襄、沙南下,并侧击之。(2)另控制有力部队于南漳、宜城等地区,随时侧击沿襄沙路南下之敌。(3)统一沿江附近各部(如廿六军、四四军、七五军、五五军、九四军等)之指挥,并与第九战区江南部队互取密切之联系。二、第九战区方面:(1)南昌、赣北方面,仍继续攻击当面之敌,牵制敌兵力之转用。(2)湘北、鄂南方面,应乘敌尚未转移之前,先予敌第六、第九师团以痛击,挫敌企图。(3)洞庭湖西南岸各守备队,仍以一部直接守备沿湖各要点,分置主力于益阳、常德、澧县附近。(4)在洞庭湖西北地区各部,应与江北岸第五战区部队密切联络,江岸各要道应切实封锁之(如沙市南岸、松滋、宜都及宜昌南岸各地)。丙、后方设施。一、第五战区。〔略〕。二、第九战区。依各战场之后方联络,分设兵站监部。(1)赣西与湘东。(2)湘南(湘桂路)。(3)湘西(潭宝路、常沅路、恩巴路)。以上设兵站监部,可于行营设一兵站总监部管辖之。又第三、第四战区亦依战场后方联络线,分设兵站监部,统属于行营兵站总监部。三、各部队师以下概用人力(兵与输卒为十比一),将所有车马概集中于兵站使用。当否,敬乞钧裁。职陈诚。佳戌。吉。印。〔吉安〕

(三)战斗总结

第九战区关于南昌攻坚战的总结报告

(1939年5月26日)①

南昌攻击经过及教训

甲、攻击部署之策定:

敌自攫我南昌以还,东阻抚河,南止锦江,西趋高安,其五个月来整补之精粹,大半消耗于修河之攻战。欲以残破之众续行西侵,势不可能,于是反攻为守,拟转其主力于通、崇方面,企图合湘鄂公路及武长铁路方面敌军,会犯长沙。我为牵制其兵力之转用,于四月十八日奉委员长篠酉令一元远电令,策定反攻南昌计划,其要旨如左:

一、方针:先以主力进攻南浔线之敌,确实断敌联络,再以一部直取南昌。攻击之时机,预定四月二十四日。

---

① 系军委会收文时间。

二、部署大要：

A. 高集团及俞济时军，各以一部监视当面之敌，相机攻略之。主力向南浔线挺进，彻底破坏交通，断敌增援，并协力南昌之攻略战。刘多荃军逐次向高安推进，为总预备队。上官集团一部固守现阵地，主力至少三个师与九战区互相策应，击破南昌之敌，相机占领之。该集团应组袭击部队一团，务以奇袭手段，袭取南昌。以上各部队统归罗前敌总司令卓英指挥。

B. 武宁方面：王陵基集团以有力一部，向永修以北南浔沿线挺进，主力攻击武宁之敌，相机占领之。

三、注意事项：

A. 当我挺进部队进出南浔线，应巧行宣传，眩惑敌人。

B. 应设法策动南昌市内之民众，并组织便衣队，潜入内应。

同时，丰仟白关于攻击之部署有左之指示：

一、上官集团应以三师编为攻击部队，余两师为第二线部队，对南昌以北之南浔线，应派遣多数小支队，由东而西从事破坏，扰乱敌之交通及后方。

二、俞济时部以有力之一部，攻击高安及锦河正面之敌，击破或吸引之，另以一部向牛行、乐化挺进。

三、卢集团先应以主力攻击奉新、靖安一带之敌，借以掩护挺进军之侧背，另以二师为挺进军，向乐化、永修间挺进。

四、武宁方面，遵照委座所示，应速办。

五、攻击时期，应提前从速实施，须在二十二日左右，俞军及卢集团应先期发动。

奉到上项命令及指示后，即由薛代长官转达于罗总司令，部署如左：

一、上官集团以一师兵力，附曾戛初师之一部，编成若干游击队，分由南昌以东武溪市、谢埠市一带地区，向南昌城乡一带袭击；以两师兵力由抚河、赣江间，自南向北攻击，对敌坚固据点，应派队钳制之;以主力分编若干挺进队,向敌空隙或薄弱部挺进,攻击南昌之敌,相机占领之。

二、俞济时部(第七四军、第四九军):

A. 七四军除以两支队(各约兵力一团),一由木梓洲、涂家洲间渡河,向西山、万寿宫、黄水岗一带地区攻击,一由鼻狗岭、河头、金家间渡河,向鼓楼冈、白仙镇〔岭〕地区攻击。其余由俞军长率领,由高安以西渡河后,以一师占领石脑圩以东高地,经七里树至后背山线,钳制高安之敌。或先攻占高安以后,相机策应军主力作战,以两师由米峰(不含)以南地区,向赤土冈、虬岭地区攻击。

B. 四十九军以一○五师接替罗仙坛、咽喉山、彭家湾(不含)线七十四军阵地,须沿锦河南岸,配备有力警戒部队,直接守备。预九师仍担任赣江至高邮市、锦河南岸守备,须集结有力机动部队。

C. 到达指定黄水岗、白仙岭、虬岭后,应继续向生米街、牛行、乐化线攻击。

三、高集团以一师兵力占领马鞍岭、文禾岭概略线阵地,相机策应集团主力之作战,以两师兵力由米峰以北地区,向奉新地区攻击。若奉新不能攻占时,则以一师钳制之,以一师余占陶仙岭、鸦鸠岭、凤凰山高地,另以一师兵力分编三个支队,以一支队钳制靖安城之敌,以一支队绕靖安、安义以北,向滩溪挺进,遮断张公渡至万家埠之交通。

到达指定之凤凰山或奉新后,以主力向乐化以北南浔线挺进,截断敌之增援与后退,以一部向张公渡附近挺进,阻敌援兵。

四、攻击时机,决定为二十二日。

乙、战斗经过

开始攻击前,敌在南昌方面为一○一师团及一○六师团,其位【置】概略如次:

第一○一师团(南昌) { 第一○一旅团——南昌及其东南地区
第一四九旅——赣江以西高安以东地区

第一〇六师团(安义) { 第一一一旅团——高安及其以北地区
第一三六旅——安义、靖安、奉新一带

二十二日,我军开始攻击后,俞济时部及高集团首先前进,均有进展,尤以五十一师当日驱逐姚村、盘龙岗一带之敌,进迫高安城,将其包围。翌晨八时,敌弃城向东北退去,残留少数潜伏一隅。嗣后增加一联队之众,与我鏖战于城厢附近。二十五日拂晓,敌攻击顿挫,复经我五十一、五十七两师各派一部侧击,至廿六日晨,城遂确实克复。

当二十三、四两日我各军与敌争战激烈之际,预五师之便衣队逐次进入南昌城内,以为内应。七十九师二十五日晚起,由罗金渡、武阳渡渡过抚河。二十六日攻占武溪市、谢埠市,歼敌一中队,俘十余人,获枪五、六十枝。其主力与岗下、胡村、佛头塔之敌相持,一部进抵新飞机场,仍向西猛攻。莲塘以南之敌,因受我威胁,狼狈北窜。南昌市内有数处起火。第十六、预十两师,随即全线北攻,颇获进展。乃令五十七师李旅向牛行挺进,并令锦河南岸之预九师二十六日晚渡河,向生米街、牛行一带挺进,协攻南昌。

预五师便衣队于二十六日至二十八日三晚,在南昌市内及近郊暴动,敌伤亡颇重,甚为惶恐。我为迅速攻占南昌计,上官集团于二十九日晚重行部署如下:

1. 七九师主力及二十六师王旅,于三十日三时,由万舍街开始向南昌攻击前进,而占领之。

2. 七十九师进至棠溪之一团,努力击破当面之敌,或以一部监视,主力向南昌攻击。

3. 预十师应尽力向当面之敌攻击,十六师对当面敌据点,务以最少限度之兵力监视之。主力即向【向】塘、沙埠潭之敌侧击,与蒋师(102D)协力,包围歼灭向塘、沙埠潭、西凉山一带之敌,乘机进出南昌。该两师攻击开始时间,为三十日三时。

4. 一〇二师对天主渡亘〔亘〕市汉街之线阵地,力求巩固。

罗总司令并决定于五月一日再兴总攻。对各部之部署概次:

一、上官集团着照二十九日部署，迅速攻占南昌，并派有力搜索队，向樵舍、慈姑、乐化一带搜索敌情。

二、七四军应于东日拂晓全线再兴攻击，限冬日进出西山、万寿宫、白仙岭、虬岭、赤田张之线。四十九军、预九师应使担任锦河南岸右起赣江、左至高邮市各要点，并以有力一部攻占石头岗。

三、高集团（欠鲁师）冬日拂晓应由大路〖向〗石子埭、白塔徐之线再兴总攻，限冬日进出黄埠岗、儒庙〔里〕、温村、天尖岭、奉新西北之线，并确实占领各要点，保持重点在中央。

四、三十二军着以一师向泗溪，一师向水木〔北〕街，一师向凌江口前进。

五月一日攻击开始，我十六师攻占沙埠镇〔潭〕，一〇二师之三〇四团于次日攻占向塘。斯时沙埠潭以南之敌已受牵制，我可从容进取南昌。不谓攻击南昌之七九师长段朗如擅自行动，已于二十九日率其大部南退合山、李庄，贻误好机。五月三日，我令陈军长安宝指挥二十六师、预五师及七九师之二三七团，于四日黄昏向南昌挺进攻击，以预十师、十六师及三〇四团围攻沙埠潭以南之敌，使南昌之攻击容易奏效。

五月五日，预五师驱逐沈口街之敌，黄昏后到达红门桥南北之线，向敌攻击，六日拂晓，冲进城防工事。第二十六师五日在若渚附近渡过抚河支流，当与敷林街之敌激战，其七八旅之一部，六日拂晓冲至南昌东门金盘路，遇敌猛烈反攻，遂撤出。是日陈军长亲率二十六师主力，进展至莲塘以南之沙窝附近，敌由五谌店、莲塘前后夹攻，并以多数机炮肆行轰击。迄午后三时，陈军长殉难，刘师长受伤，部队分向茌港、市汊街撤退。当令对于抚河、赣江间地区暂取守势，赣江以东及湘北方面仍取攻势，以打击并牵制敌人。乃敌于我上官集团方面采取守势后，迄无动作，亦可见其疲弊〔敝〕之一班〔斑〕矣。

丙、经验与教训

一、攻击部队缺乏一鼓作气之精神,为此次南昌攻击顿挫之主因。敌自我第一次攻击顿挫后,即严密戒备,我虽一再强攻,而奇袭之有利时机已去。敌复续有增援,遂致失败。故欲制胜敌人,必须一鼓作气,势险节短,不可犯再衰三竭之弊。

二、地形之限制。查南昌附近河流纵横,在敌装备优良、攻防均便,我军则处处受制,行动困难,掌握、联络均不易,一遭敌袭,无由绕道,兼受敌炮火、飞机轰炸,易陷于混乱。

三、攻击准备不足,攻击部队多系前次南昌战役后尚未充分整补,战斗力尚未恢复。

四、部队缺乏攻击动作之训练。因各部队新兵过多,依据工事以防敌尚可,若向敌攻击,非较为密集前进,即掌握困难。因是伤亡特大,战斗力容易减退。

五、攻击部队由简〔间〕隙进入敌据点阵地后方运动时,补给困难,又伤亡官兵不能后送,遍地遗弃,影响士气甚大。

六、攻击部队应分为监视据点与挺进突击两部,有时对于危害我进攻之据点,必先攻下,方能前进攻击。此次我军两次进攻,均能达到南昌近郊,但因我对敌据点之监视不充分,被其出击,至于挫顿。

七、攻城不如攻敌之交通线。此次攻击南昌,先后将近两周,虽能消耗并牵制敌人,但我亦消耗甚大。如以主攻指向南浔线方面,其效果必较攻击南昌为大。

军委会桂林行营关于南昌会战经验教训的总结报告

(1939年?月)①

南昌会战所得之教训

第一 敌军战法

一、敌于主攻方面,确能集结优势兵力,形成重点,而于助攻

---

① 原件无成文时间。

方面,则以阳动佯攻等手段,以眩惑我之判断,牵制我之兵力。如此次修河之役,先于吴城、大王庙等处,以一部攻击,而以主力由虬津方面强渡。此外于白槎、箬溪间,并无敌兵渡河,足见其如何彻底集中兵力于重点矣。

二、敌渡河攻击时间,通常在薄暮后或夜间行之,如此次在修河之渡河时间,即在三月二十日午后七时三十分。

三、敌主【力】渡河【点】之选定,在河流向彼方湾〔弯〕曲部分,并着眼对于〔于对〕岸交通便利地点。如此次在太子岭、凤栖山附近之修河强渡,以及利用虬泽〔津〕至安义公路,故其快速部队能迅速突进至万家埠、安义等处。

四、敌渡河攻击之方法。

1. 敌在主渡点,以优势之空军、炮兵,猛烈轰炸射击,以支援其渡河部队之攻击,阻止我之出击,并妨害我后方部队之运动。如此次修水渡河,对太子岭、凤栖山等处所行之猛烈轰击。

2. 敌步兵渡河时,常施放烟幕,并混用毒气,以达其掩护及袭击之目的。如此次虬津、永修间之修河沿岸施放烟幕,并三月二十日黄昏,向我第七十六及一〇五师阵地之毒气弹射击。

3. 敌渡河后即占据要点,以为其主力继续渡河,或架桥之掩护。如此次渡过修水后,即占领南岸太子岭、凤栖山等地。

4. 敌突破我阵地后,其快速部队即向我后方深入,后续部队亦跟踪前进,对在侧背之我军,仅以少数部队封锁警戒。如此次敌一〇六师团所用之椎形突入战法。

第二　我军过失

一、阵地未能纵深配备。此次修河防御配备缺乏纵深,以致被敌飞机炮火猛烈轰击,一点被突破,全线即无法收拾。

二、敌情侦察判断不确实。此次我守备修河之部队,在对间间①

---

① 原文如此,似有脱误。

关于敌第一线及后方部队之动态,以及敌可能主渡河点之侦察,判断均不确实。敌情不明,对策之准备不周,以致为敌强渡突破。

三、指挥官位置不适当。如此次南昌方面指挥官之位置未能由南昌移至其他适当地点,故难期收到指挥监督适切之利。

四、不能彻底破坏交通线。仅顾目前交通之便利,而忽略敌机械化部队利用交通线发挥机动力之特性。如此次对安义、永修间之公路,未能预先破坏,且对于主要道路之守备,亦未特别重视及加强防御工事,致敌机械化部队得以利用,横行无阻,深入我背后联络线,并尽威胁扰乱之能事,致战【略】要点迅速为其占领,并轻易渡过赣江。

五、预备队使用过早。如第九预备师、第二八师、第一三九师,均使用过早,以致无机动部队应付不意之情况。

六、出击时间、空间之计算不正确。如第七〇军、第七九军之夹击,因对时间、空间上未能精密计算,故未能收到夹击敌人之目的。

七、缺乏协同一致精神。当敌向邻接部队攻击时,不知切实协同,对椎形突击之敌实施侧击,被敌各个击破。

八、掌握联系不确实。各部队长对掌握联系,未能确实作到,致一点被敌突破,即陷于混乱,失却掌握。

九、奉行命令不彻底。

1. 第九战区转移攻势,经令于三月十五日以前完成实施,乃因准备迟延不密,致为敌收先制之利。且当敌以广大正面及伸长突进时,我亦因准备未妥,不能施行有利之截击及反攻,终至迫于被动地位。

2. 第三战区未能遵照计划,确实控置三个师于东乡进点〔?〕一带,策应第九战区之作战,致南昌战局蒙大影响。

十、必胜信念不坚确。我军每潜伏不良心理,即认为敌人如欲攻占某地,迟早必为所得,不肯作坚决之抵抗与缜密之准备。

第三　今后应注意改进事项

一、敌情搜索判断之注意。

1. 应严密搜索、确实明了敌情。我最前线部队，对敌第一线及其后方部队之动态并一切征候，务严切注意，及时报告，尤应多派潜伏及便衣斥候，或利用民众在对岸侦察敌情，随时设法报告，以矫正盲目作战之错误。

2. 判断敌情，应策定各种可能之腹案，而讲求一切对策之准备。

3. 不可误认敌人夜间无积极企图，一入黄昏后，尤应严密警戒，及随时注意侦察对岸敌人之动态。

二、阵地配备之注意。

1. 切实利用地形。在难以超越之险阻地带，配以少数必要守备部队。于主要阵地方面，除第一线外，应于后方配置据点式坚强纵深之防御地带，以节节抵抗，逐渐消耗进攻之敌。并于后方适当地点，控置必要之机动部队，以防敌之迂回，且备逆袭出击之用。更施以周密之联络设置，以歼顽寇。

2. 阵地配备应力求纵深，须有重点，切实矫正一线式及平均分配兵力之错误。在敌非主渡河方面，我守兵应于敌兵力薄弱处毅然渡河突击，以牵制其主力之强渡。对主渡河点之敌人，尤应乘其半渡，猛烈攻击而歼灭之。

三、对敌渡河攻击之方策。

1. 如敌攻击时，应极力镇静，详察真伪，凡敌可能之主渡河点，均应严密守备，对佯攻之敌，应即予以驱逐或包围歼灭之。

2. 对敌主渡河点，在其飞机、炮兵猛烈轰炸时，除严密监视外，我方守兵应极力隐蔽，减少损害，俟敌炮火延伸射程，步兵向前运动时，以炽盛火力猛烈射击之。而炮兵尤须与我第一线步兵密切协〔助〕同，对其渡河部队猛烈射击而歼灭之。

3. 对敌施放烟幕时，我第一线守备部队应准夜间射击之要领，预行射击准备,以期射击精确。尤要辨别烟幕与毒气,不可误认烟幕为毒气,自取恐慌。总之,此时官兵须沉着应战,以免为敌所乘。

4. 敌如强渡占领据点时,应不惜一切之牺牲,一面用炽盛火力射击其后续部队,一面迅速逆击,收复已失据点,不可使敌稍有立足之余地。如万不得已时,亦应利用纵深阵地,坚决抵抗,以待机动部队之逆袭或夹击,切不可擅自撤退。

四、指挥官位置选定之注意。指挥官之位置,应在主要战场方面,确能照顾全般情况,及便于指挥监督所部之作战与联络容易为主。

五、交通线破坏之注意。阵地附近六十公里内之重要道路,均应彻底破坏,不可只图一巳〔己〕之便利,有所迟误,或破坏不彻底,致为敌用。关于破坏方法,除将沿路桥梁完全予以焚毁或拆除外,对于路基应完全铲除,返路为田为土。在情况急迫,亦应在山腹及弯曲部以及其他重要部分,按百公尺二三十公尺之比例,将土基铲除,返为田土,以阻敌机械化部队之利用。

六、预备队使用之注意。

1. 预备队务须位置主要作战方面,非至敌情十分明了及确属有利时,不可轻易使用,务使用为反击及逆袭为主,切忌逐次加入,填补火线。

2. 预备队一经使用,应即按当时情形,设法在不重要方面,迅速抽调一部控置之,务使随时均控有相当之预备队,以便适应情况变化,机动使用。

七、出击时间、空间计算之注意。对于出击之目标地域,应明切指定,因之须计我第一线部队所能支持敌人之时间及地域。出击部队准备行动及其攻击开始可能之时间,敌人最大限【度】之进展程度等等,一一精密计算之,然后分别下达命令。如时间上已不可能,则对于出击法〔方〕法、目标地域等,须为所〔必〕要之考虑,务使适合状况,方能收到所望之效果。

八、协同之注意。此后各部队彼此应切实协同,务具有同舟共济之精神。如敌攻我一点,其他方面务乘机出击敌之侧背,以策应友军,借收协同作战之胜果。切实矫正保存实力、只图侥幸等错误。倘坐失协同夹击之良机,终必与友军同归于败。

九、在敌突破我阵地时,掌握联系之注意。

1. 第一线部队长如遇我阵地为敌突破时,务力求镇静,一意于任务之达成,抱与阵地共存亡之决心,确实掌握其部队。如无命令,不得擅自撤退。

2. 对敌快速部队(办法另案)。

十、步炮兵相互间之责任。

1. 步兵对炮兵(含战车、防御炮)应负掩护安全之责,因之关于炮兵之进退,以步兵指挥官之命令为主。

2. 炮兵负射击技术上之责任,其不能达到所期望之射击效果时,其责任应由炮兵负之。

十一、奉行命令之注意。作战胜负因素固多,而最大关键乃在命令之能否切实遵行为主,倘奉行命令不彻底,必遭失败,且有干军纪。兹申述如左:

1. 命令为统帅意志之表示,故服从命令者,为守军纪;不服从者,为犯军纪。

2. 命令必期于贯彻,故诚意达成其任务者,为守军纪;托词敷衍其任务者,为犯军纪。

3. 意志既已显明,命令有所未尽,则独断以成其意志者,为守军纪;推诿而拘泥命令者,为犯军纪。

4. 典范令之所载,职务之所在,皆命令也。竭诚以尽责者,为守军纪;疏惰以失职者,为犯军纪。

十二、必胜信念之确保。此后无论官兵,均须坚定意志,怀有我无敌必死之决心,抱必胜之信念,更不可有保存实力之卑劣心理。应以自力更生之精神,并以周到之计划与准备,以歼敌致果。务须具有守则必固,攻则必克之精神,争取最后之胜利。

〔二〕随枣会战

（一）敌我态势及我军部署

李宗仁致徐永昌密电

（1939年4月25日）

特急。徐部长：4793密。甲、鄂北方面：一、应山马、养、梗由广水增来敌约三四千号，由安陆增来敌约十八百。二、安陆养、梗由汉经花园开来敌十三师一部，约二千余，现共有敌约五千，安平路有敌千余。三、我一七四师派兵一部及游击队向平靖关、杨家店、应山一带之敌袭击，一七三师派兵一部向浙〔淅〕河、马坪、应山地区之敌袭击。乙、鄂中方面：一、敌骑四旅小岛少将梗率官兵一行在朱家场、泗港一带，沿河观测照相，罗汉寺放列重炮四门。二、钟祥敌情无新局。丙、鄂皖方面：一、鄂东麻城、宋埠、新洲、黄安等处之敌，确有一部转移鄂中黄岗、淋山河、花园铺等处，敌亦有少数溯江西上。二、接防鄂东之敌系由武汉或长江下游开来，闻系三二师团，确否待证。丁、巧、皓，九江由南昌退来敌约二万余，被我空军轰炸，死伤甚众，逃散官兵被我游击队及民众捕杀，皓敌亦杀我民众甚惨。除分报外，特闻。襄。李宗仁。参二。有。印。〔襄阳〕

蒋介石致李宗仁电稿

（1939年4月28日）

樊城李司令长官：○。第五战区敌军增兵，无论其为防为攻，我军应仍照预定计划进行。正面各部队更应利用气候、地形与民众等有利条件，分路出击，只要应用无孔不入之要领，继续不断予以打击，以粉碎其进攻之企图。而总预备队应仍控置相当地点，作为最后使用。以敌既增加重兵，则我军更应控置有力预备队为之备也。此时只重〔要〕第九战区能努力反攻，向武汉方面挺进，则敌当不敢进犯襄、宜。中已严令实施，希以此意明告各官长为要。各军抽调后方之整补部队，请兄不时检阅督练，如有所需之经费，请兄酌给报销可也。中正手启。俭。机。渝。

蒋介石致卫立煌密电稿
（1939年4月28日）

限三小时到。（有线）洛阳卫长官：有亥智电悉。○密。（一）第五战区敌人增加约二个师团。（二）第五战区以主力保持桐柏、大洪两山，系〔以〕迎击敌人，阻其西犯。（三）第一战区对于明、桐方面防务，应就该战区现有兵力，权衡缓急，妥为部署具报，本会别无兵可增。（四）盼督饬刘汝明军与第五战区确切协同作战为要。川。中○。俭巳。令一元勤。印。

张自忠致蒋介石密电
（1939年4月29日）

限即到。重庆委员长蒋：稔密。报告：（一）据五十五军、六十七军报称：敌机连日在荆钟路沿线更番轰炸，并以大批飞机狂炸荆门、沈家集、十里铺各处。艳日拂晓，又以敌机二十五架狂炸我中埠头一带河防阵地及冷水铺，并以重炮四门、山野炮十余门向我猛烈射击。同时以橡皮船载步兵约百余名，实行强渡，当为我守军奋力击退，现仍在轰炸并炮击中。（二）据七十七军报称：新集、洋梓一带之敌继续增加，昨竟日向我吉、刘两师阵地炮击，今晨以步炮联合向我进攻。我沉着应战，敌未得逞，现仍在对峙中。等情。谨

闻。职张自忠叩。艳巳。参战。印。〔荆门〕

刘斐致李宗仁密电稿

(1939年4月29日)

特急。襄阳李长官德公钧鉴：○密。此次敌向鄂西增兵，其进窥襄、樊企图渐趋明显。我军于随枣山地带内作坚强抵抗，先挫其战力，再求敌侧背而反击之胜利，当操左券。惟桐柏、大洪山地势扼要，为我随、枣、襄、樊良好据点，可以相互依托，进退自如，予敌威胁。为顾虑战况推移，我军除已于大洪山设置游击根据地外，并应于桐柏山内事先完成游击根据地之准备，以便尔后作战能有所依据，似宜及早筹维。管见所及，特贡采择。职刘○。艳午。元梧。印。

李宗仁呈送第五战区作战命令电

(1939年4月30日)

重庆委员长蒋：卅申参一翔电计呈。兹检附四月三十日战区作战命令全文一份，电请睿察。襄。职李宗仁。卅酉。参一翔。附四月卅日战区命令乙份。

极机密

第五战区命令

战区命令（四月卅日于襄阳）

一、不下三师团之敌，将以主力由淅河及其以北地区西向，有力之一部由钟祥附近北向，夹击我在襄河东岸之主力兵团。

襄河沿岸之敌，似仍属以骑兵为基干之部队，沿河防守。

我一、九、三各战区继续攻势顺利进展中，一战区并以孙集团主力在桐柏一带策应本战区之作战。

二、战区决以主力行攻势防御，粉碎敌之企图，长久保持襄河东岸地区，一部渡河攻击，竭力牵制敌之兵力，俾我主力之作战容易。

我廖集团约两师，并指挥沈、黄两部，主力向花园、广水间，一部向信阳西进，策应我主力之作战。

三、江防军除以二六军主力推进沙洋、十里铺、沙市间地区外，其他部署及任务仍旧。

河防部队应各派有力部队渡河攻击，在襄河东岸获得据点后，应竭力扩张战果，向血口、沙港方面侧击。王、金两部应全部渡河，向应城、瓦庙集间攻击，并截断京钟路，以牵制敌主力之攻击。

四、右集团军应竭力增强襄河东岸部队，以纵深配备，阻止敌之北上，掩护我左翼兵团之右翼。

河防部队除竭力防止敌由钟祥附近渡河外，应令其右翼军以有力之部队渡河攻击，向钟祥南方地区侧击，牵制敌之北进。

五、左集团军以一部守备现在之线，竭力阻止敌之西进，主力控置左翼，相机向敌侧背之广水、应山、马坪间攻击，同时其右翼军亦应向平林市、马坪间攻击，与廖集团西进部队呼应夹击之。

不得已时，可引敌深入，于唐县镇、环潭镇东方地区击破敌之主力，以挫折其企图。

与桐柏方面友军，应径取联络，并以一部对该方面自行掩护其侧背。

六、各集团及江防军之作战地境，除左、右两集团之地境，应由研子湾向后延伸，经双河、新集，至李家楼（枣阳、钟祥道上）外，余无变更。

七、二十二集团军为战区第二线兵团，以四十一军在唐白河及襄河西岸坚固工事，扼要防守，并准备策应右集团之作战。

四十五军集结指定地点，暂归李兼总司令品仙之区处，准备对洛阳店、平坝或黄家集、洋梓方面使用。

八、炮兵除已明令配属各军者外，其炮十六团及二十团之各一营，仍由董指挥官统一指挥，直属本部。但在双沟之炮十六团一营,应就近受一二五师长之区处。

九、长官部仍在原地。

司令长官　李宗仁

副司令长官　李品仙

传达法:

印刷,向传令军官分送。

徐永昌致何应钦蒋介石呈

(1939年5月1日)

查第五战区之敌连日不断增加,确有西犯企图。我军河防部队除在沙洋之四一师及在钟祥对岸之七四师尚堪一战外,他如许绍宗军及骑九师,战力均较薄弱。本部为防患于未然计,前曾拟以七五军(周碞)(周军防介山八十一军周祥初接替)或三六军(姚纯两师)推进荆门、当阳,签请钧座批示在案,迄今尚未奉批。兹据郭忏俭未电称:目下襄河防务薄弱,顾虑甚大,拟恳以七五军(周碞欠傅师)开河溶、当阳、董市一带控制,并加强该处工事,倘周军主力仍须留置江南,则请以十三师先开河溶,等情前来。查所称各节,确属实情,理合检同原电,恭请钧核。拟恳准如所请,以便遵循办理。所拟是否有当,伏乞批示祗遵。谨呈

总长何　　转呈

委员长蒋

附呈郭忏俭未电一件〔缺〕

〔刘斐签批〕:奉谕:调十三师过江北,归郭指挥。

张自忠致蒋介石密电

(1939年5月1日)

限四小时到。重庆委员长蒋:玉密。东辰令一元梧电奉悉。

连日敌在襄河东岸虽续有增加,而兵力大部北移,测其用意,似将以主力先攻我长寿店、丰乐河,再北进,以拊我枣阳之背,并由丰乐河一带强渡,直犯襄、宜。另以一部在钟祥方面助渡,一面在旧口等处施行扰乱。近据报,我吉、刘两师当面之敌,已增至步兵五千余人,炮廿余门,坦克车十余辆,自昨日起,即开始向我攻击,似此敌北进企图已愈明显。现除已【令】五十五、六十七两军以主力严守河防,并迅速抽调部队向河东侧击,以牵制敌之北进外,已令五十九、七十七两军主力悉数增加河东,以迎击北犯之敌,并以一部严守宜城、转斗湾一带河防,以备不虞。谨电奉闻。职张自忠叩。东戌。参战。印。〔荆门〕

军委会天水行营关于鄂豫方面敌情的综合判断

(1939年5月6日)

军事委员会委员长天水行营 { 民国二十八年五月六日
参谍综字第七号

鄂豫方面敌情之综合及判断

甲、鄂北及豫南。

一、李长官马、有、感、俭、东各电称:

1. 铣至巧,敌十五师团万余,骑四百,炮二十余门,由平汉路北开抵应山附近;马、养、梗三日,广水敌三、四千,安陆敌七、八百,均增到应山;巧日曾有敌高级司令乘飞机到应山。

2. 应山敌四、五千,感向马坪、淅河移动,至感日止,马、淅一带由应山、安陆增到敌约三、四千,坦克车十三辆,积极架设电话,修筑公路(查该方面敌为荻州第十三师团山田旅及原第三师团之一部)。

3. 荻州师团长率步兵二千余,骑六百余,梗日由汉到安陆,扬言增兵两师团,将进犯随、枣、沙、宜等地。

4. 安陆养、梗由汉经花园开来敌十三师团一部,约二千余,至有日止,该处共有敌约五千。

5. 安陆至平靖关路上原有之敌二千人,系舍田、藤木两部,近开广水。

6. 应山、浙河以北地区之敌,为第三师团(欠三十四联队,在信阳附近)及第十五师团之半部(他半部似尚在广水、花园附近);马坪、浙河以南之敌,为第十三师团(欠一一六联队,在三阳店附近)。

7. 鄂北方面之敌,似已准备完毕,有沿襄花公路及其北侧地区进犯随枣企图。

二、卫长官冬电:

豫南敌仍系第三师团之廿九旅团森冈部,近无增减,但应山方面新到敌二万人以上,闻尚有后续部队到达。原在应山以西之第三师团交防后,动向不明,似有进犯桐柏,威胁侧背可能。

乙、鄂东

一、李长官东电:

1. 四月敬午,有步、骑、炮联合敌二千余,由宋埠经黄安开至河口,有续向西开模样,该敌随带辎重甚多。

2. 接防鄂东之敌,系由赣北调来,番号为一零一师团。

二、廖磊寝、俭等电:

1. 前驻鄂北敌十三师团,有一部或全部开至武胜关以西。

2. 接防团风、新洲、李家集一带之敌,属十八师团高桥部队(该师团现在广州附近)。

3. 安庆敌近突增至四千余,大部系由长江上游开来(似系由战场退回整理者)。

4. 敌此次由皖中东北进犯,似有扫荡我大别山之整个计划。

丙、豫东、皖北。

一、孙桐萱俭、陷、东电及卫长官戡〔勘〕、支电:

1. 汴敌现约四千余,炮廿余门,及廿一师团之炮三联队驻此。汴新铁路已完成,于五月五日通车。敌廿一师团长鹫津巧日到汴,艳复乘机东去,闻系赴天津。

2. 淮阳之敌千余,于艳日开赴城东北之九里沟,城内尚有敌四百。该敌令淮阳维持会准备草料三百担,备敌骑开到使用。并迫使民众割去城外禾苗,修筑机场(查该敌似系 83R/21D)。

3. 柘城敌宥日增至千余,其一部五百余向鹿邑进犯(卫戡〔勘〕)。

4. 淮柘路敌汽车连日运输颇繁。

5. 商丘之敌至俭日止,已增至五六千,计有山檀、工川两联队。廿一师团主力,似移至商、柘、淮、太间。(孙俭)

6. 通、许、太、康、陈留敌各有数万不等(因来往运动不定)。

二、廖磊全午电:

敌伪共三千余,于有日由永、砀、商、鹿分途进犯,宥日攻占亳县后,又由砀、商增到敌伪共约万余,汽车二百余辆,坦克车三四十辆,其一部四百余,俭抵高公庙,另一部则抵古城,有直趋阜阳之势。(卫长官支电:亳县敌千余,冬未攻陷阜阳。)

三、伪《河南日报》载:敌之泽田(62R/21D)、河野(D21R 少佐/21D)、立古(K21R/21D)、高见(山炮 51R/21D)、今田、山田之各部队及津岛部队,在豫、皖、苏三省境地包围于学忠部。

丁、豫北。

一、四月下旬以来,新乡由北增敌夏元部三四千人,连同原有第十四井关师团部队,现约共有敌五六千人,并一部似已增往道清西段,井关部队有他移讯。

二、近来豫北之敌调动频繁,据卫长官部迭报,系敌换防。(另据报,敌将分犯晋东南或攻我游击部队说。)

三、焦、博敌近增至三千余,我庞军部队不时向敌袭击。泌阳附近宥、感等日陆续由东增敌二千余,合原有敌,共三千余,炮八门,汽车廿余辆,一部千余东晚一度攻占孟县,江午又转犯济源而占领之。

判　断

一、兵力综计:鄂境平汉以西、襄水以东及豫南之敌,为第三、

十三、十五三个师团及骑兵第四混成旅团(第十五师团似尚缺一部,在续增中)。此外,由赣北调之第一〇一师团,似即将接防鄂东。(以上共四师团、一骑兵旅团,将用于鄂境五战区方面。)其由豫东商、砀,经鹿、亳、阜阳,向豫南(大别山)运动之敌号称万余人,其番号似系以廿一师团部队为基干,及凑集徐、商等处伪军部队。至淮、太、汴及豫北道清沿线之敌,往返调动,似无大增加。

二、企图:五战区当面之敌,似在以主力沿随枣公路,一部由信桐公路进犯襄樊及南阳,以威胁我一、五战区之侧背,另一部(第一〇一师团)在鄂东方面,牵制我大别山游击部队。

此时阜阳方面敌人,将由信潢公路西进,似有策应鄂北、豫南,西进作战之模样。

豫东淮、汴之敌,似仍取守势。豫北敌人虚张声势,显系掩护其换防(第十四师团似有他移可能)。

(二) 会 战 经 过

李宗仁致蒋介石密电

(1939年5月2日)

提前。即到。重庆委员长蒋:东酉令一元梧电奉悉。稔密。谨将本战区第一线各师及控置部队位置汇报如次:甲、左集团。(1)三九军之三四师占领云雾尖迄雷家畈之线,五六师占领古城畈、谢家店、贯庄店迄太子山之线。(2)八四军之一八九师占领小朱家湾、大张家湾迄槐树湾之线,一七四师占领槐树湾迄高城之线,一七三师占领万家店东岸两侧地区高地。(3)十三军之李、张二独立旅占领高城迄天河口市之线,主力控置于唐县镇、唐王店、太山庙镇、青苔镇附近地区。(4)八五军全部控置于鹿头镇、远家堂、吴山店、马家集附近地区。乙、右集团。(1)六七军之一六一、一六二两师任姚家集至王家巷集间河防,一部向旧口出击。(2)五五军之二九师任王家巷集至沿山头间河防,七四师集结冷水铺附近,准备接替骑九师沿山头至桐木岭间之河防。(3)一三二师主力在邹家咀、转斗湾间占领阵地,一部推进于丰乐河。(4)三八师主力任李家营、宜城间河防及宜城守备,一团推进于流水沟。(5)三七师占领薛家集、张公庙、火神庙之线。(6)一八〇师占领杨家岗、楼子庙、罗家坡、三里岗之线。(7)骑九师俟五五军接替沿山头、桐木岭间河防后,集结朱家埠、双河口间地区,准备接替一二二师防务。(8)四五军之一二二师占领乌龙山、周家集、板顿坡、笔架山之线,俟骑九师接替防务后,向朱家集、长冈店、茅茨畈附近地区集结,一二七师已由高城、天河口市,向长冈店附近集结中。(9)一七九师【于】南漳附近整训。丙、(1)二六军之四一师任沙洋、张家场、长脑渊间河防,三二师【在】沙市、官当、拾回桥,一部【在】监利,四四师【在】十里铺附近地区,一部【在】傅家场。(2)四四军之一四九、一五〇两师,任东荆河、张家场至新城市间河防。(3)七五军之第六、第十三两师在宜都附近地区,预四师【在】公安。(4)九四军之第五五、第一二一、第一八五各师集结宜昌附近地区。丁、四一军之一二四师集结宜城附近,归张总司令之区处;一二五师仍任唐白河两岸地区之防务。谨复。襄。职李宗仁。冬申。参一翔。印。〔襄阳〕

李宗仁致蒋介石密电

(1939年5月6日)

特急。渝委员长蒋:紫密。综合情报:甲、鄂北方面:一、殷家店、高城被千余之敌占领,有继续进犯天河口模样,我九八师、独立第二旅正向该敌攻击中。二、我塔儿湾一带前进阵地,自冬辰起,敌约千余、炮数门,并以飞机掩护及使用毒瓦斯,守兵浴血抗战,牺牲殆尽,微日忍痛放弃。三、敌似以一部向北延伸,吸引我主力于天河口方面,以主力由高城【以】南地区,企图中央突破。乙、鄂中方面:一、鱼敌千余猛攻长寿店未逞,另一部步骑五百余,鱼午到流水沟,一部二百余由三里岗以东地区窜至白路坎、埂口一带,经我反攻后,现向东逃窜中。二、汉宜路敌已北移,杨家湾、李家集、郑家集,均经我收复。三、应城、皂市一带,据报到,有敌后续部队西进中。丙、鄂皖方面近日长江敌铁板船运大批军品往汉,同时有敌机百架飞汉。除分报外,谨闻。襄。李宗仁。参二。鱼。印。〔襄阳〕

刘斐致徐永昌等签呈

(1939年5月7日)

一、据肖军长知〔之〕楚电称:襄河东岸罗汉寺、多宝湾迄岳口之敌已完全撤退。判断敌之企图,似系缩短阵地,集结于京山、钟祥间,以策应其襄花路之作战等情。查第五战区之敌,虽迭据情报,有于应山、广水间积极增兵,进窥我襄、樊之模样。但综合当方情况,及肖军长来电判断,敌之兵力仍属薄弱,难于分配。即如罗汉寺、多宝湾等沿襄河左岸要点,为敌翼侧〔侧翼〕屏障,可以牵制我襄河西岸荆沙方面兵力之转用,及进窥荆、宜,策应敌主力之作战。如非兵力单薄,决无放弃之理。今既退守京钟间地区,掩护其侧背,则其兵力不足,尤足证明。

二、查第五战区目前已成外线作战有利态势,且掌握汉水东岸地区有利地形,似应乘机先以河防部队两三师兵力,向汉宜、京钟两路出击,牵制襄花路方面之敌,尔后第五战区左、右两集团全线开始反攻,仍令廖磊西进部队积极拊敌侧背,当可予敌以严重之打击,并以孙连仲集团控置于南阳、桐柏间,巩固侧背,必可收获甚大成果。

〔徐永昌签批〕:左、右两集团反攻部队,仍照前次办法使用一部,较为稳妥。提会报核定。

三、如在以上状况之下,万一我军攻击不能收到预期效果,然仍可退守桐柏、大洪山有利地形,固守阵地,亦不致招致意外之失败,并可与第九战区之攻势相呼应,牵制敌兵力之转用。但采取攻势,对于部队之损失,比较稍大。然如采取防御,受敌攻击而应战时,亦不能减少损失也。

所有以上缘由,是否有当,理合签请钧核示遵。

谨呈

部长徐

次长熊

次长刘

张自忠致蒋介石密电
(1939年5月8日)

提前。渝委员长蒋:物密。报告:(一)据一八零师欧师长报称:当前之敌以优势兵力,五昼夜以来,向我猛攻未停。因飞机、炮火轰炸过烈,致阵地悉为摧毁,赖我官兵舍死争夺,往复血战,致迄今尚阻该敌于马服集以南地区,惟伤亡颇重。虞早后敌复增加战车六辆,向我猛攻猛扑,刻尚在激战中。(二)据吉师长报称:连日与步炮联合之敌约两千余人彻夜激战,双方伤亡奇重,我干部牺牲尤多,刻尚在姚家集以东与敌血战中。刻我一三二师之张团,现正由贺家集向洋梓、长寿店攻击,我五五军即派两团,由沿山头方面渡河北进。职现亲率三八师之两团渡河,攻击北窜之敌,如任务不能达到,决一死以报钧座。职张自忠叩。齐巳。印。〔荆门〕

程潜致蒋介石等密电
(1939年5月12日)

重庆委员长蒋、何总长、徐部长:猷密。顷由各方所得五战区情况如左:(一)襄河以东至信阳一带之敌系第十三、第三师团部队。(二)东桥(钟祥东)附近敌约三联队,虞分向马家集(长寿店北)我张自忠部阵地进犯,一部齐日攻占兴龙寺(枣阳),佳日窜至杨家当(枣阳北),敌主力仍在宜城东,与我张部激战中。(三)佳未,杨家当之敌骑四五百及伪军一部进占新野,同时新野东之胡集镇发现敌情。(四)新野之敌灰日增至千余人,灰日由本行营电令邓(县)、内(乡)、镇(平)三县别廷芳所部自卫军三团攻击,于本真下午将新野收复,现在新野东对战中,事后恳钧座加以奖励。(五)我卅师刻在唐河以南与敌接战,卅一【师】在独树镇(方城东北),第十七【师】之一团灰在陕县西北,四四旅约于元日,卅一及第十七师约于文日可到南阳。(六)我六八军仍在唐河,桐柏为我李师驻守。(七)我四五军在唐河县东,李副长官品仙刻在南阳南四十里。(八)我汤恩伯部主力约在天河口附近,第四师之一团在桐柏南,已与刘汝明部取得联络。(九)第三十九军现似在应山一带。等语。陕。程潜。文子。行清穆。印。〔西安〕

军令部拟定第五战区作战指导方案

(1939年5月12日)

第五战区作战指导方案

方　　针

第五战区以消耗敌人战力之目的,对由钟祥向北突进之敌,先予以严重打击,务求保持汉水以东地区。

如状况万不得已时,则以一部留置大洪、桐柏两山脉,牵制敌人主力,转进南阳及襄、樊西北迄南漳、保康一带地区,阻敌深入,屏障西安、汉中,并掩护江防军之左翼。

要　　领

1. 先以汤恩伯、覃连芳二部,由枣阳以北山地,协同张自忠侧击向西北进之敌,状况不得已时,主力转移于南阳及枣、樊以西,至老河口迄南漳、保康间山地,确保通西安、汉中各要道,并以机动作战,随时予敌以打击。

2. 大洪、桐柏山游击部队应断敌交通,袭击向襄樊突进之敌侧后,方使其陷于困境。

3. 鄂东游击部队与进出于汉宜路各部队,仍积极与桐柏、大洪山游击队相呼应,向敌侧后不断袭击。

4. 孙连仲集团主力集中新野、邓县间,一部留置南阳,策应第五战区之作战。

5. 江防军主力仍守襄河右岸原阵地。

处　　置

1. 已令汤集团及覃连芳军先于枣阳以北占领由北向南阵地,侧击向西北突进之敌,于状况不得已时,覃军转向老河口以西地区,汤部向南阳附近地区转进。

2. 已令刘汝明、刘和鼎两军占领桐柏山、大洪山游击根据地,担任游击。

3. 已令张自忠部于状况不得已时,转进汉水两岸,担任河防,并协同江防军阻敌渡河,并准备以南漳附近山地,作尔后游击之根据地。

4. 已令孙震部于必要时转进在保康方面,任对襄、樊方面之游击。

5. 已令孙连仲集团,以主力集中新野、邓县间,一部控置南阳附近。

6. 其细部已电李长官部署具报。

7. 拟令廖磊西攻部队及江防军之丁治磐师、廖震军、王劲哉师、金亦吾部,仍积极向敌侧后不断袭击。

8. 已令鄂陕川边区警备司令祝绍周,以两团开草店、均县,两团开白河地区附近控置。

蒋介石致程潜李宗仁等密电稿

(1939年5月12日)

限三小时。(联衔)西安程主任,老河口李司令长官,南阳李副长官、孙副长官,唐河汤总司令:4457密。(一)张自忠刻亲在襄河东岸指挥二神庙、丰乐河、陈家集、亭子山、方家集、峪山之线我军,猛力侧击向北突进之敌,迭有斩获,战况顺利。(二)已令郭忏分别派遣有力部队,向汉宜路、京钟路之敌侧击,截断敌后方交通。(三)已令廖磊督饬西攻部队,向信阳附近铁道沿线攻击,牵制敌人。(四)各该部对于突进至湖阳镇、新野之敌,应沉着应战,负责予该敌以严重之打击。(五)各该部与李长官通信联络未恢复以前,着暂归程主任直接指挥。川。中〇。震酉。令一元梧。印。

蒋介石致张自忠郭忏密电稿

(1939年5月12日)

限三小时到。宜城张总司令、宜昌郭司令:物密。(一)由钟祥方面突进之敌,有包围我左集团之介图已经显明。(二)现我孙连仲部在南阳、唐河附近,汤恩【伯】部主力在天河口附近,与敌战斗中。(三)步炮联合之敌二千余,灰日由信阳方面西进,进犯月河店,经我刘汝明部痛击,毙敌高级指挥官以下千余人,获炮一门,现正向该方面之敌续攻中。(四)张自忠、曹福林、许绍宗、肖之楚各部已经渡河,各部队应协同陈鼎勋、刘和鼎部积极攻击敌人,协助主力方面之战斗为要。川。中〇。文酉。令一元光。印。

李宗仁致蒋介石密电

(1939年5月12日)

即送即到。重庆委员长蒋:玉密。综合战报:(一)江防军河防部队之一江部〔部江〕已渡河,向天门、皂市、托〔永〕隆河攻击中。(二)五五军之渡河部队将郑家大台子、新店铺、张家集之敌击溃后,续占肖家店。刻以一部向朱宝大桥、张家湘之敌攻击,大部向沙梓前进中。(三)灰申,敌千余增援陈家集前进,被我三八师击溃,毙敌参谋长一员,获驮马四十余。(四)八四军到达唐河、枣阳间地区。(五)汤恩伯灰电:敌第三师团主力被我击溃后,阳日起增援五六千,三日来连续向我江头店阵地猛攻,均被击退。刻第四师主力及九一师全部,正向敌袭击反攻中。又,一周来,(18)、(34)两联队被我歼灭过半,我各师获轻重机枪十八挺,步枪二百余,骡马四十余,我伤亡千余。等情。已饬该集团即日与敌脱离,向新野附近转移。上各项谨闻。稿。职李宗仁。文戌。一翔。印。〔石化街〕

程潜致蒋介石电

(1939年5月13日)

重庆委员长蒋:兹致汤恩伯、张荩臣、卫俊如一电,文曰:史密。极机密。(一)唐河迤南之上屯镇、张店镇、郭滩镇、涧河镇、祁仪镇等各地,共有敌步兵约二万余。(二)孙仿鲁部即由南阳、唐河地区向南攻击,左翼与汤集团军确取联系。(三)汤集团军应与孙仿鲁部确取联系,向西南方向攻击。(四)张荩臣部以主力向枣阳附近地区攻击前进,与汤、孙两部协力夹攻唐河迤南地区之敌,其余即向钟祥附近攻击牵制之。(五)刘汝明部主力拒止由信阳西进之敌,力予截击;其驻西新集附近之部队,应协力汤军向西攻击。(六)九十四军郭忏之一部应速向京钟路前进,策应各该部。(七)电到后应即刻开始攻击。谨闻。职程潜。覃申。行清符。印。〔西安〕

李宗仁致蒋介石密电

(1939年5月17—21日)

(1) 5月17日电

重庆委员长蒋:庭密。沪讯:(一)敌军作战计划,因受我军反攻影响,确已改变。华中最高指挥官山田乙三前认为扩大武汉外围线至汉水东岸之钟祥、岳口一带,武汉即可无威胁之虞,故将主力移攻南昌,并拟一举而攻下长沙。但南昌攻下后,我军全线总反攻,不惟打击敌人【攻击】长沙之计划,而且敌军根据地之武汉,遭五战区之反攻,实受极大之威胁。故山田乙三现又坚主先攻略襄、樊、宜、沙,再攻长沙。(二)敌此次增援鄂中部队统计二师团,系由驻伪满之六十守备司令区抽调一联队或两联队混合编成。(三)敌军对随、枣正面作战之主力部队,番号为嘉藤、金田、爱甲、铃木、高野、中山、澄田等七个联队。(四)敌军已编陆军航空队七队,专炸襄、樊、宜、沙及随、枣一带。谨电呈察。职李宗仁。篠戌。参二鸣。印。〔谷城〕

(2) 5月18日电

特急。重庆委员长蒋:物密。据汤总司令删亥电节称:本集团虞日将刘家河以东地区敌第三师团之十八、三四两联队主力歼灭过半。是晚复袭江头店,亦毙敌千余。该敌续增援步兵七千,炮十余门,坦克车二十七辆,企图向我左翼迂回,均经我击退。佳辰奉令:以桐柏山为依托,侧击西进之敌。当即转饬张、王两军,于佳晚转移唐王店、太山庙、刘集〔家〕河、江头店之线,占领阵地,确保江头店隘口,拒敌北进。并各派一部向南出击,牵制敌之西进。是日枣阳失陷,敌集全力分向我唐王店、太山庙、刘家河、江头店攻击,均经我张、王两军击退。另枣阳之敌继向北犯,桐柏方面之敌亦节节西进,即决定以王军李师及张军两个独立旅,归张军长指挥,以桐柏山脉为根据,发动游击,牵制西进之敌,主力于灰晚向唐河转进。真午,张、王两军主力于三和〔合〕店、涨山、新集〔山〕、新糜、西新集、平氏附近,受敌夹击。经该两军奋勇迎击,迭予重创,毙敌千余,获轻机枪七挺、步枪数十支、乘马廿余匹、防毒面具三百余个。是时因唐河失陷,即转向泌阳转进,于寒日该两军主力已陆续到达泌阳以北地区集结收容。总部于铣日移驻舞阳。等情。谨闻。谷。职李宗仁。巧午。参一绵。印。〔谷城〕

(3) 5月21日电

限三小时到。渝委员长蒋：嵩密。合酉、霰酉两令一元光电奉悉。谨遵意旨部署如次：1.突入豫南及唐河沿岸之敌，纷向随枣公路及其以南撤退，现围攻我大洪山游击部队中。判断敌已放弃北向南阳之企图，俟大洪山肃清后，或西占襄、樊，或由钟祥及其以南渡过襄河，略我宜、沙。2.战区拟以主力固守唐河及襄河沿岸，补训部队，准备尔后之作战，但豫南部队应随时准备向南侧击。3.江防军除派一部接四四军防线，使取捷径向荆门附近归制外，其江防、河防之任务仍旧，并应控置有力部队于河溶镇、十里铺一带，对【付】突进西岸之敌，准备掩护宜、沙。又，河东据点应常久保持，详侦敌之动向及企图。4.右集团军应以二九集团军（四四军归制）及三三集团军主力扼守襄河西岸，控置有力部队于荆门、快活铺等地，从速整训，以备策应钟祥、曰〔旧〕口及江防军方面作战，仍以小部在河东岸游击。5.二二集团军守备唐河及小河以北之襄河西岸，十一集团军在光、谷一带整训，并增强襄河西岸要点工事，统归李副长官品仙之指挥，为左集团军。对唐河及襄阳附近襄河东岸地区，应派有力部队游击，详侦敌之动向及企图。6.孙、汤、刘各部归孙副长官之指挥，为豫南集团军，除刘部在桐柏附近，向信阳、长台关之敌，张轸部在桐柏以南，向随县、应山之敌游击外，汤部主力在镇平、内乡，从速整训，必要时应推进邓县附近，准备与在唐河、新野一带之孙部协力，向南攻击由枣阳附近西进之敌。7.战区长官部在均县，暂置指挥所于石化街。上各项除分令外，谨电呈察。谷。职李宗仁。马巳。参一翔。印。〔谷城〕

李宗仁致徐永昌密电

（1939年5月21日）

特急。重庆徐部长：4457密。沪报：（一）我军全线总反攻，击破敌军之总作战计划，不惟进攻长沙之计划受打击，而且到处反攻,牵制敌之兵力甚大,遂使手忙脚乱,到处无兵可调。现华南、华北、华中之敌军最高指挥官正在急电敌军部请援兵,敌军部深感全线受制,百孔千疮,顾此则失彼,实感难于应付,现正从新调整总作战方针。(二)敌称我军此次总反攻,分散敌方兵力,确收伟大效果。惟驻南京、苏、常、芜湖一带之部队当可抽调,已分别增援长沙〔江〕上游,并调六千余人增援华南。特闻。襄。李宗仁。参二。马。印。

李宗仁与蒋介石来往密电

(1933年5月)

(1)李宗仁密电(5月22日)

限即到。重庆委员长蒋:驾机渝电奉悉。嵩密。谨将此次战斗经过概陈如次:(一)左集团当面之敌,东、冬两日向八四军正面猛攻,并由万家店方面北进,与十三军在高城、刘家河、殷家店以东地区接触。江、支两日,敌大部陆续北进,战况惠烈。同日塔儿湾、官家寨受敌猛攻,先后失守。八四军之两师移守周家湾、竹林湾、高庙坡及其南北高地之线。微、鱼、虞三日,十三军及八五军之一部在段〔殷〕家店、刘家河、天河口,八四军在肖家湾、草庙、紫檀寺、七姑庙附近,歼敌颇累,我亦伤亡甚重。此际右集团方面,受钟祥北进之敌猛烈压迫,长寿店被敌突破。虞、齐两日,敌由张家集、马家集、垭口、流水沟分路窜抵田家集、分水岭、关门山、新街、方家集、黄龙一带地区,并有一部进抵枣樊路上宿营,状况突趋变化。(二)经饬于齐西变更部署,令张集团竭力牵制敌之北进,左集团以桐柏山为左翼依托,变换向南侧面阵地夹击突进,并拒止北进之敌。虽由张总司令亲督各部,在襄河东岸向敌侧击,然以敌之大部已突入唐河、新野一带,兼以各部颇受损失,卅一集团及八四、四五两军陆续突围,向泌阳、南阳转进,现已到达镇平、内乡及光化、樊城间集结整理中。(三)此次钟祥方面在战前虽曾顾虑敌之突入,计划以四十五军集结茅荐〔茨〕畈附近地区,准备策应孙集团之作战。然以一二七师俟十三军交防后转移较迟,临时以襄阳一二四师向宜城增援,又未得力,而张集团于前次钟祥战后,实力已减,致未能拒止敌之北进深入。惟我部署未周,致敌得逞,除各部奖惩另电呈察外,拟请予职以处分,以资惕勉。谨闻。谷。职李宗仁。养午。参一翔。印。〔谷城〕

(2)蒋介石密电稿(5月28日)

特急。老河口李长官德邻兄:养午参一翔电悉。○密。此次随枣之役,暴敌冢突北进,狡焉思逞。吾兄指挥若定,动合机宜,终予敌以意外莫大之打击,使其狼狈退窜。正念贤劳,所请处分一节,应毋庸议,仍望为国珍重,争取最后胜利为盼。川。中○。俭未。令一元梧。印。

张自忠致蒋介石密电
(1939年5月22日)

提前。即到。重庆委员长蒋:物密。马申令一元梧电奉悉敬遵。谨将职部部署报告如次:(一)以二十九集团军任姚家集至太山庙之河防,控置强大者于荆门附近,随时策应江防军旧口、钟祥方面作战。(二)以泽部〔55A〕任太山庙(含)至刘家营之河防,控置有力部队于冷水铺附近。(三)以盘部〔79A〕任刘家营(含)至倒口之河防,控置有力部队于快活铺附近。(四)以绥师〔9KD〕及常师〔38D〕任倒口(含)至宜城北小河之河防。(五)以辰师〔130D〕及一七九师为总预备队,于武安堰、南漳一带收容整顿,随时策应河防部队之作战,并构筑阵地,必要时向前推进。除饬河防部队极力加强工事,保持河东据点,分派小部游击,控置部队积极整训准备作战外,谨复。赤。职张自忠叩。养酉。参战。印。〔龚家湾〕

蒋介石致李宗仁密电稿

(1939年5月25日)

(1)

特急。老河口李长官:养午参一电悉。○密。所请以曹、周、肖三军于荆门以南迄建阳驿以北施行决战一节,除周嵒军须俟第九战区派部接防后,仍移置当阳附近,尔后策应荆、沙、宜昌方面江防军之作战外,余可照办。川。中○。径午。令一元梧。印。

(2)

限即到。谷城李长官:物密。一、随、枣一带敌大部均已南撤,我为牵制敌兵力,使其不能进窥荆、宜,或转移其他战区,并疲惫敌人计,着孙震集团以主力(至少两师)推进随县附近地区,与张轸、刘和鼎军相协力,扰袭敌人。如察知敌再行真面目之攻击时,即本既定方针,引敌深入,由侧背予以痛击。二、所有第一线部队应不断以小部袭击敌人,与敌保持接触,侦察敌情,应严厉督促实施。以上二项,希遵办部署具报。川。中○。有申。令一元光。印。

李宗仁致蒋介石密电

(1939年5月25日)

重庆委员长蒋:嵩密。情报:(1)敌军冈村中将事前夸称,此次攻击襄、樊之战略极为巧妙,先以新增援之两师团主力,使用于大洪山与平汉线以西之地区,吸引我军主力于桐柏山与大洪山之间,然后采取两翼之大包围,左翼由钟祥沿汉水向北挺进猛攻,另以两联队编成迂回兵团,由信阳进逼桐柏,企图一举歼灭我五战区之主力。敌军部对此计划迭电嘉许。现冈村因受我军之猛烈抵抗,并能活用机动战术之攻击,未能于五月删日以前之限期内成功,且受极大之损失,恼差〔羞〕成怒,除一面请兵增援外,并将过失归罪于右翼兵团迂回不力及左翼兵团之攻击动作迟延,不能达到战略上之任务,业已电军部请求撤两翼兵团之指挥官。(2)敌军在华中作战之一一六师团之回田与植田两联队,因损失惨重,已于巧日调沪整补,现分驻于沪杭线上海近郊。谨闻。光。职李宗仁。有戌。参二鸣。印。〔老河口〕

(三) 战 斗 总 结

军令部关于第五战区随枣会战经过的总结报告

(1939年5月)①

第五战区作战经过概要

自四月三十〔一〕日至五月十八日

(一) 战前敌我概况

长江左岸鄂境之敌为 3D、16D、13D 及 4KB,自夺取京山、钟祥,改取守势。继遭我四月攻势,敌我损失均重。我军尚领有大洪、桐柏两山,系汤集团六师生力军,控置枣阳东南,有威胁汉口之形势。五月上旬,敌补充似已完了,为巩固武汉外围,乃有进犯随、枣,攻我主力之动机。

战前所得之情报及战区之报告概况如左:

1. 四月廿三日,汉口篠谍电:由铁道、汽车及徒步开鄂西北之敌,约四万三千余,炮一百六十余门,各种车辆二七八九辆。

2. 李宗仁四月感参二电:敌13D荻州师团长率步骑二千六百余,于四月廿三日到安陆。其应山、淅河之敌,为 3D、13D 大部二万人,似有企图。

------

① 原件无时间,系据文意判断。

3. 李品仙四月径申电：应山、淅河间为敌三师团（欠34R），近由花园、广水方面，增加万余人，为田井、森川两部，其番号续探中。十六师团9R在三阳店附近，有大举进犯模样。

4. 李宗仁五月参二东电：应山、淅河以北之敌，为3D（欠34R）及15D1/2；淅河、马坪以南之敌，为十三师团（欠116R，在三阳店附近）；15D其他半部，控置花园、广水间；16D之30B及20R一部，在钟祥、洋梓附近；其19B主力，在东桥、京山、皂市一带地区；骑四旅团在汉宜路南北地区（如附图一）〔略〕。

综合以上情况，第五战区之判断及处置：

1. 李宗仁四月径午电（附原电）以战区会议结果，证实敌之行动，确定作战指导方针及处置呈核。其原电如后：

委员长蒋：敬令一元辰电奉悉。战区各方情报，敌已到达花园、广水、应山、安陆一带者，约一师以上，一部已与马坪、淅河之敌向平坝【进犯】。三阳店及东桥、钟祥各地亦增兵，每地千余人，是敌向本战区正积极行动，已甚显然。昨今会议束结〔结束〕，决以长久保持桐柏、大洪两山地带，以攻为守，予敌以打击为方针。处置如下：(1)十三军向唐县镇、唐王店、青苔镇、太山庙间地区集结，一部在天河口市至高城间任务掩护，对预备向我高城两侧攻击之敌主力，攻击其侧背。(2)五五军在十三军左翼后之鹿头镇、远家堂、吴山店、马家寨间地区集结，准备对桐柏方面，掩护我战区左翼，并与十三军联络，逐次推进，向敌侧背攻击。(3)集结四五军于芳〔茅〕茨畈、朱家集、长岗岭间地区，策应左集团之右翼（三九军方面）及右集团之左翼（东桥、洋梓方面）。(4)推进廿六军于沙市、十里铺、沙洋间，而以四十一师移潜江以东地区，督饬王劲哉、金亦吾两部，渡河北进，侧击汉宜公路之敌，牵制其渡河。(5)其他各部，仍任原防，前方已得据点，仍须切实保持，且常袭击，以迟滞其攻击准备。河防部队，仍应派部向河东出击。除上五项外，桐柏方面空虚，战区左翼后及南阳方面，顾虑颇大，可否令卫长官饬孙集团仍速南移,使坚固桐柏以东之防线,且威胁信阳。另以其他部队接河防,则不但一、五战区接合部可以巩固,而卅一集团之侧背,亦可全无顾虑,使达到予敌以打击之希望。已径商卫长官,请早日决定,从速移动。再,已令廖集团不顾一切,增加正规军至两师,并指挥沈、黄两游击队,猛烈西犯〔进〕。以上各项,为巩固随、枣目前之处置。惟敌既以主兵西进,势必欲攻略襄、樊,然后转移兵力,指向南阳或大江上游。上项处置是否有当,及以后作战方针如何,统乞迅予核示为祷。襄。职李宗仁。径午。参一。印。

2. 李品仙五月冬酉参二电:敌情判断:本集团当面之敌,其主力已集结马、浙一带,似有沿襄花公路及南北地区西犯。

大本营前核李长官三月份迥酉参一绵代电暨作战计划时,为对第五战区尔后战况起见,曾于四月三日看酉令一元勤电复李长官:对汤集团应作机动部队,须呈候本会核准,方得使用,去后。复据第五战区徐参谋长祖诒四月元未电军令部次长刘斐,请求使用控置部队之一部。其原电如下:

刘厅长为章兄:稔密。本战区上月感、俭两日,令各部队施行威力搜索。本月齐日起开始反攻以来,逐日战况,谅均阅及。顷接沪讯,敌对我左翼集团,将有采取攻势,拟进占随、枣,迫我退襄河西岸。近日前方,亦以敌到处增长反攻,我军仅勉维现状。两日来少显著之进展,而双方争夺,死亡均巨,但补充之迅速,我不如敌,逐日损耗,难乎为继。数日以后,或将维持现状而不可能,则有影响本阵地之虞。惟随、枣依托桐柏、大洪两山脉,进战退守,均极便利,战略上关系,似十百倍于京、钟。苟或不守,不仅本战区尔后之作战困难,襄西不产粮食,数十万人,将成饿殍。且南阳之右翼侧暴露,敌可旦夕进占,影响甚巨。战区至不得已时,自当放弃攻势,竭力维持原有阵线,以直接掩护襄、樊,使敌不敢贸然渡襄河,间接掩护豫西。但战区自京、钟战后,右翼兵团之实力大损;左翼兵团兵力,依此次反攻测之,殊感不足,消耗后更将薄弱。万不得已时,是否可使用控置部队之一部,支援该方之战斗,或无须死守此次占领之一点一线,以维实力。请通盘筹划,早示方针,以资准则,无任盼祷。弟徐祖诒。元未。印。

当即电复如下:

特急。襄阳长官部徐参谋长燕谋兄:元未电敬悉。○密。贵战区出击以来,捷音频传。吾兄帷幄功高,钦迟无已。此次贵战区出击目的,一在予当面之敌以重大打击,二为策应各战区之攻势,使敌顾此失彼,并非与敌争取某点某线之得失。故此次新占之点线,如因战况推移,自无坚决固守之必要,正如来电所云,能保大洪、桐柏山之战略要地足矣。至控置部队,委座为准备长期战争,及策应贵战区与第一战区危急状况时之事先部署,故坚决不准轻易使用。亦正如尊见,该方面最后亦须能保大洪、桐柏山之战略要地也。弟刘斐。寒西。元勤。印。

本部迭据各方情报及李长官径午参一电,知第五战区敌人增加属实,虽不能断定为消极增援,抑为准备进攻。惟其主力既控置襄花路,似有准备。敌以有力一部,由汉宜路进犯,主力沿襄花路进犯之企图,并顾虑钟祥北侧,及渡襄河窥沙、宜之各种可能行动,故于四月廿六日(寝酉令一元勤)电复李长官。其处置摘要如次:

1. 第五战区以主力保持桐柏、大洪两山地带打击敌人,阻其西进之方针,同意。

2. 以26A(肖之楚)之三十二、四十四两师,控置于十里铺及五里铺,作河防预备队。

3. 汤恩伯集团可在襄花方面,为战区总预备队,使用时机,不可过早。

复于四月廿七日,以感巳令一元勤电刘汝明及李长官,应精诚协同,对当面敌情努力搜索,相互通报,务使前〔全〕盘战局趋于有利。又,前据第一战区卫长官三月元酉智电呈作战计划,经于三月廿日誓午令一元勤电饬修正在案。对于明(港)、桐(柏)方面之作

战指示,摘要如次:

刘汝明军应以主力控置于桐柏西北地区,如敌果由信阳西北进犯时,应努力迟滞敌人,掩护第五战区左翼兵团向南阳方面之转用,以有力一部,在明港附近警戒。

(二) 战斗经过

甲、鄂北方面

四月三十日,在鄂北敌第三师团即由郝家店、徐家店之线,向我出击部队张、钟两师(173D、174D)反攻。迄五月一日,敌陷吴家店、泉口店及万家店各地。我张、钟两师乃转进主阵地于塔尔〔儿〕湾附近之线,敌跟踪续犯。我汤恩伯集团于五月二日奉战区令,向东推进,增加第一线。汤恩伯虞巳电报告摘要如后:

1. 张轸、王仲廉两军奉命于冬日向东推进。

2. 张军以吴、张两师(89D、110D),占领三径观、高城、土门冲、殷家店之线,占领阵地;王军集唐王店、太山庙、青苔镇一带地区。

五月二日,敌约步兵三千、炮十二门,并依飞机掩护,向我吴、张两师(89D、110D)阵地猛攻,经我迎击,迭予重创,先后毙敌一千。另有敌三千余,向塔儿湾附近阵地猛犯,与我173、174两师发生激战。斯时李副长官品仙,鉴于敌主力已逐次展开于淅河南北之线,判断敌总攻在即。为尔后出击起见,所召各部江亥参命令如次:

1. 十三军(张轸)即派有力部队,先将阵地前之马鞍山、三家寨附近之敌驱逐,并以寨子河为中心,将各山区隘路要点确实控制。

2. 八十四军(覃连芳)固守主阵地,待机转移攻势。

塔儿湾附近敌我展开血战甚烈,并往复争夺。敌施放毒气六七次,我一七三、一七四两师伤亡甚重,敌于蒋家河畔,亦陈尸累累。塔儿湾失而复得者六七次,卒于五月四日陷于敌手,高城亦迫放弃,我军遂转进蒋家河西岸。迄五日晨,敌约一联队进至天河口东南白庙之线,与我十三军接触激战。据李副长官歌辰电综合观察,敌似有一部延伸吸引我主力于天河口市方面,同时以主力由高城以南地区行中央突破,向左右席卷。至六日,敌我于厉山迄江家河之线激烈血战,敌我伤亡甚重。(附图三)〔略〕迄七日,以张自忠集团方面战况不利,敌有绕攻我左集团侧后之顾虑。据李长官佳巳参一翔电,所拟处置摘要于后:

1. 左集团军仍以39A(刘和鼎)于大洪山担任游击外,主力速变换正面,以桐柏山为左翼,对随枣公路成侧面阵地,牵制西进及阻止北进之敌,不得已八十四军向唐河、白河以西地区转移,汤集团向新野转移,切实与第一战区友军联络。

2. 右集团军(张自忠)仍极力夹击北进之敌后,〔向〕乘机向宜城、襄河转移,归还建制。

大本营总合各方情报后,悉钟祥以北状况恶化,为使左集团尔后安全,拟对轻举妄进之敌以严重打击。丁五月九日,以佳午令一元梧电,令李长官之处置如下:

限三【小】时到。襄阳李长官:〇密。(甲)钟祥以北情况既趋变化,希即叉筹对策,予轻举妄进之敌以严重打击,牵制敌人于汉水以东地区。如状况万不得已时,须照下列要旨部署实施:(一)刘汝明、刘和鼎两军,仍留置桐柏、大洪山内,担任游击;(二)汤恩伯集团可转进樊城迄老河口地区,覃连芳军转进至老河口以西地区;(三)张自忠集团转进襄河布防。(乙)已令孙连仲集团先在南阳集中候命,其余可斟酌处理,具报为要。中正。佳午。令一元梧。印。

同时并以青令一元梧电卫长官及孙连仲,饬孙连仲部先在南阳集中,并以一部布防候命。

经大本营重加考虑,复于五月十日再以蒸酉令一元梧电李长官,饬将前电更正,并补充数点。其原电如下:

限三小时到。襄阳李长官:〇密。(一)张集团攻击钟祥以北之敌,应令刘和鼎部协助之。左集团及汤部转移态势后,可暂在枣阳以北地区,牵制襄花路方面之敌,使张集团之作战容易,并相机予该方面敌人以打击。(二)佳午令一元电计达,兹为更正并补充三点如下:(1)已令孙连仲部即以主力推进至新野、邓县,以一部留南阳,策应五战区之作战,尔后可用于老河口方面,协同汤军掩护汉中;(2)汤集团尔后可以南阳为后方,联系孙军,掩护西荆公路;(3)张自忠部尔后须准备以南漳附近山地为游击根据地,孙震部尔后须用于保康方面山地,担任对襄、樊方面之游击。余同前。希即遵照办理,并具报为要。川。中正。蒸酉。令一元梧。印。

同时,复以灰酉令一元梧电卫长官及孙连仲,饬孙部主力改开新野、邓县,一部留南阳。其原电如下:

(联衔)限三小时到。洛阳卫长官、唐河探投孙副长官:青令一元梧电计达。○密。孙集团主力改开新野、邓县间集中,一部暂控置于南阳附近,策应五战区之作战,并与汤集团切取联系。除另电李长官外,仰即遵照办理,并将逐日行程具报为要。川。中正。灰酉。令一元梧。印。

是时,敌之3D廿九旅团,乘我汤集团左侧背之刘汝明军119D主力分散游击时,由信阳以南,绕经石家湾,向桐柏奇袭。我刘汝明军一面极力抵抗,一面调整部署,终以兵力分离,不能及时集结,桐柏县城遂于五月十二日下午被敌攻陷。迫使我刘军主力由南北线正面,变为由桐柏西北,经月河店至淮河店之东西线正面,与敌激战。迄十六日拂晓,遂为我119D之一旅克复,敌向南山逃窜,我正追击中。又,十二日由平氏南方窜到敌之一部,十三日北窜马岗,经我在简岭店之刘汝明军补充旅堵击,敌仍西南回窜。由钟祥北窜之敌,大部亦到枣阳附近。覃连芳军以伤亡惨重,转进后立足未稳,致遭敌攻击,遂向唐河附近转进。汤恩伯集团在桐柏迄枣阳以北山地,自五月七日起,敌由三合店、唐王店、倒峡流、江头店等地包围,积极进攻,我汤部仍与敌彻夜麈战,肉搏相拼。迄十一日,敌终未得逞。复以战略上无固守之必要,更无他部队能相互策应,为保持战力,应付尔后战斗起见,汤总司令恩伯遂留张轸率两师兵力,于桐柏山内担任游击,并掩护主力之撤退,亲率四个师向唐河转进,沿途遭敌之轻快部队及我之溃兵袭击,已分成数段,于十二日到达泌阳以北之廿里铺地区,迄十四日始收容完毕。此次左集团(李品仙)毙敌万余,俘获甚多,襄花道上,敌伤兵累累,尚无法救护收容(附图四)〔略〕。

乙、鄂西方面

鄂西方面,钟祥以北地区,敌以五千之众,炮廿余门,于五月一日起,向我出击部队吉星文、刘振山(37D、18D)两师反攻,激战甚烈。我吉、刘两师,虽前于京钟之役损伤甚大(实力不过五团),咸以最大之努力,予敌以强烈之抵抗。迄四日,我以众寡悬殊,乃退主阵地。同时敌一部四五百人,窜至流水沟,与我黄维纲师之一团激战。尔后敌之进犯愈为猛烈,我之伤亡亦重,更以数量悬殊,迄七日,丰乐河及长寿店两侧地区被敌突破后,仍于原地坚强抵抗(附图三)〔略〕。敌除以有力一部牵制吉、刘两师外,主力续行北犯。同时,张总司令自忠闻状况已趋恶化,除令王长海师(132D)主力渡河,由贺家集向普门冲反攻,断敌后续部队外,复亲率38D两团渡河,驱逐流水沟之敌后,向田家集方向北进之敌侧背猛烈攻击,于亭子山附近,与敌二千余展开血战,毙敌四五百名,及毙敌参谋长一名,搜获敌之作战命令一纸。其内容据张自忠真亥电:

1. 13D、16D、4KB系由钟祥北犯;

2. 3D沿襄花公路西进。

大本营接据报告后,悉敌之重点在钟祥以北,当即以文酉令一元梧电知李长官、李副长官、汤恩伯、孙连仲、刘汝明、覃连芳等注意。

敌除留大部防止我张集团侧击外,余仍积极北窜,其轻快部队于七日已占领枣阳。九日枣阳西之张家集发现有敌千余,内大部系伤兵。襄、樊东岸之东津湾及老营,亦发现敌一部。十日复陷湖阳镇、新野等处。我孙连仲九日到达南阳,得悉以上情况,一面令地方团队别廷芳部向湖阳、新野之敌攻击,一面急调十日由南行抵西新集之30D,向唐河转进,行抵保安寨之44BS,向南阳急进,准备向南攻击。十一日午,我王赞皓部收复新野。十一日夜,我30D陆续到达唐河,十二日拂晓,即与进犯之敌激战。当以情况不明,部署未定,唐河城遂于十二日午被敌攻陷。经与该敌激战城之西北,迄十四日晨,方将唐河收复,敌向东南窜退。十五日,我孙部除30D仍在唐河附近外,余已集结南阳。刻唐河、新野县境无敌踪。闻枣阳以北,有敌两师团集结整顿中。当敌北窜突进,我张集团始终向东侧击,虽背临汉水,但张总司令决心坚确,非与敌拼殊死战,不足以挽战局。故连日斩获颇多,毙敌数千人,吉、王两师复占清水桥、青石桥等处,现积极向长寿店及其以北地区挺进。同时曹福林军之一旅渡河占领朱宝大桥后,积极向长寿店敌之侧背进攻中。我刘和鼎军(39A两师)仍于大洪山游击。189D一旅未突出重围,刻已折回大洪山游击。180D与陈鼎勋军(45A),自遭敌包围后,经反攻六七次,始克突出重围,已转进至唐河附近,刻已向襄樊开动中。84军损失惨重,现已至光化整理中(附图四)〔略〕。

(三) 感想

1. 长期消耗战,须长期控制第二线兵团,以准备次期作战,并控制有力预备队,掩护退路,以免陷于歼灭战之态势。

2. 一个战场之部队,须统一指挥,其企图及指导方针、指导要领,尤须一贯。反之,如高级企图为持久,而次级企图为决战,则方针及指导要领、兵力部署等,互相乖违错乱,必遭惨败。

3. 敌情判断不可全凭主观,不可先入为主,应努力搜索,应细密注意。

4. 敌人凡稍大规模之真面目攻击,一贯的采用歼灭战之方式。

5. 兵力部署,对于次要方面,须使用必要最小限兵力之意义,极为重要。盖次要方面如不过多过少,则主要方面之兵力,自然决定矣。

第三十三集团军关于襄河东岸战斗经过的总结报告

（1939年8月30日）①

右集团军各部队襄河东岸战斗详报

一、作战前敌我形势概要

当面之敌约一师团余，以主力集结于钟祥附近，于四月三十日晚以来，分三路向北移动，有进攻我襄河贺家集、长寿店、丰乐河各要点我主力部队之模样。

军为粉碎敌之企图，长久保持襄河东岸地区，并掩护左集团军右翼之目的，以主力占领河东各要点，行攻势防御；以右翼各河防部队之一部渡河，竭力牵制敌之兵力；将左翼军之重点保持于右翼，攻敌右侧，俾使我主力军作战容易（附敌我态势图一纸）〔略〕。

二、影响于战斗之天候、气象及战斗之状态

连日天气尚属温和，惟长寿店、马家集以北地区，纯系山岳地带，岗岭起伏，林木丛杂，我军运动联络及军需品之输送，均感迟缓，且联络线被敌切断。但敌除以骑兵为基干，沿河掩护搜索外，敌所恃之战车及各种重武器，受地形之限制甚大。

三、敌我之兵力、交战之敌军队号及部队长姓名

（一）敌之兵力队号：

据搜集各方情报及获敌文件中得知，此次北犯之敌，计有十六师团藤江惠全部、十三师团一部、骑兵第二旅团及骑兵第四旅团小岛吉部。各师团内及配属部队，计有步兵第九联队、第十联队、第三十三联队、第三十八联队、第十六联队（加藤源）、炮兵第二十二联队、工兵第十六联队、野战工兵第十二联队、骑兵第二十联队、辎重第十六联队、高射炮第十六联队、卫队、医院、渡河材料纵队、通信队、自动车队、输送队、电信队等。据战后统计，敌之总兵力（刘

---

① 系张自忠呈报蒋介石之时间。

桂堂匪部五千在内)共约三万五千人,炮四十余门。

(二)我之兵力,作战开始时期为六七军两个团、五五军三个团、三十七师全部、一八〇师(附骑兵一团)全部,并指挥柏启元部一二二师全部。会战激烈时期,增加五五军三个团、三八师两个团、骑兵第九师两个团,总兵力共约三万余人。

四、阵地占领及主要理由,并战斗时所下达之命令

军以确保襄河东岸地区,并掩护左集团右侧安全,使我主力军作战容易之目的,以三十七师主力占领薛家集、张公庙、火神庙之线,相机向钟祥之敌攻击;一部在贺家集、邹家咀维护渡口。一八〇师(附骑兵一团)并指挥柏启元部,接三十七师左翼,占领杨家岗、楼子庙、罗家坡、三里岗之线,相机向洋梓之敌攻击;一部在丰乐河、转斗湾维护渡口;四五军一二二师占领蔡家集北方高地,白林寺、云雾山、笔架山之线,相机向黄家集、东桥之敌攻击;六七军及五五军除以主力固守河防外,各抽派有力部队,分向凹口、钟祥及京钟路一带攻击,破坏其交通,掩护我左集团右侧安全,俾使我主力军作战容易。

理由:

当面之敌,自经我军出击部队先后猛烈将敌击溃后,敌乃陆续增兵,先压迫我河东部队〔向〕西退后,再行北进,以拊我襄花路左集团之侧背,以遂其攻略襄、樊之企图。军之任务为粉碎敌之企图,长久保持襄河东岸各要点,并掩护左集团右侧安全之目的,使我主力军作战容易。

基于上述决心,遂下达如左之命令,其要旨如下:

军以确保襄河东岸地区,并掩护左集团右翼之目的,本集团各部部署及任务如左:

1. 第二十九集团之六十七军,仍负姚家集(含)至王家巷之河防,并应以有力部队渡河,向钟祥之敌侧击,以牵制敌之北进。

2. 第五五军仍任王家巷(含)至陈家台河防,应保持重点于左

翼,并派有力部队渡河,向钟祥之敌侧击。

3. 骑兵第九师(欠一团)将河防交代后,集结于朱家埠、双河口间地区,准备接替四五军一二二师防务。

4. 骑兵十三旅以一部担任利河口、桐木岭间各渡口警备,余仍驻胡家集附近,任交通维护。

5. 第一三二师以主力推进于邹家咀、转斗湾,增强工事,以一部推进于丰乐河,构筑桥头堡阵地,掩护浮桥,并为总预备队;炮十六团第五连配属于该师,归王师长长海指挥。

6. 第三八师以一团兵力推进于流水沟附近,为总预备队,其余仍任李家营至宜城河防及宜城守备。

五十九军野炮排配属该师,归黄师长维纲指挥。

7. 第三七师仍固守薛家集、张公庙、火神庙之原阵地。

8. 第一八〇师(附骑兵一团)应固守杨家岗、楼子庙、杨家市之原阵地线。

9. 第四十五军一二二师在骑兵未接防前,仍占领蔡家集、周家集、白林寺、云雾山之原阵地,将主力集结于右翼,相机攻敌右侧。

右集团与江防军作战地境同前。

左、右两集团作战地境,由研子湾向后延伸,经双河、新集至李家楼之线。

战斗指挥所推进于快活铺附近。

总司令张自忠

五、各时期之战斗经过及邻接部队动作(附图)〔略〕

六、战斗成绩

本战役与敌激战二十余日,各部战绩如左:

(一)据搜集各方情报及据各部报告,敌伤亡约四千余人。

(二)各部卤获战利品,计军马七十四匹,大衣百余件,皮靴、刺刀、钢盔、步手枪等共二三百件(另有附表)。

(三)伤亡:三八师伤亡官兵二〇二员名,生死不明二四名;

一八〇师伤亡官兵一,八六三员名,生死不明二,一八九名;

骑九师伤亡官兵八八员名,生死不明一六八名;

三七师伤亡官兵五七四员名,生死不明二八〇名;

一三二师伤亡官兵二一六员名,生死不明二七名;

四五军伤亡官兵一,〇二四员名;

六七军伤亡官兵三〇四员名;

五五军伤亡官兵一四三员名,生死不明一四名。

七、战斗后敌我之行动(附图)〔略〕

军以牵制及消耗敌人兵力之任务已达,遂先后遵奉委座及长官部电令停止进攻,回保河西防务。我黄、吉、王三师除各派兵一部,分向马家集、板桥店、长寿店、新街一带游击外,并以主力扼守襄河西岸河防。

据各方报告,突入豫南及唐河沿岸之敌,分向襄花公路及其以南地区回窜,刻正围攻并肃清我襄河东岸游击部队。惟敌自经我左、右两集团军、江防军及孙副长官连仲部奋勇痛击后,损失奇重,伤亡达万余人,近已无力西犯,刻正整理补充,或俟后续部队到达后,再策动尔后进犯襄、樊、荆、沙之企图,近数日河东尚无大变化。

人员伤亡、械弹损耗、卤获物品各详本报附表〔略〕。

〔三〕桂南会战

（一）南宁失陷

蒋介石致白崇禧等密电稿
（1939年11月22日）

限三小时到。桂林白主任并迅转夏总司令、韦副总司令：○密。由钦、防登陆之敌，以小部队分途突迫南宁，现距其登陆根据地达二百余里。着夏总司令、韦副总司令负责指定部队，固守南宁据点，待我部队集中后，断然予以打击。如无命令而使南宁不守，即以军法从事，希转饬凛遵。又钦、防方面敌后续部队登陆情形，仰并饬查报。川。中○手令。养申。令一元。印。

蒋介石与白崇禧等来往密电
（1939年11月23日）

（1）蒋介石致白崇禧等密电稿

限三小时到。桂林白主任并迅转夏总司令、韦副总司令、杜代军长：○密。（一）着第十六集团军指定两师兵力固守南宁，无令不得撤退。（二）对邕钦路妨害敌军行动之部队，应切实指定其负责官长与部队，破坏其交通。（三）第五军应迅速集结宾阳附近地区，非待集结完毕后，不得逐次使用。以上三项，希遵办具报。川。中○手令。梗申。令一元。印。

(2) 白崇禧复蒋介石密电

限三小时到。渝委员长蒋:狮密。梗申电奉悉。兹遵照钧座指示,部署如次:(一)【以一】三一、一八八两师,在昆仑关以北太守墟、武陵墟、古辣附近集结,约宥、俭两日集结完毕。(二)以一三五、一七零师任南宁及邕江北岸守备。(三)以一七五、新一九两师在邕钦【路】以东,教导总队在该路以西,专负袭击敌人侧后,并破坏交通之责。(四)第五军在宾阳附近集结,约下月五日以前集结完毕。(四)昆仑关及高峰坳之阵地工事,正加强构筑中。余情续报。谨闻。桂行。崇禧。梗戌。参。印。〔桂林〕

刘斐致徐永昌等签呈

(1939年11月23日)

事由 对于钦防登陆之敌情判断及意见具申

一、据昨(二十二日)夜白主任电话,桂林至南宁电话不能直通,经用电报线设法与韦副总司令云淞通话,知昨日敌机对邕仍极活跃,为我击落二架,毙敌航空中尉一员。其手簿上记载,此次登陆进犯敌兵力为1D、4D、5D。预定其1D由石埠圩、4D由良庆、5D由蒲津各附近渡河。等情。刻其前进掩护队已到南宁对岸停止。

二、敌情判断。对于敌企图之判断,可分积极与消极二项。

甲、积极企图:敌将于攻占南宁后,续向广西之心脏地之柳州进犯,扩大威胁我西南,并截断我桂、黔后方连络。

乙、消极企图:敌于攻占南宁后,扩大并巩固外围守备,各以有力一部分攻宾阳、龙州,威胁桂、越,牵制我兵力,以为声东击西之计。

理由。敌知我对南宁方面已有兵力六师,同时广西民团亦有相当顾虑。为慎重并企图占领南宁而确保之起见,或亦使用有力一军之必要。但攻占南宁,事实上影响我国际运输者不巨,不过造成其军事上胜利,以振奋敌国内外观听而已。敌如认清此点,而抱积极企图,进一步直捣桂省腹心,截断西南各战区后方联络干线,使我尔后作战增加困难,亦有可能。

三、意见具申。查我现在可得使用于南宁附近兵力为31A、46A六个师,5A之三师尚在输送中。根据过去作战经验,我以九师兵力对敌三师团,显属敌占优势。为防敌使用三个师团以上兵力进犯柳州,实有增加桂中兵力,俾增强阻止及牵制力量,作巩固柳州守备之准备。但目下其他战区确难抽转兵力,似应预以后方部队,以一军开宜山或柳州附近集中,另以一军待命出发,准备适机向宜山集中,准备尔后之作战,以巩固桂、黔后方联络(该两军之番号编组,详载另纸)。

右拟是否有当,伏乞钧裁核夺。

谨呈

部长徐　转呈

总长何

委员长蒋

蒋介石致林蔚白崇禧密电稿

(1939年11月26日)

桂林林参谋长转白主任:○。南宁失陷后,我军作战不可急求速胜,应以慎重出之。其要旨如左:甲、第十六集团军之第一七〇、第一三五两师,在武鸣、宾阳间地区,应以运动战方式,阻止敌军北进,而以其主力,务以三个师兵力在邕钦公路两侧,特别注重路西,滞迟敌军后续部队之行动,尽力妨碍其后方之交通,并令负责破坏其修复公路之企图。另以一部在西江两岸,即贵县、兴业以西地区活动,防制敌军之东下。乙、第五军主力应集结于大塘附近,掩护后续部队在柳、庆一带之集中,而以其一部约一师兵力,在宾阳附近,策应前方部队之作战。丙、邕宁公路应速作破坏准备为要。如何部署,详复。蒋中正手启。廿六日午刻。

白崇禧致蒋介石密电

(1939年11月28日)

限三小时到。渝委员长蒋:狮密。据林参谋长转奉钧座电话谕,谨悉。兹谨遵照钧座指示要领,拟定部署如次:(一)军之目的。迟滞敌之北进,掩护主力集中,确保有利地形与有利地区,待主力到达后转为攻势,一举击破敌人。(二)部署。(甲)西路兵团。三一军(尚欠一三一师)及一七零师主力,守备高峰坳附近阵地,拒止消耗敌人。不得已时,以运动战方式,利用武、宾一带大明山脉有利地形,与〔予〕敌以打击。尔后约一师之主力,扼守上林附近;约二师之主力,扼守太待山之马头、大览圩、旧思恩县附近,确保战略要点。(乙)北路兵团。第五军二百师,扼守昆仑【关以】西一带阵地,拒止消耗敌人。不得已时,逐次抵抗,尔后主力退守刀蒙隘、石峻圩附近东西一带之高地,拒止敌人,确保主力之进出路,予〔与〕五军主力于红河以北来宾、北泗圩间附近集中。必要时以一部进出迁江南岸地区,协同第二百师扼守要地。(丙)东路兵团。一三一师与挺进第三纵队(独立一、三、四等三个团),先以一部守备潮〔贵〕县、横县、永淳间之邕江要点,主力扼守横县以北甘棠圩东北之镇龙山要地,妨害敌之东进与北进。不得已时,以有力一部活动于横县、永淳一带邕江北岸地区及镇龙山高地带,主力逐次抵抗。尔后扼守贵县西北樟木圩、覃塘圩附近之要地,并掩护武宣、来宾方面之进出路。(丁)南路兵团。一七五师及新十九师主力,在邕钦路东侧地区,配合民军武力,以陆屋、灵山一带为根据,专任邕钦路以东地区袭击扰害敌人,并多分小支队,破坏榆〔?〕钦路等之交通,妨害敌人修路。第一挺进纵队、教导总队(共两团)于邕钦路西侧地区,以十万大山为根据,其袭击破坏交通等任务,于〔与〕上述同。(三)关于交通阻塞破坏。(甲)水上阻塞。第一封锁线中永淳、横县间,用沉船阻塞;第二封锁线贵县,布雷阻塞;第三封锁线桂平,布雷阻塞。(乙)交通破坏。公路。高峰坳至隆山,八塘至宾阳、永淳、石塘、校椅、横县,南乡至宾阳,宾阳至黎塘、南宁附近、潭落,南宁附近至同正、至武鸣、至果德。以上各路,以迅速破坏为原则,其着手破坏顺序,由夏集团命〔?〕。铁路。南宁至黎塘。以上各节,谨电呈察。静。职白崇禧。俭酉。行参。印。〔靖江〕

徐庭瑶致蒋介石密电

(1939年11月30日)

限四小时到。渝委员长蒋:饔密。窃查登陆之敌系海军深入,运输困难,退路危险,其虿邕之部开尤然〔原文如此〕,态势极不利。我军若迅堵截转移,当可击退或歼灭该敌。谨建议攻击部署如下:(一)以两个军由永淳、灵山间,分数纵队进攻钦邕公路,务求截断,或截断之仟何□点。(二)以二个军配属战车,进攻南宁,将该处之敌,就邕江北岸歼灭。(三)以一个军在武鸣、宾阳、横县,配置预备阵地。(四)克复南宁后,侧击偲清、钦县以北公路之敌,将寇军逐渐压迫至海滨,向〔相〕机歼灭之。谨乞钧裁。职徐庭瑶卅。卅辰。印。〔迁江〕

杜聿明致蒋介石密电

(1939年12月1日)

特急。重庆委员长蒋:饔密。查目前侵占南宁之敌,有兵力尚不及两师,此次乘我兵力分散,侥幸成功。但以交通阻塞,除少数山炮外,其他重兵器及机械化部队,均无从使用,而补给尤为困难。现我军所处情况,则适与相反。故此时我军正宜乘敌孤军深入、后援未济之时,集结优势兵力,配合地方民众,迅速(十二月十日前)反攻,以击破该敌而恢复国际之重要交通。用敢不揣冒昧,谨申关于攻击部署意见如左:(一)应先确保南宁北方之大高峰隘、昆仑关各高地之线,以便于主力军进出。(二)以有力之一军(约三个师)在邕江南岸永淳西南地区集中,配合地方民众及团队,向南宁、小董东北地带攻击,切断邕钦交通线,并适时协力邕江北岸主力军,包围南宁之敌而歼灭之。同时以一部向钦县前进,以迟滞敌后续部队之增援。(三)对南宁之直接攻击,应以一军(约二师)由甘圩、高峰隘向南宁西北助攻,以主力(以三师为基干,配属空军、战车团、工兵部队)向昆仑关方面南宁之东北攻击,将敌包围于邕江北岸而歼灭之。(四)以一师占领昆仑关、九塘间地带,掩护主力之攻击,另一师控置于灵山西南地区,以作保持追击之预备。(五)应以十万大山为游击部队之根据地,不断向防城、钦县间地区扰乱袭击。以上所陈,是否有当,伏维鉴核示遵。迁江。第五军代军长杜聿明叩。东午。参一。印。

白崇禧致蒋介石密电

(1939年12月2日)

(1)

重庆委员长蒋:狮密。据何宣陷未电称:(甲)敌在钦、防登陆,约共一万五千人,其主力由钦县,另一部由防城。(乙)据探报:钦、防登陆之敌,为潜田旅团、饭田旅团(台湾守备军)、满洲派遣军之三木部队之各一部,及佐世堡〔保〕陆战队一部;至防城登陆之敌,约为一联队(番号不明)。(丙)现钦县附近驻敌约千余,平银渡两岸约二百余,系大西队,臂章有"台湾"二字。小董附近驻敌约千余,敌酋为藤田。等情。谨闻。职白崇禧。冬辰。行参一藩。印。〔迁江〕

(2)

限二小时到。重庆委员长蒋:狮密。甲、东日战况。一、昆仑关方面,已进展至八塘。二、高峰坳①方面,因一三五师主力及一

---

① "高峰坳"一作"高峰隘"。

七零师作战日久,兼迭受敌机猛炸,损伤甚大,现扼守黄墟以南地区,一七零师刻收容约及一团,一三五师主力约余数百,苏师长行踪未明。乙、兹拟定此后作战指导意见两案如下:(壹)攻击案。乘敌后续部队未到、修复公路未成及占领据点尚未巩固以前,以五军、卅一军及一七零师,并全部重兵器,配合机械化部队,即行攻击,恢复南宁;一面令四六军袭击敌之侧背,压迫敌人于小董以南地区。(贰)攻势防御案。诱敌深入,俟我九九军集中完毕后,转移攻势。一、以三一军(欠一三一师)及一七零师保持昆仑关、黄墟高地,建立游动战根据地。不得已时,应逐次向宾阳、武鸣间大明山脉上林县至旧思恩城间附近地区撤退,而确保之。敌如由迁江北进时,应对敌之侧背攻击,以协力主力方面之作战。二、以二百师保持来宾、迁江间渡口,妨害敌之渡河,并迟滞其前进。三、以一三一师控置于武宣附近,防止敌人对该方面之迂回,并对北进之敌攻击其侧背,以协力主力之作战。四、以五军主力占领官铺塘(山南约十公里)至思练铺(大塘南约十二公里)以南附近之线,俟九九军集中完毕,协同转移攻势,并自即日起准备一切。五、以九九军控置于穿山附近,五军及一三一师转移攻势。六、以四六军主力及地方团队,于邕江以南地区,袭击敌人后方之补给交通,并阻截其增援。丙、以上两案,拟恳钧座裁夺示遵。桂。职白崇禧叩。冬亥。参一。印。〔桂林〕。

蒋介石致白崇禧密电稿
(1939年12月5日)

桂林白主任:狮密。查敌自钦、防登陆以来,该方面报告甚少,希转饬各部队切实注意纠正,并饬蔡廷楷〔锴〕集团一七五师、新十九师、教导总队,对于邕钦公路积极扰袭,并捕获俘虏,以侦讯其后续部队之有无及补给状况具报。川。中〇。微午。令一元骥。印。

(二) 昆仑关战役

白崇禧致蒋介石密电

(1939年12月5日)

即到。委员长蒋:雏密。极机密。兹谨遵照宥日由林参谋长转奉面授要旨并手启东午电,策定南地区兵团掩护集中部署要旨如次:甲、方针。以迟滞敌之北进,掩护主力集中之目的,以有力兵团于邕江南岸地区,扰害敌后方,并破坏交通;主力利用宾、武一带有利地形,打击敌人,并确保战略要地与有利态势,以待主力到达后转移攻势,一举击破敌人。乙、军队区分。(一)南地区兵团总司令夏威。(二)十六集团军指挥三一军及一七〇师。(三)一六六师指挥四十六军①(【欠】一七〇师)及挺进第一、第二、第三支队。(四)第五军炮兵指挥官,正式指挥炮兵十、十四团各一营。丙、作战地境。A.一六六师与第五军:邕宁、那禾、钟山、北圩、武宣相连之线,线上属一六六师。B.第五军与十六集团军:马曹圩、丁桥、四白圩、乔贤圩、美怀圩相连之线,线上属第五军。C.十六集团军与一六六师:思乐圩、罗白圩、岜河圩、驮芦圩、雷平圩、南宁相连之线,线上属一六六师。D.一六六师与第三五集团军:仍旧为旺洞、黄岭、嘉益圩、岑溪、藤县相连之线。丁、A.十六集团军应以有力团于永安、宾阳附近高地带,进行不断扰害袭击敌人,并注意昆仑关、思陇、黄圩一带之守备,并掩护道路之破坏,与民众之组织活动;主力扼守阳渡、上林、马珍圩、大览、裡举、思恩县附近地区,确保战略要旨;另以一部配置于右江、那马、果德一带,掩护河田路国

---

① 原文如此。

际新路线。B. 第五军守备鬲木圩、小高阳地【区】及邹圩及其以北地【区】,掩护后续部队之集中,置重点于宾柳道方面。C. 一六六师以陆屋、青山、十万大山等地为根据,配合武力,任邕钦路及其他交通通信之破坏,并妨害其修复,并多方袭击扰害敌人。第三挺进队,应于横县以北莲塘以南之镇派山脉及桂平、永淳、邕宁间之邕江南北地区活动,扰害敌人,并妨害其北进东进,必要时并掩护武宣方面我进出路。D. 各部守备地区,应即着手计划构筑必要之阵地。E. 将于守备阵地时,必须乘机利用小部队或有力部队侧击逆袭,以期予敌打击,挫折其企图。F. 炮兵队主力于邕宁附近地区准备〔地区〕,以便对北进之敌射击。一部准备协力十六集团军与第五军之战斗。G. 地方团队应协同配合所在军队,或独立行动范围之活动,袭击破坏敌人。谨电呈察。迁。职白崇禧。微辰。行参一藩。印。〔迁江〕

白崇禧与蒋介石等来往密电

(1939年12月)

(1) 白崇禧致蒋介石何应钦密电(12月5日)

限三小时到。重庆委员长蒋、总长何:狮密。顷得蔚文兄转来委座电话,征询攻略南宁意见。窃以目下转移攻势,胜利公算极大,业经俭酉电详陈,并请蔚文兄、杜军长电话报告。兹复承垂询,谨申述如次:甲、敌情。敌侵邕兵力截至现在止,实不过四个联队,附以骑兵及少数山炮。因邕钦路之未修复,敌重兵器及机械化部队无法猖獗,固无论矣。即给养及其补充之困难,亦为事实。乙、彼我战略之比较。目前以我现有兵力,增加第五军,就步兵未必较敌劣势;若更益以重火器与机械化部队,则大优越于敌。盖此种我独特能用之兵器,其精神的威力已足压倒士气颓丧之敌,不仅物质的效力已也。若坐待敌交通路修成,以素有优良装备之敌,我即增加数师之步兵,不足与其抗衡,乃显然之事。三〔丙〕、地形于敌有为背水作战、后方交通困难、顾虑滋多之不利，而我后方及战场一带，利于机械化部队之活动。敌若北犯，我则牵制于昆仑关、高峰坳一带险要之前，我从侧方包围攻击，形势实属天然；敌若不来，我从邕江上下流〔游〕围攻邕宁，进退亦属自如。故综合诸种情形，深信目下转移攻势，洵为有利。惟既奉委座手启电及电话面谕，复即打销〔消〕斯意，于支日起开始破坏道路，实施清野，部署各部队各就掩护主力集中之阵地。现若再行更改，必须先事修复道路，召回部队，并各种从头准备工作，困难滋甚。现已派员先行侦察道路破坏情形，并拟明（鱼）日召集各将领会议讨论，此时再恢复攻势之利害。余计修后准备等需要之时日，得有结论，当再电陈鉴察。谨先奉复。迁。职白崇禧。歌申。行参。印。〔迁江〕

（2）蒋介石复白崇禧等密电稿（12月6日）

限三小时到。迁江白主任、（另发）桂林林参谋长：支子①、歌申两行参电悉。极机密。对于南宁方面之敌，决于亥月删日以前开始攻击，即以第五军全部加入，并命空军主力参加该方面作战，待命出动。仍由兄亲自统一指挥，务节节截断邕钦路敌后方联络线，歼灭南宁方面之敌。希即部署具报为要。川。中〇。鱼酉。令一元。印。

（3）白崇禧复蒋介石密电（12月8日）

即到。渝委员长蒋：狮密。鱼酉令一元电谨悉。攻击计划及部署正与张长官暨各集团军总司令等会商，一俟详细策定后，立即呈报。兹先将管见数点，具申如次。甲、关于兵力。在目前情况下，因（一）第一次拟行攻势既经放弃，十六集团经两旬战斗，除一三一师、一八八师外，损失均大，战力大损。（二）昆仑关、高峰坳均

---

① 该电缺。

死战〔被敌〕占领,此次攻势,对于该阵地之攻击,必增加一番之消耗。(三)据报,敌于钦州、小董附近增加兵力已有数千,故仅以如第一次所拟微日开始攻势时使用之十六集团军与第五军,诚想不克有效的节节截断邕钦路后方联络①,而歼灭南宁方面之敌。现时机既逸,为集结较优势兵力,以确保胜利把握计,拟用九九军参加。该军除九二师可按期使用外,其姜敦亨师及一一八师,拟利用汽车输送,期以压倒的威力,一举歼灭敌军。至于六六军,亦拟推进迁江附近,以为战略预备。乙、关于攻击开始时期。因道路、桥梁均已破坏,部队已后移,兵站又已撤收,现欲期一切恢复与布置有利态势,需要较多时日。过于仓促之攻击,反致准备不周。故拟稍缓一、二日开始,详细俟计划策定后,再行呈报。丙、关于指挥。南地区属于第四战区范围,似宜〔以〕张长官担任为宜。职于日前曾经电请钧座,希电其前来指挥。现张长官已到此,拟由其负责。职于攻势期间,自当在此悉力指导援助,名义上似当保持一定之统系。三战区长江攻击军,亦系由顾长官担任总司令,窃以如此较为妥善也。以上所陈;是否【有当】,谨电呈察。迁。职白崇禧。庚巳。行参。印。〔迁江〕

蒋介石致林蔚白崇禧密电稿

(1939年12月10日)

特急。桂林林参谋长即转白主任:○。反攻南宁之前,应准备重要事项:(一)南宁南岸部队,应先于北岸部队二三日前开始行动,务先裁〔截〕断其钦、防至南宁之交通,且须确实与持久,此必须严令南岸司令官负责办到。(二)邕宾公路方面之预备队,应置于其右侧为妥。(三)攻城步、炮兵各阵地位置,须预先想定,应注意以下各点:(甲)炮兵阵地应在南宁城四围之各方面,均须选择阵地,但炮兵使用时,应集中全力于一二点,切勿分散。至于其他所

---

① 此句原文如此,似电文有错漏。

选之阵地,不过备作第一次炮攻无效时,变换至其他阵地之用,以避免炮兵阵地为敌空军发现后,连日连续轰炸于一个目标也。例如进攻南宁时间,预定为三日,其炮兵阵地最好能每日变换一方面,即第一日炮兵阵地、第二日炮兵阵地与第三日炮兵阵地。例如第一日在东方,第二日在北方,第三日在西方阵地是也。但不必拘泥于此,此亦不过举例而已。(乙)攻城炮兵开始时间,第一日最好在下午三时以后至第二日上午九时以前。其步兵进攻时间,无论待炮兵攻击奏效或不待炮兵奏效,总须选在日没时刻或在拂晓时刻,以日间须避免敌机之轰炸也。此攻击时间最为重要,务须特别注重。(丙)步兵扑城冲锋部队,其在最先头者,务须戴防毒面具。每团挑选二三个连为突击部队,并具赏项,其成功时之赏项与阵亡官兵之抚恤,皆须特别规定。应使各官兵前仆后继,令每团长必须使全团官兵抱定牺牲决心,非达成目的,誓不成〔生〕还为要。(丁)各师各团之攻击点,应先在图上预先规定,可依平时在南宁城围东、西、北各方地形,详察其最薄弱之点选定之。务于每一方面,皆有一个部队担任攻击,须觅其最薄弱点而攻击之。每一方面且须预选有二三个预备阵地,但步兵攻击不妨各方面同时并攻,而炮兵则须在主攻方面,即觅敌阵最薄弱部,集中火力于一二点,不可过于分散,亦不必在各方面之攻击阵地皆备有攻城炮兵也。(戊)各方面同时进攻,无论任何一方面突破阵地,其攻击奏效时之记号应先约定,尤其夜袭敌阵奏效时,更应有明确之信号与记号规定,俾各方面同时并进时,不致误会,以免自相冲突也。(己)步兵与炮兵协同动作之办法,虽在前方,亦须设法实习,以期事事周到,尤其炮兵变换阵地时间与道路地形,更应事先有十分周密之准备为要。(庚)陆军攻城时,最好空军得有协助之机会。故陆、空军协同联系之动作,与空军对炮兵目标之指示,例如用烟带、烟幕与命中偏差之信号,如有机会,亦应预定也。(辛)炮兵与战车之使用方向与攻击之中心点,务须由最高指挥部有切实周到之设计与指导,不可令其任便行动,以致不能生效。此点务须于攻击开始以前准备,确实部署,切勿有一毫之遗〔贻〕误为要。以上诸项,务请参酌实施。中正手启。蒸巳。川侍参。

蒋介石致白崇禧密电稿
(1939年12月10日)

特急。迁江白主任健生兄:○密。据驻法唐武官齐电报称:(一)敌占南宁后兵力未增,惟有据守沿左江至龙州线之企图。(二)甚盼我军速由敌两翼反攻,或由敌右翼猛攻,驱至越边,法国自有相当办法。等语。特电参考。川。中○。灰未。令一元骥。印。

杜聿明致徐永昌密电
(1939年12月12日)

重庆军令部长徐钧鉴:7438密。本军现奉命对于南宁附近之敌采反抗攻势,谨将会战指导方针及部署大要摘呈如次:军以乘敌增援部队未到达以前,先行击灭八塘附近敌人,并攻略南宁之目的,自十二月九日起,由迁江附近开始,以一部经良江圩、三王圩、甘棠圩、鹿颈圩,向八塘东南地区,迂回敌之右前方。背〔再〕以主力两师为基干,以战车、重野炮协力,击攻〔攻击〕由迁江沿公路南进至八塘及其以西地区,包围攻击。一师为第二控置部队,保持重点于公路西侧,将敌压迫于七塘附近地区歼灭之。若敌逸我包围圈时,即以一部猛烈追击,以主力在六塘附近地区,以整理态势后,再继续向南宁攻击前进,并利用时机,攻击六塘。谨闻。第五军军长杜聿明叩。文戌。参一。印。〔迁江〕

白崇禧致蒋介石何应钦密电
(1939年12月13日)

即到。重庆委员长蒋、总长何:狮密。极机密。谨将攻略邕宁计划概要分呈于下:子、攻略步骤。一、第一步攻略昆仑关、高峰坳。二、第二步攻略南宁。丑、攻略预定日期。一、巧日开始攻击。二、哿日占领昆仑关、高峰坳,同时邕河南岸占领蒲庙、吴村,截断大塘附近敌后方连络线。三、养日前完成攻略南宁之准备。四、梗日开始对南宁之攻击。五、有日占领南宁。寅、兹将对昆仑关攻略之概要部署列次:甲、方针。军以击灭北犯之敌,收复南宁之目的,以已经集中完毕之兵团,乘敌兵力未多益增加,机械化部队及重兵器未能使用之际,一举转移攻势,于邕江南北地区,将敌包围歼灭之。乙、军队区分。一、西路军总指挥夏威,指挥卅一军及一七〇师、挺进第一支队,附战车一连、山炮两连。二、北路军【总指挥】徐庭瑶,指挥第五军及九九军之一师。三、东路军总指挥蔡廷锴,指挥四六军(欠一七〇师),附挺进第三支队。四、预备队九九军,欠一师。丙、作战地境。西路军与北路军,为覃麻〔?〕、八塘、青泰相连之线。北路军与东路军,为那连、那杨、凉栈〔?〕相连之线,线上属左。【丁】、西路军以一纵队(一七〇师、一三五师),配合战车,向高峰坳之敌攻击,最低限度,须牵制吸引之。并派遣多数小支队,从高峰坳东西山路迂回袭击,另以一支队,从葛圩小道,进出于排〔?〕塘附近,协力北路军包围歼灭昆仑关方面之敌。尔后迅速压迫当面之敌,协同北路军围攻南宁,担任南宁西北方面之攻击。另以一纵队(一三一师、一八八师)向苏圩附近集结,袭击大塘、吴村、南宁间之敌,确实遮断敌之联络,并占领吴村、亭子卓等处,阻止击破北上之敌。戊、北路军配合战车,攻击昆仑关附近之敌,并以有力一部,从那溟〔?〕圩、鹿颈〔?〕方面,包围敌之侧背,将该处之敌歼灭,尔后迅向南宁方面进出,协同西、东两路军围攻南宁。另以有力兵团,从永淳附近渡河,击破蒲庙、良庆之敌,并确实占领之。尔后即与西路军主力互相连络,阻止击破敌之北进。【己】、东路军应以陆屋、灵山为根据,配合民众武力,任邕钦路及交通通讯之破坏,并妨害其修路,协同各路军歼灭北犯之敌,并阻止截击敌之后续部队。庚、九九军主力控置于古拉、甘青〔棠〕圩附近,为战略预备队。辛、该作战指导案全文,另由邮航寄呈。壬、第二步骤,攻略南宁。邕江以南部队,概照寅项所定任务实施,并相机以一部渡江,直接围攻。我以北部队预定以第五军任邕宁以东及东北方面,西路军第一纵队任邕宁西北方面之攻略,发挥空军、重炮、战车全部威力,采用奇袭、强袭各种手段,期以最速时期占领南宁。惟详细部署,须待占领昆仑关后始克策定。至于战车、重炮之详细使用计划,步、炮、空军之协同,以及部队防空之严密讲求等,均当遵照蒸午手启钧电指示,详细商讨,策定呈报。谨电呈察。迁。职白崇禧。元申。行参一点。印。〔迁江〕

徐庭瑶杜聿明致蒋介石密电

(1939年12月19日)

重庆委员长蒋钧鉴:饔密。战报。(1)我郑师自十八日午前一时,向昆仑关附近之敌开始攻击。二时后陆续占领金龙山、老毛岭、四四一、六三五、六零零各高地。十一时占领罗塘及同兴西北高地。十三时占领高田圩、石寨果,敌向九塘溃退。惟昆仑关附近残敌及山炮二门,仍守坚固阵地顽抗。十四时,敌机五架向我阵地投弹卅余枚,毁战车一辆。十六时,敌战车两辆、装甲车一辆、汽车十余辆、骑兵数十,向昆仑关增援。入夜,敌猛烈反攻,罗塘及同兴北方两地,复被敌占领。我郑师伤亡约百余人,战车损坏三辆。(2)当面之敌,查系第五师团四十二联队及配合伪军约三千余人。现我戴师推进至文坟岭、官塘岭、马鞍山、高田圩之线。郑师准备以主力向九塘之敌侧击。十九日午前四时,我邱师已占领五塘、六塘附近,截击武装兵之敌汽车四十辆。谨呈。渌道村。职徐庭瑶、杜聿明谨呈。皓辰。参二。印。〔平阳〕

陈诚致蒋介石何应钦密电

(1939年12月20日)

限即刻到。重庆委员长蒋、总长何：痕密。(一)职铣日抵桂，篠日来迁江晤白主任，即晚赴思陇晤徐总司令，巧晚赴武鸣晤夏总司令，又在柳州曾遇叶肇等，其余未晤面各将领，均已先后通过电话。除宣达钧座意旨、激励士气外，并将作战应注意事项详为指示，一般士气甚旺。(二)此间各路军自篠晚开始攻击以来，北路军之荣一师已攻至昆仑关北侧之同兴及其西侧之罗塘桥、东侧之六五三高地附近，惟同兴及界首之敌仍顽强抵抗，并协同战车向我反攻，至未能进展。昆仑关现以敌阵所处地势较我为高，敌炮兵观测便利，射击准确，而我则以地势低下，且多山隘，炮兵阵地选择困难，刻在高大岭附近设【置】预定使用炮十门。至我战车，亦以地形所限，未易接近敌阵地(现已被毁二辆)。又，九塘曾一度被我迂回部队攻占，卒为敌反攻夺去。新廿二师昨晨攻占五塘、六塘，该两地间有敌汽车四十余辆，满载敌兵，因公路破坏，无法进退，后由南宁并附装甲车廿余辆反攻五塘，卒被冲破。又由七塘增援反攻六塘之敌，经我击退，九二师现已至七塘、八塘间集中，正向七塘之敌攻击，以求节节截断敌人。我西路军第一纵队已进至高峰隘、香炉峰附近，正对各该处约三四百名之敌攻击中。第二纵队已进占苏圩、山圩。现绥渌约有敌二三千人，并附装甲汽车数辆。(三)我九九师于皓晚推进思陇附近，为预备兵团。一一八师向虎头圩西移，至伶俐圩、长塘一带，掩护廿二师之左侧背。又，叶肇部之一六零师，皓晚可达来宾西南之三五圩附近。一五九师在忠州附近集中完毕。第五师正由骆运输中。(四)综观两日来之攻击，敌寇颇为顽强，我各部准备不周，致未能按预定计划进展。(五)据报，钦州附近仍有敌后续部队登陆。再，据报，在郁江以北各地，已发现敌战车及装甲汽车等共廿余辆，如确，则邕钦路当已修复。今后作战指导要领，一面仍令各部积极进攻，一面似应另行研究，并准备稳扎稳打。又，职以为将来收复南宁之关键，不在郁江以北，而在郁江以南，是否能决心确实断敌补充与增援也。谨贡〔供〕参考。职陈诚。号辰。参。印。〔迁江〕

白崇禧致蒋介石密电

(1939年12月21日)

渝委员长蒋：痕密。本(廿一)日严令韦副总司令云淞、梁总指挥翰嵩、李指挥新俊电文如下：(一)迅即将龙州附近及邕、龙两侧民众武力全体发动，固守沿途之险要隘口，并须彻底破坏道路，以阻敌之前进。(二)迅即将龙州物资各〔向〕邻近各县疏散，尤其对于航空兵总司令部卫生器材、汽油火速疏散，若能运入安南更佳。如事机迫切，不能疏散，则藏埋之，粮食则焚烧之。(三)龙州以东之交通彻底破坏，左江船只须疏散离龙州上下一百里。(四)迅即由一三一师选派对左江情形熟悉者，兵一营、教导队一大队，跟敌之后，沿途破坏道路，坚壁清野，以断敌之后路。等语。谨电呈察。迁。职白崇禧。马酉。宥参。印。〔迁江〕

白崇禧致蒋介石何应钦密电

(1939年12月22日)

即到。渝委员长蒋、总长何：厦密。据报：甲、昆仑关、高峰坳方面。一、昆仑【关】各据点均已为我占领，该处之敌为松木骑兵中队及牟由部队。二、界首马日克复，敌向高田逃窜，经我蹑追，敌本日绕小道回窜。三、九塘两侧高地我已占领，惟九塘之敌铁丝网工事周密，似有敌之司令部。四、八塘我已完全占领，南北公路均有破坏。五、五塘、六塘已无敌踪，我一一八师占领沙坪以北高地。六、七塘我已占领。七、高峰坳方面，敌一部窜翔〔腾〕翔及西南高岗一带，现我主力在伏梁、腾翔、板苏之线与敌激战，一部进出邕武路之四塘,并仍扼守香炉岭、伊岭、达虹等高地。乙、邕钦路以西方面。我一八八师于马丑起,向吴圩、唐报之敌侧击,唐报已克复。一三一师主力对由西回窜之敌侧击。丙、邕钦路以东方面,四六军派多数突击队,向钦董路积极袭击,并破坏公路。黄纵队之一部已迫近小董。等情。谨闻。迁。职白崇禧。养申。行参二。印。〔迁江〕

郑洞国与蒋介石来往密电
(1939年12月)

(1) 郑洞国致蒋介石密电(12月24日)

委员长蒋:5012密。十八日围攻敌第五师团于昆仑关,激战已七昼夜,迭克仙女山、老毛岭、六五三高地、枯桃岭各要点,敌死伤惨重,我获轻重机枪多挺。尤以罗塘南端高地,为敌最坚固堡垒,本师于敬日十九时,经两小时之肉搏,始告克复,毙敌官长十余,士兵二百余,夺获重机枪四挺,轻机枪八挺,步枪数十支,其余物品在清查中。此为敌之致命点线,攻陷不难全灭。职郑洞国。敬亥。参二。印。

(2) 蒋介石复郑洞国密电稿(12月29日)

桂林郑师长洞国:敬亥参二电悉。○密。昆仑关之得失,影响于南宁作战者极巨。该师激战七昼夜,卒克要点,具见该师长指导有方,将士用命,深用嘉奖。仍希本一贯之精神,以歼顽敌,完成任务为盼。川。中○。艳申。令一元骥。印。

何应钦致白崇禧密电稿
(1939年12月26日)

(特急)迁江白主任健生兄:○密。顷接龙主任参养午电称:此次敌由北海登陆,冒险深入,是必经过缜密筹谋,亦其最后之决策,企图远大,不容轻视。要其目的,不在广西,而在切断滇缅、滇越及滇黔之交通,已属显然。故入桂敌军必为主力,其后方更必源源增加。又,敌之进攻目标若向桂林,打通粤汉,则战事仍难结束,亦敌所熟思深虑者。现我军反攻南宁,关系至重,唯盼成功,国家幸甚。否则敌势必至蔓延,进攻滇、黔,当无疑义。吾兄统筹全局,一切谅在洞鉴。弟日夜思维,无任忧虞。谨呈管见,务乞注意及之。等由。除转呈委座外,查武鸣、百色至昆明道【路】,其地形、交通、物资、气候等现况,是否可以运用大军,关系太大,有迅派干员实地视察之必要。特电参考,并盼酌办见复。川。何应○。寝巳。令一元。印。

白崇禧与蒋介石等来往密电

(1939年12月)

(1)白崇禧致蒋介石何应钦密电(12月27日)

沿途不得停留。限三小时到。重庆委员长蒋、总长何:授密。我军围攻昆仑关、九塘,已予敌以重大打击。现据俘房供称:昆仑关之敌死伤已达十分之六七,联队长、队副均受伤,中队长大半伤亡,联队部、旅团部均已撤退。邕城残余士兵称:自两年半来,未经若此攻击强且犹之敌,其苦持惶恐可知。惟我军九二师伤亡过重,一一八师战斗力薄弱,而敌近复增加台湾兵团一联队,向大麦岭方面猛攻,昨一一八师已被攻破,七塘封锁似觉困难耳。兹为贯彻歼灭该敌计,拟订两法:(一)诱敌至山地复杂地区,将其逐次消灭。(二)迂回敌后,袭击南宁。如能以六六军加强七塘附近之封锁,不难将该敌悉数歼灭。否则以六六军迂回至高峰隘,出香炉岭,同时以第一纵队反攻高峰隘,乘虚袭击南宁,继以机械化部队,或可克复邕城。倘或困难,亦可向东袭击四、五塘方面之敌,使其腹背受敌。但无论采用何法,均须请调一军为预备队,控置于宾阳附近,以资策应。现六六军在行动中,如何进止使用,敬乞钧裁示遵。迂。职白崇禧。感酉。室参。印。

(2) 蒋介石复白崇禧密电稿(12月28日)

限三小时到。迁江白主任:感酉室参电悉。〇密。卅六〔原文如此〕军应控置于柳、宜各地区,不能调动。所请调一军控置于宾阳附近为预备队一节,仍盼就使用于南宁方面部队中统筹部署为要。川。中〇。俭申。令一元骥。印。

白崇禧致蒋介石何应钦密电
(1939年12月28日)

提前。即到。重庆委员长蒋、总长何:狮密。谨将本日下达命令列次:(一)昆仑关附近之敌约有二联队,经我连日攻击,已伤亡过半。连日以来,由南宁增援于昆仑关方面之敌,似为台湾旅团之第二联队。(二)我军以趁敌大部队之增援未到以前,迅速击破昆仑关方面之敌之目的,决对当面之敌,继续予以扫荡。(三)卅八集团指挥第五军及附属特种部队,仍对昆仑关敌据点之攻略。(四)卅七集团指挥六六军、九九军,任八塘以南敌后方联络线之截断,并阻止击破增援之敌,以策应我卅八集团方面之作战。六六军除以一部对昆仑关以东敌据点之攻击,另以一部置重点于九塘、八塘间,对敌交通之确实遮断,主力控置于富兴村附近,乘敌增援部队之进入而击破之。该军各部队,限明(廿九)日以前集结完毕。九九军应以一部守伶俐圩,主力确保群合村、山心、高山岭、鹿鸣山一带之守备,并攻击七塘,遮断敌之后方交通。(五)十六集团之第一纵队,应于现占领之线,迅速构筑阵地,并准备如敌攻击时,配合战车,以行打击,预派一部构筑黄圩附近对武鸣方面之阵地。(六)余在迁江行营指挥所。等语。谨电呈察。迁。职白崇禧。俭申。参一。印。〔迁江〕

杜聿明致蒋介石密电
(1939年12月31日)

限一小时到。渝委员长蒋钧鉴:饔密。窃昆仑关为南宁东北门户，山地颠叠，自十二月三日敌侵扰以来，即利用高地及隘径筑设坚固堡垒，以号称钢军之第五师团第四十二联队全部及廿一联队二大队，炮七、八门，战车防御炮二门担任守备。本军先以新二十二师及军补充一、【二】团，由敌兵〔两翼〕直出五【塘】、六塘、八塘，截断敌之通讯交通，于十八日在五塘、六塘、八塘各处，牵制敌增援部队四十一联队主力，使不能加入昆仑关方面，令荣一师、二百师由正面包围攻击。经十余日之猛烈攻击，逐次攻略坚固堡垒二十余个。然敌犹困守昆仑关北方数据点，死守待援。九十九军亦到达七塘，阻敌增援北进。本军为求一举略取昆仑关起见，乃将新二十二师及军一、二团调回，增强正面，于卅一晨集中兵力，继续猛攻，迄本日十一时五十分，将昆仑关完全占领，进出四四一高地、六扒六城之线，敌退据九、八塘阵地。本军拟稍事整顿，即继续向八塘、九塘之敌攻击。除伤亡损失及卤获情形另案详报外，谨电奉闻。高犬岭。第五军军长杜聿明叩。世申。参二。印。〔贵阳〕

白崇禧致蒋介石何应钦密电

（1940年1月2日）

即到。委员长蒋、总长何：狮密。谨将东戌下达命令列后。(一)昆仑关方面之敌经我击溃后，似有占领九塘、八塘附近阵地，继续抵抗模样。(二)军以击破敌人、收复南宁之目的，应续向九塘、八塘残敌，继续予以扫荡，向山心东西附近之线进出，攻击开始时期为明(二)日拂晓。(三)徐集团(欠九九军)应由正面向九塘、八塘之敌继续猛烈攻击。(四)叶集团附一一八师，应以有力一部，续向八塘、九塘之敌侧背攻击，主力攻击公路以东地区之敌，并确实遮断敌之后路，协同第五军正面之攻击。(五)关于攻击各时期之连系，由两集团详加协定之。(六)十六集团(欠第二纵队)应派出有力一部，进出四塘、五塘附近，遮断敌之交通，威胁其后方，截击其辎重。主力仍对高峰坳方面之敌竭力牵制，策应八塘方面之扼击。(七)九九军(欠一一八师)为战略预备队,控制于西〔思〕陇、永和村附近,并应以一团主力守备塘莱岭、那桑(九塘西北八公路〔里〕)附近,一部在同贵村附近,任我右侧背之警戒。(八)炮兵队应续向昆仑关附近推进,协同步兵对八、九塘之敌攻击。(九)邕江南岸各部队之任务仍旧。等语。谨电呈察。迁。职白崇禧。冬辰。参一。印。〔迁江〕

白崇禧致蒋介石何应钦密电

(1940年1月2日)

重庆委员长蒋、总长何:0624密。据报:(甲)昆仑关、高峰坳方面。(一)我此次反攻昆仑关,由获敌文件证明,击毙敌联队长大佐三木吉之助及其所属各佐尉等十三员,共计该联队将校伤亡四十四员。又,敌日记自承【认】于中国参战以来,所未遭遇之坚强战斗力,致此次伤亡惨重。(二)本日拂晓,开始向九塘之敌攻击,一零二军三零四师开始【攻击】八塘,部队占领那并村,进出路口,占领渌龙岭附近据点。三零三师一部从四一五高地,一部从立别岭,向三零三高地攻击。(三)新二师进出六扒六城南,向当面之敌攻击。(乙)邕钦路以东方面。(一)现钦城敌不满五百,每晚用汽艇百余载橡皮人及橡皮弹,包内装泥沙,沿钦江运钦县,往返行驶。(二)冯璜部东晚联合追击团队,向那陈、小董间公路线突进,占领小董附近之水溶颈,积极遮断敌之交通线及通讯。(丙)邕钦路以西方面。梁翰嵩部协同一三一及一八八两师,于本【日】拂晓开始攻击,已占领吴村附近之棉羊、吴村一带,并袭击大塘、那陈、唐报之敌,破坏该段公路。等情。谨闻。职白崇禧。冬酉。行参二。印。〔迁江〕

徐永昌致白崇禧密电稿

(1940年1月5日)

急。桂林白主任健生兄:○密。奉交顾长官冬戌玩电,据谍息:敌西尾总司令有日指示华南指挥官安藤,令粤桂作战部队勿再深入,惟在粤须迫华军退出从化、英德以外,以保广州安全;在桂须努力遏止华军反攻南宁,维持沿海各公路交通,并牵制华军他调。等情。特电参考为荷。弟徐〇〇。歌巳。一元琦。印。

秦维亚关于荣一师昆仑关战斗经过致张群等报告

（1940年1月11日）

报告　廿九年一月十一日于河里乡荣一师部

窃职奉派第五军联络督战参谋,旋改派荣一师。奉命之日,遵即驰赴到职,并作战简报,前经分别呈报各在案。昨悉钧座亲临桂境,指示戎机,敬即驰谒报告,并请示一切。奉张主任谕,饬职书面报告,遵将荣一师二旬来作战经过概略谨陈如后。

十七日　开始攻击,占领老毛岭及△441高地,二十三时占领△600高地。

十八日　进攻界首、同兴、罗塘各要点。

十九日　与敌在△653、△600、△441高地作争夺战,得而复失者屡,损失颇巨。并悉昆仑关敌系南支派遣军今村兵团(5D)坂田部队(42R)。

二十日　我攻罗塘南端高地未得手。敌以重兵反攻老毛岭二次,均未得逞,敌伤亡惨重。

廿一日　我军确保各据点,进攻八、九塘,并攻罗塘高地,又未得手。

廿二日　吴团监视九塘,向六扒进攻;汪团固守老毛岭,向槁塘一带夹击,已占六扒、石碥前进〔原文如此〕;王团在老毛岭一部,余守石寨隘。

廿三日　攻罗塘南端高地,又未下。

廿四—廿五日　占领罗塘南端高地。（谨按:罗塘南端高地形势,经职亲往视察,得悉罗塘高地系昆仑关屏障,敌筑野堡作据点外,有铁丝网三道,内有轻重机枪十余、步兵二百余,左有同兴小高地,右有槁头以东高地,均筑野堡为侧防,其阵地距野堡二百公尺,构成浓密火网。经数日攻击,始由汪团占领,损失颇巨。)

廿六日　攻占昆仑关,对下廖、六城坡、立别岭北犯之敌正分别扫荡。旋以战略关系,奉命退出。

廿七—廿八日　师奉命重整态势,防止敌增援部队之反攻,并准备尔后之续兴攻击。

廿九日　师以第三团攻略界首北端高地,余占领阵地,对敌严密警戒(界首北端高地敌兵二百余,轻重机枪九挺,筑有坚固工事,与昆仑【关】互为唇齿)。

三十日　占领昆仑关。(昆仑关森林绵密,北有同兴小高地,西有罗塘高地,东有△653界首高地,构成隘塞之路,形成昆仑关险要。然界首峭壁悬崖,高耸巍峨,矗立云表,与罗塘南端高地连昆仑关,势成犄角之要点,东西高地俯瞰昆仑【关】,是以罗塘、界首既得居高临下,有高屋建瓴之势,昆仑【关】之敌立即退矣。然界首虽险,尚控制于△653;罗塘虽要,而连绵于老毛岭。故欲得界首,当占△653;欲得罗塘,当占老毛岭。我军有见及此,先占老毛岭,作击罗塘之准备;攻△600、△653,作略界首之先声。然敌则早于△600至△653之线,不惜牺牲死守,东保界首,西保罗塘,以固昆仑。幸我将士用命,不惜牺牲,终将罗塘、界首占领,下临昆仑,是以敌不得不退矣。且昆仑关东南有枯桃岭,西南有△441高地,为夹助界首、罗塘,包围昆仑关,进击九塘之据点,是以我先占枯桃岭、立别岭之线。敌见右侧点已去,遂死争△441,以障九塘,失而复得者屡。致荣一师因夺△441据点,伤亡惨重,始获全占领。于此,不特昆仑【关】可保,且可进而攻略九塘也。)

卅一日—廿九年一月二日　师以吴团攻击△441高地,余〔于〕占领阵地,构筑工事,对敌警戒,并重新整理态势。

三日　师集合残余兵力,争夺△441高地中。

四日　晨,全占领△441高地,交由二百师接替。

现荣一师已将实力克复昆仑关左右各要点,卒将昆仑关收复,损失甚大(计官佐伤亡一百三十一员,士兵伤亡三千二百七十二名,全师现有官佐五百〇五员,士兵八千六百八十一名,外附员伤亡各一员,现有附员二百十五员)。由同平、开岭、岗村,旋开宾南、务本村,现在迁北河里乡整理补充。第一团驻北泗西北方一带,第二团在古楼村一带,第三团在迁江以北扶济村一带,补充团在迁江以北排陈村一带。

以上情形,除荣一师作战详情及优点、缺点正在调查整理外,理合具报,敬祈鉴核祇遵。

谨呈
主任张　转呈
委员长蒋

职秦维亚(印)谨呈

陈诚致蒋介石密电

(1940年1月12日)

限即到。重庆委员长蒋:痕密。兹将对南宁方面作战指导意见电陈如次,以贡〔供〕参考。一、敌情判断。敌此次进犯南宁之目的,当以截断我国际联络线,占领我山地要点,俾在国内外显示其无上武威仍存而未堕,以洗雪〔雪洗〕湘北失败之耻。惟敌之掠取南宁以后,即遭我不断之积极反攻,然彼既增援甚少,而仍顽强死守,不顾被我逐次各部歼灭之不利。虽其诡计难测,但判断不外下述三案:(甲案)无兵可增,然为顾全体面,又不得不保守南宁,因此只有消极固守,以求幸存。(乙案)为利【用】地形与工事,以求消耗吸引我之兵力,而企图在其他战场乘虚进犯。(丙案)因一时增援不及,只得先行固守,以待由他战场或其国内设法抽调增援,乘我攻势疲惫,再图反攻。(判断敌在南宁方面有增援至三个师团之可能。)二、作战指导。基于前述敌情判断,无论敌采取任何企图,我军当仍应立于主动继续攻击,以求歼灭该敌,克复南宁为指导之方针。为惟〔惟为〕达此目的,兵力上则须准备可以胜敌三个师团之力量,即以十五个师至十八个师兵力。又,在作战指导要领上,亦有下述各案之研究。(甲案)着重于战略时。以判〔断〕敌之后方联络及截击敌之部队为主,对于各要点,如南宁等处固守之敌,则包围而监视之,使其孤守无援。并不断佯攻,以消耗敌之粮、弹、器材,待其弹尽粮竭,困惫之际,再一举而攻略之,或诱引敌人于其阵地外而击破之。(乙案)着重于战术时。以直接强攻敌之据点而击破之为主,以一部兵力任敌后方兵力之扰乱袭击与破坏。(丙案)【着重于】战略战术靠〔并〕重时。即在战略上以强大兵力断敌后方,同时对固守各据点之敌包围而强攻之。以上三案,比较具〔其〕利害,则甲案可减少因强攻敌阵地而遭受重大牺牲之不利,并可主动的选择有力〔利〕地形为战场,而于敌阵地外,与之行机动的决战。惟此案之害,则有牵〔迁〕延时日,而使我有力兵团被敌人【吸】引之不利。乙案则可冀求迅速歼灭敌人,但如我炮兵火力不能绝对压倒摧破敌阵地,同时制空权不能获得,则奏功亦难,而步兵更不免与〔于〕遭受重大牺牲。更有当我攻势顿疲之际,为敌增援部队所乘之顾虑。如欲实行此案,务须有炮、空之协力。至步兵则以讲求隐蔽之行动,在炮、空掩护之下,逐次接近敌阵地而攻略之。对敌之纵深阵地,则以逐次攻略为宜。总之,以尽各种手段,能以极少之牺牲,获得极大之代价为上。丙案则可兼收甲、乙两案之利,但须有强大兵力,且能同时加入作战,方易收效。惟以上各案无论采用何案,总以稳扎稳打为最要。当否,谨电察核。桂。职陈诚。文午。参。印。〔桂林〕

白崇禧致蒋介石何应钦密电

(1940年1月12日)

提前。即到。重庆委员长蒋、总长何:瓢密。南路兵团作战指导,经于本日下达命令如次:(一)军为保全实力,达成占领南宁之目的,以一部对邕宾路七塘亘四塘一带敌之后方不断袭击,主力暂行佯攻,确保原占领位置,整顿态势后,继续猛烈攻击,歼灭南宁以北之敌。(二)一零一军接替第五军八塘以北防务,确保暨占领位置,实施佯攻。(三)第五军交防完毕后,转移于武鸣、黄圩一带整理,并担任该线阵地之构筑。(四)九九军(欠一一八师)应以主力扼守,并确保春虎山、鹿鸣山、高山岭、桔子岭、龙尾岭等要点,对敌实施佯攻,以一部不断袭击七塘至四塘间之敌,并破坏交通通讯。(五)叶集团(一零二军及一一八师)应以主力确保立别岭至〔亘〕民治村西侧高地之要点,以一部守备占领线,对敌不断佯攻。(六)周纵队之任务仍旧。(七)西路军(缺周纵队)与东路军之任务仍旧,但须加紧配合破路队及民众,极力袭击破路,并妨害敌之增援。(八)第九帅为预备队,位置仍旧。(九)九九军及叶集团在邕宾公路之活动部队,应相互协同,如发现有利目标,应俾〔彼〕此联络,予以袭击【敌】背侧。等语。谨先电察。迁。职白崇禧。文午。参一。印。〔迁江〕

蔡仁清关于昆仑关九塘作战经过致徐永昌报告

(1940年1月17日)

报告　二十九年一月十七日
　　　　于天马墟新第二十二师司令部

事由:谨将此次昆仑关、九塘作战全般经过汇报如下。

一、昆仑关致胜之主因。昆仑关之敌(约四五百人,野炮四门)经第五军荣誉师、二百师先后攻击后,伤亡惨重,弹尽粮绝,一切惟恃空中之有限输送,是以作战意志、精神、能力,皆逐渐消沉。而昆仑关一隅之地已陷重围,其南段公路,则早为我友军所截断与破坏,故在战略上言,昆仑关之持久价值,似已成为过去,且事实上确亦无法继续固守。邱师所以能乘其疲惫困顿之时,而予以迎头痛击,此昆仑关致胜之主因也。

二、九塘胜利之关键。昆仑关为邕柳路有数之据点,其附近高地均海拔四百公尺以上,危峰起伏,林木荫翳,有优势之地形与天成之据点,而顽敌尚无法扼险以守。况九塘既无坚固阵地可资倚恃,而又无整理之余裕时间。挟残败之兵,抗战胜之师,胜败之数,无待耆龟。此九塘攻略胜利之最大关键也。

三、昆仑关、九塘作战之概要。查邱师(欠第六十六团)于二十八年十二月二十八日自太平村(攻略五、六塘后之驻地)调回后,即奉命对盘据同兴、界首,利用碉堡形成据点之敌第五师团施行攻击。经二十九日夜间、三十日拂晓及三十一日拂晓三度猛攻,卒于三十一日午前十一时二十分,完全克复昆仑关。旋即调回第六十六团,巩固阵地,并继续向六扒六城之敌攻击,于二十九年一月一日推进至六扒六城之线。二日,原拟向九塘攻略,因友军协助不力,该师前进屡遭四四一高地之敌侧击,乃不得不于三日协助友军,先行围攻该高地,激战竟夜。残敌于四日晨狼狈逃窜,乃能直向九塘方向跟踪追击,于四日九时二十分克复九塘,并继续向八塘方向搜索前进。但因兵力伤亡过众,乃于十四日奉命调天马墟附近集结整理,并担任武鸣附近之工事构筑。计昆仑关、九塘两役,该师前后伤亡官兵约千余人,除击毙敌旅团长中村正雄及其官兵数百外,并掘获野炮四门、重机枪一挺、轻机枪十余挺,其他战利品无数。卤获之多,足开南宁外围战未有之纪录。此昆仑关、九塘作战之概要也。

右呈

部长徐

职蔡仁清(印) 呈

白崇禧致何应钦密代电

(1940年1月24日)

国民政府军事委员会委员长桂林行营快邮代电 迁参一字第三六一号

重庆总长何：密。谨将南宁战役概要经过列次。(子)敌军兵力及配置。敌自占领南宁后，即逐步向我压迫，于亥月东日占领高峰坳，支日占领昆仑关，即于该处构筑坚固工事，企图固守。其在邕江北岸者，计有第五师团二十一旅团(二一及四二两联队)与骑兵第五联队、炮兵第五联队之一部(山炮约一营)，分布于昆仑关及邕宾路附近，四二联队分布于南宁及高峰坳、蒲庙一带，一一联队控置南宁、亭子圩、吴村一带。其在邕江南岸邕钦路以东一带者，为盐田兵团(即二十八师团主力)及海军陆战队之一部。(丑)战役经过。我军以攻击北犯之敌、收复南宁之目的，于亥月巧日拂晓开始攻击，其经过如下：(1)邕武路方面。我一三五师、一七〇师于巧丑开始攻击。皓寅，克复香炉岭、大高峰坳。哿日，继克新圩。马日，敌由高峰坳以东之山道向潭闷村窜入，我因侧背感受威胁，遂转移至葛圩附近。尔后双方均无进展，现仍在香炉岭、腾翔及其以东之线与敌对峙中。(2)邕宾路方面。我以第五军主力向昆仑关正面及侧面攻击，新二十二师由邕宾公路以西，向五、六塘进出，以牵制其四二联队主力。第五军补充团两团，由邕宾路以东向八塘、七塘间进出。九九军(欠九九师)由伶俐圩向七塘进出，断敌交通，以策应昆仑关正面之作战。巧丑开始攻击，巧未克复仙女山、老毛岭、枯桃岭等处，惟界首、同兴及昆仑关等据点尚有顽强〔敌〕据守。我部队初时因忽略于既占地之构筑工事，致敌于巧晚增援反攻，复告失陷。新廿二师皓寅到达古逢、春虎山，九九军主力马、梗两日攻占山心、七塘、沙坪圩等处。但敌利用飞机与汽车之潜入，输送弹药、给养，负隅顽抗。我军为加强正面攻击力量，缩小包围圈、克歼顽敌计，乃令一〇二军加入昆仑关东正面之攻击，新廿二师及五军补充团两团，增强于昆仑关以北及其以西之攻击，利用优势炮火，逐次扫荡。遂于卅日，我一五九师克复六五三高地，第五军克复同兴东西之三据点，世日十一时五十分，确实占领昆仑关。残敌纷向九塘附近退却，我乘胜追击，于世未进出于四四一高地、六扒六城、枯桃岭之线,旋即进出于九塘以南。综计昆仑关方面,计毙敌旅团长中村正雄、联队长三木以下四千余,我因系攻势,损伤较大,伤亡约一万四千余。(3)邕龙路方面。敌十一联队约三千余,除以一部于苏圩、吴村任警戒外,其主力(二千余)于亥月篠日由绥渌经西长圩,向龙州窜扰。马申,与我龙州区团约两中队,在龙州市区发生激战。迄戌,我因众寡悬殊,遂转移至飞机场、自善村一带继续抵抗,另派团队不断向敌袭击。并令上金、龙村各团队,分布大青山、龙门、响水一带予敌侧击。敌因三一军主力出其不意从扶南、驮芦方面进出,且邕宾路方面战况吃紧,遂将市区焚毁,于敬晚退出龙州,向东逃窜。我卅一军即乘敌东窜,预于西长圩、霸吞、山圩等处埋伏,感、俭、艳三日,共被我歼灭千余,残敌约一千,向南宁方向窜去。(4)邕钦路方面。我卅一军于亥月艳日克复唐报,子月冬日克复七坡、棉羊村。四六军亥月艳日破坏小董以南公路,子月支日克复那扁、新成,尔后仍实施机动之袭击与破坏,尚收相当成效。综计全战役(截至本月铣日止)我军伤亡二万三千余,敌伤亡八千一百余。详情容俟续报。谨先电呈。迁。职白崇禧。敬申。参一。印。

蔡仁清总结昆仑关九塘战斗经验致白崇禧等报告

(1940年1月29日)

报告　二十九年一月二十九日
于天马墟新二十二师司令部

事由:谨将此次昆仑关、九塘督战所得经验汇报于下。

一、敌之常用战法(多根据战斗原则):

1. 利用高地,构筑碉堡,以少数兵力,瞰制公路(注重点之占领而不注重线之占领)。

2. 主抵抗线多选定于山顶之后方,山麓多构筑各个前崖孔。

3. 退却时,步兵每故意施行反攻及炮兵扰乱射击。

4. 副工事多截树木为两段,上段为鹿寨及伪装之用,下段系以有刺铁丝,为铁丝网。

5. 侧防机关位置极掩蔽,不易发现。

6. 战车防御炮位置掩蔽,封锁隘路上之倾斜变换线及弯曲处,使我战车不能通过。

7. 每当状况危殆、无法继续抵抗时,即施放毒气。

8. 纵在最危险时,犹顽强抵抗,其射击战斗仍极沉着,甚至不在五十公尺内不行射击者。

二、我军之优点及劣点:

1. 优点:

A. 战斗方面

a. 警戒线远推出于前方,严密搜索,增加步哨纵深(在攻击奏效后或在敌无大规模反攻时使用,颇收效果)。

b. 重兵器集中射击敌之据点,以补炮兵火力之不足,收效甚大。

c. 平时训练注重野外及实弹射击,尤其机枪多用点射,战时节省弹药。

d. 通信联络、命令收发,均另派参谋负责指导监督,在战斗间联络确实。

e. 使用班内伍长制,掌握确实。

f. 指挥官、士兵在攻击时,有果敢之牺牲精神。

B. 战术方面

a. 指挥官企图心旺盛,决心迅速。

b. 行军警戒,利用停止侧卫(在通过□蔽地时,可补前卫搜索之不及)。

c. 日夜施行威力搜索,常与敌保持接触。

d. 预备队位置于第一线近后之要点,适时增援。

e. 攻击奏效后,即行恢复掌握,巩固阵地。

2. 缺点:

A. 攻击时兵力不能集中使用,每逐次增加,故多为敌所各个击破。

B. 包围距离过远,对本军正面战斗,不能适切协同。

C. 情报不确实,影响指挥官之决心。

D. 通信器材缺乏,故与友军不能密切协同。

E. 攻击前缺乏详密侦察与搜索。

F. 徒注意猛勇冲击,而不知疏散接近敌人及利用火力掩护时前进,故损失甚大。

G. 掷弹筒多不知使用。

H. 工作器材缺乏,士兵工作力薄弱,有余裕时间而不知加强工事,且副工事均须赖工兵工作。

I. 卫生队运输力不足,及救护伤兵方法不良。

J. 射击军纪不良,夜间教育过少。

K. 因重兵器超越射击技术不良,与通信联络不确实,故每当掩护射击及延伸射击时有危及友军。

L. 重兵器指挥官缺乏观测器材。

三、对尔后作战应注意事项:

1. 在山地隘路战时,可将步兵代替战车先行搜索,以免战车遭无谓之损失。

2. 高级指挥官不宜在暴露高地上作长时间无谓之逗留,战斗指挥所附近,更不可有多数人员麇集。

3. 敌退却时,有将武器、公文埋藏于尸体之下,故扫清战场时,对有征候可疑之敌冢,不妨挖掘检查。

4. 高级司令部以选定离道路较远之小村落为佳,停车场极须掩蔽,且不宜设在其附近。

5. 已占领之大小要点,虽兵力不足,亦不宜放弃。

6. 对敌之掩护退却,不应视为反攻;对敌之威力搜索,不宜认为主力攻击。

7. 新兵有一年以上之良好训练后,其战斗力可胜于久经战场之老兵。

8. 部队平时训练,应绝对注意野外教育、夜间教育及射击教育。

右呈

部长白

次长 刘
阮

职蔡仁清　呈

陆军第四十六军镇南附近战斗经过概要①
(1940年1月?日)

敌军自去年十一月中旬登陆,占领南宁以来,十二月中旬复东进,被我击溃于陆屋后,迄至一月十四日,不下二千之敌,又由大塘进扰久平(大塘东北),与我一七五师五二三【团】及野补团,在苍甲山(久平西南)一带高地发生战斗。另一股约步兵数百,骑兵百余,由小董犯板城,与我新十九师五六团前哨接触。该团以一营尚在奇灵破路,且板城地势平坦,无险可守,遂撤至板城东北大石岭一带山地,拒止敌人。十五日拂晓,久平、苍甲山附近之敌以飞机、大炮掩护,数次猛攻,均被击退,已无积极企图。十六时,又敌步骑联合约五百,由长滩窜抵南忠,而板城之敌,逐次增加,合前共千余,炮数门,陆、空联合,向大石岭五六团阵地猛攻。该团以右翼受敌威胁,因向众人岭(镇南东南)转进,敌乃直扑镇南,企图进扰太平。军据报后,以太平附近形势险要,设一旦陷于敌手,构成坚固据点,并南略陆屋,北取蒲庙,则尔后东路军之作战困难,破路截敌均将无法实施。故为达成任务计,决先集结优势兵力,击灭镇南附近敌

---

① 标题为原编者所拟。

人。即令军预备队五二四团在镇南附近占领阵地,拒止敌之前进;一七五师除留一部在花〔苍〕甲山牵制敌人外,主力即向那香、百济间地区集结,对镇南附近之敌猛烈侧击;新十九师五六、五七团主力向镇南西南,期与一七五师主力【协同】,将镇南之敌包围而歼灭之。十六日,我五二四团当面之敌三次增援,步、骑、炮至一联队以上,屡以飞机掩护,向我冲锋。我五二四团巢威所部官兵,以必死决心,与敌恶战,敌受重创,然犹顽强进攻。十六日戌刻,我新十九师主力到达镇南西南之明月塘、牛皮岭附近。十七日巳刻,一七五师主力亦抵镇南西北端之和尚岭及新墟附近,遂将镇南附近之敌包围,正围歼中,而敌机六架,轮流向四合坳西北高地投弹百余枚,并投烧夷弹,着火烧山,及施放催泪性毒气。我守军五二四团在该高地之一部,伤亡殆尽,致该高地被敌占领。敌得掩护其大部,乘隙向那香方面突围,然犹被我伏兵分段侧击,毙敌无算。十八日,该掩护退却之敌约六、七百,仍在四合坳西北高地及古镇一带村落,被我包围,负隅顽抗。追由小董增加敌兵数百,企图解该敌之围,与我一七五师五二五团在新墟方面发生激战。此时适奉总座蔡巧辰手令,饬我军为整备尔后作战及避免敌之反噬,应以有力一部,扫荡战场残敌,主力集结太平、上井各附近整备。等因。遵即令新十九师及一七五师各以一部袭扰敌人,并扫荡战场,主力于十八日酉刻,分别向太平、上井各附近集结,并令五二四团在四合坳原阵地担任掩护,军部十八日申刻移旧州。十九日四合坳西北高地及古镇一带残敌,经我扫荡,悉数歼灭,新墟方面之敌亦经痛击,向小董溃退。我各部夺获敌步枪、防毒面具、钢盔、驮鞍、观察架、军需品多种,而沿途土民乘机俘敌、击毙者亦多,且有缴敌枪达二百枝者。我追击队即追至板城附近。此役敌为近卫步兵第二联队及第四联队之一部,并配属一部骑、炮兵,经我数日围歼,损失极大,击毙其大尉深堀、前村、北尾、楠本二郎等多人。此为镇南战役经过之概要。

(三) 宾 阳 战 役

白崇禧与蒋介石等来往密电

(1940年1—2月)

(1) 白崇禧致蒋介石何应钦密电(1月30日)

即到。重庆委员长蒋、总长何:狮密。谨将本日下达命令【抄录】如下:命令。(子)约一个旅团之敌从马鞍山、三庄岭、石橙岭方面侵入,攻击我第六军、第九十九军,赖团〔企图〕突破我昆仑【关】右翼之阵地,迂回我右翼侧背。另约一个旅团之敌,以一部从邕江南岸永淳方面,主力从玲〔伶〕俐圩,企图北进,迂回我左翼侧背。(丑)军以各个击破敌迂回部队,确保昆仑关,使尔后作战有目的对右翼方面之敌予以阻止消耗,并准备于甘棠、古拉方面,包围攻击敌人。(寅)(一)九师仍担任昆仑关正面之守备,三六军以一部兵力守备既设阵地,主力占领白头山亘东施岭阵地,协同右翼军,对三庄岭、马鞍山侵入之敌予以侧击,本晚即开始移动。(二)九九军整顿态势后,一部守备塘莱岭一带高地,主力占领濛濛岭及平田一带高地之线,掩护思陇、黄圩间要道。(卯)右翼军(缺四九师)之主力,应协同三六军击破三庄岭、马鞍山、石灯岭侵入之敌,掩护昆仑关以西要地之安全。(辰)左翼军六六军以一师向鹿颈圩方面侧击由玲〔伶〕俐圩东北进犯之敌,务于明日(三十一)到达鹿颈【圩】附近。其余主力,右翼与九师密切联络,以一部在原阵地佯攻,主力于必要【时】,逐次转移对南正面之阵地线,确保昆仑关左翼要地之安全。(巳)第二军李军长指挥七六师与机械化部队及炮兵一营,协同六四军及六十六军之一师,四六军之主力,包围击破永淳、援〔伶〕俐圩北进之敌。如敌兵力过大,于各部队集结未完毕以前,应避免决战,极力阻止迟滞敌人。【(午)】我东路军廿六集团之何纵队、四六军,以主力向永淳方面前进袭击,会同第二军、六四军,包围击破永淳、伶俐【圩】北犯之敌,其余仍配合地方武力,加紧袭击破坏邕钦路之敌之交通与敌之增援。(未)韦纵队三一军,配合地方武力,加紧袭击破坏邕钦路敌交通与敌之增援。(申)周纵队仍占领双桥一带原阵地,对高峰坳之敌予以牵制。(酉)五师仍在原指定之位置。(戌)余在迁江行营指挥。谨电呈察。迁。职白崇禧。卅酉。参一。印。〔迁江〕

(2) 蒋介石复白崇禧密电稿(2月2日)

即到。迁江白主任:卅酉参一电悉。○密。部署尚妥。对甘棠方面迂回之敌固当特加注意,但由五、六塘北攻之敌,其兵力与甘棠方面敌兵力略等,且此方直接予昆仑关之威胁尤大,亦应密切注意为要。川。中○。冬酉。令一元度。印。

蒋介石致夏威蔡廷锴密电稿
(1940年1月30日)

灵山夏总司令、蔡副总司令:○密。据报,此次邕钦路以西之作战,各部队缺乏机动,协同太差,指挥官之位置距第一线部队过远等情。查邕江南岸之作战,关系该方面全般者极巨,亟应严加监督,善为运用。仰即遵照,并转饬遵照为要。中○。卅。令一元骥。印。

杜聿明致蒋介石何应钦徐永昌密电
(1940年2月2日)

战急。重庆委员长蒋、军政部长何、军令部长徐钧鉴:匋密。本军各部队卅晚开始向迁江、来宾以北地区转移,占领阵地,构筑工事。(一)荣一师东日转移至樊村、瞰贤、秀童间地区。(二)二百师东晚自马览圩,以一部转移至岩石、樟木圩附近担任警戒,主力转移至来宾附近。(三)廿二师东晚自思陇、司爷、溯河街附近转移。(四)补一团东晚到达邹圩附近,开始在清水河北岸占领阵地,补二团留驻思陇、司东关、佐村附近,归卅八集团军指挥。(五)骑兵团一部留置马览圩附近,担任警戒及搜索,主力转移至河里圩。(六)炮十四团第一营在北崖山西侧占领阵地。(七)炮二旅补充营一连配属第二军,主力东晚向排陈村(迁江东北)转移。(八)装甲兵团除属昆仑关及第七军各一连外,主力东晚以一连转移至邹圩附近,余转移至河里圩整理。(九)军部已移至北泗,其余军直属队正向北泗西南各附近地区转移中。谨闻。北泗。第五军军长杜聿明叩。冬巳。参一。印。〔迁江〕

蒋介石致白崇禧密电稿
(1940年2月3日)

(有线)限三小时到。迁江、桂林分送白主任健生兄:○密。由邕宾路西侧地区突进之敌,虽进至宾阳、思陇,但其兵力不大,且该地区山地绵亘,我兵力仍优,敌之突入,当不能对我发生若何危险。我军此时应以贵县附近之六四军及四六军一部等,向宾阳之敌后方猛烈攻击,与思陇西方甘丽初部,夹击突进之敌。如兄能亲至贵县方面督战,尤为妥善。如何,盼复。中○。江酉。令一元。印。

蒋介石致白崇禧陈诚张发奎密电稿
(1940年2月4日)

限即到。柳州白主任、陈部长、张长官:○密。一、甘棠、古拉、永淳皆已为我军占领,敌军在宾阳之后路已经断绝,此为我军歼灭宾阳之敌最良之机会。二、我军在迁江附近之主力,应即向当面之敌开始猛攻,占领宾阳,与我昆仑关各军夹击在昆仑关附近之敌军而歼灭之。三、除迁江主力向当面之敌攻击以外,另派三个支队,每个支队约一营兵力,在当面敌阵地之左右两侧,绕道至昆仑关,与我守关部队联系通信为唯一任务。其中之一个支队,或与宾阳之敌接触牵制之,并相机占领宾阳,而其余二个支队,务须不与宾阳敌军接触,不顾一切,直达昆仑关通信为要。四、以上各支队如能达成任务,各官兵准予各升一级,并另给最名誉之勋章。蒋中○手令。支申。川侍参。

陈诚致蒋介石密电
(1940年2月5日)

限三小时到。渝委员长蒋:窥密。谨将对桂南方面今后作战指导之意见呈述如下:一、敌情判断。甲、敌之兵力。目前已发现者有四个师团番号,但十八师团及近卫师团当不能全部来桂,且上月中下旬在钦州附近陆续登陆者,当有一部为补充兵,故敌之实力应不过三至三个半师团。除已〔以〕一部(最少需两个联队)维护后方交通线外,能使用进犯之兵力,亦不过二个半至三个师团。乙、敌之企图。综合敌之兵力与其日来之作战行动(如对高峰坳、武鸣方面尚无行动),并播音之宣传等观之(如东日播音云:此次广西作战之目的,乃击灭于抗战之敌军,特别是中央军,以根本挫折敌军之大规模且极其认真之夺回南宁企图;又江日播音,夸大我军兵力约有四十五个师),必无若何大规模之企图,此次之反攻,当系(以攻为守)之一种策略也。如敌继续增援兵力,或乘我之过失而扩大其企图,亦属可能。二、作战指导。我军自此次转移后,因各部多脱离掌握,稍形混乱,故目前当以先求稳定,并整顿态势及就〔重〕新部署为最要。为此,拟定指导腹案要旨如下:(甲)方针。(一)军应先以阻止敌之北进或扩张战局,并一面迅速调整部署,整顿态势,待后续兵团到达,再相机转移攻势。(二)各部队应于本月蒸日以前调整完毕。(乙)指导要领。(三)第一线兵团应一面作战,一面调整,其余各兵团应迅速收容整顿,恢复战力。(四)如敌继续进犯,则如次指导之:(子)如敌继续北犯时,则利用清水河、红河等线,阻滞敌之北进,并注意其向宾迁路东西两侧之迂回,尔后待机转移攻势。此时东、西、南各方面应向敌夹击,以牵制之。(丑)如敌西犯,企图截断我国际交通线时,则我西路军应竭力迟滞敌之西进,以待由东及北两方面转移攻势,击敌侧背。(寅)如敌东犯,企图打通西江时,则我东路军应竭力迟滞牵制敌人,以待由西及北两方面转移攻势,击敌侧背。(五)如敌盘据现占领地区,企图固守时,则一面监视之,并派小部队不断扰袭及破坏其交通通讯,待后续兵团到达,转移攻势。(丙)兵团部署。(六)军队区分。(子)第一路总司令[1](任西南方面)指挥原第一、第二两纵队及地方团队。(丑)第二路总司令吴奇伟(任西北方面)指挥第六军(四十九师归还建制)、第卅六军及第九九军(吴未到前,归夏总司令指挥)。(寅)第三路总司令徐庭瑶(北路正面)指挥第五军及新卅三师并炮兵等特种部队。(卯)第四路总司令邓龙光(仟东路)指挥卅五集团及第四六军(一七五师及独立一团)与六六军(一六零师)(任东路邕江北岸)。第五路总司令蔡廷锴(新十九师独立团及地方团队、游击队等,任东路邕江以南)。(辰)战区控置直辖兵团,第九、第七六、第一一八、第一五九等师。(巳)后续兵团,第五四军(欠一九八师)、第四三师。(七)作战地境。(地名卅万分一图为准)(子)第一路与第二路为思陇、司潘村、清水圩、仙湖圩、眼圩、堆圩相连之线。(丑)第二路与第三路为太守圩、青泰圩、罗圩、贤按圩、隆庚圩相连之线。(寅)第三路与第四路为宾阳、邓圩、唐村、石牙之线。(卯)第四路与第五路为邕江之线。(辰)除邕江属第四路外,其余线上均属左。(八)各兵团任务及行动。(子)第一路应不断扰袭敌人并牵制之,及破坏其交通、通讯。(丑)第二路之第六军任黄圩、马头方面之作战,应分派部队,向思陇方面袭击敌人,以牵制之。第卅六军在新阳圩、灵圩间,第九九军在邬民圩、镇圩、雷圩间,迅速收

---

[1] 原缺人名。

容整顿,准备作战。(寅)第三路应就清水河、红河两线配置,迅速加强工事。(卯)第四路应继续向武陵、宾阳方面攻击敌侧背,以牵制之,使敌不敢向北深入。第五路应不断扰袭邕钦路之敌,并破坏其交通、通讯。(辰)第七六、第一一八两师应速收容整顿,即开柳州附近整补。(巳)第九、第一五九师开大场附近整补。(午)五四军及四三师到达后,先向北泗圩、来宾间推进。(未)如敌续行进犯,或停止固守时,各兵团之任务及行动,依指导要领另定之。(辛〔申〕)宜山方面警备,由第四分校担任之。以上所陈当否,乞核夺。柳。职陈诚。微戌。战。印。〔柳州〕

徐永昌致蒋介石呈

(1940年2月5日)

事由:对于白主任支亥参电请重新调整态势具申意见。

(一)白主任支亥参电大意

1. 甘军长一再报称,昆仑关似已不守,证以 9D 某团副报告,似属可信。

2. 昆仑关既失,在宾阳平地,敌机械化部队与空军可相呼应,我在红河南岸对敌攻略,殊少胜算。

3. 桂南剧战迄今,除 64A 尚比较完整外,余如 46A、31A、5A、99A、159D/66A、6A、36A、2A 等,伤亡均巨,内尚有损失过半数以上或所余无几者。

4. 今大明山系之险要既失,似应依北保柳庆(宜山)、东守浔州(桂平)、西掩护新国际路线之着眼,重新调整态势,扼守红水河、金龙山(瑶山)之线,待后续部队之到来,再乘机转为攻势,击敌于红水河岸。

(二)谨查邕宾路连日战况,昆仑关正面部队已失联系,情况不明,据报似已失守。证以敌寇广播:已占据九塘、昆仑关,于三日午刻追击前进中等语,当属可信。对于白主任审度敌我情势,拟重

新调整态势,在原则上同意。惟对于部署,谨拟具意见如次:

1. 红水河以北迁、柳间防务,应由现已在该区部队(5A、N33D)及后续部队(54A、43D)任之。

2. 所有现在邕宾路战场附近部队,一律不得越过红水河北撤,应以有力量部队在邕宾路两侧与敌保持接触,并以小部队突进道路袭敌,破坏交通,牵制敌人续进,保持有利态势。

3. 所有战绩优良、损伤特重部队,着按现在位置,分别调至来宾及隆山各附近地区,迅行整顿。

4. 敌突进至宾阳后,距海岸交通线延长至二百余公里,其后方交通之维护愈益困难,仍应酌将预定使用邕江南岸部队增加该方面,不断袭击邕钦路,妨害敌人交通运输。

如参照右列四项要领部署,对敌仍居夹击有利态势,尔后依后方部队之加入及残破部队之补充完整,视情况再行策定攻势作战方案。

右拟已经木(五)日会报裁决,是否有当,伏乞钧裁核夺。

谨呈

委员长蒋

附呈白主任支亥参电一件〔缺〕

刘斐张秉均致蒋介石等签呈

(1940年2月12日)

查敌进犯桂南之目的,首即在截断我西南国际交通。现南宁虽被敌占领,但我池田新路已能通车,是敌目的尚未达成,虽占领之南宁,已失却其重要价值。现该方面敌约三个师团,于疲敝之余,在我大军环伺之下,虽暂未发现有何积极企图,但敌原目的并未达成,是否再行增兵进犯,似不可不预为之备。兹判断桂南方面敌尔后可能企图于次:

一、西犯我西南新国际路线;

二、北犯柳州,以截断黔桂交通线,威胁我西南军事中心之桂林；

三、与粤敌相呼应,打通西江。

就上述三案,二、三案在战略上之价值较小。盖虽占我柳州或打通西江,与我抗战全局影响极微,所使用及尔后维持兵力,并不能少于打通新国际路线之兵力,且与犯桂南原来目的相违。故判断敌于相当期间后,以采第一案公算为大。就现下情况,我军本应积极攻击敌人为有利。但我军经此次战役,如非经相当期间后,恐力有不逮。兹为应付尔后敌之企图,谨具申意见(如附图)于次：

一、增强邕江南岸兵力,使在邕钦路两侧地区,积极截断敌邕钦路交通,所有其他在南宁外围我军,应不断袭击扰乱敌人。

二、将现在桂南我军主力各以一部分别控置于绥渌、田东、果德间,都安、柳州、大塘间永淳地区,积极整训,并掩护新国际路线。敌如进攻,则互相策应,牵制侧击,以粉碎敌之企图；敌如不再进犯,则俟各部队整训完毕后,以之反攻南宁。

上述二项是否有当,谨呈核示。如蒙裁可,拟电白主任、张长官遵照此要领部署。

谨呈

部　长徐

　　　转呈

次　长熊
　　　刘

总　长何

委员长蒋

(附图一)〔缺〕

〔蒋介石手批〕：除第二、第九十九各军及第一一八师照指定地区移防整补外,其余可如拟办理。即令行营照此意图速定部署详报为要。中正。

蒋介石致白崇禧密电稿
(1940年2月14日)

(有线)即到。桂林白主任：○密。极机密。训令。兹指示桂南方面尔后作战指导要旨于次：(甲)方针。(一)桂南我军应以消耗敌兵力,并确保我西南新国际线路安全之目的,以有力一部与敌保持接触,不断袭扰,并加强截断邕钦路交通；主力分别控置于后方整顿,迅行恢复战力,相机收复南宁。(乙)指导要领。(二)夏兼总司令指挥所部,任邕钦路以西及邕武路之作战,应以有力一部袭击邕钦路,截断敌人交通；以主力分别控置于绥渌及田东、果德间整顿,任新国际路线掩护。其在邕江南岸部队,着由韦副总司令指挥。(三)徐总司令指挥所部,任高峰坳以东黄圩、昆仑关一带作战,以有力一部与敌保持接触,不断袭击,主力分别控置于都安及大塘圩、柳州间整顿,任黔桂路之掩护。(四)邓总司令指挥所部,任昆仑关以东至邕江北岸作战,以有力一部不断袭击邕宾路之敌,主力控置于永淳附近,任西江方面掩护。(五)蔡总司令指挥所部,任邕江南岸邕钦路以东作战,与韦副总司令协同,袭击邕钦路,断敌交通。(六)上各集团军应保持密切联系,互相策应,以利尔后之作战。(丙)希本上项要旨,速定详细部署具报,并须有于适当时□转取攻势之准备为要。川。中○。寒未。令一元渡。印。

蒋介石致白崇禧张发奎密电稿
(1940年2月15日)

联衔。桂林白主任、大塘张长官：○密。敌元夜广播称,华南派遣军鉴于此次历史的歼灭战之战果,元日对我桂南高级将领发出长篇通告,指摘我作战之拙劣等情,显有轻蔑之意。查此次战役,真夜敌即广播放弃宾阳,而当日我前方部队似未发觉,至元日方有我军一部进入宾阳之报告,足证该地区部队未能确实与敌保持接触,战场搜索亦极忽略,殊属非是,亟应查明诰诫,并转饬尔后严加纠正为要。中○。删。令一元骥。印。

白崇禧致蒋介石密电

(1940年2月16日)

渝委员长蒋:甸密。据张长官寒酉等电,查桂南方面之敌,大部向南宁撤退,仅有小部扼守昆仑关、高峰隘各据点,似有转移兵力于他方面之模样。战区桂南方面军以截断邕钦路、围攻南宁之目的,于本日指示各部行动如下:(一)夏集团辖第一纵队及卅一军两师,并第六军、九二师、四九师、预二师,以一部(两师)进出上思东地区,破坏敌人交通,截断邕钦路。以一部(两师)在隆山附近选择有利地带,构筑坚固据点,确保西南国际交通线。以大部(三师)在武鸣、马头间占领纵深阵地,随时派队向南宁附近之敌袭击。(二)徐集团辖第五军、新卅三师、四三师,以主力控【置】于上林、杨渡口、邹圩、石陵圩、迁江、来宾之线,占领纵深阵地,严防敌人北犯。以一部占领宾阳据点,并派有力多数部队,向昆仑关方面之敌袭击。(三)邓集团辖六四军及第卅六军,以一军推进于黎塘、甘塘之南,对昆仑关方面之敌袭击,一军控置于贵阳附近,保持机动。(四)蔡集团辖四六军两师及第一三三独立团与南路各游击司令,以灵山、陆屋一带为根据,积极破坏邕钦路之交通,而截断之。(五)作战地境。夏集团与徐集团,金钗圩、里民圩、上林县、思陇之线;徐集团与邓集团,贵县、黎塘、武陵、昆仑关之线;邓集团与蔡集团,邕江沿江各线,均属左翼。(六)战区直辖兵团九九军,任柳州附近国防阵地之守备及构筑,五四军控置于柳州、雒容附近,保持机动。(七)各部奉令后,即开始动作。另第二军(第九、第七六两师)在大塘附近集中待命;第卅七集团及三六军,调衡阳整补;四分校学生军限有日完成渡口圩附近工事后,开回宜山;六分校学生军开回桂林。等情。谨转呈察。桂行。崇禧。铣申。参一藩。印。〔桂林〕

蒋介石抄送张发奎电致徐永昌代电

（1940年2月16日）

徐部长勋鉴：兹抄送张长官文刚电壹件，希汇案审议。中正。铣酉。川侍参。
中华民国二十九年二月十六日

抄张发奎电

职奉令指挥桂南军事，自忖材力不称，原虑复悚〔?〕。嗣迭奉钧令敦促，并蒙各长官勉以大义，爰不敢再计成败，毅然西来。本期袭昆仑关战胜余威，率循成规，勉力撑持。乃只身抵迁数日，司令部人员尚在输送之际，敌竟潜师北进，陷我宾阳。我昆仑关各部仓卒突围，迭告损失，当时秩序凌乱，几至影响全局。职诚信未孚，坐失机宜，实属指导无方，难辞重咎，拟请先行将职严予处分，以昭炯戒。除分呈外，谨电鉴核。

军委会关于第四战区桂南方面敌情判断

（1940年2月19日）

一、敌情摘要

1. 四塘以上五、六、七、八、九塘迄昆仑关均无敌踪，三塘有敌三百余，现构筑工事甚忙。敌由宾阳退南宁时，将沿途房屋及电杆尽行焚毁。十六日起，敌在南宁放火，现南宁有敌六、七百，城内尚有多数伪军。

2. 高峰坳十五日有敌二三百，十六日仅余敌百余。

3. 邕江南岸邕钦路上，自九日至十四日止，敌汽车南开者共一八二四辆。钦州龙门港附近，泊敌空运输舰十余艘。

4. 第四分校报告，敌G1B、5D有调回本国，18D调粤消息，确否待证。

二、判决

桂南之敌,似以确保南宁之目的,缩短战线,节约兵力。

三、理由

敌之攻占南宁,向国际间宣传已久,今若一旦放弃,则不特对国际无以自圆其说,即对敌国内亦无以解嘲。故敌虽知占领南宁,已失其意义,不宜长此陷兵力于绝地。但与其毅然放弃,究不若缩短战线,改取守势,以少数兵力维持残局之为愈也。故南宁之敌无论退与不退,于我均属有利,毋庸过度重视此问题,而应以如何妨害敌之转移及与敌确保接触,勿使有逸出战场为最要也。

四、处置

1. 增大邕江南岸我兵力,加强对邕钦路之破坏与截断。

2. 对南宁正面,我应以多数有力部队,行广正面之威力搜索,与敌确保接触。

3. 应控置有力兵团于灵山附近地区,以掩护南岸兵团侧背,并相机策应西江方面之作战。

蒋介石关于桂南会战的总结[①]

(1940年2月24日)

上级将领无决心、无战斗意志,非亡国不可,并非危言耸听。日汪密约,恐即将实行。自湘北会战后,我已成主动地位,曾于南岳会议说过,我当时判断敌人绝不攻南宁,因此将桂南部队调粤西江,而将西江部队移粤北,此当然我负责任,我很惭愧,故北海防务松懈。孙子所谓:毋恃其不来,恃我有所备也。失了此原则,故而判断错误,此为最大错误。但如能配备得宜,我想南宁亦不致轻失,因钦、邕最近〔最短〕如能部署得当,以一、二师控置邕城,不必

---

① 选自蒋介石在柳州会议上的训词,原载陆军大学教员沈静所编之《桂南会战之检讨》。

放在玉林,当时如加以深切研究,必无此失,此我们一大教训,可供作战参考。兵力小,部署好,亦可不失南宁。

此次宾阳部署亦不对。中国人最聪明,就是不肯研究,此一个外国人对我说过。中国人吃亏即是自恃聪明,所谓聪明反被聪明误。因事事聪明,遂事事疏忽,遂致失败。如照原则做,不会失败的。自己无本事,而又看轻敌人,焉得不失败?尤其最高级将领。以后要研究,不研究,虽十万大兵,亦失败,希望各位注意研究。各位不特不研究,且不听话,我所发的小册子,各位不肯看,如看南岳会议第二期抗战要旨及抗战手本,亦不会失败。并不要你们看典范令,最多看二三小时,即可看完。自己无学问,又不用功,当然不能成功,希望以后要对敌情、地形详细研究,并时时看我的小册子,如能做到,我相信以后不会失败的。最紧要一句话,即是大意疏忽、无决心、无战斗意志,必失败。

其次,去年在南岳会议说过,战略战术要主动。湘北会战以前,战斗方式完全不同,以前取守势,现在取攻势,如仍照湘北会战以前方式做去,则完全错误。所以自上至下,不想固守,只想退却。

我们自去年十一月冬季攻势发动后取攻势,正我们转败为胜之时,不特取攻势已也。以前顾虑兵力,节省兵力,取消极,在延长时间。现在则不能再消极,因敌人已到粤汉、平汉以西地区,乃我们转守为攻时期。惟有积极牺牲,始有成功希望,以后须以全力取攻势。但此非团长以下责任,此高级将领之责。如再不转变心理,绝不能成功,故现在应研究攻击战术。再说敌人力量、质量远不如前,敌人最多能动员二百五十万人,截至现在,已消耗一百二十万人以上;从前任何战区敌人均能集结兵力以攻我,现在则绝无集结多数兵力以攻我之事。观此次南宁会战,敌之兵力皆凑集而来,可知一切,尤以敌国内不安定,到处闹米荒,工厂停顿,敌人外强中干之现象,已暴露无遗。

听各人报告之后,可得一个总结,即敌人兵力不大,只有利用其:

1. 快速部队出我之不意,攻我之不备(快);
2. 恰能做到始如处女,终如脱兔(硬);
3. 利用锥形战术,不顾一切,向目标迈进(锐)。

因敌既不能集结大部对我,只有用上述之快、硬、锐三个字对我。

而敌之弱点,亦有以下之数字:

1. 小　兵力不大,不能以大部队对我;
2. 短　不能长时间与我对战;
3. 浅　在空间不能深入。

我们对其弱点,须以:

大制其小　彼无大的兵力,我以多数兵力胜之;

长制其短　彼利速战,我以持久胜之;

深制其浅　彼不敢深入,我以纵深配备胜之。

至其优点,我亦可以:

稳制其快　我如能处置稳当,凡到一处,工事未做好,不许宿营,不许做饭,不特防外,且须防内。如此次宾阳,不应无部队驻守,即武陵、古辣、甘棠等处,亦应处处有兵。如对此四个据点均能稳当,何致有此次之失利。尤其在未做阵地前,要先设备防空才是。

韧制其硬　韧如皮革之韧,有柔有硬。我看你们高级将领攻击南宁,意志没有的,失败损失都无关紧要。意志不能伤〔丧〕失。

伏制其锐　彼用锐锥形突进,我用伏兵以制之。以后要研究锥形战术之攻防,并防止间谍,养成研究的精神。对自己侦探训练,亦须做到才好。

总之,我们最大毛病是:

1. 疏忽　不肯研究。

2. 骄傲 对民众、对敌人、对上官、对部下,目无全牛,目空一切。以后须自己反省看书,须知骄傲即懒惰,为百病之源,一切自私,均从此出,不骄傲即可成功。

3. 欺诈 不特欺骗部下与长官,且欺骗自己。各人均在四十岁以上,正是做人立业基础。四十岁以下,一切经验不足,尚可原谅。四十岁以上,须有为人信仰。不问人之信不信,先问我自己欺骗与否,如不欺骗自己,即成功做人立业基础。

4. 犹豫 因犹豫而疑虑,因疑虑遂无决心,甚至疑友军。尤其作战指挥官,须养成不疑虑、不犹豫之精神。此次作战如有一个团长有决心,即无此失败,打仗只须向枪炮声方向前进。

其次,则军【人】不能辞职,只有撤职,尤其抗战时,应避免此辞职习惯。天下绝无困难不能解决之事,只有自己打破困难。如怕困难,怕危险,即懒惰;如能研究,用脑筋,即无困难矣。天下无难事,然天下亦无易事。

〔下略〕

张发奎致徐永昌密电
(1940年3月2日)

特急。渝军令部长徐:甸密。谨将本部东日下达作【战】命【令】十二号摘呈如次:(一)本战区以攻略南宁之目的,应以主力使用于邕钦公路以东地区,截断敌人之后方联络线,以有力一部于邕江北岸一带,收复南宁,并压迫敌人昔〔于〕钦、防海畔而歼灭之。(二)夏集团辖原属韦军及康纵队,以韦军以上思、绥渌间山地为根据地,主力向那陈、塘〔唐〕报附近之敌实行钻辽〔隙〕攻击,以遮断敌后方交通,相机向亭子圩方面进出,会同我邕江北部队攻略南宁,并应我本路兵团,确取联络。以周纵队主力对高峰隘、香炉岭之敌攻击,相机占领之,并向南岸进出,协同我五四军攻占南岸;一部于隆安附近构筑阵地,担任守备。(三)五四军(附四三师)应以一部对六塘以西之敌攻击,诱至敌人于七塘以北附近地区,乘敌向八塘附近进出之际,从其侧背包围而歼灭之,其余主力任山沁亘昆仑关之阵地构筑及守备,并将〔对〕太平村方面警戒。(四)东路兵团兼总司令吴奇伟,辖邓、蔡两集团所属,应以一部分为多数小纵队,对大塘圩、崇匦间敌之据点实行钻隙攻击,截断其交通,或占领其据点,以主力机动控置于小董东北地区,乘敌向大塘圩、崇匦间增援之际,由其侧背一举击溃之。尔后即以小董为据点,逐次由北向南压迫当面之敌,于钦、防海畔而歼灭之。该兵团并应将左侧背方面为逐次之配备。(五)第六军以九三师于甘棠、那何间集结待命,并将伶俐圩、永淳方面派出所要之警戒部队,右与五四军保持联系;四九师、预二师任清水【河】及迁江附近阵地之构筑及警戒;新卌三师仍在上林附近就地整训。(六)作战地境。夏集团与五四军,林圩、阮凭岭、六营岭、石岭、大港〔?〕之线,线上属右。五四军与东路兵团,邕江沿线,线上属左。(七)张〔?〕战区内之地方团队,由该区内之指挥官统一指挥,并应尽量发动民众武力,袭击扰乱敌人,并破坏其交通,以协助国军之作战。(八)各兵团任务行动,由各总司令及军长另定之。(九)各部队应限于三月八日前到达攻击准备位置,完成一切准备。以上各项,仰即遵照,并将部署情形具报备查为要。谨电察核。迁江。张发奎。冬巳。筹。印。

何成濬致徐永昌代电

(1940年3月3日)

国民政府军事委员会军法执行总监部快邮代电 法高字第24z号

军令部徐部长勋鉴:奉交委座本年二月感桂侍参电,略开:此次桂南作战,不能聚歼敌军,错失良机,以致功败垂成。该第三十七集团军总司令叶肇,违令避战,贻误全局,着即撤职,交军法审判;第三十八集团军总司令徐庭瑶,处置无方,决心不坚,未能挽回战局;第三十六军军长姚纯,放弃重要阵地,不负责任;第六十六军军长陈骥,放弃职责,作战不力;第四十九师师长李靖一,作战不力,军纪废弛;第百六十师师长宋士台,作战不力;第三十六军参谋长郭觫,意图卸责,罔识大体,均撤职查办。等因。正分别遵办间,复奉本会令一元字第一六零四号快邮代电,电同前因。查叶肇一员,已于本月二日由桂林行营函送本部投审,至查办各员是否应负刑事上之责任,本部无从臆断,相应电请查照。如查明上开各员有应负罪责之必要,希特将有关证据及作战经过情形,分别详明见复,以凭核办为荷。弟何成濬。江。印。

中华民国廿九年三月三日

蒋介石致白崇禧密电稿
(1940年3月12日)

桂林白主任:狮密。据杜聿明鱼电略称:请指定大员督练三至五个军,积极整训,再图攻击南宁。其办法如次:(一)请指定有力之三至五个军,配属山、野、重炮,简派大员,以攻南宁为目标,督练六个月,俟水落敌增援困难时,出其不意攻击之。(二)军官战术亦以攻击南宁为目标,策定多种方案,实施图上研究。(三)在训练期间,即应组织桂南民众,派遣侦探,深入敌后,绵密侦察,以资策定攻击计划。(四)组织参谋旅行,往邕钦路两侧实际侦查。(五)在准备期间,以南路现有兵力,掩护民众对邕钦路实施破坏与袭击,以疲困敌人。等情。特电参考。中○。文。令一元。印。

蒋介石致白崇禧张发奎等密电稿
(1940年4月)

(1) 4月7日电

限即到。桂林白主任、柳州张长官:○密。兹规定桂南方面部署要旨如下:(一)第五军应以一个师驻柳州,该军主力仍驻全州附近。第五四军以一师驻柳州、宾阳间,主力驻宾阳附近。(二)第四六军何宣部即调上林附近,归还夏集团建制,整理训练,加强新国际路线之掩护。(三)第六四军在贵县附近整训。(四)邕江南岸。(1)邕钦路以东,由蔡集团(三个独立团及各游击队)担任沿邕江南岸及灵山、陆屋、旧州一带之埋伏袭击,另由第六军甘丽初部派两师进驻邕钦公路东侧,或先派有力之一师为该路东侧之骨干,使敌不注意,然后乘机予以打击。以上部署,着由蔡总司令详定计划呈报。(2)邕钦【路】以西,由韦云淞军派一部担任邕龙路及上(思)明(江)路两侧之埋伏袭击,着由韦详定计划呈报。除分令白主任外,仰由张长官遵照以上要旨,转饬妥为部署具报为要。渝。中〇。虞酉。令一亨。印。

(2) 4月13日电

限三小时到。桂林白主任、柳州张长官、衡阳商长官:〇密。虞酉令一亨电计达。桂南方面以加强邕钦路两侧游击及新国际路线之掩护兵力,主力控置整训,以备尔后攻势之目的。兹修正其部署要旨如下:(一)第五军全部驻全县、零陵,归本会直辖整训,前令以一师留驻柳州,仍应归还建制。(二)第一九八师即开柳州附近,归还第五四军建制,该师所遗防务,由余副长官统筹接替。(三)第五四军主力驻柳州,一师驻迁江,一面整训,一面准备策应邕宾路之作战。(四)第六军主力任邕宾路作战,一师推进邕江南岸,加强邕钦路东侧之游击。(五)第四六军归还第十六集团战斗序列,加强新国际路线之掩护兵力,该集团主力位置右、左江附近地区整训,以有力一部进出邕钦路西侧游击。(六)第六四军一面在贵县附近整训,一面准备策应邕钦路东之作战。(七)新卅三师应饬即开衡阳,归还新十一军建制。(八)郑洞国军主力,仰转饬开衡阳整训,第五师仍驻湘潭,该军归本会直辖指挥。右八项除分令白主任、商长官外,仰由张长官分别转饬遵照具报。中〇。元未。令一亨。印。

第四战区桂南方面灵山之役战斗经过概要①

(1940年3月25日)

战区以攻略南宁之目的,于三月一日下达命令,以主力使用于邕钦路以东地区,有力一部使用于邕钦路以西地区,企图遮蔽敌后方交通,协力我邕江北岸部队之作战。邕钦路以东部队为26AG(46A、1RS、2RS、3RS及游击队)、35AG(64A),编成东路兵团,统归吴奇伟指挥,46A主力推进于小董东北地区,64A控置于灵山西北地区。十二日,我46A以一部攻击大塘、小董间之敌,当即占领崇匡附近高地及大路岭。我188D亦于是日占领十二坛,邕钦路遂为我截断。我邕江北岸部队亦开始攻击。敌为确保南宁,解除其侧背威胁计,乃于十四日钦州之敌28D一部约一联队,附骑、炮兵各一部,由牛冈经平吉,向我进犯。南宁附近之敌5D一部,由良庆沿蒲津东窜南阳乡,继分两路,一路约联合兵种二千余,向太平前进;一路约一联队,附骑、炮兵各一部,进占永淳。十六日,旧州、陆屋相继失陷。永淳之敌亦窜抵沙坪(永淳东南)东南一带地区,与我64A部队激战。十七日午后,灵山失陷。十九日,敌一部已窜抵佛子圩、丰塘之线,我东路兵团节节抵抗,损失颇重。迄至二十日止,一部在灵山东北罗逢、乐民、苏村、石塘之线,与敌对峙,主力在灵山东北木梓、寨圩、城隍一带地区收容整理,吴总部已移贵县指挥。二十一日,我93D一部由横县附近南渡邕江,向大塘(平南东)前进。灵山以北南乡、江口、平南、平山等处,均无敌踪,灵山之敌其主力忽向西撤退,一部南撤,似有放弃灵山之模样。二十二日,我军克复灵山,现正强行追击中。

---

① 沿用原标题。

(四)收复南宁

张发奎致蒋介石密电

(1940年9月17日)

战急。渝委员长蒋:糠密。综合日来各方报告,邕龙路之敌似有向东移动模样,而敌拟于秋季再度蠢动之谣亦甚。至其时期与方向如何,因难确定。为备万全计,谨将职虑所及奉陈于左:(一)桂西方面。自陈军以两师移驻富州后,六保、靖西、镇边正面仅王师一师。地域辽阔,兵力单薄,万一有事,守备亦感困难。究竟是否放弃进出安南企图,及敌如利用安南为根据,向我桂西、越桂边境进犯时之作战指导如何,拟请复示,俾有准绳。(二)查夏集团力量薄弱,兵气差,难期付以较重任务,此节想亦为钧座所洞及。(三)邕北方面。敌借声东击西诡谋,乘机进犯,亦难保其必无。现实力号曰四师,但官兵缺额约在七千以上,战斗力毫无,预备二师实力亦逊。万一敌由此方面蠢动,如欲予以有力之打击,亦难有握。(四)五二军奉钧命控置柳州,不得移动。故本战区各以钧〔均〕等微弱分散广正面,无论何方告急,因无第二线直辖兵团应援,均难应付不意之事实,确属困难。以九师之兵力,远隔分置五处。惟目下最须注意者,似应先将五二师推进隆安附近控置,以期容易各方无措一〔?〕于不及之虑。如何处理之处,拟请预为机宜,俾有遵循。柳。职张发奎。篠戌。胜机。印。〔柳州〕

张发奎致蒋介石密电

(1940年9月23日)

渝委座蒋:殖密。据报,敌梗日拂晓进攻同登,越方抵抗甚烈等语。职即遵照钧座马未令一元电指挥要领,分别指挥各部队任务如下：一、夏集团应以有力一部,协同我桂西部队向高平以南地区进出,侧击由镇南关西进之敌;主力应乘虚略取龙州,分段截断,袭击邕龙路敌之后方交通,并续蹑敌后,进入越南;另以有力一部,协同我邕钦路〔协同〕前方部队,诱敌于据点以外而歼灭之,以攻占吴村圩,并协同邕江北部队,略取南宁。二、一九八师应遵照本部前令,于桂越边境构筑工事,严密警戒;并相机以一部协同夏集团向高平以南地区进出,侧击由镇南关西进之敌。三、邓集团应以有力一部,会同我南路游击队,袭击邕龙路之敌,保持重点于吴村圩附近,诱致敌人于据点外而歼灭之,以攻占吴村圩,而截断敌邕钦、邕龙路之交通;其在邕江北岸主力,应即切实准备,相机略取南宁;并即日起,应以小部队积极活动,以搜索敌人,尤应着眼于俘虏之获得;预备第二师即归该总司令指挥。四、以上各项,分令各该部迅切准备待命实施。等语。分令在案。查桂西方面关系甚大,仅一九八师兼施攻防,均觉过于薄弱,可否以六十军到柳【州】后,令向桂西推进。又,邕钦、邕龙路之截断,及龙州、南宁之略取,均关重要。夏集团力量薄弱,欲其攻略龙州,截断邕龙路,并尾蹑敌人,进入安□,及截击镇南关西进,恐难期确切达成任务。邓集团力量较差,对于攻略南宁,截断邕钦路、占领吴村圩之任务,亦均难期成效。可否以五十二军即开宾阳附近,以策应南宁及邕钦路之作战之处,并候钧裁。柳。职张发奎。梗戌。胜机。印。〔柳州〕

徐永昌致蒋介石何应钦签呈

(1940年9月24日)

事由：为适应现在情况,经会报拟定实施处置,请鉴核施行。

关于滇越国境作战计划,前经修正呈奉核定,业于九月廿一日承办电令颁发龙主任、张长官遵照去后。现以敌已于廿三日拂晓由镇南关侵入越境同登,兹于昨(廿三)日会报,检讨原颁计划与现在情况,拟定原则及具体实施处置,即先加强滇南边境防御力量,

并作入越准备。同时对法、越及敌人情况,密切注视,待机入越。其具体实施处置,应请钧座核定者如次:

一、第六军在贵阳、安顺间部队(49D、93D、第八补训处),开兴仁、安南。

二、第二预备师经百色、田西,归还第六军建制。(该师前已令解除第六军建制留桂,第八补训处亦已编入第六军建制。查桂北兵力单薄,似毋庸再调。职刘斐谨注。)

三、第五十二军即开田东、隆安一带。

四、第六十军取捷径(柳州—都安—田阳—百色道)开云南,归龙主任指挥。(龙主任马电请求饬六十军速取捷径,兼程回滇,勿在桂境牵制逗留等情。经会报认为可行。)

五、左列各部速准备进入越境,占领越边境县城,组织游击队,破坏交通。但进入越境,须待后命。

(1)龙主任所部,以一部(约各一营兵力)由河口及麻栗坡方面,进入越境。

(2)陈烈部以一部(约一团兵力)由富州进入河江附近地区,其一九八师以一部(约一团以内兵力),由靖西进入高平以西地区。

附记:查派队进入越境,为我实践迭次声明"敌入安南,我亦即进入安南"之表示。至我部队进入北圻偏僻地区,与敌无正面接触,并易完成任务。但为观察国际间,尤其英、美态度起见,目前仍以速行准备,待机进入为宜。

六、令空军轰炸越池铁桥。

右呈是否有当,伏乞鉴核施行。

谨呈

总　长何　转呈

委员长蒋

〔蒋介石批〕:一、第六军应留一师在贵阳,余可照办。

二、第二预备师应先到贵阳候命。

三、第五十二军以一师暂留柳州,其余可开田东、靖西一带;第五十四军留桂西之一师,待五十二军接防后,可开富州,归还建制;陈烈军之后方,应移至富州、百色、田东线上。

四、可照办。

五、各部进入越南境以前,必须待命,不得擅入,但可照所拟办法准备一切,限十日内——准备完成后须详报。

张发奎致蒋介石密电

(1940年9月27日)

特急。重庆委员长蒋:窃密。据夏总司令申有酉电称:据黄司令申敬酉参作电称:梗晚,我叶、罗两部会攻防城。至敬子,敌不支,慌忙向茅圩退却。丑刻,我完全克复防城。现除以一部跟踪追击外,其余在防城办理绥抚,并架设由防城至滑石电线。等情。谨电呈察。等情。除分报外,谨闻。柳。张发奎。沁亥。胜戈。印。〔柳州〕

蒋介石致龙云张发奎关麟征等密电稿

(1940年9月29日)

限即到。昆明龙主任,柳州张长官、关总司令并转王师长育瑛:〇密。据报:(一)谅山敌三千余人向河内推进,企图与海防敌会合,进攻老街、河口。(二)廿七日上午十时,敌军二千余人分两路进攻高平,一由东溪沿公路直进,一经达隆抵广渊,距高平十余公里,有继续进犯上琅(距岳圩十二公里)模样。等情。除分令龙主任、张长官、关总司令外,希严密注意防范,并将高平方面敌情随时侦查具报为要。中〇。艳申。令一元。印。

蒋介石致张发奎夏威密电稿

(1940年9月30日)

特急。柳州张长官并转夏总司令:糠密。查敌军已窜入越境,后方空虚。仰由夏集团迅指派得力部队(约二三团兵力),对龙州敌人后方积极袭击,但不得进入越境为要。中〇。卅申。令一元。印。

张发奎致蒋介石密电
(1940年10月28日)

战急。渝委员长蒋:窃密。顷分令夏、邓总司令及朱副总司令如次:(一)龙州已于俭辰为我夏集团克复。并据报,敌确有放弃南宁模样。(二)本战区为袭击敌人、乘机收复南宁计,对各该部行动分示如下:一、夏集团应以有力一部沿邕龙路东进,扫荡沿途残敌;并以有力部队,由扶南东西地区渡过左江,会同邓集团及南路游击部队,袭击邕钦路之敌,略取南宁。二、邓集团应以有力一部,由邕武、邕宾路乘隙袭击敌人,略取南宁;并以一部迅即渡过邕江,向邕钦路北段之敌截击,截断敌现在退路,会合夏集团部队并力包围,攻击邕钦路北段之敌。三、朱副总司令所指挥各游击部队,应极力向邕钦路之敌袭击,特须与邓集团邕江南岸部队保持联系。四、各集团部队之行动,应先【以】多数之轻快小纵队,猛烈搜索前进,蹑踪〔之〕敌人。五、以上各项,以〔应〕即遵照迅【速】部署并具报。等情。除分令遵照迅速部署并具报外,谨电呈察。柳。张发奎。俭戌。胜机。印。〔柳州〕

张发奎致蒋介石何应钦等密电
(1940年10月)

(1) 10月29日电

限三小时到。重庆委员长蒋、参谋总长何、副总长白、军令部长徐:2445密。据迁江邓总部许参谋本艳日午后四时电话称:甲、南宁敌于俭晚纵火焚烧南宁城及附近村庄,火势极烈,至本午仍未停息。乙、我一五六师四六六旅于本日上午由五塘附近向南宁方面推进,刻已到达三塘附近,先头部队预定本晚可到达南宁附近,一五九师艳未进出高峰坳,详情待续。丙、据南宁探回报称:桂南敌于十一月东日前须全部到达钦县,集中出海。等语。除分电外,谨闻。柳。张发奎。艳申。攻。印。〔柳州〕

(2) 10月30日电

委员长蒋、总长何、副总长白、军令部长徐:2460密。综合情况。(甲)敌第五师团主力本旬以来,陆续由镇南关、谅山经河内向海防方面撤退,其大部似已通过谅山。我一八八师于俭辰收复龙州,艳与敌后卫警戒部队在凭祥附近激战中,其一部同时由邕龙转邕钦路,经钦县撤退,落舰出海。我十六集团各部,经于有日先后收复上金、宁明、明江、思乐、绥渌等县,并分途追截窜退残敌中。(乙)敌近二旅团似已于本月中旬,先后经钦【县】落舰出海;近一旅团及敌廿二军各直属队,似系本旬开始,由南宁南撤,其大部于俭日渡过邕江。我邓集团各部于艳午收复高峰隘、四塘及剪刀圩等处,申刻挺进至二塘、心圩之线。至本卅日拂晓,我一五六及一五九师,分由邕宾、邕武两路同时进入南宁城,刻续向南推进中。(丙)敌第一一零师团之一三三旅团,似已于巧、马等日,分由金、钦等处落舰出海。现邕钦路小董以南至钦县一带敌,似系敌之辎重部队及近一旅团等,掩护退却部队,共约万余人。龙门港敌舰艇甚多,仍往来输送极忙。(丁)敌第廿八师团主力,似仍在河内、北宁附近地区,一部于海防附近。惟旬余以来,该方面敌调动频繁,是否已由第五师团抑其他之部队调防,及其确实番号,尚待查证。又,河内、嘉林各机场共停敌机约百余架,连日飞袭滇缅路,极形活动。(戊)综合判断:当面敌似有仍以廿八师团控置越北圻,从事其南运或侵滇桂根据地建设,将主力由桂南转移于琼岛集结,准备待机参加南进作战企图。除分报外,谨闻。柳。张发奎。全午。攻。印。〔柳州〕

第四战区作战计划(对桂南及桂越边境方面)[①]

(1940年11月1日)

第一　方　针

一、战区为彻底肃清桂南敌人,且不使退却之敌安全逃逸之目的,以主力沿邕钦路及由明江至上思、钦县两侧地区,实行果敢追击,略取钦县,压迫敌于海岸而歼灭之。

以有力一部对越境监视,负掩护主力军行动安全之责。

第二　指导要领

二、战区第一线诸兵团,随时与敌保持接触,并依各种之搜索手段,以察知敌之企图。

三、战区第一线诸兵团,应编组轻装部队,钻穴前进,实行超越追击,施行包围,并遮断阻绝其交通路。

四、如敌以我军追击紧逼,以一部向我施行逆击,以图其主力乘机脱逸时,我第一线诸兵团应以一部抵抗敌之逆袭,主力仍应超越追击敌之主力,不使敌可安全退却。

五、敌万一由邕钦路向我行攻势转移时,则第三十五集团军应极力抵抗,第十六集团军不顾一切攻击敌之侧背,同时各游击部队亦侧击敌人。

六、敌如固守钦县,须围攻时,其围攻计划另定之。

第三　兵团部署

七、军队区分:

第十六集团军总司令夏威

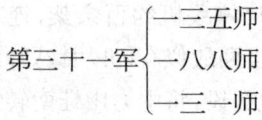

――――――
① 沿用原标题。

第四十六军 { 新一九师 / 一七〇师 / 一七五师

第三十五集团军总司令邓龙光

第六十四军 { 一五五师 / 一五六师 / 一五九师

广东南路游击队

直辖兵团

第二师

炮兵部队

八、作战地境划分如左：

昆明行营 ⎫
第十六集团军 ⎬ 河池—姜圩 思林 向都—崇庆府—高平—河内之线,线上属昆明行营
第三十五集团军 ⎭ 狮子口—大塘—那晓—罗蒙圩—大部—白水塘之线,线上属第三十五集团军

九、各部队之任务及行动：

(1) 第十六集团军应以有力之一部固守国境,严密监视越境,以掩护主力军之行动,应随时与昆明行营所属第九集团军切取联络。

以主力沿邕龙路及明江—思乐—上思两侧地区追击敌人,略取钦县。

(2) 第三十五集团军应以全力沿邕钦路及其以东地区南下,实施猛烈之追击,与第十六集团军及朱副总司令所属游击队切取联系,极力压迫敌人,略取钦县。

(3) 以五二军之第二师,仍位置于柳州。

(4) 越边阵地仍应照计划构筑,适时完成之。

(5) 独立十二旅任桂林警备,独立十三旅任柳州警备。

（6）各部队出击队及便衣队,应即努力于破坏敌之交通通信,注重俘获敌行李辎重。

第四　交通及通信

十、交通：

（1）宾阳至邕宁公路,由广西公路局负责,县府征工,协同抢修,归工兵指挥部派队协助工作,由第三十五集团军督导办理。

（2）明江—思乐—上思—大寺—钦县及扶南—苏圩—唐报道路,由第十六集团派队酌行修复。

（3）隆安至武鸣公路,由省府酌为修复,由夏总司令监督指导。

（4）邕江、右江之封锁线,应即开启,左江、邕江之渡口、桥梁、船只,应妥为修理、架设、招集。

十一、通信：

（1）邕宁至宾阳军用话线,由通信指挥部负责派队抢修。

（2）柳州至邕宁干线中黎塘至邕宁段,由交通部派队抢修。

（3）邕宁至扶南军用话线,由通信指挥部派队架设。

（4）邕宾、邕永、邕武等段【电】报线,由电政管理局派队抢修。

（5）邕、龙两地,由交通部设立无线电台,先行与柳州通报。

（6）邕宁至宾阳沿线临时递步哨,由三十五集团军设立。

（7）邕宁、隆安及龙州、隆安间电信联络,由省电政局负责恢复。

（8）邕宁军邮,现由第八军邮总视察负责办理。

第五　兵站设施及补给

十二、要领：兵站之设施,以顾虑各部队在邕钦路及邕龙路以南地区向钦县、防城之追击作战不发生障碍及补给圆滑为主。

十三、兵站基地及兵站线：

甲、兵站基地

柳州　　　河池

乙、兵站线

(1) 右兵站线　河池—田东〈左、右两江水路线
万承—养利—龙津—雷平—崇善〉

(2) 中兵站线　柳州—迁江—宾阳〈昆仑关
旧思恩—武鸣〉南宁—大塘

(3) 左兵站线　柳州—桂平—贵县—横县〈灵山—陆屋
永淳—南宁〉

主要兵站设施为中兵站线。

十四、粮秣：应以自行就地采办为主，兵站部除在田东、宾阳、贵县大量屯储外，养利、隆安应各经常保持三个师二十日份，南宁、永淳、灵山各两个师二十日份，大塘、龙津一个师十日份。

关于携带干粮之制发，士兵每人至少应随时保有三日份携行量。

十五、弹药：除各部队携行基数外，兵站部应经常保持之数量与地点如左：

田东　　一个基数

养利　　二分之一基数

南宁　　二分之一基数

宾阳　　一个基数

贵县　　一个基数

灵山　　三分之一基数

隆安　　二分之一基数

以上系依各该方面所补给之部队为准。

十六、燃料：邕宾路应在迁江、宾阳、南宁，河田路应在田东、万冈等各地适量屯储之。

十七、卫生：兵站部应即分饬收容所、担架队、伤兵招待所、军民合作站等，追随各追击部队推进。至其他卫生机关，可视情况需要，酌量跟进。

至民众输送伤兵队及患者后送之空车等,应积极设法利用,其细部设施及办法另定之。

主要兵站卫生设施为中兵站线。

张发奎致蒋介石何应钦等密电①

(1940年11月4日)

重庆委员长蒋、总长何、副总长白、部长徐:0528密。据邓总司令江酉向作电称:谨将此次收复南宁经过概报如下。集团军遵照委座训示,不时以三分【之】一兵力出击、牵制、消耗当面敌人,乘机收复南宁为目的,令六十四军以有力部队,分由邕武、邕宾、邕永各线,向南宁外围各据点攻击,并令粤南游击部队加紧对邕钦路沿线袭击,使邕北方面攻击奏功容易。六十四军于酉月梗丑开始攻击,自丑至午,高峰坳、天邓村、三、四塘、剪刀圩各附近,我敌对战甚烈,赀四塘间交通完全被我遮断。旋受敌战车、装甲车压迫,迫得向西北高地稍移,高峰【坳】、四塘、剪刀【圩】之敌死守据点,与我对抗。当时敌机飞来助战,我以缺乏炮兵掩护破坏,步兵虽极力接近敌据点仰攻,终未能突破。此时敌亦增援,相持于梗申。令以一再攻击,均不能达到所期望之效果,乃令变更部署,以一部与敌保持接触,不断以编训之特种部队,突击袭攻敌人,并以有力一师作随时进出邕江南岸之准备,相持至艳丑。邕北之敌当以受我压迫,开始以汽车载外围各据点之敌,由南宁向亭子溃退,我六十四军先头部队急行追击。惟该【地】埋设地雷颇多,我追击队触发伤亡数十员名,因急侦察扫除,未即蹑尾猛追,围歼该敌,引为遗憾。现查邕北方面外围各据点工事、电话线及邕城电灯、自来水、机器均未坏,电灯厂燃料亦不及携走,邕城水电照常供给,秩序渐复,足证敌此次退却,因受我六十四军压迫,非常狼狈。我江未到达南宁,我

---

① 原电系两件,合并时略去衔名及落款。

一五五师本酉到达小董,先头之四六五旅同时到达大冈,正向南蹑追中。我一五六师四六八旅集结亭子、吴圩一带,四六六旅守备南宁,一五九师集结邕城西北郊待命。谨先电呈察。等情。除分报外,谨闻。柳。张发奎。豪戌。胜戈。印。〔柳州〕

张发奎致蒋介石何应钦等密电

（1940年11月27日）

委员长蒋、总长何、副总长白、军令部长徐、政治部长张:0528密。谨将此次桂南敌军撤退与我军追击优劣之检讨条呈如次:(甲)敌军。(子)优点:(一)企图秘密,部署周到,退却行动合原则,其后方辎重等能预行秘密撤退或烧毁,且后卫部队等掩护确实。(二)为避军〔免〕单独兵与小数兵之行动,易被我军俘虏计,宁牺牲各种破坏工作,迅速退去,且集团行动。(三)桥梁破坏彻底,并在交通各要点埋设地雷。(四)能尽量使用空军,对我追击队攻击,并对小董以南地区之村落、森林均施轰炸,使我追击行动困难迟滞。(五)最后之后卫掩护阵地,利用钦县以北之高地带,与钦县东西之河流(东、西江)及高地,并加绵密设备,使我攻击困难。(六)情报封锁异常确实周到。(七)舰船众多,运输准备完善。(丑)劣点:(一)士气沮丧,军纪不良,部队中遗弃钢帽及子弹等件甚多。(二)所有重要工事均不破坏。(三)遗留文件、书信。(四)行为残忍,致占领区内人民逃走一空。(乙)我军。(子)优点:(一)士气旺盛,军纪良好。(二)官兵刻苦耐劳,军民合作精神一般良好。(三)能把握良好时机,适时袭击、追击敌人。(四)通信、交通等恢复工作尚好。(丑)劣点:(一)奉行命令不彻底,情报迟慢,不确实。(二)追击部队行动迟缓,且缺乏协同精神。(三)未能用技术部队迅速扫清地雷及加速架设桥梁,故未能适时到达预期地点,致失合围歼敌之效。(四)各级干部未能窥破好机,独断专行,歼灭各小据点掩护退却之残敌。(五)对溢出追击与由两翼迂回敌后卫阵地之着眼甚差。(六)被敌后卫阵地所牵制,对其主力之攻击乃致忽略。(七)两翼追击队行动尚欠积极,未能适时堵截,致予敌增加〔?〕及辎重之安全撤退。除分报外,谨电呈察。柳。张发奎。戌感。布攻。印。〔柳州〕

〔四〕 枣 宜 会 战

（一）敌我态势与战前军事部署

蒋介石致李宗仁张自忠郭忏密电稿
（1940年4月3日）

（联衔）特急。老河口李长官、快活铺张总司令、宜昌郭司令：马亥中电悉。极机密。〇密。甲、郭司令所报江防部署，应予修正事项指示如次：（一）第一线兵力及军队区分过多，有使绪战时展开不便，并妨害中间阵地作战之弊，应区分为两个地区队，各地区队内控置一军，由廿六军（以四十一师担任南岸公安方面防务及阵地之补修）及九四军担任前进阵地与第一、二中间阵地之作战。如敌以小规模进犯荆、宜时，应以两地区队之部队相互协力，打破敌之企图。如敌真面目进攻宜昌时，应以一部就原有阵地逐次抵抗，消耗敌之战力，其主力迅就主阵地线与敌决战。（二）主阵地之构筑，应由郭司令遵照二月养午令一元梧电，须于春汛前完成，不得有所迟滞，致碍戎机。又，主阵地北岸方面之重点，应置于当阳附近，对当阳方面之工事及兵力，应极力加强。至于七五军之第六师，应即归还建制，担任主阵地北岸之作工。乙、张自忠集团目前控置钟荆路之部队，实属薄弱。如敌进犯沙、宜情况明显时，张集团主力应即控置钟荆路南北地区，巩固江防军左侧。如敌重点指向沙洋附近时，应以主力南下侧击,并与江防军协力,压迫敌于江河湖沼地区歼灭之。丙、如敌渡过襄河,向荆、宜进犯时,第五战区襄河东岸部队应遵前令,以一部向当面之敌攻击,并应亘战局之始终,以强有力部队南下侧击。此时汤恩伯集团,着归第五战区指挥。丁、如敌在汉宜、京钟路集结兵力,企图进犯荆、宜时,李品仙集团应以鄂东部队主力,亘战局始终,积极向鄂东方面攻击,威胁汉口,并须确实截断平汉线,牵制敌之西进。戊、尔后江防军作战,由第五战区确实负责,统一指挥。除分令汤总司令遵照外,希即遵办,并速完成作战准备,具报为要。中〇。看午。令一元梧。印。

蒋介石致李宗仁郭忏密电稿
（1940年4月3日）

（有线）（联衔）急。老河口李长官、宜昌郭司令:极机密。〇密。关于尔后江河泛滥之实施指示如次:(一)如于长江上游决堤,则泛滥区域将及于监、潜、沔、汉一带。至于上述地区湖沼纵横,运动本已不易,敌之主力置于该方面之公算甚小。如实施泛滥,徒增人民流离之苦,似无实施之必要。(二)如在襄河上游决堤,则泛滥区域为荆、沙、天、潜、沔、汉一带,虽可阻敌前进,但在京钟路及钟荆路任何水位均不能淹没情况之下,遂限制敌之重点,更不得不沿京钟【路】及钟荆路南下。该方面为江防之侧背,亦即我军最感痛苦方面,似此则有利小害大之弊。应俟敌主力已渡襄河,被我吸引于十里铺及荆、沙附近时,再于襄河上游决堤,构成泛滥,可收歼敌之效。如判明敌主力在汉宜路方面,我在襄河东岸上游决堤,确能予敌以严重打击时,亦可施行。上两项,应由战区酌定预行准备,但均应本出敌不意而行部署,不可过早实施,并须将准备情形先行具报为要。中〇。江未。令一元梧。印。

蒋介石致李宗仁张自忠等密电稿

（1940年4月10日）

限三小时到。老河口李长官、快活铺张总司令、南阳汤总司令、宜昌郭司令：〇密。训令。对敌进犯沙、宜，应迅即预行部署，准备先发制敌，希照次记要旨指导作战。甲、方针。第五战区应乘敌进犯沙、宜企图渐趋明显以前，行先发制敌攻击。以汤恩伯、王缵绪两部主力，分由大洪山两侧地区，向京钟、汉宜路之敌攻击，并由襄花路、豫南及鄂东方面施行助攻，策应作战，打破敌西犯企图。其攻击开始时机，由战区密切注视敌情，适机断然实施，但须于四月中旬末完成攻击诸准备。乙、要领。一、汤恩伯集团应控置于大洪山东侧地区，王缵绪集团【应】控置于大洪山西侧地区，完成攻击准备。尔后应相互协同，向京钟、汉宜路侧击敌人。二、为防止敌人于其他方面先行阳动，在襄花路方面之八十四军及豫南方面之三十军，均应同时向当面之敌攻击。三、李品仙集团应以鄂东部队之主力，积极向平汉路南段攻击，威胁汉口，并确实截断该路交通，牵制敌之西进。四、江防军应准备以一军（三个师）渡河，扩张战果，但实施时机，仍以本会命令行之。五、第五战区各整训部队，应有适机一举加入作战之准备。六、攻击时机为避免过早，惹起局部战斗，致先被消耗，应以先行准备完毕，待判明敌将真面目进犯时，除江防军外，由战区断然发动。丙、仰即遵照部署，限文日呈报到渝为要。川。中〇。蒸戌。令一元。印。

周至柔致蒋介石密电

（1940年4月13日）

特急。渝委员长蒋：灭密。据本会情报：电台本月十二日十五时侦得敌驻沪记者发往东京密电称，将以汉口为基地之新作战，规模大小，尚未明悉。闻目标为宜昌，本月二十日开始行动，期限为三星期云。等情。谨电禀闻。职周至柔叩。元拾。蓉。印。

徐永昌致蒋介石等签呈稿

（1940年4月14日）

一、案奉钧座庚川侍六代电开：为1.荆门附近应控置一军；2.宜城下游河防应节约兵力，并须于右翼控置一军，便于参加荆门以东之作战；3.汤恩伯部秘密推进大洪山附近，准备作战；4.江防军应控置一军于当阳；5.江防沿江兵力应减少，并增加当阳与董市防线。饬并案研究参考。等因。遵经研究，拟具意见于次。

（一）查荆门为襄河西岸战略要点，亦为江防侧背之屏障。前于调整江防部署时，曾令张总司令自忠就敌进犯企图明显时，该集团主力应即控置钟荆路南北地区，准备作战。据复，除荆门原有控置74D外，并已增加38D于荆门附近。嗣后本部鉴于钟（祥）荆（门）路我军兵力确属薄弱，张自忠集团兵力虽有十二个师，除以两个师担任河防，两个师控置荆门外，余八个师（内含王缵绪四师）担任京钟路北正面之防务，亦不易抽下，转用于钟荆路方面。当经签请以18A（二师）开赴荆门控置，未奉批准在卷。至于荆门方面，究否应予由其他战区或本会直辖整训部队内，抽调兵力开赴荆门，抑或由战区自行部署，抽调兵力控置，乞示。

（二）宜城下游河防（除江防军外），现仅有两个师担任守备，除荆门已有控置两个师外，余无控置部队。虽已策定先发制敌部署，令汤恩伯集团及王缵绪集团控置大洪山东西两侧地区，俟判明敌进犯企图明显时，断行侧击。张自忠集团控置钟祥以北地区之四个师，似可抽调一部控置西岸。但鉴于随枣会战之经过，京钟路以北地区曾为敌重点指向方面，似应坚强守备。如敌主力渡钟祥西犯时，则京钟路北正面之我军全力侧击，较抽一部控置于襄河西岸为有利。

(三)汤恩伯集团(四个师)经以蒸戌令一元电令饬开赴大洪山东侧地区控置。据复,该部已于十四日开始移动,预计本月十八日,先头部队可到达环潭镇附近。

(四)当阳附近已有75A(周嵒)控置,并担任主阵地之作工。

(五)江防军第一线正面约计百十余公里,其纵深迄至荆、沙及其以北地区。刻以94A三个师及26A两个师与曹勖部担任守备,正面兵力已极力节约。如敌小规模进犯,则以第一线部队打破敌之企图;如敌主力进犯宜昌时,第一线部队以一部与敌保持紧密接触,节节抵抗,主力迅就主阵地与敌决战。预计尔后在江防主阵地之决战,我军兵力可达七八个师之数。

右陈各项,除第一项拟请核示外,其余第二、三、四项均经办理,似无再行办理之必要。

二、查第五战区江防军作战之指导,曾奉钧座二十八年三月廿三日手令:宜昌、荆、沙守备部队应即发给防毒面目〔具〕,并令死守勿失为要。并奉总长批交军令部下令。各等因。遵于同月廿四日以敬未令一元勤电令饬李长官、郭司令转饬遵照在卷。复查江防军作战部署,经于上月重加检讨,以荆、沙以东地区湖沼纵横,不适合主阵地之要求,当经拟定杨(林市)、当(阳)之线为主阵地。如敌小规模进犯,则以第一线部队打破敌之企图;如敌主力进犯宜昌时,第一线部队以一部与敌保持紧密接触,主力迅就主阵地与敌决战。经签奉批可,并经承办宥午令一元梧电饬遵行在案。查钧座手令饬江防部队死守荆、沙一案,与目前所发宥午令一元梧电示江防部署似有出入。就其命令遵行之程序言之,自当以最后命令为准,但因系钧座手令,不无顾虑。现鄂西敌情可虑,为使江防各级指挥官之决心勿陷于迟疑,拟再令饬郭司令转饬所属,应遵照宥午令一元梧电令办理,以利作战。

右拟两项,是否有当,敬候钧裁示遵。
谨呈
总长何　转呈
委员长蒋

　　　　　　　　　　　职徐○○

蒋介石致李宗仁汤恩伯密电稿

(1940年4月17日)

(有线)限即到。老河口李长官、南阳汤总司令：○密。一、我军应于敌军尚未进犯之前,先发制敌。汤恩伯部以极小数部队,分数个单位,仍向襄花路正面对敌佯动与侦察敌情,其他主力即由现地出发,速向平靖关、武胜关方面空隙地区取捷径挺进,再由该地区向南,即广水、应山或花园、安陆之敌进攻,但不必对平靖、武胜各据点现设阵地攻坚。如果我军到达武胜关附近、敌军主力已向襄花路或京钟路西进时,则我军应以有力之一部,仍向平汉路南段以西地区,即孝感、应城方面,压迫威胁敌军之后方根据地汉口,相机截断其后方之交通线。而以汤部之主力,即觅取敌军主力所前进之方向,尾击其侧背。若我军到达武胜关附近,而敌军仍在应山、花园或武胜关一带与我作战,则我军务取速战速决之积极行动,打击敌军以后,但不必与之真面目决战,即向平汉路以东之东北及东南方面分进,以后即在礼山、黄安、麻城、经扶一带,监视平汉路南段敌军,使之不敢积极西犯。此为第一要着,希即照办具报。二、此次敌军如果西犯,其目的决不在夺取宜昌与襄樊,而在打击我军以后,使其可安全退守,此乃必然之势。即使其有一部向襄河以西进攻,亦必佯动,故我军在襄河以西与江防部队,不妨抽出有力之一二军(莫树杰或张自忠部),速向大洪山附近移动潜伏,以待汤恩伯部之任务,作待机之势,专伺敌军西进或东退时而截击之。并以中正名义,手令王缵绪部积极准备,向敌攻击,悬以重赏。至于襄花路正面阵地,只派相当部队防守外,其余有力部队从速集结,即由黄琪翔司令指挥,准备全力向敌出击。因此对于江防部队可以减少,尽量向襄河上游移防,以接替张自忠部等防务。或江防军抽出两军兵力,集结于荆门以北地区,作待机向南或向北出击之势。三、如果各部队照常配备不动,以待敌军来攻,或待敌军安全后退,此为最愚拙之无策也。如果按照一、二两项实施,则各部队应立即移动,并以迅速与秘密为最要。如迟疑不决或公开行动,则必为敌所算矣。以上各部如能于本月廿五日以前到达预定位置,尚能取胜也。中○手启。篠午。川。侍参。印。

下达法:

先以电话告知,再有线电达。

蒋介石抄送敌军进犯鄂西计划代电

(1940年4月17日)

军令部徐部长勋鉴:兹抄发华中敌军企图进犯鄂西之计划一件,细核其中内容,似具反间作用,应即用反正两面研究具报为要。中正。篠。川。侍六。附发抄件一件。

情报　四月十七日

华中敌军企图进犯鄂西计划

一、进犯日期:本(四)月十五日开始,如届时准备未就绪,或须延迟数日。

二、部队配备:

(一)第三师团附独立第十二、十四两旅团,配置于平汉线以西广水、应城、随县、德安至京山之线。

(二)第十三师团附警备队二联队,配置于京山、钟祥,沿汉水至潜江之线。

三、主攻重点:选定桐柏山与大洪山之中间地带,对第五战区右翼张自忠部取守势,必要势〔时〕亦取攻势。

四、主攻对象:我第五战区前线川军第一二一、一二三、一二四、一二五、一二六等师及桂军三师。

五、指挥官:团部一郎中将。

李宗仁致蒋介石密电

(1940年4月18日)

急。重庆委员长蒋:彭密。极机密。谨将本战区作战指导计划分呈如下。第一,方针:一、战区以一部取广正面,分路挺进敌后方,积极施行扰袭,主力适宜控置于后方,相机以先发制敌行动,于枣阳以东或荆、当以南地区与敌决战。第二,指导要领:二、以各集团之长期破坏队及各军编组之各种出击队(遵委座三月卅午令一元略电所示),依划分之区域,挺进扰袭。三、敌主力由襄花路两侧向我进犯时,1.中央集团应于高城、厉山、唐县镇各据点阻敌前进,主力控置襄花路南侧地区,依机动兵团及战区预备军之加入与右集团之协力,与敌决战。2.右集团应以大洪山地区为根据,由大洪山南侧攻击当面之敌,以行牵制,并准备以有力部队协同中央集团,夹击突进之敌。3.左集团以桐柏山地为根据,主力与机动兵团联系,协同中央集团作战,一部对信阳之敌行攻击牵制。4.江防军待命,以一军渡河,策应作战。四、敌主力由钟祥、沙洋一带渡河进犯时,1.江防军及右集团河西部队互相联系,于河西岸既设阵地,拒止敌之渡河,不得已时,于荆、当以南有利地形及既设阵地,乘敌立足未稳,主力自荆、当方面转移攻势,压迫敌于江河湖沼地带而歼灭之。东荆河以东之部队,应互〔亘〕战局始终向天门、皂市策应攻击。2.右集团与机动兵团,各自大洪山东西两侧向京钟、汉宜路侧击敌人,依状况,机动兵团亦应有转用于荆门方面之准备。3.中央集团与左集团应各对当面之敌施行助攻,策应作战。五、大别山游击军应以有力部队,对平汉南段之敌攻击,积极威胁其后方。六、敌如缩短战线,向武汉外围据点撤退时,应于战场内适时捕捉,予以积极打击,勿使自由脱离。第三,兵团部署:七、江防军司令郭忏辖二六军、七五军、九四军、一二八师、第六、第七游击纵队,应利用襄河、东荆河右岸阵地,极力拒止敌之渡河,不得已时,亦须逐次消耗敌兵力,依预备军之加入,与右集团之协力,在荆、当东南地区与敌决战。八、右集团总司令张自忠辖廿九集团军、三三集团军、五五军,除各以一部固守襄河两岸阵地与巩固大洪山南各隘路口外,应以主力适宜控置于长寿店以北地区,依机动击破进犯之敌。九、中央集团总司令黄琪翔辖第十一集团军(欠三九军)、第四五军(由一二五师、一二三师编成)、一二七师、第一游击纵队,应于现阵地极力拒止敌之进犯,并消耗其兵力,不得已时,转移于唐县、环潭间,依预备兵团之加入,自两翼包围击破进犯之敌。十、左集团军总司令孙连仲辖第二集团军、鲍刚游击队(两纵队)、鄂东游击队之一部(王赞斌指挥),应对信阳之敌行牵制攻击,并应准备以有力部队,协力于襄花路之作战。十一、机动兵团总司令汤恩伯辖卅一集团军,集结于枣阳东北地区。预备兵团总司令孙震辖第二二集团军(欠四五军及一二三师),暂位置于双沟。另九二军归战区直辖,三九军(欠一师)归江防司令督训。十二、大别山游击军兼总司令李品仙辖廿一集团军、豫鄂皖边区游击部队,除对沿江敌据点及交通并淮南路之敌时行袭击外,以有力部队对平汉南段之敌攻击,威胁敌后方。十三、作战地境:江防军与第六战区间同前。与右集团间,洋坪、观音寺、掇刀石、李家集、马良【集】、白石桥、下洋港、太和集、皂市之线,线上属【右】。右集团、中央集团间,宋家集(新集西)、双河、长岗店、三里岗(以上属左)、古城畈、雷趔〔公〕店(以上属右)。中央集团、左集团间,人和店、研子湾、李家寨、凤凰店、姚公店、杨家寨、车站之线,线上属左。左集团、一战区间同前。

除饬各部队遵照部署,积极准备攻击,先发制敌外,当否,祈核示。光。职李宗仁。巧申。瑜。印。〔老河口〕

军委会拟定第五战区襄东部队作战指导方案①

(1940年4月)②

第五战区对敌进犯沙宜预行部署襄河东岸部队
准备先发制敌之作战指导腹案

第一　方　针

第五战区应乘敌进犯荆、宜企图渐趋明显以前,行先发制敌攻击,以汤恩伯、王缵绪集团两部主力,分由大洪山两侧地区,向京钟、汉宜路之敌攻击,并由襄花路、豫南及鄂东方面施行助攻,策应作战,打破敌西犯企图。

攻击开始时机,由战区密切注视敌情,适机断然实施,但须于四月中旬末,完成攻击诸准备。

第二　指导要领

一、汤恩伯集团应控置于大洪山东侧地区,王缵绪集团控置于大洪山西侧地区,完成攻击准备。尔后应相互协同,向京钟、汉宜路侧击敌人。

二、为防止敌人于其他方面先行阳动,在襄花路方面之84A及豫南方面之30A,均应同时向当面之敌攻击。

三、李品仙集团应以鄂东部队之主力,积极向鄂东攻击,威胁汉口,并须确实截断平汉线,牵制敌之西进。

四、江防军应准备以一军(三个师)渡河,扩张战果。(实施时间仍以本会命令行之。)

第三　理　由

---

① 原件盖有刘斐之印,并蒋介石批:"行"。
② 原件无成文时间,此处年月系据文意判断。

一、敌如真面目渡河进犯时,必须先行排除大洪山我军之威胁,方可放胆西进。故我军须始终领有大洪山地区,控置有力部队,乘敌西犯行动渐趋判明,对敌侧背即断行先制攻击,打破敌渡河西犯企图。

二、汤恩伯集团似应集中使用,可收强大效果。如予分割使用,或仅以一军攻击,不免分散战力,难收决定成果。又为予敌【以】严重打击,应以王缵绪集团协同攻击,其攻击目标之选定,以指向京钟、汉宜路为适当。

三、当我大洪山地区部队予企图渡河西犯之敌【以】侧背攻击时,为防止敌在鄂北(襄花路)行迂回攻击,或在豫南、鄂东方面先行阳动,并为牵制敌之转用计,第五战区鄂北、豫南及鄂东之部队应采取整个之行动,各向当面之敌攻击,借使主攻(汤、王两集团攻击方向)奏功容易。为扩张战果,江防军亦应有以一军渡河作战之准备。

四、为先发制敌,其攻击时间不宜过早,以免惹起局部战斗,徒招不必要之损害,以备敌军真面目进犯时,勿使我攻势力量先被消耗,故以〔应〕先行准备完毕。其攻击之时机,本会不必遥制,由战区断然发动,而期适合战机,比较有利。

会战前敌我之战略行动①

(1940年？月)

自四月初旬,综合各方情报,敌之兵舰于长江下游上海、汉口间往返频忙,战区当面敌人显有增加。当于四月十三、四两日召集各总司令会议,研讨敌之行动及对策。讨论方案如左:

甲、四月中旬敌情判断

---

① 节选自《第五战区枣宜会战经过及检讨》,标题为原编者所拟,原件无成文日期。

判决：

敌之积极增加，似将以主力由襄花路方面攻击，企图歼灭我襄河以东地区野战军，并相机略取沙、宜。

理由：

一、敌略取沙、宜，足以切断我大江南北战场之交通，借以威胁我首都。惟欲由汉宜路进取沙、宜，有受我襄河以东部队侧击之不利。敌为解除此种侧面痛苦，或图巩固其武汉外围，或企图消灭我野战军，均以攻击我襄河以东部队之甚〔公〕算为多。

二、桐柏山横于北，襄河阻于西，大洪山据其间，形成豫南、鄂西屏障。如敌主力由信阳而西，势绕桐柏以北，较为迂远。如由钟祥北进，又蹈去岁战役之故辙，有受我河防部队侧击之不利。而桐柏、大洪两山间地区宽广（约六十公里），不呈险峻，敌以主力沿襄花路及其南北，直趋襄、樊，并以一部兵力，自大洪山西侧北进相协力，则可压迫我于襄河西岸，获得襄、樊据点，再取荆门、当阳，而拊宜昌之背，其势甚顺，行动亦属至当也。

…………

（二）襄东（枣阳）战斗

徐永昌致蒋介石何应钦签呈

（1940年5月1日）

一、李长官前以真午参电，为准备敌以主力自信、随间向我左翼包围，请由第一战区转用一军兵力控置于南阳附近一案，经附图呈阅，并于审核意见中，签请以七十六军李铁军部控置南阳，归本会直辖，迄未奉批下。兹又据李长官宥申参电称：信阳之敌骤增，豫南兵力仍感单薄，请速核定增调一军于豫南方面。查该方面之敌企图北犯，抑或西侵，现虽未可确定，然信阳敌既显著增加，为制止敌一切可能行动计,自应控置一军于该方面。但汤恩伯集团现已向唐河附近集中,可资侧击敌之西侵或北犯,是对该战区豫南方面之顾虑,已有相当准备。至于李铁军部,现任河防,近以晋南之敌蠢动,似有策应豫南之敌相机渡河企图,一时不宜调动。拟令第七十六军暂缓调南阳控置。

二、对于第五战区右翼公安方面,防务亦感空虚,前经签请以第二军李延年部调驻该处,未蒙批下。查李延年军如调公安,则常德附近无控置部队,并拟将郑洞国军(N11A)推进至常德、益阳附近,以资策应。

右二项是否有当,伏候裁夺。

谨呈

总　长何　转呈

委员长蒋

〔何应钦批〕:刘代次长用电话告知张主任,请向委员长报告,并请即核示,较为简捷。

何应钦　五.三.

卫立煌致蒋介石何应钦密电

(1940年5月2日)

即到。重庆。委座、部长何:翌密。一、据报:寝、咸、俭三日,敌由应山、汉口增信阳共约三万余,现信阳附近总共有敌四万左右,战车百余辆,汽车五百余辆,为第三师团、十三师团、十二师团敌之主力。刻在明港以东,有北犯东北〔犯〕之企图。其先头部队已到确山以南十余里,经我九十二军击退,现距城廿五里。二、我九十二军现在确山附近,三十军在小林店、固县、桐柏(三十师小林店,三十一师桐柏,二十七师固县)一带,汤集团四个师明(江)日可到唐河,其总部南阳。谨闻。洛阳。卫立煌。冬戌。勇。印。

蒋介石与薛岳等来往密电

(1940年5月)

(1) 蒋介石致薛岳顾祝同李宗仁密电稿(5月3日)

即到。上饶顾长官、长沙薛长官、老河口李长官：○密。训令：(一)敌由第九战区抽出第卅三师团及第六师团一部,转用五战区方面,于冬晨开始向明港进犯,似有大举进攻之企图。(二)国军决乘敌移动,予以一大打击。(三)第五战区应并用正面阻止及侧背奇袭,击破来犯之敌。(四)第九战区应乘虚蹈隙,进袭当面之敌,使第五战区作战容易。(五)第三战区应加强沿江兵力,积极邀击敌舰,截断长江。(六)仰迅速部署开始行动,并限微日具报。中○。江午。令一元。

(2) 薛岳致蒋介石密电(5月5日)

即到。渝委员长蒋：甜密。极机密。江午令一元电奉悉。甲、战区以协助第五战区方面作战之目的,即向敌后之德安、九江、瑞昌、汤〔阳〕新、大冶、鄂城、咸宁、蒲圻各要点,断行电袭雷击,予敌以严重打击。乙、命罗副长官以卅二军之一师编为【三】个轻装快速团,经白槎、箬溪间密越修江,进出岷山,密越德安、九江间铁道,沿庐山山麓奇袭九江。以五八军攻击队奇袭德安。七十四军攻击队及第二挺进纵队,夹击永修,确实截断南浔铁道,以造成尔后攻击之有利态势。丙、命王副长官以七八军攻击队及第三挺进纵队,奇袭瑞昌。以七二军之一师编为三【个】整〔轻装〕快速团,经横路铺、龙港镇间,密越公路,进出木石港,奇袭阳新。以九九军之一师编为三个轻整〔装〕快速团,经大畈镇、通山间,密越公路,进出入天台山,奇袭大冶。以第四挺进纵队奇袭鄂城。以第五挺进纵队奇袭金牛镇,确实截断长江交通,以造成尔后攻击之有利态势。以第一挺进纵队奇袭贺胜桥。丁、命杨副长官以二十军之一师编为三个轻装快速团,经南林榴〔桥〕、白霓榴〔桥〕,密越公路,进出马榴〔桥〕东北方,奇袭咸宁,确实截断岳武铁道,以造成尔后攻击之有利态势。戊、命关总司令,应以七九军攻击队及第六挺进纵队奇袭蒲圻。以第四军攻击队及第七挺进纵队,奇袭羊楼洞、羊楼司。以【上】各部队迅速准备完毕,限佳日前,各向目的地行动。谨电察。职薛岳。诚。微亥。深。印。〔长沙〕

蒋介石致程潜李宗仁等密电稿
(1940年5月3日)

(联衔、有线)特急。西安程主任、老河口李长官、洛阳卫长官、宜昌郭司令:○密。(一)信阳敌有经南阳西向襄樊,企图击破我汉水东岸野战军,或沿平汉线北犯郑州,以与晋南敌呼应作战之模样。(二)着〔军〕陶峙岳全部集中临汝南侧附近地区,该军第一、第七八两师奉命后,即行开拔。第一六七师俟河防交替后跟进。该军限本月寒日前集中完毕。(三)着第七六军李铁军全部集中临汝附近地区,该军第八师奉令后即行开拔,其余两师交防后即行跟进。该军限本月篠日前集中完毕。以上陶峙岳、李铁军两军防务,由卫长官调整部署,统筹接替。又,李文军可调回黄河南岸使用。(四)周碞军着先集结荆门附近,遗防由李长官调整部署接替。(五)敌如由信阳沿平汉路北犯时,陶、李两军应迎头痛击,孙连仲、汤恩伯两集团应向敌侧背攻击,黄琪翔集团应向武胜关挺进,截断敌后方之交通、补给联络线。(六)敌如出南阳西犯襄樊时,陶、李两军应相机向南侧击敌人,以策应孙、汤两集团之作战。(七)各部指挥系统,由卫长官、李长官妥为决定具报。中○。江。令一元。印。

蒋介石致李宗仁孙连仲等密电稿
(1940年5月5日)

特急。李长官,孙副长官,张、王、汤、黄总司令并转各军、师长：○密。综合各方情报,并证以敌方广播,现敌军增调第五战区者为第六师团之一旅团,第卅九师团之一旅团及第四十师之一联队。合原有之第三师团及第十三师团,共只三师团强,且皆由其他方面拼凑而来,以配布于平汉、信南、襄花、京钟、汉宜各路之广大正面。其每路兵力,不过一旅团,最多至一师团。力量至属有限,并无积极甚大之企图,可以推见。但无论其作用如何,我军正宜识透敌情,把握时机,乘长蛇出穴之顷,为铁锤痛击之举。各官兵应不顾一切,奋勇猛进,必予敌以致命之打击,克奏光荣之肤功,以发挥我致人而不致于人之革命战略。反之,若中其摇惑耳目之计,遂存避免决战之心,结果必使敌人得以纵横窜扰,而我军仍不免遭受损失,断非我革命军所宜出也。务望本此意旨,坚定决心,并切实传谕所部,积极出击,一体遵照为要。中○手启。歌晨。川。侍参。

白崇禧致何应钦密电

（1940年5月5日）

立刻到。总长何：另发成都委员长蒋：2608密。顷接五战区电话,敌现以两师至两师半之兵力集中信阳,图谋蠢动。(甲)敌行动之判断：(一)击破我豫、鄂之野战军主力,敌最近在桂南、在赣北、在皖北,概以此企图而作战。如此似将越桐柏,犯襄樊,与汉水以东之敌相呼应,寻求我主力,冀图一逞。如所得遂,则乘机袭取宜昌,因以封锁夔门,威胁行都。(二)为略取长安,遮断我西北国际路线之张本。因敌有事于西北,必先求山西之巩固占领,而囊括山西,必先夺取潼、洛,以阻绝我豫西诸军之渡河援晋。由信阳西犯南阳,北窥潼、洛,为其初步行动。(乙)我军之对策,应遵照委座日前在渝面示方略,应掌握精锐,遂行主动之作战,似应以有力之一部,确保桐柏山、大别山之形势,乘好机从侧背袭击敌人,而将主力移转于汉水以西,诱敌深入于敌人最感痛苦之地区,与〔予〕以痛击,否亦使敌于进不得、退师难之窘境。若依现态势作战,与敌所望之地域实力消损,以后将失去主宰战场之地位。谨贡愚见,伫候抉择。职白崇禧。歌。参。印。

〔刘斐批〕:复:所见甚是,亦与五战区作战方略相同。现各路皆已放敌深入,从两侧及后方节节截击突进之敌,料可收到相当效果也。刘斐。五.八.

李宗仁致蒋介石密电

(1940年5月6日)

限即到。重庆委员长蒋钧鉴:京密。极机密。顷发微申电令如次:战区以变更战略态势,相机击灭各路进犯敌人之目的,调整新部署如次:(一)以廿九集团军归战区直接指挥,任大洪山游击根据地之作战,并应积极分别西进北上,侧击京钟、襄花两路进犯之敌。(二)豫鄂边区游击总指挥鲍刚部并指挥战区第一游击纵队曹文彬部,归左集团孙兼总司令指挥,任桐柏山游击根据地之作战,并应以积极行动,即时向西南侧击襄花路北窜之敌。(三)江防军(欠七五军)仍服行原任务,惟应以有力部队渡河,向皂市、京山方向,威胁敌之后方,以策应右集团之作战。(四)右集团(欠廿九集团)仍以一部固守襄河西岸,主力在襄河东岸地区,与中央集团围击经长寿店北窜之敌。(五)中央集团指挥八四军、四一军、四五军,应于现阵地极力阻止敌人,迟滞敌人西进。不得已时,应以确保襄樊之目的,于枣阳东面之线逐次抵抗,尔后以主力转移唐白河西岸一线,以一部留置襄河东岸枣阳以北地区,求敌侧背而攻击之,与右集团及大洪山游击军协同作战。(六)一二七师即将大洪山守备任务移交廿九集团后,归还建制。(七)左集团指挥第二、第三十一两集团、九十二军,并指挥桐柏山游击部队,应于菁〔青〕台、桐柏、泌阳以东附近之线,并用正面攻击及三面围歼进犯之敌于桐柏、确山间地区,万不得已时,可逐次转移于唐河西岸之线,巩固南阳,迎击进犯之敌。(八)七五军、三十九军(欠一师)先向快活铺、宜城间前进,归战区直辖。(九)作战地境:江防军、右集团间,洋坪、观音寺、掇刀石、马良集、下洋港、太和集、皂市之线,线上属江防军。右集团、中央集团间,丁家集、欧家庙、新街、宋家集、双河、长岗店、三里岗、古城畈、雷公店之线,线上属中央集团。中央集团、左中央〔集团〕间,孟家楼、苍台镇、鹿头镇、菁〔青〕台镇、人和店、研子湾、李家寨、蓝生店之线,线上属左集团。上九项除饬各部遵照外①。光。职李宗仁。鱼辰。瑜。印。〔老河口〕

卫立煌致蒋介石何应钦密电

(1940年5月6日)

特急。委座〔员〕长、部长何:翌密。据报:桐柏、泌阳均未〔于〕微已被敌攻陷,泌阳敌先头步骑千余,已窜踞大河屯、唐河及其东南源潭镇,本午发现敌人有继向西犯样。谨闻。洛。卫立煌。鱼申。勇。印。

蒋介石致李宗仁密电稿

(1940年5月10日)

限二小时【到】。老河口李长官:○密。据报,在唐白河畔三路会合之敌,将以舞阳为中心目标,向右旋回运动。希严令张自忠、周碞各部,速向东北方猛攻当面之敌,与孙连仲、汤恩伯两部相协同,击灭敌人为要。中正。蒸午。令一元。

蒋介石致李宗仁孙连仲郭忏密电稿

(1940年5月10日)

限三小时【到】。老河口李长官、南阳孙副长官、宜昌郭司令:

---

① 原文如此,似有遗漏。

○密。训令:(一)鄂北之敌经我多日围攻,粮弹殆尽,必将向原阵地退却。(二)第五战区应乘敌态势不利、退却困难之好机,以全力围攻捕捉歼灭之于战场附近,尔后即向应城、花园之线追击。(三)李及兰军应全力进袭花园、孝感,遮断平汉路。(四)王缵绪集团应全力转向随县、唐县镇间进袭,遮断公路。(五)张自忠集团应以主力先向唐县镇、枣阳间进攻,遮断公路,再转攻敌背后。(六)周喦军速东向枣阳方面进攻。(七)孙连仲、汤恩伯两集团,速南向随、枣,截击敌人。(八)刘汝明、王赞斌两部,应袭击信阳,如奏功,准悬赏五十万元。(九)张、周、孙、汤各部,应确取联络,协同动作。(十)敌主要退路只有唯一的襄花路,而该路雨后车辆不能运动,希严督各部,努力进击,必能收获空前战绩。以往湘北、粤北诸役,缺乏有计画〔划〕的追击,致成果不良。此次我各部战力健在,应乘胜穷追,扩果①战果。其作战不力,不能达成任务者,自总司令以下,应予处罚。中○。蒸酉。令一元。

李宗仁致蒋介石密电

(1940年5月11日)

特急。渝委员长蒋:冠密。战报。蒸午,已全线退却,分路进犯之敌,经我各部痛击,甲、江防军方面:一二一师真日已渡河完毕,现向孝感急进,一八五师一部佳日午前到达蓝家集附近,已饬迅向京山挺进,截击敌之后方。乙、京钟路方面:一、六二师庚午在马家集附近,将敌五、六百击溃,之〔伤〕敌二百余,遗尸廿七具。二、已令廿九集团以主力由洋梓以北地区西进,截击敌人。三、卅三集团主力现由峪山、黄龙塑〔垱〕一带,沿滚河、土桥镇方向追击,一部在长寿店附近截断敌之交通,阻敌北进。丙、襄花路方面:一、五六师现由吕堰镇向东追击残敌。二、四五军即向唐县镇、厉山间

---

① 原文如此,"果"字当为"张"或"大"字。

东进,分段截断随枣路。丁、豫南方面:一、灰日九二军收复泌阳,并于泌阳东南方面【包围】残敌千余,刻正聚歼中。二、汤部灰辰克复新野,同时窜抵邓县附近之敌,不〔亦〕为孙集团一部击溃,残敌均纷纷向苍苔镇方向溃退,极为狼狈。现我汤部以全力向苍苔镇、枣阳方向猛力追击,九二军协同二七师向桐柏中,并饬六八军鲍刚部及铁路东侧游击部队,乘机向信阳袭击。谨闻。光。李宗仁。瑜。真午。印。〔老河口〕

蒋介石致李宗仁孙连仲等密电稿

(1940年5月11—13日)

(1) 5月11日电

限三小时到。老河口李长官、南阳孙副长官、唐河汤总司令、宜城张总司令、宜昌郭司令:钦密。训令:查鄂北之敌自佳日进至唐白河畔,似已完成其作战计划,开始撤退矣。我军依适切之机动,粉碎敌人包围我军于襄东平地之企图,并造成反包围之态势,殊堪嘉慰。惟截至现在为止,敌我之损害略等,倘纵敌悠然退回原阵地,则我军决不能自矜为战胜,而且将为敌所蔑视。仰即督率所部,克服一切困难,不眠不休,各向任务迈进,乘敌脱离据点态势不利,及补给缺乏之好机,努力一举将其歼灭。并仰各将士深体追击为完成战果最有效手段之明训,以坚强意志与卓越帅相配合,完成光荣之使命,勿得逗留不进,坐失战机为要。关于此次作战出力及不力人员,着李长官切实考核,以凭奖惩,并转饬所属一体知照。中○手启。真申。令一元。印。

(2) 5月13日电

限三小时【到】。老河口李长官、南阳孙副长官、新野汤总司令并转各总司令:○密。训令:(一)鄂北之敌主力已开始退却,其有力后卫与我各部接触中。(二)第五战区应以遮断敌退路,断其给补为主眼,克服一切困难,迅速围歼枣阳一带敌之主力,获得伟大胜利。(三)仰转饬各总司令亲到前线指挥,以励士气,其逗留后方者,决处罚。(四)李仙洲军应速向随县方面挺进,遮断襄花路敌主力之后方为要。中○手启。元申。令一元。

李宗仁致蒋介石密电

(1940年5月20日)

即到。重庆委员长蒋:席密。职于皓亥下达命令如次:一、枣阳、湖阳一带被困之敌,本皓日又增调战车百余,飞机数十架,悉力反攻,现与我在七房岗、李家湖、杨家垱、太平、湖阳之线激战。我七十五军在滚河以南,与约六千之敌激战,梁家嘴、两河口已有敌踪。二、战区以击灭敌军之目的,以主力在现阵地极力阻止及迟滞当面之敌,以大洪山及其以北地区之各兵团向北急进,断行夹击消灭敌主力于唐河以东地区。三、右集团河东军应向蔡阳铺、孟家集之线挺进,攻击敌之侧背。中央集团除应巩固襄樊、阆河西岸防务外,应以周军转移于滚、唐两河间地区,与左翼汤军联络,求敌而攻击之。四、左集团应于现地阻止敌主力,不得已时,可迟滞其进展,俟北进各军到达后,并力反击,以消灭当面之敌。五、廿九集团应以有力一军向琚家湾、蔡阳铺之线挺进攻击,以协同主力之作战。六、四十五军应以全力向蔡阳【铺】、土桥之线急进,求敌攻击之。七、江防【军】之九十四师应即向旧当、枪镇、枣阳之线挺进,求敌而攻击之。八、九十二军应向鹿头镇、旧当、枪镇之线挺进,求敌攻击,以策应主力正面之作战。九、以上除廿九集团之一军及九十四军应于养日,其余统限于马日拂晓实施攻击。各军行进中应不受敌小部队之牵制,断行前进,参加会战。除饬各集团遵照实施外,谨电呈察。职李宗仁。号未。瑜。印。〔老河口〕

(三) 张自忠殉国经过

张自忠致蒋介石密电

(1940年5月15日)

即到。渝委员长蒋:影密。报告:一、职昨率七十四师、骑九师及总部特务营,亲与南窜之敌约五千余名血战竟日,创敌甚重。晚间敌我相互夜袭,复激战终夜。今晨敌因败羞愤,并因我追击,不得南窜,并调集飞机卅余架,炮廿余门,向我更番轰击,以图泄愤,并夺路南窜。我各部经继续六、七次之血战,牺牲均亟〔极〕重大,但士气仍颇旺盛,现仍在方家集附近激战中。二、我三十八师、一七九师昨已将新街敌数百名击溃,当将新街克复,现仍继续向南追击中。三、据报,奸〔残〕敌一部约千余人,因被我各处截击,现企图沿襄河东岸南窜,已饬卅八师、一七九师努力截击中。谨闻。职张自忠叩。删申。参战。印。〔快活铺〕

李宗仁与蒋介石来往密电

(1940年5月)

(1) 李宗仁致蒋介石密电①(5月18日)

〔衔略〕顷接冯副总司令治安篠秘电称:张总司令由方家集率74D追截南窜之敌,铣日在南瓜店附近与敌军激战。敌以步骑三、四千人,附炮廿余门,向我反攻,异常剧烈,我军伤亡殆尽,敌以大部向我包围,接近总部。总司令抱有敌无我之决心,亲率总部官佐及特务营作最后之苦撑,自辰迄未,血战未休。卒因弹尽力孤,总

---

① 系抄件。

司令竟以身殉,总部官佐及特务营营长以下,同作壮烈牺牲,生存无几,总司令遗体现正寻觅中。职得耗后,当即由普门冲驰往快活铺总部,并饬各部队续行原任务,固守河防,谨先电闻。等语。国仇未复,丧我股肱,遽闻噩耗,震悼实深。除另电复冯副总司令,转饬所属秉荩臣兄遗志,努力歼灭残敌外,谨电肃闻。

(2)蒋介石致李宗仁密电稿(5月22日)
老河口李长官:巧侠电悉。〇密。张荩臣与钟毅两同志遗体究有寻获否?战争胜负,兵家之常,无足为虑。而忠烈遗骸,如不觅得,实为我全军上下终身之遗憾无穷,望特注意。中〇手启。养。川。侍参。

白崇禧致蒋介石密电

(1940年5月24日)

重庆委员长蒋:卷密。豫鄂会战,屡挫凶锋,仰仗德威,欣闻捷报。惟第卅三集团军总司令张自忠躬亲督战,英勇异常,卒以弹尽被围,慷慨就义,捐躯报国,允足矜式。又,第一七三师师长钟毅适遇强敌,斩获有功,终因众寡悬殊,伤亡殆尽。临危授命,壮烈可钦。拟恳钧座于此次鄂豫会战结束时,均予明令宣扬,以资激劝,而慰英灵。是否有当,仍候钧核。桂。职白崇禧。敬。行室秘。印。

军委会综合张自忠殉国经过报告稿

(1940年5月)

张故总司令自忠殉国经过
(综据冯治安巧秘及冯治安、李文田皓各电摘列)
一、作战经过
张总司令自忠亲率74D追截南窜之敌,于十六日在南瓜店

(新街西)附近,与约步骑三四千,炮廿余门反攻之敌激战甚烈,我军伤亡殆尽。敌复以大部包围,张总司令抱有敌无我之决心,亲率特务营作最后之苦撑,自辰迄未,血战未停。卒因弹尽力孤,张总司令及总部官佐与特务营长以下,均作壮烈牺牲。

二、殉难情形

据张总司令卫士谷瑞雪负伤回部称:当敌人大部向我包围时,总司令即登山督战。十六日午左肩受伤,请回部绑扎,坚不肯回,仍神色自若,复大呼向前冲杀。未几,胸部又受重伤,即拔枪自决,为随从副官朱增源所夺,随即倒地微呼曰:你们快走,我自己有办法。又曰:对国家、对民族、对长官,良心很平安,大家要杀敌报仇。遂瞑目殉国。

三、预留遗书

未渡河之前,致函冯总司令治安,其大意略谓:因战区全面战事关系及本身责任,须过河与敌一拼。如不能与各师取得联络,即向最终之目标(死)迈进。毋论作好作坏,一求良心能得安慰,以后事请弟负责。由现在起,或暂别,或永别,不得而知。等语。

附记

张故总司令自忠遗体,由黄师长维纲率部寻得,运回总部装殓,运宜转渝。

俞飞鹏致何应钦报告

(1940年5月31日)

报告　五月三十一日于后方勤务部

事由:为转报张总司令自忠殉难经过,请发交军令部备作史料由

据第三十三集团军兵战〔站〕分监王锡町辰漾参文电称:此次张总司令渡河东督战,职部派少校科员马孝堂一员随同总部,担任联络。本月铣日,总司令部突陷重围,该员与总司令寸步未离,竟

于是日下午亥时在南瓜店附近受伤,计身中两弹,复被倭寇掳去。同时目睹总司令身中七弹,殉难后,敌将尸体抬至三十余里之陈家集附近,将尸体洗净,用布裹好,备棺埋葬,用木牌标志,上书"英勇上将张自忠灵"等字样,并向灵墓敬礼。嗣将掳获我伤兵数人,用刀砍死,该员头部被砍两刀,脑膜已露,幸未致命。敌又将被砍尸体堆积一处,点火后退去。该员乃逃至民间,由民夫舁送过河。在未渡河之先,我军到达,借该员之指引,始将张总司令忠骸寻回。该员伤势颇重,刻送院加紧诊治中。情形如何,容再续报,谨电备案。等语。除发给马孝堂五百元,饬令妥为疗养,并分报委座鉴核外,所有张总司令殉难经过,拟请发交军令部参考,备作史料。是否有当,理合报请鉴核示遵。谨呈参谋总长何

职俞飞鹏

军委会政治部致军令部公函

(1940年6月30日)

国民政府军事委员会政治部公函　治撰巴字第2477号

案准铨叙厅本年六月五日渝铨(三)字第一四一五五号公函开:奉委座世午令一元梧代电开:为三十三集团军总司令张自忠、一七三师师长钟毅躬亲督战,英勇异常,卒以弹尽被围,慷慨就义捐躯,均予明令宣扬,优予议恤等因。相应抄附原电,移请贵部查照办理。等由。附原代电一份。准此。查张故总司令自忠、钟故师长毅等,自抗战以还,屡建奇勋,功在党国,自宜广为宣扬,以垂不朽。惟原电所列两公之履历、言行及作战殉国经过情形,均简略欠详,拟请贵部分别查明赐复,以便表扬为荷。

此致
军令部
中华民国二十九年六月三十日

(四) 襄西(宜昌)战斗

军事委员会关于兵力调配及作战部署会议记录

(1940年6月1日)

会报纪录　六月一日午后三时半于军委会
出席人员：
委员长蒋　总长何　徐部长　陈部长　俞部长　张主任　商代主任　刘代次长　总顾问
纪录　张秉均
裁决事项：

(一) 令41A(孙震部)死守襄、樊,以待30A(孙连仲部)之到达,应予重赏,如放弃襄、樊,应法办。

(二) 令75A(周嵒部)进守南漳。

(三) 令肖之楚军以一小部留守汉水右岸原阵地(41D、32D、44D、55D之各一部),余撤守十里铺南北之第二线阵地,并控制有力预备队于左翼后(荆门、远安中间地区)。

(四) 76D、11D、无名师均守备董市、当阳主阵地。

(五) 令李及兰军经大红〔洪〕山,归还江防军序列。如渡襄河困难,即协同王缵绪集团,以大洪山为根据地,袭敌后方。

(六) 汤恩伯指挥31AG及92A,由北向南攻击襄花路之敌,如敌主力渡过襄河时,应进出大洪山,攻敌之背后。

(七) 孙连仲指挥30A、41A、84A、75A,先固守襄、樊、南漳,尔后由北向南攻击,牵制敌人由宜城南下。

(八) 第五战区分为左、右两兵团。左兵团辖孙连仲、孙震、汤恩伯、刘汝明各部,兵团长由李长官兼任。右兵团辖冯治安、王缵绪及江防军各部,兵团长派陈部长诚兼任。

(九)黄总司令其祥〔琪翔〕,暂调长官部襄助。

(十)103D调常德,5D/N11A调宜都方面,归还N11A(郑洞国部)建制。

(十一)襄河两岸应尽量掘开堤防,构成泛滥,由郭司令负责实施具报。

刘斐致徐永昌等签呈

(1940年6月1日)

对于第五战区尔后作战,其指挥系统拟调整如次:

一、襄西方面,由孙副长官连仲统一指挥33AG(59A、77A、55A、41A、84A、30A)及江防军(26A、N11A、2A、55D)各部,以使江防军完成确保宜昌为主要任务。

二、襄东方面,由李长官直接指挥31AG、29AG、45A、92A、94A各部,攻击襄花路、京钟路及汉宜路敌人后方,断敌联络、补给,使襄西部队作战容易,并以有力部队,准备向襄、樊方面出击。

三、刘汝明军仍在信阳附近,继续努力,服行原任务。

四、豫鄂边区部队,仍服行原任务。

右拟是否有当,伏乞钧裁。谨呈

部　长徐　转呈

总　长何

委员长蒋

职刘　斐谨呈　六月一日

军委会拟定襄河西岸作战紧急部署方案

(1940年6月11日)

对宜襄间渡河之敌我襄河西岸作战紧急部署方案　六月一日上午九时

甲、敌情判断

一、敌将以一部经南漳、保康,直趋秭归,遮断江防军后方,主力由现渡河点南向荆、当,攻略宜昌(或先略取襄、樊,再行南向荆、宜)。

二、敌以一小部从南—保间道攻击秭归,以有力一部,由宜城南犯荆、当,吸引我兵力,而以主力续由钟祥渡河,略取宜昌,亦有可能。

乙、处置大要

一、令75A迅开南漳、保康间控置,阻敌西犯,掩护右集团及江防军之左侧背。

二、命孙连仲并率30A由襄阳南下,与右集团(33AG)主力夹击宜、襄间渡河之敌,而歼灭于水际。

三、命右集团(33AG)以有力一部,巩固钟祥西岸河防,阻敌渡河。

四、命94A速经襄、樊,归还江防军建制,担任尔后江防之作战(94A不仅对于宜昌附近地形熟悉,且尔后有与长江上游要塞配合作战之任务)。(94A如仍留枣阳以北地区,归汤恩伯指挥,攻敌后方,亦属有利一案。)

五、江防军主决战方面应保持在左,特应注意敌从右集团钟祥方面渡河,而为必要之处置(江防军之作战,大体仍照前定部署实施)。

六、命现驻万县之199D,即以船舶输送,推进秭归,巩固江防军侧后方。

七、命汤恩伯督率所部及92A,继续向襄阳、随县间之敌猛烈攻击,截断敌人后方连络,以行牵制。

八、王缵绪集团及45A,应以大洪山为根据,分向京钟路、襄花路攻击敌人后方,断其补给。

九、各部务应迅速并利用夜行军,秘匿行动。

十、新二军(陈大庆)两师(91D、193D),拟请令迅开南阳。

〔蒋介石手批〕:92A严令其向襄花路出击。94A与汤集团军限期集结于新野附近,准备向襄、樊方面出击。余可照办。中正。

蒋介石与陈诚等来往密电

（1940年6月）

（1）蒋介石致李宗仁等密电稿（6月1日）

（联衔）限三小时到。石花街李长官、光化孙副长官、南阳汤总司令、宜昌郭司令、（抄送）陈部长：○密。极机密。命令：一、第五战区应以确保宜昌、襄、樊之目的,以襄河两岸部队,从西北向东南,对渡犯襄河之敌侧背攻击,压迫于襄河及湖沼地带而歼灭之。二、第五战区分为左、右两兵团,左兵团辖孙连仲、孙震、汤恩伯、刘汝明各部,兵团长由李长官兼任;右兵团辖冯治安、王缵绪及江防军各部,兵团长派陈部长诚兼任。两兵团间以歇马河、三官庙、江石垭、武安堰、小河、方家集相连接之线为地境,线上属右兵团。三、孙连仲指挥池峰城、孙震、莫树杰、周嵒各军,先固守襄、樊、南漳,尔后由北向南攻击,牵制敌人由宜城南下。四、第四十一军孙震部,应死守襄、樊,以待池峰城军之到达,当予重赏;如放弃襄、樊,决予法办。五、周嵒军着进守南漳。六、肖之楚军应以一小部留守襄河右岸原阵地（在马良、沙洋、长脑市、张家场、范家新场、莲花寺场、朱家埠及监利各据点,须各酌留约一营左右兵力,担任守备,其余次要据点,可各酌留置一连左右兵力防守）,其余迅就十里铺南北之第二线阵地部署防御,并须控制有力预备队于左翼后。各部队行动时,务须绝对秘密,勿使敌发现我企图。尔后因情况可转用于荆门、远安间地区。七、第十一、第七六及无名师,守备董市、当阳主阵地。八、另令现驻万县之一九九师,即以船舶输送,推进秭归,向保康方面警戒,巩固江防军侧后方,归郭司令指挥。九、李及兰军经大洪山归还江防军序列,如渡襄河困难,即协同王缵绪集团,以大洪山为根据,袭敌后方。十、襄河两岸应尽量掘开堤防,构成泛滥,由郭司令负责实施具报。十一、汤恩伯指挥三十一集团及九十二军,由北向南攻击襄花路之敌,如敌主力渡过襄河时,应不顾一切,进出大洪山,攻敌之背后。十二、已令一〇三师开常德,第五师调宜都方面,归还郑洞国军建制。十三、陈兼兵团长未到达前,本命令由李长官先饬各部队遵照。十四、各部务应迅速并利用夜行军,秘匿行动。十五、以上各项,仰迅即遵办部署具报为要。中〇。东戌。令一元梧。印。

(2) 陈诚致蒋介石密电(6月2日)

限即到。重庆委员长蒋:盛密。东戌令一元梧代电奉悉。一、职于本晚抵万县,预于明晚达宜昌。二、关于右兵团之部署,宜具申意见如次:甲、查沙洋、十里铺之线以南,湖沼错综,道路破坏亦较彻底,且将来可利用襄河、长江,构成泛滥(现时水位尚低),不适于大兵团之运动。但该线以北地形尤为平易,尤以钟祥、荆门道为赴宜昌之捷径。此外由宜城、南漳之线以南,可威鄂〔胁〕荆、宜之侧背。乙、基于上述并依敌之最近行动及其集中态势判断,敌将有以主力(或有力兵团)由钟祥渡河西犯,同时以有力兵团(或主力)由已渡河成功之欧家庙方面扩张战果,经宜城、南漳之线南下,以侧击我右兵团之侧背。或更以一小部由南漳、歇马河道向秭归方面窜扰。此外,另以一部利用汽艇及海军,由沙洋、十里铺以南湖沼地区及沿【长】江向我追扰。丙、右兵团以确保宜昌、击破渡河西犯敌人之目的,应以沿襄河各守备兵团,利用既设阵地,逐次消耗敌军,另以有力兵团于襄河东岸攻击敌侧背,同时于当阳及其迤北地区控置至少一军之兵力,相机击破过河之敌。丁、部署:1.江防军之二十六军,应以一部守备襄河右岸原阵地,其余迅就十里铺南北之第二线部署〔与〕,并须控置有力之预备队于其左翼后,尔后随情况转移于董市、当阳间主阵地。其九十四军之五五师,先控置于半月山附近,必要时更另由新十一军抽调一师,任宜昌直接守备。其第二线(附十一师)除以七六师占领当阳附近阵地外,主力控置于当阳、远安间地区,策应各军作战。2.卅三集团军除守备原阵地并特别加强钟祥附近河防外,并应抽调一个军,控置于宜城西南刘侯集、报信坡、安家集附近地区。3.九十四军应向钟祥方面敌人侧击,并相机渡河,攻击襄河西岸之敌侧背。4.二十九集团军应向枣阳、宜城间攻击敌之侧背,确实遮断其联连〔系〕。5.一九九师除留一团于秭副〔归〕外,主力即向马良坪推进,确实掩护兵团之左侧背。戊、以上所拟当否,乞核示。万县。职陈诚。冬戌。参江重发。印。

蒋介石致李宗仁陈诚等密电稿
(1940年6月5日)

(联衔)限三小时到。石花街李长官、宜昌陈部长、老河口孙副长官:○密。极机密。训令:敌军此次渡过襄河,进攻荆、宜,我正面部队充足,且阵地坚强,必可予敌以制〔致〕命打击。望仿鲁兄速督所部,向南挺进,击敌侧背,完成此次包围大歼灭战。如敌已占宜城,则我军只用一部监视,主力仍一意向南挺进。成败胜负,全在此举。望激励所部,努力奋勉,达成使命勿误,仰即遵办具报为要。中○手启。微午。令一元梧。印。

陈诚致蒋介石密电
(1940年6月5日)

即到。重庆委员长蒋:粉密。极机密。(一)敌情:泗港、多宝湾、沙洋、旧口各附近,自昨夜三时起,敌企图强渡襄河,刻与我守军激战中。又由宜城、武安堰方面动作之敌,其先头已进至转斗湾、胡家集及刘侯集南侧各附近,正与我卅三集团激战中。(二)本兵团部署如下:本兵团以确保宜昌,并相机歼灭已渡河之敌之目的,以一部利用襄河及既设阵地,逐次消耗敌军,最后固守董市、当阳、远安一带主阵地,同时以有力部队,滞阻由宜城、武安堰方面南下之敌,以主力保持于当阳、远安间地区,相机求敌而歼灭之。(三)江防军司令郭忏指挥第二军(七六师、无名师)、廿六军(卅二师、四一师、四四师、附十一师)、五五师、一二八师、新十一军(第五师、荣一师、新卅三师)及要塞特等部队,应仍依既定部署,以一部守备襄河西岸,拒止敌之渡河,另以一部守备十里铺南北之第二线阵地,逐次消耗敌军,尔后依情况,转移于董市、当阳间主阵地而固守之。其第二军应控置于当阳以北地区,策应各军作战,待敌深入,与卅三集团协同,转取攻击侧击〔面〕深入之敌。新十一军以荣一师担任公安、松河间江防,第五师到达后,担任杨林寺、宜都间守备,新卅三师应担任宜昌直接守备。(四)卅三集团总司令冯治安仍指挥五五军、七七军、五九军等部,除以一部守备河防外,应以主力于乐乡关、仙居一带以北地区,拒止由宜城、武安堰方面南下之敌,尔后依情况向荆门、仙居之线转移,构成对东北正面,相机协同江防军转取攻势,击破突进之敌。(五)廿九集团应与汤集团连络,向钟祥方面之敌攻击,切断京钟路之连络。(六)九四军仍暂归汤总司令指挥,跟踪追蹑,相机在宜城附近渡河,求敌之侧背而攻击之。(七)一九九师即开宜昌以北之两河口以北地区集结,暂归职直辖。(八)作战地境:第九战区与江防军间同前;江防军与卅三集团间为洋坪、观音寺、掇刀石、李家集、马良【集】(不含)、下洋港、义和集相连之线,线上属卅三集团;又,卅三【集团】与左兵团间【为】歇马河、江右堰、武安堰、小河、方家集相连之线,线上属卅三集团。(九)各部队阵地转移及尔后转取攻势,均须候令行动,并应随时密切联络。谨电鉴核。职陈诚。微未。战。印。〔宜昌〕

蒋介石致薛岳密电稿
(1940年6月11日)

限三小时到。长沙薛长官:○密。命令:一、敌由第三、第九两战区各抽转一部兵力于第五战区方面,刻渡过襄河之敌,已进至宜昌外围阵地,向我猛攻中。二、贵战区应努力向所指示之目标积极进攻,牵制敌人,以解友军之危。希速令关麟征、杨森两集团所部进攻蒲圻,王陵基集团进攻武宁,着即时行动,不得稽延。其他各部,仍希严督照所报部署切实实施,仰即遵办具报。中〇。真亥。令一元。印。

蒋介石致李宗仁陈诚等密电稿

(1940年6月13日)

(联衔)限三小时到。石花街李长官,巴东探交陈部长,襄阳孙副长官、汤总司令:种密。极机密。(一)右兵团应占领三游洞及以北三合岩、两河口阵地,迅速收容各部,并掌握有力部队,参加汤恩伯部队反攻宜昌。(二)第卅军、第七十五军、第八十五军及第九十四军,统归汤恩伯指挥,以一部攻占荆门,以主力由远安、观音寺之间,攻击宜昌方面之敌。(三)九十二军应猛攻钟祥方面之敌,阻敌增援补给。(四)各部应不顾一切,猛力进攻,不可失机。(五)为协同动作,着汤总司令与陈兵团长取得连络后,各该部即归陈兵团长统一指挥。仰遵办具报。中〇。元辰。令一元梧。印。

陈诚致蒋介石密电

(1940年6月14日)

限即到。重庆委员长蒋:领密。谨将本兵团转移攻势命令电呈如下:一、襄河以西之敌,其主力有向当阳附近集中模样,宜昌城区仍由我罗师一部固守。二、右兵团以歼灭襄河以西敌人之目的,决向当阳之敌攻击,压迫于长江、襄河间而歼灭之(攻击开始时日,另电规定)。三、江防【军】司令郭忏仍指挥原属各军,即以李军长延年指挥第二军、第十八两军为攻击军,应由南津关、小溪塔、关庄场、宋家咀之线,向宜昌及龙泉铺、土门垭与双莲寺、鸦雀岑〔岭〕及其以南攻击,先包围宜昌东侧之敌而歼灭之,对左侧应派有力部队掩护。如敌向东撤退时，该攻击军应即迅由当阳以南向东前进，与汤集团协同歼敌。新十一军除守备江南外，应抽派三团以上兵力渡江，攻占沙市、江陵、万城、江口、董市、白洋沿江各要点，并竭力向敌后挺进，牵制其兵力。四、汤总司令恩伯指挥所属各军（第五五军暂归汤总司令指挥），应由峡口、焦家堤（乾溪场西北）及当阳、沟溪河、荆门各北侧地区之线，向跑马岗、石子岑〔岭〕、半月山及河溶镇、张家口、团林铺、十里【铺】以南攻击。【如】敌人主力在当阳以南时，应即向右旋回；如主力向东北转移时，即与李延年部协同聚歼之。对左翼项梯深配备①，讲求掩护。五、各部务相互连系，如敌专对友军某部攻击时，应即不待命令，自动援应。六、攻击开始后，应迅以雷霆万钧之势，向敌强击。七、各部应特别注意向敌侧绕击，又，对守据点之敌，须酌派部队监视之，切忌主力被敌吸引或牵制。八、对敌后方交通，如：一、荆门、十里铺、江陵之线，二、观音寺、沟溪河、河溶镇、万城之线，三、当阳、半月山、董市或江口之线，线上各要点以一连或一营占领之，以断其联络，尤须注意荆门、江陵以东汉宜路之截断。除沿江由新十一军负责外，其余由汤总司令派队占领之。谨闻。职陈诚。寒午。战。印。〔太平溪〕

刘斐关于敌情判断的签呈

（1940年6月14日）

签呈　民国二十九年六月十四日于第一厅第一处

顷阅六月十一日中央通信社参考消息，内称：敌将集中全力，解决中国事变。兹就上项消息研究如次。

查此种口号，在敌倡议已久，阿部米内登台，悉以解决中国事变为目标。但迄至今日，因我抗战之坚决，敌竟毫无办法。汪逆之登台，亦莫非为敌欲解决中国事变之一步骤。不过敌倒行逆施，愈

---

① 原文如此，似有脱误。

为愈拙。现以欧战紧张,设敌如无对我作战,则此际正可大获渔利之时。但因泥足深陷,无力拔除;目亟〔?〕丰馔,无法攫食。此种情势之下,敌能不焦急万分。其欲摆脱在华之桎梏,解决中国事变,确为其当前急图。兹就所见,加以判断,并附具理由如次:

一、增加兵力,进攻我腹地。

查此次进攻宜昌之敌,均系原在华中敌军分割建制、从各处抽调转用而来,并非新增。由此可证,敌果欲大举深入,以现有兵力,自不敷用,定当新增兵力。惟截至目下止,尚无敌确增兵情报,故判断敌尚无采行上案之行动。

二、加强封锁,断我补给。

敌不再增加兵力,对我作深入企图,已如上述。但敌随时抽调转用其在华作战部队,对我不时取局部攻势,以遂其以攻为守。如在华北进扰洛阳、郑州、西安,华中进扰湘西及长沙,华南进攻新国际路线等,以加强对我封锁,均有可能也。

参以敌十三日广播(见另纸)及敌近日集中大军于海南岛等情报,则敌似有乘意参战之际,趁火打劫,进犯安南,既可呼应其在欧与国之作战,且可获得实际利益,并可加强对我之封锁,故敌似以采此案公算较大。

蒋介石致李宗仁陈诚密电稿

(1940年6月15日)

(联衔)限即到。石花街李长官、巴东探送陈兼兵团长:○密。极机密。命令:(甲)指挥系统:(一)宜昌方面之江防军分成两部,第二军、第十八军及其他在北岸各部,归李延年指挥;在长江南岸各部队,归郭忏指挥;郭到南岸,以上李延年、郭忏两部,均直接归陈兼兵团长指挥(恐李延年指挥部队过多,陈兼兵团长对该方面应多负责任)。(二)北正面,周碞可指挥第七五军、第三十军,并归汤恩伯指挥,汤恩伯直接指挥第五五军、第八五军、第九二军、第九四军,均归陈兼兵团长统一指挥。(三)已令李长官调第九二军至襄河西岸,归汤恩伯指挥,参加宜昌方面攻击。该军在钟祥方面作战任务,由李长官调第四一军主力接替。(乙)作战要领:(四)担任宜昌攻击各部,应确实协同联系,准备周到,以整然态势攻击敌人①。(五)汤恩伯直接指挥各军,与周碞、李延年指挥各部,应重行规定作战地境,区分任务,形成重点,以明责任。(六)在宜昌上游秘密准备多数民船,指定部队在主力攻击紧张之际,由上游乘夜,暗将船流下(对江中封锁,应预先研究通过办法),在宜昌东侧适当地区登陆,袭击敌腹背,以收奇效。(七)攻击开始时机,为避敌空袭,以下午四时左右为宜。在攻击开始直〔之〕前,由空军出动,轰炸敌主力所在位置,轰炸直〔之〕后,立即开始攻击。关于轰炸目标时机,由陈兼兵团长与周主任确取连络。(八)应将攻击开始日期及详细部署,确实拟定具报。(丙)其他各兵团任务:平汉南段,李品仙出击部队;信阳方面,刘汝明;襄花路,黄琪翔;大洪山,王缵绪。各集团均应积极行动,配合宜昌方面主力之作战,并应于鄂东方面另行指派一勇敢部队,乘虚袭击汉口。(丁)以上各项,仰即分别遵办具报为要。川。中〇。删辰。令一元。印。

陈诚致蒋介石密电

(1940年6月17日)

限即到。重庆委员长蒋:卷密。谨将下达各部追击命令电呈如下:(一)当面之敌昨日以来开始退却,宜昌于本日午前三时完全克复。(二)兵团即向襄河西岸追击敌人,捕捉歼灭之。(三)十八军以十八师占领宜昌外围阵地,一九九师先向土门垭、鸦雀岭,牢〔荣〕一师先向龙泉铺、双莲寺及其东南追击。(四)李延年军即向王泉寺、峡口之线追击。(五)第二、第十八两军,均归李延年指挥。

---

① 重点为原电所有。

(六)四一师、卅二师即由董市附近渡江,向江陵方面追击。(七)第五师即由弥陀寺附近渡江,第五、第卅二两师均归王师长指挥,占领荆、沙后,以一部守荆、沙,主力向十里铺追击。(八)肖之楚军部及四四师向两河口、南老坪推进,五五师向宜昌迤北地区推进。(九)各军、师之追击,除应以一部果敢追击、设法抑留敌人外,主力须确实掌握,与友军密切连系。谨电察。太。陈诚。篠辰。战。印。〔太平溪〕

蒋介石致李宗仁孙连仲密电稿

（1940年6月19日）

(联衔)限即到。石花街李长官、襄阳孙副长官:4467密。训令:(甲)国际变化显然与敌不利,我应乘敌徬徨不定之际,予以决定打击。(乙)(一)襄西方面我主力已于巧日开始反攻,第三、第九两战区为协力襄西作战,已于巧日各以主力全面出击。(二)仰即转饬李品仙亲率第七军及游击队进攻黄陂、孝感敌之后方,并另行指派一勇敢部队,乘虚袭击汉口。(三)仰贵长官即到襄、樊指挥,孙副长官即到枣、信间适当位置,并指挥刘、黄两集团,向当面敌人攻击。(四)各兵团行动,仰遵照删辰令一元电丙项所示实施,并应督饬王集团努力截击京钟路敌人为要。(五)以上各项统限于养前实施,仰即遵办具报。川。中〇。皓辰。令一元。印。

徐永昌致蒋介石何应钦签呈

（1940年6月21日）

一、陈兼兵团长诚元午电大意:
现各部(江防军)已照新部署(放弃宜昌)转移妥定,一俟友军到达预定地区,即督令反攻。职奉职无状,甫临前敌,连失四城,敬乞明令严予惩处。等语。

二、查敌自宜城以北渡过襄河以后,陈部长始兼任第五战区右兵团长,于六月一日夜离渝下驶宜昌,为时短促。并当敌重点所指向方面,虽尽指挥上之能事,未能固守宜昌,但目下仍在努力反攻之中。所报自请处分一节,似应免予置议,并复慰勉。是否有当,理合检同原电,一并呈请钧核示遵。谨呈
总　长何　转呈
委员长蒋
　　附呈陈诚元午宜电一件〔略〕

蒋介石致李宗仁陈诚等密电稿
（1940年6月24日）

(联衔)限即到。石花街李长官、太平溪陈兼兵团长、长沙薛长官、上饶顾长官：○密。极机密。训令：兹为应付国际变化,保持国军战力,俾利整训之目的,第五战区应即停止对宜昌攻击,第三、第九两战区亦应即停止大规模攻击,而各以一部与敌保持接触,不断袭扰牵制敌人为要。仰即遵办具报。川。中○。敬酉。令一元。印。

（五）战　斗　总　结

襄东（枣阳）会战检讨①
（1940年）②

一、此次敌之进犯,在信阳方面,以步骑兵为主干；在随枣正面,则以机械化部队为主干；由钟祥北进者,则以骑兵及轻装步兵与轻炮兵配合编成。

二、本会战对敌情判断及兵团部署,以及枣阳方面之反包围

---

①　节选自《第五战区枣宜会战经过及检讨》,标题为原编者所拟。
②　原件无月日。

作战指导等，均甚正确。例如：

1. 自四月初旬，根据各方情报，敌之兵舰于长江下游上海、汉口间甚为活跃，当时迭奉最高统帅部电令，饬对汉宜路江防方面严加注意。而当时战区对敌情判断，敌如进窥宜、沙，必先由鄂北发动扫荡。我襄河以东部队，故毅然将主力控置于襄花路以北地区。当时判断，甚属正确。

2. 能适应情况，将机动兵团先转移于唐河附近，适时秘密进出敌之侧背。如汤集团于四月中旬集结枣阳东北刘昇店、太山庙一带，主【力】准备对随枣公路方面之作战，仍于四月终，依状况转移唐河附近。当敌第三师团主力于五月一日由信阳向泌阳方面开始侵犯时，该集团能适应时机，进出泌阳东北地区，始终立于主动地位，随时向西南侧击敌人，予敌以重大打击，此实五月十八日前所获战果之主因。

3. 五月上旬令江防之九四军渡襄河，向汉宜、京钟路东北方向进出，及令豫鄂皖游击部队之西进，截断平汉路，威胁及破坏敌人后方，使敌补给连络发生极大困难，亦为本战役中有价值之处置。

三、部队如能密切协力，各发挥其特长，不难予敌以重大打击。例如豫南方面，敌第三师团自五月一日倾力西犯时，我第二集团军能充分发挥其强韧性战斗之优点，节节诱敌，逐次保持夹击侧击之态势，迄于五月十日，诱敌于唐河、新野一带。我汤集团能发挥其机动特长，适机进出泌阳东北地区，随时南下，协力侧击，到处予敌以重大打击，致获得六〔五〕月十日之战果。溯自信【阳】敌于东日倾力进犯时，兵力约达两万，而五月十日以后，由新野、唐河向枣阳撤退时，仅七、八千余，其中虽间有向桐柏、信阳退窜者，但被我击歼数目，亦在四千以上。

四、战区最初之敌情判断，敌之至〔正〕当行动，先犯鄂北，扫荡我襄东部队，而其主攻方面，当在襄花路方面。但尔后根据状况之推演，不失时机，以主力向北移动，同时令随枣路之十一集团机动诱敌,适时转移卅三集团之北进尾击,及调江防部队之兼程北上,进出樊城以北堵击,致使敌企图包围我主力于随枣路之计划终归失败,而我方反造成反包围之态势者,非偶然也。

五、因装备之差别,在战略上虽态势良好,欲求达歼灭之目的,亦属理想。此次枣阳外围之役,我孙、汤两部于五月十八日已袭占七房岗、草店、太平镇、湖河镇各据点,并一部一度冲入枣阳城。七五军及五六师已攻克双沟、吕堰两镇,进出滚河以南地区,大军围迫枣阳。就外线作战而言,已越过利害〔原文如此〕,变换线形,成分进合击之优良态势。乃敌于十九日悉力反攻,以飞机约百架,整日更番轰炸,及战车二百余辆,分段冲击,攻击遭受顿挫,情况遂生极大变化。

六、战略纵深部队非但应绝对控置,且须亘战斗始终而保持之,方能于必要时机,获得最后胜果。例如五月十七、八日枣阳外围之会战,敌我已激战两旬,情绪已极度紧张,而敌正一部转用之际,在此瞬间,我如能投以一部新锐力量,想能获得枣阳会战之成果也。

七、各级情报多不确实,且对情况过度乐观。如五月十日至十八日间之战斗,各集团情报均不加缜密考虑,咸报敌已溃退,且甚狼狈。殊不知敌系转用兵力,致使上级指挥部为扩大既得胜果,不惜投以全力,以求决战,而奏全功。殆敌悉力反击,遂发生五月十九日之变化。嗣后关于情报,应力求翔实,尤以敌在战略上随意放弃据点,而竟夸张捏报如何击溃敌人等,更所深戒。

八、通信连络良否,左右战斗之胜负者甚大。如五月十三日至十五日,张故总司令在南瓜店东北罐子口附近时,有线电报、电话均不能通,三日间断连络,十三日后仅赖无线通信,因之不能适时得知该方面战况。又如七五军于篠日在黄龙当附近电台被炸,以致全般情况不明,遭敌击破。此后对通信连络应力求周密,不但对通信机关之配置应详密考虑,即补助手段,尤应竭力讲求,以增加连络之效力。

九、部队运动迟缓,常易逸失机会。如此次荆、当部队北上堵击敌人时,五月十日以后始渡过襄河,致使敌于十一日窜据吕堰镇据点,达成掩护其第十三师团转用于京钟路、各个击破我张集团之企图。

十、各级官兵对敌战车、骑兵多抱过度恐慌心理,不遵教令所示讲求对策,亟应设法纠正之。

苏联总顾问福尔根致蒋介石报告

(1940年7月10日)

报告　二十九年七月十日于重庆

窃此次宜昌失陷,其原因异常明显,无须加以详细陈述。职兹拟就其基本原因,加以检讨如下:

一、情况判断不正确,误信敌不占宜昌之说。余以为敌不至拿宜昌,即拿宜昌,亦不久守。此种偏见,无形使前方各级将领,尤其军委会之心理,遭受很大影响,形成消极及动作异常迟缓等现象。

二、对于部队作战,缺乏坚强与连续一贯的领导,尤其军委会方面为然。

三、极端迟缓,一切处置照例,耽误时机,以致凡事落在敌后,未能制敌机先,敌则处处制我机先。

四、缺乏监督及贯彻目的之严厉要求,尤其军委会方面如此。军委会一切命令,往往刚刚下达到部队去,便立刻从事变更与修正,事实上无异取消自己甫经发出之命令。

五、第九战区司令长官公然不执行军委会命令。

上述一般基本原因,产生种种战略战术原因。兹择其最主要者如下:

(一)五、九、三战区在作战过程中,完全没有协同,第三、九战区(尤其第九战区)之按兵不动,不但使敌从容由武汉南部抽调大批军队转用于第五战区,以增强其进攻我五战区之兵力,且直无异促成敌大胆之冒险行动,结果遂使敌占领宜昌。敌占领宜昌,乃第九战区消极不动所致。

(二)战区长官、集团军总司令及军长等,缺乏勇敢与主动精神,无有贯彻任务之毅力与决心。

(三)兵力使用不集中,且犯各个使用之弊。换言之,即作战时不用主力。例如命令一军攻击,军则只派一师,师派一团,团派一营,结果所谓一军攻击者,实际不过一营兵力而已。

(四)不善于事先筹划并组织通信连络,以致于战局过程中,未能保障军队指挥之不间断。结果每遇战线一部发生些微动摇,有线通信中断,部队指挥随之即告停止。

(五)完全不明情况,所有报告照例,不合实际情况,往往夸大敌情及本军之损失。间有一部将领,欲求掩饰其不明情况及不善指挥之过,转而借口下级指挥官或部队不行。须知部队素质之良否,厥惟其主官及司令部之良否是赖,凡指挥得当之部队,必能勇敢善战。

默察吾人过去各战役之经过,则可看见使宜昌陷落之上述原因重复出现于今日。所不同者,不过各战区所犯之程度间的差别而已。

由上所陈,职认为目前最高统帅部之主要任务如下:

(a)在最近期间检讨组织并保障各部队作战过程间真正坚强而连续的指挥实施。

(b)提高军纪,及加重高级将领达成任务之责任,此点尤须自各战区司令长官始。例如第九战区司令长官及各集团军总司令与军长等,所有作战命令,应按时并切实达成之。

凡对作战命令未能切实完成者,应加以严厉之处分。

(c)确保各战区、各兵团及集团军间之协同动作(互助)。

(d)尽量提倡各级指挥官之理智的主动与独断,果敢与独立作战精神。

(e)确保正规军与敌后部队及游击队之作战协同。

(f)加强对沦陷区民众及游击队之政治工作,确保游击军之积极活动,切实达成扰乱敌人后方之目的,使敌人尤其傀儡政权之一切政治、经济、军事措施无从实施。

在结论中,职认为须向钧座陈明者,即上述各原因及办法,并非新的问题,此等问题前在南岳、柳州、重庆等会议中,业经钧座阐明无余,并指出具体办法,一再下令,要求各级指挥官根本改进在案。但观此次宜昌失守,显然证明钧座对于此项问题之指示,军委会及战区司令长官、集团军司令等,依然未能切实明了,以故迄未遵照实施。

职认为军队作战指挥问题,乃我军最落后的问题之一,此问题最为重要,亟须于最短期间,加以彻底解决。

吾人应确保对于部队之指挥的坚决性、连续性与果断性,对此问题之解决,首须自军委会始。军事委员会对大军统帅与指挥,须按时化、具体化、坚决化、连续化,成为全军之表率。

我军尔后作战之胜利,全唯军队指挥问题之能否正当解决,能否根据现代大军作战指挥方式,实施指挥是赖。

以上所陈,当否,乞鉴核。谨呈

委员长蒋

职福尔根

〔五〕上 高 会 战

罗卓英致徐永昌等密电

（1941年3月3—19日）

(1) 3月3日电

急。重庆军令部长徐、军令部第二厅杨厅长，另报主任李、长官薛：毖密。综合情况。（甲）丑月下旬，增南昌敌约五千，现集结于南昌、望城岗，似尚无动静。其队号有池田、森重、木本等步兵部队，金井炮兵部队。又增安义敌约一千五百，均分开前方，似补充兵。（乙）自寅月东起，敌机暂形活动，每日侦察赣东〔江〕西岸我阵地。江午，敌机五十六架，分向南城、贵溪、弋阳、上饶、玉山各地。（丙）依上判断，敌似有进扰企图。罗卓英。寅江酉。曙。印。〔上高〕

(2) 3月15日电

重庆军令部长徐：黛密。情况：（甲）南昌方面。卅四师团，合新增敌共约一万五、六千，除守第一线约四千外，集结上谌店千余，莲塘四千余，罗家集二千余，南昌四千余，并拉夫二千余。莲塘线现运输甚繁，有窜扰模样。新旧机场现停敌机廿架。（乙）锦河北岸。二一七联队，合新增敌共七千余，分在厚田街集结二千余，其一部删下午到猪头山，向锦河南岸及市汊街、北龙王庙炮击数十，该敌并换穿我民夫便衣。向望城岗集结敌二千五百余，西山、万寿宫集结千余，白仕岭北侧集结二千余，均有进扰企图。（丙）奉新方面。方窜扰之敌共约三千余，炮八门，删戌与我预九师及十九师在大岭、陶仙岭、凤凰山、龙形山、官材山及从九山、横塘、周漳中①。窜据官材山东西方面者约千余。谨闻。罗卓英。寅删戌。曙。印。〔上高〕

(3) 3月19日电

特急。重庆军令部长徐：毖密。情况。(甲)据探报,前集结莲塘之敌218联队及炮兵卅四联队各一部共约二千,于元、寒经南昌水路转鄱阳湖。(乙)由锦江南岸西犯之敌,依俘虏供词研究,似属独立二十混成旅团一部二千余,企图西进灰埠、泗溪,与锦江北岸西进敌合股。(丙)由诖〔湘〕赣路犯高安之敌,似系217联队一部千余。(丁)进犯村前街之敌,似系214联队所部千余。(戊)经奉新南犯伍桥何〔河〕之敌,据十九师在华林寨所获文件证明,系215联队所部千余。(己)探报,寒日有敌坂井部三千余,由浔经张公渡到安义,并称寅月上旬增到安义敌三千余,亦属坂井部等语。(庚)依上判断,本方面敌新增两个师旅②接防,俟进扰后,有将卅三、卅四师团他调可能。罗卓英。寅皓未。曙。印。〔上高〕

罗卓英致蒋介石密电

(1941年3月20日)

即刻到。渝委员长蒋：皓亥尧电计呈③。毖密。(乙)处置。(一)集团军为占主动,决先解决锦河南岸之敌。(二)令刘军廿六师除留一部解决窜过新市街之敌外,主力向清江以北地区前进,皓拂晓前,展开于经楼圩、大坪、青山之线,重点保持在左翼,联系七四军向北攻击。(三)王军长指挥该军及一零七师,皓拂晓前展开

---

① 原文如此,似有脱漏。
② 原文如此。
③ 该电缺。

于华清山(不含)、刘公庙、古愚岭、辽山、灰埠之敌重【点】在右【翼】,对东向敌攻击,留一部兵力固守石头街亘棠浦之线阵地。(四)七十军(欠宋师)右翼联系七四军,猛攻当面之敌,务一举【于】离树、下凤凰圩、店前、伍桥何〔河〕之线,策应除〔我〕主力作战。谨报。罗卓英。号子。尧。印。〔上高〕

罗卓英致蒋介石密电
（1941年3月24—29日）

(1) 3月24日电

限即到。重庆委员长蒋:黛密。捷报:(一)本集团诱敌包围计划,赖各部队遵令实施,至昨漾夜,业已完成。廿六师漾西攻克灰埠,正肃清灰埠至石头街之南岸残敌中。七四军李师及军补充团占领石头街、界埠至白面彭之南岸阵地,正扑灭华阳以北残敌中。余(51D)、廖(58D)两师坚守石洪桥、下陂桥沿岸、【白】茅山、江家奥、樟树、下荷舍之线阵地,相机出击。李军(70A)唐师(19D)漾西攻占杨公圩;张师(9RD)漾巳克复官桥街,酉刻进展至长岭一带;宋师(107D)由田南推进至城陂、新圩以西地区。新十五师先头团漾晚到达雷市。(二)漾夜彻夜激战不停,今敬辰,来敌仍倾其全力,向我王军(74A)石洪桥、下陂桥、白茅山阵地猛攻钻侵,弹发如雨,敌机十余架由辰至酉轮番轰炸,阵地随补随毁。仗我领袖德威,长官指示,将士用命,酣战终日,往复争夺,声震遐迩,杀敌挫锐,卒保阵地无恙,敌我伤亡均达千余人。由敌尸铜牌证明有217联队,池田混成旅之102、103、104、105、106等大队,及骑、炮、工各大队。(三)李军唐师辰由杨公圩西进至泗溪、英【冈岭】高地,发生战斗,详情未悉。张师午前南压,进占傲古、山水南、新屋、毕家之线,午后敌五、六百,炮二门,向该师反攻,发生争夺战,毙敌百余。至五时,敌不支溃退,该师乘势猛压。(四)新十五师先头团未刻占领水口圩后,即向南展开攻击,主力午刻到达雷市,随即前进,加入战斗,详情尚未据报。(五)申刻,敌机卅余架分批向下陂桥以北投掷接济,足证敌路已断。当再严令各军迅速奋勇紧迫围击。酉刻,敌已动摇,其辎重、骡马似向西北方面行动。判断:包围圈内尚有敌军约四千人,必向东北、西北两方面突围。我正加紧围歼,并作追击准备。谨报。罗卓英。敬戌。尧。印。〔上高〕

(2) 3月29日电

重庆侍从室译呈委员长蒋:围密。上高会战自寅删敌即进犯起,至俭日我开始追击止,计时两周。仰统帅德威,赖将士用命,用歼顽寇,克保上高,奠定胜利年之胜利基础。除会战详细经过及战斗详报编印另邮呈外,谨先将会战概要电呈鉴核。(一)敌军进犯企图。删丑敌分三路进犯,北路由卅三师团长樱井指挥之214、215联队各一部及特种兵,由奉新;中路由卅四师团长大贺指挥之该师团,沿赣湘路;南路由廿混成旅团长池田指挥之该旅团,由锦河南岸,采分进合击态势,合攻上高。总计出动兵力三万余,飞机卅余架。但本部事前估计仅万余,实系各部队长为遵奉上级意旨,无证件不敢妄报故也。(二)本部反击计划。预选三个抵抗线,以七十军配备第一、二线,逐次抵抗;七十四军控置第三线,任决战主力。(三)会战经过概要。(甲)由删至皓为逐次抵抗时期。(1)在第一抵抗线前,经选派搜索警备,并使成纵深逐次抵抗,消耗敌人。(2)第二线作战后,渐向两翼转进,形成口袋。(3)左翼利用山头,以七十军主力,利〔处〕处予敌袭击,使先崩溃;右翼秘密由赣江东岸尽量抽调,得变内线为外线,即以包围对付包围。(乙)由号至敬为决战时期。(1)正面尽所有力量,施行坚强抵抗,本部特务营亦使参战。(2)两翼部队用突进方法,适时形成四面包围,摧破敌犯上高幻梦。(丙)由有至俭为粉碎敌增援军与突围残敌军时期。本时期敌人顽抗原因:(1)为其高级指挥官大贺未出重围;(2)伤兵及死尸未运走;(3)被我围困;(4)我无炮兵。(四)战果。(1)敌伤亡岩永少将以下约一万五千余,战场遗尸敌不及运走者,多砍臂运去。(2)我伤亡约两万(遭飞机轰炸伤亡者颇多)。(3)俘获敌兵卅余名,炮四门,机枪廿余挺,步枪三百余支,击毁四发动重轰炸机一【架】,其他正清点中。(五)经验与教训。(甲)敌失败原因:(1)对我军力量估计过低(轻敌)。(2)由于过去扫荡战所产生之骄妄行动(忽敌)。(3)优势装备不能尽量发挥(交通破坏)。(4)不能击破我正面有力部队,反而投入我包围圈内。(5)后方受我有计划之破坏及扰乱。(乙)我胜利原因:(1)确遵统帅意旨,主动的运用消耗、歼灭两战法计划作战,且坚定决心,不为情况变化所动摇。(2)确遵统帅训示,尽量集中兵力于决战方面。(3)配备纵深。(4)外翼部队用突进方法作向心运动,对敌包围。(5)七十四军战斗力量坚强,得使我较为运用获得时间余裕。(6)纵横通信有利,后方补给不受影响。(六)本会战特点。(1)始终立于主动地位,主宰战场,一切均基于事前准备及指导顺利推行。(2)以歼灭战摧破敌之扫荡战。(3)以守必固打击敌人攻必克。(4)我变内线被包围为外线反包围。罗卓英。寅艳。尧。印。〔上高〕

蒋介石致熊斌卫立煌等密电稿

(1941年3月30日)

西安熊代主任,洛阳卫长官兼总司令,兴集阎长官,桂林李主任,上饶顾长官,柳州张长官,老河口李长官,恩施陈长官,曲江余长官,兰州朱长官,昆明龙主任,鲁苏于总司令:○密。此次上高会战之检讨:(甲)会战经过概要。(一)查此次上高会战,敌自十二日放弃武宁,节约三十三师团兵力,并以独立十四旅团接替赣江西岸及箬溪等处防务,其主力三十四师团全部及新增之独立廿旅团全部,于删日前在南昌、安义各附近行战略展开完毕。删日拂晓,敌三十三师团主力由安义攻击奉新后,沿潦河盆地西犯。我七十军凭借潦河两侧高地,节节予敌打击。十八、十九两日,在甘坊、上富地区,向三十三师猛烈夹击,敌伤亡约两千五百余,我七十军亦伤亡甚重,卒将此路敌军击破。敌三十三师十九日起,沿潦河向安义退却。(二)铣日、篠日,敌三十四师全部沿锦河北岸湘赣公路西犯,独立廿旅全部由南昌渡过锦河,沿锦河南岸西犯,企图先以三十三师主力,将我七十军击破后,以三十四师、独立廿旅向七四军两翼包围。我七四军乃以一部在棠浦河以东迟滞敌之前进,主力转移泗溪、棠浦第三预备阵地。同时以七十军向南压迫,并抽调南昌正面第四九军、二六师、一零五师(欠一团),迎击锦河南岸之敌。(三)号日、马日,敌三四师团向我七四军阵地攻击,其独立廿旅亦由灰埠、石头街各附近北渡锦江,与三四师会合,向我七四军阵地猛攻。独廿旅留置锦江南岸搜索警戒之小部队,被我廿六师先后在新市街、芦家圩各附近完全歼灭。(四)养日起,敌左路以独立廿旅全部,沿锦河北岸向我七四军阵地右翼攻击,以三四师主力为重点,由石洪桥指向上高。攻击右路为三四师一部,由其步兵指挥官岩永指挥,向我左翼白茅山阵地攻击,企图突破我阵地后,直指上高,压迫七四军于锦河而歼灭之。我七四军凭借既设阵地,自养日起至有日,与敌肉搏苦斗,各处高地屡失屡得,敌机数十架终日助战,战况异常惨烈。(五)因七四军韧强抵抗,敌占领上高、击破七四军之企图终未得逞,故由北向南之七十、七二两军及锦河南岸之二六、一零五两师得以逐渐向敌形成包围。至敬日起,包围圈逐渐缩小,敌军大部陷于火力包围中,死伤枕藉,全线不支。敬日黄昏,敌即开始突围,经我猛烈堵击,向西向北突围之敌,均未得逞。仅有七、八百突围至灰埠附近,仍被我二六师堵击,歼灭过半,残部三百余仍回窜包围圈。(六)有日,敌增援部队约二千余,由奉新、伍桥河、村前街向西急进,被我包围之敌以一部在南茶罗向南攻击,掩护其主力向北突围。我预九师及十九师因受突围与增援敌人夹击,敌突围部队与增援部队遂能在棠浦附近会合。我于当夜又将突围与增援之敌完成第二次包围,并继续向敌猛攻。宥夜,攻克棠

1029

浦,续向官桥、南茶罗攻击。感夜,残敌一部掩护辎重、伤兵,由官桥、村前街东窜,其增援部队二千余,在南茶罗、官桥掩护退却。我以十九师在村前街、胡城圩,二六及一零五师在杨公圩、石脑圩、高安各道路设伏,截击退却残敌。(七)俭日,各部对官桥、南茶罗残敌继续猛攻。敌于午后四时分两纵队,向杨公圩、村前街溃退,被我一零五师在龙团圩、二六师在杨公圩猛烈截击。(八)俭日黄昏,扫清战场。据虏获文件判断,大贺茂师团长在毕家村附近被击毙。并据俘虏供称,其步兵指挥官岩永受重伤,战场遗尸遍野,卤获枪、炮、马匹甚多(已知者炮五门,步枪四百余,轻重机枪百余,马二百余,俘虏数十,敌被歼约十分之七,其余卤获正清查中)。残部正分股四面逃窜,均被我截击,有全部被歼可能。(九)综合此次作战,亘十五日,敌三三师主力被我军击破,伤亡惨重;三四师及独立二旅被歼约为十分之七,实为空前战捷。敌我兵力相等,而我军缺乏飞机、炮兵,卒以我军指挥果决,将士奋勇,将敌三四师及独立廿旅歼灭。(乙)会战教训之检讨。(一)罗总司令指挥适切,能放胆集中优势兵力,彻底包围歼灭敌人。而三、九战区作战地境之变更,能使该方各军在统一指挥下,迅速向一地会战,亦为战捷主要原因。(二)指挥官坚毅果决,始终严厉贯彻包围歼灭敌人之企图。(三)对突围敌人,能适时完成二次包围,追击战斗猛烈果决。(四)能完成包围态势之主要功绩,由于七四军能依既设阵地,韧强抵抗,求得时间余裕,以待友军之合围。(五)主阵地前道路彻底破坏,先以一部对敌持久抵抗,诱敌至不利地形,凭既设阵地韧强抵抗,并彻底集中兵力,向敌四面包围猛攻,卒能歼灭顽敌。(六)以最小限兵力、保安团、游击队等,对南昌敌人放火扰乱,袭击破坏,收积极牵制之效,放胆抽调该方面兵力,参加会战。(七)敌人受此次惨败教训,其以一、二师向我深入闪电游击之作战方式,似将变更。判断敌人尔后须审慎行动,以周到准备,集中较优势兵力,向我短距离之战法为多。我军尔后指导应注意者如左:(1)第一线以最小限兵力,向敌游击、搜索、警戒,主力机动控置。(2)预期敌人进犯方面及道路两侧,构筑据点群阵地,并彻底破坏道路,敷设地雷、石柱。(3)准备于我有利之战场,选择有利地形,构成强大纵深据点群式主阵地,并构筑数线预备阵地及其中间之斜交阵地。(4)如敌以短距离一举向我闪击时,在短距离内避免与敌决战。应诱敌深入,以一部利用前进阵地(据点群工事),逐次抵抗,迟滞敌人,诱导敌人于我主阵地前,以韧强抵抗及迅速彻底集中兵力,四面包围敌人而歼灭之。(5)如敌分进合击时,应依敌各纵队兵力、距离、地形,予以各个击破;或于预期敌人各纵队合一点附近,依既设阵地,韧强抵抗,而以迅速集中兵力,实行反包围而歼灭之。对于敌人前进各纵队,应各以一部,依既设前进阵地,迟滞敌人,并截击侧击,阻绝其后方交通辎重。(6)预期敌人回窜道路,扼险设伏截击,并实行猛烈追击。(7)以游击队在敌后纵火、袭击,破坏交通,积极扰乱牵制并搜索敌情。以上各项作战教训及尔后我作战指导应注意事项,仰即遵照,并转饬所属遵照,并师长以上皆须阅读研究,但须秘密,不为敌获悉为要。渝。中〇。卅申。令一元。印。

薛岳致蒋介石密电①

(1941年4月5日)

特急。重庆委员长蒋:黛密。上高会战战斗要报。甲、作战计划。依据本部廿九年四月颁布之反击作战计划,敌如向高安、万载进犯时,则诱敌于分宜、上高、宜丰一带地区反击而歼灭之。本会战即系基此要领指导作战,于市汊街(不含)沿锦江南岸,至车前浅〔渡〕口,亘祥符观、米峰、来堡、塘里线第一阵地,及仙姑岭、老坑岭、龙团庄〔圩〕、华林寨、泉港第二阵地,运用诱敌歼【灭】战法,节节打击敌【军】。一俟吸敌至泉港街、钩山岭、石头冈、泗溪、棠浦、

---

① 原电共计五份,选编时将其合并,电文首尾重复处删去。

上富、九仙汤线第三阵地时,则求决战,反击而歼灭之。乙、战前敌我态势。子、敌军。一、位置及动态:第卅四师团守备南昌、莲塘,跨赣江,亘厚田街、西山、万寿宫地区;卅三师团守备向坊街、宋埠、安义、乾州街、仁首街地区;独立第十四混成旅团一部守备箬溪、合掌街、上庄地区。丑月下旬起,敌以第五师团编成之独立廿混成旅团,向南昌、牛行,至寅月上旬集中完毕。二、企图:敌以攻略上高、扫荡我军之目的,以混成旅团为南支队,由锦江南岸;卅四师团之第二一六、第二一七及骑、炮二联队为中支队,沿湘赣公路;卅三师团之第二一四、第二一五及骑、炮、工联队各一部为北支队,由奉新、村前街、棠浦,取分进合击态势,会犯上高。丑、我军。第四十九军守备罗金〔舍〕渡、梁家渡,跨抚河,亘叶子山、市汊街线;七十军守备市汊街(不含),沿锦河南岸,亘石头冈、大城、赤田厢〔张〕、奉新、靖安线;七四军分驻英冈岭、泗溪、棠浦整训;七八军守备武宁及棺材山、大桥河;七二军一部守备燕厦、木次①石潭、宝石河,主力控置三都、辽田。丙、会战经过。子、出击时期。删丑,南路敌由后〔厚〕田街方面南渡锦江,北路敌犯奉新。经一○七师、十九师分别痛击,至篠日,南路敌窜独城、坑里胡,与五一及一○七师各一部对战。中路敌犯大城、赤土街,北路敌窜伍桥河,与十九及预九师对战。巧日,我按预定诱敌歼灭计划,节节诱击。一○七师转移五里谌,十九及预九师转移华林寨、会〔灰〕埠,五一师进入来脊【岭】、猪头山线,五七及五八师进入石头街、官桥、棠浦线各阵地。丑、决战时期。皓、号、马三日,南路敌与五一师在来脊岭、太阳圩、朱〔猪〕头山、夹石岭线激战,歼敌千余。我由赣江东岸抽调之廿六师前【往】清江以北,协同五一师,攻击敌侧背。中路敌攻泗溪、官桥街,用锥形战法,摧破我阵地一点,马日窜抵上漆家。五七及五八师仍以攻击手段,确保上高。北路敌经十九及预九师到处截击,

---

① "木次"二字误,应为"横"。

向老巢回窜。遂令十九师转向杨公圩,预九师转向官桥街,击敌侧背;令七二军开官坊、大瑕,抽调赣江东岸一〇五师主力渡江西进,策应作战。养日,敌八百余,突由锦江北岸,经石头街西窜华阳,经五一师截击,歼敌四百余。中路敌被阻于石洪桥、下陂桥、上漆家之线,我新十五师正经雷市向水口坊急进。并令武宁方面之七八军,攻钳当面之敌,制其转用增援。梗日,五一师攻占石头街、华阳,敌溃锦江北岸,预九师攻占官桥街。至是,两岸之敌悉被困于官桥街地区。敬日,十九师进展杨公圩,预九师进展官桥街西南,新十五师进展水口圩东南,反包围之势已成。梗、敬两日,敌以飞机卅余架助战,倾力猛扑石洪桥、下陂桥,经五七及五八师痛击,其势遂挫。又,武宁方面,七八军〖与〗攻占那〔棺〕材山、望人脑之敌激战两昼夜,歼敌五百余。寅、压击时期。有日,牛行之敌千余,以汽车输送,沿湘赣公路西进,急援奉新之敌二千余。宦〔官〕桥街、棠浦被困之敌被我围歼,逐渐溃集官桥街方面,期与新来援敌合力,作最后挣扎。为聚歼敌军,遂命七五师由灰埠分渡锦江截击;七四军(欠五一师,附一零七师)向官桥街,七二军向江家洲、棠浦追击;七十军(欠一零七师)于杨公圩及官桥街以东堵击。宥日,七四军在敌机廿架掩护〔轰炸〕之下,攻占泗溪、傲古山、铁笔山、谢家王。感日,敌机卅余架整日轰炸,七四军、七二军浴血苦战,将敌压迫于官桥街、南茶罗一隅,距官桥街仅四里,七二军并攻占棠浦。但敌因伤兵二千余未后送,及掩护撤退敌酋大贺,乃于午后驱残敌千余,向一零七师、新十五师正面反攻,我稍却,新十五师阵亡团长一员。迄夜,敌大部开始东溃,及〔我〕一零五师、廿六师、五一师已均由指定地点渡过锦江,分向龙团圩、杨公圩、泗溪截击。俭日,七四军攻占龙形山、官桥街,残敌几全就歼,敌少将、步兵指挥官岩永亦受重伤,俘获甚多。东溃之敌遭【一零】五师于龙团圩、廿六师于杨公圩截击,激战甚烈。当命各部猛追,围歼龙团圩、杨公圩、村前街残敌后,四九军(欠预五师,附新十四师)沿湘赣公路,经高安向

1033

大城、牛行追击；七十军经村前街、伍桥河向奉新、安义、万家堡追击；七四军清扫泗溪、官桥街战场；新十五师在荷舍整理。卯、追击时期。艳日，四九军于龙团圩及杨公圩截击东溃之敌，敌以机、炮协助，激战至卅日，均将敌击溃。七十军追歼残敌同时，进抵杨公圩、村前街中间地区。世日，四九军肃清龙团圩以北残敌后，沿公路两侧，向东急进。东辰，克复高安城，迄申，逐次攻占佐家山、祥符观。冬日，攻占西山、万寿街、赤土街。七十军世日肃清杨公圩西北残敌，攻占村前街，十九师阵亡团长一员。东日，分两路向儒里、温村、奉新、蒋家坪一线追击。迄冬巳，攻占儒里、温村、奉新城。至是，除克复西山、万寿宫各据点外，余已完全恢复战前态势，本会战逐〔遂〕告终结。丁、战果。伤毙敌官兵一二五〇二名，俘敌一四名，马一八二四，步枪三八四支，轻机枪二四挺，炮三门，掷弹筒二六个，步弹四〇七七一发，炮弹四六六发，其他文件装具等。戊、子、本会战我始终按预定诱敌歼灭计划指导作战，处处立于主动，先胜而后求战。丑、敌离据点行运动战，其所凭借之强固工事全失效能，我军于第一、第二阵地，运用节节诱击战法，打击敌军，吸敌至第三阵地时，始求决战，用能造成大捷，足证诱敌歼灭战法为制敌唯一良策。寅、我判断敌在南昌、武宁方面必无企图，故得以抽调赣江东岸之四九军，三都方面之七二军，以攻敌侧背，使内线变为外线，足证判明情况，大胆抽兵，注入重点方面，为制胜之要诀。卯、敌全部麇集官桥街西南地区，无异深入口袋。我以七四军攻其前，七二军击其侧，四九军、七十军击其背，实施反包围，遂收歼灭之效，足证反包围为歼敌最有效战法。辰、敌此次分纵队深入，我坚定信心，以逸待劳，选择战场，以歼灭战答复敌之扫荡战，足证敌现时惯用之扫荡战，不仅不能收效，反授我以歼灭之良机。巳、自皓迄感日，敌图达到攻略上高之目的，陆、空协同，于锦江两岸，竭尽攻击手段。我七四军均能确保阵地，以待合围之势成，足证战斗力之重要。今后国军务应注意素质与训练。午、道路破坏彻底,敌战车、大炮不能大量使用,以大批飞机代大炮整日轰炸,我军全不为所威吓,足证抗战四年来我军之坚忍沉着,愈有进步。谨闻。职薛岳。微午。助。印。〔长沙〕

上高会战之经过与检讨①

（1941年？月）

前　　言

赣北之敌处深陷泥淖、无力自拔之余,遂发动大规模之扫荡战。在战略上仍以攻为守,以闪电式之游击战法,来打击我沦陷区域内之游击部队,以求巩固其占领区域。并企图击灭我军反攻力量,摧毁我军反攻部署,而保持其政治的、经济的侵略欲。其扫荡计划,即以上高为其扫荡顶点,而运用分进合击之战术,于一举攻略上高后,即向左旋回,横扫新喻、清江。复东渡赣河,窜扰樟树、丰城,歼灭我野战军于赣江两岸。幸我军各将帅能遵最高统帅意旨,指挥有方,部署适切,始终能控制战场要点,确保主动地位,区分野战军为诱击、机动、挺进与决战各兵团,用各种手段迎击、消耗、迟滞敌之前进,以挫其锥形突击之锋芒,使敌南北两路不能互相策应,卒被我包围聚歼,上高会战即于胜利声中告一段落。兹将该会战经过,根据事实撮要纪述于左。

一、战前之敌我态势

子、敌卅四师团守备南昌、莲塘,跨赣江,亘厚田街、西山、万寿宫地区;卅三师团守备向坊街、宋埠、安义、乾州街、仁首街地区;独立第十四混成旅团一部守备箬溪、合掌街、上庄地区。

丑、我四九军守备市汊街(不含)沿锦河南岸,亘石头冈、大城、赤田张、奉新、靖安线;七四军分驻英冈岭、泗溪、棠浦整训;七八军守备武宁及榕材山、大桥河;七二军一部守备燕厦、横石潭、宝

---

① 此件标题为原编者所拟,原件无成文时间。

石河,主力控置三都、辽田。

二、敌军动态

敌以攻略上高、摧毁我军反攻力量与反攻部署,及掠夺破坏我物资为目的,由第五师团抽编成之独立第廿混成旅团为南支队,由锦江南岸;卅四师团之二一六、二一七及骑、炮、工联队为中支队,沿湘赣公路;卅三师团之二一四、二一五及骑、工联队各一部为北支队,由奉新、村前街、棠浦,取分进合击态势,会犯上高。

三、我军部署

A. 左翼利用有利地形,以七十军主力拊敌右侧背,以截断敌之后方交通联络。

B. 右翼秘密由赣江东岸抽调四九军之一〇五师与廿六师,使变内线之被包围而为外线之反包围。

C. 正面以七十四军先行战略之展开,于上高东北之大石岭亘华阳、水口圩、白茅山之既设阵地线,行韧强之抵抗。两翼部队用包围突击方法,适时形成四面包围,诱敌深入于上高附近地区,期一举而围歼之。

四、会战经过

子、诱敌时期　自三月十五日至三月十九日

北路敌于十五日三时开始行动,其主力由干洲南下,借空军与重炮之掩护,午陷奉新。十六日,窜入棺材山、车坪。十七日,与由石鼻街经儒里、温村窜猪婆、大圻之敌一部,会陷伍桥河。此时我左翼诱击部队之主力,即为离心转进,将敌诱至下观童、花门楼、苦竹坳一带山地,予以围击。残敌乃不得不以主力于十九日突围,经上富,一部循原路,经伍桥河,回窜奉新。

南路敌于十五日午到达锦河,与赣江合流之河口夏附近强渡锦河。十六日,窜曲江。十七日,复分三股,其主力西窜坑里胡,一股窜独城,一股窜坞杜里,均与我派出之诱击部队接触。十八日,经坑里胡西窜之敌,与我诱击部队在清高路沿线对战。十九日,该股敌与我锦河南岸决战部队在来脊岭、猪头山发生激战。其窜犯独城之敌,亦经我一〇五师一部击退。

南路派出之赣江支队,十八日,分窜泉港街、张家渡,经楼圩等地。十九日,泉港【街】敌以二百余偷渡赣江,图犯樟树。其先头窜抵新市街时,适我由赣江东岸抽调之四九军(欠一师)赶到,乃乘敌半渡之际,予以痛击。寇尸漂流江心者以数百计,残余之敌纷向曲江方面退去。

中路敌继南北两路发动之翌日(十六)开始行动,以高安为目标,一股犯祥符观,余敌南犯莲花山。经激战后,十七日晚,我放弃高安。十八日,敌经高安西窜龙团圩。十九日,继续西窜至官桥、泗溪我决战阵地前。于是敌我两军开始明(廿)日以后之主力战矣。

五、包围决战时期　自三月二十日至三月廿五日

北路残敌于十九日回窜时,复遭我跟踪尾击。廿日,我克伍桥河、车坪。至此,北路敌作战未六日,已先行溃退,我军遂得迅将兵力转用于对敌中路之包围战。

南路敌于廿日再向猪头山一带猛犯,经我歼灭千余,敌锋稍挫。乃乘夜将主力由灰埠窜渡锦河,与中路敌军会合。而我军得两翼部队之胜利,得以对敌形成包围。

中路敌二十一日起在飞机三十余架掩护轰炸下,用锥形突击法,向我官桥、泗溪阵地猛犯,我正面守军予以韧强抵抗。

此时,我由赣江东岸抽调四九军之二六师已进至清江以北,协同五一师攻敌侧背,一〇五师主力亦渡赣河西进。廿二日,中路敌被阻于石洪桥、下陂桥、上漆家之线。廿三日,五一师攻占石头街,华阳敌溃锦江北岸,预九师攻占官桥街。至是,锦河两岸之敌悉被困于官桥街地区。廿四日,十九师进展杨公圩,预九师进展官桥街西南,新十五师进展水口圩东南,至此形成反包围之势。此时武宁方面之七八军复钳攻棺材山、望人脑之敌,激战两昼夜,歼敌五百。

廿五日,牛行之敌千余,以汽车沿湘赣公路西进增援,奉新之敌二千余亦增至官桥、棠浦。我为一举歼敌计,遂命一〇五师由灰埠,二十六师由卢家圩、石头街,五一师由界埠,分渡锦江截击,而以七四军(欠一〇七师)于杨公圩及官桥街以东堵击。

寅、追击歼敌时期　自三月廿六日至四月二日

廿六日,七四军在敌机廿余架轰炸下攻占泗溪、傲古山、铁笔山、谢家王。廿七日,协同七二军将敌压迫于官桥街、南茶罗一隅,迄夜,敌大部突围东溃。此时一〇五师、二六师、五一师均已由指定地点渡过锦河,当分向龙团圩、杨公圩、泗溪,予以截击。廿八日,七四军复攻占龙形山、官桥街,残敌几全就歼。廿九日,四九军于龙团圩及杨公圩截击东溃之敌,至卅日,均将敌击溃。卅一日,四九军肃清龙团圩以北残敌后,沿公路向东追击。一日,克复高山城,并逐次攻占左家山、祥符观。二日,攻占西山、万寿宫,七十军攻占儒里、温村,并克复奉新城。至是已完全恢复战前态势,本会战遂告终结。

五、会战检讨

(一)敌失败原因

甲、战略上敌指挥运用错误。

本会战敌战略上初以上高为扫荡目标,采三路分进合击之外线作战。在战略部署上,固不失为一积极之案。惟此作战方式,须各纵队能适时进出利害转换线为先决条件。敌在开始行动时,即犯不能协同一致之误,而我之对策又出敌意表,使敌各纵队不能适时进出利害转换线,而先为我各个击破。如北路敌第卅三师团之被我诱击部队离心转进之所诱,而被迫放弃其原来会攻之任务。中路敌主力又迟一日进攻,使我军得从容击破其南北两路后,而对其中路作向心前进,形成反包围之良好机会。

乙、指挥上敌缺乏前进指挥机关。

赣北方面敌卅三、卅四两师团,均受汉口方面之军司令官遥

制,于赣北方面,则别无统一指挥之机关,致该两师团战时多无法协调。

丙、行动上敌犯"轻"、"急"、"忽"三字之弊。

敌对我军战力估计过低,其作战计划与行动均犯轻敌之过。且于攻占高安后,其中路之敌不俟两翼南北两路之到达合围地点,遽行急进,致深陷重围,而被歼灭。且对自己背后联络线及阵线侧翼疏忽而无警戒,我包围部队进抵泗溪、杨公圩、官桥时,尚未见敌之守兵,及我由官桥向毕家敌师团司令部进攻时,大贺师团长始行察觉,斯时已在我四面围击之中,虽顽抗〔强〕抵抗,亦无济于事耳。

（二）我胜利原因

甲、战场指挥能争取主动而主宰战场。

我诱击兵团为离心转进时,使敌只有分进,无法合击,且于判明敌之企图行动时,大胆由非决战方面尽量抽调兵力,变被包围而为反包围,此皆争取主动主宰战场之明证也。

乙、发挥内线作战原则,各个击破敌人。

敌分三路向我进攻,我既处内线,乃运用内线作战原则,令左翼部队作离心转进,迫敌进入苦竹坳附近山地内,予以局部围歼,而先断其右臂。次令锦河南岸部队向外延伸,歼其左翼部队于猪头山、红石岭,更摧折其左臂。故中路敌虽倾其全力,亦无法钻入上高。

（三）本会战心得

1. 指挥适当,能放胆集中优势兵力,以包围敌人。而三、九两战区作战地境之变更,能使该方面各军在统一指挥下,迅速向一地会战,亦为战捷主要原因。

2. 能完成包围态势之功绩,由于七四军能依既设阵地,韧强抵抗,求得时间余裕,以待友军之合围。

3. 以最小限兵力,保安团、游击队等,对南昌之敌扰乱袭击,以资牵制,而放胆抽调该方面兵力参加会战。

4. 敌受此次惨败教训,尔后其以闪电式之游击战法深入我方之作战方式,或将改变及审慎行之。

(四) 我今后作战指导应有之改进

1. 敌如以大部在短距离一举向我闪击时,则我在最前线不宜多用兵力,应避免与敌决战,利用前进阵地(据点群工事)逐次抵抗,利用后退之纵深阵地及纵深配备,诱敌深入于我主阵地前,以强韧抵抗及迅速彻底集中兵力,四面包围敌人而歼灭之。

2. 准备于我有利之战场,选择有利地形,构成纵深强大据点群式主阵地并数线预备阵地,及其中间之斜交阵地。

3. 预期敌人进犯或回窜道路,扼险设伏,截击围歼。

4. 本会战中当最危急关头,大部分部队均能充分发挥其战斗力,但尚有少数部队战斗力较弱,致未能尽歼敌人,终使其突围漏网。故国军无论平时战时,均应严格要求,充实其战斗力。否则,虽部署周密,态势良好,亦将九仞为山,功亏一篑。

结　　论

综观本会战之战斗经过,以战略战术而言,我已有长足进步。惟视为空前大捷,不根据战斗之真正面目,而从事渲染,殊为不当。战纲纲领第一条已训示吾人:"……战斗一般之目的,在压倒歼灭敌人于战场,以期获得战胜"。中路之敌既不顾两翼之有无依托,而孤军挺进之时,已为我合围歼敌之好机。此时我七四军全军迎击于前,七十军尾击于后,四九军(欠一师)侧击于右,七二军围攻于左,战斗态势既形成于四面包围,而复以最大优势之兵力,对此包围圈内后援已绝之三千残敌,期一举而尽歼之,非力所未逮。不图于包围圈南北直径缩小至五公里之时,敌竟突围逃窜,卒未能达到歼灭之目的,不无遗憾耳。且我第三阵地线(决战阵地线)位于上高之北,背临锦河,殊为危险。虽先贤早有战例,而今昔之战斗,装备不同,且上高南岸又无预备阵地之设。设若右翼之敌由高安急趋村前、棠浦,而拊上高之背,驱左翼敌军抑留我侧击部队(四九军)于高安东南,而令中路敌军施行中央突破,此时我腹背受敌,战况演变，其将不堪设想。吾人检讨最近中条山战役之败，其态势与部署几等于上高之战，其所以胜败各别者，由于正面之四三军不能韧强抵抗，而为敌锥形突破，致敌得直趋垣曲，复以主力东西扫荡，我一四〔?〕与第五集团遂为敌压迫于黄河北岸（决战阵地即背临黄河），欲渡未能，而溃退之军，亦复无法收容。背水而构决战阵地，似非所宜也。孙子曰："兵者，国之大事，死生之地，存亡之道，不可不察也。"倭寇犯我，已逾四年，我官兵战术之修养与战斗技能之改进，其经验教训，实由宝贵的血中得来。追怀先烈，愈感后死者之责任弥重。惟是检讨得失后车之鉴，倭寇未除，军人之羞。际此国际风云陡变，而倭奴歧路徬徨之时，正宜乘机反攻，以完成抗战建国之使命。

〔六〕晋南会战(中条山战役)

(一)战前作战会议记录

何应钦主持关于晋南会战作战准备之历次会议记录

(1941年4月)

(1)第一次会议(4月18日)
对晋南三角地带作战之第一次检讨会
日期:三十年四月十八日午后三时至七时半。
地点:洛阳西站第十九号房。
主席:总长。
参加人员:第五战区　李长官宗仁
　　　　　2AG　　刘副总司令汝明
　　　　　22AG　陈副总司令鼎勋
　　　　　85A　　李军长楚瀛
　　　　　30A　　池军长峰城
　　　　　13A　　张军长雪中
　　　　　31AG　万参谋长建蕃
第一、二战区　冯副长官钦哉
　　　　　　　郭参谋【长】寄峤
　　　　　4AG　　孙总司令蔚如
　　　　　5AG　　曾总司令万钟

36AG　李总司令家钰
14AG　刘总司令茂恩
30AG　唐参谋长邦植
8AG　楚副总司令溪春
36AG　高副总司令桂滋
38A　赵军长寿山
96A　张参谋长平
14A　陈副军长鸿远
N7A　彭军长杰如
80A　孔军长令恂
9A　裴军长昌会
98A　武军长士敏
15A　武军长庭麟
3A　唐军长淮源
K2A　何军长柱国
本　会　何高级参谋竞武
总长随员　谢高级参谋汝霖
　　　　　刘参谋廉一

讨论经过。

总长：李长官、各位总司令、军长：此次本己〔人〕来洛，奉委座谕，应先向前方各高级将领致慰问之意。今日请各位来此，检讨第一、二、五各战区敌情、匪情及我军部署。为节省时间，拟先听取各位报告后，再分别予以研究，然后再转报委员长，并通知各主管部照办。

军令部因对各战区现地形不甚明了，我国军用地图复多不确，故地形判断难免错误，尤以第二、八战区方面之地图，较实地相差太远。在北战场方面，第一、五战区甚为重要，如第五战区方面巩固，则不独洛阳免受威胁，而第六战区亦得以巩固。在第

一、二战区方面,中条山地位异常重要,如现三角地带一部为敌占领,则陇海路不独深感威胁,且洛阳恐亦难保,而西安亦危。设洛阳、西安不守,则第五战区侧背完全受敌威胁,由此可知第一、五战区关系之重要。

今先从晋南敌情方面加以研究,再谋对于中条山方面究应如何扼守之方法。其次,陕北匪军似在与敌比肩作战,刻虽不致向西安进攻,倘敌进攻洛阳、南阳时,匪亦必乘机以谋西安,或向西向北扩展或流窜。如匪果如此行动时,我又将如何应付。第五战区方面,经与李长官商谈,对此似无多顾虑,但第一、二战区则否。故拟请诸君先将晋南方面敌情、匪情及该方面地形详细报告,然后再谋防匪驱敌之方。因晋南三角地带自翼城、绛县被敌占领后,我中条山右〔左〕翼即受到威胁,阵地之扼守亦感困难也。

郭参谋长:第一战区方面敌人态势如附图。在晋南方面,晋城附近有敌之 36D,临汾附近 41D,三角地带 37D,正太路 4BS,同浦路及晋北,则归阎长官指挥。第一、二战区(第二战区仅指晋东南之一部)敌兵力共有五个师团(35D、21D、36D、37D、41D)、三个独立旅(S1B、S3B、S4B)及一骑兵旅(4KB)。

敌情判断:敌现积极修筑豫东泛滥区大堤,并整理交通,期向北延伸,加强据点工事,似有待机进犯郑、洛企图。

晋南方面,则向我中条山逐次推进封锁线,并会犯垣曲,然后与豫境之敌相呼应,进窥潼、洛。

在晋东及豫北方面,则训练伪军接防,以主力控置于后方,随时向我实行局部之扫荡。

至第一、二战区方面奸党之态势,豫北安阳附近为 129D 主力,约五、六万人,其目的似在〔防〕我 24AG 之北进。

晋东南有晋叛军两个旅,及 18AG 总部及直属部队等,共约三万余人。

判断:匪将其主力完全控置于豫北(129D)、鲁西(115D)方面,似在积极建立根据地,以防我之进剿。

为恢复晋南三角地带,拟请求之事项:

1. 一战区方面至少须增加三个军以上之兵力。
2. 现有炮兵以〔已〕不够分配,亦请增加,尤以炮弹最感缺乏。
3. 请充实第一、二战区战车防御炮力量。
4. 请增补防毒器材。
5. 增设兵站,以利补给。

一、敌情判断

总长结论。

判决:

晋南之敌,似将逐次夺取我中条山各据点,企图彻底肃清黄河北岸之我军,然后与豫东之敌相呼应,进取洛阳、潼关,以威胁我五战区之侧背,或西向进窥长安。

二、各单位之报告

36AG 李总司令:本部以两个师担任河防守备,并令每团各抽一营兵力过河游击。现敌欲积极修通至潼关之公路,我已竭力加以阻止及破坏。如敌将此路修通,则不独我在北部活动困难,且我南部亦将感受威胁。刻敌尚无渡河之企图,因潼关、洛阳均在我手,且中条山尚有我大量友军,以敌现有之 37D 决不足以言犯。似将在同浦路沿线做成据点,再逐渐扩充以成面。现灵宝对岸敌向北修有公路,将来敌以由此方面渡河之公算为大。其次在平陆方面敌修有公路,以通解县,于是敌于运城可以随时转用兵力。刻我不断派队过河,予敌以袭击。至于 17A 方面之情况,以已归 5AG 指挥,故不甚明。

80A 孔军长:本军所属 97D 尚在陇东,165D 及 N27D 则在中条山,本军左与 36AG、右与 5AG 相接。当面之敌为 226R,人约二千余。现敌因调动频繁,建制多被破坏,番号调查颇为困难。本军现担任之正面约八十余华里,多为山岳,在张茅大道以西多深沟,我可利用逐次予敌以抵抗。但在接近5AG方面,则沟多东西向,敌易接近,而我则防守困难。茅津方面,敌我各据一半,为恢复三角地带,必须加强该方面之政治活动,以巩固陇东,而为我反攻之准备。粮食均赖河南岸兵站之补给,再过两个月后,有麦可以短期供给。我在该方面有四道阵地可守,且前有五条大沟以为障碍。现我所辖各师,兵器异常缺乏,且N27D又非调整师,力量自然薄弱。在张茅大道以西,似宜再增加数团兵力,较为稳妥。

5AG曾总司令:本部所辖为八个师、四个游击支队。因整训调去三个师,前方又抽出一师训练为突击师,故守备兵力仅四个师。当面之敌为卅七师团227R及226R之一部,现似积极加强工事,扩大伪组织,并实行分区扫荡。近敌在其41D右翼、37D左翼各抽出一部,向北开去约一千,南增约二千,并竭力向我3A左翼、80A右翼推进据点,修筑横直方向之汽车路,以期便于转调兵力。现敌已占领我之警戒阵地。如敌犯我主阵地,则必须由我阵地两翼打出。如此必须使整训之三个师仍归还建制,以便以两个师对张马方向,拒止敌之南援,以一师兵力协同本阵地守军以出击。如仅死守中条山,则必难久以支持。

17A高军长:本军依建制属于36AG,现归5AG指挥。于二十八年春开到中条山,阵地虽一度后撤,但近逐渐推进,现距敌仅二、三百公尺。现有阵地纵深甚大、甚巩固,敌曾以六百发炮弹向我阵地轰击,但我仅伤七人。为欲恢复三角地带,以敌交通、通信之便利,且空军优势,甚为困难。现当面之敌约一千余,步枪约一千三百枝,重机枪廿一挺,轻机枪五十一挺,迫击炮八门,山炮约九门。平时以少防我,犯我时则增兵甚多,在战术上,每以多而胜我。倘我工事构筑得当,敌来犯,短时内亦可无虞。

14AG刘总司令:当面之敌为41D主力,右为敌36D一部,左为敌37D之一部。总合各方情报,高平附近约有敌七、八百名,阳城附近一千五、六百人,张马六、七百人,松树掌二千余人,翼城一千一、二百人,浮山、王寨约千余人,计有一万多人。现虽无异动,但将在收麦时,必向我进攻。地形上,沁水北多耕地,南多石山,其中以西桑池方面最为重要。如天盘王〔山〕(又似天王山)及贾家山二据点,必须加派工兵,增强工事。前敌突破15A阵地,即系以重兵指向此方面而来者,故宜深加注意。

8AG楚副司令:所部43A系由未经叛变之晋新军改编者,武器异常缺乏,亟待补充。通西桑池公路,敌已积极征夫赶筑,并已发现十五榴重炮向我射击。本军阵地全长五十余华里,第一线距敌仅三百余公尺,我天盘山阵地虽较高,但以炮兵缺乏,难收俯射之效。且天盘山以南东西山脉,深不过十余华里,再南则较低,若突破此处,敌即可长驱入垣曲,而达黄河北岸(五分之一地图多与实地不合)。故亟应加强工事,增加重兵器,以资固守,而打击敌人。本军当面之敌为36D之224R及35D219R之一部,伪军两个旅,人数共约万余,但伪军实无战斗力可言。粮食当地尚不能自给,敌我均难利用。地形上如敌来犯,我尚可守,因我阵地前已筑成泛滥,故可节约兵力,而限制敌之行动。

3AG唐参谋长:当面之敌为35D之220R,附有其他特种兵,人数约三千八、九百人,伪军在豫东方面,为伪和平救国军第一军,辖五个师,人数约一万六、七千人,但敌对伪军猜忌甚深。本军阵地左翼与4AG、右翼与游击第四纵队各相连,担任河防约六百余里,以两师配备,甚为薄弱,机动部队亦控置太少,故特别加强情报之组织,以期应付。不过全处被动地位,殊为痛苦耳。豫东地形平坦,自廿九年后,敌对陇海路控制日益加强。现敌筑有长约二百十里,高约四公尺,上宽十六公尺,底宽三十二公尺之大堤,在逼黄河泛滥西去,且在江村附近筑有水坝。

各部队之作战情绪,以经造〔逐〕次整训补充,精神上甚具杀敌之慨。惟攻击敌据点时,每感重兵器不足。

K2A何军长:敌以南徐州为伪南北政府之分歧点。经济方面,徐州使用伪钞,蚌埠使用法币;政治方面,敌伪在华中有青年团,华北有新民会,南北敌伪对张岚峰拿〔拉〕拢甚烈。以上之矛盾,国军大可利用。其次我苏鲁战区孤悬,有被奸党占领之危险。总括各方意见,应造成各小游击据点,以保连络线,而维持连系。鲁西方面,将来可与31AG逐渐接近,而取得连络。

奸党拟由华中夺取政权,其所取之策略,为先礼后兵,扩大宣传,顽退我让,实行谣言攻势袭击。对于俘虏、武器,交回一部,一打一拉,又打又拉,有理、有利、有节。其总方案为配合政治、军事,宣传游击战。但其中矛盾丛生,内部团结日懈,国军可以利用此种空隙,而谋正〔瓦〕解之工作。

总长:第一战区各单位报告,至此暂告结束。现李长官由老河口来洛,因第一、五战区有连带关系,拟请李长官对于第五战区方面情形加以说明,以便尔后相互之连络。

李长官:本战区当面之敌约有五个师团,计步兵八万五千,骑一万一千,炮五百零一门,战车四百余辆。最近动态:敌自在襄河东西两岸、豫南、鄂西诸次会战失败后,损伤甚大。现除京钟、襄花两路有向大洪山方面窜扰模样外,余无大企图。

本战区在地理方面,在铁路以西有大洪山、桐柏山,虽纵深不大,然敌欲对我以行扫荡,亦为不易,而我得时时出而威胁敌人,使其不安。在铁路以西〔东〕有大别山,区域甚广,惜我兵力不大。

敌我态势:敌每扬言西上或南犯长沙,声东击西,以谋犯我,因敌非将本战区方面兵力击溃后,是决不足以言西进。现敌对华所使用之兵力已达最高度,敌犯本战区时,多由各方面抽调兵力而来。故在其兵力上、形势上,西上决不能。洛阳、西安在战略上地位异常重要,且山西为敌我所必争。欲保山西,必须保洛阳;欲保洛阳,则必须保南阳。由此可见,第一、五战区关系之重大。

尔后指导作战之腹案。设敌冒险西进,本战区当应与第六战区夹击敌人,并从荆、当方面以截击敌人;设敌南去,则本战区则当策应第九战区,连合第六战区,以反攻武汉;设敌不动,则我当取攻势,以消灭之。

匪军情形。在淮南方面约二万五千人,大部分散皖中活动;淮北方【面】约三万余,大部分散豫、皖、苏边区活动;鄂中及豫鄂边区约二万七千余,大部分散鄂中及鄂东各县活动。

进剿情形。自去年奉令清剿以来,颇有进展,嗣以豫南会战而中止。但匪并无甚力量,全借敌军力量以为护符,敌亦在利用匪军以牵制我军。现匪军严重之问题,并不在铁路以西,而在苏、鲁方面。

总长:第五战区大概情形,已如李长官所述。现以时间关系,报告暂行停止。关于奸党问题,准后日(二十日)再行检讨。又对建军方面,请多多提出意见,如能根据现势加以检讨,以谋改良,将来国军力量必可增强数倍,奸敌亦为不难。希望各位对此问题多费一点脑筋,考虑考虑。

(2) 第二次会议(4月20日)

对晋南三角地带作战第二次检讨会

日期:卅年四月廿日午前七时卅分至九时十五分。
地点:洛阳第一战区长官司令部大礼堂。
主席:总长何。
参加人员:冯钦哉　赵寿山　高桂滋
　　　　　陈牧农　郭寄峤　孔令恂
　　　　　何柱国　高增级　唐邦植
　　　　　裴昌会　张　平　李忠毅
　　　　　孙蔚如　武士敏　宋克宾
　　　　　□□□　李家钰　武庭麟
　　　　　公秉藩　□□□　曾万钟
　　　　　唐淮源　□□□　□□□

刘茂恩　彭杰如　□□□
□□□　楚溪春　陈鸿远
王□□　（以上第一、二战区）
李长官　陈鼎勋　李楚瀛
刘汝明　池峰城　张雪中
徐祖诒　王冠五　万建蕃
（以上第五战区）

总长指示：国军为确保中条山，（一）第一步，应相机各以一部由北向南（93A），由东向西（27A），与我中条山阵地右翼各部，合力攻取高平、晋城、阳城、沁水间地区，以恢复廿九年四月前之态势。（二）第二步，与晋西军及第二、第八战区协力，包围晋南三角地带之敌，而歼灭之。（三）最低限度，亦须能确保中条山。

因此，首宜从速加强十五军方面之现阵地。

第一战区及晋南作战军应就上项速作准备，第一战区长官部并应本此要旨，提出具体之计划。

一、关于指导晋南作战应注意之事项

1. 一战区长官部应速派有力高级参谋，前往现地侦察地形敌情，提供尔后作战指导之参考。

长官部并速提出具体之计划。

2. 防守中条山各部队，应利用山地之特性，以火力封锁各道路口，如地形许可，应多作反斜面之阵地。

3. 阵地前及第一阵地与第二阵地间之交通，应彻底破坏，以限制敌之行动，而节约我之兵力。

4. 应利用中条山纵深地带，多构筑斜交阵地，以备一点被敌突破时，我尚得依交叉火力而扑灭之。但对主阵地带工事，须随时日而增强之，并竭力施以伪装，并增设各种障碍物。

5. 部署军队时，应适宜付以独立性，并切实注意协同动作，相互策应。凡在不受敌攻击，或敌攻击力量甚微之方面，须竭力向当面之敌猛攻,以分散敌之兵力,勿令敌人得集中力量,对我以行各个击破。

二、作战时各部队之缺点及今后应改进之事项

1. 不注重情报,不调制敌我全般态势图。

事先不注意情报之搜集,即令能对敌军方面得一、二情况,但又多不调制敌我态势要图,致处置时多有忽此漏彼之误。

2. 不实行现地侦察。

我国军用地图类多不确,且出版亦欠缺点甚多,故必须与实地对照,方可无误。否则障碍重重,计划必难实现。

3. 部署军队时多无重点。

无论攻防,凡部署军队时,均须彻底形成重点,切忌平均分配,致使兵力处处薄弱。

4. 阵地编成不当。

阵地须有纵深火网,编成须注意严密。

5. 对报告通报之注意。

对上报告应确实,不可夸大,不可妄报;对下命令应明确,应负责;对相互间各部队须切取连络,时常交换情报,状况许可时,应互派连络参谋。

6. 通信不确实。

如应战况推移,指挥所须前进或后撤时,必须等待新指挥所开设完毕后,再行撤收。但在原位置仍须派员留守,以收受命令及各方之通报、报告。

7. 作战地境之划分。

应注意不可沿交通线,或平分山顶及村庄,致使责任不明。

8. 非万不得已时,切忌分割部队之建制。

9. 绝对注意协同动作。

凡甲部队方面受敌攻击,乙部队即须予以援助,以防被敌各个击破。

10. 为求指挥适切,各指挥官及幕僚应常判断状况。

11. 注意命令之监督及实行。

如事先监督命令之缮发、传递、考察;命令执行时,可派遣幕僚,亲赴现地视察或予询问;事后检查其对部下所发给之命令。

12. 报告、通报,应多以要图表示,凡图上记载小地名时,须指出其与著名城镇之关系位置。

13. 行军及驻军间,应注意对地、空之警戒,在战斗间无论攻防,均须注意筑城使用。

14. 应注意对敌战法之研究,在战地之各部队,应常注意实施机会教育。

15. 侧翼兵团之配置,可防敌之包围及迂回,故在地形上无可依托时,须注意讲求此种部署。

16. 战略预备队之控制及适时之使用。

17. 机密之遵守。

各部队之通讯,多以有线电信为主,而有线电报固可使用密码;而各部队间使用电话通讯时,则多无机密之处置。故对军机方面,每有泄露。嗣后各部队行电话通讯时,应互编暗语表(如以某字代某部队番号,某字代某行动)以使用之,而防军机之泄漏。

……

(二) 会战期间来往密电

阎锡山致蒋介石等密电
(1941年4月30日)

即到。渝委座,部长何、徐,第二厅:情报。(甲)晋南。(一)夏县城西北水头镇,马午由北续增敌千余;又,闻喜城西关村刻仍集敌千余,加强守备工事中。(二)截至养日,河津仍集敌千余;梗、敬,稷山增敌千余;宥晚,薪〔新〕绛敌千余向西北史家庄移动,有犯马壁峪模样。(乙)晋西。巧迄驾,敌由中阳及柳林镇、穆村等处抽调千余东开汾阳,现汾阳集敌二千余,传有他调讯。阎锡山。卅丑。参谍。印。〔兴集〕

李家钰致蒋介石密电
(1941年5月3日)

渝委座蒋:张密。(加表)情报。据高军长桂滋冬电称:(一)自卯敬迄俭,由临汾、潞安一带抽集闻喜敌三百余。艳翼城敌千余,经横水窜闻喜,当晚沿铁路南下,闻系卅六师团二二四联队。现闻喜东北有敌炮兵千余,十五生的以上口径重炮四门,其他重炮七、八门,山炮卅余门,民夫三百余,扬言扫荡中条山,渡犯黄河,相机进据西安,以三个月为限。(二)敌先后由北运安、运帆布船二百余只,造木船七百余只,降落伞千余,并在闻喜一带村庄征木板、麻绳甚多。(三)临汾敌养日派出密探四名,赴风陵渡联络渡口船户,又以现住曲沃下郇村(某部谍报员为敌利便〔用〕),日内赴垣曲渡口等情。除饬侦防并将续侦敌动向外,谨闻。职李家钰叩。辰江巳。参义。印。

阎锡山致蒋介石等密电
(1941年5月3日)

限即到。渝蒋委员长钧鉴:何部长、徐部长:5105密。情报。(一)上月上旬,由同蒲路南开敌约八千余(番号待侦),并自皓日,该路停运客、货,专供军用。(二)皓迄养,虞、解、安、运、闻、曲一带,陆续增敌伪共五千余,并携有渡河器材。又,盘据闻喜埠、西关村之敌千余,寒辰全部东窜。(三)截至宥日,河、稷、新、候、汾一带,共增敌伪约七千余,积极赶征夫、骡中。(四)敌近在占领地区大批征拔青年壮丁,送往太原训练。阎锡山。辰宥酉。参谍。印。〔兴集〕

蒋介石致卫立煌阎锡山朱绍良密电稿

(1941年5月4日)

即到。洛阳卫长官,兴集阎长官,兰州朱长官:○密。(一)综合近日情报,晋南、豫北敌人增加甚多,似有渡犯企图。(二)各战区应速征集民夫,积极加强各该方面阵地及河防工事,特应注意刘茂恩、楚溪春两部防地及陕州至禹门各渡口之河防工事。(三)各军、师长须亲至前方视察。(四)上各项分令卫、阎、朱长官遵照具报。川。中○。支申。令一元度。印。

刘茂恩与蒋介石来往密电

(1941年5月)

(1) 刘茂恩致蒋介石密电(5月11日)

即到。重庆委座蒋:料密。(表)连日以来,晋南之敌大举向我进犯,职部所属四三军防地被敌突破,刻十五军及四三军在同善镇以东拒止敌人,第十师及九八军仍在阳城西南及董封附近与敌激战,九三军本夜由北向沁水一带攻击。惟垣曲渡口既已不保,第九军在封门口阵地,亦被敌突破狂口,补给线已被截断。潦山内瘠苦,又无屯粮,大军绝食业已三日,四周皆有强敌,官兵枵腹血战,状至可悯,若不急筹办法,恐有溃散之虞。拟率军主力向沁、翼以北扩展,并于阳城以南酌余一部,以期就食,而便截击。除禀陈卫长官外,谨陈。刘茂恩。真。春。印。

(2) 蒋介石复刘茂恩密电稿(5月13日)

限即到。刘总司令书霖:真春电悉。○密。甲、处置甚妥,仰速实施。乙、范军主力刻正分向晋、博及道清西段攻击,刘戡军主力已抵沁水东西地区,希速与之切取连络。丙、董封附近之敌,为前在赣北高安被我击破敌卅三师团残部,战力薄弱。川。中○。

覃酉。令一元度。印。

阎锡山致蒋介石等密电
（1941年5月14日）

蒋委员长钧鉴：何部长、徐部长、军令部第二厅：7438密。情报。（甲）晋南。（一）截止微日，闻、绛以南三角地带陆续由同蒲路增到敌伪约万五千余。据各方报告，发现有第二、第七、第十九、第廿一、第廿四及石银、上井等师团番号，迄未证实，仍饬侦报中。（二）上月下旬增集河稷、新汾一带之敌七十①余，迄支大部南窜。现河津敌在城附近赶筑飞机场，我正袭阻中。（三）据报，敌近在灵、霍以南迄候马间铁道两侧增修碉堡，企图保护交通，已饬袭毁。晋西离石城西柳林、穆村一带近增敌千五百余，番号饬侦中。阎锡山。辰盐卯。参谍。印。〔兴集〕

朱绍良致蒋介石等密电
（1941年5月16日）

重庆委员长蒋、军政部长何、军令部徐部长：据傅副长官辰元巳伯电，突密，转津齐电称：敌抽调驻天津一带之富永师团约三千名，于微、鱼、虞三日夜间密开晋省。又由平、津抽调宪兵三百余开晋督战。除分报外，谨闻。兰。朱绍良。铣。收薪稔。印。〔兰州〕

阎锡山致蒋介石密电
（1941年5月20日）

重庆委员长蒋钧鉴：巧未令一元衍电奉悉。舜密。谨将各部出击情形电呈如次：一、王乾元附谢克俭部，自元巳开始，以有力数部分向候马、东镇、闻喜、水头之敌攻牵，以主力破坏铁道，排除障

---

① 原文如此，疑误。

碍,并出铁道以东,接应友军之突围。截至铣日止,计全部通过铁道到达汾南地区之友军约万余人。二、刘奉滨部自删日起,吕瑞英部自寒日起,各以有力部队袭攻铁道以西据点,以行牵制。主力到处破坏荣城镇、赵城间铁道,出击沿线敌据点。三、刘召棠部、温怀光部,自删起各以有力部队支援突击团队,到处破坏当面铁道、公路,断敌交通。奉电前因,除再严饬各部加紧破路并牵制策应外,谨复。阎锡山。辰号午。参战。印。〔兴集〕

刘茂恩与蒋介石等来往密电

(1941年5月)

(1) 刘茂恩致蒋介石等密电(5月25日)

特急。重庆委员长蒋、部长徐:围密。(加表)奉卫司令长官电令率队南渡,养夜,冲过沁济公路,业经电呈。漾日,职率总部及武庭麟所率六五师之一部,到达封门口以南地区。敬早,由西溶清开始南渡时,白坡及大峪镇方面敌人纷纷增加,向我压迫。职率队一面布置掩护,一面敌前强渡。漾晚,步、骑、炮连合之敌千二百余,由冶戍窜槐树庄,向我渡河部队压迫甚急。而河口仅有小船二只,每只船容七人,往返需一小时,一切俱感困难。截至今早,计职总部及直属特务营,与十五军军部及特务连,又通信营、骑兵连、六四辎重营之一部,均已先后渡过,其余尚在河北岸与敌激战中。仍依情况,饬令续渡。谨先电陈。刘茂恩。辰有巳。春。印。〔洛阳〕

(2) 蒋介石复刘茂恩密电稿(5月27日)

即到。洛阳刘总司令书霖兄:辰有巳春电悉。〇密。苦战兼旬,倍极悬念。已渡部队,盼速整理,并希传谕慰勉;未渡部队,须指定负责人员统一指挥为要。川。中〇。感。令一元度。印。

阎锡山致蒋介石密电

(1941年5月30日)

重庆蒋委员长钧鉴：冬辰令一元松电奉悉。瓣密。除晋南部队检讨实施结果饬卫副长官径报外,谨将晋绥军各部队游击实施检讨详情分陈如下。(一)自廿九年九月起迄五月号日间,计战斗九三零次,俘获伪军二七,毙伤敌伪官兵六,六九四,马骡五八,卤获马骡一二,步、马枪四四一,枪具、轻机枪三一,步枪弹三,九二七,手掷弹九,钢盔一六,望远镜一,掷弹筒四五,自行车一二,电线三千余斤,被覆〔服〕三百余斤,及其他器材、文件等。破坏敌机车一,铁、公路各数十华里,电线六零余斤,仓库数处。(二)全体官长对于钧座手令均能深刻了解,惟因一搬〔般〕干部能力、士兵技能稍差,装具器材不充实等关系,未能获得圆满效果〔之〕。各种部队应尽量按编组规定,充实装备,补足器材,施行短期严格训练,注意机会教育,增加官兵应有之技能及奇袭突击等战法,同时养成自动负责、彻行命令之精神。各级主官对于各种出击队出击计划、任务分配,尤应预为详细准备与考虑,并能适应状况,做到适切指导,按其成绩,实行严明赏罚。如此,使各出击队经常轮流深入敌区,或敌后实施游击,庶可增大消耗战之效果。敬请鉴核。阎锡山。辰卅丑。参战。印。〔兴集〕

(三) 第一战区中条山会战要报

卫立煌致蒋介石密代电

(1941年10月28日)

第一战区司令长官司令部代电　参字第21811号

重庆委员长蒋:〇密。谨将此次中条山会战要报补呈如次:

(甲)豫北、晋南敌除原有第三五、第三六、第三七、第四一等师团,第三、第四、第九等独立旅团外,自四月中旬以来,先后由华北、华中抽调有【第】二一、第三三等师团、骑四旅团、炮二旅团、独立山、野、重炮兵共约五个联队、伪军第廿四师及张岚峰、刘彦峰、伪大汉义军等部,附飞机三百余架,化学部队、空军陆战队各若干,以扫荡中条山国军、摧毁我晋南游击根据地之目的,窃〔采〕取闪击战法,以垣曲为目标,于五月虞午分五路,以第三五师团主力、廿一师团、骑四旅团各一部(附伪军张岚峰、刘彦峰等部),由温、沁向孟、济西犯;第三三师团,附独四旅团一部,分经阳城、沁翼大道向董封东西线南犯;第四一师团主力,附独立第九旅团及伪大汉义军,由绛、横向横皋大道南犯;第三六师团经沁水、侯马、闻喜、堰掌方面向东南犯;第三七师团附独三旅团一部及伪军第二四师,分由夏县、张茅大道东犯,重点指向横皋大道及夏县方面。分下列等步骤:(一)入犯之敌分编多数纵队,成广正面钻隙迂回,并利用汉奸、快速小部队,袭截我通信连络及各级指挥部,打破我战斗组织,增大我指挥上之困难。(二)将重兵分置于各交通要点,构筑工事,遮断我军连络,各个击破之。(三)封锁山口、渡口,逐步紧缩包围圈,完成分进合击式殄灭战。

本部于会战前,经以辰东诚电令各部以交通线为目标,加紧游击,袭破妨害敌之攻击准备及兵力集中,并以辰东亥诚电呈报在案。会战开始第二日,因情况剧变,敌之来势极猛,当严令各部应力保现态势,粉碎敌蚀食中条山企图,诱敌于有利地带,转取攻势,而夹殄之。虞迄真日,战斗惨烈,为抗战数年来所未有。每日自拂晓起至黄昏止,平均无一分钟天空不见敌机活动;阵地所在,无尺寸不为敌炮烟、毒气所笼罩。本部鉴于中条山阵地战条件不健全,如续行决战,不仅各部给养无法解决,前岸胜利公算微渺,即南岸河防亦成问题。遂令接近河防之第九军主力、第八十军南渡,增强河防兵力;第五、第十四等集团转移外线,发展敌后游击。删日前各部主力已按预定计划,排除困难,向指定地区转进,一部留现地分散游击。惟在转进过程中,各部给养至为困难,通信器材或为敌机炸毁,或为敌冲散遗失,指挥、连络、作战,均极困难。故续令各该集团,以最小限兵力保持前岸中条山游击,主力暂时分批南渡休整,俟补充竣事后,再北渡作战。综合全会战约达四星期,消灭敌约在三万以上。除黄河北岸各交通线及大渡口为敌控据外,其太行、太岳,固因为我军掌握,即中条山,亦仍为我各部游击队直接间接所控置领有。

(乙) 敌为造成本会战态势于有利,曾于三月微迄删日,发动两次局部攻势。(一)鱼辰,敌以三六师团主力、三五师团一部,配合炮、空,由壶关、荫城、高平、晋城会犯陵川,企图一举打破我范汉杰军,减轻会战时侧背威胁。卒被我范汉杰军长战术运用得宜(转变内线作战为外线作战),将敌击溃回窜,我获全胜。(二)灰日,敌以三七、四一等师团暨独立第九旅团各一部,附炮、空、化学、伪大汉义军等部队,以深夜袭占绛县东南武庭麟军阵地两要点后,即展开大部兵力,分由中村、绛县、横岭关三方面,向我阵地全面猛攻,激战五昼夜。我虽将敌拒止,扼守杨家梁、上下官庄、山子上、陆家坪、芦园山、天盘山、贾家山之线,惟第一线阵地要点松树掌、西堡、岭上、大晋堂、乾梁沟、庙上、南河、东西桑池等要点,悉先后沦陷敌手。因各方面均感防广兵单,抽转不易,虽几经规复,终未圆满达成。

(丙) 战斗经过

(子) 裴昌会军方面。沁、博、温、孟一带西犯敌,以第三五师团主力,附第廿一师团、骑四旅团各一部为基干,虞申分三股,左翼以温县为发起点,先头步兵五千以上,骑兵千余,炮二十余门,飞机数十架,战、汽、装甲等车共百余辆,沿黄河北岸突进。我丁树本部一部在招贤集附近迎击,激战数小时,以受敌迂回,遂移守孟县以北地区。(当令王晋师主力南移禹寺镇策应,抽丁部主力驰赴孟县附近阻敌西进。)该敌不顾一切,除以一部续对丁部猛攻外,主力向白坡挺进。中央以沁、博为发起点,一股先头千余,循沁济大道西犯,为我王晋师击溃。另一股先头二千余,附炮十余门,于窜陷西向义庄后,继向捏掌、紫陵、东逮寨、留村一带猛扑,激战至寅刻,我第十七支队伍昇荣部退守沁河南岸。当以新廿四师一部向留村增援,将数度强渡之敌予以击溃。旋敌已增至三千以上,我以伤亡过重,转移和庄、河头迄五龙头、磨盘山之既设阵地。齐巳,陷白坡之敌以一部侵占坡头,主力折向北犯,向济源西南突进,与王师一部在泥沟河对战中。同时,沁河北岸三千余,以飞机十余架,炮廿余门掩护,强渡沁河,攻陷我官庄、裴村。我张东凯师及伍昇荣支队转移至武山、李八庄、大社一带。本部得息后,当以电话令该军迅即留置一部于晋博公路以西山地及武陟、温县一带,发展敌后游击,适时侧击西犯之敌;主力迅速移守封门口南北迄黄河之线,击敌西犯,兼掩护官阳、邵源、横河补给连络安全。该军基于本部电令,以第八、第十七、第廿六等支队,留置刘坪及武陟、温县各附近游击;独四旅杨兆荣部向西进之敌侧击;郭贻珩师除以一小部于邵源镇向西警戒外,主力占领竹园沟迄封门口之线阵地。未刻,敌机廿余架向我更番狂炸,同时济源、南泥沟河、小王庄之敌,向西承留猛攻。酉刻,官庄、裴村之敌,续陷西许庙街。佳午,该军主力已按预定计划陆续到达,占领右起黄河亘大峪镇、杜岭、葛兰庄、秦岭、封门口迄马沟岭既设阵地。戌刻,因蒲掌失陷,该军腹背受敌,当即以电话命令该军,应切实注意刘集团南侧掩护,不得已时,发展敌后游击,抽集有力一部,准备南渡,加强河防。灰午,敌步骑约二千余,炮十余门,于机、炮、毒气掩护下,向我玄坛殿、李八庄前进阵地猛攻。我各部予敌打击后,陆续西移。申刻,敌跟踪迫近我封门口主阵地,实行强烈毒攻。我郭师耿团、王师张团、张师宋团守备阵地官兵,中毒者各达三分之一,卒将敌击溃。旋敌大举增援至万余,攻势益猛。当即发生剧烈争夺战,阵地要点得而复失者再,迄亥仍苦战中。真辰起,窜踞坡头以西一带之敌,屡以千余或数百不等,在猛烈机枪、炮火掩护下实行强渡,均被我南岸河防守备部队击退。本部因王屋山、桥头堡阵地渐失作用,南岸河防(孟津以西、陕州以东河防约一百七十余公里,原系游击队、河队、壮丁队担任守备)岌岌可危,兼以北岸官兵给养堪虞,乃令该军以一部转移王屋、邵源以北,掩护刘集团侧背,攻牵(尾击)南犯(南渡)之敌。主力占领右起黄河亘五拐、洛岭、槐树庄、韩彦——七五八高地线,及洛岭、十字路—〇五四一、九五五一、五三四一线,交互掩护,继续南渡。午刻,窜至王屋附近敌六、七千,炮卅余门,骑兵、装甲车甚多,并以飞机数十架更番向我轮炸,掩护步兵突进。申刻,沿河岸西犯敌先头四、五百,附炮两门,窜抵交兑、大峪镇一带。旋增至三千余,炮十余门,均被我郭师奋勇击退。文子,王师大部南渡完毕,郭师正赓续南渡。辰刻起,遭敌机百余架轰炸,官阳东西渡口船只多被炸毁,而敌亦已迫近。遂饬将未南渡部队向官阳东西转进,以作敌后游击。张师及杨旅、丁、任等部在济邵大道南北、博晋公路以西,与敌旋回激战。迄巳号,郭师大部、张师主力陆续南渡,而杨旅后被敌压迫,突破晋博封锁线,建立道清西段以北山地游击根据地。丁树本、伍昇荣、谢荣堂等部利用济源境山地,发展游击中。总计是役共毙伤敌约五、六千。

(丑)刘茂恩集团方面。敌以第三三、第四一等师团及独立第四、第九旅团为基干,虞晚由东西桑池南犯。敌约五千余,附炮廿余门,分向赵世铃军垣曲、北木耳河、贾家山阵地猛攻,激战至齐日拂晓,续增敌三千余,飞机数十架,更番狂炸,并放射大量瓦斯,阵地遂被突破。旋敌后分两股,一续南犯,一突过十八盘,直趋望仙庄。本部得报后,当严令该集团转饬赵军竭力固守现阵地,另速抽集有力部队向西出击,协力曾集团夹殄入犯之敌。巳刻,望仙庄不守,大南沟(同善镇西北)继陷,其南进之股,午刻已窜抵王茅镇,激战至烈。敌复以少数降落伞部队于王村镇以南降落,协力快速部队,戌陷垣曲。

本部鉴于情况变化甚速,增援不易,当一面急令曾集团注意右翼,防敌钻隙迂回;一面电话严令刘集团竭力保持现态势,诱敌于有利地带,转取攻势夹殄之。另阳城、北贾檫,虞晚到敌千余。齐辰,分两路,一由天掌村向北次营,一由陶河向董封前进。同日,中村敌千余窜至交口村,与我武士敏军王克敬师接触,激战至佳丑,将敌击退。是时,该集团遵照本部电令要旨,作如下部署:

(一)九三军(欠第十师)应即以主力南下,打破高、沁敌之封锁线,直捣刘村镇,威胁阳城、董封。

(二)第十师确保现阵地,以有力一部向阳城东、西、南积极活动,侦袭流窜之敌。

(三)九八军附毕梅轩纵队确保现阵地,并竭力恢复已失阵地。

(四)十五军与四十三军连系,确保现阵地,并拒止敌东犯。

部署甫下达,佳辰,河头村、侯井、苏村一带增敌至三千余。午刻,刘戡军以刘希程师,附马叔明师一个团(附铁道破坏队一分队),攻袭东邬岭敌据点,主力攻取沁水,一部对屯留、张店、良马、古县敌匪警戒。马师主力集结于端氏附近机动,并派有力一部,对仙翁山、刘村镇之敌攻牵。

本部鉴于中条山战况日益紧张,戌刻,以电话命令该集团注意北进道路侦选。灰日,各方战况继续演变,济源、垣曲间各主要渡口渐次被敌封锁,该集团整个补给中断,兼阳城、南山贫瘠,不适于大部队生存。遂以电话命令该集团阳城以西部队主力,迅向沁翼公路以北分路转移,以旋回钻隙战法,打击敌人侧背。卯刻,该集团全面与敌发生激战。申刻,交口之敌陆续增至三、四千,窜陷清风圪塔、煤坪。同时,第十师与九八军接合部之二里腰,亦被约二千余之敌突破,而陷邵源之敌,亦向西北紧迫。此时该集团三面有受敌顾虑,遂遵照本部电令,以第十师一部在阳城以南、以西积极游击,抑牵当面之敌;主力于润城以东地区,掩护总部突过封锁线北进,尔后集结于云首村、壁底、将军岭一带,归还九三军建制。以九八军一部,在董封、南阳以南积极游击,抑牵当面之敌;主力经董封、沁水以西地区北进。十五军之六五师(欠一团)以横河镇为核心,积极游击,抑牵当面之敌;该军主力由董封、沁水以东北进。以毕纵队于张马以南、同善镇以西、横垣大道以东地区,向南北外围扩大游击。九三军力保现态势,掩护主力北进。四十三军任务照旧。入夜,刘戡军(欠第十师)向沁水、刘村镇猛攻,甚为得手。文拂晓,各部未能与敌脱离,二里腰之敌约一联队续陷吉德、白庙,直扑横河镇。当经第十师陈师长亲率野补团等部反攻,将敌完全击溃,毙敌七、八百,获步枪二百余支,轻重机枪数十挺,文件及军品甚多,敌攻势稍挫。惟突入九八军方面之敌,集中飞机、毒气猛攻,雪泉岭阵地岌岌可危,十五军东移部队亦多加入作战。是晚,总部附第十师经横河、析城山东进。元辰,到达桑林封。未刻,武庭麟、武士敏两军仍与敌胶着。寒辰,总部折回西庄凹,以便就近指挥。各部突围到达后,得悉九八军、四二师、一六九师(欠两团)已于文至元辰突过封锁线北进。十五军主力文晚于牛沟被敌二千余所阻,乃折向南转进。元寅,毕梅轩部自动以一部留原地游击,主力随九十八军越沁翼公路北进(该部通过封锁线后,毕梅轩本人只身离队,故大部离散游击)。同日,武庭麟率直属队、姚北辰率该师一部,进抵析城山麓老苗坡、泉西、圈头一带,又被横河之敌千余尾击。寒晚,该部率六十四师一部到达石窑上,六五师主力在茨滩河、李圪塔、后文堂附近,与敌对战。刘戡军刘、马两师仍与敌对战,九八军王、郭两师已到达东邬岭、沁水间。删夜,东冶到敌二千余,第十师廿九、卅两团分由阳城以东北进,陈师长因掩护总部,在西冶北小王庄被敌阻,铣未,仍折回西庄凹。筱〔篠〕午,西冶之敌续占桑林。巧日,武庭麟率队移上下土圈,姚北辰率一部移黄家门,拟向南突围,绕道北进。适桑林之敌攻我益烈,另一部敌约三千余分由析城山、凤山岭、老君堂向西庄凹包围。该总司令因大部不易行动,乃分总部为两组,由刘总司令亲率之一组,计有陈师长率两团及六五师一九二团,东渡沁河,由符参谋长率领之一组,计有十五军野补团、一九四团及郭景唐师之潘、赵两团等部北进,于皓晚分别突围。同日晚,本部电令北上各部队,在刘总司令未到达太岳区前,悉归副总司令刘戡指挥。刘总司令组号抵龙岩底(距沁河八里),被约千余之敌截击尾击,激战竟日,敌我伤亡均重,适值大雨,方打开进路。

本部鉴于各该部迁延时日太大,北上殊多危险,留置现地游击,给养困难,将士疲劳,遂于马日电令刘总司令,除留必要兵力保持阳城南山游击根据地,发展游击外,即率在阳城以南之武庭麟军主力、武士敏军及陈牧农师各一部,分期分组南渡。梗子,行抵西承留附近,与武山之敌六、七百、战车二辆遭遇,当予迎击,毙伤敌百余,毁战车一辆,余敌溃散。敬抵坡头,击退敌千余后,陆续经西河清渡过南岸。符参谋长组及陆续收容九四师、八五师约一团,在阳城西南与敌游击约两周,于六月江日由桑林、凤山岭分组分路,于微迄齐等日,乘夜突过封锁线,由柿林村、西河清、小狼地及塔地等处渡过南岸。以武士敏军王师养寅于西范村与由浮山来袭敌千余激战后,东渡沁河。梗日,军部及王师继续向北进。有卯,抵宋家岭附近地区,遇追敌二千余、飞机卅余架来攻,被迫以团为单位,取捷径北进。敬午,军部、郭师于小寺庄与追敌一部二千余、飞机廿余架接触激战,迄申,大挫敌锋。我当以一部抑留该敌,主力续向北突进。感日,长子、田家沟敌千余阻我进路,当予击溃。六月东日后,军及各部陆续到达东沟(沁源东)。旋以敌大部西窜,我南移于王村、郭庄一带整理,并抚辑流亡,恢复政权中。综计自虞日起,大小战斗数十次,共毙伤敌九千余,缴获步、机枪□百余枝。

(寅)曾万钟集团(附高桂滋军)方面。入犯之敌系第四一、第三六、第三七等师团主力及第三、第九等独立旅团之各一部为基干,虞日薄暮前后,分由横皋大道及闻、夏等方面南犯东犯。其在夏县方面者,先头六、七千分三股,主力一股三千余,炮三、四十门,向我唐军李世龙师左翼马团之张家峪、下焦庄、大庙村一带阵地进犯,一股步骑千余,由通峪村东南进袭蔡家窑头。同时,驻涧底河之毕团,亦遭由南北进之敌千余猛攻。另横岭关、余家山、镇风塔等处之敌,亦集中炮火,向我秋千岭、白石山、杨家山高桂滋军阵地轰击。齐子,李师当面之敌大举增援后,突行强烈毒攻。丑刻,我涧底河东西线之侧面阵地被敌突破,敌乘势以主力千余,袭占四交村,一股七、八百,经赵家河、王家河向大涧口第七师部猛扑。唐军长当急调卅四团协力李师恢复马团原阵地,卅六团围殄四交村之敌。另闻喜敌三六师团先头部三千余,亦向公师野峪、十八坪、唐王山阵地猛攻,旋唐王山被陷,经我增援反攻,于未刻夺回。计毙敌五百余,获轻机枪六挺,步枪五十余支,掷弹筒二具。正乘胜追殄之际,东西桑池方面敌七、八千,炮廿余门,飞机数十架,于突破我贾家山阵地后,继向左家湾、铜矿峪、胡峪刘明夏师正面;另敌二千余,炮七、八门,战车廿余辆,向我高军左翼秋千岭、白石山、路家沟北山阵地猛攻,激战至烈。午刻,刘师左家湾、石龙山阵地侧后,因受贾家山方面之敌威胁,抽兵堵截,致阵地守兵薄弱,被突破。申刻,神烈沟、四交村敌共千余,会陷下唐回,续增至三千余,炮八、九门,以主力沿艾儿沟、通马村道急进。一部二、三百,经任家窑、于沟、麻家匣,会犯马村。时总部仅有一特务营,乃急调魏纵队一支队驰援,并将围攻四交村之卅六团抽一营尾敌夹击,比至麻家匣西北之黑虎庙,即与敌遭遇,当即展开激战,毙敌大队长以下四百余。未刻,马蹄垆垛、王家河(武家坪南)、下涧一带,均先后发现敌情,武家坪至南沟线已被截断,马村至南沟线又无兵控置,孔令恂军方面情况亦渐次严重。

本部为调整战线、便利指挥起见,当令孔令恂军归曾总司令指挥,并将曾、孔联系予以调整,曾抽乔明礼部一团寻殄深入之敌,公秉藩师一团驰援马村。同时,侵入麻家匣之敌续向马村猛攻,在阎王峡（马村西北隘口）附近激战甚烈。酉刻，唐军已将四交村之敌击溃，毙伤五六百，夺获山炮二门，战马数十匹，及其他战利品无算。戌刻，因敌我阵地交错，指挥困难，遂下令变更部署，以该集团主力移守法家山、北山〔上〕、五女山、田家岭、乔家山、胡家峪、东峪沟、管家圪垱、罗有村、孤子岭、野猪岭亘秦家村第二线既设阵地，一部沿唐回、麻家匣大道以东地区，寻殄深入之敌。到达唐回后，以一部占领秦家村、下砖庙至五龙庙之线，与孔军谋取联系，统限于佳寅部署完毕。佳子，阎王峡附近之敌已增至二千余，炮十余门，进攻愈猛，祁家河亦发现敌情。

本部因曾总部四面受敌，瞬息之间即有与断绝电话连络可能。当以电话预示该集团，万不得已时，除后方人员及一部酌由五福涧方面南渡外，主力应分向东北及西北敌后转移。丑刻，曾总司令由马村移驻涧南沟（马村东）指挥。辰刻，马村敌主力折窜架桑，一部千余分两路袭击涧南沟，复以飞机十余架助战。酉刻，曾总部再移于马沟崖（架桑东）。是时，刘明夏师及谷熹师之两个团在王茅以西地区，高桂滋军在段家庄、庄子坪之线，唐军在县山、东西交口、樊家沟、黑虎庙、架桑村一带，分别与敌激战，我各部伤亡均重。灰辰，由皋垣大道西犯敌已侵入板家河西岸，由下涧、五龙庙、台寨东犯之敌，亦侵入五福涧、七泉村、东西北沟一带。其由马村北窜之敌，在小庄附近与公师增援之一团激战后，已窜至温峪村附近，与由皋落西进、唐王山南进、夏县东进之敌会同，向我唐军胡家峪、张家坪、东西交口一带地区围攻。巳刻，唐军主力沿温峪大道迎击北犯之股，至温峪东北高地与敌遭遇，当即展开剧烈争夺战，迄亥，敌我伤亡均重。同日，刘师在马沟崖，高军在徐家山、焦家庄、胡家峪、马蹄沟一带受敌包围，激战至烈。该集团基于本部佳夜电话要旨，以高桂滋军（附刘师、谷师之一部）向东，唐军（欠公师）向东北，公师向西北，以团为单位突围。部署下达后，刘师、高军续与敌苦战竟日，入暮后始脱围，刘师二八一团团长邱明、高军野补团团长艾亚春先后战死。唐军长率寸师向东,李师除派十九团赴总部外,主力分路向北,总部经涧南沟向曹家庄、东西交口前进。真辰,抵柳沟(马村东),遭敌八、九百截击,因值大雨,将敌击退。惟无线电人员被敌冲散,不得已暂就现地(涧南沟西北高地)停止,留候归队。旋侦知向东突围之寸师,仍在张家坪、东交口附近与敌激战;李师向北突围后,复为清山村、上横榆一带之敌所阻,折向西进;公师在圪马沟、温峪西北被包围,苦战至日暮,始脱围南移。是夜,寸师及公师薛团续向东急进,至徐家山、胡家峪一带,与敌千余搏战竟夜,我寸师长及三四团团长张正书负重伤,公师一百团团长薛金吾阵亡。文巳,唐军长以保卫中条山职志未遂,当前大敌未殄,于县山顶庙内自戕殉国。文日,总部到达马村北之聂坬垛,申刻,李师十九团亦赶到上排沟。据该团长报称,真日曾在徐家山、金坬垛两次突围,俘敌八名,因坚不随行,已处决等语。元日拂晓,第十二师突围至胡家峪,遭敌截击,该师师长寸性奇亲率所部与敌苦战,旋负重伤,部队且战且走,该师长因伤重未能随行,铣迄今生死不明。寒辰,总部到达架桑东之进北滩,与田家岭、金坬垛一带之敌遭遇,激战竟日,将敌击退。入夜,复经马沟产,折回涧南沟,沿途调集各部官兵万余,共编成三个纵队,以陈家山、黄家河(五福涧东北)、马排沟(武家坪西)为根据,分区游击。删夜,我即以毕选文纵队向马排沟,谭善祥纵队向黄家河,总部率刘海东纵队向陈家山分途前进。铣拂晓,总部及刘纵队在马村附近与敌千余遭遇,激战至申。敌向我两翼迂回,正面则以炮群轰击,而在涧南沟东北之谭善祥纵队亦受强敌攻击,敌之包围圈渐形缩小。铣夜,除谭纵队被阻,仍留中条山分散游击,伺机行止外,总部与十九团及刘纵队筱〔篠〕辰到达聂坬垛。惟人马在马村东北高地被敌冲散甚多,亥刻继续西进。皓夜,敌大部北移,武家坪通路被阻,不能脱围,仍折回水峪村。号巳,下唐回、于沟村、任家窑(武家坪西北)敌千余分三路向我包围,激战至薄暮,将敌击溃。马拂晓,到达四交村南之漫沟,旋被庞家湾(四交村东南)敌千余侦知,分由四交村、庞家湾、涧底河三面向我围攻。我即乘敌未合围,向西转移至石岭村。养子,抵大庙村附近,越出山口。卯刻,经夏县南遇敌骑百余,当将其击退。甫抵史庄,闻喜、夏县、安邑等处敌三千余,炮五、六门,复分向史庄包围。经我且战且移,于宥拂晓渡过汾河,其余各部截至巳俭,陆续西渡,转豫境休整。惟刘师【长】明夏、公师长秉藩真日突围时,概因只身离队被俘。综计该集团十余日之战斗,共毙伤敌约一万三千余。

（卯）孔令恂军方面。虞未,敌以三七师团(二二六、二二七等联队)主力,附伪二十四师,分多数纵队,成广正面法,集中机、炮火力,并以飞机诱导步兵,向我西村、辛犁园、王家窑头、杨家窑头王竣师右翼八十团(唐、孔两军接合部附近)阵地猛攻。另以独三旅附三七师团一部,向刘家沟、古王、计王王治岐师全面佯攻,牵制激战。迄戌,我右翼兵团王家窑头线阵地及观音殿、燕家坪、任家窑线阵地相继不守,且有局部遭敌包围,唐、孔两军连系被敌遮断。齐子,王竣师移守石头山一八〇〇高地、门坎山、将军岔、解垣、刘家沟线阵地,驰援之民军第一、三两团正行抵石头山、门坎山附近地区。丑刻,敌三千余复分三路向我石头山、刘家凹、将军岔各附近突窜,当即展开激烈争夺战,刘家凹得而复失再,计殄敌中队长以下五百余。刘家凹失陷后,石头山阵地被包围,门坎山、上吉、窑头阵地先后被摧毁,王竣、王治岐两师连络中断,敌钻隙南进益猛,经我乔明礼部在核桃凹附近截击,毙伤敌甚多。遂令乔明礼部占领虎头山、神仙岭以北之线,掩护王竣师向黄家庄、羊皮岭、毛家山、解垣、刘家沟转移,并以王治岐师主力向神仙岭方面转取攻势。部署甫定,敌七千余在飞机数十架掩护下,分由大石岭向毛家山,九眼窑向羊皮岭反复猛扑,经我各部奋勇击退,殄敌千余。旋敌大举增援,实施强烈毒攻。未刻,王治歧师黄家庄、羊皮岭阵地相继不守,各部被迫退守饿罗山、长权村、神仙岭一带激战。为维护王治歧对东交通,当急令该师抽兵一部占领南北白山、老茨沟,淹底线阵地,防敌南窜。午刻,五龙庙仓库附近发现敌便衣队三、四百,当经乔部派队击退。本部为调整战线,便利指挥起见,电话令孔令恂军归曾总司令指挥。未刻,九眼窑之敌三千余向东山底、小坡、老茨沟王治歧师阵地进攻,高家咀、古王、计王方面均有激战。槐下村、桥子村一带集结敌五、六千。

我以处境险恶,当调整部署,以乔明礼、王治歧主力移守五龙庙、饿罗山、西沟村、望原村迄黄河之线,力与唐淮源军谋取连系,王竣师残部抽控郭原以东地区休整①。申刻,王治歧师南北白山、老茨沟阵地遭敌二千余猛攻,益以飞机十余架低空轰炸。我官兵浴血苦战,击毁敌轰炸机一架,落于毛家山以北地区。同时,饿罗山迄望原【村】西北高地遭敌多数纵队强袭,数经击退,共殄敌七、八百(内有指挥官一员)。卒已〔以〕敌增援不已,乔明礼阵地右翼被敌突破后,退守贺雨村。本部以该军孤立危险,乃令该军从第一线抽一部出击,掩护主力移守交家川、姚家坪、五里庵、师徒庙、柳树窊之线,加紧对唐军连系,并掩护白浪渡口。戌刻,长权村北敌骑二、三百中我乔部伏击,悉数就殄。佳未,敌约四、五千在飞机廿余架掩护诱导下,分由祈家河、王家河、下涧来犯,马圈沟、望原之敌亦追踪而至。我官兵奋勇应战,敌我伤亡均重。申刻,敌窜据台寨以北高地,前窑亦发现敌情,新二十七师师长王竣、参谋长陈文杞均在曹家川附近,先后被炸身死。灰日拂晓,战斗益烈,敌机更番轰炸扫射,爆烟起处,血火横飞。幸赖我官兵咸抱有敌无我决心,激战竟日,殄敌六百余,敌终未得逞。

本部因中条山战况日益变化,桥头堡阵地渐失效用,南岸多属空防,在在堪虑,乃令该军南渡,增强河防兵力。真辰,我渡河掩护部队勉就交家川、孤书窊九,四六八高地之线。敌由大宽河窜陷交底沟,直扑南沟,我集结窑坪部队奋起应战,与敌搏战,卒将敌击

---

① 原文如此,似有脱误。

退。旋敌大举增援,益以飞机数十架大肆狂炸,掩护步兵向我全线进扑,师家滩被陷落。午刻,密云四合,大雨滂沱,我乘敌运动困难,猛力反攻,敌被重创后遁。迄文申,除乔明礼部向东北转进游击外,余均南渡。

综计该军自虞申至文午,激战五昼夜,殄敌达五千余。

(丁)会战前本部因鉴于豫东中牟迄温县以东各渡口,悉被敌封锁,道清西段沿线及以南地区兵力骤增,晋南侯、闻、安、运、解、永一带,增集敌约达两师团以上,会犯垣曲,侵毁我晋南根据地企图日益显明。当以辰东诚电令各部队应制机先,积极实施游击,以粉碎敌之攻击准备及兵力集中。并律定各部任务如次:

甲、庞炳勋集团以有力一部,分对安阳、淇县及壶关一带积极游击。

乙、范汉杰军以一部向新博间道清沿线游击,主力向陵川以南移动。至对晋城方面【应】积极游击,可能时则力求打破敌人【对】白晋公路之封锁。

丙、裴昌会军应以有力部队进出温县以东,积极实施敌后游击。

丁、刘茂恩集团以有力一部,对高平及沁、翼方面积极游击,可能时则力求突破阳沁翼大道敌之封锁。

戊、曾万钟集团、孔令恂军各以有力一部,进出同蒲路以西,以稷王山为根据,积极袭击同蒲交通。

己、李家钰军以一部加强中条山西段游击。

庚、守备阵地各部,应确保现态势,加强现阵地,迅速完成战斗诸准备,迎击敌之来犯。

会战间迭令庞、范等部加紧行动,努力遮断晋、高、长交通,打破博晋公路敌封锁,策应刘、裴两军作战;并令孙蔚如、李家钰等部加派精锐部队北渡,加强沁河南岸及中条山西段游击。各部奉令后,均发动若干次有限目标攻击,虽未能直接影响战果,然对平汉、道清、同蒲各铁路,博晋、晋长各公路敌兵力转移、补给、运送,实获牵制之力不少。

(戊)本部因鉴太行区方面,第十八集团军三八五、三八六新【编】各一旅,旋逐次南移至林县东之鹤壁、陵川东北、北行头、树掌一带;太岳区方面,晋东叛军薄一波部已侵入洪屯公路以南封仪镇、松树掌、边寨一带,经由各方迭经严电制止,难期效果。刘集团主力北移后,如再与奸伪作战,则地幅狭小,旋回困难,给养亦无法筹措,有全军覆灭之虞。当以辰马亥诚电令刘戡、范汉杰协取捷径,分经灵石、洪洞间及洪洞、侯马间,迅速通过汾河,向乡宁、吉县突进,先移晋西,尔后相机由小船窝、师家滩西渡转豫,增强河防。

刘军奉命后,有辰,以刘师主力为前卫,马师一部为后卫西进。适府城镇、南北孔滩、马壁敌三、四千向东阻我进路,端氏、王璧敌四、五千向北尾追。经我分别迎击,且战且走。宥夜,至河东村。感夜,至东沟。俭夜,先后到达唐城镇(安泽西北)及南北石村一带地区,稍事休整。卅夜,赵城、洪洞敌知我西进,戒备甚严,乃折转向北绕出绵山。世早,抵柏子镇。东晨,至木盆沟,策定突过封锁线计划与部署。冬午,开始行动。除陈师之廿九、卅两团在介休附近被敌阻击,参谋长刘洒俊战死,不得已仍退集锦山东麓,迄六月真日始,由赵城北渡,过汾河跟进外,军部直属部队及刘师、马师,卒将沿途障碍次第扫除,于六月支日经过双池镇,铣、筱〔篠〕等日,先后集结韩城以北地区休整中。

范军于敬晚分由高平南北突过长晋封锁线。旋奉委座辰漾亥令一元电,令该军暂留陵川服行原任务。原电令虽于辰敬午后无线电发到,但斯时该军已进至高平南北大道东侧地区,当夜仍续行西进。有迄感日,该军陈、李、黄等师,分在高平西北以西及西南地区,与围犯之敌激战颇烈。至感晚,遵令东返。黄师全部、陈师主力分由高平南北,于艳辰先后到达陵川。军部及直属部队在窑几头、高坑堆(均高平西)受敌包围,于俭晓分批东移。范军长亲率一部,经后河村、唐安村、西太阳、南义城,世晨抵陵川。陈师长率一部,李师长率主力,为敌抑留于高平西北地区。俭迄世日,均与各方围犯之敌猛烈激战。至已月江、鱼两日,始先后击退当面之敌,东返陵川原防。

总计刘军西进,范军东返,先后均历旬余乃至两旬,与敌各激战十余次,共殄敌约九千余。我亦因沿途与敌作战,与敌机轰炸,共伤亡、中毒、失踪官兵达一万三千七百五十一员名。

(己)本部为加强前岸游击,直接掩护河防,确保太行、太岳,呼应吕梁山国军,攻牵敌渡犯,除遵委座皓令一元、马令一元各电要旨,拟订分区游击部署,经于辰漾子诚、辰艳子诚、巳有诚、艳申重发各电呈核在案外,其南渡西渡各部,亦正加紧整训补充、待命北渡作战中。

(庚)本会战所得经验教训检讨如次:

甲、敌军战法

(一)敌此次会犯中条山,系运用闪击战法,集中大优势兵力,以多数纵队,寻求我守军接合队,以多数空军诱导掩护,突进直入,首扑各级司令部。

(二)敌运用快速小部队,化装难民,潜袭各司令部,占据后方要隘,配合其野战军作战。

(三)对我阵地及支撑点,除炮、空协攻外,更使用大量毒瓦斯。

(四)对我阵地后方锁钥部,则用伞兵降落,以威胁我军之侧背。

(五)在会战【期】间,对我会战地及后方各主要交通路线之各交通工具,如隘口、铁路、公路、车站、机车、水塔、黄河渡口、各船只,日夜不息的继续轰炸炮击,虽一船一车,不任残存,使我交通上停止一切活动。

(六)敌利用伪军,着我制服,冒我番号,混入我军阵地后方;

或化装难民,施行扰袭与间谍工作。

乙、敌军优点

(一)敌诸兵种协同密切。

(二)敌于作战地域内兵要地理调查详确,一切准备充裕。

(三)部队转用灵活。

(四)善于利用伪军及土民。

(五)战斗行动确能遵照其上级计划勇猛实施,不以局部困难,牵制全局发展。

(六)以大量伪钞,骗使沦陷区民众受其利用。

丙、敌军劣点

(一)敌军虽欲歼灭我野战军,但因部署欠周,我军各部主力多能遵命转至外线,粉碎其殄灭战之企图。

(二)敌虽拟分区扫荡,但因其搜索未周,故迄今仍有大部在中条山续行游击任务。

(三)于沦陷各区,多遭各种残暴兽行,纪律极劣。

丁、我军优点

(一)我军各部大半能遵上级指示,励行革命战术,将被包围时,向敌后方突进,应战况需要,化整为零,突围钻隙。

(二)忍耐艰苦,撑持旬余,绝粮时食树皮、草类及战马,续行游击任务。

戊、我军劣点

(一)会战前地域条件太缺,因兵力与特种兵之缺乏,对敌人对山口之封锁,虽屡经突破,但终难长期掌握。我军完全处于内线,形成被包围之形态。万山崇崇,道路崎岖,交通困难;兵力转用,补给运送,极感艰窘;山地瘠硗,农产不丰;背近黄河,兵团转用更乏旋回之余地。更以敌碉堡封锁政策,致我军难于利害变换线之外,集中兵力,击破某一面进犯之敌。阵地纵深既小,复缺乏兵力守备,是徒具有阵地之躯壳,并无阵地战之条件也。

（二）作战重要因素，兵员数量过于悬殊。战区自二十八年后，前后奉命调出部队有第二集团军、第二十二集团军、第七十一军、第七十六军、第三十六军、骑二军、骑八师、骑十四旅、炮兵第五、第十七两团等部队。由晋南调出者，则有第二、第四、第二十二各集团军全部，第五集团军之第十四军，第三十六集团军之第四十七军、第七十六军，而只代以第八十军之两个师与第卅四师。因敌人之日渐推进，我军工事之增加，其需要兵力，在原则上原应随时日以俱增，方合时势上之需要。但以倡导晋南军队太多之声浪日益高涨，致晋南作战军迭次抽出，以致防广兵单，既无纵深兵力，复无控制兵团。故一经接触，短期间预备队即使用罄尽，致难与进犯之敌作长时间周旋。斯种情形，迭经多方请求陈述各在案，终以后方无兵而未果。若以敌我兵力相较，我军概为十七万余人，敌方则在十八万至廿一万。此外空军【飞机】三百余架，独立山、重、野炮兵约五、六个联队，瓦斯部队、降落伞部队各若干，是在火力及战斗活力上比较，则又超我远甚。势有别、数悬殊，千里馈粮、背水列阵，兹不得不转对阵而为游击也。

（三）会战地域内政治、经济情形特殊，晋南军因环境关系，甚难获得政治上配合，物资极度贫乏，根本不能辅助军事，只将军事一方面之支撑，而无从发动全面性之抗战。

（四）作战军编制待遇未能一律之影响。晋南作战军各单位因负同一战斗任务，而部队因已整编【与】未整编、实费经理与非实费经理关系，饷糈显有丰窘，待遇间不平均，相形见绌，啧有烦言。此关于团结精神与作战意志者至深切大，似应速谋调整者。

（五）部队杂项组织太多，战斗力因之削弱。晋南山池瘠硗，粮食缺乏，各军给养全赖后方之输运，其近山口远离后方者，须冒险通过敌方封锁线，抢运敌方粮食。又因运到部队粮食多半小麦与杂粮，以是各部队对于运粮、磨面、挑水、打柴队各种勤务，实占全连三分之一以上。此外更有突击队、搜索队、侦察队、便衣混城队等等之特种勤务，复占去若干兵额。加以新兵、病兵，所余战斗兵不及编制数二分之一。而干部方面，则又若干分赴多方面受训，是指挥机构，又失去若干效能。因各种杂勤太多，补给困难，故疾病、逃跑等缺额亦随之增加。

（六）官兵骄怠，警戒疏忽，为敌所乘。晋南作战军除少数部队外，率皆频年作战，毫无休息。但因屡挫进犯之敌，每谓中条山有金汤之固，恃而无恐。骄怠一生，戒备遂疏，敌谍混入，致一日间师以上多数司令部为敌阻击，致指挥通信时有中断。

（七）白刃战技术与体力一般，均不能与敌对抗，取得搏击胜利。

（八）武器不足维持部队之战斗力。晋南各部队武器大半使用过久，虽奉有拨发，究属为数太少。炮兵则极度缺乏，无以维持火力上之骨干。若以敌方编制论，其此次使用炮数二公分【以】上，概约八百门，七公分五以上，概约五百门左右。而我晋南各部，每师不过一门余，且弹药极少，观测器材缺乏，真正能用之亦不过卜福斯之九门耳。

（九）感受空军绝大威胁。此次会战敌空军三百余架【飞机】逐日出动，除交通线、渡河场、通信线路完全被其破坏控制外，我阵地上空，无时不遭其轰炸与威胁，阵地摧毁，人马伤亡，补给断绝，增援不及，几使我部队行动完全陷于停顿中。

（十）受敌特种兵器之损害。敌每挫顿时，必使大量毒瓦斯，致使我军无法坚守。

（十一）通信较差。通信器材过于笨重，部队转移致多损失，而人员训练亦感不足。又补助通信器材，几全部无有，故主通信一生障碍，则无法以补救之。谨闻。洛。卫立煌。申俭删。印。重发。

中华民国三十年十月　　日

〔七〕长 沙 会 战

（一）第一次长沙会战

一、战前敌我态势与作战部署

第九战区关于第一次长沙会战战前敌我
形势概要及战场状态的报告

（1939年10月11日）

第九战区长沙会战战斗详报　自二十八年九月十四日起至十月十日止

一、会战前彼我形势概要

甲、敌军之动态

（一）九月上旬以来，敌一零一师团之主力由南昌及赣江东西两岸，一零六师团由南昌、张公渡及武宁方面逐渐集结于靖安、安义、奉新一带地区。敌卅三师团由咸宁、蒲圻、崇阳间逐渐向通城及其以东地区移动。敌十三师团主力由武汉方面以火车输送至羊楼司、五里牌，逐渐向大云山以南地区集结。敌第六师团原在通城、岳阳间占领阵地，其主力亦渐次向西移动。敌第三师团由武汉方面以船舶向岳阳附近输送。交战敌军部队及军官姓名如附表第一。〔略〕

乙、我军之状态

（二）本战区自南昌会战后，知敌惯以小巧投机之伎俩为侥幸之行动。正值欧战乍起，德波风云紧凑之时，敌乘列强无暇东顾，拟进犯长沙,窥伺衡宝,其行动日见显著。本战区一本持久性全面抗战战略,于积极方面,加强袭击工作,调整阵线形势。消极方面,则从事民众组训,道路破坏,物资收藏及疏散,并军队之整训,励兵秣马,严阵以待。本战区战斗序列如附表第一。〔略〕

会战前敌我态势如附图第一。〔略〕

丙、敌情判断

(三)本战区基于最近所得关于敌行动及企图诸情报,有左之敌情判断:

判决

敌似在九月中开始南犯,将以主力由湘北直趋长沙,于赣北、鄂南施行策应作战。

理由大要

1. 就敌情论:敌目前主力似集结湘北,攻击重点业已形成,乘势直下长沙甚便,且同时可得海空军之协助。

2. 就地形论:赣北、鄂南系山岳地带,崇山峻岭,极碍行动,加以道路破坏,补给连络非常困难。而湘北方面,沿粤汉铁路及其以东地区均为起伏地,颇适于大兵团之运动战,且距离较近,可于短期中攻下长沙,完成战果。

3. 就政略论:敌利用欧洲列强无暇东顾之机(列强此时均忙于德波战争之解决),应迅速攻下长沙,以炫耀于世界,并为汉奸汪逆张目。

4. 综检上述理由判断,敌在九月中进犯,以主力使用于湘北方面之公算确大。

丁、作战指导方案

(四)方针

战区拟予敌以严重之打击而开第二期抗战胜利之先河,决诱敌深入于长沙以北地区,将敌主力包围歼灭之。

赣北、鄂南方面,应击破敌策应作战之企图,以保障主力方面之成功。

(五) 指导要领

1. 战区先于现在位置,以攻击手段消耗敌人战斗力。

2. 敌如挟优势兵力前进猛烈,则赣北、鄂南方面努力以围攻及夹击手段,摧破敌合围之企图,不灭不止。湘北方面利用逐次抵抗,引诱敌于长沙以北地区,捕捉而歼灭之。

二、战场之状态

本战区跨湘鄂赣三省之边区,东西以赣湘两江为天然之境界,两翼各具一湖,东为鄱阳,西为洞庭,恰成为整齐对称形之战场。敌大迂回之战法无从施展,不得不行大牺牲之正面作战。

赣北方面(实际仅指赣省西北部),东有庐山山脉之横亘。迤西之著名山峰,在赣鄂交界处者,有九宫山。在湘赣交界处者,有幕阜山。在武宁与铜鼓之东南侧有严阳山与五峰山。斜形连贯,皆属峻岭崇峰,不适于大兵团之活动。赣江上游已封锁,其西侧支流,北有修水,发源于幕阜山及五峰山附近。南为锦江,发源于五峰山。两江在涨水期可呈障碍,水落后,武宁、高安以西均可徒涉两水。航运主要为木舟。由九江经武宁、平江至长沙,及由南经上高、浏阳至长沙,虽有公路可通,但皆已彻底破坏,不堪利用。南昌至九江有公路一条,另南浔铁路尚未完全修复,由九江仅可通至乐化。

鄂南方面之战场,恰似三角形之角插入湘赣境内,交界处为幕阜山脉,该山东与赣北庐山山脉径相连接,山势雄壮,于交通、补给、连络影响极巨。湘鄂公路,北段经敌修复,但南段自通城起已经破坏,不堪利用。

湘北方面(系就洞庭湖以东地区而言),地势较赣北、鄂南均平,更多为稻田。秋冬之季,积水者约占三分之一,道路除湘鄂公路已彻底破坏外,其他乡村大道亦已控窄,机械化部队及重炮兵均不能运动。粤汉铁路,岳阳以北敌已修复通车。岳阳至株州间段则已拆去,并掘毁路基,不能利用。湘江自鹿角以南湘阴以北间已施封锁,除小艇外,兵舰不能通过,其支流新墙河、汨罗河自东向西平行流注,在粤汉铁路以东部分,秋冬之季均可徒涉。综观本战区全般状态,东便于守,西便于攻,而利于攻之湘北地区因道路彻底破坏,加之物资疏散藏匿,处处皆可消耗敌之兵力,整个战场实具备持久消耗战之条件。

三、会战经过〔略〕
四、会战后敌我之行动〔略〕。
五、本战役之所见〔略〕。
六、附录〔略〕。

蒋介石致薛岳陈诚电稿

（1939年4月15日）

长沙薛代长官并转陈长官:○。如敌进取长沙之动态已经暴露,则我军与其在长沙前方作强硬之抵抗,则不如作先放弃长沙,待敌初入长沙,立足未定之时,即起而与〔予〕其制〔致〕命打击之反攻。计划如能布置精密,运用得当,必可取得最大之胜利。如此,则我军必须在岳麓山构筑坚强工事,并附有力炮兵,俾得射击敌舰与长沙,惟须先行指定目标,测定距离,各部依照预定计划,同时并举,步炮协力,则必克奏肤功,希详图之。如果照此立案,则在前方对敌军及我军民有一适合于此战略之宣传,使敌轻入不防,亦甚紧要。如何盼复。中正手启。删酉。机。渝。

第九战区关于战前最高统帅部之作战指导概要

（1939年10月）

湘北战役经过概要
民国二十八年十月

一、战前敌我概况〔略〕

二、战前我最高统帅部对第九战区作战指导

自南昌会战后,我最高统帅部对第九战区尔后作战已有确定之指示,兹分述其要旨如下:

赣北方面:……改以游击战,消耗牵制敌人,对该方面敌人反击行动,务希随时切实注意,妥为部署。高安方面我军须纵深配备,并准备敌如进攻高安时,应自主的放弃高安,诱敌突进而侧击之为要(以五月铣申令一元度电下达)。

鄂南、湘北方面:湘北方面作战应先立于不败之地,以利用湘北有利地形及既设数线阵地,逐次消耗敌人,换取时间。敌如进入第二线阵地(平江、汨罗线),我应以幕阜山为根据地,猛袭敌侧背。万一敌进逼长沙,我乘其消耗既大,兵力已疲之际,以预先伏置于长沙附近及其以东地区之部队(一军),乘敌立足未定,内外反攻,必能予敌以致命打击……(以四月马酉令一元远电下达)。

三、战役经过(九月中旬——十月中旬)〔略〕

四、我致胜原因及所得经验教训〔略〕

薛岳致蒋介石密电

(1939年10月24日)

特急。重庆委员长蒋:膺密。谨将作战方案电呈如次:

甲、指导要领:

(子)战区以一部为野战兵团,挺进敌后攻袭敌人,并破坏其交通、通信,妨害其整补;以有力一部为警备兵团,占领现阵地,不断实施局部攻击,以打击敌人;以主力为决战兵团,控置于分宜、徐家渡、铜鼓、嘉义市、平江以南各地区,积极整补,准备与敌决战;另以一部为预备兵团,于峡江、花桥、赤谷、路口、宜春、万载、黄茅、文家市、大窑铺、浏阳、普迹市、渡头市、长沙各地区构筑坚固据点工事,以策尔后作战之安全。

（丑）敌如进犯时，各兵团之行动要领及任务：野战兵团以游击战术，破坏敌交通通信，袭击敌辎重，断绝敌补给，以达尾击之任务。警备兵团以逐次诱击，节节抵抗之战法，达成诱敌至我决战地区之任务，但敌如前进过速，则必须迟滞其行动至一周以上，使其携行之粮弹用罄为止，尔后归还为决战兵团之预备队。决战兵团以一部为伏击部队，运用伏击战法，先按其入伍前之职业及个性，分别化装为士农工商，潜入伏击区（即决战区之正面），俟敌进入后，突然猛袭，捕杀敌各级指挥官，破坏敌通信，使敌混乱，不能作有计划之行动，积极协同我侧击部队，内应外攻，以达成消减敌之任务。决战兵团以主力为侧击部队，位置于侧击区域（即决战区域之右前或左前），以侧面攻击之战法、乘敌遭我伏击混战之际，猛力侧击包围敌人，以达成歼灭敌人之任务。警〔预〕备兵团以要点防御战法，达成守备后方要点之任务，如决战失败时，所守备之要点，为阵地之骨干，于决战兵团要加强力量时，仍可使用于决战方面。

（寅）将来敌主力如由赣湘公路、铁路进犯时，我即在分宜、徐家渡间与敌决战，以侧击部队由徐家渡方面转移攻势，求敌右侧背而击破之；敌主力如由赣湘公路奉新、铜鼓道进犯时，我即在徐家渡、铜鼓间与敌决战，以侧击部队，由徐家渡、铜鼓两方面转移攻势，包围敌人而击破之；敌主力如由奉新、铜鼓、浏阳道，武宁、修水、平江道进犯时，我即在铜鼓、嘉义市间与敌决战，以侧击部队由铜鼓、嘉义市两方面转移攻势，包围敌人而击破之；敌主力如由武宁、修水、浏阳道，通城、平江、长沙道进犯时，我即在嘉义、平江间与敌决战，以侧击部队由嘉义市方面转移攻势，求敌左侧背而击破之；敌如由通城、平江、长沙道，粤汉铁路进犯时，我即在金井、三姐桥间与敌决战，以侧击部队由平江以南转移攻势，求敌左侧背而击破之。

乙、立案理由：

(子)关于作战方式,本战区防广兵单,如取守势,处处配备,处处单薄。敌取攻势,自由选定攻击时间、地点,集中兵力,以主力击我一部,决无不破之理。尔后我军应取绝对攻势,以我主力击破【敌】一部,所谓守则不足,攻则有余,非如此不能致胜也。

(丑)关于决战地域之选定,在现对峙线与敌决战之害(我军不宜击静):〈一〉敌交通便利,补给容易。〈二〉工事坚固,各种兵器均能运用。〈三〉敌有伪组织可以利用。〈四〉我之后方连络线长,道路破坏,补给困难。在现对峙线六十至一百公里之距离,与敌决战之利(我军宜击动):〈一〉我将公铁道路,彻底破坏,敌交通困难,重兵器不能运用。〈二〉敌在前进中,无工事可凭。〈三〉我以野战部队攻击敌后方,劫夺敌辎重,使敌补给断绝,携带粮弹用完,即不能作战。〈四〉我将民众组训良好,能为我用,将物资疏散或藏匿,使敌不能利用。〈五〉敌作战已疲劳。〈六〉我后方连络线短,补给容易。

丙、兵力使用:

(子)按此次长沙会战,我以三十五个师(七九师、预九师、一零五师、五一师、五七师、五八师、一三九师、一四一师、一八三师、一八四师、新十师、新十一师、新十三师、新十四师、新十五师、新十六师、一三三师、一三四师、十五师、七七师、五九师、九十师、一零二师、三二师、二十五师、一九五师、六十师、九五师、八二师、九八师、一四零师、十九师、一零七师、第三师、一九七师)击败敌六个师团(一零一师、一零六师、三十三师、十三师、第六师、一三师),平均约六个师可击破敌一个师团。

(丑)以现赣湘两江间之三十五个师可敌敌六个师团,敌果如广播所云增兵复仇时,在赣湘两江间正面除六个师团外,敌每增加一个师团,我须增加六个师,方可应战。

(寅)至于详细部署,另行呈报。谨电察。职薛岳。坚。敬午。尧甲。印。〔长沙〕

第九战区前敌总司令指挥各部队赣西作战计划大纲①

(1939年9月1日)

第一、方针

一、我为达成持久消耗战之目的,先依锦河南岸,亘奉新以西之现既设阵地线,极力消耗敌人,敌如继续进犯,则于新淦、新喻线以北,亘新喻、宜丰线以东地区,行逐次抵抗,相机断然采取攻势。

第二、指导要领

二、逐次抵抗阵地线选定概如左:

甲、第一线为市汊(不含)——松湖街——湾头街——赶车垄——猪婆大坵(或米峰)——对门山——故县街——船下洲丁概略线。

乙、第二线为樟树(不含)经楼圩——太阳圩——石头街——官桥街——棠浦概略线。

丙、第三线为新淦(不含)——东乡山——罗坊街——鸡公岭——鹰嘴脑——水口圩——石洪桥——官桥街——棠浦概略线。

三、于各线作战指导要领如左:

甲、第一线大体为现占阵地线,我应于此线极力消耗敌人。但在整训未完了前,敌如向我进犯,以现有第一线部队打击敌人为原则,在接近整训完毕时期,敌始发动攻击,我整训部队能参加第一线作战时,则依本部五月下旬所策定之高安附近作战计划,指导作战。

乙、第二线为中间阵地线,仍以第一线部队转进此线,担任作战为原则。

丙、第三线为最后阵地线,应于此线利用整训部队之增加,断

---

① 此件沿用原标题、原标点。此地区在赣江之西,江西省的北部。

然采取攻势,并应长时确保该线。在此线采取攻势,重点预定保持于新喻、上高间地区,将敌压迫于赣江、锦江间三角地带内而击灭之,此时期希望使用整训部队应在三师以上,以外在此线后方应选定新淦(不含)——观音山——百丈峰——鱼鳞山——太和圩——公和圩——鹰嘴脑——洞口脑——同登脑——南门山——罗坪头线之预备阵地,并设法构筑之。

四、在现态势下,如有机可乘(例如发现敌人确抽调主力向他方面转进,或我之他战场处于有利形势,确认转移攻势可以成功时等),应脱离阵地断然转取攻势,此时期之作战指导,应着意能以主力截断修河以南敌之公铁路交通,遮断敌之退路,而期聚歼敌人。

五、在行逐次抵抗时之作战地境线预定如左:

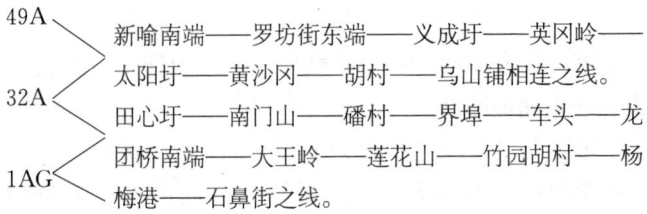

49A〉新喻南端——罗坊街东端——义成圩——英冈岭——太阳圩——黄沙冈——胡村——乌山铺相连之线。
32A〉田心圩——南门山——磻村——界埠——车头——龙团桥南端——大王岭——莲花山——竹园胡村——杨
1AG〉梅港——石鼻街之线。

第三、理由大要

六、以左之理由判断敌人对于本战区或仍有攻势企图。

甲、德苏互不侵犯协定成立后,英法有所顾忌,或作更大之忍让,因此波兰问题,不一定即能引起欧洲战争。英倭因德苏协定之订立,同感愤惧,或有妥协之进行,设欧洲不发生战事,英倭转趋妥协,则倭将对苏极力避免真面目之战争,而在英方不支持中国经济之形势下,先对中国作进一步的压迫。

乙、德苏协定成立后,敌国朝野均感不安,敌阀为掩饰过失,振作民心,将有向中国再兴攻击,企图一逞之必要。

丙、敌为巩固华北占领地,节约华中兵力,同时为使我之兵力转移困难,将利用长江为天然封锁线,似有进一步的西犯宜沙之企图。

丁、湘省资源尤以食粮多在洞庭湖沿岸地区，敌为进一步困我，同时为自方取得资源计，或有进出洞庭湖南岸地区之野心。

戊、赣北、鄂南、湘北敌后方交通线大体完成，江湖之水仍在盛涨时期，在九、十月间算是敌军进犯的一个时机。

七、敌欲向湘北进攻，为牵制我军兵力，必先由本正面发动，本部为能确实达成掩护战区右侧背安全，并为确保赣南，势不得不先着意阻止敌之西进与南进，而求打击敌人，此计划先行逐次抵抗，而后相机采取攻势之理由也。

须行逐次抵抗之另一理由有左之数端：

甲、我之抗战方针在可以打击敌人时，务予敌以打击，在可以不放弃土地时，虽寸土亦不可放弃，因之我现占阵地线，概为战况之自然演进线，并非完全就阵地上应具备之条件考量而选定者，欲在此线行一线抵抗，地形上不可能。

乙、现在第一线，正面过宽，不但兵力不敷使用，且素质欠良，欲以现有兵力，在现占阵地线行一线抵抗，或决战，力量殊欠充分。

丙、现占阵地线接近公路，敌可借其优势装备以临我，如过此线后，公路已彻底破坏，敌无法展其所长矣。

丁、到第三线决战，我可利用有利地形，及使用整训部队，乘敌进展困难而施行大规模之攻势转移。

八、欲守必先能攻，长期抗战，尤不可不着意战术上之攻势，此本计划终极目的，必须断然采取攻势之理由也。

九、就地形上考量，为施行逐次抵抗，在第一线虽不求敌决战，但系既设阵地线，自不可不依阵地极力消耗敌人。第二线之目的有二：一为达成持久战之目的，一为使在第一线部队之转进中间目标，及整训部队有为攻势准备之余裕。第三线在地形上较利于决战，尤便于行长久时间之抵抗，此本计划所以采取为最后阵地线也。

第九战区前敌总司令部赣西地区作战指导腹案①

(1939年9月10日)

一、方针

我为达成持久消耗战之目的,先依锦河南岸,亘奉新以西之现既设阵地线,极力消耗敌人,敌如继续进犯,则于新淦、新喻线以北,亘新喻、宜丰线以东地区行逐次抵抗,相机断然采取攻势。

甲、理由

Ⅰ.敌情判断

1. 敌如因满蒙边境战事之扩大,感受苏联之实力威胁,或其国内发生事变,以一部在现在阵地施行牵制,以主力向南浔线退却时。

2. 敌如于本正面行佯攻,冀图牵制,同时以有力之一部,沿武修公路及靖安西南之山地,进扰我之左侧背,以策应其主力方面进攻修水——平江,窥我湘垣,与湘北敌主力相呼应,以达其侵占宜、沙之企图时。

3. 敌如以主力沿湘赣旧公路线,进攻高安,以一部向石头岗攻击,或另以有力之一部陆海军,在空军掩护之下沿赣江西犯,威胁我之右侧背,以策应其主力攻击时。或以主力于进出石头岗、高安以西地区后,向左迂回,以一部沿赣江西进,(或由要点登陆)与其主力相呼应,会攻清江时。

4. 敌以主力沿湘赣旧公路线攻略高安,进犯万载,同时于赣江及奉新西南之山地带,向我围攻时。

Ⅱ.地形判断

1. 我右翼赣江,为三、九两战区之接合部,形成敌迂回我右翼良好之水上进路,于现季节江水正大,具有海军舰艇之敌,正好竭力发挥其特长,以协助其陆军之作战。

---

① 此件沿用原标题、原标点。此地区在赣江之西,江西省的北部。

2. 我中央石头岗至竹园胡村间,敌后方公路,纵横可通南浔,九月下旬,南浔铁路已将完成,其兵力转用,非常容易,我三十二军作战地域内,地形平坦,攻易守难,后方公路虽经彻底破坏,于现季节,稻割田洇,无水可灌,均成旱田,形成波状地,对敌机械化部队之阻止,遂觉困难。

3. 我左侧山地带,与三十集团军间,有约 45 km 之大间隙,山岭绵亘,道路纵横,警戒发生困难,敌潜入进扰容易。无论敌由右翼赣江、左翼山地向我迂回,均能使我战略上陷于不利,以我火炮贫乏之现时,想阻止敌舰于江上非易,只能作陆上防御而已。

Ⅲ. 任务判断

1. 以策应战区主力方面之作战容易为目的,依状况则断然采取攻势,以有力之一部(约三师)向修河南岸地区挺进,相机攻占南昌。

2. 以协助左翼友军方面作战为目的,应以有力之一部(约两师)向武修公路挺进,侧击敌军。

3. 以确保赣西,掩护战区主力军之作战安全为目的,并与第三战区取得作战上之连系计,应于新淦、新喻以北,亘新喻、宜丰以东中间地区,行逐次抵抗,以消耗敌军,相机与敌求决战。

二、指导要领

Ⅰ. 各阵地之预定

1. 第一阵地

(同现在线含预备阵地从略)但第一集团军预备阵地左翼,应另于闵家山——马鞍岭——白露岭——亘石凸山之线,增加一复线阵地,以确实封锁奉新大道(第一线正面约 108 km,预备阵地正面约 54 km)。

2. 第二阵地(距第一阵地约 38 km)。

为樟树、清江、曲水桥——太阳墟——石头街——泗溪——官桥街,亘棠浦北方高地之概略线(正面约 56 km)。

3. 第三阵地(距第二阵地近者约 18 km、远者约 38 km)。

为鱼鳞山——罗坊街——鸡公岭——鹰嘴脑——和尚脑——上高城东——唐家山,亘宜丰北侧高地之概略线〔江防另以有力之一部(约一师)配置于观音山——鲢鱼岭——仁和墟中间山地,主任赣江之防御,并对鱼鳞山、袁水下游方面警戒〕(约 80 km,江防山地约 18 km)。

以上各预定阵地,须派员行现地侦察后,再策定各阵地详细位置。

Ⅱ. 各期兵力使用之概数

1. 第一时期约七师(不含 183D),又保一团、机动部队一师。
2. 第二时期约九师又保一团或二团。
3. 第三时期约十一师又保一团或二团。

以上各时期系指于第一、二、三阵地使用兵力之概计。

Ⅲ. 各期指导概要

乙、第一案(74A 能参加作战)

1. 于敌情任务判断第一(敌向南浔线退却、我策应战区主力作战),我于判定敌之企图及行动方向后,即断然以 60A 之全部及 49A 之一师,向修河南岸挺进,追击敌军,相机攻占南昌、安义,尔后则依情况定之。

2. 于敌情判断第二(敌主攻 30AG 一部向我佯攻),依任务判断第二(协力友军作战),以六十军向箬溪,或武宁等处挺进,侧击敌军,以协助 30AG 方面之作战,此时将 74A 控置于棠浦、上高、宜丰中间地区,为战略预备队。

3. 于敌情判断第三、四、五(敌三方俱来或主力西进以一部左翼迂回),任务判断第三(掩护战区主力作战),各种情况,如全线遭受敌之猛烈攻击时,应于判断敌主力之使用方向后,视当时之情况,各军依计划逐次转移于预备阵地,极力拒止敌军。若赣江方面威胁力不大,则令第一线部队相互掩护,转移于第二、三阵地行逐次抵抗,74A 则以一部占领第三阵地,以主力(两师)控置于阵地中央后,相机与敌决战。

若赣江方面威胁力甚大,或敌有一部已在左岸登陆,则令49A自行掩护,逐次转移于第二阵地(以一部阻止江上之敌人)。32A受1AG之掩护,逐次转移于第二阵地,1AG除以一部(一军)掩护32A之转移阵地外,60A则与32A同时转移于第二阵地。

若以上各时期,敌如先由中央32A地区突入,西进迟缓,或确认其无从续部队,且西进之兵力不大等时机,则令49A之左方师,1AG之右方军分向西北东南山地调整阵线,形成守势钩形,32A即转移于第三阵地整理,同时以74A全部向前挺进,协力49A、1AG包围侵入之敌军而聚歼之,并相机转移攻势,将敌向赣江左岸压迫而歼灭之。

4. 无论在任何情况之下,对右翼赣江应派一部,严密戒备,如确认敌有登陆企图,则加强兵力竭力阻止之,左翼山地带,应由杨遇春部(加强其实力约步二团)配置于会埠、九仙汤、石门楼之中间地区,依游击战之方式,努力封锁与30AG间之间隙,及任对小部队之驱逐,并掩护一集团【军】之左侧。

5. 一八三师应预先令其归还建制,以掩护本正面左侧之作战安全。若时间不许可,则令其以奉新西北侧山地为根据,侧击由奉靖西进之敌,以协助主力之作战。

6. 于第二、三时期(第二、三阵地)之作战指导,则应视情况另行策划之。

丙、第二案(74A不能参加作战)

于第三、四情况,若74A不归我使用时,则第一线部队竭力抵抗,于判断敌主力方向后,转移于预备阵地,努力拒止敌军,依情况必要时,相互掩护逐次抵抗,转入第三阵地,酌抽1AG之一部(约两师)为战略预备队,竭力拒止敌之西进(行动标准,视敌由中央突入兵力之大小、及右翼威胁之程度而定)。

丁、搜索警戒要旨

Ⅰ.搜索

1. 敌未发动前,各部应派出小部队,行威力搜索,努力与敌保持接触,适时应真确明了敌之企图,切勿为敌之佯动所欺骗而趋于不利(详细计划如另纸)〔略〕。

2. 敌发动后,应努力搜索敌之主力所在,及其动向,同时派遣搜索队,对两翼行较大规模之威力搜索。

Ⅱ．警戒

对赣江在最初仅以小部队警戒为已足,以免为敌所牵制,确认敌有登陆之企图后,再依情况酌派有力之独立部队,担任江防,竭力阻止敌之登陆(部队之派遣视情况而定)。

戊、兵站、交通、通信要旨

1. 兵站,以使攻守之补给裕如计,应预将各军兵站线路,向修河以南地域延伸,作成腹案,并应准备会战必需之弹药(计划另定之)。

2. 交通,应充分准备为遂行补给之必要输力,位置于适当地点待用(计划另定之)。

3. 通信,无论任何情况之下,均应保持有线电(电话)之通信为要(计划另定之)。

4. 各卫生机关,应预行控置,俾各时期均能于适当之位置而开设之。

二、会 战 经 过

1. 赣 北 方 面

薛岳致蒋介石密电

(1939年10月26—27日)

(1) 10月26日电

重庆委员长蒋:膺密。据罗总司令峚酉战电称:长沙会战赣北方面作战经过概要:(一)作战前敌我态势:自四月攻围南昌后,敌我夹锦江下游,亘大城、奉新、靖安间,成对阵之势。我军本积小胜为大胜之旨,历月以来,经过数十战,迭有斩获。(二)此次战役敌我使用兵力概数:(1)敌主力为一零六师团之全部,一零一师团之半部(一零二旅团之一零三、一五七两联队及一零一联队、骑兵联队各一部),杂伪军第三师,飞机二十余架,中轻战车三十余辆,野山重炮五十余门,装甲汽车四十余辆。(2)我作战初期参加高安、会埠战斗者为四九军、三二军、五八军、六十军(欠一八三师)、七四军(欠五七师),计九个师及山炮六门。次期参加高安、上富、甘坊、找桥战斗者,为四九军、七四军、五八军、六十军、十五师,计十个师。末期参加追击战者,为四九军、三二军、七四军,计七个师。全战役期间总计参战兵力为十二个师及炮六门。(三)敌我采用战略战术:1.敌为策应湘北敌之主力会攻长沙,采用迂回战略,先以一部(一零一师团之一零二旅团主力)对我高安行牵制攻击。主力(一零六师团全部)集结于奉靖地区,派一部佯攻修水,大部对我左翼行迂回攻击,企图压迫我主力于锦江南岸后取秘密迅速手段,以监视高安。佯攻修水之姿态牵制我军于赣北,并实行掩护其一零六师团全部及杂伪军,分两路西犯:一由奉新进占上富镇,积极修复旧公路为主要补给线。一由靖安袭取九仙汤,尔后即由上富镇经甘坊、找桥、大墈及由九仙汤经山口两路会攻铜鼓,直趋浏阳,抄我战区主力之右侧背,以促其长沙会战之成功。2.我以掩护战区主力军作战右侧安全,企图相机策应主力军作战之目的,力争主动,出敌意料,向敌处处侧攻,节节包围,本作战指导,以消耗敌人始,以歼灭战终,其中经过一本委座五月铣日及九月号午电指示之意旨,以策应计划。(四)作战前敌之动态,九月佳、灰、真等日异常活跃,不断侦炸清江、樟树、峡江各要点及我锦江、高安、米峰亘大禾岭之主阵地。敌阵地后方调动尤为频繁,其机械化部队及炮兵,时在奉新、大城、南昌间运动。或声言调防,或佯言攻高安,窥万载,以乱我耳目。本部派探多方侦察,元日得悉敌战车三十余辆,

1091

主力在奉新,一部在大城,而奉新、陶仙岭间有野山重炮三十余门,大城、赤田张间有野山炮二十余门。同时张公渡、安义间有敌大部集结(待续)。等情。谨闻。职薛岳。实。宥未。尧。印。〔衡阳〕

(2) 10月27日电(一)

重庆委员长蒋:膺密。据罗总司令鄂酉战电(续一)报称:(五)作战开始九月文、元等日,敌机侦炸我交通机关及高安浮桥。寒日靖安西南船下洲丁、青树一带有向会埠前进模样之敌数百。同时,奉新西南之敌炮兵向高集团阵地轰击数百发,内杂毒弹。步兵在其空军掩护下,亦向我阵地运动,战斗于是开始。(六)高安、会埠线战斗经过:(A)我于市汉街、赣江东岸起,沿锦河南岸,经马形山之线为主阵地,其前为警戒阵地、前进据点、守备部队,右为四九军,中央为三二军,左为一集团(一八三师)。敌步兵一五七联队于九月删辰借其机炮掩护,开始由赤土街附近向我三二军之一四一师与五八军之新十师接合部小仙岭、上步脑、竹溪、胡村各据点进犯。我军逐步抵抗,退至主阵地线。(B)铣日敌向我压迫,兼施毒气。我新十师退守茅竹岭、城里主阵地,我一四一师形成突出,敌即以主力南向该师侧击。该师亦以预备队占领北正面,与敌激战甚烈,双方伤亡均巨。大城、鼓楼铺之敌(一〇三联队)由公路以飞机炮兵掩护,一部步兵向我一三九师之亲公山、祥符观进犯,被我击退。奉新之敌进占白塔徐后,一面猛攻对门山、棺材山,一面掩护其修筑通上富之公路。其由船下洲丁、青树南进之敌亦将我左侧掩护队压迫至回潦水以南。铣辰攻占我会埠后,急向渣村、水口甘南犯,另一股步骑之敌千余人向阴山村、罗坊西进。据报会埠以北仍有后续敌军,已发现之番号为一二三联队及一四五联队,因此判断敌知我左翼弱点,佯向我左侧后迂回攻击。乃令六十军由一八四师抽兵扼守水口甘、樟树岭固我翼侧。急电一八三师星夜由西头、邱家街向会埠南袭击敌背,并令七十四军之五一师由上富西南出发,兼程向上富前进,迎击罗坊敌军,并协同六十军三面进击,聚歼会埠、阴山村之敌。五七师由分宜推进水北街、钱墟地区。五八师由万载推进官桥街、东港地区。军部由分宜推进上富待命。(C)篠日正面敌军攻破我新十师茅竹岭、城里线主阵地,退至松茅山对面岭老屋彭之线,赖我一四一师主力向敌侧击,阵脚始告稳定。但五八军阵地过宽,无纵深配备,形成突出,扩大加倍正面,且受敌两方面之炮火压迫,势难持久,六十军之一一八四师正面彻底激战,至篠午后放弃对门山、棺材山、文笔山,退守石子坡、上红陈、大禾岭线,同时水口甘亦告失守,我退据缺夫岭、仙女寨之线。一八四师急派队增强樟树岭、伍桥线之守备。酉刻据报樟树岭被敌侵入,西进之敌进占罗坊、冶城后转向南犯,先头进抵下观童、苦竹坳。此时,我一八三师行动尚未得报,五一师一部抵棠浦,大部尚在上富官桥街道上行进中。我为适应战机,争取主动,乃于篠晚下达战略转移之部署,令四九军在锦河南岸占领两线阵地集结有力部队于高安南之莲花塘,三二军以一师守备高安并令一集团转进,一师转移于会埠、石头街之线。七四军确实占领泗溪、官桥街、棠浦之线,派一部向村前街前进,掩护一集团转进,一集团【向】宜丰、徐箕①突出地区转移,集结待命(待续)。等语。谨闻。薛岳。实。感酉。尧。印。〔衡阳〕

(3) 10月27日电(二)

渝委员长蒋:膺密。据罗总司令哿酉战电续报称:(D)巧日高安以东一三九师对西犯之敌猛烈抵抗,申刻仍在连城桥、东花街、火埈上之线激战。第一集团军转进,〔县〕在村前街与敌发生战斗,敌机竟日轰炸高安、会埠、上高及锦江各浮桥。申刻杨公圩发现敌百余名,被我五八师挺进队击走。巧夜起敌猛攻高安。我一三九师皓辰九时放弃高安北城,退安高安南城及城西石鼓岭、姑〔黄〕姑

---

① "徐箕"应为徐家渡。

岭对高〔北〕阵地。一四一师一部占领石脑圩西南高地,扼制公路,阻敌西犯。第一集团军大部到达上高东侧地区,改令其在上高以北地区集结,并令一八三师占领上富镇,努力搜索元〔奉〕、靖、会埠方面敌情。(E)哿日我搜索队驱逐龙团圩、村前街、杨公圩各二百余之敌,占领之。哿戌敌在高安城西偷渡锦河,沿岸向我炮击,焚毁民房,【除】以西樟树桥、斜桥、南桥何各点筑工【事】及空军炸我独城、上高、宜丰外,未见显著行动。本部为欲明了敌之企图,乃于巳刻令四九军派队向高邮市以东渡河袭敌。卅二军严密监视高安之敌,并以龙团圩为基点,七四军以杨公圩、村前街为基点,各向东北地区努力搜索敌情。一八三师由上富向罗坊、阴山村攻进,即以赤岸、龙团圩、村前街、罗坊之线为反攻发起线,向敌反攻,各路搜索结果知敌无积极行动。马夜卅二军开始由西南两面反攻。养辰克复高安、高城。七四军亦进占斜桥、南山何,灞〔敌〕向东退却。(F)养巳下达新部署令。四九军仍派队渡河,努力袭击。王军一部由高安跟踪追击敌人。主力以石脑圩为基点确保高安、水盆岭、岳飞场各要点。七四军派一师以村前街为基点,确保斜桥、南山何、院前邹庄、店前各要点。一八三师进占冶城为基点,确保路口、阴山村各要点,尔后向当面之敌攻击,相机进展马槽〔形〕山、莲花山、凤凰山、马鞍岭、白鹭桥、仙女塞〔寨〕、段村之线。各军奉令后,奋勇前进,毙敌甚多,至漾晨止。卅二军完全占领指定进展【线】,七四军亦已接近指定线,惟上富、罗坊方面尚未据报,情况不明。等情。谨闻。职薛岳。实。感酉。尧。印。〔衡阳〕

王陵基与蒋介石往来密电

(1939年9月)

(1) 王陵基致蒋介石密电(9月20日)

特急。渝委员长蒋钧鉴:铣川侍参电奉悉。膺密。一、武宁当面之敌原系一零六师团之第二三联队及酒井大队。本月真文两日相继撤换,其接防之部队为伪军李守信部,兵力二千余,仍固守原阵【地】。二、我守备队时派小部队向当面之敌袭击。新十五师四四团之唐营,乘敌交防之际,向武宁东端大桥河、棺材山之敌袭击,于删辰将大桥河、棺材山、合掌街各地确实占领。刻正破坏敌后交通。新十三师派三十八团驰赴会埠、上富方面,击敌侧背,并派三九团二营驻石门楼,向会埠方向严密警戒。三、新十四师于七月文日即向德安、瑞昌一带挺进,袭击敌后,破坏交通,猛攻敌十余次,当有斩获,尤以瓜山一役,毙敌百余,夺获军用品甚多,我亦伤亡百余。嗣以奉命推进德安、瑞昌以东地区游击,于九月文日即在白云山、望夫山、五台岭一线与南浔线敌约千余激战数日,敌军伤亡三百余,夺获军用品亦多,我军伤亡百余,刻仍激战中。四、职集团各师官兵抗战一年,精神较为奋发,意志愈益坚强,均抱抗战必胜之信念。惟防务过宽,任务颇重,而病兵以天候时令关系不少,努力治疗中。七十八军虽在整训期间,然仍担任防务,训练较为困难。谨电鉴核。梁口职王陵基叩。号辰。总参二。印。

(2) 蒋介石致王陵基密电稿(9月26日)

修水王总司令方舟兄:号辰总参二电悉。〇密。兄率部远征,至念贤劳。贵部官兵经年作战,奋勇杀敌,殊堪嘉尚。至于困难各点,中枢均甚洞悉。除电薛代长官知照外,特复。川。中〇。宥午。令一元度。

罗卓英致蒋介石等密电
(1939年9月23—25日)

(1) 9月23日电(一)

委员长蒋,分报主任白、长官陈、代长官薛:膺密。一、湘北之敌合向我进犯,本正面经努力抵抗后,有由奉新、靖安西犯之企图。二、为掩护战区之作战右侧安全,准备攻击该敌之目的,本午下达调整部署如下:三、四九军预九师任务同前(锦河南岸)。一〇五师接替高安。卅二军马形山、白石岭、火垅上阵地,确保司公山、祥符观、莲花山、赵家山各要点,准备向大城、虬岭之敌攻击。四、卅二军将高安方面防线交替后,一三九师移置龙团圩附近集结。一四一师右连结一〇五师赵公坛、老虎山、南山何之线,准备向奉新方面之敌攻击。五、七四军以五一师右连结一四一师,占领南山何、院前邹庄之线、前李家庄之线,准备向车坪方面之敌攻击,并协攻会埠,以主力控置于上高、泗溪、官桥街地区。六、第一集团军以六十军附十五师攻击冶城、罗坊之敌,确实占领,准备向会埠之敌攻击。五十八军在棠浦附近集结。以上各部队会于漾晚开始行动,有卯前部署完毕。谨报。罗卓英。漾申。钧。印。〔分宜〕

(2) 9月23日电(二)

特急。重庆委员长蒋,分报主任白、长官陈、代长官薛:膺密。甲综〔甲综字衍〕(甲)情况:(一)敌一零一联队自上旬起,陆续增西北及奉新约二千。(二)本正面仍为一零一师之一零二旅团,及一零一联队大部与一零六师团。(三)南昌、永修方面继续运粮弹至奉新。(四)战场未发现伪军,但会埠确有伪第三师。(乙)判断:(壹)敌炮兵似已他调一部。(贰)一零六师团似集结在奉新、靖安地区。(叁)敌经本正面极力抵抗后,似放弃高安、上高道正面西进之企图。(丙)敌可能之行动,以一零三师团全部配合伪军向西延伸,接守一零六师团之守备正面,而将一零六师师〔团〕抽出配合伪军一部,集结奉新、靖安地区西进,或转移他处西进,判断:子、一部由会埠向上富掩护主力,由〔疏〕九仙绒〔汤〕侧攻修水,与湘北敌会攻平江。丑、主力由上富西进,攻取铜鼓,直出浏阳。寅、由上富、人〔?〕、峡【江】、宜丰、万载隔断我赣湘军之连络,掩护湘北敌之南犯。谨电参考。罗卓英。梗戌。曙。印。〔分宜〕

(3) 9月25日电

即刻到。渝委员长蒋,分报主任白、长官陈、代长官薛:膺密。情报:据较确谍报:集结于奉新附近之敌,除一部进犯上富外,其大部似为一零六师团。自马起,陆续北去。等语。除饬属威力搜索,并逮围歼上富之敌外,谨电参考。罗卓英。有午。曙。印。〔分宜〕

王陵基致蒋介石何应钦密电

(1939年9月26日)

即到。重庆委员长蒋、军政部长何钧鉴:饔密。(一)奉靖北犯之敌千余,一部约五六百于有晨向我塘埠新十三师三、八〔两〕团进攻,激战至暮,我官兵奋勇抗战,毙敌百余,我负伤连长一员,士兵六十余名,刻仍续战。(二)奉令将十五师调往修水、梁塘原防石钫楼待命,新十四师调回澧溪待命。(三)武宁当面之敌不时向我猛犯,经我守备队南岸新十三师、北岸新十六师坚强抵抗,敌未得逞,刻尚无变化。谨闻。梁口职王陵基叩。宥午。总参一。印。

罗卓英致蒋介石等密电

(1939年9月26—30日)

(1) 9月26日电

急。重庆委员长蒋,分报主任白、长官陈、代长官薛:膺密。战况及部署:(一)我五十一师进占伍桥何、樟树岭要点。第一集团军主力及一五师、五七师正向上富镇、甘坊之敌攻击中。(二)为掩护战区主力作战右侧安全之目的,先行击破西犯之敌,变更部署如下:(1)四九军预九师仍在现阵地,重点保持于左。一零五师向左延伸,占领马形山、白石岭、富公岭、虎形山、旂山、亘南山何之线,接替一四一师阵地。(2)三十二军一四一师将阵地交替后,即转向万载附近,一三九师俭日可到达万载东方集结。七四军五一师仍在潭山何、院前邹庄、店前、富楼、幸家原阵地,五七师续行原任务,正向上富镇、冶城之敌攻击中,五八师在官桥街附近地区集结。(3)第一集团军主力及一五师正向甘坊、横桥之敌围攻中。(4)各交接阵地部队限感日完毕,除令遵外,谨报。罗卓英。宥未。钧。印。〔分宜〕

(2) 9 月 27 日电

特急。抄二份,重庆委员长蒋、司令长官陈(另报主任白、长官陈、薛):膺密。战况:本日拂晓向冶城、上富镇、甘坊之敌奋勇总攻以来,战况异常激烈,截现在止,七四军五七师感卯已击破冶城、上富镇南岸之敌后,即渡河追击。上富之敌步骑约八百余经猛烈攻击后,已向上富以北溃退,扫荡队一部已进至上富镇,与残敌巷战,迄辰完全占领。五一师一部已攻占罗坊河南高地,与敌隔河对战中。第七一【师】各队已进展甘坊附近,陈家坳、小坳头、石公庙、石洞口之线,正向甘坊之敌猛围攻中,一八四师一部已占领横桥。入暮敌续有增加,同时向五一师正面攻击,除严令各向敌夜袭以期聚歼外,谨报。罗卓英。感未。钧。印。〔分宜〕

(3) 9 月 28 日电

急。重庆委员长蒋:膺密。战况:连日窜入上富、甘坊欲行西犯之敌,自我攻占上富,包围甘坊,首尾截击,处处受创,甘坊之敌,被我第一集团军及一五师正在解决中。俭午敌由九仙汤方面增来千余(一一三联队),向我反攻,同时又以飞机轰炸及放毒弹,经一再严令奋勇歼敌,故在甘坊附近,反复肉搏,不下数次。俭申一八四师仍在小坳头线北端之线,一五师伤亡较重,现占坳头、错箕窝高地之线。俭晚令一八三师接替该线,一五师即移甘坊北面复作包围之攻击。是晚敌一部七八百压迫我横桥之一八四师一营,进犯下南岭、梅秀庵,已令五七师及五八军各派一部阻其南犯。敌一

部已受我军〔军〕之打击。除饬各部努力攻击外,谨报。罗卓英。俭戌。钧。印。〔分宜〕

(4) 9月30日电

特急。重庆委员长蒋:膺密。战况:〈一〉高集团方面,续向甘坊西南增援之敌,由文件证明系一零六师团一一三联队。自辰至午,在飞机、炮火掩护之下,向我一八三师猛攻,我左翼五四九团伤亡甚大,全团仅余二百。未刻品〔?〕树坳遂告放弃,敌亦有相当伤亡。现仍竭力固守坳头西方樟树岭,亘将军庙西南端之线。敌机五架,更番轰炸,一五师情况未详。敌五百已窜抵茶坑。新十师已到找桥,新十一师亦向找桥急进,一八四师仍向甘坊之敌猛攻中。〈二〉七四军伍桥河之敌续增约三百,未刻向我五一师六千岭炮击六百发,并施放烟幕,现仍在激战中,全线于戌刻同时向敌攻击,进展情形容另报。罗卓英。卅申。钧创。印。〔分宜〕

王陵基致蒋介石密电

(1939年10月1日)

即到。重庆委员长蒋钧鉴:膺密。(一)由靖安进犯塘埠之敌六、七百人,在塘埠西北端之狗子脑、界牌仑、温草湖、花崖尖各地,于有日起与我新十三师三八团激战三昼夜,敌集中机炮向我猛击,并施放毒瓦斯。我官兵奋勇杀敌,与敌肉搏十余次,敌伤亡惨重,我阵亡连长、营副各一员,排长数员,负伤连长数员,士兵三百余名。(二)窜修水之敌约千余人,于俭日与我新十五师之四十五团在黄沙桥接触,激战终日,拒止敌人西窜。艳陷两日经我新十五师全部及新十六师之四八团围击,已将该敌击溃,主力退据黄花尖、海湖山、大板尖高地顽抗,一部向高□、何家嘴方向窜去,已被我四四团刘营截击他窜。敌增援部队约一大队,于陷午到达沙窝里,连日激战,我伤亡官兵甚众,详情另报。梁口职王陵基叩。东辰。总参一。印。

罗卓英致蒋介石密电

(1939年10月)

(1) 10月1日电

渝委员长蒋(另报主任白,长官陈、薛):膺密。本正面为掩护战区右翼,使主力会战奏效之目的,乘敌深入断粮之际,夹击歼灭之,本日部署大要如下:(一)高集团附一五师固守甘坊、元桥、石街之线,拒敌西犯,俟王集团及宋军到达山口、大塅间,即取攻势夹击该敌。(二)王集团留一部对东守备,主力迅由黄沙桥、山口急速南进,与高集团及宋军协击西进之敌。(三)三二军一三九师由铜鼓向三都圩、大塅迎击,其一四一师推进铜鼓附近地区策应,并以一部对东门市警戒。(四)七四军五七师仍在上富、横桥之线向北攻击,牵制该敌。五一师之阵地线各要点交四九军后,集结宜丰附近待命。五八师西开,限支日到达万载西之林潭、桐木地区,对北警戒。(五)四九军一部任高安以东、锦河南岸守备,主力在锦河北岸延接高安、南山何、店前、下观童各要点,尔后以独城、高安、村前街为基点,向大城、奉新、会埠、罗坊之敌施行游击,掩护本正面右侧。谨报。罗卓英。东酉。钧。印。〔分宜〕

(2) 10月2日电

特急。重庆委员长蒋(另报主任白、长官陈、薛):膺密。战况:一、高集团军方面,拂晚敌千余在找桥东北向我新十师猛攻,经我奋勇迎击,敌未得逞。新十一师已到达找桥。四十九军方面,预一师伍团东酉由河口、夏布经董家桥,今晨向厚田街一带猛力袭击,敌据坚固工事顽抗,并放毒气三次,我官兵少数中毒,现仍对战中。我西山周营东夜向西山万寿宫、璜邶间之敌袭击,破坏其交通、通讯,策应伍团,一零五师东戌以一部出击占领狮子山、飞虎山，敌退据马鞍岭，今午我又将马鞍岭攻占，毙敌卅，获步枪一支，由文件证明该敌系一五七师。二、七四军方面之敌，因甘坊、横桥被我确占，敌无法西窜。数日来，罗坊北续向九仙汤西窜者，络绎不绝，弹药皆用牛驮，以夜间行动为多。谨报。罗卓英。冬酉。钧副。印。〔分宜〕

王陵基致蒋介石密电
（1939年10月3日）

限二小时到。重庆委员长蒋钧鉴：膺密。据新十五师威力搜索队报称：黄沙桥之敌于本日午前，一部向高辉宫，□部向曾家嘴退却。又据谍报：有敌骑二百已到大塅，步炮二千余续进中。职为迎击该敌，当令新十四师于本晚立向山口、大塅前进，与该卅九师切取连络，以收夹击之效。复令新十五师速派陈团全部狙扫荡当面之敌，并派出有力部队扼守沙窝里至九仙汤之白沙坪隘口，其余主力即向何家嘴转进，占领阵地，与新十四师切取连络，猛攻当面之敌。谨电，呈请备查。修水任家埠职王陵基叩。江戌。丝参一。印。

王陵基与蒋介石往来密电
（1939年10月）

（1）王陵基致蒋介石密电（10月4日）

限二小时到。渝委员长蒋钧鉴：膺密。（一）据新十三师师长刘若弼江亥、支辰报称，本日冬日入暮敌三百余，向我球场、柳山阵地猛攻，激战至江晨，并用炮击甚烈，刻仍对战中。由图坳（石门楼北）北窜之敌约八百余，于江戌与逼近毛头墩、安峰镇部队接触甚紧，激战甚烈。（二）据侦探报称，渣津于江申被敌攻陷，江亥东市街已发现敌便衣队数百，向修水急进，刻已派队到苓口截堵中。（三）据报向大塅进犯之敌已转向古家桥，有进犯山口之样。据以上各情，修水已成包围形势。谨电鉴核。修水任家埠职王陵基叩。

支辰。参一。印。

(2) 王陵基致蒋介石密电(10月4日)

限即刻到。重庆委员长蒋钧鉴:赓密。据确探报称:三日以前甘坊之敌有一部,自九仙汤;一部向找桥东北进窜,而现在敌之大部,已在安峰镇与我新十三师激战中,一大部由大垇向古家桥北窜。又渣津江日被敌便衣队数百占领,刻自马坳街、修水前进中,至甘坊、上富。我友军各部均由南向北攻防,等语。查友军□晚及敌人动向,我找修各阵地又已成包围形势,日趋严重。除饬各部严密攻防外,谨呈鉴核示遵。修水任家埠职王陵基叩。支午。参一。印。

(3) 蒋介石致王陵基密电稿(10月8日)

急。王总司令方舟兄:支辰、午参一两电均悉。赓密。目前湘北之敌节节败退,即希积极攻击当面之敌,以行牵制而利全局为要。中〇。庚午。令一元度。印。

罗卓英致蒋介石密电

(1939年10月4日)

特急。重庆委员长蒋:赓密。战况:(一)高集团方面,冬申攻找桥之役,敌系一四七联队及岩崎工兵联队、骑炮兵各一部千余人。刘师阵亡副团长、营长各一员,重伤团附一员,伤亡连排长十余人。我鲁师江午夜复找桥后,现配备于找桥、塞塘洞、下堂之线,与敌对峙中。本日我六十军由甘坊向西北出击,敌狼狈北窜,奋勇队三十名冲入厚田街之铁丝网,遭敌猛射,全部牺牲,敌旋施放毒气,我官兵中毒者颇多。冬申撤锦河南岸,是役毙敌四十余,夺获掷弹筒、军毯、钢盔等二十余件,我伤连排长三员,士兵二十七,阵亡士兵四十,损失轻机枪一挺,步枪十五支。一零五师魏团江丑出击,攻占马鞍岭以东及米峰南,于山地发现敌遗尸百余具,获步枪一余支,子弹数十籍,汽油二十余籍。(二)七四军,个晚伍桥何之敌向我李师一五七团阵地袭击数次,均被我击溃,毙敌三十余名,上富北岸之敌亦向我施师袭击,被我击退,我伤亡三十余。(三)四九军预九师一部,冬寅渡锦河攻击厚田街附近山背、喻庄之敌约二百余,战斗激烈。赣江东岸之敌渡河增援顽抗。我西各山头毙敌三十余名,获三八式步枪一支,掷弹筒一个,毒气罐二个及其他文件三十余件,我伤排长一,士兵二十余。(四)三十二军一三九师江酉到达大塅,今日派队向带溪、古家桥搜索,均无敌情。除分报外,谨报。罗卓英。支酉。创。印。〔分宜〕

王陵基致蒋介石等密电

（1939年10月5日）

（1）

即到。重庆委员长蒋、司令长官陈、司令长官薛:膺密。支晨据修水吴县长辑民报称:敌便衣队二、三百人,江晚由渣津窜至马坳街,企图不明,等语。其时只闻廿军由渣津向朱溪厂、龙门厂之敌跟踪尾追,定江晚遵命以七二军主力集结于山口附近,准备协同友军夹击甘坊西犯之敌,又因七八军主力转移,尚未占稳阵地,不意步骑连东犯之敌七、八百人,忽由桃树以东经渣津于江晚抵马市街。不得已先派工兵营及特务营之一连,于支晨驰赴杭口扼守,并另调上、下田浦之四八团赶到梁塘增援,待吴师大部到达攻击该敌。在我部队未到以前,敌即向我猛攻,激战甚烈,加以敌机助战,伤亡惨重。午后三时,适吴部初到布防,该师长闻警,亲率特务连、机枪一排前往增援。同时飞调邢团,傍晚赶到,即行反攻,正酣战中。敌便衣队潜入城中放火,与我军激战,一部由南姑桥附近偷渡,与职部特务营警戒兵接触,吴师与敌混战半夜,师部被围后以手枪连一排突围,仅师长及少数职员死守中。截至本日止,修水南北两岸敌我尚在激战中。谨电奉陈。山口职王陵基叩。微申。总参一。印。

(2)

限即刻到。重庆委员长蒋、司令长官陈、司令长官薛钧鉴:膺密。微申总参一电计邀钧鉴。谨将微辰部署呈报:(一)第七十二军新十四师集结于金鸡桥东北地区之四十团张营进驻梅岭警戒。左侧四一团仍占领晏公店、操兵场、羊角尖各要隘,向东南警戒。四零团(欠张营)、四二团仍集结于金鸡桥东北地区,保持机动,新十五师四四团一部驰赴征村以西地区,防敌南窜。四三团及四五团仍在大山、上、下高丽之线。(二)第七十八军新编十三师(第卅九团)即向西北占领下高丽北(不含)之刘家山,亘西坑、后湖尖、松树岭、普渡山之线,构筑阵地,右与新十五师含接,新十六师吴师长率四八团、三九团及四四团之一营占领鸡笼山、坡岭之线,构筑阵地,右与新十三师含接。(三)职部移驻山口附近。谨闻。修水山口职王陵基叩。微亥。总参一。印。

王陵基与蒋介石往来密电

(1939年10月)

(1) 王陵基致蒋介石等密电(10月6日)

特急。渝委员长蒋、司令长官陈、司令长官薛钧鉴:膺密。此次敌军蠢动,职督饬所属对于当面之敌极力抵抗,不断袭击,未能进犯,嗣因敌犯甘坊,职集团奉命抽调部队开赴修水,以致武宁守备部队较弱。敌先攻我右侧塘埠、安峰镇,次进扰黄沙桥,后以兵力千余,由大窝里、龙须洞抄袭我左后,用包围战术袭击职部。并用飞机轰炸十余日,自前线至阵地至三都沿途一带,均被炸毁无余。视此情形,敌有包抄歼灭职集团之计,幸上蒙钧座之指导,下赖官兵之用命,敌计未逞。今后当督饬所属,努力杀敌,用副钧旨,达到消耗歼灭敌人之目的。谨电鉴核。山口职王陵基叩。鱼辰。总参一。印。

(2) 王陵基致蒋介石等密电(10月6日)

重庆委员长蒋、司令长官陈、司令长官薛：膺密。进犯修水之敌与我新十六师部队在修水附近混战后，其主力即向南犯，于微巳与我新十六师在梁塘之腹背接触，激战甚力〔烈〕，反复肉搏，至入暮敌我伤亡均极惨重。由南姑口偷渡之敌，又在任家埠与吴师长所率预备队机枪一连、步兵一营及职部之特务连激战。入暮我伤亡亦大，入暮后仍在对战中。惟敌便衣队一部潜至征村附近扰乱，我新十四师既派队进攻中。此次新十六师与敌激战两日，伤亡过于惨重，战斗力锐减，虽饬其苦力撑持，然实难拒止敌之进犯。职已另行处置，部署情形另报。铜鼓山口职王陵基叩。鱼辰。总参一。印。

(3) 王陵基致蒋介石等密电(10月6日)

限二小时到。重庆委员长蒋、司令长官陈、司令长官薛钧鉴：膺密。鱼辰总参一电计邀钧鉴。鱼日晨处置呈报如次：(一)第七十二军以全力扼守修、铜本道。新十五师占领沙坪(不含)东之高岭，亘张家山、吊钟崖、东荡山，对北防御。新十四师除以四一、四二两团仍在晏公店、操劻〔兵〕场、大理山之线警戒石街、观前外，以四十团抗〔控〕置于梅坑口附近。(二)第七十八军新十三师现处于四面包围中，已令其迅速突围，后撤至山口附近。新十六师残部正在山口后方收容整理，该师陈、吴两团尚未过修河。谨电奉闻。山口职王陵基。鱼巳。总参一。印。

(4) 王陵基致蒋介石等密电(10月7日)

即到重庆委员长蒋、司令长官陈、长官薛钧鉴：膺密。据本部派往修河北岸军官侦探谢云于虞申由横路返报称：(一)武畛〔宁〕方面有敌二千余，分两路由大窝里、龙须洞与我部于江日与我新十六师掩护部队接战。支午三都(修水)发现敌人。(二)敌

1105

机连日轰炸三都(修水)一带,修水以南各街市、大村庄尤以三都被炸再〔最〕烈。(三)又据本部军官侦探王克明鱼日返部报称:进攻修水敌之后续部队千余,山炮二门、平射炮数门,于微丑到达修水,并于鱼日在修水北岸构筑工事。各等语,谨闻。职王陵基叩。虞酉。总参二。印。〔修水〕

(5) 蒋介石致王陵基密电稿(10月12日)

急。修水王总司令方舟兄:鱼辰两电暨鱼巳、虞酉各总参电悉。〇密。查该部数度参战,官兵用命,愈战愈坚,终能挫灭顽敌,克服困难,战绩甚著,良深嘉慰。尚希策励所部,继续努力为盼。川。中〇。文申。令一元度。印。

罗卓英致蒋介石等密电
(1939年10月6—7日)

(1) 10月6日电

限即到。重庆委员长蒋(另报主任白、长官陈、薛):膺密。鱼酉刻下达各部部署如次:(一)四九军一零五师即攻占罗坊、冶城两据点,进出北侧山地,掩护七四军向仰山街、九仙汤地区挺进,并派有力部队向会埠、阴山村进击,相机占领之,断敌退路。(二)七四军迅攻夺九仙汤据点,进占仰山街、邱家街之线后,派有力部队向西头、山口街、塘埠一带地区挺进、搜索,断敌退路。五八D集结于宜丰北侧地区待命。(三)一集团军之五八军以找桥、唐梓里为据点,以肃清该线以北牛坳、黄沙港一带地区之敌。六十军开至凌江口徐家渡附近地区整顿待命。(四)三二军一三九师迅经观前东岭向佛岭坳、沙窝里、黄沙港追击前进,占领后派队向石门楼搜索,以断修水方面敌之退路,一四一师于野兰桥、古家桥、大塅、汇公殿各点择要构筑工事,派一部向山口与王集团取连络,一五师集结大塅完毕后,开回铜鼓整理。(五)三十集团以全力驱逐修水之敌,确

保该方面各要点。谨报。罗卓英。鱼亥。湖创。印。〔分宜〕

(2) 10月7日电

特急。渝委员长蒋,分报主任白,长官陈、薛:膺密。战况:(一)七四军五一师向九仙汤进击部队昨占石溪后,九仙汤彻夜大火,系敌自焚粮弹。今日子刻,在坳下、吴庄与敌三百余激战后,将敌击退。辰起进攻九仙汤,敌七八百顽抗,经我猛烈压迫,至九时,敌不支,我遂将九仙汤完全占领,俘获甚多,确数待查,敌向东北溃退,我跟踪追击,至吊钟形标高七二六八、石坪、吴庄之线。未刻敌炮向我射击六百余发,毒气兼施。是日我伤亡官兵百余,敌倍于我,现仍在激战中。(二)卅二军一三九师向沙窝里、黄沙港挺进,辰刻已过郭城市。(三)高集团六十军已开抵宜丰南侧地区。新十一师仍至找桥附近攻击。王集团正向修水攻击中。谨报。罗卓英。虞酉。创。印。〔分宜〕

王陵基致蒋介石密电

(1939年10月10日)

限即刻到。重庆委员长蒋钧鉴:膺密。职部七八军之新十六师及第八军第三师,于佳酉会同收复修水,并奉长官薛灰辰帐幄电令,职集团以一军向武宁退却之敌追击,并乘胜收复武宁。除遵命七八军于真日由修出发实施外,复以七二军为总预备队,于文日由山口出发,到三都附近策应七八军之作战。职部暂驻修水昆口附近。谨闻。职王陵基叩。灰午。总参一。印。

罗卓英致将介石等密电

(1939年10月10日)

即到。渝委员长蒋,另报主任白、长官陈、薛:膺密。主任佳参一鹏电奉悉。(一)据所获敌文件证明,此次西犯之敌,一零六师团分三部向东撤,其到达地为靖安、安义、奉新三地。师团部已到安义。(二)此次犯修水之敌一零六之一二三联队一部,及三十三师团一部,共千余,似均向武宁退却。谨报。职罗卓英。灰已。25851。印。〔分宜〕

2. 鄂 南 方 面

第九战区作战经过概要(摘录)

(1939年10月)

第九战区作战经过概要　　民国二十八年十月于军令部第一厅第一处

一、战前敌我概况〔略〕

二、战前我最高统帅部对第九战区作战指导〔略〕

三、战役经过(九月中旬——十月中旬)

(一)赣北方面〔略〕

(二)鄂南方面:自二十二日辰通城一度被我98D(王甲本)克复后,敌33D主力于二十三日晨进占麦市、桃树港。二十四日以后,敌更南窜龙门厂。二十九日窜长寿街。于十月一日复抵献钟我军则以20A(杨汉域)由东向西,8A(李玉堂)由北向南,79A(夏楚中)由西向东,以夹击窜入山岳地区如长蛇之敌。自一日起敌已被截成数段,我79A一部于一日连克桃树港、麦市,断敌归路,并于麦市附近歼灭其一部。在献钟之敌窜抵平江,余除一部窜返通城外,现皆溃窜于山岳地带中,截止一日止,此部之敌伤亡甚巨,其弃尸及火化未烬者在三千以上。我140D(李棠)一部正清扫中。当敌受我夹击之际,一部经渣津东窜,于五日占我修水,是时在桃树港我3D(赵锡田)跟踪追击,于九日经与王集团之N16D(吴守权)协力克复修水,敌窜武宁,现我王集团之78A(夏首勋)正向该敌追击中。

(三)湘北方面〔略〕

四、我致胜原因及所得经验与教训〔略〕

樊崧甫与蒋介石往来密电

(1939年9月—10月)

(1)樊崧甫致蒋介石密电(9月28日)

限即到。重庆委员长蒋：鞠密。综合情报：此次南犯之敌，并未增加新锐部队，仅抽武、鄂七大区之卅三师团加入通临岳线，九、瑞、德、永之独立第十四旅团加入高安线，虽由皖调独立第十一、第十四两旅团维护后方，先头始行到达，所恃者，仅海空炮配备，至南楼岑〔岭〕、郑①〔黄〕沙桥之敌均数百人，各部队均以数百名，其实中央空疏耳，一点突破，全线崩溃，延长战争，彼此不相顾袭，其后方攻我侧背。敌攻我前，我攻敌后；不以失地为忧，只求杀敌为效；不求其不来，求其所不能来，节节退避，正面抵抗欲保不能，余窃以为非机动之道也。职任职甚愧无建树，兹拟进驻鄂南，率属攻击武汉，伐秦救赵之计，是否有当，伏乞鉴核示遵。樊崧甫。俭戌。身叩。印。〔修水〕

(2)蒋介石复樊崧甫密电稿(10月2日)

修水樊总指挥崧甫：俭戌身电悉。〇密。所见甚是。为应援湘北作战顺利起见，薛代长官已令第八军暂归杨总司令指挥。目前希努力扩大游击为盼。川。中〇。冬申。令一元庆。

(3)樊崧甫致蒋介石密电(10月7日)

限即到。重庆委员长蒋：鞠密。三十集团【军】武宁方面新十六师江夜秘密撤退后，支巳敌步骑两部，分由黄沙桥、斜石两面遂陷三都。直属第七兵站〔?〕部新运到弹【药】百万，经职发动民夫抢运过半，余均被敌焚炸。直属游击第一队及挺进第十三支队一部

---

① 原文如此，当为"黄"。

击退【敌人】,【现】仍相持中。微夜敌将三都焚毁,职迫不获已,将一九七师调往,先稳定九宫山根据地,免将积弹药遂落敌手。钧座委职以重任,涂肝胆未得报称,无如各游击队均【来】自民间,非有正式部队督促,决不能按步就范。乃第八军、第七三军先后他调,边区失其重心,职有权无柄,无以号令,务恳赐念本【追】随十五年未曾有负钧旨,赐予设法为祷。樊崧甫。虞午。身。印。〔铜鼓〕

(4) 蒋介石复樊崧甫密电稿(10月24日)

铜鼓樊总指挥崧甫:虞午身电悉。〇密。该部困难,各点现正筹调整。川。中〇。敬申。令一元庆。印。

(5) 樊崧甫致蒋介石密电(10月8日)

即到。重庆委员长蒋:鞠密(加表)。据3D赵师长鱼酉尧一电称:职师遵令,于东日由咸崇昼夜兼程,向桃树港前进,江辰展开于桃树港东北之龙背山、竹古尖、狮子岩线。酉刻攻占小沙坪、香炉山、刀峰山线。支辰继克白岭、苦竹岭,微日拂晓继续攻击,激战至辰刻,攻占棺材山南楼岭东侧,及南之沈家湾与八镛岭,正待一鼓聚歼之际,旋敌约六七百,分援南楼岭、桃树港激战之敌。申刻我奋勇攻占桃树港,敌残部向盖文岭溃退,刻我正向占盖文岭、葛斗山、南楼岭之敌攻击,激战至鱼卯,经我反攻冲锋猛杀,敌遗尸遍野,但敌每次增援顽抗,现我仍与敌在南楼岭、葛斗山激战中。此次敌甘粕师团佐藤联队一部及其他部队经我数昼夜之猛攻,死伤极为惨重,我亦伤亡官兵一千五百员名。俘获步枪十一枝,轻机关枪一挺,马骡各一匹,军用地图二份,工作器具八十余把,防毒面具七十余个,钢盔五十余顶,脚踏车一辆,小日旂十余面,七五山炮弹壳二百廿个,其他文件被服零件等甚多。等情,除电令该师速连络夏军杨师,将当面之敌袭歼外,查该师克复要点甚多,杀敌无数,足见作战勇敢,恳请优予奖勉,以资鼓励。樊崧甫。齐未。身。印。〔铜鼓〕

(6) 蒋介石复樊崧甫密电稿(10月24日)

铜鼓樊总指挥崧甫:齐未身电悉:〇密。赵师奋勇杀敌,战绩卓著,殊甚嘉尚。前请奖叙一节,已交铨叙厅核办矣。川。中〇。迥午。令一元庆。印。

蒋介石致铨叙厅代电

(1939年10月24日)

铨叙厅吴厅长勋鉴:据樊崧甫齐未身电称:据第三师赵师长报称:职师遵令,于东日由咸崇昼夜兼程,向……①。除电令该师速连络夏军杨师,将当面之敌袭歼外,查该师克复要点甚多,杀敌无数,足见作战勇敢,恳请优予奖励,以资鼓励。等语,除已先予复勉外,关于奖叙一节,特电贵厅查照核办。中〇。迥午。令一元庆。印。

3. 湘 北 方 面

关麟征致蒋介石密电

(1939年9月7—29日)

(1) 9月7日电

重庆委员长蒋:膺密。甲、战报:(一)第廿五师本晚以刘旅向羊楼司、临湘间铁道附近之敌袭击。郑旅向忠防、司林间之敌袭击。乙、情报:(一)岳阳之敌,近日已换防,已饬乘机猛攻。(二)白螺矶机场近来常有敌机五架以上飞停该处。(三)鹿角附近昨今两日均来敌舰一只,旋他去。谨闻。职关麟征叩。虞酉。印。〔福临铺〕

(2) 9月9日电

急。重庆委员长蒋:膺密。情报:(一)通城附近各据点,连日

---

① 见樊崧甫齐未身电。

戒严,并强派民夫,其电话线多已撤收,其城内之敌已作待发姿态。(二)岳阳附近之敌,连日已纷传调动之说,各据点力兵〔兵力〕增减无定。(三)以上两处之敌均有换防之模样,已饬出击部队及守备部队努力乘机袭击,并加意防备侦察,详情具报。谨闻。职关麟征叩。佳酉。印。〔福临铺〕

(3) 9月11日电

特急。重庆委员长蒋:膺密。情报:(一)据报通城之敌已换防。敌在该处所发之难民证亦更换,上盖有干知〔?〕岩部队长印字样。通城东南端有敌炮七、八门。(二)岳阳、临湘、忠防一带近增敌两千余,其番号正饬查中。又新墙河北岸之敌后方,近来屯集弹药,并督民工修筑工事,颇忙。谨闻。职关麟征叩。真酉。利。印。〔福临铺〕

(4) 9月13日电

急。渝委员长蒋:膺密。甲、战报:(一)第廿五师何团在白里子一带附近与敌激战半日,毙敌卅余人,获步枪二枝。又该师李团截击烂柴湾附近之敌,获步枪一枝,军用品甚多。乙、情报:(一)由咸宁开临湘之敌约二千余,马五百余匹。(二)忠防刻有敌二三百人,炮十余门。(三)临岳以南各据点之敌均有增加。(四)真日敌兵约二千人,由蒲圻徒步向临湘五里牌开来。(五)陆城刻有敌千余。(六)天螺山有敌舰三艘。谨闻。职关麟征叩。元酉。印。〔福临铺〕

(5) 9月14日电

急。重庆委员长蒋:膺密。情报:(一)陆城于齐日到敌四千余,闻系第三师团,确否待查。(二)敌第四十七联队长岩崎于真日到大弧口东之雷家垄。(三)通城接防之敌为岗村联队。(四)鹿角

西北约卅里湖中,有敌小兵舰五艘。(五)常山附近增敌千余,有蠢动意。谨闻。职关麟征叩。寒酉。印。〔福临铺〕

(6) 9月16日电

即刻到。重庆委员长蒋:膺密。甲、战报:(一)我廿五师何团删晚攻击羊楼司之敌,毙敌百余,至午夜将该镇完全占领,敌据守该处附近碉堡及原有国防工事,仍攻击中。(二)又郝团已破坏梧桐至平水铺间铁道及电线二公里。乙、情报:(一)五里牌附近,刻有敌二千余,系由羊司楼开来,为三路、高桥等部队。(二)岳阳敌刻增至二三千,泊兵舰三艘,汽艇五十余艘。(三)删日敌用汽车七十余辆,载兵开桃林,约千人。谨闻。职关麟征叩。铣酉。印。〔福临铺〕

(7) 9月17日电

特急。重庆委员长蒋:膺密。甲、战报:(一)第廿五师删日攻占羊楼司后,敌四路向该处增兵,该部刻仍在该处外围与敌激战中。(二)平水铺到火车一列,被第廿五师伏击,毁车两辆。(三)第九十八师彭粥龙营寒日在桂口附近设伏,毁敌汽车二辆。乙、情报:(一)通城、崇阳一带接防之敌第卅三师团,闻系旧东北军第卅七旅改编,崇阳城内驻有敌高桥联队长。(二)青岗驲附近,敌运到大量毒气弹。谨闻。职关麟征叩。篠酉。印。〔福临铺〕

(8) 9月19日电(一)

即刻到。渝委员长蒋:膺密。敌第卅三师团主力及第六师团全部,并其新加之骑炮兵三千余,昨日集结于新墙、荣家湾一带。新墙河北岸地区者,共约万余人,并放弃原守据点,向前推进,黄昏后即向我新墙河北岸大桥岭等处据点攻击,刻仍在激战中。敌此次攻击与过去佯攻不同,敌机及敌舰均未作战,似有奇袭之企图。

1113

谨闻。职关麟征叩。皓辰。印。〔福临铺〕

(9) 9月19日电(二)

特急。重庆委员长蒋：膺密。战报：新墙河北岸上晏安附近之敌约二千余,本晨继续向我新墙北岸第二师下晏安附近前进据点猛攻,并以猛烈炮火及施放毒气,我官兵精神振奋,迭予肉搏,九龙冲、姚梅洲、大桥岭失而复得者数次,激战至本日下午三时许,敌伤亡五百余,卒未得逞,我获步枪一支,伤亡官兵三百余。麻塘现有敌骑炮兵千余。谨闻。关麟征叩。皓辰〔申〕。利。印。〔福临铺〕

(10) 9月21日电

特急。重庆委员长蒋：膺密。甲、战报：(一)第七十九军抽派第九八(王甲本)及一四零师(李棠)各一部,于昨晚袭击通城之敌,先将通城通各【地】公路破坏,即向该城进袭,激战终日,敌伤亡颇重,刻仍在城关相持中。(二)草鞋岭附近之敌约六百余,本日向第一九五师该处阵地攻击三次,均击退,刻尚在激战中。(三)下晏安、大桥岭附近之敌约二千,昨晚以来不断向我攻击,并放毒气,现尚在对战中。(四)敌另一股四百余,自本日上午五时起向马家院迭次攻击,均被击退。乙、情报：(一)长安驿、桃林附近敌第十三师团之第一一六联队,闻于本月八日由武昌开来。(二)今晨九时敌机二架来新墙河一带侦察。(三)据报敌连日后送伤兵甚多,焚尸六百余副〔具〕。谨闻。职关麟征叩。马酉。印。〔福临铺〕

(11) 9月22日电(一)

即刻到。重庆委员长蒋：膺密。新墙河北岸之敌,皓日增加万余向我新墙河北岸据点猛攻,奉司令长官薛令,第七十军(十九师、一零七师)、第七十三军(欠十五师)归职指挥。谨将部署电呈如下:(一)以第七十九军(八十二师、九十八师、一四零师)为右地区队,任麦市、九岭、长安桥将〔?〕之线守备。(二)第五十二军附第卅七军(欠九十五师、一四零师)为左地区队(以第二师、六十师、一九五师任长安桥、新墙、九马嘴、鹿角、磊石山一带守备);(以第廿五师控置于洪桥、王伯祥附近,为机动部队)。(三)以第七十军(附九十五师)之第十九师控置于长乐街以南地区待命,以一零七师及第九十五师任浯口、长乐街、新市,亘营田以湘阴至于家嘴一带守备。(四)以第七十三军(欠十五师)为总预备队,控置于平江附近。谨闻。职关麟征叩。养巳。利。印。〔福临铺〕

(12) 9月22日电(二)

即刻到。渝委员长蒋:膺密。甲、战报:(一)本日攻击草鞋岭之敌约七百余,在其炮火掩护下,迭行攻击,我守该处之第一九五师(覃异之)部队奋力迎击,除一小部被敌突破外,余迄未动摇。伤官长十余员,士兵百余,敌伤亡倍我。下午敌复增加数百,迂回该处我据点之左后方,刻仍在激战中。(二)下晏安、大桥岑〔岭〕、马家院附近敌本日数次向我攻击,均遭巨创,亦仍在激战中。(三)第八二师(罗启疆)毛团巧晚袭击羊楼司附近之敌,毙敌十余,获步枪三支,钢盔五顶,防毒面具三副,我伤亡士兵六名。乙、情报:(一)麦市以北之高冲正午到敌约千余,下午三时,又有由通城向该处前进之敌千余,该敌并向大白暇附近活动,有进犯第七十九军右侧之企图。又通城南门外现停有敌坦克车三辆。谨闻。职关麟征叩。养酉。印。〔福临铺〕

(13) 9月23日电(一)

即到。重庆委员长蒋:膺密。因营田敌军登陆,为免除新墙河、汨罗河两线同时守势,全部陷于被动,奉长官薛指示,职集团左翼变更部署如下:(一)第五十二军以一部留现阵地占领据点,集结主力,乘敌进出新墙河南岸南犯之际攻击之。(二)抽调第六十师控置于新市以南之桥墩附近。(三)第七十三军(欠十五师)向新开市附近待命。(四)第十九军附第九五师主力在新市、归义、河夹塘,亘虞公庙占领阵地,一部在湘阴附近,住沼江沼湖之守备。谨闻。职关麟征叩。漾酉。利力。印。〔福临铺〕

(14) 9月23日电(二)

即到。重庆委员长蒋:膺密。战况:甲、通城方面高冲附近之敌二千余,自晨起即向麦市附近进犯,激战至下午五时,我伤亡过重,麦市被敌侵占。刻在麦市以南激战中。乙、新墙河方面之敌,第六师团全部、第卅三师团主力,及第十三师团一部,与其空军并陆战队两千余,自本日上午四时起,协力由水陆全面进犯,陆正面由张思明、王街坊、七步塘等处先施放毒气,以炮兵继之与其空军(十三架)协力向我猛犯,因新墙河水浅,迭次由各该处强行渡河,我官兵奋勇迎击,屡予重创,远未得逞,敌伤亡约千余,刻仍在激战中。湖面敌兵舰廿五只,汽艇百余只,本日上午七时,陆续到达鹿角附近,即开始由九马嘴及鹿角两处强行登陆,迭次强登,均被击退,激战至下午三时,敌渐有增加,我伤亡太重,九马嘴被敌侵占,鹿角尚在激战中。又敌艇五十余只,本晨由荷叶湖绕至营田,至午增至百余支,即向该处强行登陆,敌机十余架助战,我守该处之九五师部队夏、苗两营长阵亡,尚营长负伤,我迭次增援,数予敌以打击,至下午五时,卒因伤亡过大,营田遂失守。谨闻。职关麟征叩。漾酉。利。印。〔福临铺〕

(15) 9月24日电

限即刻到。重庆委员长蒋:膺密。职部奉司令长官薛令,左翼变更部署如下:(一)第五十二军以一部在关王桥、渡头桥、田家嘏之线占领前进阵地,阻敌南犯,主力移华家铺以东沿汨罗河南岸占领阵地,其第一九五师移驻白沙附近集结待命。(二)第六十师本晚到达桥墩后,即以一团占领颜家铺(不含)至新市(不含)间,沿河南岸占领阵地,主力控置于桥墩附近。(三)第七十军(附第九十五师)以一部仍迎击营田附近之敌,主力在新市、归义、三星桥、海公坝、东堤、三塘桥、头山、乌龙嘴、湘阴、于家嘴之线,占领阵地。谨闻。职关麟征叩。敬戌。利。印。〔福临铺〕

(16) 9月25日电(一)

重庆委员长蒋:膺密。职集团遵司令长官薛令,变更部署如下:(一)第七九军(第二师、九八师、一四零师)为右地区队,在尖山、盘石、上塔寺、皂家洞之线占领主阵地。一部在九岭一带占领前进阵地,一部在平江附近警戒。(二)第五二军(欠一九五师,附第六十师)为中央地区队,在浯口、长乐街、伍公市,亘新市(不含)之线,沿汨罗河南岸占领阵地,并以一部在河北岸占领前进据点。(三)第七十军(附第九五师及第七三军欠第十五师)为左地区队,在灰市(含)、归义、坛标、乌龙嘴、湘阴、于家嘴之线,占领阵地。(四)第一九五师控置于白沙桥附近待命。谨闻。职关麟征叩。有辰。利。印。〔福临铺〕

(17) 9月25日电(二)

即刻到。渝委员长蒋:膺密。一、麦市附近之敌二千余,仍在该处以南三二二高地附近与第七十九军激战中。二、昨晚八时敌一部二百余绕至归义附近,我第七十军派队向该敌攻击,于昨夜十二时,将归义克复。三、侵入营田之敌,本晨以来猛力由该点向东发展,我力予迎击,刻在东塘(归义西南)附近激战中,又一部敌兵刻由河夹塘窜至大路铺、三星桥(汨罗南、铁路西)附近,我正迎击中,张军自皓日开始激战以来,官兵伤亡已达四千余人(第二师伤亡最大),陈军第九十五师连日战斗伤亡结果所余战斗兵仅能编一

团余。谨闻。职关麟征叩。有巳。印。〔福临铺〕

(18) 9月26日电(一)

即到。重庆委员长蒋：宁密。奉司令长官薛有亥幄电指示,遵令规定职集团各部任务行动如下：(一)第七十九军以一师在九岭一带对通城方面之敌警戒,并确保幕阜山游击根据地,其余两师由夏军长即亲率,协同杨集团夹击由桃树港南犯之敌。(二)第五二军(欠195D,附60D)本日晚留置两团于浯口、新市原阵地,节节抵抗,其余于本日晚经浏阳开醴陵,即在新田、泗汾、铁河口(含)之线,占领主阵地,以一部在醴陵附近占领前进阵地,该军本月卅日可达。(三)第七十军(附第九十五师)本日晚留置两团于新市、白泥湖原阵地,节节抵抗,其余经枫林港、渡头市及石子铺、仙人市遵开株州、渌口市附近,主力住铁河口(不含)、石亭、渌口市(含)线主阵地,以一部在株州及其以东附近占领前进阵地。该军本月廿九日可到达。(四)第七十三军宥晚开始在新开市以南地区设伏,乘敌由长沙通新市道路及沿铁道南犯之际,予以重大打击后,转浏阳附近集结。第一九五师即在福临铺附近设伏,乘敌由长乐街道南犯之际,予以重大打击后,转醴陵附近归还建制。该两部均须努力抑滞敌四日以上之行进。(五)职本日晚开始移动,十月一日可移至醴陵南之乌头岭。谨闻。关麟征叩。宥午。印。〔福临铺〕

(19) 9月26日电(二)

限即到。重庆委员长蒋：膺密。本日敌二千向长乐街附近进犯,一部由汨罗沿铁道附近南犯,激战终日,我官兵奋勇迎击,敌未得逞。职部遵令于本晚七时三十分开始向指定地点转移,已于宥未电详报。谨闻。职关麟征叩。宥酉。印。〔普迹市〕

(20) 9月27日电

限即刻到。重庆委员长蒋：膺密。奉司令长官薛转令，职指挥第五二军、第七三军——第五九师（张德能）、第六十师（梁仲江）对进犯长沙之敌，予以侧击，遵将部署情形，电呈如次：（一）第五十二军（欠一九五师，附第六十师）即控置于上杉市、永安市附近，乘敌南下进犯长沙之际，猛力侧击之。（二）第一九五师仍在福临铺附近伏击由长乐街道及新市道南犯之敌，予以重大打击，并迟抑其行程至四日后，即归还第五二军建制。（三）第七十三军（欠一五师）仍在栗桥、三官桥附近伏击由铁道附近南下之敌，予以重大打击，并抑滞其四日行程后，转至高桥附近，掩护五二军之右侧背。（四）第五九师即在高岭庙经湖碛渡，亘长沙，沿浏阳河南岸及湘江东岸占领阵地，守备长沙。（五）第十一师仍在湘江西岸岳麓山至谷山一带占领原阵地，确保湘江封锁线，并支援第五九师作战。（六）职部本晚移普迹市。（七）各军昨晚遵令转进，本日宿营相去均在五十里以上，已以诸种方法传达命令。谨闻。职关麟征叩。感未。利。印。〔福临铺〕

(21) 9月28日电

即到。重庆委员长蒋：膺密。（一）白水附近之敌，本日沿铁道向三姐桥方向前进，已与我设伏之彭军柳师激战。由新墙一带南下之敌，本日有大部已从长乐街前进，逆袭汨罗河南岸，向福临铺方向前进，已与我设伏之张军覃师激战。（二）桃树港附近之敌，其先头已窜至龙门厂附近，已再令第七九军夏军长务亲率两师协同杨集团击灭该敌，并罗师保护幕府〔阜〕山游击根据地。（三）第五二军（附六十师）、第五九师、第十一师均如昨呈另〔？〕，就指定位置部署完毕，磨励〔砺〕以待敌南下进犯之际，猛烈伏袭侧击之。（四）第七十军（附九五师）正向株州〔洲〕附近转进中。（五）第四军仍服原任务。谨闻。职关麟征叩。俭酉。利。印。〔普迹市〕

(22) 9月29日电(一)

即刻到。重庆委员长蒋:膺密。(一)由新市、长乐街一带南犯之敌一股约三千余,昨日下午起窜至栗桥一带与彭军柳师设伏部队激战,敌伤亡千余,我亦伤亡颇重。一股约千余,刻在福临铺附近与张军覃师激战中,另以一小股步骑兵约四百,有向金井窜去之模样。(二)白水附近铁道正面之敌,亦陆续南犯,据报本晨有敌一部便衣队绕窜至桥头驿以北地区活动。谨闻。职关麟征叩。艳午。利。印。〔普迹〕

(23) 9月29日电(二)

限即刻到。重庆委员长蒋:膺密。(一)艳申敌步骑兵三千余,由金井南犯至石门痕附近,我覃师刘旅予以伏击,敌伤亡四百余,我获步枪二支,刻尚在激战中。(二)昨申窜至上杉市附近之敌,今续增至二千余,经梁、覃两部协力夹击,敌死伤过半,我亦颇有伤亡,刻仍在猛击中。(三)昨窜至永安市附近之敌已被第二十五师击溃。(四)桥头驿附近之敌三百余未前进。(五)社港市(浏阳北九十里)发现敌便衣队,人数未详。(六)夏军一四零师俭日在鸡笼山、苦竹岭一带与敌激战,获步枪五支,敌死伤甚多。谨闻。职关麟征叩。艳酉。利。印。〔普迹〕

韩德勤致蒋介石密电
(1939年10月2日)

渝委员长蒋:登密(加表)。据沪上月艳日情报:一、据敌军报导消息,连日敌军调往洞庭方面作战者,有十二舰队所属陆战队第七十一、第七十二、第七十三等大队,又第九炮兵大队之十五独立战车队,其任务为掩护陆军渡河进攻。二、据同盟社息,驻满蒙陆军第十七航空大队,共有轰炸机五十六架,驱逐机三十架,为敌空军中精锐部队,现奉调于有日自中东路开长春,转飞阳再由北宁路内转津,开湘北、鄂中参战。三、据敌运输处息,伪满军称于藏山部二千名,感日至大连乘轮抵沪,开驻大场,及同日敌轮泽山丸自横滨到沪,载来古捞屋工程队一千四百名,开往吴淞。等情。除分报外。谨闻。兴。韩德勤。冬。砺亭。印。

关麟征致蒋介石密电

(1939年10月2—13日)

(1) 10月2日电

重庆委员长蒋:膺密。职部现在部署及行动如下:(一)彭军(73A)在遍〔扁〕担山、蒜洲间(含),沿浏阳河占领据点,并固守浏阳城,一部经社港市向平江方向搜索,大瑶铺派一□警戒。(二)五十二军覃师(195D)正扫荡上杉市附近之敌中,张师(25D)仍控置于永安市附近,赵师(2D)主力控置于双溪桥、南山铺附近地区,一部控置于官庄。(三)第六十师在蒜洲(不含)至枫树河(不含)之线,沿浏阳河占领据点。(四)第五十九师仍守备长沙,其右翼接六十师,并派一部分沿通新市及铁道北搜索。(五)第十一师仍在岳麓山一带占领阵地。(六)第七十军在胄军桥经白关铺至株州一带占领阵地,第九五师部在青龙桥、龙门障及半缀桥占领前进据点,主力在失鲤浦、醴陵及杨梅冲之线占领阵地,构筑工事。(七)第四军之一○二师及第九十师在油铺龙至僻河口之线占领阵地。谨闻。职关麟征叩。冬辰。利一。印。〔官庄〕

(2) 10月3日电

即到。重庆委员长蒋:膺密。(一)职部派出之搜索队任务及行动如下:(1)第七十三军即以一营沿浏平大道向安定桥竭力搜索,到达安定桥后,分向长寿街及平江方向搜索,并与杨集团【军】连络。(2)第五十二军以张师一团经金井向瓮江方向尽力搜索,到金井后,以一部向平江方向搜索,覃师一团经福临铺向长乐街方向竭力搜索。(3)第五十九师以一营沿长江、新市道经沙坪、栗桥向新市方向搜索,另以两连分沿铁道线及长湘道向汨罗车站及湘阴附近搜索。(二)第二师即开浏阳市附近控置,归还第五十二军建制。谨闻。职关麟征叩。江巳。利。印。〔官庄〕。

(3) 10月4日电

特急。重庆委员长蒋:江戌帷人电奉悉。膺密。(一)职部挺进部队已到达福临铺、金井一带,该各处之敌均向北撤。(二)已令第二十五师主力,即挺进至蒲塘、金井间地区,以一团经瓮江分向平江、长乐街间汨罗河南岸搜索,第一九五师控置于上杉市、枫树铺附近地区,以一团向长乐街、新市、白水一带,汨罗河南岸搜索。第六十师即开相公市附近,归第五十二军张军长指挥,第二师即开洞阳市附近,归张军建制。(三)第四军之第九十师开普迹市附近地区集结,第一零二师开镇头市、渡头市间地区集结,该两师于微日到达后,各以一部在蒜州(不含)、镇头市、枫树河(不含)间,沿浏阳河南岸占领据点,构筑工事,并限鱼日部署完毕。职关麟征叩。支巳。利。印。〔官庄〕

(4) 10月6日电

急。重庆委员长蒋:膺密。(一)平江之敌大部已于冬日北撤,微晚已撤尽,我第二十五师该处挺进部队,已于今晨占领平江城,复向梅仙市挺进中。(二)营田已无敌迹。(三)第一九五师挺进部队已进至大荆街、黄谷市、黄沙街一带,正向新墙河方向挺进中。(四)敌此次在蒲塘、金井、新市一带,奸淫掳掠,残杀我民众,暴尸盈野,惨不忍睹,已饬掩埋并安抚流亡。又覃师吴团追击敌人,获步枪三支。特闻。职关麟征叩。鱼酉。印。〔官庄〕

(5) 10月7日电

限即到。重庆委员长蒋：膺密。遵司令长官薛指示拟定，以新墙河南岸地区为游击地带，九岭、亘汨罗河南岸为运动战地带，浏阳河线为守备地带，谨将部署情形呈报如下：（一）第七十九军（附一四〇师）以李师（140D）占领尖山、万家山、九岭之线，王（98D）、罗（82D）两师控置于上塔市、南江桥一带，取待机姿势，以一部在黄岸市、长安桥任警戒。（二）第四军（欠五九师）以一师主力控置于关王桥、大荆街附近，另一师以一旅开新墙河北岸，向忠坊、桃林、临湘、羊楼司一带之敌游击，其余控置于黄沙街附近，另于杨林街、四六方、潼溪街、新墙、荣家湾、九马嘴、鹿角、磊石山等处分派警戒部队。（三）第五十二军第二师控置于金井西北地区，第廿五师控置于白沙桥附近地区，第一九五师主力控制于瓮江、蒲塘间地区，平江派一团守备之，并于长乐街、伍公市间分派小部占领据点，固守之。（四）第卅七军（欠第一四〇师）第六十师主力控制于大桥附近，第九十五师主力控置大娘桥附近，并在新市、归义、汨罗、营田、湘阴、于家嘴之线，分派小部占领据点，固守之。（五）第七十三军（欠第十五师）仍任扁担山、蒜州间，沿浏阳河南岸守备，并于浏阳城为强固据点固守之，另以一团在道士桥附近构筑阵地。安定桥派出一部任警戒。（六）第五十九师仍任枫树河，亘长沙间，沿浏阳河南岸之守备。（七）第七十军以一师构筑胃安桥、白关铺、株州间阵地。以一师开醴陵，在失鲤铺经醴陵至杨梅冲之线构筑工事。（八）各军均自本日起开始行动，逐渐部署中，约于元日可全部部署完毕，再另详报。谨闻。职关麟征叩。虞午。利。印。〔官庄〕

(6) 10月13日电

特急。重庆委员长蒋：膺密。据报：（一）进犯长沙之敌于溃退时，接到其空军投下通信袋，内云：孤军深入，处处受伏。敌军遂风声鹤唳，顿时哗然，溃退益形混乱。（二）敌军此次新到之处，残暴逾常,奸杀掳掠,无所不用其极,虽猪牛皆不免其残杀,在新市、金井一带,见人皆杀、妇女即奸,并在金井曾将一孕妇奸后复剖腹取子,惨不忍睹。谨闻。职关麟征叩。元戌。印。〔高桥〕

三、会战的经验教训

第九战区关于第一次长沙会战经验与教训的报告

(1939年10月11日)

第九战区长沙会战战斗详报

(自二十八年九月十四日起至十月十日止)

一、会战前彼我形势概要〔略〕

二、战场之状态〔略〕

三、会战经过〔略〕

四、会战后敌我之行动〔略〕

五、本战役之所见

甲、敌我得失之点〔略〕

乙、所得经验与教训

其一、关于各种战法

(甲)敌军惯用战法及我军对策

(一)我军常取守势,敌取攻势,故敌常以主力攻我一部,尔后我应取绝对攻势,以我主力攻敌一部,再勿以我下驷对敌上驷。此次长沙会战取绝对攻势,且在赣北、鄂南方面彻底使用兵力,故能战胜敌军。

(二)敌取守势时,利用坚固工事,炽盛火力,以打击我军。我无空军及炮兵协助,攻击甚难奏效。但敌取守势时,必须脱离工事。我应乘其向我攻击时,攻击之,必能制胜。此次长沙会战,敌脱离工事,轻举深入,予我以可乘之机,故能击破敌军。

(三)敌军惯用一翼包围,及先以锥形攻击,突破正面,再行一侧或两侧包围我军,对此,必须以一部兵力使用第一线,以主力控制一侧或两侧后,始终居于敌包围之外翼,以侧击或反包围战法击破之。

(乙)诱敌歼灭战之研究

(一)本节所谓诱敌歼灭战者,系将尾击、诱击、伏击、侧击所形成之反包围战,及据点守备各种战法联合实施之。

(二)诱敌歼灭战之部署

1. 野战兵团(一部)
   尾击部队
2. 警备兵团(一部)
   诱击部队
3. 决战兵团(主力)
   伏击部队(一部)
   侧击部队(主力)
4. 预备兵团(一部)
   据点守备部队

(三) 各兵团之行动要领及任务

1. 野战兵团以游击战术,破坏敌交通、通信,袭击敌辎重,断绝敌补给,以达尾击之任务。

2. 警备兵团,以逐次诱击,节节抵抗之战法,达成诱敌至我伏击区之任务。但敌如前进过速,则必须迟滞其行动至一周以上,使其携行之粮弹用罄为止,尔后归还为决战兵团之预备队。

3. 决战兵团之伏击部队,运用伏击战法,先按其入伍前之职业及个性,分别化装为士农工商,潜入伏击区,俟敌进入后,突起猛袭,捕杀敌各级指挥官,破坏敌通信,使敌混乱,不能作有计划之行动,积极协同我侧击部队,内应外攻,以达歼灭战之任务。

4. 决战兵团之侧击部队,以侧面攻击之战法,乘敌遭我伏击混乱之际,猛力侧击包围敌人,以达成歼灭战之任务。

5. 预备兵团,以要点防御战法,达成守备后方要点之任务,如决战失败时,所备之要点为新阵地之骨干,于决战兵团要加强力量时,仍可使用于决战方面。

(四)诱敌歼灭战之作战区域

1. 以敌人后方为野战兵团活动之区域(即尾击部队活动区)。

2. 以由我警戒线起,至决战区域止,为警备兵团活动之区域(即诱击部队活动区),长度以一百公里以内为标准。

3. 以警备区域之后端为决战兵团之活动区域(即伏击部队活动区)。

4. 以伏击区域之左右前侧方,或左右侧方为侧击区域,即侧击部队攻击之起点。

5. 以伏击区域后方适当距离,有良好据点之地形为预备兵团扼要守备之区域。

(五)诱敌歼灭战须相机活用,不可预将地域划分,兵力固定,致贻守株待兔之讥,但应预想敌主力如何来攻,我应如何诱敌,如何决战,以免临时仓惶失措。

诱敌歼灭战指导要领附图第四。〔略〕

(六)此次长沙会战于湘北方面实施诱敌歼灭战,将敌第十三、第六、第三师团击溃,足证此法有效。

(七)实施诱敌歼灭战,如民众无组织、无训练,交通、通信、城垣破坏不彻底,物资不能疏散及藏匿,绝不能奏效。以下特别专章分述之:

其二、关于民众组训

(一)将战地民众,以保为单位,分别组为侦探、交通、救护、输送、宣传、慰劳等队,并分别授以侦探、通信、道路破坏修筑、看护、担架、输送、宣传、慰劳等常识。

(二)敌侵入战地时,所有青年壮丁男女均分任侦探、交通、救护、输送、宣传、慰劳等工作,老幼者一律离开公、铁、驿路卅华里以外山中安全区内,使敌人深入后,不见一人,如盲人瞎马,无从探悉我军情及交通状况。此次长沙会战因我民众组训及运用良好,敌情况不明,遭袭击及迷失路途之小部队不得已而溃窜者颇多。

其三、关于交通、通信及城垣之破坏

(一)将预定作战区之公铁驿路彻底破坏,使之通塘、通河、化田、蓄水、还山,故此次湘北会战,因我交通破坏彻底,敌步骑行动迟滞,机械化部队不能运用,输送补给困难。

(二)部队转进时,将通信迅速撤收,或彻底破坏,使敌不能利用。

(三)将预定作战区之城垣彻底拆除,使敌占领后,毫无凭借。此次长沙会战,我能迅速克高安、修水、平江、湘阴者,职是之故。

其四、关于物资疏散及储藏

将预定作战区之物资,竭力向后方疏散,民众之必需品,亦须藏匿,距公铁驿路、水路卅华里以外之安全山中,使敌深入后,一无所获。此次长沙会战,敌携带粮秣用罄后,无法补给,不得不退。

六、附录〔略〕

(二)第二次长沙会战

一、战前敌我态势与作战部署

第九战区关于第二次长沙会战前敌我形势概要的报告

(1941年9—10月)

第九战区第二次长沙会战战斗详报

三十年九月六日至十月十一日

第一、会战前敌我形势之概要

甲、敌军

(子)部署概况(参照附图第一)〔图略〕

第三十四师团守备南昌、谢埠市、沙埠潭、万舍街,跨赣江,亘厚田街、八尺铺、石鼻街、安义、仁首街、滩溪,及吴城、永修、甘木关一带地区。第十四独立混成旅团,守备德安、星子、九江、瑞昌一带地区。第四十师团守备阳新、大冶、金牛、通山、南林桥、咸宁、白霓桥一带地区。第六师团守备大沙坪、崇阳、蒲圻、临湘、岳阳一带地区。

(丑)动态兵力及企图

八月中旬以来,第三、第四师团,第十三师团之第一一六联队,第十八独立混成旅团之三个大队,由鄂中方面,第三十三师团之第二一四、第二一五联队,由武汉方面,逐渐均向岳阳集中。第十四独立混成旅团之三个大队,由赣北方面,第四十师团由鄂南方面,逐渐向临湘、岳阳集中。第六师团逐渐向忠坊、桃林、西塘移动。又独立炮兵两个联队、独立工兵两个联队,亦由武汉向临湘、岳阳集中,及海军陆战队,兵舰三十余艘、汽艇二百余只,由长江向洞庭湖集中,连同武汉之飞机一百八十余架,合计陆海空军约十六万余人(参照附表第一)〔表略〕,并在武汉以东各地,强拉民夫十五万,修筑向我长沙进犯之道路。

本年以来,敌乘欧战方酣之际,高唱"南进"、"北进",但终不敢冒险犯难,孤注一掷,以陷国运于万劫不复之地境。本会战时正值美倭举行谈判,德苏战剧,基于敌之动态,战区对敌情之判断如左:

判　决

敌将以有力兵团由湘北方面,企图攻占长沙,略取滨湖资源,以来解决其国际形势之恶化。

理由之骨干

一、美倭谈判,势成僵局,若能攻取长沙,或可对国际炫其尚有力量,妄冀获得美国之谋解,且德苏战争紧张,亦可与其同盟国德、意遥相呼应。

二、湖南滨湖各县,产米甚丰,秋收方毕,若能略取远运,可使我之军食民食均感困难,而陷我军尔后作战于不利。

三、既以有力兵团在临湘、岳阳集中，且修筑向我长沙进犯之道路，其由湘北进犯长沙之企图已甚明显。

基于以上理由，于是敌以第六师团于九月六日先向我大云山第四军攻击队攻击，意在迷惑我军，掩护其他各部之彻底集中，至十七日即渡新墙河，大举进犯，本会战遂起。

乙、我军

(子) 部署概况(参照附图第一、附表第八)〔图、表略〕

一、赣北方面：预五师警备梁家渡、市汊街之线，赣保安纵队警备市汊街(不含)，沿锦河南岸，迄车前渡口之线及港口、南港、周家、七里冈〔店〕各前进据点。新三军警备祥符观、峦冈岭、奉新、靖安之线，及西山万寿宫、赤田张、宋埠、乾州各前进据点。第二挺进纵队之赣保第四团警备望湖冈、上东坑之线，及茅山、横峰山各前进据点。第七四军集结新喻、分宜、彬江、大桥积极整训。第七八军警备坳头坪、老塔下、火烧白、观音阁之线，及潭埠、津口、大桥河各前进据点。第七二军集结三都南北地区，积极整训，及以一部警备留嘴桥、界牌、东坑岭之线。

二、鄂南方面：第二十军警备杨芳林、港口及斗米山、雪堂岭、通城之线，与堰市、铁柱港各前进据点，并以其第一三四师集结桃树港，积极整训。第五八军之新十一师警备九岭、琉璃坳、保定关、黄岸市之线，及赛公桥、北港各前进据点，其新十师集结上塔市，积极整训。

三、湘北方面：第四军警备新墙河南岸、公田、杨林街、新墙、鹿角、磊石山之线，及桃林、西塘(均不含)、游港东岸、箕口、草鞋岭、大小桥岭各前进据点，并以其第五九师集结瓮江、蒲塘、长乐街、白沙桥、石门源一带地区，积极整训。第九九军之九二师集结上杉市、安沙岭积极整训。

四、湘西方面：第九九军之一九七师警备芦林潭、螃市、廖潭口、沅江、汉寿一带湖防。

五、军委会直辖归战区督训之第二十六军,集结浏阳、普迹市及金井一带地区。第十军集结曾家冲、大堡、衡山附近一带地区积极整训。

六、以上各警备部队均经常派队,连同各军攻击队、各挺进部队不断对敌正面、侧翼、背后积极攻袭,破坏敌后交通、通信,焚敌粮弹、辎重,使敌日夜不安。愿能达成消耗敌军之任务(各军攻击队、各挺进部队攻击破坏区域参照附图第二)〔图略〕。

(丑)作战计划及指导要领

根据战区本年三月策定之反击作战计划第一案:"敌如以主力由杨林街、长乐街、福临铺道及粤汉铁路两侧地区向长沙进犯时,则诱敌于汨罗江以南,捞刀河两岸地区,反击而歼灭之"。本会战即基此要领,指导作战,先于关王桥、大荆街及金井、福临铺、栗桥、三姐桥各一带地区,构成纵深强固阵地,节节抗拒敌人,消耗敌力,并彻底转用赣北、鄂南方面兵力于杨林街、关王桥、长乐街、平江、沙市街、永安市方面,自东向西对敌侧击,及以有力兵团紧衔敌尾,南渡汨罗江,对敌尾击。同时,加强外翼,争取外翼,对敌形成反包围,为外线作战之典型,用能陷敌后路断绝,补给不能圆滑,弹尽援绝,死伤惨重之悲境,遂得战胜敌军。

军令部关于第二次长沙会战之军事部署

(1941年9月19日)

状况判断 九月十九日于军令部

判 决

国军决确保长沙,并乘虚打击消耗敌人之目的,第九战区应先以一部广领汨罗江以北地区,行持久战,并各以有力一部固守汨罗江以南各既设阵地,以于平江附近外翼地区,求敌侧背反包围而击破之。

处 置

（一）第九战区应速加强主阵地工事，发动民众，彻底破坏主阵地前道路，敷设地雷，并预以一部化装农民，分组潜伏于主阵地北侧地区，准备对敌伏击。对于湘阴及其以南湘江两岸，应速构筑工事，加强水道封锁，并加强益阳、沅江、沿湖守备，巩固长沙之左侧背。

（二）第六战区应以一部由监利、上车湾各附近向临湘、白螺矶、岳阳方面进出，布放漂雷，并向岳阳附近佯渡，威胁敌人，另以一军（两个师）速开岳阳、宁乡地区，归第九战区指挥，限养日到达，准备策应湖防及增援湘江两岸之作战。该战区对于荆、宜敌人，应以多数小部积极袭攻，策应九战区作战。

（三）第五战区应以有力一部向花园、孝感附近挺进、奇袭，威胁武汉敌人，并向信阳敌人佯攻。该战区对于鄂东、沿江、平汉、襄花、京钟、汉宜路及荆、当敌人，应发动全面游击，相机袭攻据点，策应九战区作战。

（四）第三战区应向当面敌人发动全面游击，向长江游击布雷，并以一部佯攻南昌。如敌以有力部队由赣北西犯时，该战区应以一部向高安方面进出，增援九战区作战。

（五）第三、第五、第六战区之攻势行动均限漾日开始实施。

（六）第十军、第二六军均归第九战区指挥（据九战区赵处长十八日夜电话，已令26A开金井附近，廿一日可达。并令10A于十八日夜开拔，廿一日可达长沙、浏阳）。

（七）驻全州之第五军装甲兵团，应以一部向渌口附近集结待命，此项部队原定向滇缅使用，长沙附近地形开阔，可否向该方面使用。乞示。

（八）驻祁阳之重炮兵第十四团第一营，应向长沙集中，归第九战区指挥。

理　由

（一）敌似先以有力一部向我汨罗江以北地区部队，行局部包围，尔后以主力分路向长沙东侧地区突进。同时，由营田、湘阴登陆,直指长沙,包围歼灭我军于湘江以东地区之企图。敌为防我向其侧击,有以一部行梯次配备,向我反包围之可能。故第九战区应以有力一部保持机动,准备向敌反包围为要。

(二) 长沙为军事、经济要地,应尽量确保。

(三) 为使九战区作战容易,第三、六、五战区应各以有力一部出击,策应九战区作战。

二、会战经过

蒋介石与薛岳往来密电
(1941年8月)

(1) 蒋介石致薛岳密电稿(8月13日)

限即到。长沙薛长官:〇密。据报:岳阳方面近增敌四千余、炮廿余门,木船约五百只,舰艇等约百余艘。等情,是项情报是否属实,该方面敌最近动态如何,希从速查报为要。渝。中〇。元未。令一元春。

(2) 薛岳致蒋介石密电(8月14日)

渝委员长蒋:元未令一元春电奉悉。聚密。岳阳确共增敌约四千,内伪和平救国军一部。湖面敌舰八艘,轮船十艘,汽艇二十余。城陵矶敌舰四艘。敌艇除时向君山及万家河口一带侦察,并于微鱼派兵百余至芦蓆湾试探登陆外,余无异动。查该敌前似扰乱秋收企图,因我防备严密,岳阳方面至今敌尚未敢轻动。除仍注意防备外,谨复。职薛岳。寒申。周。印。〔长沙〕

薛岳致蒋介石密电
(1941年8月16日)

特急。渝委员长蒋:盍密。据岳阳黎县长灰日报称:子、敌运岳军粮械弹甚多,于虞、鱼、齐三日内转运一大批到新开塘。丑、敌工兵约四百人赶修新开塘至青岗驿公路。寅、敌人近进犯谣传甚炽,据伪维持会传息,其进攻路线为筻口、新墙、荣家湾、鹿角等四处,会犯大荆街,目的在扰乱及夺粮,并无真正攻击企图。等情。除饬属严防并迅抢购陷区粮食外,谨闻。职薛岳。铣。淙芝。印。〔长沙〕

薛岳致徐永昌密电

(1941年8月24日)

部长徐:5112密。赣北:子、南昌倭商均已结业,赴浔乘轮东下。丑:莲塘敌218联队,虞、佳抽集三千余窜南昌,旋续北窜。乐化闻遗防仍由216联队所部接替。又石富缪敌217联队齐、佳两日抽集六百余窜南昌。寅、灰、真等日乐化敌窜安义三千余。卯、真日卅四师团长大贺由南昌赴安义,元日卅四师团步兵指挥官岩永由莲塘赴安义。辰、瑞德各据点之敌调集八百余,佳日乘车窜浔。巳、浔敌仓库大部东移鄂南。大沙坪敌四五联队长平冈江日调南京军特部参谋,遗缺由石田神大佐继任。湘北:子、真辰敌六师团长神田赴新墙河北岸各据点视察,并在新开塘召集开会。丑、鱼、虞、佳、灰等日由北窜临岳敌混合兵二千七百余,内参伪军一部,近至各据点接防者达二千余,在加紧训练中。寅、敌十三、廿三及四五等三联队于未月中旬抽调大部集结岳阳,现岳阳共有敌三千余。卯、湖面原有敌舰七艘,巧辰北来三艘,现共十艘。判断:当面敌有陆续调集交通线附近待机换防,或向我扰乱企图。职薛岳。迥。淙芝。印。〔长沙〕

蒋介石致薛岳密电稿

(1941年8月28日)

长沙薛长官:屋密。据报:(一)查各军防线太长,预备队太少,每遇敌来攻,均无出击围歼之力,故第一线军似应多加控制有力之部队,俾能相机出击,随时消耗敌人。(二)第一线与第二线之部队每半年以上似应换防一次,俾劳逸平均。(三)前方部队常缺主动攻敌或相机出击之精神,以致常有坐失良机,而难收随时消耗敌人之效,似应明令奖励,随时争取主动,相机出击,俾随时随地消耗敌人。等语,特电参考外,希督饬第一线各部队随时注意,主动出击,并按照作战部队战绩竞赛奖惩办法,呈报战绩,以凭奖惩为要。渝中○。俭酉。令一元。

薛岳致蒋介石密电
(1941年9月4日)

渝委座蒋:聚密。战情:赣北:(子)未寝敌五百余,由浔开涂家埠,旋开安义。(丑)未感敌二百余,由浔开牛行,复转开罗家集。(寅)江晨宋埠东铁龙关各据点之敌炮,向宋埠猛击。同时敌步兵二百余乘民船廿余艘,由铁龙关南端渡河,向宋埠进犯,当经第183师守兵击沉十余艘,毙伤敌百余,敌另增援三百余,向宋埠西南胭脂山、锁石蚀窜扰,我正痛击中。职薛岳。支未。涵。印。〔长沙〕

薛岳致徐永昌密电
(1941年9月5日)

急。重庆军令部长徐:盍密。谨将本战区当面敌军放弃之小据点与由伪军接防之小据点,及敌伪自动破坏或中止修筑之道路等分呈如下:一、赣北:(子)南昌新建伪保安队六百余,近陆续开至石富、缪家配合敌军担任警戒。(丑)德安境三泌桥(白槎西北八公里)、义长(箬溪东十六公里)之敌已他调,并自焚毁设施。(寅)瑞昌、李林下均无敌军,由伪军余傅忠部四百余人接防。二、鄂南:(子)黄石港、下陆、盛洪驻屯军,铁山、樊口、葛店各处之敌已需调走,由伪湖北保安第一总队(马耀奎)所部接防。(丑)山坡、土地堂、纸坊、五里界、油坊岭、金口、法泗洲各处均由伪湖北保安第二总队所部守备。(寅)阳新属木石港、桃市由当地伪自卫队数十人守备。金井由伪军成渠部四百余人守备。(卯)麻阳公路及阳新至木石港段公路已经敌伪自动破坏。(辰)楠林桥至杨芳林,通山至梅港之公路,敌已停修。三、湘北:(子)新堤、白螺矶、城陵矶等处近到伪军熊剑东部二千余,号称一师,番号待查。(丑)郭镇市有伪军百余。汤家牌头卅余均为岳河伪保安队所部。四、综观本战区伪军尚无独立作战分〔能〕力,相率能在敌军卵翼之下担任较〔既〕得据点或敌后守备。职薛岳。歌。淙灿。印。〔长沙〕

薛岳致蒋介石徐永昌密电

(1941年9月6—17日)

(1) 9月6日电

分送。急。渝委员长蒋、部长徐:聚密。战情:(甲)鄂南:〈子〉东日敌步骑炮兵约二千,由武昌开楠林桥。〈丑〉江日敌千余、马三百余匹,由阳新开大畈、慈口镇、九龙袁、长滩陈一带。〈寅〉未艳通山敌一部百余窜泉港村抢粮,经第八挺进纵队一部击溃回窜,毙伤敌四十余。〈卯〉未陷第廿攻击队袭击石城湾及大沙坪东峨眉市之敌,毙伤敌廿余,并击毁石城房屋十余间。(乙)湘北第七挺进纵队一部未养于临湘故沼江边击沉敌汽艇一艘,毙敌十二名,夺获掷弹筒二具,敌旗一面。谨闻。职薛岳。鱼未。涵。印。〔长沙〕

(2) 9月8日电

即到。渝委座蒋、部长徐:屋密。战情:甲、赣北:第一八三师一部鱼辰向宋埠攻击,虞未攻克,后因敌炮火炽盛,伤亡甚众,撤至奉新东南九龙萧、天尖岭及奉新东十子庙之线,与敌对战。乙、湘北:鱼日忠坊附近集结敌约五千,桃林、西塘附近集结敌三千。虞日拂晓,忠防之敌向南山雁岭进犯,一部二千余虞未窜至南冲、孟城一带。同日拂晓,桃林、西塘之敌向鸡婆岭、草鞋岭进犯,一部约千余虞未窜至长安桥、甘田一带。刻我新十一师、第五九师之各一部及第一零二师全部,在南充、长安桥、甘田、草鞋岭各附近,由外线向敌痛击中。第四攻击队在东南沙团、彭家岭一带向詹家桥、雁岭之敌截击中。职薛岳。齐辰。涵。印。〔长沙〕

(3) 9月8日电(二)

特急。渝委员长蒋:聚密。甲、赣北:敌卅四师团第二一六联队所部约千余,江至微日窜宋埠附近抢粮。乙、鄂南:东日敌四十师团一部约千余、民夫四百余,由阳新经通山窜南林桥、白集桥。支日复经崇阳窜羊楼洞。丙、(子)新堤、白螺矶一带,由北窜之伪军熊剑东师,兵力约二千,番号待查。(丑)冬至鱼日临岳地区之敌陆续抽集,现忠防、马家洞、南山一带共有敌约五千余,虞午其一部二千余经孟城至南冲,又一部八百余窜詹家桥,该敌系第六师团第十五及二十三联队各一部。(寅)西塘敌十三联队主力约二千,虞午经草鞋岭五〔至〕甘田。(卯)岳城现有敌二千余,湖面有敌兵舰五艘,汽艇三十余只,货船廿余只,无异动。丁、判断战区当面之敌,除以少数兵力向我扰乱外,似无大企图。职薛岳。齐。淙年。印。〔长沙〕

(4) 9月9日电

限即到。重庆委员长蒋:屋密。战情:虞未窜南冲、孟城、长安桥、甘田一带之敌转向大云山、方山洞一带,我第四攻击队已齐晚,由北港方面转移外线,向敌攻击。查大云山、方山洞地区并未存储弹药器材,敌一无所获。现我第四攻击队及新第廿一师、第五九师各一部,第一零二师全部仍在詹家桥、南冰、茅田、长安桥,系由草鞋岭线向敌猛攻中。职薛岳。佳辰。涵。印。〔长沙〕

(5) 9月10日电

特急。渝委员长蒋、部长徐:盏密。战情:甲、赣北:第一八三师547团,佳日拂晓复向宋埠攻击,佳晨奋勇攻克,敌向安义方向溃退。现宋埠西南地区之敌已完全肃清。乙、鄂南:(子)第廿攻击队冬、江两晚袭击峨嵋岭、大坪畈、金沙桥等处之敌,毙伤敌十三名,获电线百斤。支晚破坏崇阳、石城湾间木桥一座,焚毁荻洲畈兵舍一所,获电线四十斤。(丑)支日大坪之敌,抽出千余,经该处西北之庙铺、十字坳向药姑山东张家进犯,经新十师、新十一师各一部痛击,毙敌百余。丙、湘北:(子)第四攻击队支微两晚袭击忠防、鹰嘴岩、段山各据点之敌,毙伤敌七十余,夺获望远镜一个,电线五十斤。(丑)未世敌304号贞保丸载敌六千、马千匹、炮百余门,由宁开汉转岳阳。(寅)由忠防、桃林、西塘出扰之敌经我军连日痛击,伤亡约两百。现敌分据孟城、大云山、石塘坳、甘田、白羊田等地区,仍与我新十〔师〕、新十一师、第五十九师各一部及102师对战中。职薛岳。灰巳。涵。印。〔长沙〕

(6) 9月11日电(一)

限即刻到。重庆委员长蒋:佳川侍六电、灰申令一元九电奉悉。聚密。战情:甲、未月以来,湘北共增敌约万余(番号正力侦中)陆续接替第六师团临岳方面防务。乙、鱼日以来,敌第六师团一万余人围攻大云山,在大云山活动之第四攻击队战斗至齐夜,由内线转移外线。敌占大云山后,一无所获。齐日敌主力转向大云山南、新墙河北方、草鞋岭、甘田、港口方面猛攻,企图向新墙河南岸窜扰,突至比家山附近后,经我欧军痛击,毫无进展。刻我新十师、五十九师、一零二师仍向白羊田、甘田附近地区之敌猛烈围攻中。判断:湘北方面,如无敌军继续增加,敌第六师团一度进犯,经我痛击后,有他调可能,故职督令欧、孙两军在新墙河北方猛烈围攻,以粉碎敌南进或转用企图。谨察。职薛岳。真。淙平。印。〔长沙〕

(7) 9月11日电(二)

限即到。重庆委员长蒋、部长徐:聚密。战报:第五八军一部,真午前攻占大云山,其卅团及卅一团已攻达长安桥东北南冲、茅田、龚家瑕之线。窜五龙桥、甘田、白羊田一带之敌五千,自灰日拂晓以来,向甘田南方茅冲和尚庄、邓家桥之线进犯,经一零二师沉着痛击,灰午复经第五九师团增加反攻,毙伤敌约六百,刻仍激战中。已于灰酉令七二军由通山、南林桥攻击。第四、第八挺进纵队向咸宁围攻。第廿攻击队向崇阳袭击,第六挺进纵队向赵李桥、羊楼洞袭击,第五八攻击纵队向忠坊攻袭,第五八军以三个团,由南冲、长安桥方面自东北向西南攻击甘田敌之左侧背,第五九师、第一零二师由长安桥和尚庄、草鞋岭方面自南、自西向北、向甘田敌之右侧背攻击,战果续报。职薛岳。真巳。涵。印。〔长沙〕

(8) 9月14日电

限三小时到。重庆委员长蒋、部长徐:聚密。战情:甲、未月以来,战区增敌约万余,其第四师团并逐渐西移接替第六师团防务,扬言进犯长沙。乙、自鱼日起敌第六师团分由忠防、桃林、西塘向我大云山进犯,企图扫荡我大云山后,南渡新墙河窜扰。经判断敌又师上高会战时第卅三师团以进为退之故伎,遂令第四军、五八军分进迎击,于真日包围敌军于新墙河以北之港口、甘田、草鞋岭、白羊田地区,连日战况激烈,敌伤亡约三千余。丙、现敌第六师团主力已陆续退转岳阳、白螺矶一带,逐次乘船东调,其残部仍被我欧、孙两军钳于白羊田、比家山地区,未能脱逸,刻敌第四十师团接替第六师团防务后,并分由西塘、漆家埠、箦口方面驰来救援被围之敌,我军正与敌激战中。丁、第七二军正在围攻通山、楠桥,第四、五、八挺进纵队正在攻袭咸宁。谨闻。职薛岳。寒戌。涵。印。〔长沙〕

(9) 9月17日电

重庆委员长蒋、部长徐：聚密。战情：甲、赣北：(子)齐日由浔开到南昌敌新兵五百余。(丑)删日向洪山街、湾公尖一带窜扰之敌经第二挺进纵队于删亥击退。(寅)微日新三攻击队将永修南五公里处铁道破坏一段，敌由牛行北开车行抵该处倾覆，伤亡五十余。乙、鄂南：(子)新十五师攻占通山后，续向该城北罗汉山、马鞍山困守之敌攻击，颇有斩获。铣日四百余炮、三门卡车十六辆，由阳新方面驰来，向该师猛攻，当经击溃。新十四师正以一部攻击寺下之敌，主力围攻南林桥之敌，已将通山、南林桥间公路确实截断。(丑)第八挺进纵队铣已攻占官埠后，敌逃入土洞不出，刻该纵队以一部监视逃入土洞之敌，一部破坏汀泗桥间公铁路，主力正向咸宁进击中。(寅)第廿攻击队灰晚于白螺矶毙伤巡路之敌十余，夺获电线一二零斤。丙湘北：(子)元日由武昌开岳阳敌千五百余，汽车五十余辆，寒日又开来二千余，重炮十二门，马三百余匹，删辰该敌一部、炮八门南开郭镇市。(丑)第七挺进纵队十一支队删巳于湘北击落敌机一架，毙敌上、中尉飞行员各一员，军曹、伍长各一员。(寅)第五八军、第五九师、第一零二师继续猛烈攻击大云山、南杨林、街北、甘田、白羊田、草鞋岭地区之敌。(卯)岳阳附近湖面现泊敌舰十二艘，汽艇百八十余艘。职薛岳。篠巳。涵。印。〔长沙〕

薛岳致徐永昌密电
(1941年9月18日)

即到。重庆部长徐：屋密。甲、篠由杨林街、新墙间渡河过新墙之敌约六千余人。篠晚敌四百余乘汽艇卅余只，借敌舰三艘掩护，于营田西之上青山登陆。乙、敌有以第三、第四、第六、第四十师团及海空军一部，由粤汉路两侧及沅江、益阳方面内击长沙之企图。丙、已令第五八军、第四军力攻新墙河南犯之敌，第一九七师力攻上青山登陆之敌。为争取时间，不失战机，已权令第廿六军推

进至金井、上杉市一带地区,第十军推进至东山、普迹市、浏阳河南岸地区,依状待命使用。薛岳。巧辰。涵。印。〔长沙〕

薛岳致蒋介石徐永昌密电
(1941年9月19—22日)

(1) 9月19日电

限两〔小〕时到。委座、部长徐:5112密。战况:甲、渡新墙河南犯之敌,已窜抵关王桥、大荆街、黄沙一带,刻正向南猖獗攻击中。在严家岭、上青山、中青山、下青山一带登陆之敌,我守兵因四面环水,连络断绝,仍与敌死战中。乙、据敌第四师团俘虏荒木秀一供称,该师团长北野。灰日全部由豪城、三阳店开嘉鱼,真日转开岳阳。丙、罗集团(余七四军)及王集团军部署未变动,当面无异状,七二军开通城附近,任该方面之作战。丁、王指挥官劲修指挥第四、第五、第八挺进纵队,及边区总部第一、第二补充团攻击贺胜桥、蒲圻间地区之敌,确实截断粤汉路北段交通,第六挺进纵队以一部攻击赵李桥、羊楼洞一带之敌,主力攻击忠防、桃林一带之敌,第七挺进纵队由杨林街、新墙方面自北向南尾击南犯之敌,第五八军、第廿军(欠暂五师)、第四军主力由桃街、胡少保亘洪源洞以南之线,自东北向西南尾击、侧击南【犯】之敌。第四军一部正在汨罗河以北迟滞南犯之敌。戊、第卅军(附九二师)已以一部任长乐街、新市间至汨罗河南岸守备,主力于麻峰嘴、李家桥、彭家坳占领既设野战阵地,完成战斗准备。第九九军之九九师仍任汨罗河南岸及湘阴、营田一带守备。第一九七师仍任湘江南岸及洞庭湖南岸守备。第廿六军约号日可推进金井、将军坝一带地区。第十军正由衡阳、衡山向高桥、上杉市、斟〔长〕沙推进中。己、已令第七四军以两师开浏阳,一师开洞阳市,策应湘北方面之作战。六战区七九军之九八师即开益阳、军山铺,军部率暂六师开石门桥。庚、已令重迫击炮第二团、第七四军炮兵团、炮兵第一团集中使用于汨罗河南岸之主阵

地线。辛、此次作战,敌兵力庞大,且取纵深梯次部署,向我进犯,当督励各部力战歼敌。职薛岳。皓未。涵。印。〔长沙〕

(2) 9月20日电

限即到。重庆委员长蒋、部长徐:盏密。战情:甲、渡新墙河南犯之敌,其主力被我第四、第二十、第五八军截击于三江口、大荆街,现正剧战中,其先头一部约千余人于皓夜窜至汨罗江北岸,由长乐街西南之磨刀滩、任〔伍〕公市、新市渡过汨罗河,现正与我第卅七军前进部队激战中。又敌一部有由长乐街之横山桥进犯平江模样,现正与第四军之一部激战中。乙、皓申敌百余乘汽艇四只,于归义西北河夹塘登陆,被我第九九师守兵击退。皓晚敌汽艇二只,拖民船七只,向营田北白鱼岐窜扰,被该师炮兵将民船完全击沉,汽艇击沉一只。丙、近因洞庭水涨,水位高于封锁线。刻上、下荷叶湖、横岭湖、里湖、慈场湖、杨林赛湖均有敌艇活动,正与第一九七师激战中。职薛岳。号未。涵。印。〔长沙〕

(3) 9月21日电

限两小时到。重庆委员长蒋、军令部长徐:臻密。战情:甲、第廿军号夜攻占关王桥。号夜敌四十师团之二三四联队来援,被我欧、杨、孙各军协力击破,现各军仍继续猛击敌之后侧。号日窜长乐街、横山桥之敌千余,号晚被我第四军一部击退。乙、皓晚以来,渡汨罗河之敌第三、第六、第四师团之各约四千人,企图掩护其主力继续渡河南犯,号夜我三十七军前进部队猛烈夜袭,激烈战至马巳,敌伤亡颇重,退过汨罗江北岸。浯口及长乐街南岸之敌一部仍与我激战中。马巳瓮江北张家陂附近发现敌骑兵及便衣队,企图迂回我右侧,我第四十四师正在驱逐中。丙、窜入杨林赛湖、神湖之敌艇被我一九七师于号日击退,北窜横岭湖,皓日窜慈场湖向锡江口进犯之敌汽艇,被该师击沉二只,余窜横岭湖。皓申敌艇廿余只窜团林港,向畎口进犯,被该师于号日击沉。马辰复来扰乱,正与守军对战中。丁、已令第五八军,第廿军、第四军由东北方继续向长乐街、磨刀滩、新市、归义衔敌后侧攻击前进,第卅七军、第廿六军除扫荡敌及掩护渡河部队外,充分准备与敌主力决战。第九九军努力攻击湖面敌之舰艇,严防其登陆窜扰。戊、第七二军漾日可到平江,第十军本日可到指定地区,第七九军之九八师马日可到宁乡,暂六师号日由常德出发,马日可到益阳,第七四军有日可到达浏阳、洞洋〔阳〕市。职薛岳。马未。涵。印。〔长沙〕

(4) 9月22日电

限两小时到。重庆委员长蒋、部长徐:盍密。战情:甲、据俘敌口供及虏获文件证明,此次向我进犯之敌,除海空军外,其陆军有第三、第四、第六、第四十师团及卅三师团之二一五联队(第十三师团一一六联队尚未发现),以第三、第六、第四师团为第一线兵团,第四十师团及第卅三师团之二一五联队为第二线兵团,取纵深配备,向我进犯。乙、第五八军在杨林街南栗塘冲,第廿军在关王桥西南,第四军至关王桥东南各地区,继续攻击敌之后侧。丙、马晚敌有力部队向瓮江攻击,与第四四师、第卅二师战斗甚烈。丁、第卅七军前进部队马晚攻占伍公市东南桐子山,刻在马头岭、伍公市、新市、骆公市各附近与敌激战中。戊、第九九师之一部,刻对窜至归义东南人中塅、东山冲之敌猛烈攻击,主力仍守备河夹塘、湘阴、营田一带防务。本晨击落敌机一架,坠于青山以北湖面。己、马辰敌舰三艘、汽艇十余只,由横岭湖经西湖向团竹寺、锡江口猛攻,经第一九七师守兵痛击,击伤敌舰一艘。马未增来敌舰二艘,汽艇卅余只,至马酉仍在激战中。马晚芦林潭被敌攻占,经该师增援反攻,失而复得者二次,现仍在我手中。为严密江湖封锁,已令将湘阴通涡河口、濠河口湘江航道及涡河口、临泚〔资〕口、白马寺、茈湖口通沅江航道布雷封锁。职薛岳。养未。涵。印。〔长沙〕

张元祜致军令部密电

(1941年9月22日)

重庆军令部：鼎密。敌最近增兵三路，大举进犯，期在必取，如败逃，有碍其国际体面，势必再事增援，非达其目的不止。然以现在态势而论，似难得逞，敌如大事增援，则兵力悬殊，难以应付，拟请令第五、六两战区同时总攻，以期牵制，冀早日获得全胜也。职张元祜叩。祸。印。〔长沙〕

薛岳致蒋介石密电

(1941年9月24日)

限二小时到。渝委员长蒋：聚密。战情：甲、由涝口渡河经三角塘、更鼓台，窜石湾之敌经金井附近之预十师派队痛击，未能继续流窜，已令第七二军、二六军东西夹击歼灭该敌。乙、由涝口渡河经南阳庙、彭家坳分窜脱甲桥、罗家桥之敌，本日与第一九零师激战至烈，已令该师自南向北，第一四零师自东向西夹击该敌而歼灭。丙、由新市渡河经神鼎山西侧窜新开市之敌，经九五师、九二师、九九师沿途截击，伤亡惨重。已令九五师自东向西，九九师自西向东，第九二师自南向北围歼该敌。丁、第九八师漾日到达长沙，已遵钧座养酉令一元电所示令，占领捞刀河以北阵地，任长沙外围守备，第四军、第五八军、第廿军仍续行原任务。戊、职当谨遵钧座本晨电话命令所示，督励各部与敌力战，争取最后胜利。谨闻。职薛岳。敬酉。涵。印。〔长沙〕

蒋介石致陈诚李宗仁顾祝同薛岳密电稿

(1941年9月26日)

联衔。限二小时到。恩施陈长官、老河口李长官、上饶顾长官、长沙薛长官：极机密。命令：兹规定各战区按照有日加强部署电令,开始攻击之时间如下:(一)第三战区于俭日开始攻击。(二)第五战区于感日开始攻击。(三)第六战区于卅日开始攻击。仰即积极准备,遵限实行,勿得延误为要。中〇。申宥。令一元中。印。

薛岳致蒋介石徐永昌密电
(1941年9月26日)

限即到。重庆委员长蒋、军令部长徐:臻密。战情:甲、第十军及九二师、一四零师一部仍在福临铺、栗桥一带与敌激战,已令九五师推进至上杉市、麻林市一带策应第十军作战。乙、本日敌四百乘舰艇向杨林赛湖以西之福兴猛攻,正与一九七师激战中。丙、其余各部任务无变更。职薛岳。宥戌。涵。印。〔长沙〕

蒋锄欧致蒋介石何应钦密电
(1941年9月29日)

特急。渝委员长蒋、部长何钧鉴:苘密。职感日抵渌口,综合各方报告如下:(1)敌之便衣队、快速骑兵与飞机降落队配合,活动至长【沙】外围与株州一带,为其所扰,我正面军队纷纷沿铁路而走,但大军尚在敌之侧背相持中。(2)伯兄廿八早抵渌口,未曾掌握预备队与通信,致指挥不灵,防空情报失效,当晚乘车至朱亭。(3)沿铁路线无精锐部队掩护与反攻,不能收夹攻长、株之效。第七师本日运四列,明日运四列警□亦强行。职蒋锄欧呈。艳巳。印。〔衡阳〕

薛岳致蒋介石密电
(1941年9月29日)

即刻到。渝委员长蒋:臻密。甲、感晨敌以主力突破我永安市右翼五八师阵地,适五一师仅赶到一团,致被敌突入一部,旋奉令谕变动部署如次:(一)九八及暂八两师、四军暂以刘指挥官指挥之,补充两团,固守长沙。(二)五七、三八两师与五一师乘夜夹击敌人,确实掌握浏阳西南山地,正面转向西北,攻敌侧后。(三)李、陈两军各一部随王军行动。(四)杨副长官指挥之韩、肖、欧、杨、孙各军向豺狗垄、路口畲、上杉市、麻林市、万家铺、新安铺之线急进,猛攻敌之侧背。(五)傅军梁、高两师及一四零师之一部,向长沙东北石子铺攻击,万师担任江湖防务。乙、俭晨敌以主力进犯长沙,经我守军迎头痛击,已遭顿挫。职除令夏军竭力固守外,并令杨副长官指挥之各军,速向永安市、春华山、枫林港、石子铺攻击前进。丙、艳日敌似一部围困长沙,以主力对我外线各军作战。除令饬各军排除万难,努力达成任务外,并令王军先向永安市,次向槊黎〔梨〕市、东山猛攻敌之侧背,期收合围聚歼之效。丁、职在朱亭、杨副长官在瓮江、夏军长在长沙指挥督战。谨闻。职薛岳。艳申。机。印。〔朱亭〕

蒋介石致蒋鼎文等密电稿

(1941年9月30日)

限即到。西安蒋主任、桂林李主任、洛阳卫长官兼总司令、兴集阎长官、上饶顾长官、柳州张长官、老河口李长官、恩施陈长官、曲江余长官、兰州朱长官、渌口薛长官(无线加表)、于总司令:○密。通令:敌人此次向湘北进犯,其使用降落部队战法如左:(1)降落部队每一飞机仅搭载伞兵四、五人,故敌不能使用大量部队对我作有力战斗。(2)其跳伞兵均着便衣,在我第一线直后方要点降落,潜混我第一线后方扰乱,或混入我转进部队中放枪扰乱。(3)以后各战区对于敌人此种战法:第一、对于第一线后方应严密警戒,注意捕捉敌人便衣伞兵。第二、各级司令部及通信所应注意警戒。第三、对于通信线应组织巡查部队,捕捉敌人之窃听或破坏。上各项仰即转饬各级指挥官遵照。中○。卅未。令一元中。印。

陈瑜致张秉钧等密电

(1941年10月1日)

特急。重庆军令部第一厅厅长张、处长蔡、处长刘：1410密。转呈次长林钧鉴：本军奉命由独城、新抬、分宜兼程西进，限期急迫，五日夜行军四百里，支抵里远，出浏阳。李师因奉罗总司令命令赴樟，解决赣保安团，约共百余华里，未获喘息，日间敌机狂炸，夜间又受前方各军溃退官兵行李塞道，迟滞行进，官兵眠睡不足，极度疲劳。因命令所限，排除万难，终遵限期赶到指定地点。旋复奉命改道西进，山炮团及重迫炮团、高射炮连均未归建制，不料敌已先我占领春华山、永安市。宥辰我先头余师与敌遭遇于春华山、赤石河，将敌击退至捞刀河北岸。敌大部到达，后续之廖师亦逐次出入。感辰本军以最大努力，战况渐趋有利。感午两翼友军败溃，敌一部由湖迹渡渡河向长沙，主力则由永安市以东地区渡河向本军猛烈攻击，我军直属部队及李师于行军中受敌轰击，被敌断截为数段，汉奸到处肆扰，连络断绝，各部队各不相属，陷于苦战。宥感两日，本军与敌血战于黄花市、永安市地区，战况之激烈，空前未有，感晚复奉命突围向醴陵集合，军官与职亲率部向东南突围。俭已复为敌快速部队及跳伞部队邀击，二度包围，均被本军突出东行，复中埋伏地雷，陷于绝境，卒以官兵猛勇，前仆后继，又于艳日后被敌包围，仍被我击破，毙敌甚众。闻遵至醴陵各部队亦陆续到达，又复奉命以现有部队北向参战，刻正北进追击中。职本平安，谨释钧念。职陈瑜。东干。印。〔零陵〕

军令部第一厅第一处致部长次长签呈

(1941年10月1日24时)

九战区长官部赵处长本(一)日廿三时电话：一、浏阳河南岸敌已退至浏阳河北岸,似为掩护退却。二、长沙东北敌人已向北退却。三、我在杉寺街击毙敌215R/33D中队长一员,于其身上搜出文件云:该联队系担任掩护退却之任务。

基于上述情报证之,本日午后四时,敌华中军部发言人声明及九时敌人广播所称:此次长沙、株州作战,打击我野战军及破坏秋收之目的已达到,故即撤退,恢复原来态势。等情。敌似已在退却中。

意见具申

为打击消耗敌人之目的,应令九战区立即开始追击,相机收复岳阳。

处　置

一、积极截断破坏岳阳以北之铁道,迟滞敌人向武汉转移。

二、于预期敌人之各退路,向敌侧击,并设伏截击。

三、以有力部队分路跟踪追击,相机攻略岳阳,牵制敌人向北移转,使五、六战区作战有利。

四、主力整顿态势,跟踪推进,扩张战果,相机收复岳阳。

理　由

一、敌人常彻底集中优势兵力,向我局部攻势,其退却时,我军从无果敢追击,仅于事后恢复原态势,致敌进退自如,放胆行动。此次敌人退还原态势,须五日行程(长沙附近至新墙河北岸140 km),我应果敢追击,予以打击。

二、敌人按既定计划退却,大军行动,不易再行对我反击,我军乘敌疲惫向敌追击,击其惰归,实为有利之战斗。

薛岳致蒋介石徐永昌密电
(1941年10月2—9日)

(1) 10月2日电

限两小时到。重庆委员长蒋、部长徐:聚密。此次进犯之敌经我军廿六昼夜之围攻痛击,伤亡过半。而敌由武汉各地抽派民夫十五万赶筑新墙、汨罗后方交通路线,增援补充。但均被我军处处截断,尤其于陷、东两日在金井西北之脱甲桥及麻峰各地,将其由长乐街方面向南追送粮弹之装甲车五十余辆,悉数击毁,死援兵一千余人,仍不能增援补给,继续作战,于东申开始突围北退。当令第五八军超越浯口市以北,由长乐街、关王桥方面,自东向西截击败退之敌。第四军、第廿军由福临铺、长乐街及栗桥、新市方面,自东向西截击败退之敌。第九二、第九九两师由石子铺、福临铺及长沙栗桥方向,自东向西截击败退之敌。第七二军速经平江西北山地向杨林街方面,超越截击败退之敌。第廿六军由浏阳西北方自东向西清扫捞刀河南北两岸战场。第七四军由普迹市方面,自东向西清扫浏阳河南北两岸战场。暂二军一部沿株洲至长沙大道东西地区,自南向北清扫战场。第七九军以一师守备长沙,主力向新市、长乐街衔尾追击败退之敌。谨电察。职薛岳。冬辰。涵。印。〔朱亭〕

(2) 10月6日电

限二小时到。渝委员长蒋、部长徐:臻密。败逃之敌自东日以来被我欧、杨、傅三军在汨罗江、捞刀河间猛烈截击,肖、夏两军猛烈追击。至本鱼日其主力狼狈渡汨罗江,北岸沿途遗尸甚多,刻我韩军先头部队已达到杨林街,正自东向西截击败逃之敌,孙军正在大荆街西方猛烈攻击,欧军已由长乐街附近渡江,协力孙军自东向西截击败逃之敌,杨军正由伍公市、新市方面渡江,各部猛追尾敌。傅军梁、高两师正协同肃清新市、归义、河夹马〔塘〕、营田一带残敌,肖军已越高桥向长乐街,方、夏军王、赵两师已越过福临铺、新桥向伍公市、新市方【面】,清扫战场,策应各追击军作战,其余各部任务同前。薛岳。鱼戌。涵。印。〔长沙〕

(3) 10月7日电

限三小时到。重庆委员长蒋、军令部长徐:5112密。甲、败退之敌已过汨罗江,经新墙河向临岳溃退中。乙、战区为追歼惨败之敌,乘机攻略临岳之目的及部署如次:(子)王指挥官劲修亲率徐、黄、方三纵队及补一团、二团,确实切断咸宁、蒲圻间之铁路、交通、通信,断敌归路,务使败退之敌不能窜过埋水东北岸,及击敌援兵。第七八军之新十六师进攻崇阳之敌及击敌援兵,断敌归路。(丑)孔师以主力攻击大沙坪,以有力一团攻击羊楼洞而占领之,由羊楼洞附近确实切断铁路、公路之交通、通信,及击援兵。(寅)第六纵队向羊楼司、七纵队向五里牌截击敌人,并确实截断铁路、公路之交通、通信,断敌归路及击敌援兵。(卯)韩、孙、欧、杨四军在汨罗江、新墙河间地区,待援截击、尾击敌人后,韩军速向忠坊、临湘方面,孙军速向桃林方面,欧军速向西塘方面,自东向西猛力截击败退之敌,杨军速向筻口、新墙方面,自东南向西北猛烈尾击败退之敌,各军务绝对协力,将敌压迫于岳阳附近地区而击灭之,以一举而攻占临湘、岳阳。(辰)肖军速集结于浯口、长乐街,推进至登龙桥、关王桥,夏军赵、王两师速集结于伍公市,推进至三江口、大荆街,策应新墙河北岸各军之作战,(巳)傅军梁师、高师速协力肃清归义、河夹塘、营田一带残敌后,梁师速在新市南神鼎山东侧地区集结,策应各方作战。高师仍任归义、河夹塘、营田、湘阴一带原防。谨闻。职薛岳。阳戌。涵。印。〔长沙〕

(4) 10月9日电

特急。渝委员长蒋、军令部长徐:聚密。败退之敌已溃渡新墙河。齐辰我第七二军向忠坊,第五八军向桃林,第四军向西塘,第廿军向筻口、新墙河北继续猛追,各军除以一部围攻据点之敌外,主力正向岳临东南地区挺进攻击中。职薛岳。佳戌。涵。印。〔长沙〕

薛岳致蒋介石何应钦密电
（1941年10月11日）

委员长蒋、部长何：5071密。谨将俘虏第三师团一等兵山崎保等〔等〕供称，第三师团长陆军中将花谷正，该师团辖第6、第68、第18、第34等联队，并配属两个炮兵联队，步兵联队有山炮四、大队炮四，第四师团内有鄂籍苦力约七千，此次协同第三、第六、第四十等师团，及33师【团】、13师【团】之三个联队进犯长沙，并配有空军一联队，飞机一百廿架，因弹药缺乏，后援断绝，无法支持，致被我军击溃、退却，该师团现拟开满洲，第六师团仍留湘北。又俘虏第四师团通译太田雄等供称：第四师团为敌常备师团，现辖第8、第37、第61等联队，辖华中十一军团指导，其兵员补充由大阪征来，部队原驻哈尔滨，本年二月调鄂省汉川，月前由汉川经汉口转开岳州、新开塘，协同第三、第六、第七等师团进犯长沙。谨电察。职薛岳。真淙。印。〔长沙〕

蒋锄欧致何应钦等密电
（1941年10月13日）

总长何、后勤部长俞、铁运部总司令：3127密。据战地民众口称：一、敌军退走时，奸杀烧抢，无所不为，尤以掳去妇女为多，掳去黄牛亦复不少，杀的猪、牛，只要四腿，鸡鸭仅要两脚，有四句口号："吃的牛和鸡，睡的美貌妻，烧的房和屋，杀的蠢东西。"可见其残暴达于极点。二、我军为掳去觅食，亦有抢杀民众与奸掠之事，至于被敌机炸死、骑兵枪炮所毙者颇多，甚至为其威严，不战而走者，不在少数。等语。查民众遭此蹂躏之后，痛恨已深，因是而利用之，则抗战前途当有把握。职蒋锄欧。元。衡。印。

三、会战检讨

杨森关于第二次长沙会战之检讨与所见所闻敌军之新战法的报告

(1941年10月)

第二次长沙会战二十七集团军作战经过概要报告书

兼总司令杨森

[作战经过略]

检讨

甲、新墙河北岸绪战时期

一、敌情判断似嫌主观

当敌人在大云山开始向我攻击时,根据敌过去攻占我南山、鹰嘴岩、假山之行动,认为敌企图仅在攻占大云山、方山洞,及至敌放弃大云山而向我杨林街以北之甘田、港口方面进攻时,复认为系向我扫荡。其错误在始终认为敌第六师团系全部抽调他去,此不过为其掩护撤退动作,及至久经鏖战不退,始疑别有企图,此为初期判断敌情一般似嫌偏于主观。

二、友军彼此互不相信,致乏协力。当欧、孙两军夹击甘田、港口之敌时,欧军以在大云山受相当损失之后,士气稍差,孙军初次加入,士气比较旺盛,故两军战果稍有出入,因此所报战况敌情经本部通知时,两军互不相信,故缺乏协同动作,遂使敌于被夹击中,得从容挣扎,掩护其南进部署。

乙、新墙河南岸至浏阳河向北岸作战时期

三、部队一般运动迟缓

当敌突过新墙河、汨罗江时,我北上迎击、南下尾击、西向侧击各部队除欧军较为迅速杨军稍次外,其他一般均甚迟缓,至于我迎击部队对指定目的地多尚未到达,在行军纵队中即被敌骑而尾击、

1151

侧击者,亦因缓到,未能适时予敌以致命打击,使敌得一意突进,如入无人之境。

四、各级指挥官统率能力薄弱

敌突过新墙河南岸以后,我各部官兵辄多因敌骑骤至,望风披靡,官长全失掌握,士兵四处溃散,纷纷到平江、浏阳,络绎不绝,甚至团长亦有只身后遁者。既不见官长收容,复不见自动集合,寻觅部队。本部曾令受训始回之张德能师长,多方截堵、收容,奈以能截堵地方有限,收容者不过什一。但亦在千以上。其他地方可以想见。后闻此等溃散官兵,有到醴陵、攸县、株洲、衡阳者,以此概计,名为一军一师,其实作战未终伤亡者不过十分之一、二,溃散逃亡者十分之五、六,在战场作战者亦不过十分之二、三而已。细察此种溃散原因,自然系被敌快速部队闪电突击,我则因防御正面过大,或因初到,措手不及,或因无对敌大量骑兵作战经验,平时训练不够,被敌冲散所致。但一经脱离敌人射界,部队长官即应迅速集合部下,确实掌握。乃一任溃散,靡所底止,殊足见团长以下指挥官之无能力也。

五、各部队官兵纪律太坏

此次各部溃散官兵,普遍奸掳烧杀,甚至部队前进转进中,在部队长官率领下,亦有之,较之上海抗战一役溃散蔓延数百里,有过之无不及。盖当时仅溃散不归队,尚无此普遍奸掳烧杀也。部队官长平时教育之不良,约束之无方可以概见。

六、奉行命令不彻底,甚至对所受任务取巧规避。各部常因战斗情势恶劣之际,对命令多取怀疑态度,毫无自信能力,不肯排除万难,尽最大努力,以致迟缓徘徊,希图一己苟安,不顾整个战局。例如,担任侧击及非敌主力方面之攻击部队,每以一个军或师辄为敌数百人所抑留与牵制,不肯取断然手段歼灭或驱逐敌人,而保持对峙状态,甚至在此战局极度紧张时期,不肯拼命与友军协力,反抛弃任务,率部遁入深山,事前并不通知上级指挥部,与邻接有关友军，而将有线、无线通信停止，故意隔绝，致命令无法下达。事后见敌已退去，始出而电询战况敌情者，大有人在，似此规避取巧在抗战的今日，殊不应有。

丙、敌人溃退时期

七、追击部队尚称努力，敌人溃退时，我在高桥、金井、福临铺以北作战部队，对于侧击、截击、尾追任务之遂行，虽因敌团结主力，作有计划之撤退，到收功虽小，但一般尚能迅速确实实施，不过稍有因顾惜疲劳，致企图心不旺盛，动作不积极之嫌。

八、部队协力优点

敌人溃退至高桥以后，我欧杨两军在金井、脱甲桥、何家坳、江家桥之线，极度协调，动作一致，用能予敌重大打击，此为不可多得之优点。

本战役所见闻敌军之新动态可供研究之点

甲、作战指挥

（一）敌军采用逐次攻略战法。每攻占我某一地带后，其高级指挥官立即召开会议，策定第二步办法，并于极短时间见诸行动，此次敌攻占我长乐街、金井后皆如此（岳阳教育局长被俘后所亲见）。

（二）攻击间敌采用纵深配置，以骑步兵联队混合编成梯队，纵深配置，并用锥形突击与包翼战法。如第一线梯队攻势突击被阻，第二线梯队立即出动，威胁我侧背，策应第一线梯队之进展。运动间则行广正面之威力搜索，专寻空隙，乘虚深入我后方，袭击我高级司令部（此次敌犯长沙为步骑兵各一联队）。

（三）敌选定之攻击进出路线多系崎岖小道，力求出我意表，如此次敌由大崇铺，经更鼓台，趋金井，此为平时少人注意且林木丛杂之极小道路。敌退却时亦然，据闻恐我于大路上埋设地雷。

（四）战斗间之宿营，此次克复湘北各地，询诸民众，据云敌军皆露营，未见有部队在屋舍内住宿。

乙、宣传谋略

（一）敌常捕获我军侦探、谍员，施以训练，用作反间。并利用其广播造谣，散发传单，宣传上无微〔所〕不至。

（二）作战间常用国人编成多数便衣队，以能操国语之日人指挥，在其部队先头行进，啇司引路、造谣、破坏、袭扰等工作。

丙、装备编制

（一）敌战车、汽车不沿道路进行，而行驶田野，在山腹上亦仅略将土面修理而急行，此项越野性之发挥，其车辆必另有新装置。

（二）敌军中无论何人均佩带有武器，此次收复各地区，一般民众无不云然。

（三）敌每联队有电话电信窃听班，部队运动时常在其尖兵后行进，经路上遇有电线立即行使工作（此为我便衣队混成队被敌捕俘，迫充敌军侦探逃回报告）。

第九战区关于第二次长沙会战敌我优劣及所得经验教训的报告

（1941年9月）

第九战区第二次长沙会战战斗详报

（三十年九月六日至十月十一日）

第一、会战前敌我形势之概要〔略〕

第二、会战经过（含状况战斗经过及处置）〔略〕

第三、敌我优劣及所得经验教训

甲、敌我优劣

（子）敌军优点

壹、战略方面：

一、会战前能彻底集中优势兵力。

二、后方水陆交通便利，兵力集中能秘密迅速。

三、作战准备周到。

贰、战术方面：

一、便衣队及骑兵之使用灵活，快于钻隙迂回，扰乱我军侧后。

二、对山地战颇能〔得〕要领，迂回部队能避实击虚。

三、步炮协同良好，炮兵射击准确，常能判定我辎重火器位置予以损害。

四、陆空协同确实，其空军之参加地上战斗，及妨害我军后续兵团大行动等，均能竭尽其力。

五、攻击时运动迅速，连络确实，不受我小部队之抵抗而迟滞其行动。退却时，掩护尚属得法，常能迟滞我军之追击，而使其主力免遭覆灭之祸。

叁、战斗方面：

一、攻击有决心，虽屡遭挫败，仍能整顿颓势，掌握部队，作困兽之斗，其部队间之协同及救援友军之精神，均称适切。

二、因在重地围地作战，如脱离部队，危险甚大，故其官兵较难溃散。

肆、情报方面：

会战前及会战中使用飞机、骑兵行战略上之搜索侦察，并利用汉奸为坐探、密探，故其搜索侦察机关完善，情况易于明了。

伍、后勤方面：

一、运用新购之开路车、重战车、装甲车等及在武汉以东各地强拉民夫十余万人。利用旱田、压成临时军路，随野战军前进补给。

二、通讯迅速周密，尤善用军鸽、军犬、闪光各种辅助通讯。

三、被我包围，后路断绝时，能利用飞机输送补给弹粮，但因部队过大，仍无法全济。

（丑）敌军劣点

壹、战略方面：

一、敌军始终立于内线作战，有正无奇，不能各个击破我军，反被我大军围困于捞刀河南北地区，四面受敌而溃败。

二、敌军豕突暴进,悬军深入,后方连络补给线过长,终被我军截断,弹尽粮绝,伤亡惨重,无法后送,为此次会战失败之主因,实犯重地围地作战之忌,所谓"野无所掠,无辎重则亡,无粮食则亡"。

三、无强大之预备兵团,对我北面各军之尾击、侧击无力制压以确保其侧后之安全。

四、以十余万大军突进于浏阳河、捞刀河间之盆地,而不分兵占领平江、浏阳、大娘桥各要点亦为失策之甚。

五、赣北、鄂南两方面不同时积极佯攻,以牵制我军兵力之转用,致遭挫败。

贰、战术方面:

一、多以大部队尾随小部队之后,沿道路行直线式之攻击前进,常为我军夹击、侧击,故伤亡甚大,高级指挥官亦多阵亡。

二、注意主攻,不重佯攻,但知集中力量突破中央,不知侧面攻击,牵制我军。

叁、战斗方面:

一、初期作战,在大云山、新墙河战斗时,战斗力尚可,迨渡过汨罗江以后,敌军官兵多行烧杀奸淫掳掠,故战斗力锐减,洎至捞刀河南岸地区之战斗,已成强弩之末,尤无能为力。

二、宿营时工事太简,警戒疏忽,极易为我军奇袭。

肆、情报方面:

对我军之部署判断错误,其渡过新墙河时,认为已击破我军精锐部队,渡过汨罗江时,认为已击破我野战军主力,不料被我大军自敌后及敌之两外翼围困聚歼于捞刀河南北地区,不得不突围北溃败逃。

伍、后勤方面:

一、后方连络补给线被我军截断,接济不继,愈深入愈困难。

二、因我交通破坏及尾击敌军部队之得力,故敌愈深入伤病愈无法后送。

三、敌深入后方为我切断,有线电讯不能使用,且昼夜兼程前进,无线电讯常不能及时架设,不得已而利用辅助通讯军鸽,多被我军捕获,难期确实。

(寅)我军优点

壹、战略方面:

一、放胆转用可期必胜之兵力于决战方面。

二、力求争取外翼,为外线作战之典型。

三、本会战为求获得时间之余裕,采诱敌歼灭战法,以正面兵团逐次消耗敌军战力,保持主力兵团于敌后及敌之两外翼,故能始终立于主动地位,诱敌至捞刀河南北地区而四面围歼之。

四、以强大有力之兵团,尾击、侧击,断敌后路,使其无法补给,陷于粮尽弹绝之危境。

五、梯次超越追击,处处截击敌军。

六、第四军、第五八军经过新墙河激战后,转移于三江口、关王桥、杨林街以东山地,重整队势,协同第二十军对南犯之敌,予以猛烈之尾击、侧击,确实截断敌之后方连络线,予以重大之打击,待敌突围北溃时,复能予以猛烈之追击、截击,使敌蒙重大之伤亡、损失,达成战略上敌后作战之任务。本会战之成功,该三军得力最大。

七、第七十二军沙市街、更鼓台、三角塘方面之侧击,及敌突围北窜时,向杨林街方面所行之战略超越追击,亦予敌以重大之打击。

贰、战术方面:

一、敌突破我军阵地后,各军不离开战场,行尾击、侧击予敌重大损失。

二、第九二师、第九九师能确保大娘桥、三姐桥东西山地,并能机动活用兵力,向石子铺、枫株港、路口畲敌之侧背猛烈攻击,及转向西北追击之动作等,在战术上均称机敏适切。

三、第一九七师担任湖防,能各自为战,与阵地共存亡,深得湖沼地带作战之要领,使敌无法前进。

四、第五七师行动敏速,其第一七〇团不避艰难,星夜进占春华山、松林港阵地,打击敌之南窜,其精神动作均能适应战机。

叁、战斗方面:

一、官兵战斗精神旺盛,自作战开始至结局,各兵团转战新墙、浏阳河间,毫无疲困之态,攻击精神愈战愈奋,且生活简单,补给容易,纵物资极形缺乏,仍能拼命战斗。

二、防御部队能充分发扬火力,消耗敌军,并迟滞其前进。

三、攻击、追击部队能猛烈、果断、机敏、迅速,予敌以袭击、痛击。

四、江防、湖防部队之守兵射击精确,且能发扬炮兵之威力,击沉敌小型炮舰、汽艇、民船等,予敌海军以重大打击。

肆、情报方面:

各挺进部队置于敌后,能适时供给重要情报,作判断敌情之资料。

伍、后勤方面:

一、粮秣弹药会战前准备充分,作战全期间补给圆滑,在敌后作战部队,亦可利用现地物质,就地购补。

二、虽交通工具缺乏,仍能于旬日间,后送伤病一万余人。

三、我军预先破坏战地交通,化敌优势为劣势。

四、通讯网平时准备完善,战斗间虽遭敌机不断之轰炸及敌便衣队之破坏,均能迅速由抢修队修复,故通讯尚灵活。

(卯)我军劣点

壹、战略方面:

因战地后方交通不便及敌空军之妨害,后续各兵团有先后逐次到达战场之弊,而未能全部参与决战。

贰、战术方面:

一、临时拨归本战区指挥之部队,对各友军间之连络协同,稍欠确实。

二、师以下指挥官战术修养不够,不能适时捕捉战机而对于工辎部队之运用,亦多不适当。

三、仍有呆守阵地之习惯,不知活用兵力,控置预备队,集中力量予敌打击。

叁、战斗方面:

一、中下级军官尚有不能确实掌握部队者。

二、训练程度不足,一般不知疏散,利用地形、地物以减少损害,且缺乏韧强性。

三、不讲求伪装以减少空袭之损害,对低空飞行之敌机亦少射击。

四、除江湖防炮兵外,步炮未能确实协同,配属各部队之炮兵,尚未能发扬火力达成任务。

五、不知爱惜武器,伤亡者之枪械多任意遗弃。

肆、情报方面:

侦察搜索机关不健全,不能适时获得重要情报。

伍、后勤方面:

一、兵站屯储粮弹,仍有未能离开主要道路,藏于两侧山中者。

二、伤病后送因担架缺乏颇形困难,医疗设备欠周,多数重伤未能适时抢救及施行手术。

三、各部队对后勤多不讲求,故补给欠周到,通讯欠敏活。

四、因适在秋收即开始作战,故犁田蓄水,未能迅速奉行,使敌可以利用旱田赶作临时军路。

乙、所得经验教训

(子)战略方面:

一、敌鉴于第一次长沙会战,分从赣北、鄂南、湘北取分进合击态势,六路进犯长沙之败衄,故此次会战乃集中强大兵团于一面,由湘北直趋长沙,但其至当之行动必须对赣北、鄂南取佯攻态势,牵制我军,最低限度,亦应以有力支队攻取通城,南下平江、浏阳,以掩护其左侧之安全,乃敌昧于此计,予赣北、鄂南方面我军以转用之利,宜其被我侧击、截击、尾击而再遭挫败。

二、敌鉴于以往战略包围之失算,本会战遂改为战略迂回,战术包围。但以十余万兵力悬军突进,后方连络不能保持,用陷补给不继,粮尽弹竭之境况,故本会战敌在战术、战斗上虽获相当成功,而战略上则全失败。反之,我军在战术、战斗上固有失败之处,而在战略上实获绝大之成功。

三、敌以第六师团对大云山先行眩惑攻击,俟其主力集中完毕,继作潮式猛犯,是其精细处。

四、本会战我依机动,会战后退决战之指导,而活用左列各种战法,遂得战胜敌军:

1. 以攻为守,争取时间,把握战机。
2. 以攻止攻,争取主动,与敌决战。
3. 争取外翼,加强外翼,侧击背攻,诱敌歼灭。
4. 兵力集注于翼侧,不零攻整守,非利不动,非得不用。
5. 以静制动,主宰战场,不受敌之眩惑。
6. 设置战场,诱敌深入,尾击、邀击、侧击、夹击以分敌势,破坏交通,空室清野,以减敌力,奇正相生,主客异势。

(丑) 战术方面:

一、敌因受我致命战(侧击、尾击、邀击、伏击、反包围等)之打击,遂改变其战斗方式,化整为零,分成若干支队,钻隙绕攻,分途流窜,并恃其空军侦察掩护,骑兵强袭猛攻及便衣队、伞兵交相呼应,以达战术上包围、迂回之目的,今后对敌骑兵、伞兵、便衣队之战法,各级干部应特别研究。

二、敌使用骑兵集团、降落伞部队及第五纵队,可谓最新战法,尔后我军教育对敌此各种部队,应切实研究对策,尤以地方武力,应组织利用,配合军队作战,俾对敌伞兵及第五纵队得以适时防范、歼灭。

三、敌以步、骑、炮、工、辎、通各兵种编成若干支队,每支队约二千人,钻隙突进,独立作战,专寻我军主力进攻,若过于重视阵地线,处处顾虑,处处防守,则处处薄弱,结果防不胜防,必不能防。设当敌支队绕袭我侧后之先,我亦每团编成支队,配属必要之特科部队,轻装绕袭敌后,占据有利地形,予敌截击猛攻,必能予敌至大损害,而敌虚实不明,亦必不敢一意突进。

四、敌在潼溪街渡河时,先行对我第四军炮击,继以飞机四处轰炸,使我第一线阵地完全摧毁后,再以步骑兵突进。又如以飞机降落橡皮船于汨罗江岸,及其弹药器材于备战地,与轰炸我增援部队,均能适时适切,可谓尽各兵种紧密协同之能事。

五、敌此次进犯,其准备在一个月以前即开始,如公铁路之修筑,部队调动,粮弹储存,均极周到秘密,在战斗初期,犹宣传向我大云山扫荡,攻为眩惑,俟诸般准备完了,即以优势兵团突破新墙河南犯。今后对敌诡计,尤应缜密防范。

六、敌畏死特甚,非恃飞机、大炮、战车掩护,多不敢进,此次会战逃亡甚多,如第四师团在嘉鱼登陆时逃亡颇众,为我第十一挺进支队捕获三名及俘敌日记、家书,多有"久戍异国,嗟怨悲哀,恐不生还"之语句,足为怕死之明证。

七、在一个战场上并列不同建制之数军、师作战,应有统一之指挥,方克发扬军之全威,否则,必有行动不能一致,难于成功之弊。例如:沙市街战役,新十六师右为新十五师左为三十二师,以我三师之众,对最初数百后增至二千余之敌,实占绝对优势,不难歼灭,但结果受敌各个牵制,各个逆袭,致不成功,其原因乃缺乏统一之指挥,故各师行动不能一致,遂失大好机会。

八、连续长时间之行军,其最疲劳者为炊事兵,因其除与部队共同行进外,尚须行两次或三次之炊爨,每次以二小时计,共需四小时或六小时,若部队每日行八小时,则炊事兵即需十二小时,或十四小时之行军与工作,长期行军必不能堪,故连续行军时,应临时抽调兵卒,增加炊事兵名额,使之轮流炊爨或携行干粮,减少炊爨次数亦可。

九、我军攻击未成遭敌逆袭时,每向后退、据守,不知适时转向敌侧后猛击,或竟向两侧引退,放开正面及道路,常使战局不利,应彻底严格改正之。

十、行进间应守轻兵器让与重兵器道路之原则,纵遇情况紧急,重兵器仍可保持安全,否则反是。例如:炮一团自长沙转进株州时,至马鞍山以北地区,途为友军所阻,未能迅速通过,迟滞三小时之久,因遭敌机轰炸及便衣队袭击,致火炮受损一门。尔后步兵如中途相遇时,应原情给予炮兵以通过险隘地带之便利。

十一、担任江湖防封锁之布雷部队,应由江湖防高级指挥官指挥,方能适应机宜。如:湘江、资水为我一九七师后方主要补给路线,布雷队于此敷布水雷未与当地友军确取连络,因敌情地形不明,多不合战术要求,不但效力微弱,且妨害我军后方补给,如该队归当地守军指挥官指挥,则无此弊。

十二、湖沼地防御,应配属多量重炮及大口径平射炮机动使用,予敌打击最大。例如:九月二十一日敌占芦林潭后,次日我一九七师二钩子附近游动炮兵(克式 7.5 野炮)与步兵协同反攻,敌受我炮兵不意之奇袭、射击,伤亡甚众,狼狈逃窜。又,犯斗米嘴之敌以山炮两门掩护步兵猛攻,经我游动炮兵猛烈之射击,毁敌炮一门,毙敌甚多,遂于廿九日克复芦林潭。再,十月三日敌由营田、虞公庙登陆,至湘阴城北郊,为我杨雀潭附近游动炮兵不意奇袭、射击,攻势顿挫,伤亡颇多。

十三、鸟巢式工事最富韧强性,但其位置应在火线后隐蔽地点,并须多设伪工事,以欺骗敌人,耗敌战力,则收效更大。例如:九月十八日,敌以陆海空军围攻一九七师上、下青山,严家山阵地,我守兵仅步兵一连,机枪一排,苦斗三日,敌因受我鸟巢式工事之强韧抵抗,受创甚重。又二十日敌舰窜扰锡江口、围竹寺、老龙潭、畎口,我守军不多,因得鸟巢式工事之利,终使敌无寸进。

十四、追击部队尚有不能与敌保持紧密接触,致逸失好机。例如:十月一日沙市街之敌猛烈逆袭,新十六师成功后,于当夜十二时退却,该师于次日午前四时始行发觉,逸失追击时机使敌安全脱离。

(寅)战斗方面:

一、敌焚烧民房,多为指示进退目标,与陆空联络,找可借作敌情判断之资料,而为适机之攻袭。例如:十月四日敌由金井西退时,我第二十军在罗王寨发觉敌烧民房数处,当即判明系敌退却路线,立以机动部队猛击,收效颇大,如我能以木柴、稻草焚烧可收欺骗敌人之效。

二、敌初宿营时,喧嚣特甚,尤以大部队为然,我乘时攻袭之,收效甚大。例如:敌在登龙桥宿营时,喧嚣特甚,我二十军乘时猛袭,毙敌甚众。

三、敌新占领阵地时,工事简单,我施行奇袭,收效必大。例如:九月二十九日夜,敌于白沙桥占领阵地,工事简单,我二十军施行奇袭,颇获战果。

四、我军战斗间之搜索,一般距离过近,尤忽视侧方搜索,后方警戒,是宜切戒。

五、我军战斗时,一般发射过早,且有盲目射击者,今后对射击教育应特别注意。

(卯)情报方面:

一、因战斗搜索未尽得要领,故一般与敌对战颇久,尚不知当面敌为谁。

二、捕杀敌军鸽法,于战场见飞翔之鸽,先发哨音,摇动树梢,再绕动旗帜等物,鸽便注视,乘而射之,即由〔有〕效果,为战场搜索情报之一法。例如二十军在渡头桥射获敌军鸽,俘获重要文件,即用此法。

(辰)后勤方面：

一、敌后方补给因我道路破坏,多拉夫搬运,力夫乘机脱逃,或遇我袭击溃散,最宜减漏机密。

二、在运动战时,后勤部队,至为重要,故对辎重、运输、通信、卫生部队之补充,务力求健全。例如:此次会战各部后勤部队多不健全,影响战斗心理及机动性甚大,伤病亦多无法后送,尔后应力求矫正。

三、在大部队行军之沿途,应酌量设置收容所,收容病兵以免败坏军纪,损耗实力。

四、兵站仓库欠周密保护之先计。例如:敌主力突过新墙河时,各级兵站对仓库屯储,平时无紧急处置之准备,致临时张皇,虽能将一部分弹药埋藏地下,但一部分弹药及军米则迫于不得已而付诸一炬。

(巳)政治方面：

一、应加紧对敌心理宣传,促敌军心瓦解。例如:败退之敌经沙市街时,士兵多三五成群,共话啼哭,上有一大队长,退至白霓桥,伪维持会开会欢迎,答云:"此种无谓之战争,不必欢迎。"似此厌战心理高涨,若我愈加紧宣传,则促敌崩溃必速,亦为心理战胜之良法。

二、战地民众对抗战意义尚有未深刻者,应切实加紧组训,唤起敌忾心理。例如:敌便衣队扰乱我后方时,当地民众慑于敌威,不特不报,甚有甘心为敌响〔向〕导者,殊为可慨。嗣后对保甲组织,户口调查,更应严密强化,并加紧组训民众,鼓其同仇敌忾心理,使其齐力御侮,至为切要。

三、部队转用时,政工人员应先一日出发,广事宣传,以防地方民众逃亡,而收军民合作之效果。

〔以下皆略〕

(三) 第三次长沙会战

一、战前敌我态势与作战部署

第九战区关于第三次长沙会战前敌我形势概要的报告

(1942年2月)

第九战区第三次长沙会战战斗详报
三十年十二月十九日至三十一年一月十六日

第一、会战前敌我形势之概要

甲、敌军

(子)部署概况(参照附图第一)〔图略〕

第三十四师团守备莲塘,跨赣江,亘厚田街、严家山、石鼻街、安义、滩溪及吴城、涂家埠、永修、张公渡、白槎一带地区。第十四独立旅团,守备德安、星子、九江、瑞昌一带地区。第四十师团守备阳新、大冶、通山、南林桥、咸宁、白霓桥一带地区。第六师团守备大沙坪、崇阳、临湘、岳阳一带地区。

(丑)作战目的动态及兵力

中华民国三十年十二月八日,敌对我友邦英美宣战,开始向太平洋进攻。为企图攻占长沙,打通粤汉线,牵制我军策援英、美作战之目的,集中第三、第六、第四十师团及第四、第五师团之各一部为第一线兵团,直犯长沙。池上、加藤、平冈等三个旅团及外园支队为第二线兵团。第十三、第十五、第三十九、第一一六师团,第十八独立旅团之各一部,第十四独立旅团主力为第三线兵团。合计兵力约十二万余人,企图于三十一年元旦攻占长沙,打通粤汉线,并以第三十四师团主力,由南昌向上高,第十四独立旅团之一部向修水进犯,企图牵制我军,遥相呼应,以利其湘北主力方面之作战。

乙、我军

(子)部署概况(参照附图第一、第二)〔图略〕

一、第十九集团军

预备第五师警备梁家渡、树前街、市汊街之线,赣保安纵队警备市汊街(不含),沿锦江南岸迄车前渡口之线及港口、石头冈、陆家山各前进据点。新三军警备祥符观、莲花山、猪婆大圫、骑马山、潭埠、船下洲丁之线,及西山万寿宫、赤土街、奉新各前进据点。第二挺进纵队警备望湖岗、上东坑之线及靖安、尖山各前进据点。第一九四师控置清江整训。

二、第三十集团军

第七八军之新十三师警备潭埠、老鸦头、观音阁、火烧白及武宁城之线。新十六师控置三都整训。第七二军之第三十四师控置麻圆、温汤及警备九宫山一带地区。新十五师控置八都、吴都整训。

三、第二十七集团军

第二十军之暂五四师警备斗米山、麦市、凤凰楼、九岭之线及通城、铁柱港、赛公桥、北港各前进据点。第一三三师、一三四师警备方山洞、草鞋岭、甘田、杨林街、四六方、潼溪街、新墙、荣家湾、鹿角、磊石山之线。第五八军控置黄岸市地区整训。

四、战区直辖军

第三十七军一部警备长乐街、伍公市一带据点,主力控置瓮江、蒲塘、栗山巷、大桥一带地区整训。第九九军之第九九师警备归义、营田、湘阴一带江防。第一九七师警备芦林潭、六姓山、临资口、沅江、汉寿一带湖防。第九二师控置三姐桥一带地区整训。第二十六军控置浏阳、洞阳市、普迹市、花桥一带地区整训。第十军警备长沙,其第一九〇师控置株州、渌口整训,新二十师控置衡阳整训。第一线警备部队及第一线各军派出之攻击队、各挺进部队对敌多方面攻袭,破坏交通通讯、焚敌粮弹辎重,不论天候昼夜,从

未间断,予敌打击、消耗至大,而对敌之行动尤易随时明了。(各军攻击队及挺进部队攻袭破坏区域如附图第二)〔图略〕

(丑) 作战目的及指导要领

第二次长沙会战之后,太平洋战争开始。我军为收复失地,策援友邦作战之目的,积极整训,积极备战,于战地构筑强固纵深据点工事,并策定天炉战及反击作战计划,召集第二次长沙会议,检讨第二次长沙会战之得失,研究尔后作战之方略。当敌开始向临、岳地区集中兵力,遂判决必三犯长沙,严令各部加紧搜索,加紧戒备。会战开始后,亘作战全期间,均依预定天炉战之要领,指导作战。本会战之成功端赖计划之绵密,准备之周到,谋定后战,得奏殊功。

〔以下皆略〕

第九战区罗卓英指挥所关于
第三次长沙会战之部署的日记

(1942年4月)

第九战区罗副长官指挥所三十年十二月机密作战日记

月日:十二月二十一日

驻地:上高翰堂

上级指示:奉司令长官薛哿酉涵限二小时到极机密电:

(甲) 敌第六、第四十、第三、第卅九、第十三等师团及第十一、第十四等旅团,现已向岳临地区集中,有三犯长沙企图。

(乙) 战区以在浏阳河、捞刀河间地区歼灭敌军之目的部署如次:

〈子〉罗副长官率指挥所人员,于明马晨由现地出发进驻浏阳,指挥第廿六、第七九两军及一九四师准备作战,其各该军、师之行动任务如次:

(一) 七九军于号晚由衡阳火车输送至株州下车,军部率一师进占渡头市至东山(不含)既设据点、工事,一师进驻株州,限梗日前全部到达。一九四师于号夜由现地出发开醴陵,限感日拂晓前到达。夏军及郭师俟敌进至浏阳河北岸时,待命自南向北反击。

(二)第廿六军第一步确保浏阳现阵地,第二步俟敌进至浏阳河北岸时,待命自东向西反击。

〈丑〉王副长官率指挥所人员于明马晨,由现地出发,进驻平江,指挥七八军(附新十五师)准备作战。七八军(附新十五师)于号夜由现地出发。新十六师限有日前,新十三师限世日前,新十五师限有日前,一律到达平江及其西南地区,第一步确保平江、江村市,第二步待敌向浏阳、长沙进犯时,待命协同卅七军自东北向西南侧击敌军。

〈寅〉杨副长官指挥第五八、第二十两军准备作战,各该军之任务如次:

(一)第二十军之一三三师、一三四师,第一步于敌强渡新墙河南犯时,应在既设阵地强烈抵抗,逐次消耗敌军兵力,务血战十日以上,争取战略运用之充分时间;第二步于达成第一步之任务后待命转至关王桥、三江口侧面阵地,自东向西侧击、尾击向汨罗江北岸、南岸之敌。暂五四师第一步固守通城方面既设阵地,第二步待命使用。

(二)第五八军第一步于敌渡新墙河时,应自东向西侧击敌军,第二步待命进入关王桥以北二十军既设阵地侧击、尾击南犯之敌,协力二十军之作战。

〈卯〉第卅七军第一步应在汨罗江南岸既设阵地韧强抵抗,务血战十五日以上,争取战略运用之充分时间,达成第一步之任务后待命转至社港市、更鼓台、金井间山地,以上时期归岳指挥。第二步待命归王副长官指挥,布置敌向浏阳、长沙攻击时,协同第七八军自东北向西南攻击向长沙南犯之敌。

〈辰〉第九九军第一步应确保三姐桥、归义、营田、湘阴既设点、工事及洞庭湖南岸湖防。第二步待敌向长沙攻击时,以第九二师、九九师待命,自西北向东南夹击向长沙进犯之敌,第一九七师仍任洞庭湖西南岸原防。

〈巳〉第十军之一九零师于本号夜由现地开长沙,任长沙外围据点之守备,第三师仍任长沙核心工事之守备,预第十师固守岳麓山及水陆州既设据点、工事,该军第一步应固守长沙,第二步待敌进至浏阳河北岸向长沙攻击三天以后,待命自西向东反击敌军。

〈午〉第七三军部及第七七师进驻宁乡,暂五师进驻益阳,策应长沙方面之作战。以上傅、李、彭三军归岳指挥。

〈未〉罗集团赣北方面之警备,由罗副长官分令高、刘两副总司令负责,由罗副长官统其成。王集团武宁方面之警备由韩军长全朴负责,除另令外,希遵照。

……

兼总司令罗卓英

中华民国三十一年四月

第二十七集团军总司令部反击作战计划的日记

(1942年4月)

第二十七集团军总司令部三十一年春季机密作战日记

自三十年十二月二十日起至三十一年一月十四日止

十二月二十日

……

第二十七集团军反击作战计划

第一、方针

一、集团军以协力战区主力军诱敌歼灭之目的,应以一部在鄂南方面各个击破由该方面南犯之敌于龙门厂、南江桥以北地区,以主力在湘北方面依既设纵深阵地,迟滞消耗,节节抵抗,诱致敌军主力于浏阳河、捞刀河间地区,协力战区主力军反击而歼灭之。

第二、指导要领

二、鄂南方面应依既设之纵深据点、工事行正面强韧抵抗,并用尾击、侧击诸战法,将由大沙坪、通城道或大沙坪、麦市道两路南犯之敌击破于南江桥或龙门厂各以北地区,或予敌各个击破,先将大沙坪、通城道南犯之敌击破之。

三、湘北方面应依新墙河南岸既设之纵深据点、工事,行正面强韧抵抗,消耗敌军,迟滞其南犯。如敌已突破我纵深阵地带时,则适时转用兵力,衔尾猛击敌后,务协力战区主力军于浏阳河、捞刀河间地区反击而歼灭之。

四、反击奏功后,分向蒲圻、岳阳之线猛烈追击,相机收复临、岳。

第三、兵团部署

五、军队区分及任务

第一线兵团:

暂五四师:

一、崇阳、大沙坪、羊楼司方面之敌向新墙河方面转用兵力时,应向敌前敌后钳击,使敌不得转用于新墙河方面。

二、崇阳、大沙坪方面之敌向麦市、龙门厂方面进犯时,应在幕阜山、龙门厂附近断行反击,务使敌不得窜过龙门厂以西地区,以屏障湘北主力方面之成功。

三、崇阳、大沙坪方面之敌向通城、平江方面进犯时,应在九岭附近断行反击,务使敌不得窜过南江桥以南地区,以影响我湘北主力方面之反击作战。

四、崇阳、大沙坪方面之敌如分向龙门厂、平江道齐头并犯,应协力第五八军予敌各个击破,先将由大沙坪、通城道之敌在南江桥以北地区击破后,再击由大沙坪、龙门厂道南犯之敌。

第二十军(欠暂五四师)附第六挺进纵队、第七挺进纵队、战防炮第五四团第七连:

一、崇阳、大沙坪、羊楼司方面之敌向新墙河方面转用兵力时,应以第六、第七两挺进纵队向敌前后钳击,使敌不得转用于新墙河方面。

二、敌主力由临岳方面渡新墙河南犯时,应以第六、第七两挺进纵队分向羊楼司、临湘方面截断武汉铁路交通及击敌援兵,以二十军主力与五八军守备新墙河南岸既设据点、工事,强韧迟滞消耗敌军。敌渡新墙河后,适时转移至杨林街、关王桥、长乐街侧面阵地,自东向西侧击敌军。敌渡汨罗江后,循新市、栗桥道衔尾猛击敌军侧背,但如五八军使用于南江桥方面,则其任务以第六、第七两挺进纵队任之。

第二线兵团:

第五八军(附独立工兵第十七营):

一、崇阳、大沙坪方面之敌分向龙门厂、平江齐头并犯时,应与暂五四师,将敌各个击破,先将由大沙坪、通城道之敌在南江桥以北地区击破后,再击由大沙坪、龙门厂南犯之敌。

二、敌主力由临岳方面渡新墙河南犯时,应与第二十军主力守备新墙河南岸既设据点、工事,强韧迟滞消耗敌军。敌渡新墙河后适时转移至杨林街、关王桥、长乐街侧面阵地,自东向西侧击敌军,循长乐街、福临铺道衔尾猛击敌军侧背。

…………

兼总司令杨　森
参谋长邵　陵

中华民国三十一年四月

第九战区第十军司令部关于长沙守卫战作战计划的日记

(1942年)

陆军第十军司令部第三次长沙会战机密日记

…………

十二月卅日①

---

① 系指1941年。

天候

位置 本部于坡子街

……

长沙附近作战计划如左:

其一、方针

(一)军以固守长沙市区之目的,即占领市区及其外围既设据点、工事,竭力抵抗进犯之敌,待命由西向东转移攻势。

其二、指导要领

(二)各部队迅速完成各据点、工事,特须有独立作战之准备,并对外围工事须应乎所要达成之。

(三)各部队须详密划分守备区域,及预报敌进攻步骤与我应付手段,而配备尤须注意以城市为核心而固守之。

(四)各级之通信连络须周密准备,务使在战斗方酣被敌军破坏时,仍可保持连络。

(五)湘江内船只须确实统制,以便粮弹之补充及负伤官兵之后送。

(六)各守备区内须充分准备粮弹,以达成不待外援独立固守之任务。

其三、兵团部署

(七)长沙市区守备部队第三师(附警备司令部所指挥之各武装团队),长沙城外围守备部队第十预备师、第一九零师。

其四、阵地占领及任务

(八)第三师以主力占领长沙城垣,以一团控置于城东南角,拒止敌人进犯,并以便衣队(约一连)在安沙、沙坪附近预行潜伏,搜索敌情。

(九)预十师占领自水陆洲、猴子石、金盆岭、黄土岭、林子冲、左家塘、半边山之线,主力控置于黄土岭附近,拒止敌人进犯,并派便衣队在东山附近预行潜伏,阻止敌人。

(十)第一九零师占领左家塘、杨家山、鞍子山、湖迹渡、复兴寺附近、新河正街之线,拒止敌人,并派便衣队(约一连)在枫林港预行潜伏,搜索敌情。

(十一)作战地境

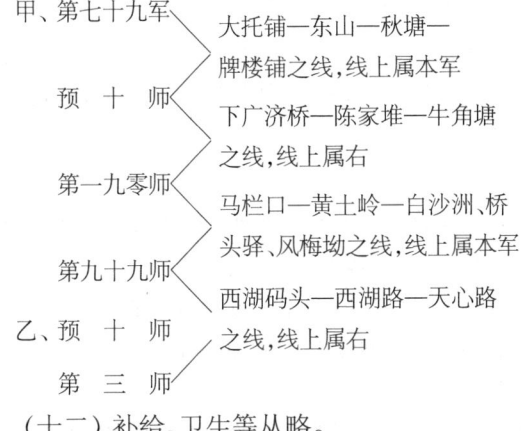

甲、第七十九军
　　预　十　师
　　　　　　　　大托铺—东山—秋塘—牌楼铺之线,线上属本军
　　第一九零师
　　　　　　　　下广济桥—陈家堆—牛角塘之线,线上属右
　　第九十九师
　　　　　　　　马栏口—黄土岭—白沙洲、桥头驿、风梅坳之线,线上属本军
乙、预　十　师
　　第　　三　师
　　　　　　　　西湖码头—西湖路—天心路之线,线上属右

(十二)补给、卫生等从略。

……

军　长　方先觉①

参谋长　容有略

中华民国三十一年

第九战区罗卓英指挥所关于浏阳附近作战计划的日记

(1942年4月)

第九战区罗副长官指挥所三十年十二月机密作战日记

…………

月日:十二月二十六日

驻地:浏阳大瑶铺

……

① 长沙守卫战第十军军长为李玉堂,1942年3月28日由方先觉代理军长。

作战计划:副司令长官于(二十六日)午后七时决心后即开始策定作战计划如左:

第九战区罗副长官指挥部队浏阳附近作战计划

第一、方针

一、集团军先以确保浏阳,进而协同友军围歼窜犯长沙敌人之目的,即以一部据守柏嘉山、渡头市,迄东山,沿浏阳河之阵地线,以主力保持浏阳河西北地区,相机由右翼转取攻势,压迫敌人于浏阳河以北地区而歼灭之。

第二、指导要领

二、加强由柏嘉山迄东山,线上之阵地、工事以一部扼要守备之,俟敌攻势顿挫及我主力出击时,协力反击。

以主力控置于浏阳西北地区,并派一部择险作据点式之守备,控置隘路口,俟敌攻势顿挫或继续向浏阳河下游及长沙窜犯时,断行有力之侧击包围敌人而歼灭之。

三、敌如于渡过汨罗江后,图窜犯浏阳,则我以主力沿浏阳、彭家大屋、黄荆坪道附近地区,作纵深之配备,确保浏阳。

四、敌如窜至捞刀、浏阳两河中间地区时,我即以主力分沿洞阳市、永安市及花桥、永安市道附近地区突出侧击之。

五、敌如于窜抵捞刀河附近,即呈动摇时,我即以主力沿黄荆坪、沙市街道附近地区突出侧击之。

六、敌呈动摇或溃退时,我在浏阳河南岸部队即渡河作正面追击,主力则分沿浏阳、黄荆坪、沙市街道及花桥、永安市道行超越追击。

七、后续兵团控置于第二线机动使用。

第三、部署及行动

八、军队区分:

右翼军:第廿六军(第三二师、第四一师、第四四师)。

左翼军:第七九军(第九八师、暂编第六师)。

总预备队:第一九四师。

九、第廿六军军部率第四一师,控置于浏阳附近,以卅二师主力控置于陈家冲、彭家大屋间地区,派一部兵力守备由山田至林家岭间之据点、工事,控制隘路口。以四四师主力控置于下青冲、跃龙市间地区,派一部兵力守备由林家岭(不含)至金潭间之据点、工事,控制隘路口,第一步确保浏阳,待敌窜至捞刀河、浏阳河间地区后,即全力由永安市附近地区向敌侧击,压迫于浏阳河以北地区而歼灭之。

十、第七九军以九八师任徐家州经柏嘉山,亘东山之阵地线,上各据点之守备以暂编第六师控置于黄陂田、龙头铺间地区,阻止敌人向浏阳河以南地区进犯,乘敌攻势顿挫,由正面转取攻势,协同友军围歼敌人。

十一、两军作战地境划分如左:

第廿六、七九军:苏家坊、思塘、湘阴港、金潭、石方湾之线,线上属右。

十二、追击时两军作战地境变更如左:

第廿六、七九军:青龙头、江家渡沿浏阳河南岸至徐家州、漆家桥、丁家山、陈家瑕、古华山、检市厂、郭家湾之线,线上属左。

十三、第一九四师为总预备队,暂控置醴陵附近待命,向官庄、为山间地区推进,策应作战。

....

兼总司令罗卓英

中华民国三十一年四月

赣北作战部署与指导①

(1942年1月)

其一、作战指导

---

① 此件沿用原标题,选自"第三次长沙会战高安战斗详报(三十年十二月二十五日起,三十一年一月七日止)"第四章。

十二月二十二日奉司令长官薛哿酉电节开：

（甲）敌第六、第四十、第三、第十三、第卅九等师团及第十一、第十四等旅团，现已向岳、临地区集中，有三犯长沙企图。

（乙）罗副长官率指挥所人员，于马晨由现地出发，进驻浏阳，指导第廿六、第七九两军及一九四师，准备作战。

（丙）罗集团方面之警备，由罗副长官分令高刘两副总司令负责，由罗长官统其成。

本部奉到右令后，当以有未华愚电转令遵照，并调整部署如次：

（一）预五师及保安纵队着归刘副总司令指挥，任梁家渡至车前渡口之警备，高副总司令指挥新三军任原阵地之警备，仍归卓英统一指挥。

（二）两集团之作战地境，为宜春、杨桥、南港圩、浒江、城陂、新圩、界埠，沿锦河、车前渡口、苏古岭、西山万寿宫、赤塘铺，至牛行相连之线，线上属左。

（三）挺二纵队仍守备原阵地，暂归高副总司令指挥，其与新三军作战地境照旧。

是日，本部根据当面敌军集中状态，判断该敌将以主力沿赣湘公路，一部沿奉新、村前街道向我攻击，以策应其湘北方面主力之会战，本集团为掩护战区侧背安全，乃决心诱致敌军于村前街南北既设阵地线前，待预五师挺二纵队到达后，转移攻势，歼灭敌人，并先对第一集团军以电话告知命令要旨，随即以亥有申华愚电对各部队下达命令如次：

（一）据报养日起，石富缪约集敌五千，安义亦于梗日起集敌二千余，本有辰以来，以多数小部队分向我新三军前进据点行广正面之威力搜索，似有以主力沿赣湘公路，一部沿奉新、村前街道向我攻击企图。

（二）集团军决诱致敌军于杨公圩、村前街南北既设阵地线前，与敌决战。

(三）新三军着以一部由第一线阵地极力迟滞敌之前进，主力着于本有晚移占虎形山、杨公圩、村前街、凤凰圩之既设阵地线，加紧各种战斗准备。

（四）保安纵队除以一个团扼守锦河南岸各要点，并于北岸派出少数部队监视敌人外，其余应分别集结于独城、单家圩各附近待命。

（五）预五师第十三、十四两团即向丰城附近结集，并立即开始准备参加赣江西岸作战。

（六）挺二纵队着于本有晚以一个支队接替保四团防务，保四团着即集结于故县街附近，准备随时以积极行动，直接协力一八三师之作战。

（七）各部队应即成立督战队执行战时任务。

（八）余略。

其二、主要理由

（一）以敌情言：就养日来敌集中情形观之，其兵力约七千余，惟我第一线阵地，正面过广，且转用部队一时不能到达，以敌优势装备，如集注兵力向我阵地一点突破，不但不易固守，且有被各个击破之虞，故须以一部逐次抵抗，诱敌入于我最有利之地点，使其兵力疲惫分散，补给困难，通信呆滞，而我则援兵到达，主客易位，斯时再行决战，当较决战于第一线阵地，稍胜一筹也。

（二）以任务言：为掩护战区右侧背之安全，其性质固非十分积极，但敌兵力优势有限，且我有良好地形利用，援军亦可在短时间内到达，与其固守待敌，曷若立于主动地位，选择最有利之时间与地点，以攻势达成任务，较为得算。

（三）以地形言：第一二两线阵地正面宽达三十余公里，不适合现有兵力，且两翼均无良好依托，正面则为起伏地带，倾斜极缓，又以时值冬季，水田干涸，敌运动甚便，火器效力，亦易发扬，倘于我预五师、挺二纵队未到达前，与敌决战，于我殊属不利。至于村前街南北既设阵地，右依锦江，左托凤凰圩西北山地，正面约二十公里,山地连绵,敌重火器运动不便,而我则瞰制辽远,阵地纵深甚大,且在该阵地以东,我可对敌赢得二日以上之时间,援军尽可从容到达,故该阵地在空间时间上,均有利于我决战也。

二、会战经过

1. 湘北主战场

蒋介石侍从室致军令部函
(1941年10月16日)

敬启者:奉谕抄送敌愤湘北失败,企图再度大举进攻由情报壹件,即请查照参考为荷。此致

军令部

附抄情报壹件　　　　　　　　　　　十月十六日

委员长侍从室谨启

情报　十月十六日　侍六第四七二八号

敌愤湘北失败企图再度大举进攻

敌军确息:敌在湘北失败后愤甚,现敌派遣军参谋部正计划再度大举进攻,并拟乘我兵力厚集之际,予以重大打击,借以泄愤。

薛岳致蒋介石等密电
(1941年12月17—18日)

(1) 12月17日电

急。分送渝委员长蒋、总长何、军令部长徐:盅密。综合半月敌情:甲、赣北:(子)敌卅四师团仍在南昌及环围莲塘、严家岭、安家等据点。该师团除积极整训及由安义抽调山炮、战车、装甲车等十八辆开乐化外,余无异动。(丑)独立十四旅团仍在

九江、德安、瑞昌、筯溪等处,其六一大队在九江,六二大队已回德安,六三除一部四百余在王家铺,大部仍在瑞昌,六五大队在筯溪,六四大队调江北。(寅)敌驻赣北空军堂二部队鱼日他飞。乙、鄂南:(子)敌四十师团二三六联队于微至鱼、虞将阳新亘慈口防务交二三五联队接替,二三六联队已开咸宁、金牛、鄂城等地。(丑)白霓桥敌二三四联队近抽一部北开。(寅)纸坊、郑家店、油坊岭一带之敌三百余艳戌起陆续北开武昌,该敌似系独立山炮第二联队。(卯)官埠桥、马桥一带之敌先后抽调北开,似系二三六联队。丙、湘北:(子)敌第六师团仍踞临、岳,据报该师团一部近向羊楼司附近集结。(丑)酉月迥,有两日由武汉开咸宁敌独立十一混成旅团,于支、微两日开蒲圻千余,近又窜岳阳,有接第六师团防务讯。丁、判断:当面之敌抽集部队,将有使用。职薛岳。亥篠。淙长。印。〔长沙〕

(2) 12月18日电

急。渝委员长蒋、部长徐:园密。战况:甲、鄂南:齐辰蒲圻、羊楼洞、崇阳连合之敌八百余,向我第十五支队崇阳西北东笺港进犯,经该支队分途设伏,奋力迎击,迄佳午将各路进犯之敌击退,计毙敌高级官长一员(姓名待查),士兵二十余名,伤四十余名,毙敌马六匹。乙、湘北:(子)佳卯第一〇支队一部设伏于忠坊附近,击毙敌十八名,获防毒面具三具。(丑)真辰桃林东南鹰嘴岩敌四十余向我杨岭附近进犯,经第一〇支队一部击退,毙伤敌十八名。谨察。职薛岳。巧未。涵。印。〔长沙〕

杨森致徐永昌密电
(1941年12月20日)

特急。渝军令部长徐:甬密。综合情报:甲、鄂南:一、通山、白霓桥敌铣、篠迄今向羊楼洞方向开去。二、崇阳、大沙坪各据点敌已抽调羊楼洞转进。乙、湘北：一、岳阳各据点敌大部分向岳阳集结，大队行李及粮秣亦陆续北运。二、铣日起少数敌赶筑五里牌、〔?〕安间铁道路线、土堡。三、武汉铁道及嘉蒲公路兵运频繁，自寒至皓先后由火车开到岳混合兵种共约万余，大炮数十门，马千余匹，番号不明，现已到桃林、西塘约二千余。陈楚侯、新开塘、青冈驿、汤家牌、麻塘等地约三千余，其余集结岳阳未动。四、新开塘、汤家牌等地田埂敌已掘毁，有准备通车模样。又后山坪、九龙冲、新开塘敌全部赶修，并限五日后完成等语。五、汤家牌至破岚口铁道敌几度强修，均被我击阻，荣家湾铁桥敌亦有修竣模样。六、篠日由武汉方面开到岳阳汽艇百余只、兵舰十余艘，内有十一艘留白螺矶江面，载来敌步骑兵二千余，现驻岳阳。七、敌谣传打通粤汉路，会击香港，元旦前占领长沙。等语。截至号酉止尚未向我进犯。丙、判断：集团军当面之敌，最低限度有大规模扫荡企图。杨森。亥号戌。抗胜。印。〔平江〕

薛岳致蒋介石密电

（1941年12月21日）

限即到。渝委员长蒋：蛊密。（子）新增至岳临之敌3D、39D、13D、11B、14B、6D、40D现在新墙河北岸占领阵地，积极备战。（丑）岳阳有敌战车四十余辆，湖面有敌舰七、汽艇二百余，向磊石山以北湖面活动。职薛岳。马酉。淙。印。〔长沙〕

杨森致徐永昌密电

（1941年12月21日）

重庆军令部长徐：3941密。马日综合情报：甲、鄂南通山、白霓桥线及崇阳、大沙坪间敌无增减。乙、湘北：一、马申西塘增到敌千余。新墙对岸增到二千余，并有大小炮廿余门，已进入各据点阵地，余无异动。二、九时敌四百余、骑兵一小队集结三港嘴附近训话,经我杨军杨师李团袭击,伤亡敌廿余,当被击溃,我亦返原地临湘。三、县长报称,敌六师团由前线撤去一小部,在岳上船,有他调样。四、十时岳敌汽艇三,支开鹿角附近侦察,各住十四时北返。丙、判断:增集临岳境内之敌似有准备进犯之企图。敬闻。平。杨森。亥马戌。抗胜。印。〔平江〕

薛岳致蒋介石密电

(1941年12月22—23日)

(1) 12月22日电

急。渝委座蒋:蛊密。敌情:甲、在游港西岸、新墙河北岸占领阵地之敌,刻严密封锁道路。我方侦探甚难往返。乙、养辰后山坪敌炮向我潼溪街轰击数十发。丙、敌二百余集结三港嘴,并携带架桥材料,经我派队袭击,该敌向后稍退。职薛岳。亥养。淙。印。〔长沙〕

(2) 12月23日电

限三小时到。重庆委员长蒋:甬密。湘北战况:(子)草鞋岭北尖山〔图无〕敌一部,草鞋岭西望歌亭敌三百余,元〔三〕港嘴对岸敌三百余于本梗辰向我进犯,均经我第134师击退。(丑)游港附近梅树滩之敌千余,梗辰向我进犯,至午经134师击退,至申复进犯,刻在王家岭附近与我对战中。(寅)复山坪之敌仍不断向我炮击。谨电察。职薛岳。梗未。涵。印。〔长沙〕

杨森致徐永昌密电

(1941年12月23日)

即刻到。渝军令部长徐:甬密。战报(五万分之一图):一、梗子敌约五百分向尖山(柳树厂东端)、望歌亭南犯,经我一三四师四零一团迎战,至已敌先后被我击退。二、梗晨敌一股千余由梅树滩,另一股约三百,由三港嘴南犯,经我四零零团迎击,梅树滩方面之敌于杨家冲、仙安桥、李丙塅地区与我反复争夺竟日,卒被我打退至干港嘴,王家岭之敌入夜相持,又三港嘴方面之敌午前被我击退,黄昏仍窜至该地,兵力未详。三、我敌伤亡消耗另报。四、暂五四师、五八军、一三三师各当面无战况。谨呈。杨森。亥梗戌。战。印。〔平江〕

薛岳致蒋介石徐永昌密电

(1941年12月24日)

限即到。抄二份。重庆委员长蒋、军令部徐部长:盅密。本日湘北战况:(子)柳树厂方面之敌三百余,酉刻向方山洞进犯,筻口之敌二千余强渡新墙河后,窜至罗袁塅附近地区与我第一三四师激战中。(丑)未刻大冲之敌六百余强渡新墙河至清水坑,经我击退,酉刻复于彭子明附近强渡。另一股一千余于新墙西北渡河,窜至王家坊、株树港附近,一股二千余于铁道正面及八仙渡渡河,窜至毛家嘴、孙武各附近,刻与我第一三三师对战中。谨密。职薛岳。敬戌。涵。印。〔长沙〕

杨森致徐永昌密电

(1941年12月24日)

限三小时到。渝军令部长徐:战报:敬未迄戌敌分八路先后突破新墙河。(1)由王家岭、李丙塅窜抵罗岭塅。(2)由筻口窜抵余沙场,以上两路已渡河之敌约三千余,与杨军杨师在杨家冲、仙安桥、任克敬、大元方、潼溪街之线激战中。(3)由邓家垄窜抵清水坑。(4)由九龙冲窜抵彭子明。(5)由大桥岭窜抵王街坊之敌,又分两股:一窜抵相公岭、一窜抵株树港。(6)由道梁桥窜抵七步塘、任必贵。(7)由破岚口窜抵荣家湾、毛家嘴。(8)由汤家牌、蔴塘窜抵八仙渡、孙武附近。以上六路已渡河之敌约五千,与杨军夏师在清水坑、相公岭、株树港、毛家嘴、孙武各附近之线激战中。敌后续部队不明,敌我伤亡损耗另报。谨呈。平。杨森。亥敬戌。战。印。〔平江〕

薛岳致蒋介石密电
(1941年12月25日)

限即到。重庆委员长蒋:盅密。湘北战况:(子)自养日起强渡新墙河南犯之敌,先头师第六、第四十师团于有辰至申,由胡家园、良〔长〕湖、七里山、胡德裕各附近,窜至观德冲(杨林街西)、王柏祥、南岳庙、洪桥、大荆街、彭家岭、熊家嘴、黄沙街、桃李店各附近地区,共约万余人,现与我第二〇军激战中。(丑)第五八军之新一一师已进至杨林街,军部率新十师于明(宥)辰可到胡少保附近。该军准备协同第廿军由东向西侧击南犯之敌。谨察。职薛岳。有酉。涵。印。〔长沙〕

杨森致徐永昌密电
(1941年12月25日)

军令部长徐:3941密。战报(五万分之一图):敬晚分八路突过新墙河之敌约一万人。有敌兵后〔分〕五路南犯。甲、一三四师当面敌步骑三千余,炮数门。一、由罗袁塅经廖家冲南窜之敌午前经我四零零团阻击于观德、十步桥之线对峙。二、由余家场南窜之敌,经我四零二团阻击于王伯祥附近对峙,该师伤亡五百人,敌之伤亡尤多。乙、一三三师当面敌步骑炮约七千人借飞机数架协力,由王街坊东南窜新墙南之相公岭、傅家桥、长湖、洪桥、岳庙、大荆街各据点,与我三九八团在相公岭、傅家桥、洪桥战斗尤烈。惟我据点虽坚守兵勇,但失利过大,故敌得乘隙钻入,将我据点包围,我官兵忠勇杀敌,抱定与阵地共存亡决心,在敌机敌炮猛烈炸击,沉着应战,复肉搏。敌逼近相公岭,中我地雷二次,死伤步骑极多。

我在傅家桥坚守之营长王超奎阵亡,我机动配合据点作战之营长彭泽生在凌头嘴、傅家桥间辗转战斗,生死不明。我死守洪桥据点营长向有余被敌四面围攻,傍晚时尚有枪声,以后情况不明。我预备之三九七团在南岳庙、大荆岭奋勇迎击,有申以后大部转进,一部仍在敌包围中,死守该两据点。由株树港南窜之敌被三九九团一部阻击于熊家嘴附近对峙。由荣家湾、八仙渡南窜之敌向峤武、欧阳庙、胡德裕、黄板桥、谭家垄、古塘冲、黄沙街各据点进犯,与我三九九团主力激战,该团一部坚守黄沙街据点,傍晚仍未动。截至有亥,该师各据点守军虽多被歼,但经杨军长登高观察数次,十里纵横据点敌我混战,枪炮声及轰炸声,历历可闻,据报该师伤亡虽重,士气极旺。敌军因与我混战肉搏,死伤确较我惨重。丙、除已令孙军长梁师在杨林街由东向西侧击四六方、庄德、王伯祥,杨军杨师在关王桥、渡头桥由东南向西侧击洪桥、长湖之敌外,谨呈。平,杨森。亥有亥。战。印。〔平江〕

薛岳致蒋介石徐永昌密电

（1941年12月26日）

限即到。重庆委员长蒋、部长徐:蛊密。战况:甲、赣北:有(子)向我进犯之敌第卅四师团之一部刻仍在猪婆大坵、马奇岭附近与我新三军对战中。(丑)武宁方面由王家铺进犯之敌十四旅团之一部仍与我第三四师在枫树脑、火烧白〔件〕对战中。乙、湘北:(子)渡新墙河南犯之敌先头第四十、第六师团于本有日窜至大荆街、黄沙街南方地区,有力一部于申刻向东攻占三江口、关王桥、陈家桥各据点。同时,汨罗江北岸之杨家仓、油埠滩、汨罗等处发现敌骑,其后续之敌继渡新墙南进中。(丑)第五八军在杨林街、胡少保附近,第廿军在登龙桥、新墙、横坊附近,自东向北侧击南犯之敌。职薛岳。宥酉。涵。印。〔长沙〕

杨森致徐永昌密电

(1941年12月27日)

即到。重庆军令部长徐:甬密。宥日战报(五万分之一图):甲、孙军在杨林街、马家、胡少保地区各有线电话不通,战况尚无据报。乙、杨军:(一)有晚以一三四师之四零一团拨归一三三师指挥,两师在关王桥、三江口、王家坊之线调整部署后,本日拂晓向洪桥、大荆街之敌攻击。(二)宥日敌分三路向该军进犯:一路由王伯祥、新塘石向关王桥、冯家桥、陈家桥之线杨军左翼一三四师进犯。一路由大荆街、渡头桥向三江口、大凌石、羊角岭、王家坊之线杨军左翼一三三师主游击战术。与敌反复争夺,激战终日,雨雷交加,腥红满地,截至宥亥,该军仍在富贵洞、沙湾里、女子桥、王家坊之线与敌苦战中。另一路由黄沙街以一小部沿铁道南下,大部向铁道东西地区与我一三三师三九八团坚守各据点之官兵继续激战中。除三九九团电台宥辰一度发出呼号外,以后即无消息。判断:该两团死守据点官兵似已大部壮烈牺牲。(三)连日以来杨军与优势之敌浴血激战,有冻馁死于阵地者,有全营共阵地俱亡者,伤亡虽重,士气未衰,决本再接再励之精神,肃清当面之敌。丙、除已令孙军由东北向西南,敌〔杨〕军由东向西攻击关王桥、三江口一带之敌外,谨呈。杨森。亥感子。战。印。〔平江〕

薛岳致蒋介石徐永昌密电

(1941年12月28日)

即到。渝委员长蒋、军令部长徐:盅密。战况:甲、赣北:(子)感未高安北城被敌占领,俭寅复向我新三军阵地攻击。至未我新三军转移姑子岭、龙团圩、斜桥、南山河、六千岭线阵地。(丑)武宁我第卅四师仍在河山、柳山、七里山、牛奶窝、火烧白之线与敌激战。乙、湘北:(子)自感未强渡汨罗江之敌,其左翼方面:俭寅在长乐街附近,酉在兰市河附近共渡过千余,被我第卅七军猛烈突击,未能进展。其右翼方面:感未到俭午在骆公桥、朱沙桥、南渡、河夹塘等处共渡过敌三万余,俭申审至新桥西八里瑕、丁家垄、团螺山、密岩山,及铁路西落马桥、牌楼峰、东塞各附近地区,与我第九九军激战中。按敌强渡后进犯情形,似有庞大后续兵团。(丑)已令陈家桥、三江口方面之第廿军向长乐街东张家冲方面攻击渡汨罗河之敌。长湖、新塞冲方面之第五八军向大荆街、渡头桥方面之敌攻击。金井方面之第一四〇师向李家瑕方面增加铁道方面作战,痛击南犯之敌。谨察。职薛岳。俭酉。涵。印。〔长沙〕

杨森致徐永昌密电

(1941年12月29日)

即刻到。军令部长徐:甬密。俭日综合敌情:甲、鄂南通山、崇阳、大沙坪一带无异动。乙、湘北:(一)俭晨敌回窜一部,似为第六师团四五联队。长湖、洪桥以东地区无敌迹。陈家桥及三江口西北山地有敌千余。(二)大荆街敌为六师团第十三及第二三联队,大部移长乐街、天井山、冷水井、杨家仓、兰市河等地,一部约八、九百留原地顽抗。(三)长乐街现有敌千余,俭日以六百窜白田桥,二千余向新市方面。(四)天井山、冷水井、杨家仓、兰市河共敌四千余,俭丑有敌少数南渡汨罗河,未逞。(五)由南渡河敌共五千余。(六)新墙、荣家湾有敌数百,准备架桥。杨森。亥艳辰。抗胜。印。〔平江〕

薛岳致蒋介石密电

(1941年12月29日)

限即到。渝委员长蒋:甬密。战况:甲、赣北:(子)我赣保安纵队于艳巳克复高安北城,旋敌增援反攻,于未刻复陷敌手,现我军仍继续反击中。(丑)武宁方面窜石鼓范(澧溪西南十六里)方面之敌千余,分三路续犯清江、芜山口、洋湖,现与我第卅四师一部对战中。(寅)艳未敌千余由修河南岸长仑上西窜澧溪附近。乙、湘北:(子)感在长乐街附近强渡之敌七千余,于艳午向清江口、秀水塅、颜家铺进犯,感酉在兰市河方面渡江之敌增至二千,于艳向鸦冲进犯,均与第卅七军激战中。(丑)汨罗江南岸铁道方面之敌三万余,竟日猛攻同乐桥、新开市、笔架山、密岩山、牌楼峰、东塘各据点,经我第一四〇、第九二、第九九各师猛烈反击,敌伤亡惨重,均未得逞。(寅)已令第五八军向火田、车田坊之线,第廿军向车田坊、兰市河之线循汨罗江北岸,自东向西击敌侧背。谨察。职薛岳。艳酉。涵。印。〔长沙〕

薛岳致徐永昌密电
(1942年1月30日)

渝军令部长徐:4132密。第三次长沙会战敌军配备系采取三线重叠,其第一线兵团计有第三、第六、第四十等师团及第四师团一部,人员共约62725,马匹20779,步兵炮76,联队炮44,山炮117。第二线计有池上、加藤、平冈等旅团,及外园支队,人员共约36000,【马匹】10120,步兵炮160,联队炮16,山炮48。第三线计有第13、第15、第116等师团各一部及18旅团一部,人员共约14100,【马匹】1708,步兵炮16,山炮36。此外尚有独立山炮第二联队,独立山炮第51、52两大队,独立野炮第15联队,独立工兵第2联队及第3旅团等特种部队配属各线,该各特种部队人员共约9984,【马匹】7160,山炮72,野炮24,飞机204架。总合各线人员共约122809,马匹39767,步兵炮252,联队炮60,山炮273,野炮24,飞机204架。薛岳。子卅。达。印。〔长沙〕

杨森致徐永昌密电
(1941年12月30日)

即到。渝军令部长徐:384密。艳日战报:甲:孙军新十一师卅三团艳寅在长湖歼敌步骑官兵中佐以下二百余员名,并获战马十匹,轻机枪一挺,步骑枪廿余支,文件装具百余种,我伤亡官兵百余员名。又卅三团艳子由肖家坡(洪桥西五公里)撤回至洪桥,遭遇敌三、四百名,激战一小时,毙敌五、六十,我伤亡卅余。乙、杨军:(一)一三四师四零一团,艳辰攻击三江口西附近之敌,敌遗尸甚多,我夺获文件、战利品甚多,证明该敌为有马部队、井木部队。又四百团艳午在黄旗塅(长乐街东南五公里)与敌骑百余遭遇,毙敌四十,余向时丰铺回窜。(二)一三三师三九八团官兵三百余名艳辰以前已回部,又三九九团景团长俭日报告,亲率残余部队已向北突围到平桥河(黄沙街西北三公里)附近。丙、孙军刻在周庆祖、冯家桥、弹子神、剑滩、石字碑之线,杨军刻在石字碑、张家冲、黄旗塅、清江口之线就攻击准备位置,自东北向西南,攻击大荆街、渡头桥、长乐街一带之敌。谨呈。平。杨森。亥卅丑。战。印。〔平江〕

薛岳与蒋介石往来密电

(1941年12月—1942年1月)

(1) 薛岳致蒋介石密电(12月30日)

即到。渝委员长蒋:蛊密。第三次长沙会战关系国家存亡,国际局势之巨。本会战职有必死决心,必胜信念。为捕拿战机,歼灭敌人,获得伟大战果计,经规定下列三事,分电各部遵办:(1)各集团军总司令、军长、师长务确实掌握部队,亲往前线指挥,俾能适时捕拿战机,歼灭敌人。(2)职如战死,即以罗副长官代行职务,按之计划围歼敌人,总司令、军、师、团、营、连长如战死,即以副主官或次级资深主官代行职务。(3)各总司令、军、师、团、营、连长倘有作战不力,遗〔贻〕误战机者,即按革命军连坐法议处,决不姑宽。以上三事谨电,鉴核备案。薛岳。卅午。忠。印。〔长沙〕

(2)蒋介石致薛岳密电稿(1月4日)

急。长沙薛长官:〇密。卅午忠电悉。兄能具此决心,督励所部,良堪欣慰。当此友邦并肩作战之际,甚盼此次会战能获得决定之胜利,以为我国革命军人争得无上之光荣也。中〇。支。侍参。

蒋介石致薛岳密电稿

(1941年12月30日)

限即刻到。长沙薛长官:〇密。一、敌似有沿铁道线逐步推进攻占长沙之企图。二、该战区在长沙附近决战时,为防敌以一部向长沙牵制,先以主力强迫我第二线兵团决战,然后围攻长沙,我应以第二线兵团距离于战场较远地区,保持外线有利态势,以确保机动之自由,使敌先攻长沙,乘其攻击顿挫,同时集举各方全力,一举向敌围击,以主动地位把握决战为要。渝。中〇。卅酉。令一元九。印。

薛岳致蒋介石徐永昌密电

(1941年12月30日)

渝委员长蒋、部长徐:甬密。甲、赣北:(子)卅拂晓我新十二师向大王庙、徐家山之敌攻击,激战至已被敌压迫向村前街方面转进,一八三师卅拂晓以主力向龙团墟攻击,策应新十二师作战,以一部固守南山何、樟树岭阵地,预五师艳日到达太阳墟。(丑)澧溪之敌于艳亥窜至三都与我三四师激战。乙、湘北:(子)我五八及廿两军于卅辰驱逐渡头桥、长乐街之敌,当将该两地占领,惟大荆街仍在敌手,刻仍继续临头东向西攻击中。(丑)本日我三七军竟日在磨刀尖、秀水塅、伍公市、虎形山、晏家洞、麻石山、飘风山与约二师团之敌激战,我一四零师、九二师、九九师竟日在斩儿桥、新开市、大娘桥、王思岩与兵力约二师团之敌激战。谨另有兵力约一师团之敌于卅巳突过李家塅方面,窜至栗桥、云先头,约千余已窜至青山市,向麻林市前进,其目的在分经金井、福临铺、栗桥三路向长

沙急进。我军已按照既定计划围歼此敌。薛岳。亥卅酉。涵。印。〔长沙〕

薛岳致蒋介石密电
(1941年12月31日)

即刻到。重庆委员长蒋：盅密。甲、渡汨罗江南犯之敌第四十师团，由长乐街方面渡江，经栗山港、长岭、花门楼、高桥、上沙市、春华山、永安市道进犯，至卅晚其骑兵先头窜至永安市附近，主力窜至上沙市以南地区。敌第六师团由新市方面渡江，经双江口、福临铺、枫林港、椰〔槊〕梨市、杨林铺附近，主力窜至麻林市以南地区。敌第三师团由归义方面渡江，经李家瑕、青山市、安沙〔波〕、石子铺道进犯，至世晚其骑兵先头窜至石子铺附近，主力窜至唐田庙附近。敌第四师团主力由归义方面渡江，经大娘桥、新开市、栗桥、新桥、塅头桥道进犯，至世晚其骑兵先头窜至塅头桥，大部窜至苦竹坳以南地区，其六一联队向我大娘桥、王思岩进犯。敌后续兵团之第十三、第三九师团似已窜至汨罗江以北地区，独立第十一、第十四旅团掩护新墙河至汨罗江间之交通。乙、世日我第二〇、第五八军仍在长乐街、大荆街方面，自东向西攻击。我第三七军在金井以北栗山巷、以东青江口、以南之山地，自东北向西南侧击南窜之敌。我第九九军除确保湘阴、营田及湖防外，在大娘桥、三姐桥一带山地以主力自西向东，以一部自南向北侧击南窜之敌。敌已进入我预定包围线内，除严督各部围歼外，谨闻。职薛岳。亥世戌。涵。印。〔长沙〕

薛岳与蒋介石往来密电
(1942年1月)

(1) 薛岳致蒋介石密电(1月1日)

限二小时到。重庆委员长蒋：盅密。敌已进入我长沙附近预定包围圈内。除严督各部围歼外,恳速令七四军推进至株洲、渌口,为战略预备队,归职指挥,以为追击军。薛岳。东辰。追。印。〔长沙〕。

(2) 蒋介石致薛岳密电稿(1月1日)

限二小时到。岳麓山薛长官:○密。第七四军除五八师留衡阳整训外,该军主力已饬开衡山、渌口、株洲,归贵战区指挥,为战略预备队。特电知照。渝。中○。冬酉。令一元九。印。

蒋介石致王耀武密电稿

(1942年1月1日)

限二小时到。衡阳第七十四军王军长耀武:○密。该军除第五八师留衡阳整训外,主力应即开衡山、渌口、株洲,归九战区指挥,为战区预备队。除分令薛长官外,特电遵照,具报为要。渝。中○。冬酉。令一元九。印。

蒋介石致薛岳等密电稿

(1942年1月2日)

限二小时到。长沙薛长官、李军长玉堂、周师长庆祥、朱师长岳、方师长先觉,并转全体官兵均鉴:○密。我第十军官兵,两日来坚守阵地,奋勇歼敌,致堪嘉慰。此次长沙会战之成败,全视我第十军之能否长期固守长沙,以待友军围歼敌人,此种光荣重大任务,全国军民均瞩目于我第十军之能否完成,亦即我第十军全体官兵成功成仁之良机。敌人悬军深入,后方断绝,同时我主力正向敌人四面围击,我第十军如能抱定与长沙共存亡之决心,必能摧破强敌,获得无上光荣。望激励所分钟〔部〕,完成使命,无负本委员长及国人所期为要。中○手启。冬亥。令一元九。

陆军第十军司令部第三次长沙会战机密日记(摘录)

(1942年1月)

....

三十一年元月一日

   天候
   位置 本部于灵官渡
记事:

一、本日十六时得知情况如左:

1. 步炮联合之敌约二千余,借空炮之掩护,向我滴水井、林子冲阵地猛犯。

2. 另有一部窜至黄土岭、金盆岭附近。

3. 激战五小时,我阿弥岭、滴水井阵地全被敌空炮摧毁,守兵亦大半牺牲。

二、基于上述情况,军长之处置:

1. 军以消耗敌人之目的已达,乃按预订计划饬转守农林试验场、半边山、左家塘之线,以缩小正面,加大抗力也。

三、廿一时得知情况如左:

1. 敌分兵窜扰长岭、南元宫、军储库各附近,经激战后,长岭、军储库阵地全被敌炮摧毁。

2. 军储库东侧及邬家庄等处警戒阵地被敌突破。

3. 军储库、邬家庄之敌乘夜暗,钻隙窜至白沙岭,企图夺取天心阁。

四、基于上述情况军长之处置:

1. 军为恢复外围据点,巩固阵容计,乃电令第一九零师派兵一营,向左家塘附近,预十师派兵一部向军储库附近之敌猛烈袭击,廿二时攻击奏效,左家塘、军储库先后克复,残敌向打靶场败退。

2. 令预十师另派一部围歼白沙岭之敌。

元月二日

天候

位置　本部于灵官渡

记事：

一、下达本部直属部队命令要旨如左：

1. 本部特务营、炮兵营、骑兵连着归陆营长伯皋统一指挥。

2. 各部战斗地境由陆营长妥为分配，并将分配情形具报。

3. 各营、连务对通守备区域以外各街道、港口一律堵塞，并加强据点、工事及对应固守房屋内通道之间与据点工事连成一线。

4. 余在灵官渡。

二、本日一时卅分，打靶场敌复向我邬家庄、小林子街进犯，虽经守兵奋勇抵抗，反复肉搏，终以众寡悬殊，于二时卅分一度失陷。旋经我预十师三十团阮营长亲率所部官兵约八十名，乘敌进犯混乱之际，行猛烈之逆袭，阵地当即恢复。该营长勇敢善战，得蒙层峰嘉奖，晋级中校，并奖洋伍千元。

三、三时十分敌复犯邬家庄、小林子街等处。军即令预十师廿九团派兵一营，仍守金盆岭、黄土岭附近阵地，其余由该团长率领，向小林子街附近之敌迎击。激战至五时许，敌死伤枕籍〔藉〕，不支向东溃窜。是役该团团长陈新善、团附曾友文均以身先士卒，壮烈殉国。该团长忠勇善战，深得层峰嘉勉，晋级少将，奖洋万元。

四、十二时奉司令长官薛冬辰追代电要旨如左：

着七十三军派兵一营于今（二）日黄昏后接替预十师水陆洲一营之防务。该营交防后即参加保卫长沙之战斗。除分电外，希遵办。

五、基于长官薛冬未追代电之指示，本部即以冬未智铃代电转饬预十师，着该营归还建制，参加保卫长沙战斗。

六、十五时许得知情况如左:被围困在白沙岭民房内之敌似有突围模样。

七、基于上述情况军长之处置:

令预十师派兵一部迅速歼灭围困之敌,经该师派兵围击,敌虽凭坚顽抗,而我官兵均抱成功成仁之决心,进抵村落外围,即与敌肉搏战斗,并纵火烧毁民房,敌无一幸免。是役毙敌加藤少佐及小琢登大尉以下官兵百余员名,并俘获敌作战命令、阵中日记等机密文件甚多。

元月三日

  天候

  位置 本部于灵官渡

记事:

一、本日七时得知情况如左:

1. 敌以烧夷弹纵火燃烧,并撒毒气,欲行掩护进攻浏阳门。
2. 敌机数架循环投弹,牵制我军活动。

二、基于上述情况军长之处置:

令第三师守备浏阳门之部队沉着应战,勿为所乘,并发放毒袭警号,以备施以简易消毒、防毒方法,幸官士用命,未被敌乘。

三、十时许得知情况如左:

敌借空军之掩护及后续第四十师团大部之到达,向我陶家冲、红石嘴阵地猛攻,该处阵地濒危。

四、基于上述情况军长之处置:

1. 令该师派有力一连由大东瓜出击,以袭击敌之侧背。
2. 令该地守军死守阵地,敌未得逞,不支回窜。

五、廿时奉长官薛江未追代电要旨如左:

着七十三军以暂五师接替七十七师防务,以两团兵力担任江防,重点保持天马山、荣湾市两附近地区。向南警戒至靳江河,向北警戒至三汊矶,以一团控置天马山、清华大学中间地区策应作战。第七十七师交防后,即由荣湾市渡江归第十军李军长玉堂指挥,为第十军总预备队,限江亥以前渡河完毕。水陆洲防务仍由七十三师之一营担任。除分电外,仰遵办具报。

六、基于长官薛江未追代电之指示,本军给与第七十七师命令要旨如左:

(一)奉长官薛江未追代电略开,着七十七师即由荣湾市渡江,归第十军李军长玉堂指挥,为该军总预备队,等因。贵师即以一团占领于湘春街东西大街,对北及江岸严密警戒,主力位置于南门口附近,集结待命,仰即遵办具报。

(二)余在灵官渡。

七、廿二时卅分得情况如左:

敌数百名乘夜暗进袭我一九零师五六九团阵地,虽经击退,但有一部窜据民房顽抗。

八、基于上述情况军长之处置:

着第一九零师派有力一部纵火围歼该敌,毋使逃窜为要。

元月四日

  天候

  位置 本部于灵官渡

记事:

一、本日八时得知情况如左:

(1)敌机六架在我修械所、杏花园、小跳马涧、小东瓜山一带阵地猛烈轰炸。

(2)大扫把塘136.3高地之敌炮向我猛烈射击。

(3)我阵地大部被毁,守兵亦伤亡甚重,故敌功〔攻〕势亦甚猛烈。

二、基于上述情况军长之处置:

(1)即电令炮兵集中火力向进犯修械所等处之敌射击,并以一部火力制压大扫把塘136.3高地之敌炮。

(2)着预十师即以传令兵、杂务兵、担架兵、输送兵编成一连,归三十团葛团长〔先才〕指挥,极力拒止进犯之敌。

三、转战至十三时许,肉搏至再至三,阵地失而复得者五次。幸赖葛团长指挥有方,官兵用命,卒将该敌击退,蒙层峰嘉奖,晋级少将,并赏洋伍千元。

四、十四时三十分本军给七七师、预十师命令要旨如左:

着第七七师二三一团暂归预十师方师长指挥,除分令外,仰即遵照为要。此令。

五、十七时得知情况如左:

(1)进犯之敌经四日之战斗,粮尽弹绝,全线发动攻势,到处纵火,似有掩护退却模样。

(2)我外围友军均已分进合击。

六、基于上述情况军长处置:

着七七师全部、第三师一团准备出击,其余各部队仍固守原阵地,防敌回窜。

元月五日

  天候

  位置 本部于灵官渡

记事:

一、本日六时许奉长官薛支酉追代电要旨如左:

(甲)进犯长沙之敌第三、第四、第六、第四十师团激战至支日黄昏,被我军击溃,开始经长乐街道及长沙、新市道败逃。

(乙)战区以彻底歼灭败逃之敌于汨罗江以南捞刀河以北地区之目的,其部署如次:(子)罗副长官为追击军总司令,指挥第廿六、第四、第七三军于微日拂晓前开始,以第二六军由牌楼铺、东屯渡经枫林港、麻林桥、梁家桥(福临铺东北八里)、麻峰嘴、栗山巷、长乐街道,向长乐街、伍公市追歼败逃之敌。第四军由阿弥街、左家塘,经东屯渡、石灰嘴、青山市、福临铺、李家塅、双江口道,向新市、兰市河追歼败逃之敌。第七三军由长沙,经石子铺、马鞍铺、新桥、栗桥、马山神、武昌庙、骆公桥道,向骆公桥、归义追歼败逃之敌。(丑)杨副长官为堵击军总司令,指挥第二十军、第五八军在象鼻桥(含)、福临铺、栗桥(含)自北向南堵击北溃之敌,不得任敌由长乐街、骆公桥间窜过汨罗江北窜。(寅)王副长官为东方截击军总司令,指挥第三十七军、第七十八军在枫林港以北、长乐以南地区,自东向西截击北溃之敌。(卯)第九十九军军长傅仲芳为西方截击军总司令官,指挥第九十九军及第一四零师,在石子铺以北,新市以南地区,自西向东截击北溃之敌。第一九七师固守原防。第九十九师之一部固守湘阴、营田。

(丙)此次北溃之敌,伤亡惨重,弹尽粮绝,无论追击、堵击、截击各军应绝对快速机敏,勇猛果敢,索敌而歼灭之。如有作战不力,任敌安全逃逸者,决依法重惩。其俘获甚多者必从优叙奖。除分电外,希即遵办具报。

二、七时许长沙附近已无敌踪。

....

蒋介石致薛岳密电稿

(1942年1月3日)

限即到。长沙薛长官:〇密。训令:一、该战区应速严令各部向长沙附近敌人围击,务确实截击敌人归路,包围捕捉敌人于战场内而歼灭之。二、应速以一部先期击破汨罗江敌人,占领各渡口。并即令孔荷宠部配合游击队,迅速向武昌挺进袭击。三、如敌突围北窜,应以第七三军由长沙下游渡江,另以一部由金井附近分向汨罗江北岸超越追击,封锁汨罗江各渡口,阻止敌人退却,主力向敌跟踪猛烈追击。同时以有力一部向岳阳挺进,乘虚袭取之。四、向敌追击时,第十军仍应守备长沙。仰即遵照实施,并预拟追击计划,应机实行为要。五、已令第五战区以有力部队向汉口袭击。中〇。江西。令一元九。印。

蒋介石致薛岳等密电稿
（1942年1月3日）

限即刻到。长沙薛长官、浏阳罗副长官、平江杨副长官、王副长官：〇密。一、此次湘北会战,特应注意下级干部及士兵之战功,随时予以奖赏,并呈报本会备查。二、新墙河以南及汨罗江两岸地区,应即发动民众,乘敌后方空虚,彻底施行交通破坏,使敌退却时不能迅速脱离战场。以上两项,仰切实遵照办理具报为要。渝。中〇。江亥。令一元九。印。

蒋介石致杨森等密电稿
（1942年1月6日）

特急。第九战区杨副长官、王副长官、58A孙军长、20A杨军长、37A陈军长、78A夏军长：〇密。此次长沙会战,举世瞩目,现敌主力已被我击破,残部现由捞刀河纷纷向北溃退中,我军欲期获得完全胜利,与空前歼灭战果,全视各军能否施行果敢勇猛之包围与截击。仰严督所部,不惜任何牺牲,发扬最高度攻击精神,努力围歼残敌,以求获得空前胜利与光荣之战绩。倘有堵截不力,纵敌逃逸,定予严办。仰即知照并转饬遵照为要。渝。中〇。鱼亥。令一元九。印。

第三次长沙会战战斗要报(摘录)
（1942年1月）

第九战区第三次长沙会战战斗要报
三十年十二月十九日至三十一年一月十六日

……

辰、长沙外围反包围歼灭战

当敌军开始攻击我长沙外围时,我军为求彻底歼灭敌军于长沙外围之目的,罗集团之第四军自株州方面向长沙东南郊,第七九军自渡头市方面向东山、㮾梨市,第廿六军自洞阳市方面向东屯渡。王集团之第七八军自三角塘、更鼓台方面,向湖迹渡,第三十七军自蒲塘方面向望仙桥。杨集团之第二十军自清江口方面向石子铺,第五八军自长乐街方面向安波。直辖第九九军自三姐桥方面向洪山庙、捞刀市,第七三军自岳麓山方面渡湘江向长沙东南郊,四面猛烈围攻。至元月四日,第四军将阿弥岭、黄土岭、金盆岭一带之敌歼灭,其余各军均积极向目的地猛烈进攻,饥疲惨败之敌经我四面环攻,伤亡过半,溃不成军,残敌阻于浏阳、捞刀两河之天然障碍,泅水向东北溃逃,厥状至惨。敌第二线兵团企图以全力向长沙急援之池上、外园、加藤、平冈各旅团,此时前进至福临铺南北一带,亦被我第三十七军各个击破,同遭溃败。

巳、追击歼灭战

……

一、捞刀河初期追击歼灭战

元月四日夜,自长沙外围败残之敌,溃逃至东山、㮾梨市、长桥、石灰嘴地带。我第四军由东屯渡,第七三军由湖迹渡衔尾猛烈追击。第七九军向东山、㮾梨市,第二十六军向长桥,第七八军向滨㘪,自东向西猛烈截击。第九九军向石灰嘴,白茅铺自西向东,猛烈截击,形成第一次追击包围战,痛歼二昼夜,斩获甚众。

二、汨罗江二期追击歼灭战

元月七日,败残之敌溃逃至麻林市、福临铺地带。敌军第二线兵团之池上、外园、加藤、平冈各旅团前进至福临铺南北一带。企图掩护败敌溃逃。我第二十六军自伍家埠方面,第四军自枫林港方面,猛烈追击。第二十军自福临铺方面,第五八军自影珠山方面,自北向南猛烈堵击。第七八军自上杉市方面,第三十七军自将军坝方面,自东向西猛烈截击。第七三军自青山市方面,自西向东猛烈截击。形成第二次追击包围战,痛歼二昼夜,敌尸横遍野。至九日败残之敌溃逃至福临铺、麻峰嘴地带,又被我第二十六军自梅林桥方面,第四军自福临铺方面,第七三军自影珠山方面,猛烈追击。第三十七军自麻峰方面,自东北向西南猛烈截击。第九九军自黄柏塅方面,自西北向东南猛烈截击,形成第三次追击包围战,痛歼五昼夜,敌伤亡惨重,遗尸遍野。至十三日残余之敌溃渡汨罗江时,又被我第三十七军在颜家铺,第四军在伍公市,第七三军在新市,第二十军在武昌庙、新市一带,猛烈痛歼,敌军官兵自相践踏,落水淹死者惨重。

三、新墙河三期追击歼灭战

元月十四日,败残之敌溃逃至汨罗江北岸、大荆街、龙凤桥一带。我第三十七军自颜家铺,第四军自伍公市,第七三军自新市,猛烈追击。暂五四师自洪桥、长湖,第一四零师自黄沙街,自北向南猛烈堵击。第七八军自长乐街、渡头桥、大荆街,自东向西猛烈截击。第二十军、第五八军自黄谷市、关山,自西向东猛烈截击,形成第四次追击包围战,痛歼二昼夜,残敌被我斩俘几尽。至十六日,第七八军追至四六方、潼溪街,第五八军追至新墙,第二十军追至荣家湾,暂五四师向忠坊,第一四零师向桃林、西塘一带,扫荡残余之敌。溃敌渡新墙河,逃回岳临者仅剩一万三千余人。

罗卓英致徐永昌密电

(1942年1月15日)

渝军令部长徐:盅密。谨将俘获第三师团第十八联队牧野胜与横山好一两名口供摘要电陈:(一)此次解〔以〕第三师团以第十八联队伤亡最重,全联队仅余四、五百人,第十二中队除剩十余人外,全部被歼,其他各联队伤亡亦重。又该师团此次伤亡之重,为历次战役所未有。(二)师团卫生队有担架两中队,车辆一中队,因道路不良,车辆中队未随军行动,担架中队亦因伤亡惨重及输送途

程过长,多数伤病兵无人救护,轻伤者随队逃窜,重伤者遗弃。等语,谨闻。职罗卓英。子删午。先时湘。印。〔浏阳〕

罗卓英致蒋介石密电

(1942年1月17日)

特急。重庆委员长蒋:盅密。甲、奉长官薛铣电令:第廿六军开驻平江附近地区,第四军开驻浏阳附近地区,第八三军开驻湘江西岸,第八九军附一九四师开驻浏阳及南渡头市、株州地区,本部回驻上高等因,当即遵照,并解除湘北指挥任务,职率本部指挥所定马日回防上高。乙、查第三次长沙大捷,实为第三次南岳会议之首次收获,钧座精诚之感召,战略之指示,与长官周密之部署,严肃之纪律,加以各军将士忠勇效命,用能痛歼敌寇,迅奏肤功,追维战绩,信念益坚,除最勉各军秉承钧座训示,继续努力,及时整训,争取更大胜利外。谨报。罗卓英。子篠巳。华仁湘。印。〔浏阳〕。

蒋介石与薛岳往来密电

(1942年1月)

(1) 蒋介石致薛岳密电稿(1月17日)

特急。长沙薛长官:○密。一、第三次长沙会战所有各部队及官兵战绩,希速确实查明,呈会以凭奖叙。二、敌我伤亡概数及俘虏、俘获战利品等,希即查报。上二项统限于哿日前呈到会为要。渝。中○。篠申。令一元九。印。

(2) 薛岳致蒋介石密电(1月22日)

渝委员长蒋:篠申令一元九电奉悉。盅密。谨将第三次长沙会战敌军伤亡列呈如下,此数仅系敌军遗尸被俘及各部目睹者,至其阵亡及重伤官兵自行焚化,则遍地皆是,轻伤能随队行动逃回者,无从调查统计,均不在此数之内。甲、亥月养日至元月真日已经查明，敌官佐伤亡：我预十师子冬在长沙南郊毙敌第三师团六联队第二大队长加藤中佐，及该大队中尉中队长小塚登。我九八师子微在木盆洲毙敌第三师团十八联队长土屋镜次。我一零二师子微在长沙外围毙敌第三师团十八联队第三大队长阔胁少佐。我九二师子微在长沙外围毙敌第三师团三四联队长木原大佐。我七七师子微在长沙外围毙敌第三师团辎重第三联队长片冈大佐。我六十师子真在飘风山毙敌第六师团十三联队长日成敏大佐。我九五师子真在竹山铺毙敌十三联队第一大队代大队长占谷信大尉、二大队长小塙庸胜中佐、三大队长鹰林中佐，俘获受伤之敌独立山炮兵第二联队五中队长松野荣吉大尉。我新十师子真毙番号未详敌步兵少尉中村寂。我三四师子江在修河南岸毙敌第十四旅团六三大队一中队长白鸟彦三郎，并毙姓名未详小队长三员。我九二师亥删在金鸡山、麻石山等地毙敌第三师团姓名未详之中佐大队长，元、灰毙敌第六联队二大队八中队长大劳一少尉、渡边善件准尉。我一九七师元佳在江口、樟沙冲毙敌第十八混成旅团九五大队一中队福冈雄少尉，元、灰在沙基市毙敌第三师团辎重联队山田井大尉，元真在徐家坪毙敌元田部队、通本部队玉野、井军。我赣保纵队亥卅在高安北城毙敌第卅四师团二一七联队二大队六中队长川琦，又二一六联队机枪中队长酒井。乙、亥月养日至子月锐日，敌负重伤二万三千零三，阵亡三万三千九百四十一，合共伤亡遗尸为五万六千九百四十四。职薛岳。子养。达长。印。〔长沙〕

蒋介石致薛岳密电稿

（1942年1月18日）

限二小时到。长沙薛长官：○密。王劲修部仍应继续向武昌挺进袭击，务获决定战果，孔、李两师仍应向岳阳挺进，乘机袭击溃敌。仰即转饬努力实施，随时具报为要。中○。子巧。令一元中。

薛岳致蒋介石密电

(1942年1月24日)

急。渝委员长蒋：展密。第三次长沙会战,据各部实报解俘虏及战利品如下：俘虏中队长松野荣吉以下139名。步骑枪1122支,轻机枪101挺,重机枪13挺,手枪9支,掷弹筒20个,山炮11门,望远镜8具,无线电机9架,电话机6具,枪弹45095粒,炮弹131颗,钢盔260顶,防毒面具289具,皮弹盒44个,刺刀29把,毒烟筒106个,军马268匹,机密文件168件。其他,被服装具无算。各部未报解者及沿途重伤死亡之俘虏,与敌人秘密埋藏及焚毁之枪炮等,均不在此数。等情。除俟各部报解齐后,再行解呈外,谨电察。职薛岳。子敬辰。达。印。〔长沙〕

2. 赣北策应战场

罗卓英致徐永昌密电

(1941年12月21日)

部长徐：0958密。综合敌报：(一)赣江东岸莲塘方面,皓于上谌店(莲塘南五公里)集结敌千六百余,征集民夫九百余,并以一部二百余向我警戒阵地袭击,旋被击退。(二)赣江西岸石富缪之敌抽调六百余,分向严家岭、乔栗一带集结,于哿子派一部三百余窜大城附近袭击,并连日由南昌运到给养四十余汽车。(三)安义方面敌,哿于港口、安义、仁首一带抽集一千四百余,有向奉靖进犯说。(四)伪会讯：南昌敌酋大贺巧卯集伪会人员训话,谓不日大举进犯,并令南、新两县各应派民夫五百备用。(五)当面敌近无增减,南浔路运输照常,南昌、安义敌近又构筑防空壕,并增强城区防务。巧日南昌倭妇六十余赴浔。(六)南昌方面伪军欧阳达庆部六千余近招募新兵,并拟并编各县伪保安队,正扩编训练中。(七)判断:当面敌为防我攻袭,似有向我窜扰模样。谨闻。职罗卓英。马未。先英。印。〔上高〕

薛岳致蒋介石、徐永昌密电

(1941年12月25日)

限二小时到。重庆委员长蒋、军令部长徐:甬密。(子)奉新以东之白仙岭方面敌约二千余,本晨向我新三军之阵地进犯,现仍对战中。另敌约五千余集结西山万寿宫地区。敌第卅四师团有向我进犯,策应湘北敌军作战之企图。(丑)恳饬第三战区以鄱阳湖南岸、抚河东岸之刘军准备迅渡抚河,进出丰城以西地区,协力赣北罗集团方面之作战。(寅)武宁方面本晨敌二千余,分向我三十四师之枫树脑、观音阁阵地进犯,现仍与敌激战中。谨闻。职薛岳。有戌。涵。印。〔长沙〕

罗卓英致蒋介石密电

(1941年12月26—28日)

(1) 12月26日电

重庆委员长蒋:亥有戌华愚电计呈。蛊密。战况:(一)由湘赣公路西犯之敌本宥寅以步骑二千余附炮十余门,不断向我高安北莲花山、猪婆大坵、马奇岭之线猛犯,与我新十二师第一线三五、三六两团发生激战,晨至正午,曾两度突破我莲花附近阵地,旋经逆袭恢复,迄晚仍激战中。(二)处置:(1)预五师西渡赣江之一团,即向独城推进,暂归保安纵队熊司令指挥。(2)熊纵队即以有力部队渡锦河向大城、乌山铺进出,求敌而截击之,并相机占领西山万寿宫、石富缪,以策应新三军作战。(3)新三军应即以主力予敌反击。上项谨报。罗卓英。亥宥申。华愚。印。〔上高〕

(2) 12月28日电(一)

限即到。渝委员长蒋：蛊密。(一)沿湘赣公路西犯之敌约五千,刻与我新三军在龙团圩、斜桥南北之线激战中。(二)本集团军为确保战区右侧背之安全,决于泗溪、官桥、棠浦线以东地区积极打击敌人。(三)已令预五师主力即先渡江向水北急进,准备作战。该师之江东岸防务,已电传长官顾及一百军,就近派队于本俭夜接替完毕,尔后三战区与本集团军作战地境拟暂改为薛家渡(樟树对岸)、泉港街、生米街、牛行、樵舍、吴城、湖口丝连之线,线上属右。是否可行,谨电鉴核示遵。罗卓英。亥俭巳。华鹏。印。〔上高〕

(3) 12月28日电(二)

特急。重庆委员长蒋：甬密。战报：(一)据杨军长俭未报称,敌约五百余俭午由丁家圩窜至岭前张(街岭西三公里),放火焚烧民房,同时青山东北敌千余,与我卅四、卅五两团于街岭至青山之线发生激战。入暮我转进至岭前张以西地带拒敌前进。(二)俭酉保一团先头于祥符观、司公山之线与敌五、六十遭遇,旋即被我击退,该敌向莲花山方面溃窜,正向高安北城进击中。(三)高副总司令处置：令新三军占领龙团圩、斜桥、樟树岭南北之线,准备予敌反击。(四)预五师十五团亥到达独城。上各项谨报。罗卓英。亥俭亥。华愚。印。〔上高〕

罗卓英刘膺古致蒋介石密电

(1941年12月29日)

特急。委员长蒋：亥艳巳鹏电计呈：蛊密。甲、东北保安纵队今晨克复高安北城之部队,当向敌跟迹继续追击,午刻进抵栎树下(高安西北约十公里)附近。有敌千余炮二门向我猛烈反攻。激战至十三时,该城得而复失。保一团仍在高安东郊,保五、七团各一部在高安西郊,现仍三面与敌激战中。乙、处置：

(一)新三军即在原阵地出击当面之敌,相机恢复原阵地,并派一部协歼高安附近之敌。(二)反攻高安纵队应继续围攻高安北城之敌,协力新三军恢复原阵地。除分报外,谨报。罗卓英、刘膺古。艳酉。鹏。印。〔上高〕

刘膺古致蒋介石密电
(1942年1月1日)

特急。重庆委员长蒋:奉副长官罗亥世午华仁电闻。甬密。湘北战局将至决战阶段,英为专心指挥此间军事。关于赣北方面着由第十九集团军刘副总司令膺古代行总司令职权,负责指挥高副总部、新三军、预五师、十九师、赣保纵队、挺二纵队,策应湘北作战,确保战区右侧安全。参谋处职务暂由张总参议代理,参谋处长职务暂由游高参代理。除电报备案外,特电遵照,等因。谨呈。刘膺古。子东。印。〔上高〕

刘膺古与蒋介石往来密电
(1942年1月)

(1) 刘膺古致蒋介石密电(1月2日)

限即到。重庆委员长蒋:蛊密。战报:本部为击溃窜扰高安之敌曾于世日电限熊司令冬日前克复高安。本子该部以保一、保七两团各两个大队及保五团一部由黄副司令率领,分三路向高安南城之敌猛攻,几经激战后于六时占领南城,残敌狼狈渡河北窜,经我扫射,落水溺毙者甚众,是役我重伤大队长一员,其余官兵伤亡甚重,正饬查报中。谨报。罗卓英,刘膺古代。子冬午。鹏愚。印。〔上高〕

(2) 蒋介石致刘膺古密电稿(1月6日)

特急。上高刘副总司令:子冬午鹏愚电悉。蛊密。赣保纵队连日于锦江两岸予敌打击,达成任务,良用嘉慰,着传谕嘉奖。所有作战努力及伤亡官兵应速饬查明,呈会以凭奖恤为要。渝。中〇。子鱼巳。令一元九。叩。

罗卓英等致蒋介石密电
(1942年1月2—9日)

(1) 1月2日电

急。重庆委员长蒋:甬密。敌情:1.沿湘赣公路进犯之敌,刻尚与我新三军及保安纵队一五七团主力激战于高安及其西北地区。2.据伪组织报,俭日敌千余由莲塘转沿生米街,转赣湘线。据复查该敌系小川佐藤两部,共六百五十余,艳辰复乘汽车绕开牛行转浔。3.南昌敌寝起实行特别戒严,并沿牛行、涂家埠之线构筑工事,大意计划由华源至西山万寿宫。大成公路迄卅尚未畅通汽车。4.判断:出扰之敌似将仍沿赣湘公路继续窜扰,牵制我军,策应湘北之作战。谨闻。罗卓英,刘膺古代。子冬未。凡纪。印。〔上高〕

(2) 1月4日电

急。渝委座蒋:甬密。敌情:一、世辰由北车开牛行,步八百余,步枪五百支,轻机枪四十挺。午续开莲塘。同时,伪军千余,由南昌开莲塘。又驻南昌莞滨公园之新编伪军约二百人,自牛行北开。向我进犯之敌主力,被我击退后,江申开始自高安沿赣湘公路退却,其一部光冈、掘邱两部及伪军共约千五百余,江午退至米峰附近,为我保四团及挺二纵队截击,激战至中,伤毙敌二百余,生擒伪军一名。二、石头冈附近尚有敌掩护退却部队五、六十顽抗,我正扫荡中。谨闻。罗卓英,刘膺古代。子支申。仁纪。印。〔上高〕

(3) 1月9日电

即刻到。渝委员长蒋:子虞申电计呈。甬密。甲、高安附近溃退之敌,虞已窜归原据点,我追击部队亦于同日进展至西山万寿宫、小路口、宋埠、干洲各以东之线,与敌对峙,因敌据点工事巩固,我攻击兵器缺乏,为避免攻坚,确保战区侧背安全计,本部业于虞未下令停止追击,守备原阵地,并调整部署如次:(1)预五师即开返赣江东岸,接替十九师防务,并配备重点于南昌、半城道附近,另派一部继续构筑樟树核心阵地,所有配属之战防炮十一连及布雷队仍归该师指挥,附近一带元日拂晓前交接部署完毕。(2)十九师交防后即归还建制,熊纵队仍守备锦河南岸原阵地,并派一部扼占河口夏、董家桥、新塘喻、港口桥、九渡喻家、葫芦垓、七里冈、长冈熊各前进据点,配备重点于左地区方面。(3)高集团之第一八三师守备马形山,亘莲花山、米峰、石子崚之既设阵地,并派一部扼占古楼冈、小岭、万步脑、大岭、陶仙岭各前进据点,置配备重点于赣湘公路方面,新十二师仍控置于泗溪附近,康纵队即解除该部隶属。(4)康纵队除以一个支队以游源、钵盂山间山地为根据,积极对敌袭击扰乱外,保四团及游击支队应守山里邹,亘上翟、车坪、潭埠、船下洲丁、巡埠、燕子岩之既设阵地,并以一部扼守凤凰山、赤岸、五步域、鹅掌山、盒子岭、靖安城各前进据点,置配备重点于奉新、上富道附近,该纵队仍归本部直接指挥。(5)作战地境:预五师与熊纵队仍为薛家渡(樟树对岸)、泉港街、生米街、牛行相连之线。熊纵队与高集团为泥口渡,沿锦河北岸,经征前渡口、赤土冈、苏古岭、西山万寿宫、缪家、赤塘铺相连之线,高集团与康纵队为富楼、幸家、樟树岭、上江陈、里通山、王材、仙岭、天保冈、长埠、分路口相连之线。以上线上均属右。乙、各部应加强工事,节约守兵,控置主力,保持机动,并不断派出一部向敌袭扰,以疲敌人、消耗敌人,除各部部署续报外,谨报。罗卓英,刘膺古代。子佳午。鹏。

印。〔上高〕

王陵基致蒋介石代电

(1942年1月26日)

委员长蒋钧鉴:职集团第三次长沙会战战斗要报:甲、战斗经过:(一)湘北方面……。(二)武宁方面:奉长官薛哿酉涵电,以七二军(欠新十五师)及第三纵队由韩军长全朴指挥,任武宁方面之警备。该军三四师亥养进驻澧溪,以一零零及一零一两团主力与新十三师,交替武宁、修江南北两岸之警备,以一零二团任石㫖山,亘九宫山方面之警备。梗日,敌十四旅团步骑六百余、炮三门附伪军一部,午后由箸溪南渡,敬辰窜抵中横。另敌三、四百窜抵北岸加白老一带。有寅,南岸敌猛向一零一团枫树脑,亘老塔下阵地进犯,激战入暮,该线被敌突破,节节退遁。至感寅,直迫荷山、柳山。该团步步苦撑,战力破碎,敌逐〔遂〕钻隙深入,至暮,一股二、三百敌窜扰石口渡、石鼓范、官田等地,该团仍分头截击。该师为防敌北犯,经令工兵营之一连任澧溪、石口渡间修江北岸之河防,并抽调九宫山方面一零二团之一营附机炮一部,驰赴三都。应援未到前,敌一股于陷日已窜三都。职恐敌窜犯修水,影响战局,经严令韩军长照长官部反击计划督部死力反攻,并请准以参加湘北会战之新十三师中抽出三八团,由长寿街调返修水,即以该团长杨干并指挥补充第二团合力反攻。世日全线出击,挺进三纵队之保十五团亦努力截击瑞武北段之敌,并破坏交通通信。新十三师三八团主力直挺进至梁口市区与敌巷战,各部奋勇进攻,直至子东将敌击溃,分道回窜。各部乘势尾追,至江日完全恢复战前态势。……谨先电呈。职王陵基叩。子宥午。励。附表如文。

三、会战的经验教训

第九战区关于敌军第三次进犯长沙之特点、战法及我军之对策的检讨

(1942年6月)

第三次长沙会战之检讨

中华民国三十一年六月

第一、会战经过概要〔略〕

第二、敌我优劣点之检讨〔略〕

第三、敌军第三次进犯长沙之特点

一、利用夜间攻击:敌知我新墙河南岸工事增强,白昼进犯不易成功,乃利用夜间攻击,以期减少损伤。

二、利用飞机补给:敌以公路不易修筑,且陆地输送时,被我截击,乃由空军输送粮弹,殊堪注意。

三、变更修筑公路方法:敌以各地稻田蓄水,修路不易,乃选择小起伏之地形,就山势修筑,先以工兵侦察标示,再以坦克车滚压,然后以工兵及民夫修筑。

四、变更进攻路线:敌以第六师团之二三、四五、一三,三个联队,配骑炮工兵,分由新墙以东之三港嘴,桃海洲以西之七步塘、王街坊及荣家湾以西,同时渡河,旋进展至洪桥、黄沙街以南之线,始以第四十师团由四六方,第三师团由筻口渡新墙,分向关王桥及大荆街西南进犯,与第一二两次之进路,完全不同。

第四、敌军战法及我军之对策

一、此次敌之战法,正面用锥形突击,侧翼多配合包围攻击,如源口邓埠诸役皆然。

二、敌除以正规部队作战外,并配各伪军及便衣队钻隙窜扰,并利用筭王等地顺民作向导。

三、敌对我此次保卫长沙之战略,判断错误,仍以轻装部队,

使用钻隙战术,攻陷新墙河汨罗江以后,不加补给整顿,妄求一气略取长沙,压迫我军于湘江东岸而歼灭之,经我五昼夜之痛击,弹尽援绝,致遭惨败。

四、我以纵深配备,巩固长沙外围与核心阵地,并用炽盛火力及逆袭,逐次消耗敌人而求得时间之余裕,待敌被【迫】回窜老巢时,我各军已在外围部署完毕,形成四面合围,故能收赫之战果。

五、敌常利用黄昏拂晓,或飞机狂炸间,先以大刀队潜进我阵地附近,以机枪在后掩护,并就地呐喊,吸引我士兵注意,而其白刃部队,遂乘机冲入我阵地,我军应勿被其眩惑,以手榴弹应付其白刃部队,并以机枪侧射斜射,而歼灭之。

六、敌迂回攻击前进包围之作战指导之优点:

1. 使我纵深配备易失效。
2. 我后方各级指挥机关易受威胁。
3. 我不易侦察敌后续部队。
4. 使我转入侧面阵地困难。

我应派队远出严密搜索两翼侧,并控置有力预备队,将重点保持于所欲转进之方面,以期摧毁敌之企图。

七、敌对我侧面阵地,占领据点,牵制我兵力之进出,如敌在冯家屋背山(长乐街)、磨刀尖(严家铺东南)、徐家山(麻峰嘴附近)及金井各地,均造成据点,吸引我之兵力,封锁我侧面阵地部队之进出,我应勿为所惑,以小部队监视,以主力向目的地挺进,而对付之。

八、敌行偷袭强攻,初则一点突破,继则到处钻隙,终则南北东三面合围。

九、敌军最初不确实形成重点,到处寻找我弱点,以求乘机能利用之。

十、我应构成主要歼敌据点。汨水南捞刀河以北为歼敌地带,磨刀尖、飘风山、麻石源、古墓山、影珠山、汉家山、明月山、神灵山等地为歼敌地带之主要据点,无论向北向西阻击截击,均应预控有力部队,并构成坚固工事,如敌再萌进犯长沙妄念,务于各点歼灭之。

十一、我应彻底实行犁田蓄水。犁田蓄水,可使敌赶造临时公路困难,但多犁田而未蓄水,致汨水以北,仍可造成军路,尔后应组成专门指导委员,责成县长、乡、保长督饬实行。

十二、敌施放烟幕,使我误为毒气,淆惑我军心。

十三、敌每利用骑兵,向我间隙突击,攻我侧背,施行包围手段。

十四、利用炮空威力,攻我据点,如有坚固阵地,死守不动,敌亦无法攻破。

十五、敌每利用佯攻掩护撤退,并以各种信号枪连络,指示退却方向。

第五、经验教训〔略〕。

第九战区关于第三次长沙会战敌我优劣及所得经验教训的报告

(1942年2月)

第九战区第三次长沙会战战斗详报

三十年十二月十九日至三十一年一月十六日

第一、会战前敌我形势之概要〔略〕

第二、会战经过〔略〕

第三、敌我优劣及所得经验教训

甲、敌我优劣

(子) 敌军优点

一、装备优越,步炮连络,实能向任务地勇往迈进。

二、惯用狡诈欺骗手段。例如敌此次进犯,先在沦陷区故意造谣,将兵力张扬调动,阳示无积极企图,而于暗中积极准备,将兵力器材于夜间向临岳地区输送,以期迷惑我之判断。

三、能迅速将广正面兵力集中使用,变劣势为优势。例如:十二月廿五日敌分三路向我新三军大城、赤土街、陶仙岭全正面进犯,但接近我主阵地时即向我新十二师莲花山阵地一点攻击可证。

四、虽被我四面包围,恃其有空军掩护救援,仍思免脱,在万不得已时,或集团唱其国歌在屋内纵火自焚,不肯投降。

五、空输接济尚得力,在绝境时,仍能利用飞机补给粮弹。

六、退却企图秘匿,使我不易起现状变化之感觉,而掩护部队能确实达成任务,虽全部牺牲不惜。

(丑) 敌军劣点

一、轻举深入,图夸张战力于国际,且仅知我新墙河、汨罗江方面兵力,而不知我长沙、浏阳河兵力,而自投罗网。

二、缺乏步兵单独作战精神,无炮兵援助,不敢攻击前进,且战志薄弱,畏敌心理特甚,运动多猬集一处,遭我炮兵射击,死亡独多。

三、攻击一点常至三、四次之多,不知活用战术。

四、军纪废弛,每到一处多烧民房,予我军以判断之最好资料。

五、战场遗弃之尸体、尸灰特多,且有临阵图逃致遭军法杀戮者。

六、不知控制战场要点,以致为我所制。

七、不注意后方连络线安全,以致粮弹接济困难。

(寅) 我军优点

一、战斗纪律良好。例如:第十军保卫长沙与敌激战四昼夜,并无一官一兵脱逃,伤者亦不肯退出火线,争以战死为荣,其他各军、各师亦均怀牺牲决心,争立战功。

二、决心坚确,各级主官均能按预定计划彻底实施,故在决战时间及地点得以发挥优势兵力,立于主动地位。

三、把握战机。例如:长沙外围反包围歼灭战时,各军均能把握战机,适时到达利害转换线。

四、部署秘密。例如第廿六军、第七九军自浏阳北方山田至长沙东南之东山,布成八十公里之侧击态势,始终未为敌所发觉。

五、炮兵分散配置,机动火力确能做到弹药准备充分,且射击操作迅速,能按企图发扬火力。

六、炮兵阵地工事构筑强固，伪装巧妙，纵敌机终日侦炸，全不为所发觉，仍能继续射击。

（卯）我军劣点

一、缺乏重武器，战斗力不能充分发挥。

二、通讯器材缺乏，以致敌情、指挥、连络等工作颇受影响。

三、长沙城郊工事因时间、材料关系，强度有不足者，尤以副防御物为然。

四、炮兵数量太少，担任射击正面过大，且限于通讯器材，不能多设置应适任务之观测所。

五、挺进部队士气虽盛，而装备欠佳，短于攻坚及阵地战。

六、担架太少，致伤者多不能适时离开火线而影响士气。

乙、所得经验教训

（子）战略方面

一、敌在赣北方面发动攻势，策应湘北方面作战，应加强进犯兵力，达成作战有利之目的，但事实上仅能抽调不过一联队之兵力，向我高安进犯，不但未能达成策应之目的，仅受惨重之损失，足见其捉襟见肘之窘态。

二、敌在湘北方面作战第一线兵团悬军深入，携行粮过少。第二线兵团单位繁杂，战力低劣，皆为战败之因素。例如：敌此次进犯长沙，系以第三、第四、第六、第四十师团为第一线兵团，仅携带粮弹七日。另以池上、外园、加藤、平冈各兵团为第二线兵团，单位既多战力尤劣，因之后方连络不能确保，第一线兵团在长沙外围为我军四面围击及败逃时，第二线兵团不能确实达成增援掩护之任务，而同遭溃败，遂陷弹尽粮绝之悲境。

三、我军计划绵密，准备周到。例如：我军于第二次长沙会战后即策应对敌"天炉战"，并于战地构筑纵深强固据点、工事，屯备充分粮弹。本会战始终按照天炉战要领指导作战，故能随时随地予敌决定打击。

附天炉战法之研究：

敌寇图仿德国施行闪击战，以打击我军，而我之对策根据五大会战之经验，运用天炉战法，以破之，兹将天炉战法研究如次：

1. 挺进兵团"兵力"一部，"任务"任敌原占地区内主要交通通信之破坏，及敌援军之阻击。

2. 警备兵团"兵力"一部，"任务"任第一线（即绪战地第一网形阵地带）之作战，敌进犯时迟滞消耗敌军，尔后转为尾击兵团。

3. 尾击兵团"兵力"一部，"任务"待敌通过第一线阵地后，衔尾猛攻，参加决战，力制敌军筑路，截击敌辎重，断敌补给，击敌后援。

4. 诱击兵团"兵力"一部，"任务"占领绪战地第二、第三网形阵地带，迟滞消耗敌军，尔后转为侧击兵团，参加决战。

5. 侧击兵团"兵力"主力，"任务"位置于决战地左（右）前方，适时侧击敌军而歼灭之。

6. 守备兵团"兵力"主力，"任务"先担任决战地之守备，俟敌攻势顿挫，断行反击，歼灭敌军。

7. 预备兵团"兵力"一部，"任务"占领决战地后方要点，必要时参加决战，扩张战果，或依情况占领预备阵地，收容决战地部队。转移作战。

四、我军敌情判断明确，兵力转用适机。例如：敌首犯油港河时，即判断敌必三犯长沙，遂调衡阳之七九军进至渡头市，东山、清江之一九四师进至醴陵，武宁之七八军进至平江，并请调第四军由曲江开株州，七三军由松滋开长沙，故能不失战机，适时参加作战，夺获空前战果。

（丑）战术方面

一、敌向我阵地某一点攻击，如连续三次不成功，即转向他处攻击。例如：敌攻长沙时先对城南修械所、妙高峰一带攻击，尔后则逐次增加类似遭遇战战斗之要领，且攻我长沙，并不形成重点，而到处寻我弱点，以期侥幸成功，均为失策之甚。

二、敌对我阵地侦察确实，攻击重点指向适当。例如：高安方面敌由莲花山、猪婆大坵间突破我军阵地后，即转向我新十二师团、营指挥所攻击，又其选定之突破点，皆系我阵地接合部，其向马奇岭迂回之部队皆由新十二师、一八三师之战斗境上进入，颇影响我军之战斗。

三、敌空军抛物不正确。例如：敌在长沙近郊降落粮弹时，地点不准确，落于我军阵地内。

四、我军判断适切，故能捕捉战机，处处立于主动。例如：一月七日夜，新十六师进占春华山西北之梅水冲，未奉新命，考量上级企图，独断向上杉市追击，及一月十二夜奉命围攻中南尖，忽敌由新塘铺向大荆街北退，独断向之攻击，予敌损害均大。

五、我军运用侧击战法，有仅以小部队为局部之动作，而不彻底形成重点者。例如：第卅二师在牌楼铺方面侧击、截击败退之敌，多以小部队作试操性质之攻击，遇强敌则受挫，故成果甚微。

六、敌装备优越，作战力强。我攻击敌阵地时，宜少数兵力佯攻其正面，以大部向其侧翼包围迂回。例如：新十一师对长湖及陈家桥攻击之成功均取此法可证。

七、高安方面作战军能利用既设阵地，逐次抵抗，予敌严重打击。故敌攻我虽历时一周，仅能达展四十华里，而伤亡十分之三。

八、接替阵地时，须立时部署妥善，以免为敌所乘。例如：第卅四师接替新十三师武宁方面阵地，未毕敌即来犯，致无部署余暇。

九、城市、村落战阵地中之房屋，以不利用为良，以免敌机投弹火攻。如在战术价值上非利用不可时，须多储水、沙，以期减少损害。例如：敌攻长沙时，房屋多被敌机投弹烧毁，因我预储多量水、沙，故能适时扑灭。

十、城镇、村落防御应多作预备堡，以备适时交换阵地而能继续抵抗，尤须于堡垒近旁多构筑无掩盖散兵坑、交通壕，以使彼此连击而使于展望，但两堡垒之距离，务在一炮之威力圈外，免被一炮同时摧毁两个。

十一、城镇、村落防御时，预备队可分散配置，既可适时捕捉战机，尤可避免空、炮损害。

十二、城镇、村落战虽敌难于超越地带，亦须注意设置坚固障碍物，对阵地配备之间隙亦须以火力封锁，以免被敌乘隙钻入。例如：敌攻长沙时，加藤中佐率轻兵冒险，乘我不注意之街巷钻入老龙街附近潜匿，幸我预先配备妥善，不为所乘，反用火攻，将该敌完全歼灭。

十三、山地构筑工事，应将柴草焚毁，以其灰烬散布阵地前后，使新土与自然土色彩迷离，既可防敌陆空侦察，尤能避免敌烧夷剂延烧。

十四、敌退却时机迟误。例如：敌于元月一日猛攻长沙时，我由株州、浏阳、平江、汨罗江各方面向长沙球心攻击之各军，方始行动，敌若于二日或三日开始退却逃窜较易，乃其昧时昧势，必待屡受顿挫，伤亡过半，我军合围势成之四日黄昏，方图逃逸，无异自取覆灭。

十五、敌退却时，常以飞机协力地上部队，实施掩护。我军如以一部利用多数道路分散向敌挺进，力求与敌密接，主力则在拂〔晓〕黄昏夜间运动，常能出敌不意，使敌飞机无法使〔实〕施其伎俩。

十六、追击时，各级指挥官应勿为部下之疲劳所拘束。例如：第卅二师牌楼铺之役，连日阴雨，饥寒交困，苦状自不能免，指挥官有不能克服困难，实施猛烈果敢之追击，致使败溃之敌未能全数歼灭。

十七、大军渡河，应选定数个渡河点，分成数纵队渡河，并须预先准备一切，以免迟滞行程或遭受敌机伤害。例如：暂五师由岳麓山追击败溃之敌，渡湘江、浏阳河、捞刀河时，只有一个渡河点，且未预先准备，以致行进迟滞遭受敌机轰炸而受损害。

十八、后方部队出击经过第一线时，有不将任务经过路线先告第一线部队,致常生误会,或妨害第一线部队之行动。

十九、在运动战,尤其于追击战,情况瞬息万变,为适时捕捉战机,各级指挥官须独断专行,放胆前进,不可墨守上令,坐失战机。例如:暂五师追至飘风山地区,第一团能按指定任务捕捉好机,断独区分数个纵队向敌猛袭,卒占飘风山,及第三团依据上官意图独断专行,追占新市。

二十、追击时对敌后卫阵地,只可以一部施行侧击、迂回,主力须猛追,不可为敌少数后卫部队所抑留,而使其主力逃去。例如:暂五师追至西冲附近,我前卫与敌后卫接触,因情况不明,未能施行侧击、迂回,致使我主力停滞,遭受敌机狂炸,而使敌安然逃去。又该师攻击飘风山,因能分向敌正侧面攻击、迂回,不为正面少数之敌抑留,卒能占领飘风山,并于占领飘风山后,即分数纵队猛向新市进击,不为敌残置小部所抑留,故能迅速追占新市。

(寅)战斗方面

一、敌在高安方面渡锦江时,利用竹筒作渡河工具,虽在河川湖沼纵横地带作战,动作亦甚敏捷,堪资取法。

二、长沙城郊工事凡有障碍物之设置,即一桌一椅之微,亦皆发生甚大效果,故在城市战,对障碍物之设置,特不可忽。

三、敌夜间警戒疏忽,我以小部队施行奇袭常奏特功。例如:第九九军夜袭大桥及沙基市,出敌不意,毙敌甚多,造成意外胜利。

四、战利品之虏获,若第一线部队贪取,则影响战力,应由预备中派遣扫荡队任之为适当。

(卯)后勤方面

一、我军交通破坏彻底。例如:我军对浏阳、新墙两河间战地公路、铁路、驿路、乡村大道早经彻底破坏,使敌优势装备不能通过,而我在长沙使用大量炮兵,故在汨罗江作战时,化敌优势装备为均势,在长沙外围及浏阳河方面作战时,化敌优势装备为劣势。

二、敌军修路迅速。例如:新墙河、大荆街、新市间公路,早为我军彻底破坏,敌仍利用小山地等高线另辟新汽车急造道路,其低洼处以树枝覆其上,其开辟速度远数补修、破坏公路为大,足供我军参考。

三、追击中应协力发动民众担任输送、补给,以补输力之不足。

(辰)政治方面

一、我党、政、宪、警、民众尽忠职守。例如:此次会战民众组织严密,敌便衣队、谍奸无法活动。战地民众乐助军队输送、响〔向〕导,自动杀敌者甚多。至长沙,党、政、宪、警人员及民众团体,武力随第十军保卫长沙,均克恪尽厥职。

二、敌在武宁方面用正规军配合伪军作战,若利用箬溪、王家铺顺民作向导,今后对沦陷区政治工作应设法深入民间,鼓起民众同仇敌忾心理,以免为敌利用。

三、宣传工作应极力推进沦陷区及敌军中。例如敌军官平素对士兵话〔说〕"被我军俘虏即剥皮、抽筋,决无生理",故敌每至临危之际,甘愿战死不降,应将宣传工作推进沦陷区内及敌军中,使敌知我对俘虏之优待而弛其战志。

〔以下略〕

〔八〕常 德 会 战

（一）战前敌我态势与作战部署

第六战区常德会战前敌我态势要报①
（1943年12月26日）

甲、敌军

敌自鄂西会战后，凛于本战区加紧充实力量，积极准备反攻，惴惴不安。为先发制人计，于十月中下旬，在华容、石首、藕池间，先后集中40D、68D、116D主力，独17B一部；闸口、斜湖堤间集中3D、34D主力，13D全部；弥陀寺、涴市及江陵、沙市间，集中39D、58D各一部，并裹胁伪军5D、11D、12D、13D等共万余，合计兵力十万以上。同时在监利、沙市间江面，集泊船舰三十余艘，滨湖各河汊集泊汽艇三百余及民船千艘以上。另在宜昌增到坦克车十余辆，沙洋至当宜间公路增到汽车四百余辆，运输频繁，企图击破我野战军，破坏我反攻准备，并占领要点，夺取资源。迄十月杪止，其准备概已完成，有弯弓待发之势。

乙、我军

战区以巩卫陪都、歼灭侵入之敌为任务，以廿九集团军之四十

---

① 此件节选自第六战区司令长官司令部：《第六战区常德会战战斗要报》（自卅二年十一月一日至十二月廿六日）

四军,任滥泥沟子、南县、甘家厂(不含)之线及津、澧守备;十集团军之七十九军主力、六十六军一部,任甘家厂、公安、新江口(不含)、宜都线之守备;江防军之三十军,任茶店子亘平善坝及石牌西塞之守备;廿六集团军之七十五军,任三游洞、毡帽山、阎王口之线守备;三十三集团军之七十七军主力、五十九军一部,任大木〔?〕岭、票溪、转斗湾之线守备,主力分别控置于石门、煖水街、聂家河、三斗坪、窑湾溪、兴山、报信坡、刘侯集、安家集、建始各附近,整备歼灭侵入之敌。

蒋介石致孙连仲等密电①

（1943年11月7—19日）

（1）致孙连仲等阳电(11月7日)

限即刻到。恩施孙代长官、太平街王总司令敬久:密。着第十集团军王敬久部,即刻集中主力,击破向煖水街方向突进之敌,并将部署及实施情形具报。中○手启。阳酉。令一元。

（2）致孙连仲等巧电(11月18日)

即刻到。恩施孙代长官、桃源王总司令缵绪、慈利王副总司令耀武:密。(一)该区当面渡犯之敌,将因补给困难,攻势挫减。王副总司令耀武,指挥第七十四、第一百两军,务于大〔太〕浮山、慈利一带,将敌击破,期收决战之胜利。(二)对第一百军之使用,务俟该军全力到达战场后,选定有利时机,向最痛苦方面与〔予〕以有效之打击。(三)第四十四军,除以一部于澧、津以南地区,与敌周旋外,务集中主力,协力第七十四军太浮山以北地区之作战为要。中○。戌巧午。令一元已。

---

① 此件选自《常德会战之检讨》附件第一至第三件。

(3) 致孙连仲等皓电(11月19日)

限即到。恩施孙代长官、桃源王总司令缵绪、慈利王副总司令耀武、常德盘龙王军长泽浚、常德57D余师长、速转第一百军施军长中诚:密。(一)当面敌人补给之困难日增。(二)我第十集团【军】正向敌之右侧背奋力压迫中。(三)我第七十四军、第四十四军、第一百军,应尽全力在常德西北地区与敌决战,保卫常德,而与之共存亡。功过赏罚,绝不姑息。希饬属奋勉为要。中○。戌皓未。(1102)已。

蒋介石致薛岳等密电①
(1943年11—12月)

(1) 致薛岳篠电(11月17日)

即刻到。长沙薛长官:密。据施军长戌删电称:奉长官薛电话,着本军以一个师开常德、德山市等情。查常德方面,已有五十七师担任守备,该军无以一师开德山市之必要。除分电施军长仍遵前令,全部开桃源集结外,特电知照。中○。戌篠午。令。(1102)已。印。

限即到。益阳探交第一百军施军长;戌删参一电悉。密。常德方面,已有五七师守备,该军无以一师开德山市之必要,仰全部遵照前令,仍向桃源集结。除分电薛长官外,希遵照,并将到达日期具报。中○。戌篠午。令。(1102)已。印。

(2) 致孙连仲薛岳敬电(11月24日)

限二小时到。恩施孙代长官、长沙薛长官:密。训令:(一)进犯常德之敌,三旬以来,经我迭次痛击,伤亡惨重,疲惫已极。其补给断绝,后方空虚,必将溃退。(二)无论常德状况有无变化,决以

---

① 此件选自《常德会战之检讨》附件第四至第八件。

第六、第九战区协力包围敌人于沅江江畔而歼灭之。(三)第九战区:(甲)第十军(即改隶第九战区)、第九十九军主力,暂五十四师,归李副总司令玉堂指挥,速进攻洞庭湖南岸亘沅江右岸之敌。特须以重点指向德山方面,支援常德五十七师之作战。(乙)杨森、王陵基两集团,应加强出击兵力,积极攻袭敌人。(四)第六战区:(甲)王耀武指挥第一百军、第七十四军,以一部扫荡桃源之敌,以主力进出陬市,攻击犯常德敌之右侧背。但五十七师仍固守常德。(乙)王敬久集团并指挥第十八军及一八五师,以一部扫荡子良坪、仁和坪一带残敌,另一部进出公安、津、澧,确实遮断敌后方,以主力渡过澧水,向羊毛滩、临澧方向,求敌侧背而攻击之。(丙)王缵绪集团之四十四军,应仍在太浮山、太阳山一带攻袭犯常德敌之后方,七十三军速夺回慈利。(五)各线指挥官应掌握主力,迅速求敌而攻击之。切忌脱离掌握,或以广大一线专守防御,逸失战机,遗〔贻〕误全局。(六)第九、第六战区之作战地境,改为沅江之线,各集团军作战地境,由战区规定之。(七)中美空军继续轰炸湖内敌船,并任常德制空。(八)仰速将部署具报。中○。敬申。令一元。

(3) 致薛岳等艳电(11月29日)

限二小时到。长沙薛长官,无线(十军军部转)李副总司令玉堂:密。训令:(一)羊毛滩附近,敌第三师团已被击溃,北窜。其桃源一部,已向漆家河转用,仅余数百,与四十四军一部,及六十三师主力对战中。敌十三师团主力,仍在九溪一带被围歼中。(二)第九战区,应以速解常德围为主眼,着即将第十军主力保持主力于左翼,向德山及其以西地区突进为要。(三)对于石门桥以东、以北、滨湖之敌,应另以一部攻击之。(四)切忌以第十军参加对于沧港、石门桥一带港汊纷歧地区行正面攻击、迟滞前进为要。中○。艳午。令一元。

(4) 致薛岳孙连仲江电(12月3日)

即到。长沙薛长官、恩施孙代长官：密。训令：(一)犯常德之敌，大部已退却，常德余师本日状况不明。(二)无论常德状况有无变化，决依既定计划围攻敌人。(三)第九战区，速肃清沅江南岸之敌，并准备以有力部队进出沅江北岸，策应第六战区之作战。(四)第六战区之第七十四、第七十九军，应以必要一部，肃清各当面之敌，以主力围攻常德附近之敌。以上各军，暂由王副总司令耀武指挥。第十八军应继续南下截击敌人。(五)其余由战区另行部署，并具报。中〇。江戌。令一元。

(5) 致薛岳等青电(12月9日)

限即到。长沙薛长官、恩施孙代长官：密。(一)常德之敌已动摇退却，仰捕捉好机，截击猛追，以收歼敌之效。(二)追击间，两战区间之作战地境为河洑、石板滩、长岭岗、阮山、新州、石首之线，线上属第九战区。(三)两战区之追击目标，为长江沿岸之线，但第九战区进出于新作战地境后，再待调整。(四)亥阳令一元电各节，缓待另令修正。中〇。亥青午。令一元已。

(二) 作战经过与检讨

第六战区常德会战作战经过要报①
(1943年11月1日至12月26日)

1. 敌攻击前进，及虎渡河西岸地区之战斗

十一月一日，敌先以一部向沙口、鲢鱼须(华容南)进犯，被我

---

① 此件节选自第六战区司令长官司令部：《第六战区常德会战战斗要报》。

击退。二日下午五时起,即借机炮掩护及多数汽艇,分十二路向滥泥沟子、百弓咀、章田寺、米积台亘新江口之线进攻。战区当依策定之守势作战计划,实施作战,指示第廿九及十集团军之第一线部队(一六二、一五〇、九八、暂六、一八五等师),依既设阵地,逐次坚强抵抗,予敌严重打击,对安乡尽可能保有之,至万不得已时,可留置一小部于敌后,尾击、侧击,主力退守汇口、孟家溪、街河市、斯家厂、洋溪之线继续坚强抵抗。廿九集团军特应指定四十四军以一个师坚守津、澧,七十三军以一个师坚守石门,主力在石门西北新关、永盛桥间集结。一面请准以军委会直辖之七十四军,归战区直接指挥,以五十七师即日进入常德城,准备固守,主力向太浮山西南桃源、漆家河、鹿田坪、羊毛滩间地区集结,保持机动。我第一线部队,于三日至六日间,先后于南县、官垱、甘家厂、公安、磨盘洲、新江口之线,及大堰垱、张家厂、街河市、西斋各附近,予【敌】以坚强抵抗,特以暂六师一部在街河市之巷战,及九十八师留置张家厂坚守之孤军一连,搏斗达四日,毙敌颇多。敌虽备受打击,仍挟其优势兵力,猛进不已。战区复调整部署,令二十九集团军之四十四军,指定一六一师坚守津、澧,以约一营兵力,尽可能保有安乡,一部继续逐次抵抗,主力移至新洲、李家铺间集结;七十三军七十七师以一个团守备合口、新安间及澧水南岸要点,主力即向笔架山附近集结。十集团军之七十九军以一部逐次抵抗,迟滞消耗敌人,主力即占领方石坪、煖水街、刘家场之线主阵地,坚强守备;六十六军以一部逐次抵抗迟滞消耗敌人,主力即占领王家畈、聂家河之线主阵地,坚强守备。江防军即抽调八十六军十三师向津洋口附近集结,准备策应十集团之作战,另请将第十八军推进至木桥溪、高昌堰、白果坪间地区集结,形成外线态势,迎合战机。第一线各部队于六日进入主阵地。

2. 煖水街南北地区之战斗

六日,我十集团第一线师概已转移于王家厂、煖水街、刘家场、洋溪之线,敌跟踪西犯,并以其主力十三师团全部及第三、第卅四师团各一部,指向煖水街地区。我暂六师与之反复争夺,战况至烈,黄昏,后续之敌分由两翼钻隙迂回。七日晨,其南钻之敌,被我九八师、一九四师于红土坡、岩壁下附近分别围击;北钻之敌受我一九九师一部邀击,死伤颇多。煖水街正面敌复不断增援,继续猛攻,我守兵凭工事奋击,血战越三昼夜,阵地屹然未动。八日,由斯家场前进之敌犯刘家场,我寨子山守兵(一九九师之一连)沉勇歼敌,卒以众寡悬殊,牺牲特大。敌陷该地后,续向我一九九师诰赐山阵地迂回,该地守兵不足一营,亦以有我无敌之精神,奋战竟日,无或稍馁,亘会战全期,仍确保该点。当日,为使七十三军尔后作战容易,特令该军十五师向樊家桥、螺丝坝、黄木岗、分水岭、土地垭间地区集结,与石门互为犄角,侧击敌人。

八日,奉最高统帅手启阳西令一元电令,着十集团军即刻集中主力,击破煖水街方向突进之敌,遂遵拟九日上午五时转移攻势,以二十九集团四十四军加强一师一部,攻击大堰垱之敌,主力相机进出敖家咀、西斋,断敌联络;七十三军七十七师,击破当面之敌,进出九里岗附近,十五师由新堰口向王家厂、方石坪之敌攻击,进出敖家咀、笔架山。十集团军固守煖水街部队,坚持至最后一人;其在闸口、马踏溪部队,应各向敌侧背竭力击破之,另以两团由颜家垭、刘家场间出击,挺进于阿弥桥、分水桥截击敌后。并令廿六、三十三两集团,各以约一师兵力,分向宜昌、当阳各附近求敌弱点攻击。是日,经张家厂进犯大堰垱敌,复占王家厂、闸口,进至八王岭、方石坪间,企图包围七十九军之右翼,如波逐浪,拥进不已。煖水街正面,虽经我一九四及一九九师各一部夹击,挫敌攻势,而以右侧背比较暴露,敌更不断增缓〔援〕,致九日攻势未及全部实施。我七十九军为争取外线,乃转移正面于河口、子良坪之线。同时敌在〔向〕刘家场进犯之一股,复向棉马城、两河口深入,我一八五师予以伏击,死伤甚多。另由洋溪渡江增援之敌千余,经余冢桥西窜,为我一八五师主力阻止于王家畈、肖家岩附近。但同日晨,我在澧水沿岸之一六一师、七十七师、十五师,仍分向大垱堰〔堰垱〕、王家厂、燕子山等处攻击,克复大堰垱,且在王家厂毁敌弹药集积场。战区为巩固十集团军左侧,复令八十六军之十三师推进至潘家湾、聂家河间,归六十六军方军长指挥。十一日,西进之敌,续陷马踏溪、赤溪河、子良坪、仁和坪,其在河口之104联队(属十三师团),被我一九四师包围于河口、木耳山附近,本可聚歼,卒以敌第三师团主力由新门寺方面之前进增援,遂得脱逃。战区因敌向北增援,乃令二十九集团之七十三军仍续猛攻当面之敌,并以有力部队追蹑敌后袭击;十集团之七十九军于马踏溪、河口、二方坪、太平街、巴巴铺、渔洋关、子良坪间地区,机动歼敌,六十六军不得已时可退守升子坪、仁和坪、潘家湾、聂家河之线,确保渔洋关,并以九十四军一个师推进野三关附近集结,十八军以一个师推进至木桥溪附近集结。日没,敌陷太平街,我独立工兵第三十营虽曾奋起拒战,以众寡悬殊,未能遏止。

十一日入夜,十集团各部概依战区所示方略遂行战斗,敌我阵线交错,互无进展。

3. 石门附近之战斗

十一月十二日,窜陷太平街、河口、子良坪、王家畈、肖家岩、宜都一带之敌,被滞于山峦丛叠之险峻山岳地带,凛于我第十集团军之坚强阻击,更鉴于鄂西会战未占石门之失败,乃以第三九及五八师团各一部(约两联队强),留置于仁和坪、王家畈亘宜都之线,以攻代守,企图牵制我第十集团军全部于北方山地。其第三、第十三两师团,于十二日晚乘暗夜转锋南下,麇集于大堰垱、林家桥、分水岭(石门北)地区,于十三日亥刻起,向我新安、塘坊、樊家桥、螺丝坝七十七师及十五师阵地猛扑,我守军猛烈抵御,全线展开激战,伤亡互巨。迄十【四】日辰,敌续有增加,借机炮掩护,并由易家渡强渡澧水南岸,企图南北夹击,合围石门,我军浴血搏斗,战况惨

1227

剧,使敌每一寸土地之进展,必付予同等血肉之代价。

战区以于澧水南岸常、桃附近地区与敌决战之目的,调整澧水两岸兵团部署。以四十四军坚守津、澧,续行前任务,并先以约一团之兵力,守备临澧,如敌由石门进犯临澧时,以有力部队向西侧击,如敌由正面压迫,不得已时,于青化驿、铜山及鳌山、临澧间,逐次抵抗,尔后确保踏水桥、大龙站、斋杨桥、王化桥之线阵地。七十三军,以一部坚守石门,主力转移澧水南岸,逐次抵抗,最后确保太浮山、观国山之线阵地。七十四军归王兼总司令指挥,以五十七师坚守常德,主力控置慈利、白鹤山、鸡公岩、燕子桥间地区,机动侧击敌人。一面令十集团,全线出击,先向曾家垭、河口、马踏溪、刘家场、茶元寺之线挺进,江防军即向宜昌西岸之敌相机攻击,并以小部攻击宜都,廿六集团即向龙泉铺、双莲寺之敌攻击,卅三集团即以一部向河溶突进,主力向荆、当之敌围攻,施行牵制。是晚,奉最高统帅电话指示,今后作战要领"以一部确守常德,主力在慈利附近地区,与敌决战。"仰见最高统帅高瞻远瞩,灼见真知,实为此次常德会战致胜之主要关键。战区虽亦有俟敌主力南渡澧水后,由内线转为外线,以常德为核心包围击破敌人之计划与准备,迄奉谕后,决心更为坚定,指导更形彻底。至十四日夜,石门阵地正面,渐形缩小,终以全面被围,又复背水,态势不利,乃不及南下,主力向西转移,仍留暂五师固守石门要点,该师彭师长士量率部自十四日晚起至十五日黄昏,独立与敌格斗,疾如骤雨之枪炮声,亘一昼夜未停,该师几全部作壮烈之牺牲,而我忠勇迈伦之彭师长,亦于焉殉城。十五日,奉最高统帅戌寒令(士)巳电,以此次参与鄂西作战之各部队,迭挫敌寇,殊堪嘉许,惟石门关系全般战局之得失,望转告所部,务须坚守。等因。以阵地已被突破,继续坚守,势不可能,当经呈报,但此际我十集团军出击七十九军,全部追蹑敌后,已先后克服[复]太平街、曾家垭、河口、子良坪等处,续向天门垭、螺丝坝、石门攻击前进。我九十八师曾以一部在扒岩附近设伏,毙敌甚多。同时复奉最高统帅删令一元已电,已令第一百军向桃源挺进,今后归王副总司令耀武指挥,参加常德西北地区之作战。战区为遵行最高统帅"在慈利附近地区,与敌决战"之训示,并遵守"尽我所能使用之兵力,以发挥其优势于主决战方面"之原则,故决将增援之第一百军,主动使用于慈利方面,先令兼程赶至桃源后,再向黄石市附近推进,归入王副总司令耀武之指挥,转移攻势。

4. 津澧附近之战斗

敌于十一月三日陷南县后,其第一一六师团主力及六十八师团之一部,即前进至三汊河、东港、清泥潭等处。我四十四军之一六二及一五〇师,为避免被敌各个击破,乃以一六二师之一个营守备安乡,主力转移于津、澧之线,并对滨湖西岸各渡口严密警戒。七日,安乡经激战后被陷。八日,敌千余由羌口犯石龟山,为一六二师一部阻止。十日辰,敌由红庙强渡,至晚敌千余突入津市,我一五〇师一营与之发生巷战,旋该师许师长亲率一团,以白刃驱逐该敌于市外。十一日,清泥潭、大堰垱敌三路犯澧县,我一六一师协力一五〇师坚强阻击,至十二日巳刻,卒将击退,乘胜追至九店,掳获颇多。石门战斗后,敌仍分由渡口、石龟山、新安等处强渡进犯,我四十四军阵线达百余里。为集结王〔主〕力打击深入之敌,即按原定部署以一部守备津、澧,主力逐次转移至鳌山、临澧、观国山之线,至十七日,津市、澧县一度激战后陷敌。

5. 澧水南岸及慈利附近之战斗

敌一一六师团由渡口、石龟山小渡口等处强行登陆,继续内侵,其第三、第十三两师团亦渡澧水南下,十七日已迫近辛家台、大岩厂、南岳寺之线,及慈利东北附近地区。我七十四军主力遂在祖师殿、赤松山、慈利、垭门关占领阵地,与敌展开前所未有之激烈战斗。十八日,大岩厂、九龙桥敌会犯临澧,与我一六一师一部接战。

十九日,战区鉴于敌之主力已越澧水南下,遂决心放胆令七十九军举全力先向石门、慈利间地区挺进,越过澧水南岸,攻击敌之侧背,并饬十八军归王总司令敬久指挥,即日由聂家河、渔洋关间渡汉洋河,进出西斋、王家厂间地区,扰击敌之侧背,策应常德西北地区之作战。九十四军即向长阳、木桥溪间地区集结,归吴兼总司令指挥,巩固江防。另令七十三军汪军长即率余部向东岳观、杨家溪、石门一带袭击敌人。同时奉最高统帅手启戌皓未令(士)已电令,以当面之敌补给困难日增,我七十四、四十四、一百军应尽全力,在常德西北地区与敌决战,保卫常德,而与之共存亡。功过赏罚,绝不姑息。希饬一致奋勉。当经分别令遵。

迄午,敌陷临澧,并由青化驿犯鳌山,我四十四军仍以正面过大,兵力薄弱,其在踏水桥、大龙站、斋阳桥、王化桥、易家桥、观国山之线阵地,到处被优势之敌突破。复以一六二及一五〇两师主力进入太阳山、太浮山坚守,一六一师与敌保持接触,逐渐西移。同时慈利附近之敌,续增至五个联队,借机炮掩护,向我七十四军主力正面进犯益猛。该军与之鏖战五昼夜,并不时逆袭,敌受创益巨,尤于二十日白鹤山、羊角山之出击,毙敌近千,获步、机枪三百余支,马骡四十余匹及其他军用品甚多。其二一六联队(属卅四师团),由东岳观经岩泊渡,绕至龙潭河威胁我侧背,至二十二日,七十四军正面敌,已增至万余。而漆家河、羊毛滩我一六一师阵地,亦受优势之敌攻击,伤亡较巨,寻以我一百军第十九师之到达,遂即展开于漆家河东西之线,迎头阻击。七十四军主力,虽正面未被突破,而右翼则已受敌包围,为反包围计,遂以一部留置于七姑山、二方坪诸要点,大部转移于邓家庙(漆家河西南)、陈家河、零阳山、簸箕湾之线,续兴攻势。太阳山及太浮山两重要据点,则为我一六二及一五〇师之一部固守,终会战全期仍能确保。

其由澧水南渡直扑陬市、桃源之敌第三师团,于太浮山西侧,与我四十四军一部展开激战,猛〔续〕向沅水涌进。二十一日申刻,敌编队机十六架于桃源上空投弹扫射,并趁势降落伞兵六十余,与地面之敌呼应袭击。该城守军不足一营,被迫西移,桃城遂以不守。我一五〇师许师长国璋,亲率该师一部,于陬市西北抵御,因以壮烈殉职。敌于陷城后一部向西北急进,一部渡沅水东窜。

6. 常德外围及核心之战斗

十一月十八日,敌六十八师团由洞庭湖西岸上陆,其先头七百余,进攻牛鼻滩,被我五十七师警戒部队阻止。廿日增加千余,图由小河强渡,并分向大山咀、花山进犯,亦经遏阻。廿一日,牛鼻滩敌续增三千余,大举向芷湾等处进犯,同时,其由北南下之一一六师团,到达马耳山、石板滩、河袱〔洑〕迤北之线,与我外围守军一齐接战,该师〔五十七师〕诸战频捷,尤增兴奋。至二十二日,敌分五路并进,一股由苏家渡(沧港北)扑德山,一股由牛鼻滩扑德山市、新民桥,另三股分向七里桥、黄土山、河袱〔洑〕猛犯。该师喋血奋战,勇迈无前,敌亦借机炮掩护,更番进袭,昼夜不息。

六十三师留置德山之一八八团,被迫撤离。此际常德外围之敌,增达万余,进攻甚猛。我五十七师官兵,决心与阵地共存亡,前仆后继,冲杀至烈,尤以黄土山之争夺,河袱〔洑〕之巷战,失而复得者凡五次。廿三日,由桃城东窜及陬市渡河之敌进至常德南站,遂以合围,敌总数已至二万以上,为敌第三师团一部,第一一六、六十八师团主力。自亥刻起,更以全力向我紧缩包围,我并用火力白刃逆袭,毙敌极众。同日,战区以戌亥删电令该师余兼师长,以常德存亡关系全局,着激励官兵,坚守待援,发扬革命军人牺牲之精神,毋致动摇决心。同时奉最高统帅戌养酉令一元已电,节开:(一)第五十七师应固守常德,与该城共存亡。(二)第六十三师(欠一团)应即攻击桃源方面之敌。(三)第七十四军应以主力转移左外翼,继续攻击当面之敌。(四)第十集团军及第十八军主力任务不变,仰严督各该部积极攻击前进。(五)第九战区应加强策应作战,并注意湖防。(六)查敌久战疲惫,已成强弩之末,希鼓励所部,争取最后胜利,等因。经转令余兼师长及各部队遵照,并指示第四十四军之一六二师及一五○师,除各以一部坚守太阳山、太浮山两据点外,该两师主力,应南向河洑〔洑〕、黄土山间攻击敌之侧背,其一六一师应位于三阳港附近,与六十三师夹击玉皇殿、陆家庙附近之敌,而令七十九军排除万难,于石门以西强渡澧水,进至慈利东南地区。

二十四日,敌续向常德城区猛扑,反复搏斗,异常壮烈,洛路口阵地全毁,守兵伤亡殆尽,该地于焉不守。余兼师长曾以戌敬云电复战区,节称职师四面受敌,血战七昼夜,虽伤亡惨重,将所有杂兵均编入战斗,士气旺盛,全体官兵谨遵钧座意旨,咸抱决心愿与常城共存亡,等语。廿五日丑刻,南岸敌约两联队,又行强渡攻城,一部五百余钻入城中,巷战通宵,大部就歼,并毙敌一一六师团之联队长和尔基隆以下两千余,击落敌机一架,掳获重机枪一挺、轻机枪八挺、步枪廿七支及重要文件多种。廿六日辰,敌全线再攻,南岸之敌,强渡更急,我浴血奋击,杀声震天,一日间又毙敌两千余,掳获轻机枪廿五挺,步枪两百余支。战区复以戌寝亥亲启电令余兼师长,以北方援军,已过盘龙桥、潘家河;南方援军,廿七日可到城南岸,务率余部,坚守要点,等情相告。敌既受创,仍倾全力猛冲,并不断使用毒气,鏖战至廿七日以后,敌机狂炸愈紧,巷战弥烈,积尸满街,流血成渠,续毙敌千余,掳获轻机枪十余挺,步枪百余支。廿八日晚,敌更用尽诸般毒辣手段,不断环攻,我战斗官兵,伤亡殆尽,替以杂兵政工人员,壮烈空前。余兼师长迭电以城亡在即请援,并接济弹药。当经督饬战区各部队,迅向常德挺进,并请薛长官转令沅水南岸友军猛攻;一面要求空军,设法输补粮弹。同时,以俭申辉电令该师,以敌已纷纷北退,我一六二师已到城北沙港,第三师已到德山,务必拚死支持,以竟全功。

廿九日,敌机竟日投掷烧夷弹,城区大火蔽天,家屋碉堡,概成灰烬,我仍在城西南角,拉锯搏斗,壮烈无比。据余兼师长艳申电称,弹尽,援绝,人无,城已破。职率副师长、指挥官、师附、政治部主任、参谋主任等,固守中央银行,各团长划分区域,扼守一屋,作最后抵抗,誓死为止,并祝胜利。七十四军万岁,委员长万岁,中华民国万岁,等情。壮烈情形,概可想见。卅日,敌焰更张,穿墙凿壁,节节紧逼,我余兼师长及各级幕僚,莫不亲任指挥,尺土之微,不肯轻弃。十二月一日,犹扼守中央银行及西南一角。是日,代长官奉最高统帅电话谕,此次守卫常德,与史太林格勒之保卫战价值相等,实为国家民族之光荣,务必苦撑到底。经以东申耀电,转令余兼师长后,苦撑至三日,该师残余无几,援军苦难入城,粮弹被毁告罄,飞机输送维艰。余兼师长遂率仅存官兵,向城南突围,与我沅江南岸友军会合。计五十七师固守常德,与敌血战十六昼夜,敌以飞机狂炸,火炮猛轰,毒气弥布,我兵亡官继,弹尽肉搏,终不为动。共伤毙敌一万以上,掳获重机枪、轻机枪五十余挺,步枪三百七十余支,我伤亡官兵五千七百零三员名。

7. 攻势转移及追击

十一月下旬,敌倾力围攻常德,西犯之敌,亦胶着于盘龙桥、漆家河、龙谭河之狭长地区内。我七十九军于太浮山迤西潘家铺、五通市间,猛攻敌之侧背,斩获特多,七十三军由九溪方面东向慈利攻击。廿五日,奉最高统帅戌〔戍〕敬申令一亨电,节开:(一)无论常德状况如何变化,决以六、九两战区协力包围敌人于沅江畔而歼灭之。(二)第九战区:第十军,九十九军主力,暂五十四师,归李副总司令玉堂指挥,速进攻洞庭湖南岸亘沅江右岸之敌,特须以重点指向德山方面,支援常德五十七师之作战。(三)第六战区:(甲)王耀武指挥第七十四军、第一百军,以一部扫荡桃源之敌,以主力进出陬市,攻击犯常德敌之右侧背,但五十七师仍固守常德。(乙)王敬久集团,并指挥第十八军,以一部扫荡子良坪、仁和坪一带残敌,另一部进出公安、津、澧,确实遮断敌后方,以主力渡过澧水,向羊毛滩、临澧方面,求敌侧背而攻击之。(丙)王缵绪集团之四十四军,仍应在太浮山、太阳山一带,攻袭犯常德敌之侧背,七十三军速

1233

夺回慈利。(四)六、九战区作战地境,改为沅江,等因。

战区遵以廿六日转移攻势,部署如下:(一)廿九集团:甲、四十四军一六二及一五〇师仍各留一部于太阳山、太浮山,主力应南向攻袭犯常德敌之侧背,一六一师暂移于麦家河附近控置。乙、王耀武指挥七十四及一百军,应以一部扫荡桃源之敌,主力进出陬市、河袱〔洑〕,攻击犯常德敌之右侧背,并先各以三、四百人编成数支队,向常德附近钻进,以直接支援常德守军作战,五十七师仍固守常德。丙、七十三军以全力迅速攻占慈利后,续向羊毛滩方向挺进。(二)十集团军:甲、七十九军应向羊毛滩、石板滩间地区【挺进】,求敌侧背攻击。乙、六十六军一八五师,应以主力攻占石门而确保之,一部向临澧之敌攻袭,该军主力应继续扫荡子良坪、仁和坪一带残敌。丙、第十八军应向津、澧、公安间进出,确实遮断敌之后方,依情况将主力转移于澧县方面。(三)廿九与十集团之作战地境为黄家铺(慈利北约六公里)、寒渡桥、黄莲洞、白鹤山、青云桥、排头岗、北家山、石板滩之线,线上属右。当日,七十九军已排除万难,渡越澧水,攻占明月山、菖蒲垭、五通市、羊毛滩、潘家铺各地要点。七十三军亦收复慈利,予敌莫大威胁。同时常德外围之敌,死伤益重,战力已竭。廿六日,我全线转移攻势,空军亦更番出动,俱获局部进展。十八军复渡汉洋河,突入敌阵,首克刘家场,进出大堰垱、张家厂、西斋间地区,遮断敌之交通。廿七日,太阳山之一六二师一部南下,攻占灌溪寺、黄土山、沙港各地,五十一师进攻漆家河,激战至廿八日,生擒敌六五联队士兵数名,掳获战马十余匹,步枪二十余枝。同日,五十八师攻击黄石市,歼敌百余,俘敌十三师团士兵十余名,掳获战马七十余匹,步枪百余枝。一八五师已突入石门东西两关,与敌巷战,而盘踞仁和坪亘宜都一带敌,亦被我一九九师及十三师包围。廿九日,一八五师一度突入石门城内白兵〔刃〕拚杀,歼敌极众。我卅师一部,攻占宜都。同时,五十一师争夺漆家河,失而复得者四、五次。五十八师续攻黄石市,血战至三十日辰,完全占领该处。同时,十九师迫河洑北高地,与敌正事争夺。十二月三日,六十三师攻占桃源,俘敌第三师团士兵三名,掳获战马、枪支等件。同时,七十九军进占雷家铺、黄叶岗等地。四日,奉最高统帅江戌〔戍〕令一元电训令,节开:(一)犯常德之敌大部已退却,无论常德状况有无变化,决依既定计划,围歼敌人。(二)第九战区速肃清沅江南岸之敌,并准备以有力部队,进出沅江北岸,策应第六战区之作战。(三)第六战区之七十四军、第一百军、第七十九军,应以必要一部肃清各当面之敌,以主力围攻常德附近之敌。以上各军暂由王副总司令耀武指挥。十八军继续南下截击敌人,等因。遵经部署如下:(甲)廿九集团军:(1)四十四军之一六一师应确保桃源,其太阳山、太浮山部队,除各留一部外,太阳山其余部队即向石板滩、临澧间及鳌山、渡口一带,太浮山其余部队即向临澧、澧县间及青化驿一带破坏旧公路交通,截击敌人。(2)第七十四、第一百军、第七十九军,遵照最高统帅指示分途攻击,其已在常德西北方面之暂六师,应续先围攻常德,在桃源之施军长,应即率六十三师向陬市附近推进。(3)七十三军肃清当面之敌,即在羊毛滩附近整理待命。(乙)十集团军:(1)一八五师攻占石门后,应速以一部向津市、澧县截击敌人。(2)十八军应仍渡澧水进出临澧附近。(3)六十六军应速将当面之敌扫荡后,向东进出,恢复原阵地。(丙)其余任务同前,各部队遵照实施。

河洑、陬市附近之敌,经我十九师连日奋击,迄六日,先后为我攻占。旋缸市〔亦作岗市〕方面敌千余分路反扑,经激战后,又为敌陷。同日,澧水北岸之十八军攻占新安、合口,一部仍截断公安至澧县敌之补给线路,旋渡澧水南下,直薄临澧,拊敌侧背,各部队节节进迫,空军亦痛予轰炸,敌势衰颓。迄九日,友军克复常德,一百军占攻〔攻占〕河洑,再克陬市,七十三军攻克热水坑,敌纷向临澧方向撤退,惟浮邱山、漆家河、九溪各地残置之敌,负隅顽抗。战区当即策定追击部署如下:(子)二十九集团:(1)四十四军之一六二师孙兼师长,应仍指挥该军留置太阳山、太浮山部队,迅向新洲、津市间地区进出,截击敌人。(2)王副总司令耀武指挥七十四及一百军,应即肃清当面之敌,尔后进出于临澧、常德间地区集结待命。(3)七十三军应速肃清热水坑、羊毛滩附近之敌,在原地待命。(丑)十集团:(1)七十九军应即以暂六师先向临澧附近截击敌人,主力肃清花薮坪、潘家铺附近之敌后,即向澧县、新安间截击敌人。(2)十八军应以五十五师之一六五团,速向津市、澧县北岸截击敌人,主力向河口附近集结控置。(3)六十六军(附十三师)除以一八五师攻占石门外,主力继续扫荡当面之敌。(寅)二十九与十集团之作战地境,为羊毛滩、太浮山、槐花桥、新渡河、蔡家矶、顺林驿之线,线上属右。(卯)江防军仍相机以一部收复宜都、枝江。(辰)廿六、卅三集团仍守备原阵地,并各以一部继续攻击当面之敌。旋奉最高统帅亥青午令一元已电,以常德敌已呈动摇,仰捕捉好机截击猛追,追击间两战区之作战地境,为河洑、石板滩、长岭岗、鳌山、新洲之线,线上属九战区。两战区之追击目标,为长江沿岸之线,等因。复经传令,除四十四军依新作战地境改向津市进击外,余仍按原部署标施。各部队奋勇行动,至十三日,澧水以南之敌,全线被我击破,狼狈渡澧水北窜,澧水以北之敌,亦呈动摇。战区为捕歼残敌,收复原阵地,复经部署如下:(甲)二十九集团军(1)四十四军进出新洲、津市、澧县(不含)间,肃清该地残敌后,应迅向石首(不含)、黄家渡场(郝穴西岸)之线追击,恢复原阵地。(2)王副总司令指挥七十四及一百军肃清当面之敌后,即在常德、临澧间集结待命。(3)七十三军肃清热水坑、太浮山一带残敌后,在原地待命。(乙)十集团军(1)七十九军进出澧县、新安间肃清该地区残敌后,即在澧县、新安、大堰垱间地区集结待命。(2)十八军俟七十九军进出澧县、新安后,即紧接向黄家渡场(不含)、浣市之线追击。(3)六十六军(附十三师)除一八五师攻占石门后归制外,主力扫荡当面之敌,迅向浣市、宜都之线追击,恢复原阵地。(丙)二十九与十集团之作战地境,延伸为太浮山、土地垭、新渡河、蔡家矶、顺林驿、张家厂、柘口、麻濠口、黄家渡场之线,线上属右。(丁)江防军仍以一部协同六十六军收复宜都、枝江。(戊)二十六及三十三集团停止攻击,守备原阵地,同时要求空军轰炸其退路要点及滨湖船只,妨碍其退却。

各部队分途迈进,十三日克复盘龙桥、羊毛滩、临澧。而盘踞石门之敌,连日经我一八五师主力围攻,卒以不支东溃。迄十五日,四十四军迫津、澧,七十九军迫合口、新安以南,但敌残置于澧水南岸之一部约五、六千,因新安附近浮桥船艇为我空军炸毁,一部被抑留于津、澧以南地区,大部被抑留于新安西南之铜山山脉附近,无法脱逸。同日,一八五师进抵新安西北协力合围,十八军亦先后迫〔向〕王家厂、煖水街攻击,敌犹作困兽斗,激战殊烈。十八日,退至澧水北之敌,为掩护铜山山脉敌之北渡,复纠集三、四千人,由王家厂、煖水街,分八路向我十八军迭施反扑,俱经挫败,我乘势猛击,迄二十日,遂将津市、澧县、合口、新安、王家厂、煖水街、仁和坪、枝江、洋溪相继收复,敌遗尸东溃。其由赤溪河败退之敌,经卸甲坪时遭我十一师一部伏击,伤亡尤众。二十一日,敌退据敖家咀、西斋、刘家场之线,续图顽抗,又予击溃,分途猛追。至二十五日,四十四军进占汇口、清水港、于家台;七十九军进抵澧县、孟溪市、彭家厂各附近;十八军先后攻占公安、杨林市、狮子口、申津渡,续向藕池、黄金口、斜湖堤挺进;六十六军及十三师,先后攻克茶元寺、松滋、磨盘洲、新江口、米积台、沙道观、百里洲,续向弥陀市挺进,完全恢复本会战前之态势。

8. 江北我军策应战斗

我江北各集团,为策应江南作战,于十一月八日开始向荆、当、宜之敌攻击。十三日,一四一师攻占二孔岩敌据点。十四日,预四师、第六师各一部,分袭南天山、求雨包、破山口敌据点,将其副防御工事大部摧毁。十六日,一七九师之挺进队,越淯溪河,攻占清平河。十九日,卅八师向马家寨挺进,于九里岗与敌遭遇,激战至二十日,将其击退。同日,卅七师迫近当阳东关,以黄磷炮弹轰击市区,多处大火。二十一日午,三十八师突入南桥铺,发生巷战,暂五十三师攻占王家集,斩获均多。二十三日,第六师攻占小雨淋包。二十四日,暂五十三师攻占山垱铺、枣树店两据点。二十五日,三十七师一部围攻当阳,激战竟日,先后突入西关、祖师庙,包围敌第三十九师团司令部及东关敌空军指挥所,毙敌三十九师团大佐一员,参谋副官以下百五十余人,并焚其仓库数所,我伤营长以下六十余人。旋敌五百余驰援反攻,我乃移至当阳城郊续战。另一部袭敌机场,焚毁敌机两架,并掳获降落伞、毛毯等件。同日,一七九师一度突入慈化寺、三星寺。廿八日,预八师攻占东山寺,一四一师突入龙泉铺,一三九师一部突入双莲寺,毁敌营房,毙敌百余,三十八师亦冲进荆门关北,因敌增兵反扑,遂以后撤。廿九日,一四一师再克梅子垭敌外围据点三处,肉搏殊烈,毙敌其众。三十日,鸦雀岭敌百余经水府庙,被我七十五军挺进队伏击,歼灭大半。同日一八〇师攻占尖山坡后,伪保安第六团第一大队第一中队,悉数携械投诚。十二月一日,该师复突入财神庙,昼夜争夺,毙敌大佐以下百余,战至二日辰,敌放毒气反攻,我始被迫后移。同日,一七九师攻占官庄场,乘胜向河溶追击,将其弹药库击中爆炸。三日,该师继续围攻黄家集以南之敌,激战至午,将敌大部聚歼,并俘敌兵三名。四日,三十七师再攻当阳城垣,炮击街市,毙敌颇多。一三二师一部围攻当阳北各据点,斩获亦众。五日,一七九师突入淯溪河市,将敌营房尽毁。六日,复攻击谢化桥,与敌激战至晚,敌遗尸布野,我掳获山炮一门,轻机枪、步枪及其他军品甚多。至十三日止,攻克敌大小据点三十余处,毙伤敌二千以上,并获大宗军品。寻以江南之敌,陆续北渡增援,因即停止攻击,仍守备原阵地。

常德会战日军使用毒气概况①

(1943年12月26日)

此次常德会战,敌惨无人道,使用毒气次数之多,为抗战以来所仅见。其概述如下:

(甲)敌先后总共用毒七十四次(次数不明者,以一次计算)。

(乙)敌对我用毒最多之地点:(一)常德城及其附近,卅五次。(二)仁和坪附近八次。(三)宜昌外围七次。(四)其他地点二十四次。

(丙)我受毒最多之部队:(一)我常德守军五十七师,被毒三十二次。(二)我仁和坪附近十三师,被毒七次。

(丁)敌一日中用毒最多之一次,为十一月廿六日,对我常德守军施毒十三次。

(戊)敌用毒规模最大之一次,为十二月七日仁和坪之敌,用山炮、迫击炮向我十三师傅家庙阵地,发射毒弹五百余发(我中毒一百余人)。

(己)我中毒人数最多之一次,为十一月廿九日,十三师在仁和坪附近中毒三百余名。

(庚)我各部队中毒伤亡情形:(一)中毒者,官兵共约五百卅五人(凡报全排、全连、全营大半中毒,而无确实数字者,概未加入。此仅根据电报中毒人员数字统计)。(二)中毒伤亡者共四人(十三师)。(三)我中毒最高人员,为十三师靳师长(在仁和坪师指挥所)。

(辛)敌用毒后对我之战况影响:(一)使我已攻入敌据点部队,因敌用毒被迫退回原阵地,不能达成任务者四次。(二)使我阵地陷敌者六次。(三)其他各次对我战况均不发生影响。

(子)敌对我用毒之时机:(一)午前四时至十时,对我用毒八

---

① 此件选自第六战区司令长官司令部:《第六战区常德会战战斗要报》附录。

次。(二)下午四时至七时,对我用毒十二次。(三)上午十时以后至下午二时以前,对我用毒四次。(四)不明时间者四十次。

(丑) 敌用毒之种类:(一)催泪性三次。(二)喷嚏性五次。(三)窒息性一次。(四)糜烂性一次。(五)窒息性烂糜〔糜烂〕性混合使用者一次。(六)窒息性催泪性混合使用者一次。(七)毒气烟幕混合使用者一次。(八)毒气种类不明者六十一次。根据所报中毒征〔症〕状,似以喷嚏性之二笨氰胂毒气为最多数。又敌用窒息性糜烂性毒气虽据报,但迄未证实(正查询中)。

(寅) 敌用毒兵器:(一)飞机布毒一次(尚未证实)。(二)山、迫炮弹放射者十四次。(三)掷弹筒抛射者二次。(四)毒烟罐吹放者二次。(五)用毒武器不明者五十五次。

(卯) 掳获敌用毒证据:(一)敌前崎部队迫击炮用毒命令原件。(二)毒烟罐三十七罐。(三)毒气掷榴弹十枚。

孟广珍致郭××密电
(1943 年 11 月 19 日)

限二小时到。重庆七四军办事处郭处长:〇密。即译呈军令部厅长张。连日激战,颇有斩获,原冀以最大之努力力歼顽寇,惟本十九日友军阵地羊毛滩忽被敌之一部侵入,迄黄昏时,迫进至福善岗部队,侵犯混乱〔?〕,家河之连络线〔?〕,与敌遭遇恐不能保。又七三军毫无战力,四四军战力甚微,一百军尚未全部到齐,职军分割接援,现又三面受敌,出击、守备独立支持,恐难副钧座之殷期。除再接再励外,谨电鉴核。第七十四军参谋长孟广珍叩。皓戌。第七四军驻衡办事处转发。〔衡阳〕

毛景彪致林忠培等电
(1943 年 11 月 28 日)

限即到。重庆军令部林处长忠培兄、赵处长君粟兄,并呈厅长张：宥、感两日，王甲本军与由漆家河北窜之敌第三师团四、五千，拉锯战于羊毛滩、五通市、官桥、观国山间地区。俭卯，我全线猛攻，再克潘家铺，敌向临澧方面溃退。是役先后斩敌二千五、六百，我伤亡近千。石门方面，我一八五师仍猛攻中，尚未得手。仁和坪方面之敌，五八师团、柏贺支队三个大队及卅九师团二三三联队，在我方靖军重重包围下，作困兽之斗。一九九师主力在卸甲坪、车溪河间南侧地区，一部在仁和坪以东产子坪一带，遮断归路，攻击侧面。该军养日以来，先后杀敌一千二百余，我伤亡七、八百，掳敌武器文件甚多。十八军在敌重重阻击下，已通过复杂之山地区，柳〔在？〕西斋、煖水街间地区，先后杀敌五、六百，向澧县、公安间挺进中。判断进犯之敌现已动摇，惟吾人今后之工作尚多：第一、应如何选择有利地形，遮断其归路，攻围败退之敌，一如鄂西会战磨市战役。第二、进出原阵地，乘敌立足未稳，克复敌江南据点，仍请吾兄教之。弟毛景彪。戌俭午。印。

金定洲致蒋介石等电

（1943年11月28日）

限一小时到。委员长蒋、部长何钧鉴：职奉令之下，团部僚佐及直属连与第三营配属五七师守备常德，在副总司令王、副军长余领导之下，孤军苦战七昼夜，斗志益坚，全体官兵决与常德共存亡，为钧座尽忠，为国家效命。谨请鉴核。职金定洲叩。戌俭。（74）军驻衡办事处已收转。印。〔衡山〕

施中诚致蒋介石密电

（1943年11月29日）

即到。渝委座蒋：13号密。我赵师一团，艳巳开始向桃源之敌猛攻，申刻突破三里阪、烈女观、金龙庙、刷尧桥坪线上敌阵地，一部攻抵南门口，我便衣队已入城中，敌正向城西小河北岸退窜中。谨闻。职施中诚。戌艳戌。参。印。

金定洲致蒋介石等电
(1943年11月30日)

限半小时到。委员长蒋、部长何钧鉴：孤城固守，弹尽，援军未到。虽士气奋勇，我步、炮均凭血肉与敌抢夺市街据点，但敌日增，我日减。职等牺牲事小，整个战局大，务恳严限援军协助逆袭为祷。职金定洲叩。戌陷。(74)军驻衡办事处。陷酉收转。印。〔衡阳〕

赵锡田致何应钦密电
(1943年12月1日)

总长何：密。生部来常、桃参战，戌皓到达常德附近，即派188R守备常德，师部及187R、189R(各缺一连，在浏阳交兵站勤务，未赶到)遵军长令，于马在桃源西渡过沅江，即星夜向漆家河西南地区急进。养子，在泥窝潭西面与敌遭遇，激战至酉，予敌以重创，俘敌一及军用品，系敌三师团68联队后备队二千余。我伤亡官兵三百余。奉军长令向慈利与龙潭水急进，延伸74A右翼。有午到达指定地点，部署未完，敌已回窜。奉军长令向兴隆街渡沅江，攻击桃源敌中队。攻〔?〕令由西岸挺进，限艳午到达汀芃。〔?〕已到达桃城附近，待援向西南门外敌各据点攻击。迄酉已将南门外各据点攻克，并一部进入南门，连夜续攻，敌增援顽抗。迄卅未，189R长负伤，副团长阵亡，续克数据点，敌伤亡惨重，遗尸数十具。迄亥东午，仍未能将敌全数扫荡，敌一再增援顽抗，我伤亡官兵七百，俘敌文件普通甚多(为敌三师团68联队竹川大队)。现生所率兵力不足三团，两次接战已伤亡官兵千余，力有不足。钧长一再传话励勉，全体官兵无任惭奋，生蒙吾师爱护，益加奋勉，深知谨慎遵从上峰命令，努力服务。谨呈。生赵锡田叩。亥东未。印。〔桃源〕

赵锡田致何应钦等密电

（1943年12月3日）

部长何、次长钱：5021密。生部攻击桃源之敌，连日激战，敌死伤惨重，于江午完全克复，残敌向陬市狼狈溃退，阵地遗尸百余具。我俘敌一名供称，敌计千三百余人及军用品甚多。是役我陶团长负重伤，高副团长阵亡，其余官兵伤亡五百余。谨闻。生赵锡田叩。江酉。印。〔桃源〕

施中诚致蒋介石密电

（1943年12月10日）

渝委员长蒋：锭密。本军六三师戌卅攻占桃源之役，该师一八九团团长陶绍唐亲率所部，身先士卒，将顽敌击溃。该员旋受重伤，亥江，因伤势过重殒命。除另案报情，请优予抚恤外，谨电奉闻。陆军第一百军军长施中诚。亥灰。务菜。印。〔桃源〕

王耀武致蒋介石密电

（1943年12月10日）

即到。渝委员长蒋：七号密。据余兼师长报称：职亲率奋勇队七、八十名，于佳午协力新十一师卅二团强渡进攻常德城，并以潜伏城内官兵五十余人，内应外合，即攻占常城四分之三，尚有少数残敌退据西、北两门，我并协力友军相继攻击中。等情。除另饬该师长协力友军占领常城，清扫战场，掩埋阵亡官兵尸体，收容受伤官兵外，谨电呈察。职王耀武。亥灰巳。仁猿。印。〔桃源〕

王耀武致徐永昌密电

（1943年12月13日）

重庆军令部部长徐钧鉴：职军此次奉令参加湘北之战，经时逾

月,赖我将士奋命艰危,克成胜果。仰承钧座期望之厚,感励弥深。兹谨述战况之经过于次:

(1)此次进犯常德之敌,奉长官亥东刚电统计及掳获文件与俘供证明,有日军七个师团,另伪军五师,总共为十余万人。其目的在攻占常德,威胁长沙,故规模浩大,实不亚于历次长沙及前次鄂西会战。

(2)与本军交战之敌,亦奉知长官电令及俘供文件证明,确有四个师团之众。本军以一师固守常德,以两师与敌搏战于常德外围,敌众我寡,实力为三与一之比。自戌铣即与敌发生激战,反复冲杀,争夺之烈,实所罕见。迄卅日常德城内核心阵地,已悉数被敌之机炮炸毁,我官兵虽无立足之地,惟仍悴励忠愤,与敌继续肉搏。至亥江因弹尽粮绝,始移至城郊先捷据有利地形,继续与敌冲击,血肉横飞。迄鱼日,敌以伤亡惨重,又因后方交通线绵长,且不时遭我截击,敌乃开始总崩溃,迄文日残敌已全部被我肃清。

(3)在战场获敌文件对本军估计过高。敌云:七十四军战意极盛,战力极强,实为渝方最有力之军(该文件已呈长官部转呈钧部)。敌因与本军接战,先怀畏惧之心,故其行动审慎,使本军颇占便宜,得以支持二十余日。而能杀敌致果者,皆仰委座德成与钧部各级长官指挥、训导及我将士忠勇用命,暨友军应援到达,获收合围之功;次则为敌之估计错误,亦为我致胜之一因。

(4)是役因激战过久,敌伤亡确实奇重,但本军伤亡亦较历次会战为大。惟掳获之战利品则较过去各次会战为多,现正待清整中。谨闻。余续电禀。职王耀武叩。亥元于常德。

王缵绪致何应钦密电
(1943年12月22日)

总长何:1162密。据四十四军王军长泽浚亥马午冲电称,此次常德会战各师作战成绩及优、劣点,分呈如次:(一)一六二师优点:掌握确实,精诚团结,攻守均有韧性,能在命令下行动。劣点:装备坏,应列甲等。(二)一六一师优点:以保图战斗旺盛,装备较好,士兵素质佳。劣点:掌握少嫌确实,攻守稍欠韧性,应列乙等。(三)一五〇师优点:富有牺牲精神,攻守均有韧性。劣点:团结精神稍欠,装备坏,纪律稍差,应列乙等。一般优点:不铺张战果,夸大敌情。劣点:战报、情报稍觉迟慢,甚至不报战绩到上峰,查得奖励时始知。等情属实,除分报外,谨呈。职王缵绪。亥养午。印。〔桃源〕

王敬久致徐永昌密电

（1944年1月9日）

特急。渝军令部部长徐:奖密。(一)此次常德会战,在我掳获敌十一军、八三师团、卅九师团作命及其戌养、亥齐、亥文等日敌我态势图及其重要文件,见其参战兵力为3D、13D、116D、68D各大部,34D、58D、39D、40D各一部,户田、宫胁、柄田三支队,独立卅九联队,辎重第四联队,五二道路队,四四飞行战队,伪军两师及十一军直属部队等。在北正面系以39D、58D、68D及伪军一师,压迫我六六军于刘家场以北地区,掩护其主力之右侧背。南正面以强大部队3D、13D、34D,宫胁、柄田两支队及伪军一师,由公安南北地区向煖水街突进,转移迂回慈利,压迫我七九、七三、七四各军于河口、慈利以西地区接防。以宫胁、柄田、13D、34D各部,占领煖水街、石门亘黄(?)石市间各要点,封锁我军。3D、116D、68D、40D及户田支队共犯常、桃。(二)本集团首当其冲于煖水街、刘家场、聂家河及煖水街西南地区,与优势之敌激战兼旬,予敌以严重打击后,脱离敌之包围圈,转进至太平街、子良矸〔坪〕、仁和坪、聂家河之线,待机转移攻势。戌月下旬,我十八、七九两军,分由潘家湾、大平街越澧水南下,进占羊毛滩、临澧间地区,猛击敌之侧背,并以七九军之有力一部,钻隙至常德近郊救援。余师激战至感,敌渐呈动摇,先将炮、工兵及后勤部队络绎北撤。亥佳,敌全线崩溃,纷纷突围,经澧水向东北回窜。沿途遭我截击、伏击,死伤甚众。迄有,我先后攻占澧县、公安、新江口、米积台,恢复原阵地。(三)是役与敌先后激战五五日,共毙敌万五千五百八十余,马四、五百匹,俘敌兵十七名,伪军卅七名,军马九十八匹,掳获山炮、毒气炮六门(内有在石门夺回友军所失俄式山炮四门),轻重机枪十三挺,步枪七零六枝,掷弹筒五六【具】,戒严刀四把,面具卅六个,火焰放射器二具,电话机三部,被覆线二万三千五百公尺,刺刀、钢盔、手枪、望远镜、烟幕罐、毒气罐、毒气弹、卫生器材三二六件,各种弹药九零八四颗,敌十一军作命等三五一号。我共伤亡官兵一二六五五员名。谨闻。王敬久。子佳巳。声。印。〔太平溪〕

军令部编常德会战之检讨

(1944年2月)

常德会战之检讨

甲、战前敌我态势及工事设施

一、战前敌我态势,如要图第一。〔略〕

二、第六战区荆江右岸防御工事设施,如要图第二。〔略〕

乙、第一期作战——敌由沿江向西之推进

三〔一〕、十月下旬间综合各方情报得知:

(1)安庆一带之敌集中数千人,由师团长岩永汪率领,乘船赴武汉。

(2)南浔路之敌亦有一部乘船西上。

(3)通山以东之敌约二三千,经崇阳向岳阳方向移动。

(4)平汉南段之敌有大部向沔阳方向移动。

(5)襄河左岸之敌约一、二千,沿汉宜路向沙市方向移动。

四〔二〕、当时本部之判断如次:

敌将抽集其中战场之兵力,再向江湖三角地带进犯,以消耗牵制我兵力,并【达】掠夺物资之目的。先压迫我10AG、29AG于聂家河、煖水街以西山地,再向左旋回进趋石门、澧县,如战况顺利,则渡澧水,犯常德。

至十一月二日止,判明敌之集中态势,如要图第三。〔略〕

五〔三〕、本部基于上述之判断,于十月廿八日即签准部署如次:

(1) 第六战区10AG(王敬久辖66A、77A)、29AG(王缵绪辖44A、73A)以各集团军之各一部,于河沼地带阻击敌人,而以各军之主力,利用津、澧河流及煖水街一带之山地,以侧击、伏击方法,击破进犯之敌。

(2) 以74A(王耀武辖51D、57D、58D,驻常德、桃源)之57D,固守常德,军主力位置于大〔太〕浮山附近,准备机动。

(3) 直接支援

a. 以100A(施中诚辖19D、63D,驻浏阳)准备推进至益阳待命。

b. 以中、美空军即向沙市、监利、石首、华容之敌及沙市、岳阳间敌舰轰炸。

(4) 间接支援

a. 以26、33两集团军,各以二—三个师向当面敌之弱点深入、攻击。

b. 第九战区以二个师兵力,向岳阳以东地区敌之弱点深入、攻击。

c. 第五战区以两个师兵力,向京山、皂市袭击。

d. 各策应部队应于十一月四日以前,移于第一线附近,待命开始攻击。

六〔四〕、十一月二日晚,敌以13D全部,3D、16D主力,34D、39D、40D、58D、68D及17BS各一部,开始从华容、松滋间向我攻击,其主力指向我公安方面。

七〔五〕、十一月七日,敌已进抵洋溪——王家畈——煖水街——王家厂——大堰垱之线以东地区,我鉴于敌已深入,必将转兵南下,正我利用好机予敌以反击之时,乃下达阳酉电令。令10AG以主力向煖水街突进之敌反击,以期与我29AG协力击破敌人于澧水以北地区。——原件如附件第一。惟因连日天雨,反攻行动颇受妨害,未能如预期而进展,但已迫使敌人进至石门以北之兵力,不得已复向北转用。

八〔六〕、十一月十日,敌主力进至王家畈——仁和坪——河口——天门垭之线,其一部则进至安乡以西及津澧东北地区,因感受我73A(汪之斌辖15D、17D、T5D)主力与44A(王泽浚辖150D、161D、162D)一部之攻击,为致命之打击,乃忽转兵南下,以主力向石门,以一部从石门以西地区转向慈利。敌指挥之被动,忽南忽北,追随我之意志,使我已奠胜利之基。

九〔七〕、然我73A自上次鄂西会战以后,战力仍未恢复,当面之敌人数既众,装备更优,石门之危自在意料中。我乃急电100A即日向桃源前进,归王耀武指挥,参加常德西北地区之作战。

丙、第二期作战——敌转移主力向石门、慈利攻击

一、十一月十一日,敌之西进果告沉寂,而我对石门之防御已早有妥当之指示。此时曾熟虑是否需要以74A(欠57D)加入石门附近之战斗,由如左之考虑而决心①。

(1) 石门要点可借以打破敌若干攻击力量的,不可放弃之。又敌在石门附近,如果攻势顿挫,或将即行撤退,即或不然,亦可滞迟敌之行动,以待常德方面增援兵团之到着〔达〕。

(2) 但74A除57D固守常德外,只有二师兵力,如参加石门【战斗】,不能形成决胜之力量。

(3) 且石门以东,我44A以兵力单薄,正面广大,似不能沿澧

---

① 原文如此。疑有误。

水坚定其阵地。敌有由该军正面突破,直冲常德之虞。

(4) 又以74A于常德、慈利间,待100A到达,可得四师新锐兵力于常德附近,与敌决战为宜。

遂决心先以73A于石门附近占领阵地,打击敌人,尔后再以74A、100A于常德、慈利间与敌决战。

二、十一月十二日至十五日之战斗,我73A损失达80%,因而石门失陷。十八日敌已渡过澧水,开始向我慈利东南高地占领阵地之74A攻击。

三、十一月十九日,判断状况深感常德附近兵力单薄,乃急电10A(方先觉辖3D、190D、R10D)即日由衡山向常德以南地区前进,切须由第九战区详报中补足之。又为威胁截击敌后方起见,并令18A即日以11D、18D由三斗坪附近,向西斋、津澧进出。同日,以会同电令告知,连衔电6WA、29AG、74A、44A、47D、100A各指挥官,以全力在常德西北地区与敌决战,并保卫常德而与之共存亡。功过赏罚,绝不姑息。——原电如附件第二。

对100A须整个有效使用,不得分散兵力而致虚耗。——原电如附件第三、四。

四、十一月廿一日,桃源失陷。100A已开始与敌战斗。为增加敌右侧背之压力起见,乃令13D/86A归66A指挥,向仁和坪一带攻击。

丁、第三期作战——常德之固守及增援

一、十一月廿四日,我74A主力虽能始终保持慈利附近之高地,但常德之围渐急。我57D于常德城内伤亡过重,敌攻势益猛,我北、南两方面之增援部队,不能立即到达常城,局势至为危急。此时本部殊不为状况所动摇,而坚决把握要点,誓与倭寇拚斗到底。乃电第六、第九两战区,明申〔申明〕决心,无论常德状况有无变化,决于沿沅江两岸围歼敌人,并改两区之作战地境为沅江之线,以便战斗之指导。更特别申明,应令10A以重点指向德山,以救援常德。——原电如附件第五。

二、十一月廿六日,我10A全部到达常德以南地区,开始与敌激战。卅日,本部感于第九战区未能将10A重点真正保持于左翼,用梯次态势前进,因而190D胶着于蘇石桥、石门桥间,而R10D左翼暴露于敌,乃再电令纠正。——原电如附件第六。

三、十一月卅日,我3D/10A进抵德山及常德南岸,同时我74A主力亦由慈利东南向常德西北反攻,迫近河㳌西北,各与敌昼夜激战。敌誓死抵抗,我攻势进展迟滞,但基于种种征候判断,敌必退却。

十二月二日夜,我57D无线电连络忽断,判断常德或已不保。但鉴于常德会战为中外观瞻所系,不容稍馁,乃再电第六、第九两战区,重申于沅江沿岸打击敌人之决心,不因常德之存亡而变更。——原电如附件第七。

四、十二月三至六日,我3D于德山被敌围攻,连络断绝,R10、190D俱已损失过重,无力救援。而74A、79A、100A之战斗,亦因损失过重无力进展。此时所可望希〔希望〕发生效果之兵力,仅有二。

(1) 18A。已令其迅速扫荡津、澧之敌,由新安、合口附近南下,向常德敌之侧背攻击。

(2) 欧震兵团。该兵团为第九战区。鉴于该区左翼兵力单薄,而预先抽调者,计指挥58A(军长鲁道源,辖N10D、N11D,原驻江西分宜附近。现开来二团/N11D,一团/N10D)、72A(军长傅翼,辖34D、N13D、N15D、N16D,原驻江西修水附近。现开来T7D,共有九个团,但军长、师长均到)。于十二月三日先后到达三堂街、马迹塘一带,六日开始向石门桥、放羊坪之线攻击。

此时常德附近之敌人兵力,尚在八个联队以上。综合诸情报,虽证明敌已大部向东北撤退,但不能谓绝无久据常德之公算。若18A及欧震兵团反攻无效,耗用殆尽,转恐无力收拾常德战局,而诱起敌更奢之企图。于是一面令第六、第九两战区准备守势部署,一面以电话连络暂持续原态势,以观敌情之变化。

戊、第四期作战——追击

一、十二月八日,欧震兵团逐次侦知敌已由常德撤退。九日,遂以58A由常德之东,72A由常德之西,击溃当面残置之敌,而入常德城。十二月九日,乃下达追击之命令。如附件第八。

二、十二月九日开始追击,各部顺利进展,至廿一日已收复南县、安乡、津市、澧县、王家厂、枝江、洋溪等要地。廿三、五两日,又收复松滋、公安两要地,而奠定完全之胜利。

三、第五、第九两战区及26AG、33AG之策应攻击,亦于十二月底停止,逐渐恢复原态势。

己、根据此次会战经过,检讨其得失如次:

A. 得:

一、敌情判断确实。不但对于敌之企图、兵力、前进之方向及窜扰之目标,俱如判断而实现。即敌之退却,亦为我事先所料到。

二、作战指导坚定。常德危急,不可终日,我则始终坚持其必守之决心,可以将守土精神昭示中外。虽余师长不能坚持最后之五分钟,而我仍能贯彻必于常德附近,与敌决战,因得促敌之崩溃。

三、随时纠正前方各团战斗指导之过失,俾战斗得有利之进展。本会与前线距离虽远,但因电话畅通,每日均有多次通话,故战区之处置,本会亦均随时指示纠正。因而两战区之协同始终无间。

四、我对于空军之使用,极适(?)机宜。对于敌之集中、运动、战斗及交通补给,均随时予以至大之损害。

五、各部之战斗,除少数部队外,均极为努力认真。不但新锐兵力勇往直前,即迭经战斗、损失甚重者,亦能以旺胜〔盛〕企图心,反复进击。由我官兵之伤亡数推断,已可证此次战斗之激烈、韧强,此乃国军最大之进步。

六、各部情报大都确实,已一扫从前虚报、捏报之习,并且俘获众多,能将敌之番号证明,了如指掌,其成绩为抗战以来所仅见。

七、各军、师向敌隙突进之精神,颇足称道,可谓此次会战之特点。

B. 失：

一、高级干部仍有牺牲精神不坚定者。如57D兼师长余程万之迭电迄〔乞〕援,及擅自弃守常德,即为显著之例。

二、高级指挥官之位置,仍多未能遵照规定推进,每致不能把握战机,适切指导作战。（原规定为：师长距第一线3—5公里,军长8—9公里,总司令12—20公里。）

三、陆、空连络之训练不足。我虽有空军使用,但不能适切协同第一线部队之战斗。

四、各部之射击教育尚嫌不足,每遇好机,不能获得充分歼敌之效。此点以我所消耗之子弹与敌伤亡数之比率,即可判定之。

五、有线通信之设施不够,集团军以下,每致连络中断,不得已使用无线电时,又易被敌窃译。恐有重要文电,已泄露于敌。

庚、结论

此次会战,综计击毙敌联队长中畑护一、布上照一、和尔基隆等以下数十员,敌官兵伤亡约四万余人,我亦阵亡师长三员,伤亡官兵约五万余人,并俘获特多（详数正清查中）。而能立即恢复常、桃、津、澧,驱敌于江滨,打破敌之企图者,实因战略指导之坚确适当,及各部队奋勇牺牲之结果也。

辛、附录〔略〕

〔九〕豫 中 会 战

（一）敌我态势与作战准备

第一战区中原会战前的作战准备概况①
（1944年？月？日）

其一 敌之集中及作战准备

一、敌于本年一月起，重建邙山头据点，抢修黄河铁桥，同时并将平汉铁路，由小冀展伸至黄河北岸，敷设支线八条。二月来，敌机开始活动，对郑州、广武、巩县、氾水、尉氏、中牟、临汝、登封、密县一带，凡旧平汉路两侧地区，以及洞口附近不断侦察。同月下旬，敌调动频繁，逐次向豫北输送。至三月上旬，敌将豫北之第三十五师团调出，以独立第四、第五旅团接防。迄四月中旬，豫北敌复大量集中，计开封西南集敌万余，新乡南集敌二万余，温、孟、沁、济一带集敌万余。

其二 我之作战准备及部署

一、本部于三月初旬得悉豫北敌情有显著变化后，即通令各部队严整战备，并详侦敌情具报。

二、迄三月中旬判断，敌必将大举渡犯，妄期打通平汉线。三月十四日二十时，本部遵照委座寅支令一元甲电所指示，策定

---

① 此件节选自《第一战区三十三年春夏间中原会战经过概要》第一节。

于嵩山附近与敌决战之作战指导方案,并将该案用命令下达。其内容如次:

1. 扶沟、汜水间河泛防部队,应力阻敌人渡犯及突围。

2. 如敌渡犯突围成功时,河泛防部队应凭借许昌、洧川、长葛、新郑、郑州、荥阳一带据点,疲惫敌人。

3. 同时汤兵团及第四集团军应以其控置部队,于登、密北侧山地,迄汜水间构成守势地带,于襄城、叶县、临汝、登封、密县、禹县地区构成攻势地带。如敌向我守势地带进犯时,守势地带之部队,应坚强抵抗;攻势地带之部队,应向左旋回,侧击敌人。如敌主力向我攻势地带进犯时,攻势地带之部队应与敌即行决战;守势地带之部队,即转移攻势,向右旋回,侧击敌人。

4. 汤兵团以第十二军、第十三军、第七十八军、新一师、第二十师,隐密配置于登封、临汝、禹县、襄城、宝丰、叶县攻势地带,并抽集一个师,固守许昌。临泉附近部队,应有西移参加平汉路以西作战之准备。

5. 第四集团军除固守原河防外,应以一个军固守老饭沟迄金沟主阵地,并以一部占领张庄、铁山、高山寨前进阵地,并确保虎牢关据点。

三、三月十七日,奉委座手启寅铣令一元及寅铣令一元甲两电,对于寅支令一元甲电作战指示,均有补充之照。本部当即遵照,修正作战指导方案,并转汤副长官遵照。两电之大要如左:

子、手启寅铣令一元电。1. 遂平、许昌两城,各以两个师之军固守。2. 第十二军、第十三军、第二十九军,于战斗开始时,即密秘〔秘密〕控置密县、临汝以西地区,禹县、漯河、舞阳,亦应各派一个师固守,勿失。

丑、寅铣令一元甲电。1. 第七十八军、第八十九军,准备固守许昌、漯河、遂平、舞阳四个据点。2. 第十二军、第十三军、第二十九军,限寅月底集中叶县、宝丰、禹县、登封、临汝,由汤副长官直接指挥掌握。3.委座酉梗〔寅梗〕令一元甲电,对该部作战计划指示、兵团部署,仍应遵手启寅铣令一元电及同韵目电令要旨,以第七十八、第八十九两军,担任新昌、遂平、郾城、舞阳之守备;第十二、第十三、第二十九各军,应先集中于襄城、叶县、宝丰、禹县、登封。4.泛区预定向汝南附近进发之各部队,希饬切实准备行动,并依状况增强其兵力。

四、汤副长官遵照委座寅支令一元甲、寅铣令一元甲及手启寅铣令一元等电,及本部作战指导方案之指示,以定该部之作战指导要领及部署,分别于三月十九日及二十四日具报本部。摘列要点如次:

1. 敌如以主力由北地区南犯,而南地区敌以一部窜扰牵制时,即以象河关、遂平附近兵团,与五战区协力将敌拒止于洪河南北地区,以主力于襄城、禹县、许昌附近地区,与由北南犯敌主力决战。

2. 敌如以主力由南北犯,而北地区敌以一部窜扰郑州、新郑、密县一带牵制时,即以原任河防之各军,将敌拒止于扶沟、长葛、密县以北地区,以主力于澧河、沙河附近地区,协同五战区与敌决战。

3. 敌如由南北地区均用强大兵力向平汉路之沙河地区会犯时,即依漯河、许昌、舞阳、襄城、叶县之固守,以主力由临、登、禹、密方面向敌右侧背行总反攻,而击破之于颍汝〔河〕、沙河一带。

4. 如敌南北两方面均非主力,而有时任何一方面均为局部窜扰时,即依当时情况,于各第一线守备地带附近,依防御战与自动〔?〕将敌击灭之。

5. 第二十八集团军之第八十五军,仍任邙山头原防,该军第二十三师除以一部守备密县外,主力控置禹县。暂十五军附四十二师仍任郑州、中牟一带防务。新二十九师担任许昌固守任务,新二十九师中牟一带泛防,交由暂二十七师接替。

6. 三十一集团军第十三军,仍控置登封、临汝,十二军以第二十师担任漯河、郾城据点之固守,该军之第二十二师,仍集结于襄县,第八十一师开叶县,接任第二十师所遗之固守防务。

7. 第十五、第十九集团军,除以第八十九军之新一师,限寅号开达遂平,担任固守外,其他各部任务仍旧,惟应准备骑兵一个师,步兵两个师,山炮一个营,待命进发汝南,参加平汉线会战,限寅有前准备完毕。

8. 第二十九军于灵、陕交防后,移舞阳及其以南地区。该军以一个师担任固守舞阳任务,另于象河关、出山镇各置一个师备战待机,归三十一集团军序列。

五、本部对汤兵团所呈之作战指导要领及部署,认为与大本营及本部之指示均不符令〔合〕,因于三月三十一日核复如次:

1. 如敌以主力由北南犯,而南区敌以一部窜扰牵制时,贵兵团应以主力在襄城、禹县、许昌附近地区与敌决战,惟为期与第四集团军密切协同,及利用嵩山山地有利地形起见,应将登、密地区亦划入决战地带,并为攻势之重点,期收夹击、侧击之效。

2. 如敌以主力由南北犯,而北区敌以一部窜扰郑州、新郑、密县一带牵制时,为排除我主力侧背之威胁,使尔后之决战有利计,应于南区会战之先,集中必要兵力,将北区渡犯之敌击退,并收复邙山头、中牟,再转兵南下,协力该地区之决战。在北区击敌之同时,南区部队应竭力迟滞敌之前进,以空间换取时间,俾导决战有利。

六、战区依据作战指导方案,立即实施如左之步骤,积极备战:

1. 作战部队弹药、器材之补充及粮秣之集积。

2. 派道路破坏技术班,归汤兵团指挥,发动民众完成主决战地带道路破坏及地形改造。

3. 调整兵站设施,整理交通及通信。

4. 令地方机关作动员民众参战准备。

5. 重申前令,饬部队、机关严防空降部队及敌奸之活动。

6. 疏散洛阳各机关、学校及民众。

7. 令第四十军接替二十九军灵、陕一带河防,第二十九军开叶县,归汤副长官指挥。

8. 加紧对华北各伪军策动工作,严密保持联系,并指示在必要时之行动及任务。

9. 豫西各县藏枪枝甚多,连次会商豫省府,办理登记动员训练事宜,并约作参战准备。

七、有关此次作战参考资料如次:

子、工事设施:

1. 沿河泛有连击之工事。

2. 平汉线及其以西各要点,有据点工事。

3. 临汝、登封迄金沟之线,有坚固国防工事。

4. 洛阳、龙门、渑池均有既设阵地。

丑、兵要地志大要:

1. 中牟、尉氏附近两岸,平坦开阔,泛水亦缓。

2. 邙山头以西、邙山山脉,与黄河右岸密接,颇收瞰制之效,防守容易。

3. 沿河泛除必要之补给线外,均已破坏。

第一战区中原会战前的敌我态势概要①

(1944年？月？日)

一、敌在开战直〔之〕前,在开封附近集中万余人,在黄河铁桥以北集中约两万人,在泌县、孟县、济塬一带集中约万人,其后续部队正在沿平汉、平浦北下,沿陇海东段西运中。沿河泛均准备大量渡河器材,严捕我谍报人员,极力封锁消息,并不断派遣侦察机侦照我方部署及地形。

---

① 此件选自《第一战区三十三年春夏间中原会战经过概要》第二节。

二、作战直〔之〕前我各集团军之部署及态势如次:(附图第一)〔图略〕

甲、汤兵团(历据该兵团所报)

子、淮阳及其以东泛防:1.第十九集团军:第八十九军之暂三十三师及独立六旅,蒙城附近。暂九军(111D、112D、T30D),太和附近。2.第十五集团军骑二军(骑三师、暂十四师)阜阳、项城一带,骑八师蒙城、南马店附近。

丑、第二十八集团军毕口迄牛口峪河泛防:1.泛东挺进军陈又新部(5ED、2ED、T2B、T3B),毕口迄柴桥泛防。2.暂十五军之暂二十七师,柴桥迄后陈。暂一旅后陈迄包河桥泛防。3.第八十五军之百十师主力,包河桥至邙山头河防,一部在荥阳为预备队。预十一师邙山头、监围及迄牛口峪河防,二十三师密县附近控置。

寅、控置部队:1.新一师遂平,第二十师郾城,暂十五军之新二十九师许昌附近。2.第七十八军新四十二师一团新郑,主力禹县,新四十三师方城,新四十四师镇平。3.第二十九军(91D、193D、T16D)舞阳以南地区。4.第十二军第二十二师襄城,第八十一师叶县,暂五十五师临泉。5.第十三军第八十九师、第一一七师,临汝附近;第四师登封附近。

乙、第四集团军

第九十六军、新十四师及挺进第四纵队,牛口峪迄马义沟河防;第一七七师,褚岭迄金沟。第三十八军(17D、N35D),老饭沟、张庄迄褚岭阵地守备。(第三十八军原在偃师以南地区集结控置)

丙、第十四集团军之第十五军(64D、65D)马义沟迄平庄河防。

丁、第三十六集团军之第四十七军(104D、178D)平庄迄杨家河防。

戊、第三十九集团军、河北民军(一个支队及一个大队)及新八军之暂二十九师,杨家迄史家滩河防;挺一纵队史家滩迄七里沟河防;新六师及挺进二十一纵队主力,渑池附近控置。

己、第四十军配属会阅区炮兵,计一〇六师七里沟迄北村,三十九师北村迄阌底镇河防。

庚、第十四军(83D、85D、94D)洛阳附近。

辛、暂四军(47D、74D)宜阳、龙门各附近。

壬、黄河北岸有力之各游击部队:

子、泛东挺进军第六纵队,考城;独一支队,兰封;独三支队,开封;独四支队,睢县各附近。

丑、冀鲁豫边区挺进军第二挺进纵队及第一支队长垣附近。

寅、豫北挺进军十三纵队武陟,二十二纵队孟县,二十四纵队滑县,独立八支队及暂一支队获嘉,十一支队新乡,暂二支队浚县各附近。

卯、中条区河北民军一个支队、两个大队及二十一纵队一个支队,垣曲附近;二十六纵队及独十支队闻喜以东地区。

辰、晋豫边区二十五纵队阳城、壶关一带,独十二支队陵川附近。

(二)作战经过与检讨

第一战区中原会战作战经过概要①
(1944年?月?日)

甲、河泛绪战迄登汜主阵地前之战斗(附图第二)

【图缺】

一、中牟方面敌渡犯情形

四月十八日拂晓及二十日夜,由中牟、卢馆及其附近渡犯之敌,约八千余,炮三十余门,均遭我痛击。迨强行渡河后,一部三千

---

① 此件选自《第一战区三十三年春夏间中原会战经过概要》第三节。

余,炮七、八门,南向流窜,经我泛东挺进军之暂二旅及独一纵队,于朱曲、洧川、南席逐步坚强抵抗,毙敌甚众,我伤亡亦甚大。二十三日,我分别转移于洧川、长葛以南地区及鄢陵附近。

敌主力五千余、炮二十余门渡河后,西南向流窜。我暂十五军之暂廿七师于念炉、官庄之线,与敌先头一部激战。至十九日,敌全部增至五千余,继续猛犯,同日十九时,我退守黄店街、薛店之线。廿日拂晓,我新阵地复被敌突破,该师遂转移新郑。廿一日拂晓,敌主力步、骑三千,炮十余门,飞机十余架,与窜和尚桥之敌二千,会犯新郑,被我新四十二师及廿七师予以痛击。至十四时,我新四十二师阵亡营长二、连长六,士兵伤亡过半。新郑情况不明。敌一部二千余,复于二十日早窜郭店,廿日午,该敌由郭店窜观音堂,我二十三师派兵一营堵击。廿一日十五时,敌二千迂经三叉口到达云幕山。廿二日拂晓,敌增至三千,在炮、空掩护下犯密县,午,被我第二十三师击退。同夜,该师袭击并克复七里冈。廿三日敌增至万余,在炮、空掩护下,再度犯密县,该师遂向西转移,敌继占牛店、唐庄、月台、卢店等据点。

二、邙山头敌突围分窜情形

由邙山头突围之敌,不下万五千余,炮五、六十门,其主力系敌一一〇师全部,于四月十九日拂晓,向我第八十五军监围阵地炮击,继以步兵二、三千,飞机十二架及毒气,攻击我预十一师。当时该师之卅一团伤亡颇重,卅三团团长负伤。至午,汉王诚情况不明。廿日拂晓,敌五、六千,炮数十门,在空军掩护下,再兴攻击,我阵地数处被敌突破,摩旗顶不守。十时,我转移于庙湾寨、乌云寨之线占领阵地。敌突围后,一部千余,廿日十时,窜三官庙、七里沿,我预十一师与敌激战竟日,歼敌一中队,毁炮二门,获马二匹。同时敌骑五、六百即窜郑州、陇海、花园,与我暂一旅第一团激战。敌主力万余继续南犯我第八十五军。廿一日三时,敌千余窜曹李寨,七时与我一一〇师三二八团激战,后占领荥阳城。另敌一部窜塔山、三山。是日午,该军主力向南转移,同日夜,百十师到达崔庙附近。廿二日,敌分一部四、五千,南向会犯密县,主力五千余即西向对我第四集团〔军〕正面进犯。

经广武西窜之敌约四、五千,二十日十五时,各二百窜新店、刘村、前后丁村,十九时,敌千余窜尚街。【廿一日】五时敌五、六百,战车四辆,进犯汜水东之五里铺,先后经我新十四师四十二团第一、二营迎头痛击,计毙敌百余,我亦伤亡排长一、士兵数十。九时该师以汜水城适在汜水河谷,地势低洼不利,事前并已请准大本营,以虎牢关为前进阵地,即行西撤。午后,敌步、骑一千七百余,在炮、空掩护下,两度犯虎牢关、三义寨、高山寨,均被我一七七师五三〇团第三营击退。廿二日七时,敌千余,午后敌三千,炮廿门,先后复犯虎牢关,均被我击退。廿四日晨敌又犯高山寨、虎牢关,亦被我击退。

廿二日午,敌百余,廿三日午,敌八百余,先后犯我卅八军前进阵地之马驹岭,均被我击退。彼我伤亡均重。

三、铁谢对岸敌动态

十八日以来,铁谢对岸敌人万余,异常活动。战区于廿一日急令第四十七师,进驻铁谢南三十里铺附近,归第十四集团军刘总司令指挥。至廿二日后,敌渐向东转移。判系中牟渡犯及邙山头突围成功,拟经黄河铁桥渡河南犯,经处置如左:

1. 令第四集团军挺进第四纵队,石板沟以西河防交第四十七师之一团接替,第四集团河防正面即向右短缩,节约新十四师之主力,以使用于重点方面。

2. 令第三支队李忠应部,开洛阳附近,归刘总司令指挥。

四、四月二十三日迄二十四日之一般战况

自廿三日后,作战焦点即集中于我登、汜阵地正面。截至廿四日上午十时止,综合各方面之状况如左:

1. 洧川、长葛敌千余,与鄢陵附近泛东挺进军对峙。和尚桥有敌千余,与我在石固镇附近之新四十二师、暂廿七师对峙中。新郑有敌千余,密县附近有敌万二千余,与我第十三军、八十五军各一部对战中。铁山至汜水,有敌八千,与我第四集团军对战中。

2. 新一师在遂平,骑三师在西平,第九十一师在舞阳,新四十三师、四十四师在方城、镇平,新廿九师在许昌,第廿二师在叶县,第廿师在襄城,暂十六师及第一九三师在禹县,第八十一师在宝丰,第二七师在临汝,第十三军在登封附近,第八十五军已撤至登封东北地区。

本以上之状况,本部于四月廿四日十时,判断状况如左:

战区以击破敌人之目的,应即按照预定计划,转移攻势。以一部固守登、汜阵地,主力包歼密县之敌,进出于河汜之线。

右之状况判断,因主力部队均在分散状态,调集不及,未能彻底实施。廿四日,因登封吃紧,为准备第二线兵团,经处置如次:

1. 令新六师在渑池附近集结。
2. 令一〇六师在灵、陕间集结。
3. 令第五十四师进驻登封西北府店镇附近。
4. 令冀察独立步兵团开洛阳附近,归暂四军谢军长指挥。

五、四月廿四日至卅日之战况(附图第三)〔图略〕

子、汤兵团

一、四月廿五日反攻部署

1. 南兵团除以一部守备漯、许、襄、禹外,主力即向当面之敌出击。第一攻击目标为新郑、密县之线,第二攻击目标为中牟、郑州(含)之线。

2. 北兵团即以全力由登封以东地区,向西犯之敌出击。第一攻击目标为密县、崔庙之线,第二攻击目标为郑州(含)、邙山头之线。

本部对汤兵团所呈反攻部置〔署〕,认为攻击目标远在敌后,时间上不免延迟。当即指示应以廿九军全部及十三军之两师,先行击灭密县之敌,同时并令饬第四集团军为出击准备,一〇六师(两团)即开宜阳附近,新六师开洛阳附近,新廿四师到达后,即开白沙附近。

二、廿四日至卅日之战况

1. 廿五日,八十五军接替登封防务,十三军及二十九军之一部,反攻密县之敌。同日晚,我十三军克复马鸣寺。

2. 廿六日辰,攻击景店。至十时,敌千余由密县增援,我分由马鸣寺,大、小烟村向敌包围。午,敌东窜,第八十五军亦由龙坡山地施行侧击。敌一股千余窜唐庄,被我包围;一股千余,窜月台。第十三军除以一部围击外,主力更向密县追击,毙敌千余。同日,第廿九军之暂十六师,越大隗镇,向密县东挺进。

3. 廿七日晨,我八十九师到达密县城、七里冈,与敌激战。暂十六师由大隗镇向西攻击,同日晚到达超化集。敌依密县北山地,三面环形防御。

4. 廿八日,本部对汤兵团转委座指示节开:汤兵团在各要点配置守兵,集结主力于登封、禹县、临汝间地区。如敌继续西犯时,应即向敌右侧背转移攻势,如敌停止西犯,并判明敌无后续部队,即转移攻势。等因。本部当即饬汤兵团,以现态势攻击密县之敌。

5. 廿九日七时,我第十三军及暂十六师,由超化集、嵩林山、平陌、董庄、小寨沟、煤井沟之线,向密县进击。敌据工事顽抗,激战至午。我八十九军正面之敌不支,退入牛店以西。计毙敌七、八百,我负伤营长三,伤亡士兵三百余。第四师及暂十六师,同时亦攻占黑沟、甘寨沟,暂十六师并以一营在观音堂附近,伏击由新郑窜密县之敌汽车,俘敌十余,毙敌百余,毁汽车八辆,掳获军用品甚多。

6. 困据密县敌五、六千,迄卅日十时,仍为我十三军监围中。

丑、第四集团军

第九十六军

1. 廿四日十三时,敌六、七百迁窜虎牢关西之十里铺,我派一营增援,至十五时,敌退窜。

2. 廿五日十八时,十里铺被敌占领,续犯虎牢关,至十九时,我撤至主阵地。同日十时,敌占领我高山寨。

3. 廿六日十九时,敌犯寥子峪,被我击退。

第三十八军

1. 廿四日下午,塔山敌犯铁山,被我击退,毙敌百余。

2. 廿五日七时,米河镇、三家店敌四、五百,炮三门,犯铁山,十时回窜。同日,十七师一部在龙头嘴以西高地,袭击回窜之敌,毙敌五十余。

3. 廿六日,我铁山部队袭击龙头嘴、米河镇、马驹岭。

4. 廿七日十七时,敌犯铁山,被我击退。同日,发现虎牢关西十里铺敌筑工〔事〕,本部当令第四集团军派遣敌后游击部队,搜索敌情,集中局部优势兵力,略取敌之据点,并连系友军,相机转移攻势。

5. 廿八日,本部又令第四集团军,以有力一部,于廿九日拂晓,分别向老龙头、塔山、马窑、虎牢关敌各据点攻袭。

6. 孙集团廿九日七时,各派小部队向敌出击,先后攻占北赵庙子、西河口、东、西竹园、东坡、马驹岭等据点,毙敌百余。

7. 卅日,我十七师进占米河、马驹岭之一营,午,再攻塔山。敌一部三、四百,由赵沟、范沟向我侧背迂回,战二时,我向两河口以西地区转移。

寅、泛东方面陈又新部

1. 廿五日十三时,敌百余犯黄龙店,被我出〔击〕退。十五时,一度克复尉氏。

2. 廿六日三时,暂二、三旅及独一纵队,向当面之敌反攻,八时,占领南曹、石家镇,午后进据蔡庄、朱曲镇、曹念头,续向南席、洧川攻击。

3. 廿九日,袭占尉氏,向南席追击。

4. 迄卅日止,该部仍在尉氏、许由坟一带游击,并以有力一部分,向五女店、许昌敌进击中。

卯、在反攻密县之同时,由八战区方面增援之第九军后续部队,逐次到达本部。经于四月廿七日,令驻洛阳西谷水镇附近。同时,芮城方面敌颇形活跃。本部于四月廿八日,令冀察独立步兵团开交口,归四十军马军长指挥。

乙、许昌战斗及禹县附近战斗与临登汜主阵地被敌突破(附图第三)〔略〕

一、许昌附近之战斗及禹县附近战斗

1. 四月三十日以前情况

自四月二十五日后,汜水、密县方面之敌,即逐渐向南转移,敌并调集驻绥远之战车第三师团,及独立战车第二联队南来参战。二十六日以来,敌约六、七千窜抵许昌外围石象镇、五女店、和尚桥、石固镇,在空军掩护下,向许昌附廓各据点猛犯。经我新二十九师痛击,创敌甚重。迄艳,敌增至万余,战车、装甲车、汽车一百五十余辆,继续猛攻,阵地多被突破。该师以伤亡过重,不得已退守许昌城厢。激战至三十日早,我许昌已陷重围,迄夜仍在激战中。

2. 四月三十日奉委座电令要旨,对卯三十日早窜犯许昌附近之敌,汤兵团应予以严重打击。当经转令如左:

(一)汤兵团对窜犯许昌附近之敌,应予以严重打击;对密县之敌,暂行监视,佯动牵制。

(二)孙集团军应即加强出击兵力,对当面之敌攻击。

3. 汤副长官鉴于敌寇之流窜,拟于禹县附近集中有力部队,与〔予〕以打击,因即将此意见具申于委座及长官。五月一日午,电转汤兵团。委座之传谕如次:

(一)对于汤副长官拟在禹县附近与敌会战意见,同意。

(二)禹县应以一个军死守。

(三）守许昌之师，应尽力支持，以吸引、牵制敌之兵力。

(四）着汤兵团除监视密县之敌外，应集中全力（第十二军、第十三军、第二十九军、第八十五军、暂十五军、第七十八军等），使用于禹县附近，与敌决战。

汤副长官奉谕后，立即请求将守备登、临之第十三军调出，另由本部派队接防。经本部权衡轻重，不得不使用战区控置兵力，以期加厚决战兵力。五月一日，本部经令暂四军之第四十七师，开临汝附近，暂四师开鸣皋、伊川、龙门各附近，第九军全部开登封附近，接替第八十五军防务。

4. 汤副长官遵照委座传谕，五月二日午，所呈之部署如次：

(一）南兵团指挥官李总司令仙洲：

(1) 第十二军贺军长指挥暂五五师、第八十一师，集结郏县、宝丰地区。

(2) 第七十八军赖军长指挥第二十二师、新四十三师，限辰冬拂晓前推进襄县。

(3) 第八十九军顾军长指挥新一师、骑二师，集结漯河、郾城。

(4) 第二十二师仍在颍桥拒止进犯之敌。

(二）北兵团指挥官王总司令仲廉：

(1) 第十三军以一团守备临汝，并以一部继续监围密县之敌，主力集结白沙、告成间地区。

(2) 第八十五军于微日前，将登、临阵地之守备任务，交第九军接替后，集结登封。

(3) 两兵团战斗地境为十里铺（临汝东）、赵庄、李子楼、黄岗店、马庄、许昌之线。线上属北兵团。

(4) 第二十九军固守禹县，新二十九师固守许昌。

5. 五月一日以后之战斗经过。

(1) 五月一日。犯许昌之敌万余，战车数十辆，一日晨，冲入南关，同时敌二、三千与我第一九三师一部，在无量庙、蜘蛛山（禹县北卅里)激战。另敌四、五千,炮十五门,窜楚河铺,另敌三、四千窜郭濂街,与我第一九三师主力激战。汤副长官经令第二十九军,迅速扑灭该敌。十六时,敌骑五百余,由许昌窜黄岗店,与我第九十一师激战。十八时,敌二千经颖桥窜襄县东十里铺,与我第二十师激战中。我伤亡三分之二。本日,我第四师到达大冶南之白沙,暂十六师到达禹县附近。

(2) 五月二日。本日我各部队到达位置如次:第十二军军部及第二十二师,宝丰;第七十八军军部及新四十二师、暂二十七师,叶县;第四师,密县;新四十三师、新四十四师,舞阳。

楚河铺敌四、五千,战车十余辆,炮十余门;郭濂街敌三、四千,战车八辆,炮八门;无量庙敌二、三千,共敌万余,战车二十余辆,会攻禹县。同时,郏县东十五里之洪店,发现敌战车七、八十辆,至午增百余辆,与我第八十一师激战中。同午,颖桥南化行发现兵力不详之敌骑,窜至化行南二十里。同时,敌七、八千,战车二十五辆,炮二十门,向我襄城猛攻。漯河亦发现敌骑三百,步兵七、八百,与骑三师激战中。我第八十一师本晚仍在郏县城郊与敌激战中。

(3) 五月三日。是日晨,郏县被敌突破,敌一股向我撤退部队追击,一股向宝丰、临汝进犯。敌汽车百余辆,战车四、五十辆,午窜抵薛店。又攻击禹县之敌万余,午将禹县城东、西、南三关占领,我二十九军之暂十六师守城,第一九三师在右,第九十一师在左,向敌反攻,敌分多数小股流窜。同日下午,襄城方面战况甚烈。又我第四十七师两团甫到临汝城,而临汝以东十里铺已发现敌踪。临汝正面过广,敌在正面牵制主力,自汝河南岸迂回该师后背猛击,该师不得已,分向临汝北山及汝河两岸转移。按同日早,本部曾对汤副长官下达命令如次:着第四十七师、第八十五军、第十三军担任临汝方面守备。同日十六时,汤副长官电话报称,已着第八十五军推进至临汝,协同第四十七师守备城防;第八十九军留一部对密县监围,主力开临汝;第二十九军一部守禹县,主力向登封推进云云。惜除第八十五军于当夜到达临汝以北山地外,余均未实现。

(4)五月四日。敌骑二百,战车二十辆,装甲车百辆,步兵一千余,于本日午已到达临汝镇东十里铺。十三时,敌战车通过临汝镇,十五时,战车八辆复窜至白沙,经我地方团队及刘团迎击,毁敌战车两辆。旋敌【战车】增至二十九辆,十六时,窜至水寨附近,十九时,敌装甲车及战车由水寨西渡伊河,沿洛嵩公路北犯,并向我第八十三师正面作威力侦查。

二、登密方面之战况

1. 五月一日。第四师及第八十九师,各以少数部队对敌监视,主力在登封以东集结。此时之第八十五军,已进入登封阵地,接第十三军守备任务,暂十六师则已南调禹县。

2. 五月二日。据报密县有敌三千构筑工事,七里岗敌正构筑飞机场。

3. 五月三日。第九军全部已到达登封,接第八十五军防【务】。本日,牛店敌二千,上午经卢店有西窜样,入夜,卢店至牛店间敌汽车,往返运输频繁。

4. 五月四日。敌千余于是日拂晓,攻我韩村、于村(卢店西)前进阵地。又昨三日午后,占领大冶之敌千余,于本晨向石羊关(大金店东、白沙西北)前进。同日午接第九军韩军长电话,报告本日十一时,敌向本军右翼阵地攻击甚烈,我右翼友军三一集团【军】总部及第十三军,均已撤退。刻,敌已占领告成云云。以后该方面电话中断,情况不明,事后得悉守登封阵地之第五十四师,因右侧背感受威胁,不得已于白昼撤【至】登封以西军部附近。韩军长当时感于右翼之开放,及背后之蕚岭口发现敌情,于黄昏后开始向伊阳方面转移,登封阵地于以不守。

三、第四集团军方面之战况

1. 五月二日。本日十六时,敌五、六百由庙子窜夹鱼沟,向我牛家寨主阵地进攻,另一股五、六百,窜柿树沟(老饭沟东)与我激战,我官兵士气甚佳。入夜,我攻牛家集之敌,续增至千余,战斗竟夜。

2. 五月三日至八日。五月三日零时,薛沟及牛家寨当面之敌千余,以主力六、七百转攻冷沟寨,三时许,冷沟寨一度被敌突破,经我派队猛力反攻,五时许将冷沟寨克复。敌一部窜刘沟、羊圈河,被我琉璃庙部队侧击,敌退至东、西瓦台;另一部三百余,东窜荻坡、索峪、方家岭、郎凹一带地区,经我十七师派队协力围击,激战终日,双方伤亡惨重。四日一时许,敌增至千余,向我猛扑。拂晓前,敌突入洪河村我新三十五师师部。经该师师长率直属部队迎击,苦战三小时,毙敌甚多,我伤亡亦重。迄九时,敌复增兵,以一部与我对战,主力分向姜沟、涉村流窜。该集团即饬控置舞【阳】罗总预备队之一营,驰往堵击,与敌在涉村附近遭遇,激战时许。敌继增两千余,屡向我猛扑,我军奋勇应战,反复肉搏,战况激烈,双方损失均惨重,我迫不得已,于十时许转至铁生沟,继续抵抗。复由第九十六军抽调步兵两营驰援,激战终夜。五日拂晓,敌被迫向西南流窜,我新三十五师一〇五团跟踪追击,至圣水附近激战二小时。敌复窜据张沟、摇岭附近,据险顽抗。敌我至此形成对峙状态。

本部于五月二日,力增援第四集团军之作战,经令第九军新二十四师在府店附近之第七〇团(欠一营),归第四集团军裴副总司令指挥。该副总司令接到命令后,即将该部配属新三十五师,饬在府店附近为预备队。五日,第九军第五十四师一六一团,由蕚岭口退至府店,本部亦令归裴副总司令指挥。裴副总司令当令该团及第七〇团,占领府店附近既设阵地,对蕚岭口警戒。八日,该两团随第四集团军转进。

八日,第九军之一部约五千人,经口子镇、缑氏镇到达磁涧。同日,我第四集团军主阵地复被敌突破数点,此时,龙门之敌已到达赵村(关帝冢北),蕚岭口之敌亦北进到达府店附近。该集团被迫撤【至】偃师、洛阳间继续抵抗,嗣虽奉令恢复原阵地,但第十七师于折返黑石关之顷,敌已到达洛河东岸矣。

丙、龙门附近战斗(附图第四)〔图略〕

一、战斗前我军之部署

五月三日,突破郏县之敌,先头一部步、骑两三千,战车百余辆,已窜抵临汝附近,战区为击破该敌,巩固洛阳起见,经作如左之部署:

(一) 令第十四军以一个师担任洛阳守备,主力在洛阳以南,经龙门、伊川、平等(含)之线,亘伊河左岸占领阵地,构筑工事。

(二) 暂四军(欠第四十七师〈欠一○四团〉)配属炮五十二团第四连,即开鸣皋镇、嵩县附近,在平等(不含)迄嵩县之线,占领阵地,构筑工事。

(三) 令配属第十四集团军之第十四军野战炮兵营,留一个连仍配属第十四集团军,担任河防,主力归还第十四军建制,开龙门附近,占领阵地,限五月四日到达。

(四) 令四十七军,由河防抽调一个师,在下陆沟(不含)、横水及妯娌之线,对东正面构筑阵地,限本(三)日夜到达。

(五) 令新六师即开谷水镇附近,在李家村(不含)、下陆沟(含)之线,构筑对东正面阵地,限本(三)日夜到达。

五月四日午,敌窜抵白沙,一部于十九时窜伊川附近。战区以击破当面敌人之目的,定于明(五)日拂晓,由龙门附近转移攻势,经处置如左:

(一) 第四集团军及第九军应坚守登、汜主阵地。

(二) 第九军之新二十四师,以一团暂拨归第四集团军指挥,以巩固其阵地。

(三) 新六师于明(五)日拂晓前,到达龙门东南麻凹、梁沟、清泉寺、袁庄集间地区集结,并对临汝方向布防。

（四）第十四军（欠九十四师）、新六师、暂四军（欠四十七师），均归刘副总司令戡指挥（嗣后称刘戡兵团），于明（五）日俟敌接近龙门阵地，攻势顿挫时，即由龙门、伊川一带，对由白沙北窜之敌出击，一举而歼灭之。

二、战斗经过

（一）窜龙门以南地区之敌，陆续增加，于五日九时，分三路，一路千余，战车及装甲车百五、六十辆，犯我东龙门山之杨沟寨，迄七〇五〇高地之线。一路五千余，战车六十余辆，犯我西龙门山。另一路步、骑兵千余，战车三十余辆，渡过伊河西岸，犯我李圪塔、瑶底、茶坊之线各阵地，经我予以痛击，敌未得逞。迄午，敌分向东龙门【山】及李圪塔一带增援，继续猛攻。伊河河谷布满敌战车、【装】甲车，硝烟蔽空，天地失色。嗣我杨沟寨及茶坊、瑶底先后被敌攻占，并续行猛攻，经我浴血苦战，奋力支持，敌未得进展。六日晨，敌攻势渐挫，我遂乘机全线向敌反攻，反复肉搏数次，卒将西龙门【山】及伊河左岸之敌全部击退，遗尸遍野，【装】甲车亦弃置十数辆，狼狈回窜右岸。东龙门【山】之敌攻势亦少杀。我第十四军当令八十三师抽派一个团，向北延伸，接替八十五师右翼，移八十五师主力于东龙门山，以加强该师左翼。

（二）战区为支援刘戡兵团之作战，经于六日令第十五军（留一个团）仍守孟津、铁谢河防，以主力推进关陵（洛阳南）、刘富村附近，以一个团归第八十五师陈师长指挥，增强该师左翼。七日拂晓，龙门方面我第八十五师向当面敌猛烈出击，敌猝不及防，当将七〇五〇高地克复。嗣敌集中地、空全力及野重炮多门，向我反扑，我全线守军均抱必死决心，浴血搏斗，战况至为激烈。迄十时，我七〇五〇高地阵地尽被轰毁。同时，另敌一部迂回该师左侧背。迄午，我遂转进至司马街东西之线。

（三）战区为击破侵入龙门之敌，经于五月七日午后三时，处置如次：

1. 令刘戡指挥第十四军(欠九十四师)、暂四军(欠四十七师〈欠一团〉)、新六师及十五军之一团,对于占领东龙门山之敌,应即转移攻势。

2. 令武庭麟指挥第十五军(欠一团)及第九十四师,守备洛阳,并指示须守备十乃至十五日。

3. 令第四集团军及第九军,在原阵地尽力支持,以使反攻龙门有利。

4. 令汤兵团以第十三军、第八十五军,迅速由临汝方面尾击窜犯龙门之敌,以收夹击之效。

(四)龙门之敌对刘兵团猛力进犯。同日(七日)入夜,刘兵团奉大本营令,酌留一部于西龙门山及龙门街,主力移转于磁涧、三山村、新店一带,占领阵地。五月八日午后十时二十分,复奉大本营电话指示,节开刘戡兵团应派一个师,明(九)日向龙门前进,对敌威力搜索,并准备一个师,在后跟进。注意前卫须配属平射炮,限令今晚准备完毕,候电话即出发。等因。经电转饬该部遵照准备。此时大本营以汤兵团已至白沙,如以刘戡兵团配合,夹击龙门之敌,必能成功,当经督促至再,惟第十三、第八十五两军,经暂四军几次派人连络,均未寻得其位置。

(五)五月九日上午七时顷,刘戡部照预定计划实施,先头一个师对敌威力搜索,另一个师跟进。下午一时,复奉大本营指示,当即分饬遵照。

1. 刘戡兵团要稳当前进,驱逐敌警戒部队后,与汤恩伯部配合,克复龙门。

2. 汤副长官于本晚亲赴前方,督饬第十三、第八十五两军,由伊川向龙门前进,攻击敌人,应注意密取连击。

3. 孙尉〔蔚〕如对巩县及其附近阵地,应设法保持。

此时,敌已突破龙门街北犯,我八十三师之先头团被阻,即占领苗湾、三山村之线阵地,与敌接触。以一个团部署于前、后五龙沟,另一团在唐村附近,师部于孙旗屯设指挥所。第八十五师即向高家、马头寨地区前进,并于白营(辛店西南)配置警戒部队。

(六)五月九日,垣曲之敌由南村、白浪强渡,我新八军方面吃紧。当时预八师已由陕开至新安,对东布防,当急饬开渑池增援。五月十日下午七时,奉大本营令,着四集团速开宜阳,增援汤兵团之作战,刘兵团以主力集结石龙寨、李家寨、磁涧地区,侧击由渑池向洛宁或洛阳前进之敌。当即遵照指示,下达部署之命令。本部指挥所之位置,亦遵于十日上午二时,经宜阳转移于洛宁。龙门战斗于以结束矣。

丁、洛阳战斗(附图第五)〔图略〕

一、一般情况

1. 五月九日,龙门方面步、骑、炮连合之敌一股两千余,战车百余辆,沿公路向北进犯,另一股两千余,由三山村附近渡河,攻击七里河。

2. 五月十二日,占领七里河之敌,开始进击我西工守备部队。

3. 五月十三日,偃师方面敌三千余,战车百余辆,开始进犯洛城。

4. 同日,渑池、新安合股之敌,亦会犯洛阳。

二、我之作战准备及部署

本部于五月八日接林主任蔚文两次电话,转来委座传谕:

(一)洛阳及其附近各守备部队,应死守各该地区十至十五日。

(二)洛阳城防队,应准备充分电台。

(三)洛阳应多囤粮弹,并注意巷战设备。

(四)洛阳城防部队,应注意陆、空连络,我飞机飞抵洛阳时,必在上空盘旋三匝,飞行特低。

以上各项当经分饬关系机关单位分办。

第十五军(附九十四师)洛阳及其附近之防御部署如次:

(一)西工区——以六十四师担任守备。

(二)邙岭区——以六十五师担任守备。

(三) 城防区——以九十四师担任守备。

(四) 军指挥所。1. 灵官洞。2. 西工。3. 西车站。

三、战斗经过

突破龙门之敌两千余,战车百余辆,九日沿公路分向我安乐窝、茹家凹、桃园寨一带警戒阵地进犯,经予痛击,未逞。另一股两千余,战车五、六十辆,由三山村附近渡河,向兴隆寨、七里沟、五女冢进犯,经我守军奋战拒止。

十日拂晓,犯我警戒阵地之敌,施行猛攻,激战五小时,我七里河、兴隆寨当被敌攻占。

十一日晨,敌战车、装甲车共四十余辆,掩护步兵千余,由林森桥东、西地区,分向我西工及南关进犯,未逞。同时,另敌四、五百,向五女冢、东陡沟进犯,激战时许,亦被我击退。

十二日一时,七里河、兴隆寨敌,战车五、六十辆,步兵二千余,向我猛攻,激战至拂晓,敌续增二千余,战车七、八十辆,向我猛扑,我当退守邙山南麓、史家屯之线。同时,东、西下池亦被敌攻占。

十三日,偃师西进敌三千余,战车数十辆,向我陇海车站南北地区进犯,由十三时迄十八时,已进迫五里铺、北窑、猪龙咀之线。西工方面,因遭敌猛攻,且地域过大,不便守备,我六十四师遂转移至史家屯、烧沟、岳村之线。

十四日拂晓,敌全线向我总攻,经我官兵奋勇应战,反复肉搏数次,迄十五日晨,敌迭次冲入东关、南关山、陕会馆各阵地,均被我击退。

十六日五时,西工之敌续犯史家屯。同时,另敌千余猛攻庄王山,激战竟日,敌未得逞。

十七日下午五时迄十九日十八时,敌在烟幕掩护下,数次向我全线猛攻,我守兵沉着应战,均报〔抱〕必死之决心,战斗至为激烈。嗣敌数次增援,并倾陆、空全力猛扑,我敌肉搏数次,我邙岭西部阵地均被敌摧毁,遂转移岳村、史家沟、后沟之线。

自廿日晚,敌复发动全线总攻,尤以后洞、上清宫、史家沟各地战斗最为激烈,敌我均无进展。

廿一日十二时,敌战车廿余辆,复猛扑我史家沟、上清宫迄后沟之线,激战至廿二日,除留一部固守东、西车站外,主力撤守洛阳城内。

廿四日拂晓,敌陆、炮、空联合,向我洛阳城总攻,先以炮兵、飞机集中火力,向我西面城墙及东北城角轰击,激战至午,敌步兵千余,窜入西门及西北城角之线,与我官兵肉搏。同时,东车站已成混战状态。至二十六日晨,我官兵以弹药已罄,通信亦无法连络,遂忍痛分别自城东南角向外突围。光荣之洛阳守备,前后共计十八日。

戊、新安、渑池附近战斗(附图第六)〔略〕

一、一般状况

五月九日,龙门方面之敌继续北犯洛阳,十二日,并开始向磁涧方面进犯。九日,黄河北岸垣曲附近,集结之敌利用夜暗,分由南村、白浪强行渡河,压迫我新八军,积极向陇海路流窜。

二、战斗经过

1. 渑池方面

五月三日,南村对岸板涧口附近之敌,一部乘夜偷行试渡,经我河防守军暂二十九师及河北民军协力猛击,终未得逞。至(五)月九日傍晚,垣曲附近各据点之敌,约四千余,分由白浪、石板沟、南村,先后强渡。我守军分别阻击,沉敌船多只,卒以敌火猛烈,我第一线阵地多被摧毁。此时渡过之敌,复以广正面向我突进,先后攻占红土坡、大、小口门山、石门沟段峪、中关等处,会合于双梨树。当夜,预八师之一团已自新安用火车输送渑池,已赶到坡头及大、小口门山,协力阻击犯敌。十日,本部饬新八军依预八师之增援,力保坡头及大、小口门山,万不得已时,亦须确保渑池待援。同日,遵大本营令,指示刘戡兵团主力,转移于新安、宜阳中间地区,对渑池之敌进犯洛阳或洛宁时,予以侧击。当日午,预八师主力亦自新安开渑池。本日,我空军发现白浪、宝山敌均在续渡,而渡犯之敌,亦逐步扩张战果。十一日,敌已到达陇海铁路之英豪,分向两侧流窜,包围渑池,我新八军与敌短兵相接,毙敌无算,我军亦损失惨重,逐步南移,占领阵地,以拒止敌军南窜。十二日,敌分股沿铁路窜犯,一股攻观音堂,一股攻占义马,企图与磁涧方面西犯敌合股。我新安以北地区之三十六集团,以陷敌夹攻,一面抵抗,一面经新安以西,越陇海路向南转移。同(十二)日,我新八军之新六师,亦由龙门方面,沿洛河经宜阳、韩城赶到藕池附近,归军建制。又河北民军及魏纵队,亦分向硖石方面集结,由高总司令直接指挥,阻敌西犯。

2. 新安方面

五月十二日,窜犯磁涧之敌,与我刘戡兵团暂四军(欠四十七师)激战一昼夜,毫无进展。

十三日,敌战车陆续增援,突破我阵地,沿铁路西进,分犯二十里铺、尤沟,战况至烈。下午四时许,敌战车约百五十余辆,续向磁涧猛扑。此时我军均沉着异常,分守据点,与敌搏战。嗣以渑池方面东犯敌已合股,将我铁路南北部队截断,企图以各个击破之手段,分区向我包围。是时,固守原阵线之刘戡兵团,不得不重整态势,再图反攻。该兵团遂稍向后移,于新安以南占领阵地。沿铁路线之敌继续南犯。同日,观音堂之敌三千余,窜渑池以南地区,其一股则西进,续犯硖石。

3. 新安、渑池战斗后,经本部调整态势,此时我军之态势如次:

① 第三十九集团总部及河北民军挺一纵队,在硖石附近,以一部对东警戒。新八军在藕池以南集结整理,并以新六师在白阜镇、孝村、藕池之线,对北布防。

② 由偃师经北邙岭赶来之第四集团军,五月十二日,大部由新安附近过铁路,到达石陵附近,其第九十六军即于程庄东西之

线,对义马方面布防。第三十八军接刘戡兵团右翼,于温村、韩城之线,对东布防。

③ 刘戡兵团于新安以南迄宜阳附近,对东占领阵地。

④ 第三十六集团军于新安以南、新宜公路两侧地区,对北占领阵地,并确实控制该路。

⑤ 十一日,集结程庄之预八师,十二日于赵家坡、后窑之线,接新六师对东布防。

4. 我军之反攻部署

五月十三日二十三时,奉委座电话谕,节开战区应集中兵力,对敌反攻等因,当经部署如次:

(一) 对洛阳方面:

① 第十三军应对白杨镇之敌攻击,歼灭收效后,即转向洛阳之敌围击。

② 刘戡兵团应即攻击当面之敌,攻击目标洛阳。

③ 第三十八军应在刘戡兵团左翼,先行消灭磁涧及以北地区之敌后,即向洛阳围攻。以上各部统归刘戡统一指挥。

(二) 对渑池方面:

① 第三十六集团军应对渑池之敌迎头痛击。

② 九六军应即猛攻渑池、义马间敌之右侧背。以上各部均由李总司令指挥。

③ 攻击开始时刻,为五月十四日拂晓。

此项命令虽经分别下达,卒因白杨之敌已窜连庄(沙坡头东十里),刘戡侧背及韩城均感威胁,以故无法实施。

己、豫西山地战斗(附图第七)〔图略〕

一、一般状况

自龙门方面刘兵团转移阵地后,诸种连合之敌三千余,战车百余辆,于五月十二日,开始由三山村附近渡过洛河,猛犯磁涧阵地。另一股步、炮之敌二千余,战车数十辆,由临汝方面经丰李镇、李王屯,沿洛河南岸西窜,进占宜阳东北高桥、北渡,渡河西犯,经我宜阳附近守军一〇六师阻击,未逞。自十三日磁涧、渑池之敌合股后,仍分头南犯,复与我刘兵团、李集团接触。

二、我军之部署

1. 战区以各兵团先后转入豫西山地,须重新调整部置〔署〕,再行攻击窜犯之敌,遂于五月十三日下午六时,在洛宁作如左之处置:

(一)刘戡兵团应于现地尽力支撑,万不得已时,转移于黄家窑、红土岭之线。

(二)第卅六集团军应于夫子庙、两郁口7867高地间,对北布防,并确守新宜公路。

(三)第四集团军之第九十六军,速于王马廉沟、牛心寨、坡头娄沟间,对北布防,左与新六师连击。第卅八军速开韩城集结。

(四)第卅九集团军以新六师之一部,在藕池附近,主力在白阜镇、孝村间,占领阵地。胡军长率暂十九师到藕池以南地区整顿。乔明礼、魏凤楼部归总部直接指挥,在碛石整理,并对北布防。

(五)预八师暂由本部指挥,速向程庄附近集结待命。

2. 此时,宜阳之敌已近迫我一〇六师固守之据点段村。自嵩县窜白杨镇之敌步、骑千余,战车数辆,已经赵堡向韩城窜犯,我第十三军之四个营,已到达韩城对岸之沙坡头。第卅八军尚未到达。战区为确保韩城、洛宁,遂紧急处置如左:

(1)催卅八军速开韩城,占领阵地,并掩护刘兵团右侧背。急令第一〇六师派一个团南渡洛河,占领韩城对岸之连庄,拒止自白杨镇窜犯之敌。

(2)令十三军在沙坡头以南,协力一〇六师之一团拒止白杨镇之敌。

(3)刘戡兵团对当面之敌,应猛予痛击。

(4)第九十六军进击渑池窜犯之敌。

(5)着预八师即开三乡镇、凹里南北之线,对东布防,掩护洛宁。

(6) 李集团军应尽力猛攻自渑池东窜之敌,协同刘兵团与第卅八军连击,在石泉以南占领阵地,掩护其行动,并着各集(兵)团注意连击。

3. 当时并对高树勋指示如左:

(1) 预八师刻在渑池以南,程村附近集结待命。

(2) 该集团军与所属各部,应速设法恢复连络,并尽力支持,万不得已时,应沿陇海路逐次抵抗。同时,通知第四十军,使有备战之余裕。

(3) 应即令范龙章以一部留藕池,主力即开孝村、白阜镇间布防。其留藕池之一部,俟孙集团到达后,即西开归制。

二、战斗经过(附图一)〔图略〕

1. 五月十二日,经龙门沿洛河西进步、炮连合之敌,其一部六百余,配属汽车卅余辆,由宜阳东北高桥渡河,北犯我段村据点阵地。我一〇六师(欠一团)猛予攻击,杀伤甚多。敌回窜。

2. 五月十四日,宜阳方面西窜之敌,续增至三千余,战车廿余辆,与段村我一〇六师(欠一团)展开激烈战斗,毁敌战车十余辆,生擒敌官兵五人,毙敌四百余。同时,韩城以南连庄,窜至敌步、骑兵千余。当时我十三军之四营兵力,仍在沙坡头未动,在连庄附近阻敌我一〇六师之一团,因段村危急,已使归制,并力御敌。

3. 十五日,宜阳之敌突过段村,近迫韩城,此时我第卅八军部队尚未全部到着〔达〕,【该军】两面受敌,陷于苦战。十六日晨六时,连庄之敌已进出于洛河南岸,我十三军之一营北渡洛河,余部与敌接触后,均向南移动,敌遂沿洛河南岸西窜。战区为掩护卢氏后方,急调就近之预八师西移,使占领长水西侧高地,以防洛河南岸之敌再行西进,迄同日午,韩城状况不明。又急调刘戡兵团于洛宁东侧凹里、三乡镇占领阵地,以拒止韩城敌人之突进。另令第四集团军速至长山以西高地,接替预八师,将预八师移占十八盘阵地,以直接掩护卢氏。不意情况急转直下,各部队尚未到达指定位置,而十七日拂晓,洛河南岸之敌已出现于长水,与预八师接触矣。本部指挥所位置,不得不由故县河东转移卢氏。

4.此后各兵团迭受敌之压迫,均经洛宁西北山地,向西转移,分述于后:

(一)五月十四日,第卅九集团军于硖石、白阜镇、藕池之线,一面阻击渑池方面敌之南窜,一面掩护第卅六集团军向西转进。自五月十六日,新安、渑池之敌合股后,复南犯白阜镇、孝村一带我阵地,又西犯,陷观音堂,复续行西窜。十八日,步、炮敌二千余,猛攻陕县、尤家湾等处,同时陕县对岸敌亦强渡,经我第四十军迭次击退。迄午,以阵地多已摧毁,陕县被敌攻占。至未,大本营亦陷。是时,第四十军转移曲沃街南北之线,与敌对战。是晚,大营敌屡犯未逞。旋敌绕道犯稠桑镇、虢略镇我警戒阵地,我遂以一部南移,策应河防及第八师对东作战。

五月二十日,大营南窜敌被我第四十军一部,堵击于司谷凹,敌无法进展,灵宝仍为我控制。灵宝以东桥梁,均已彻底破坏。我卅九集团军除分别攻敌侧背,策应友军作战,并掩护友军行动外,则逐渐西移。经白阜镇、南岭、石板沟以北一线,沿途击敌,毙伤甚多。五月廿一日,其大部转至官道口附近地区。

(二)第卅六集团军于新安方面,阻敌东窜,至五月十五日,以我腹背受敌。为争取有利地形,经石陵、白阜镇、南岭关之线,向豫西山地转移。

观音堂之敌,十七日沿陇海路续行西犯,企图进犯陕县,并编组多数小股,向以南山地钻入。我军当随时侧击、截击,该集团为整理所部,以图再举计,遂逐步西移。

自敌陷陕州后,分股南窜,至廿日,其流窜小股,多被我高、李两集团击退。另敌一股在姚凹,与我卅六集团军总部遭遇,敌分占附近高地,向我包围。是时,李总司令亲率所部与敌奋战,旋为夺取有利地形,即向西突进,至秦家坡,李总司令不幸中弹殉难。当时四十七军李军长率部赶到,将敌击溃。至廿一日,大部抵南钥渡附近。

(三)刘戡兵团(第十四军及暂四军)自五月初于龙门、磁涧各地区苦战旬余,以连庄方面敌威胁我右翼,复以宜阳被敌攻占,为阻击敌之突窜,逐渐向西转移。

十五日,敌分股经宜阳西窜,十六日占韩城,我侧背受敌。当即由柳泉以北地区、经程村转移于三乡镇南北之线占领阵地,阻敌西窜。旋被迫经焦河集、上戈、官道口,而至南岳渡、五亩街一带集结。

(四)第四集团军守韩城之第卅八军,及对铁门、义马方面布防之第九十六军,以宜、渑、新方面之敌,同时进迫,遂逐步抵抗,经程村、洛宁、毛冈涧西移。五月十七日,西犯敌陷洛宁,与嵩县之敌同日会犯长水。当派队截击,数度与〔予〕敌重创后,转经娘娘庙、大岭头、官道口,至十二日抵福地附近地区。

(五)我守段村之一〇六师,自十二日以来,与敌接触,日有斩获,迄十四日,敌数骤增,三面包围,酣战至烈,我阵地毫不动摇。嗣以顽敌续【增】战车三十余,集中炮击东寨门,门毁,敌步兵拥入巷战后,彼我横尸街衢,旋【敌】战车亦突入。【我】不得已突围西移,经藕池、白阜镇、南岭关西进,沿途迭创顽敌。廿二日,抵巴鲁附近,归军建制。

(六)第十四集团军刘总司令亲率直属部队,沿洛河南岸转进。五月十六日到达故县河东后,参加卢氏战斗,尔后随本部而至阌乡、南官庄附近。

庚、卢氏附近战斗(附图第八)〔图略〕

一、一般情况

自洛宁、嵩县陷敌后,一股步、炮之敌两千余,沿洛河两岸西犯,一股千余,由嵩县分循小径向西钻进,企图进攻卢氏。

二、本部处置

1. 五月十八日,着预八师在十八盘占领阵地,对东布防,并着第九军布置卢氏城及近郊。

2. 奉委座辰巧申令一元甲电令,节开:

(一)洛阳仍在我军固守中,该战区应以必要兵力应付深入之敌,其余部队迅速整顿,准备向洛阳反攻,此次准备限一星期内完成,由战区制定方案具报。

(二)洛水以南为汤兵团活动根据地,应迅速调整部队肃清该区敌人,准备反攻,归汤副长官统一指挥。

(三)洛水以北为第一战区(欠汤兵团)之活动根据地,一面整顿部队,一面随时打击该区敌人,并策应陕州方面之作战。

(四)卢氏据点由第九军固守,并由蒋长官火速抽调一军,至少以有力一个师,转用击退沿洛卢公路进犯之敌,确实保持长水镇以西高地。当即遵照策定计划,并下达所要命令。

三、战斗经过(附图二)〔略〕

五月十四日,宜阳方面战况紧张,预八师经程村开三乡镇、凹里,对东布防。当时洛河南岸之敌已抵狮子岭。据汤副长官面告,有兵两军竭力阻止,并有李副总司令楚瀛率兵两师尾追,当无问题,遂令预八师西开,占领长水西侧高地,准备拒阻。该师于五月十六日到达,十七日拂晓,与该敌接触,激战竟日,但以韩城之敌亦突破洛宁进逼,受敌夹击,遂节节抵抗,并经长水以北山地向西转移。十八日,到达卢氏东十八盘山地,对东布防。是晚,嵩县方面西进之敌二千余,因正面汤兵团九十一师之一团抽调他往,循嵩、卢山地小径窜占文峪镇,连夜西犯,十九日,到卢氏南岸城郊,枪声骤起。廿日拂晓,分股会犯卢氏城。我第九军据城死守,被敌突入城内,该军受迫,渐向城郊西侧山地转移,旋与赶到之预八师协力围攻,迄廿一日辰,敌不支,分途东窜,我遂规复该城。

四、规复卢氏后之部署

1. 五月廿七日,第十四集团军刘总司令率暂四军进驻卢氏。

2. 第四集团军于五月廿六日，分途向洛宁方面推进，并先行驱逐长水之敌，以新十四师之一团，推进至王范镇，与敌保持接触，以主力占领长水两侧高地阵地，相机规复洛宁。

3. 第卅九集团军于五月廿八日进驻上戈，向渑池、观音堂挺进，以策应刘戡兵团攻击陕县。因虢略镇阵地放弃，敌窜五亩街、朱阳镇，遂令该集团转进官道口、杜关。六月十六日，以灵宝阵地规复，复令该集团进驻上戈、瓮关一带，相机进出渑池、观音堂。

4. 第四十军之新四十师及挺进第四纵队，五月下旬，先后到达卢氏，新四十师在三川、马超营，四纵队在狮子庙附近，对嵩县方向警戒。

5. 第九军及预八师，先后归还八战区序列。

6. 第卅六集团军六月初参加陕州攻击，至本〔?〕月七日任务完毕，集结卢氏以西沙河街、潘河一带整补。

辛、敌我伤亡及掳获与损耗

一、是役共毙伤敌二万余，毁敌战车数百辆，俘敌百余，获敌作战文件及其他军用品甚多，尤以第八十三师在延秋击毁敌战斗〔车〕五辆，于敌石川少佐（参谋）所乘战车内获得敌全部作战计划，为最有价值。该项文件已呈缴大本营研究。

二、我军伤亡损耗如附表。〔表略〕

第一战区中原会战之检讨

（1944年？月？日）

前　　言

前事不忘，后事之师。此次中原会战，挫师失地，罪戾难辞。然而追怀过去，冀策将来，此一段血的教训，深足警觉，确有坦白的检讨之价值。

此次中原会战，规模宏大，兵员众多，敌挟其蓄锐已久之华北、关东各军，及装甲师团以俱来战区，与之周旋亘两月之久。会战中间,一般将士用命不乏壮烈、可歌可泣之史实。至于局部之胜利,亦在在多有。然而卒不能摧破顽敌,挽回颓势者,自有必然之原因。兹谨就事论事,加以检讨,意在借鉴将来,以图补救也。

甲　战前准备

一、战区抽转兵力过多,以致兵力不敷分配

上年太行、山东相继弃守,敌人直迫河泛,所谓黄河天险,敌与我共。当时,战区判断敌人之行动,或确保其所谓华北兵站基地,或打通平汉陆上交通,或在欧战未结束前,先行摧毁我进出华北之作战基地之一切反攻准备,必将对河南有所举措。故战区在备战上,除积极完成反攻准备外,凡策动伪军,树立敌后武力,重整太行、中条各游击区,以牵制敌人者,无不积极进行,不敢稍懈。在党政方面,不仅对冀、察两省,远且及于东北边区,亦竭力部署。同时,并力谋巩固河泛防务,以期确保豫中平原,冀在不患敌人之来攻,恃我有以待之也。当时,按战区情势,原有之兵力已深感不足,而以西南战场之开辟,及共匪企图蠢动关系,93A、98A、9A、17A、27A、92A等及相继抽调他去,于此三面环敌,防广兵单状况下,既不免惹起敌人之觊觎,而敌人进犯时,确感兵力不敷分配,捉襟见肘之苦痛。在此次中原会战之〔直〕前,战区为应付事机、弥补缺欠计,曾请增派两军兵力,一驻龙门以南,以巩固临、陕;一驻渑池、观音堂一带,以加强河防,惜均未适时拨动。

二、河泛防之部署未能适合指导理想

黄、汜本为天险,其障碍力之伟大,迥非一般地障所能及,倘能遵照大本营所指示,以精强部队采用直接配备,周密部署,并加强工事,使敌无法越雷池一步,实与战区会战指导至上之理想。乃暂十五军及独一旅等部队,均系新成立部队,素质甚差,用以守备中牟、京水等重要渡口。而部署又系后退配备,希望【在】郑州以南平地与敌决战,既不能歼敌于水际,又不能歼敌于我岸,造成敌空前之渡河纪录,黄河天险未能表现其功效,殊为遗憾。

三、作战部署未能适合指导方针

依预想敌人进犯之可能方面,采取内线作战要领,先于登、汜、密、禹地区,击破由新乡方面渡犯之敌,再转兵南下,迎击由信阳北上之敌。最初即将主力部队(十二、十三、二十九各军)隐密配置于登、临一带地区,此为大本营所昭示,抑亦战区之理想方案。惜在会战前,登、临一带只有第十三军一个军,其第十二、第二十九两军,均分布于叶县、襄城、郾城、临泉及舞阳、象河关一带,兵力极度分散,且又配备重心过偏于南,以致敌人突过郑州,到达密县附近时,不得不临时调集,既不能适合战机,且蒙各个击破之不利。

又会战前,我七十八军在方城、镇平一带,新一师在漯河、遂平一带,骑二军在项城、阜阳一带,暂九军在太和、亮集一带,八十九军及骑八师则远在黄泛以东,兵力均陷于分散,其结果,亘会战中期,均未能使用。

四、对敌装甲部队缺少防战装备

战区各部队,除十二、十三、十四、二十九、八十五各军有战车防御炮装备外,余均无。当敌人集中时,屡报敌似有装甲部队,且于黄河北岸各村落,集积油料甚多。初未料其装甲第三师团之出现于当□也,战区为应付此种部队,曾经请派山炮兵及战防炮各两营,未获邀准。此后敌之装甲部队到处窜扰,经我以仅有之炮兵、地雷阻绝,极力应付,屡予重创。然以血肉之躯,当装甲部队之锋,终难限制其活动。敌骑兵与装甲部队配合,行动飘忽,势如疾风,以致战局全盘失利,不胜痛心。

查豫中平原,均系旱田,公路道路纵横交错,最适宜于装甲车辆部队之活动。道路破坏,无效力可言,地形改造,限于事实,亦不可能。经此教训,凡北方部队,对于装甲防御部队之装备,似须力为充实,所谓因地制宜,不可或忽也。

五、在战前对黄河铁桥未能彻底防止敌之修复上年曾获情报,敌自承渡河教练失败,良以黄河水势汹涌,流线不定,虽熟练之土著水手,对于黄河过渡,亦不能认为有把握。敌在屡次试验失败后,深悉"敌"前渡河之难。故今春于渡犯之前,先行着手抢修黄河铁桥,不惜任何代价,必期其成,以为大军进出之经路。战区侦悉明确后,一方袭阻破坏,一方请求空军轰炸,惜航委会未能派机前来,实施轰炸。倘黄河铁桥未能完成,则敌之渡河必甚困难,绪战必能于我有利,装甲部队亦将无法长趋直入,此点影响甚大。

乙 会战实施

一、绪战未能予敌以严重打击,致遭尔后之不利

河泛防之部署,未能适合指导理想,以不精练之部队守备重要渡口,以及黄河铁桥,未能彻底防止敌人修复,已如前项所述,因之敌于绪战初期,未遭严重打击,即得轻意渡过河泛,占领有利地域,以掩护其主力及装甲部队之进出,而我遂陷于逐步的不利。

敌之谋我,处心积虑已久,邙山头之监围,敌虽突破,而以后退配备之关系,摩旗顶兵力过少,以致先行失陷。同时,我八十五军除邙山监围外,更任郑州及密县之守备,以致兵力劣势,节节被迫后退,敌如出柙猛兽,势唯〔难〕就范矣。

二、主力部队之使用未能捕捉战机

敌于四月二十三日窜达密、汜之线后,构筑工事,改取守势,迄五月一日,其装甲部队方出现于许昌附近。如我于二十四、五日乘其立足未稳,以主力猛攻密县,以捣其背,则可于其装甲部队未到达前,先将密县之敌击破,直逼郑州,虽不能全操胜算,最少可充分发挥我主力部队之威力,迫敌局促于郑州以北地区,而使其陷于被动,此实我整个作战计划之精神也。乃迟迟未能实行,良好战机稍纵即逝。迨敌主力挟装甲部队进出于许昌、禹县地区时,始集中主力部队,企图与敌决战。此时不仅实力、装备相差过远,抑且我使用部队,逐次参加,力量既不集中,决心又未彻底,遂遭敌之各个击

破。从此我主力部队渗透于外翼,登封阵地不守,临汝立陷危急,虽移守备洛阳之兵,以实临汝、龙门之防,而内线兵单,核心暴露,终无挽回之望矣。

三、缺乏控置兵团以致无法适应战况

在会战初期,战区鉴于敌之进犯,必有大企图,会战须有韧性,除请求大本营,获得第九军(两个师)之援军外,更抽集暂四军(两个师)于伊川附近,新六师于洛阳附近,一〇六师于宜阳附近,连同洛阳以北河防之十五军两个师,及预定守备洛阳之十四军三个师,共十一个师,均控置于洛阳及其西北、西南两地区,准备临、登、汜阵地万一突破时,再于洛阳附近与敌决战。五月一日,奉委座谕,着汤兵团集中全力,与敌在禹县决战。当时因汤副长官之请,即以第九军接登封一带防务,以暂四军之四十七师接临汝一带防务。讵意五月三日,四十七师之两团甫到临汝,立足未定,而敌战车部队已到达。四日,敌已至水寨、彭婆。此时,我第十四军及暂四军之主力,均不得不于龙门、伊川迄嵩县间布防,新六师及十五军之主力,亦奉令开龙门一带增援。当时战区所有控制部队,惟一〇六师而已。

一〇六师于五月十一日开始,在段村与自龙门来犯之【敌】战车及骑兵部队发生战斗。而自八战区开来新安之预备第八师,亦于九日夜十日午,分别开往渑池堵击侵入坡头及大、小口门山之敌。至此,战区已无一兵一卒控制部队。此后,敌骑兵先后在洛河南岸之连庄、木材关、崇阳镇、文峪镇出现,对本战区右侧背不断威胁,对本部连次袭击,战区均苦无法应付。盖以自嵩县向西进出之敌,行动过速,我所有部队均尚在前方,无法抽调赶到,为应急处置也。

四、任务遂行未能彻底,部队协同亦不确实

当登、汜、龙门各部队转进于豫西山地时,大本营曾告以汤兵团已至宜阳、韩城一带。迨本部到达洛宁后,方知仅十三军四个营到达韩城南、洛河对岸之沙坡头。五月十三日午夜,奉委座电话传谕,刘戡兵团、三十八军、十三军,应向洛阳反攻等因,当以辰元亥电,令十三军应对白杨之敌攻击,将敌歼灭后,转向洛阳之围击。刘戡兵团应即攻击当面之敌,攻击目标洛阳。三十八军应在刘戡兵团左翼,先行消灭磁涧及其以北地区之敌,后即向洛阳围攻,统限寒日拂晓开始攻击。此项命令虽经下达,然当时三十八军正在行动中,十三军亦连络困难,当时即以攻击开始时刻,不免迟延为患,而情况变化更有出人意表者。翌朝,刘戡兵团方在石陵东侧南北之线遵令攻击,不意白杨之敌千余,战车二十余辆,已窜连庄(沙坡头东十里),与我十三军之四个营接触矣。并悉三十八军已到石陵以北地区,因本部元亥电令尚未奉到,正遵灰刻电令,向宜阳方面推进中(转奉委座灰酉电话传谕,增援汤兵团而来)。此时,我宜阳附近之一〇六师两个团,已苦战多日,今则侧背再受威胁,势益危殆。本部为应付情况,乃即作断然处置,令三十八军迅速占领韩城以东既设阵地;九十六军占领温村南北之线,阻敌西窜,并掩护刘戡兵团及三十六、三十九两集团向西转进。迨三十八军到韩城后,一〇六师已突围转进,宜阳之敌三千余,战车七、八十辆,亦已向韩城猛进。该军部署未毕,遭此强袭,阵地致被突破。此际,刘戡兵团方进抵洛宁之程村,初拟饬令占领长水以西高地,使北与三十九、三十六两集团相衔接,先巩固长水迄观音堂之线,俟立足稳定,再图反攻。因种种关系未能实现,遂改令该兵团迅速占领三乡镇南北之线,阻击西进,并掩护第四集团军在长水镇西北地区集结。不意该兵团未及占领三乡镇,而由韩城西犯之敌装甲部队,已先过三乡、洛宁,进窥长水。该兵团当即在三乡以北地区,予敌侧击,此五月十六日事也。以上种种紧急部署,无非防止连庄及洛河北岸之敌向西深入,冀能将其顿挫,再以其他部队侧击之,以求歼敌于洛水两岸地区。无如各部队多不能预期行动,第四集团军既未到达指定地区,而沙坡头方面,我十三军之四个营一经与敌接触,亦即南撤,该敌遂沿洛河西窜,十七日晨,已直逼中山镇矣。北岸犯长水之敌,我预八师复未予韧强抵抗。自此,各部队均离宜卢公路之主作战线,纷向洛宁西北山地转进,通信亦陷中断。敌遂长驱深入,猖狂无忌,直逼卢氏东之十八盘隘路。五月十八日下午七时,接汤副长官电话,谓已饬九十一师之一团开抵卢氏,请示如何使用。当以十八盘方面情势严重,经商定即令该团星夜开十八盘占领阵地,阻击敌人。翌晨三时余,长官亲见该团经卢氏北城根向东运动,迄十时顷,得悉预八师已辗转至十八盘布防,并由长水西进之敌,已至北岸迂回该师侧背,情势危急。当饬速与九十一师之一团连络,协力击敌。旋复据预八师林师长电话报告,十八盘附近遍觅,实无九十一师部队云云。后悉该九十一师之一团过卢氏后,始终未向十八盘前进,竟自动不知去向。凡此经过,所有洛河两岸部队,既未能彻底遂行任务,复未能互相确实协同,遂使两岸之敌提携并进,会合于故县附近后,而直逼十八盘矣。

五、重要情况缺乏确实报告,以致部署不能周密

本部在洛宁及故县镇一带时,汤副长官在电话上屡次报告长官,谓嵩、卢大道可无顾虑。盖敌前既有我两个军阻击,敌后复有李副总司令楚瀛牵〔率〕领之两师追击,山岭崎岖,地势险阻,敌不能深入也,等语。五月十七日,本部指挥所抵进卢氏。翌日十九时,接汤副长官电话,悉九十一师之一团已到卢氏,当时甚以为异。盖卢氏附近初无汤部,又何来之速耶。经询据称,前曾奉大本营命令,饬派两个师来守卢氏,此事钧座当能忆及,刻所到之团即系该两师之先头等语。其后经查始知,该九十一师之团,初本布防潭头、道上、三川附近,阻敌西窜者,嗣汤副长官将由登封转进而来之第九军残余两连,调往接防,该团遂撤来卢氏。所谓两师部队开卢固防,实无其事。孰意由嵩县经潭头西犯之敌,突于五月十八日循潭头通卢氏大道而来,我布防该〔该〕处之第九军两连兵力,自不足以当其凶锋,敌遂长驱直入,当晚窜抵文峪镇。十九日十三时顷,守十八盘之预八师林师长,因九十一师之一团迄未到达,以电话告

急,长官方指示机宜。忽闻卢氏近郊枪声甚密,与本部仅一水之隔,始犹以为军民误会所致,孰知潭头之敌已直迫城下,如此严重情况,事前毫未据报,而潭头、道上仅有之九十一师一团兵力,复于紧急之际,突行抽调,致使卢城不战而陷。是布置之未周,实由于情报缺乏真实性所致也。

  丙 军民不能协同政治,全然不能与军事配合

  此次会战期间,所意想不到之特殊现象,即豫西山地民众到处截击军队,无论枪枝弹药,在所必取,虽高射炮、无线电台等,亦均予截留。甚至围击我部队,枪杀我官兵,亦时有所闻。尤以军队到处,保、甲、乡长逃避一空,同时,并将仓库存粮抢走,形成空室清野,使我官兵有数日不得一餐者。一方面固由于绝对少数不肖士兵不守纪律,扰及闾阎,而行政缺乏基础,未能配合军事,实为主因。其结果各部队于转进时,所受民众截击之损失,殆较重于作战之损失,言之殊为痛心。

  又敌在行政下级干部阶层及各乡镇、各警所,多已隐伏汉奸分子,淆惑民众,阻扰国军,无不用其极。敌自龙门突破后,即窜大屯,开伪保甲长会议,当时民众竟尔持旗欢迎。当时宜阳县地方团队奉令破坏洛宜段、新、洛、潼公路,洛阳民众竟以不敢触怒倭军为辞,持械抵抗,入夜又潜将破坏处修复。以上不过举其一例,政治如此,更安所望于军民配合之原则耶?

〔十〕长 衡 会 战

（一）作 战 部 署

第九战区湖南会战前敌我态势概要①
（1944年？月？日）

甲　敌　军

子、配备概况

本战区当面之敌：

一、在赣北者为第七旅团，守备莲塘、市汊街以北，跨赣江亘厚田街、西山、万寿宫、向坊、安义、张公渡之线。

二、在鄂南者为六十八师团及第十二旅团，守备箬溪大桥河、阳新、通山、崇阳、羊楼司之线。

三、在湘北者为第十七旅团之一部，守备忠坊、大云山、托坝、三港咀、蔴塘之线。

四、在湘西者为第十七旅团之一部，守备殷马洲、临江驿、华容、石首之线。

五、作战企图及集中

敌纽于中原会战之幸胜，复鉴于国际环境之恶劣及太平洋之步步失败，海运日感不安，遂作孤注之掷，企图攻略长衡，击破我野

---

① 此件选自《第九战区长衡阻击战战斗详报》第一节。

战军,摧毁我空军基地,使无反攻力量,掠夺我资源以济其匮乏,并打通至南洋之大陆交通,减除海上运输之威胁。于是由第三、第五、第六各战区抽调大军会合本战区之敌,以第十三、第三师团集中于崇、通附近地区,第六八、第五八、第一一六、第卅四师团集中于临、岳地区,第四十师团集中于华、石地区,并由关东抽调第廿七、卅七师团为后续兵团,第六四、第十七旅团为第二线兵团,守备湘北各据点,掩护后方交通,第七、第十二旅团分任赣北、鄂南警备,兵力共约二十余万人。此外尚有第十一军直属骑兵联队,独立山炮兵第一、第二、第五、第卅九联队,独立野战〔?〕第九中队,野战重炮兵第八联队,独立工兵三个联队,铁道兵两个联队,独立电信第三、第五联队,战车第三师团之一部,汽车三千余辆,飞机六百余架,于三十三年五月下旬,分从鄂南、湘北滨湖向我进犯。

乙　我　军

子、配备情况

一、赣北方面:第一集团军以赣保九团及新三军之新十二师、一八三师,与第一挺进纵队(附赣保四团),任梁家渡、市汊街跨赣江亘松湖街、高安、奉新、东堡之线警备;以五八军之新十师及赣保三团控置樟树、清江,新十一师控置分宜整训。

二、鄂南方面:第三十集团军以七二军之卅四师、鄂警十四大队第三挺进纵队之一部及新十三师,任大港、武宁、留咀桥、九宫山、塘口、通城、麦市、九岭、保定关之线警备,以新十五师控置修水附近整训。

三、湘北方面:第二十七集团军以第四挺进纵队,二十军一三师之一团及新二十师,任黄岸市、杨林街、新墙、八仙渡、鹿角之线警备,以一三三师控置长乐街附近整训。

四、湘西方面:第九九军以九九师及九二师任营田、湘阴、芦林潭、沅江南咀小港、汉寿之线警备。

五、战区直辖部队:

1. 第卅七军一部任汨罗江警备,主力集结于瓮江铺、浯口地区整训。

2. 第四军集结长沙地区整训,并任长沙警备。

3. 第四四军集结浏阳地区整训。

4. 暂二军集结株洲、渌口整训。

5. 第十军集结衡山、衡阳间地区整训。

丑、作战指导及兵力

战区以保卫国土,粉碎敌寇企图,于湘江东岸新墙、汨罗、捞刀、浏阳河、渌水间,湘江西岸资水、沩水、涟水间,节节阻击,消耗敌力,控置主力于两翼,在渌水、涟水北岸地区,与敌决战。于是由赣北抽调第五八军、第七二军及新三军之一八三师,请由第三战区抽调第廿六军,第六战区【抽调】第七三、第七四、第七九、第一百各军,第四战区抽调第四六军,第七战区抽调第六二军,与原在湘北、长衡及滨湖地区之第二十、第卅七、第四四、第九九、第四、第十各军,合力参加渌水、涟水以北地区之决战,惟因兵力不足,且第十、第六二、第四六各军,因故不能按预定计划参加渌水、涟水以北之决战,致本计划未能实施。

第九战区湖南会战作战指导方案①

(1944年5—7月)

第一,令薛长官准备决战(五月廿八日)

(一) 战区以现有兵力(6WA抽调一师增于益阳),准备于长沙附近与南犯之敌决战。

(二) 部署:

1. 44A守浏阳,4A固守长沙及岳麓山。

2. 27AG及30AG(欠4A),在现阵地迟滞消耗敌人后,以主

---

① 此件选自第九战区《湖南会战战斗要报》。

力向平江、浏阳附近地区转移。

3. 37A 在汨罗江沿岸迟滞消耗敌人后,向浏阳、永安市地区转移。

4. 孙渡兵团(欠58A)应以持久战掩护战区之右翼,以58A 即向浏阳以南地区转进。

5. 应统一上述各军之行动。

(三) 6WA 应于 24AG 抽一师,即开益阳,归 99A 梁军长指挥,拒止渡湖来犯之敌,掩护岳麓侧背。

第二,令会辖各军(归薛长官指挥)参战(五月廿九日电)

10A(附 T54D 主力)固守衡阳,但以一个师主力开易俗河,掩护湘潭、衡阳交通线。T2A 以主力在渌口、朱亭间,掩护湘江右岸通衡阳之交通线,以一团位置于醴陵,掩护醴陵至攸县之交通线,均归薛长官指挥。但无会令,不得参加长沙决战。

第三,由三、六两战区各转用一军参战(五月卅一日电)

即饬 73A 全部开汉寿附近(续开益阳),26A 遵五月廿八日电,迅速开攸县(后改向萍乡),均归薛长官指挥。

第四,调整六、九两战区作战地境(六月二日电)

第六、九战区之作战地境,暂改为麻河口、涂家湖市、汉寿、南湖西岸、太子庙、李家湾、胡家坳、三塘街,再沿资水至东坪。此线两端仍合于原作战地境,线上属 6WA。

第五,令各兵团固守(六月二日电)

(一) 饬薛长官转各总司令,各军、师长,上下一致,争取最后胜利,并规定凡命令固守地点,不得擅自撤退,违者照连座〔坐〕法治处。

(二) 六月二日,薛长官电呈固守区域:92D——沅江;99D——

湘阴;77D——益阳;162D——三姐桥。

(三)令固守长沙(岳麓山)、浏阳、衡阳三要地。

第六,转用王耀武兵团参战之指导(六月九日电)

王耀武兵团(73A、79A、100A)应于主力集中之后,对渡湖南犯之敌,以积极手段将其捕捉而歼灭之,至于益阳、宁乡等要地防御,务以用最小限之兵力任之。

第七,对王耀武兵团指导变更(六月十六日电)

(一)一部固守沩水、宁乡、益阳,主力向敌侧背攻击。

(二)歼灭进犯宁乡之敌后,即向围攻岳麓山之敌攻击。

第八,令各兵团向敌夹击(六月廿日电)

(一)国军以阻敌深入,确保衡阳为目的,以一部于渌口、衡山东西地区持久抵抗,以主力由醴陵、浏阳向西,由宁乡、益阳向东,夹击深入之敌而歼灭之。

(二)王副长官指挥72A、58A、26A,速击破醴陵东北地区之敌,攻击敌主力之左侧背。

(三)杨副长官指挥20A、44A,先击破醴陵以北地区之敌,尔后转移于王副长官所部之左翼,协力向西攻击敌人。

(四)欧副总司令指挥37A、T2A及3D,在渌口、衡山间坚强持久抵抗,阻敌之深入。

(五)王总司令耀武指挥73A、79A、99A、100A及4A之残部,向湘江左岸之敌攻击,但以一部守备湘乡。

(六)李副总司令玉堂指挥10A、T54D,固守衡阳。

(七)7WA开来之62A,仍归本会直辖,控置于衡阳西南地区待机。

第九,令死守衡阳(六月廿五日电)

令饬10A所属各师决心死守衡阳。

第十,防敌进犯零陵之指导(六月卅日)

(一)据报敌将分经衡阳、茅桐铺、白水市道,杉桥、洪桥、祁阳道及渣江、灵官殿道,三路袭击零陵。

(二)决乘敌突进,以两军协力攻敌左侧,压迫于湘江而歼灭之。

(三)62A以一部固守白水市、祁阳城及南岸要点,阻敌渡河,主力限卅日晚秘密控置文明铺附近,准备向东侧击敌人。

(四)79A主力秘密控置灵官殿、金兰市附近,准备向东侧击敌人。

(五)两军归李副总司令指挥,应派队于茅桐铺、演陂桥、洪乐庙之线以东警戒。

第十一,令各兵团乘敌后空虚,击破进犯之敌(七月一日电)

(一)敌主力正围攻衡阳,敌13D由萍乡西窜,27D经平、浏南窜,似有夺取衡阳,打通粤汉路并窜桂林企图。

(二)国军决乘敌深入,后方空虚,并使用正面阻止及侧背猛攻而击破之。

(三)除已令10A固守衡阳外,即督促所部集结兵力,各向当面之敌猛攻而击破之。

(四)切忌分散兵力,处处设防,追随敌之行动,而自陷于被动地位,务须切戒。

(五)饬对沅江、益阳、宁乡方面之部队,应主动袭击敌后交通,牵制敌兵力,协助主力作战。

第十二,令各兵团扫荡当面敌人(七月七日电)

(一)湘北进犯之敌经我各路反攻,其势已挫,似有动摇模样。

(二)9WA附王耀武兵团及62A,除留10A守备衡阳外,应各猛力扫荡当面残敌,向浏阳河及湘潭、湘乡以北之线进出,务求在该线以南捕捉敌人而歼灭之。

第十三,令两军解围衡阳(七月十二日电)

(一)围攻衡阳之敌获得补给后,攻击再兴,颇为激烈。

(二)决加强外围兵力,速解衡阳之围。

(三)着李玉堂督率62A,即由衡阳西南迅速猛攻敌背,务期一鼓歼灭围攻之敌。79A应协同62A向衡阳西北郊猛攻,并以63D由北向南协力永丰方面之攻击,以资策应。

(四)湘江东岸各军,亦应各向预定目标猛攻,配合作战。

第十四,令薛长官加强耒阳方面兵力(七月十九日电)

尽量加强耒阳方面兵力,猛击该方面敌人。

第十五,变更衡阳外围援军部署(七月廿二日电)

(一)我衡阳外围援军,应集中全力,先突破衡永公路附近之虎形山,及汽车西站以西敌人阵地,再图扩张战果。

(二)62A应以一部监视衡阳南侧之敌,集中步炮主力,于黄泥坳附近,向虎形山及其东南地区之敌阵地突击。突二纵队即沿公路由黄泥坳西南地区,向汽车西站、虎形山方面推进,归入黄军长之指挥。

(三)79A应集中主力,由贾里渡方面向汽车西站以西敌阵地突击,以收夹击之效。

(四)63D主力应攻占望城坳,以策应各军之作战。

(五)空军应集中力量轰炸虎形山及汽车西站以西之敌阵地,期发挥陆、炮、空协同战斗之全力,得突破之迅速成功。

第十六,令衡阳救援军积极突击(七月廿三日电)

李副总部即日进驻62A军部,直接督促,积极向指定之目标突击。

第十七,增调兵团再向围攻衡阳敌人反击之指导(七月廿七日电)

(一)衡阳周围之敌,久战疲惫,我应趁后续部队之到达,先将鸡笼街之敌歼灭,继续增援前线,击破衡阳以西地区敌人,以贯彻打开敌围,与10A会合之目的。

(二)62A仍依既定计划,以主力向衡城西南地区进攻,4WA新开来之46A及彭璧生部,归李副总司令直接指挥,先将鸡笼街一带之敌歼灭后,再沿公路加入62A右翼方面之战斗。

(三)79A仍以既定计划向衡阳汽车西站方面攻击,51D归王总司令直接指挥,适时加入有利方面之战斗。

(四)对于金兰市附近之敌,以100A(19D、58D)继续围歼之。

(五)各部即逐次向敌猛攻,勿因等待后续部队而停顿。

王耀武致徐永昌等密电

(1944年6月17日)

限即到。渝军令部长徐、次长刘:6270密。情报:(甲)据九九军梁军长巳寒电称,据掳获敌卯月颁发秘件必胜心开始行动一书,内容多同典令、纲要,其结论谓:(一)此次战争,关系日本兴废存亡,中国派遣军决先歼灭敌人,以求此次战争目的之贯彻。(二)少数弹药,应使用配备点方面。(三)战法:(1)乘机包围,迂回追击。(2)利用夜间行动,作战则独立暴进,少用火力战,非接近距离,不开始射击,重火器亟力挺进第一线。(3)指定突击部队,担任配备点方面攻击。(乙)敌情:(一)沿汨罗江南犯敌为116D之133R、120R及109R之一大队。(二)向三姐桥进犯敌,为34D之217R,向我洋桥、九峰进犯敌,为216R、218R。(三)向我芭蕉、王思若进

犯敌为68D之一部。等情。谨闻。职王耀武。巳篠戌。理忠周。印。〔安化〕

(二)作战经过与检讨

第四军长沙第四次会战作战经过谍报参谋报告书①

(1944年9月)

一、战斗经过

1. 自敌五月从新墙南犯平、浏、湘阴以来,我长沙(包括岳麓山炮兵第三旅之炮兵阵地)地区我第四军,以90D守岳麓山外银盘岭、望城坡、竹山口之线,59D、102D守长沙城北方附近。敌既陷湘,由霞凝港西渡万余。

2. 六月九日,与我新河、三汊矶、白沙洲守军接触。

3. 十三日,敌推进至银盘岭、望城坡以北地区,向岳【麓】山主阵地攻击。

4. 十四日上午十时许,由东山、螽斯港偷渡之敌——六师团一部三千余,亦开始向城南攻击。日暮,敌占我乌龟冲、猴子石以北之间红山头我各据点,我五九师遂以四连兵力反攻,与敌在该据点以各半之势对峙。

5. 十六日,敌增援部队到达,向该地猛攻,虽经炮三旅竭力制压,终因众寡悬殊,伤亡过大,午后被迫放弃该线。敌复转向南大十字路推进,日落后以便衣队数十名偷袭修械所,以致五九师全部动摇,撤守妙高峰、天心阁核心地带。同时,河西方面敌由望城坡

---

① 此件沿用原标题,成文时间未详,此处年月系依报告书内容推断。

转用兵力,南攻桃花山要点。

6. 十七日晨,敌在其空军掩护下,向妙高峰、天心阁及桃花山阵地猛攻,我借炮兵优【势】火力,死守到底。中午,敌数度增援,猛扑桃花山,并由红山头偷渡牛头洲及使用大量毒气(喷嚏性),企图扰乱我之指挥。敌我战斗激烈,双方死伤甚大,惟敌不断增加,反复冲击,我 90D 之 268R 已损伤过半,虽经增援,亦似有不支。是日,我军遂决心先将军预备突击部队西移岳麓山附近指挥,并【从】59D、102D 各抽调一个团,增加桃花山正面,与敌作决死之斗,以确保岳麓山炮兵阵地,控制长沙。但因当时情况紧急,渡河未及,船舶、渡口、部队时间均未十分计划,渡河后之集中地点、指挥人员,亦未指派,以致秩序混乱,无法掌握,坠江溺毙者,不下千余。

7. 直至十八日晨,增援部队始得渡河,斯时敌已突破竹山,冲至岳麓山,袭击我炮兵阵地。未及布置,桃花山亦告失守。适于战斗指挥所,尚未预备,增援部队渡河未毕之际,岳麓山核心阵地已失,四面受敌包围,无法支持战【斗】,乃被迫退出岳麓山。其后复被尾击,队伍星散,无人撑〔掌〕握,直溃退至邵阳,始得收容,为数不及四千。而残留长沙之四个团,于是有一部分千余,由北门冲出东山,沿途与敌战斗,退至茶陵归廿七集团军欧副总部收容、指挥。

二、失败主因及责任问题

1. 教育方面:

(A) 军自卅二年六月中旬驻防长沙以来,因修筑工事,部队教育无暇顾及。

(B) 平时教练偏重基本教练,战斗动作生疏。

(C) 忽略实弹射击演习,以致士兵射击技术不精。

(D) 师各级主官忙于应酬,对部队训练敷衍塞责。

2. 军纪方面:

(A) 平时管教疏忽,虚图表面,实则官兵骄傲任情,对上级阳奉阴违。

(B) 部队主官因营商应酬,脱离部队,致使部队精神不能团结。

3. 战斗军纪废弛:

(A) 六月三日,长沙疏散时,各级官兵擅入民房,攫取财物。

(B) 军部副官处负责控制船只,该处长潘孔昭假公济私,擅扣商船,重价勒索,以饱私囊,并将攫取之财物,用五艘火轮装出,致长沙战斗紧急,转用兵力晚,渡河困难,贻误不少。

(C) 城防团五九师之一七七团与警备部官兵,以强迫疏散为名,大肆发洋财。

(D) 红山头守备部队,当敌攻击时,尚在掩护部中赌牌,以致失守,影响全线战斗。

4. 战术方面:

(A) 兵力薄弱,并无控置预备队。阵地、据点被敌突破后,无兵增援,重点无法形成。

(B) 固守防御,并无逆袭计划。当敌由竹山口突入、冲上云麓宫时,无法歼灭,致使敌得以少数兵力,直捣我司令部核心,击破我指挥所。

(C) 步、炮协同不良,以致炮弹时落我第一线阵地中。

(D) 无空军助战(?),一任敌昼夜摧毁我炮兵阵地。

5. 责任问题:

(A) 军参谋长罗涛溪,未能辅助主官(张军长决心渡河时,并未拟定渡河计划,即饬迥日拂晓进袭),战斗间未派员视察阵地,获得紧急情况,又不指示部下办理。

(B) 九十师长陈侃数,十时许失守岳麓山阵地,部队溃散。

(C) 军部副官处处长潘孔昭,派赴交涉船舶失职、舞弊,以致是夜渡河困难、迟滞。

三、损失情形

1. 本军于未退出以前,伤亡约三千余,渡江溺毙约千余,至于残留长沙城内四个团冲至茶陵,仅得千余。

2. 炮三旅在岳麓山全部大炮约四十余门,未及破坏(仅少数卸下瞄准镜),军野炮营野炮九门、山炮营美式新山炮十二门,均损失。

3. 步枪损失十分之七,轻机枪损失十分之八,重机枪损失十分之九,迫击炮及通信、防毒、工兵器材,全部损失。

四、战后补充及整训情形

1. 战后经陆续收容统计,尚有官兵(战斗员及非战斗员)约六千五百余人。复由各兵站、机关及师管区补充新兵约四千七百余人,共计现有兵力约万一百余。惟武器装备尚未补充。现每师编成两团(不足),驻郴州附近整训。

2. 官兵精神萎糜〔靡〕,整训成绩不佳,在短期内,未能恢复元气。

陆军第四军谍报参谋职:

(4A)杨家祺　丁广信

(59D)熊振华

(90D)严仲青　陈世师

(102D)陈尚厚

谨呈。

(按:本件于八月廿六日,陆续由本部派驻九战区联参电转汇齐。关于责任问题部分,似尚有脱落处,正查询中。又据八月三十日《扫荡报》载,59D之一七七团团长杨继震、4A副官处处长潘孔昭、军务处长刘瑞卿、副官处中校股长陈继虞、长沙船舶管理所长夏德达,均于八月二十七【日】判处死刑,执行枪决。合按复如右。)

王耀武致何应钦密电

(1944年6月5日)

总长何:2979密。(一)据常德警备司令部转来99A梁军长电话,报称由沅江西侧杨阁老登陆之敌约3000余人,于支晚已过马耻铺、土桥南犯,其后续部队正在陆续登陆中。(二)职奉命指挥

73、79军及58D等,鱼向益阳方向急进。查各该军均由战场数百里处抽调,虽星夜集中,兼程前进,但因敌近我远,实难占先。职万分焦虑,恳饬九战区速派有力部队,先期占据宁乡,阻止敌人,以免长沙侧背受其威胁。如何伏乞钧裁。职王耀武。巳微。理言。印。〔桃源〕

王耀武致徐永昌电
（1944年6月11日）

渝军令部长徐:战报。甲、益阳方面:一、巳蒸窜犯益阳东南山门堪、西塘冲、三里桥,及该城北郊与我七七师鏖战之敌三千余,附炮二门。我以一百军搜索营及十九师先头部队五五团,由山门堪向敌右侧协力七七师,全面向敌猛烈反攻,跟踪冲扑,搏战至真辰,将敌击退至二一七〇高地(石牛坝以东)。贡牛村、七里桥、三里桥、源河院及杨家湾、梅子山附近之线,激战迄午。敌复借飞机六架、炮七门之掩护助战,反复顽扑,我官兵刻仍与敌浴血抗战格斗中。二、是役伤毙敌六百余,我伤营长李仁旱一员,伤亡连、排十余员,士兵四百余,械弹损耗及掳获正清查中。乙、益北方面:一、真辰,我五一师一五二团各以一部续向一〇五〇高地及百禄桥东南一〇三七高地之敌攻击。同时,该团另一部向白鹿铺、香仑之敌进袭,敌我搏战一昼夜,仍续战斗。丙、南县方面:我六三师第一八七及一八八团,于真辰分派小部队,向三仙巷、宋家咀、梅田湖、连鱼须等处威力搜索,现正与各该处之敌战斗中。谨闻。职王耀武。巳真酉。理言忱。印。〔马迹塘〕

王耀武致徐永昌等密电
（1944年6月12日）

即二小时到。渝军令部部长徐、次长刘:率密。(一)据彭兼军长报称:(甲)由甘溪港南渡敌,现增至四千余,附炮七门。自佳辰来,分两路向我益阳南岸阵地围攻,与七七师激战至烈。刻已窜至白鹤山、枫树山附近。现该师仍在观音寨、郑石桥地区与敌搏战中。(乙)由沅江南下之敌千余,附炮三门,于真晚增加于益阳东门附近,与我唐师(19D)守城部队发生激烈巷战。迄文巳,县城大部仍在我手。(丙)查七七师去岁石门作战失利,损失过重,补充未齐,战力估计仅四个营,经此四昼夜之激战,已伤亡营长二员,连排长等十一员,士兵七百余名。(丁)宁乡真日被敌机轰炸三次,致起大火,其低空轰炸之飞机,被我五八师击落一架,人机俱毁等情。(二)职已令李军长率十九师,向新市渡急进,其搜索营及先头团,已于文辰赶至新市渡,正向东出击,与敌战中。谨电呈察。职王耀武。巳文巳。理言亮。印。〔马迹塘〕

王耀武致刘斐密电
(1944年6月12日)

特急。渝军令部次长刘:率密。鱼申电奉悉。职正饬遵照钧座指示,部署围攻沅江及其以南之敌,忽奉长官薛电令,即调两师集结宁乡,于是益阳危急,几不可保。幸赖仍遵钧座指示原则,令六三师之一团攻南县,五一师之一团(152)攻沅江,截其后路,牵制敌人南下,并急调部队增援益阳,现正与犯益阳之敌激战中。职王耀武。巳文申。亲。印。〔马迹塘〕

王耀武致徐永昌等密电
(1944年6月)

(1) 6月13日电

限即到。渝军令部长徐、次长刘:6270密。战报:(一)在益阳迤南山荔及城厢,与七七师鏖战敌户田及光桥部队,真未,继由宁家铺、兰溪及河西江方面增援约三千余,炮七门,向我猛攻。文午迄未,敌机五架轮炸县城,及我邓石桥、烂泥冲、枫树山、触凸寨、白鹤山、白马寺、桃花仑各阵地,我官兵喋血苦战,阵地屡失屡得,后我十九师赶到,以一营突入城内,一部增援石马山。迄晚,以我七七师伤亡过重,阵地由十九师接替后,集结于新市渡附近。元晨,十九师向敌猛烈攻击,迄午已恢复邓石桥、观音寨线阵地,继续攻击中。(二)益阳北我胡团一部,文子与敌激战于土桥、莲子塘之线,迄元未,仍在该线战斗中。(三)此役敌我伤亡及俘获,查明续报。谨闻。职王耀武。巳元申。理言忱。印。〔马迹塘〕

(2) 6月14日电

即到。渝军令部部长徐、次长刘:率密。战报:(一)益阳我十九师,于元寅开始反击益阳城内及迤南各高地之敌,于元午将邓石桥、观音寨线敌击溃后,续向敌猛攻。敌不支,分向沧水铺、甘溪港方向溃窜。迄元戌,已将山门堪、猫村、梓山冲、七里桥、三里桥及益阳城郊之敌完全肃清。惟迄寒辰,由临沅口方向经兰溪复窜来敌千余人,附炮五门,向我石头铺、七里桥、三里桥线阵地数度反扑,均未得逞,今仍激战中。是役【夺获】该敌战马及文件。查系鸽字一六三四部队,及敌第五师团十九联队(待查)。(二)元午,敌七、八百窜至朱家桥(双江口西南),另数股每股数百人,窜至卢家冲(宁乡北)、当头山(泉交河南)、菁华铺等处,均先后与我五十八师警区接触,敌后续部队陆续增加,与我激战中。(三)我一五二团于寒寅向百禄铺之敌袭击,迄辰,敌增援两百余,向我包围逆袭,刻正激战中。谨闻。职王耀武叩。巳寒申。理言忱。印。〔马迹塘〕

(3) 6月15日电

即到。渝军令部长徐、次长刘:战报:(一)由双江口、沧水铺窜犯宁乡之敌四、五千,寒晚,向我凤形山、木鱼岭、月形山阵地猛扑,我官兵均抱与阵地共存之决心,屹立不动,激战至亥,敌终不逞,乃分数股渗入城郊。又由双江口经朱家桥南犯敌四、五百,窜抵石桥附近,删子,我敌遂在城外周围发生激战。敌利用街头家屋,逐步向我城内进迫,经我反复肉搏、逆击,将侵入城东门内敌百余歼灭过半,其余敌人正构筑工事顽抗中。城西之敌经我猛烈反击,不支后退去,刻仍在城郊附近激战中。(二)由腰铺子窜敌千余,删晨,窜至福田桥,经我五八师迎头痛击,删寅,该敌窜至车家渡,企图渡河未逞。(三)百羊冲敌千余,删晨,窜至老龙铺、白泥桥附近,与我五八师就地激战。另股二百余,由右侧前进,寅刻在沙坪里、牛角湾渡河南犯。删卯,敌增至千余,向磨峰山、观音岭猛攻,经我五八师三面围击及炮轰,敌攻势顿挫,一部已渡河北窜。现我五八师、九八师及十五师一部,正三面围歼该敌中。谨闻。职王耀武。已删申。理言忱。印。〔马迹塘〕

(4) 6月16日电

即到。渝军令部长徐、次长刘:率密。战报:(一)围攻宁乡城之敌,与我五八师一七三团激战三日,经我坚强打击,终未得逞。继复增援千余,炮十余门,向我猛扑。铣丑,敌一部由南门冲进街市,利用墙基脊核心阵地,逐步攻击。我以白刃、手榴弹向敌冲击,激战竟夜。我伤副团长、团附各一,营长二,连长以下伤亡卅余员,士兵五百余名,现仍与敌搏斗中。(二)由月堂山附近窜过沩水之敌,删晚,分向我五八师磨峰山、观音岭猛犯,经我夜袭大队猛击,终于铣寅,我复以拼死向敌攻袭,敌不支,大部向北岸溃窜。残留敌约百余,我正围歼中。(三)删拂晓,我一五二团由白禄铺向当面之敌攻击,迄申,该团即向土桥攻占。铣寅至申,复继续攻占戴公坛。此役俘敌小队长一名,兵六名(均东北籍),等情。谨闻。王耀武。已铣戌。理言忱。印。〔安化〕

(5) 6月18日电(一)

限即到。渝军令部长徐、次长刘:熊率密。战报:(一)九二师与由白沙洲登陆、向西南犯敌二千余,真起在乌山附近,与敌激战。至铣辰,因通受望城坡敌压迫及当面敌增援猛犯,该师于铣午转移至桃花山、谢家桥、仙女山线扼守要点,与敌对峙中。(二)攻宁乡敌三千余,炮十余门,经我五十八师昼夜冲杀,敌死亡枕藉。敌为报复,于铣申向城猛烈炮击,刻敌我仍在巷战中。(三)窜沩水南岸敌,经我围击,歼灭过半。篠未起,敌二千余,以炮十余门掩护,陆续由袁家埂、王爷殿附近增援,向我许家湾、黄土潭、磨峰山、观音岩〔岭〕等处猛攻,均经我五八师、九八师击退,现正围歼该敌中。(四)我一九四师,刻在回龙铺东北地区,与敌千余战斗中。(五)一九师主力,于篠午攻占贺石桥,其一部将沧水铺、衡龙桥等处残敌肃清后,正分向宁乡城郊攻击中。(六)五一师一五二团,篠子,续向马公铺攻击,辰刻,克复该地后,敌逐次顽抗,迄申,攻至黄牛桥附近,与据守坚固工事之敌血战中。谨闻。职王耀武叩。巳巧酉。理言忱。印。〔安化〕

(6) 6月18日电(二)

即到。渝军令部长徐、次长刘:盘密。据彭兼军长辰青电称,此次我58D以四个营兵力,坚守宁乡,官兵忠勇用命,力抗顽敌,浴血抗战,苦战历五昼夜。重伤官长计团长何謦、副团长罗英、团附蔡智锽、营长孙步武、宋纯龙,阵亡额外团附于金耀、营长王炎坤,暨伤亡连长、排长以下五十二员,且有因负伤而自杀者多人。但敌死伤枕藉,损失之大,更倍于我。壮烈辉侹,实堪矜式。除已另电呈请嘉奖外,谨电鉴核,等情。除转饬益矢忠贞,再接再励外,谨闻。职王耀武。巳巧戌。瑗言亭。印。〔安化〕

(7) 6月19日电

限即到。渝军令部部长徐、次长刘:率密。战报:(一)宁乡城内与我巷战之敌,篠晚放火、放毒,继之炮轰,逼攻益紧,我守军五八师一七三团团长何澜,身负两创,仍指挥所部反复截击,毙敌遍巷。迄巧未,敌我仍在搏斗中。(二)巧子迄申,我五八师、九八师及一九四师主力,仍对窜沩水南岸许家湾、黄土潭之敌继续围歼。(三)巧戌,我十九师继向宁乡西北郊步兵千余、炮四门之敌猛攻,迄巳,我机十一架飞来助战,士气大振,至申,即将敌击溃,毙伤敌七百余。刻我进展至腰铺子、狮子山、苑田冲、木鱼岭之线,与敌激战中。(四)我五一师一五二团当面敌,篠晚利用民船与汽艇十余只,窜七鸭,向我侧背进犯,经我该团猛烈阻击,剧战至申,将敌击退,掳获汽艇两只及其他战利品多种。现仍对黄泥桥之敌猛攻中。谨闻。职王耀武。巳皓寅。理言忱。印。〔安化〕

(8) 6月20日电

渝军令部徐部长:率密。战报:(一)巧未,宁乡我五八师一七三团据守城西南角,仍与敌艰苦巷战,迄晚皓丑,乃与城西北郊,我外线攻击部队三十九师五五团取得连络,双方协力夹击,敌大部就歼。迄辰,十〔十〕九师主力复将城西北方寿山顽抗之敌击溃,敌虽经由双江口增援四百余,向我数度反扑,卒未得逞,现仍在凤形山、石子岭之线激战中。(二)窜沩水南岸磨峰山、观音岭、黄土潭等处之敌,经我五八师、九八师及一九四师数昼夜阻击,敌陆续由北峰增援五千余南犯,皓子迄申,各该师正激烈截击中。(三)我五一师一五二团,巧辰将窜犯七鸭子敌汽艇、民船击毁后,皓辰迄申,敌由沅江增援反击,刻敌我仍在黄泥桥、杨梨山之线战斗中。(四)是役我十九师计先后俘敌二三四联队二等兵川荣博、片山义弘,及二三五联队曹长大川智久、二等兵九郴光美、山中贤政等五名。第五一师一五三〔二〕团系〔俘〕敌上等兵石田竹雄、川口隆康,二等兵企井功黑、木正夫八、木富士减等五名,伪军十二名。掳获步枪十三支、汽艇二、木船十一、弹药两百余箱,其他被服、装具等甚多。谨闻。职王耀武。巳号寅。理言忱。印。〔安化〕

(9) 6月23日电

特急。军令部长徐、次长刘:2979。(一)转据计前犯宁乡之敌共约万人,经我十余日之围攻,死伤惨重,所余不及半数。数日来,复于和尚桥、湮木桥及其以东地区被我猛击,残敌逃窜湘乡,与由湘潭窜湘乡敌会合。该敌如不整补,似无再犯力量。(二)由湘潭进犯湘乡之敌二千余,攻占湘乡后,似有策应第四十师团之七十大队(?),我五十八师压迫敌于沙田街以南地区,与敌激战中。(三)据各方报称,易家湾之敌,现仍继续渡河西进。(四)金马桥、北撤其以西地区,有敌约千余,与我十九师对战中。(五)临沅口、北湖口、沅江,又各增敌数百。谨闻。职王耀武。梗辰。理忠周。印。〔安化〕

(10) 6月24日电

限即到。渝军令部长徐、次长刘:6270密。情报:(一)我攻击湘乡之五八D及十九D两师各一部,本日攻占柳树铺、石板桥之后,敌增至兵力千余,炮数门,向我反攻。现仍在激战中。(二)湘乡附近敌除以小部队三枣三百余、潭市百余搜索外,主力六、七千仍在湘乡附近构筑坚强工事。(三)王甲本军已抵永丰,取攻势。(四)十九师本日向金马桥附近之敌攻击,因通信线路被水冲断,未获确实报告。谨闻。职王耀武。巳敬酉。理忠周。印。〔安化〕

(11) 6月25日电

即到。军令部长徐、次长刘:6170密。战报:(一)在湘乡以北大石桥、石磴子、黄泥坳,与我十五师及五八师对战之敌两千余,敬申,向我全线猛扑,经我猛烈反击,至申有,顽敌终未得逞。同时,我五八师一部乘势突进大育(?)桥附近,与敌激战中。是役,我十五师俘伪军七名。(二)我十九师继续于有寅向金马桥南北之线敌军攻击,于酉刻,我乃将金马桥、双江口两地占领,残敌向皮菁

1309

铺溃退,我军正续攻中。(三)沅江之敌经我五一师一五二团屡次猛攻后,敌虽数度向我偷袭,均被我击退,刻在黄泥桥、梅〔梅〕山线之既设阵地,与我顽抗中。谨闻。王耀武。已有亥。理言忤。印。〔安化〕

孙连仲致蒋介石等电

(1944年6月26日)

特急。重庆委员长蒋、参谋总长何:据二四集团军王总司令巳梗未理言亮电,6207密,谨将职集团此次参战敌我伤亡及我方官兵概数如下:(一)74军:甲、51师西港鸭、土桥诸役,我伤官13员、士兵307名,阵亡官3员、士兵118名,伤敌510余,毙敌270余。乙、58师益阳、宁乡诸役,我伤官30员、士兵412名,阵亡官54员、士兵960名,失踪官15员、士兵131名,伤敌1697名,毙敌736名。(二)100军:甲、搜索营藕池、南县、安乡、益阳诸役,我伤官1员、士兵64名,阵亡士兵16名,失踪士兵15名,伤敌75名,毙敌32名。乙、19师南县、安乡、益阳、宁乡诸役,我伤官26员、士兵657名,阵亡官9员、士兵857名,失踪士兵69名,伤敌470余,毙敌210余。丙、63师藕池、安乡诸役,我伤官15员、士兵383名,阵亡官44员、士兵113名,失踪官1员、士兵65名,伤敌290余,毙敌150余。(三)79军宁乡附近及沩水南北地区诸役:甲、98师我伤官14员、士兵142名,阵亡官12员、士兵246名,失踪士兵46名。伤敌120余,毙敌340余。乙、194师我伤官13员、士兵335名,阵亡官7员、士兵486名,失踪32名。伤敌650余,毙敌510余以上。计我伤官112员、士兵2239名,阵亡官89员、士兵2967名,失踪官16员、士兵458名,总计我伤亡失踪官兵5842员名,敌伤亡共6460余人。(四)除73军、99军另行呈报外,谨电鉴核等情。谨闻。职孙连仲。已宥。奇绩。印。〔恩施〕

王耀武致徐永昌等密电

(1944年6—7月)

(1) 6月27日电

即到。渝军令部长徐、次长刘:2979密。(一)奉长官薛宥未堵电,着七九军向衡阳西南郊之敌攻击,七三军向衡阳西北郊之敌攻击等因。(二)以湘乡敌盘踞顽抗,除呈准令七九军于艳日前到达演坡桥、水东江、石桥铺间地区,向衡阳西南郊之敌攻击外,七三军之十五师仍攻击湘乡,五八师须于艳午到达永丰附近,对日军严密警戒,并索敌攻击之。谨闻。职王耀武。巳感酉。理言鸣。印。〔安化〕

(2) 7月1日电

即到。渝军令部长徐、次长刘:2979密。战报:(一)湘乡附近,敌一部六百余,骑兵八、九十,炮两门,东辰由三枣审顺塘,向同乐桥进犯,与我五八师一七二团警戒部队接触,激战至午。敌增至千二百余,一部乃迁回虞唐市东南,主力直扰虞唐市。我一七二团一部两面应战,反复争夺,剧战迄申,敌我伤亡均重,刻我在虞唐市西南山地奋勇堵击中。(二)十五师当面之敌,东辰分股由下湾铺、三坳托、大育瑕、大石桥,向我进扰,经我分头迎击,卒被我阻击,刻仍对战中。(三)陷申,马公铺出击之敌,被我阻击不逞后,复退据马公铺、戴公塘之线顽抗中。谨闻。职王耀武。午东戌。忱。印。〔安化〕

王耀武致林蔚密电

(1944年7月2日)

即到。渝委员长侍从室主任林:2979密。战报:(一)虞唐市西南,与我五八师一部激战敌,冬辰增至七千余,炮十余门。一股三千余,炮四、五门,续犯红庙、双江口,另一股约四千余,炮五、六门,猛犯牌头铺。自辰至酉,我一七二团在双江口、红庙、牌头铺、测水之线,竟日血战,敌我伤亡均重。我第三营营长雷励群负重伤,官兵伤亡二百卅余,现正亚〔恶〕战中。(二)我十五师冬拂晓,开始向湘乡当面之敌攻击,激战至申,乃逐杀攻占三角塘、三坳托、汪家亭之线,刻正续向湘乡猛攻中。(三)冬辰,马公铺及戴公塘敌约两、三百,复向我进扰,至申,仍与我七七师二二团一部对战中。谨闻。职王耀武、午冬戌。忐。印。〔新化〕

王耀武致徐永昌等电
(1944年7月4日)

即到。渝军令部长徐、次长刘:战报。(一)午冬,我五八师与敌鏖战竟日,迄江拂晓,敌借炽盛炮火,进攻益烈,经该【师】于娘娘殿、青石铺等处及杨洲、洋潭街,逐次予敌重创。恶战至午,敌机四架掩护,迂回窜犯至永丰附近,南北夹击。我官兵坚苦搏战及复争夺冲杀,至江未,我牺牲奇重,逐〔遂〕移至丛山殿、五里牌、廿七都之线,与敌继战。支辰迄午,战斗仍烈,然经该师官兵英勇忱〔沉〕着,予以痛击后,迄支酉,敌锋稍挫。刻仍在该线对战中。我五八师两日来,依〔伤〕毙敌约九百余,我伤副团长萧凤鸣以下官长十八员,亡九员,士兵伤亡三百七十余名。(二)湘乡城郊之敌,被我十五师猛攻,江拂晓前,我四五团之一部冲入城内,顽敌约一大队向我包围,白刃格斗,敌我伤亡均重,剧战至支寅,伤毙敌约四百余,我亦阵亡四五团二营长李熙绩及连长两员,伤连长以下官兵〔长〕八员,伤亡士兵百六十余。支拂晓,我仍在城郊五里桥、合心亭、大冲之线,继续攻击中。谨闻。职王耀武。午支亥。忱。印。〔新化〕

王耀武致林蔚密电

(1944年7月)

(1) 7月6日电

即到。渝委员长侍从室主任林：5896密。战报：(一)王军向师先头团之一部，微午向高破寺东小红庙百余之敌攻击，战约二小时，毙敌甚多，敌不支，向铜炮以东附近逃窜。当追俘敌野炮兵一二二联队(配属一一六师团)伍长龙林和嘉、上等兵绳效啐、骑兵上等兵大场三步郎等三名。同时该师搜索连向英陂之敌进攻，与该地敌激战，将其歼灭过半，敌退据河东，仍与我对战中。刻该师先头团，正以全力向衡阳攻击前进中。(二)微夜，我张师一七四团向洛赡附近敌攻击，敌凭工事顽抗，激战至鱼午，攻势顿挫。我复以五八师全部及十九师一个团、军搜索营，统由李军长指挥，正向敌区攻击中。(三)鱼辰起，我十五师续向湘乡之敌攻击，搏战至酉，敌仍顽强抵抗，现正对战中。该师另一加强营，微辰，向岳麒〔麓〕山附近之敌袭击，现在桃花山附近，与数百之敌对战。(四)益阳城郊，与我七七师激战之敌四百余，被该师击退。(五)午冬至江，窜至浪拔湖及钟南县、钟家咀，向我十八军十八师进犯之敌三、四百，经该师五三团二日来之阻击，歼敌甚众，迄回〔江?〕戌，已将敌完全击退。刻正对战中。谨闻。职王耀武。午鱼戌。忱。印。〔邵阳〕

(2) 7月7日电

即到。渝委座侍从室主任林：54号密。战报：(一)虞日拂晓，王军向师二九四团主力，将当面残敌击溃，续向衡阳附近攻击前进。同日未刻，敌三百余，由渣江方向窜演陂桥，该师正派队围歼中。又该军龚师之挺进支队，鱼晚由新桥继向四塘挺进，与原据该处及由洪桥窜来之敌共八百余激战终日。至虞，除〔余〕敌不支，向衡阳附近逃窜,现正追击中。(二)永丰附近之敌,鱼午后经我张师与唐师一个团及军搜索营,向敌攻击,激战迄虞午,敌伤亡甚重,不支,退据冷水塘、月龙桥、早木寺、石坳高地之线顽抗,我张师即将永丰市占〔领〕,并攻占其西南高地。我唐师之一团,已占领梓门石,将敌交通路截断三分之二,但永丰地区低洼,受敌瞰制,乃留一部据守,主力在永丰西南高地洪山殿、石头山、犁头咀之线,与敌对【战】中。(三)虞丑至酉,我彭军梁师四五团一部,分向梓门桥、洋潭侧击永丰以东之敌,以主力仍向湘乡城之敌攻击。同时,该师四三团复增派有力一部,协力岳麓山方面桃花山及五里堆附近之战斗,自晨至申,正与敌五百对战中。(四)我唐师将益阳附近残敌击退后,虞日即以二三〇团及二三一团,分向中兴院、沅江之敌攻击中。谨闻。王耀武。午虞亥。忱。印。〔邵阳〕

王耀武致徐永昌等电

(1944年7月10日)

渝军令部长徐、次长刘:战报。(一)我向师蒸辰向金兰寺及其南北高地金龙山、元公寨、风波岭等处之敌攻击,现正对战中。(二)蒸拂晓,我五八师及十九师一部,向永丰盘踞之敌续行猛攻,冲杀争夺,我在空军密切协同下,官兵奋勇搏战,迄感〔?〕向〔将〕山头敌击溃,我逐区占领永丰市。敌现迁据摒林、双峰山、金田桥、沙田铺附近之线,我仍续行猛攻中。是役毙敌三百余,掳获步、机枪廿九支,我伤营长一,伤亡连、排长九员,士兵二百余名。(三)我梁师四五团一部,灰辰复冲入湘乡城内,与敌巷战至午,敌增援围扑,我仍撤至城郊,与敌对战。又该师四三团主力,东日仍在望城坡与由岳云(?)山增来之敌激战,其一部灰丑向朱良桥盘踞之敌三百余奇袭,毙敌卅余,激战至寅,敌不支,向湖旁桥逃窜,当即占领该地,并掳获步枪多支,现正向该敌追击中。(四)东兴院及马公铺等处敌,经我七七师陈柏儒团连日攻击,敌屡增援顽抗,与我对战中。

谨闻。职王耀武。午蒸亥。忱。印。〔邵阳〕

王耀武致林蔚密电
（1944年7月12日）

即刻到。渝侍从室主任林：5895密。战报：一、王军向师文子对敌续攻，迄午，敌以猛烈炮火及毒气掩护，向我左翼反扑，搏战至酉，敌我伤亡均重。现在金兰寺附近及其南北高地鏖战中。二、文辰，我张师复向桃林、长冲、观音山、磨刀石附近敌猛攻，彼此反复争夺，刻仍在各该地附近激战中。是役，我伤官六，亡四，士兵伤亡百余，毙、伤敌二百余。三、梁师四五团，文寅以主力在湘乡城，以有力一部向朱津渡分别攻击激战，至辰占领朱津渡。旋敌三百余，由东台山增援反攻，现正在该地城郊与敌激战。该师四三团一部，文丑向岳麓山敌奇袭，寅刻突入云麓宫，敌百余被我白刃格杀，毙伤过半，遂狼狈逃溃，当俘敌卅四师团二一八联队山崎少尉一员，并获步、马枪甚多。四、本日，我七七师仍向东兴院及沅江附近敌分别续攻中。谨闻。王耀武。午文亥。忱。印。〔邵阳〕

王耀武致徐永昌等密电
（1944年7月16—20日）

（1）7月16日电

即到。军令部长徐、次长刘：5895密(54号表)。战报：(一)一九四师主力，寒午迄删西，于新桥、西渡之线，与由渣江、高真寺南窜敌数千，激战于蒸水沿岸，其一部被敌截断于双管齐附近。删酉，敌两千余，复由演陂桥窜西渡西南地区，我正分别围击中。本日毙敌甚多，我亦伤亡官五、兵三百余。九八师已于删分将攻击金兰寺附近敌人任务，交由十九师接替，该师全部向西渡挺进中。(二)永丰东南敌，删拂晓分向我关门目、寒婆桥阵地两翼包围攻击,经我迎击,毙敌五十余,我亦伤亡士兵四十余,于薄晓前将敌击退。(三)十五师四五团,删未复攻占泉井坳二〇五〇高地。湘乡敌骑数十,出东门应援,遭我伏击,毙敌十余,马九匹,俘获战马三匹。四三团仍在车城坡西南附近战斗中。(四)七七师连日袭击东兴迄沅江,敌受重创,固据工事,不敢出扰。谨闻。职王耀武。午铣辰。忱。印。〔邵阳〕

(2) 7月20日电

一小时到。渝部长徐、次长刘:5859密。战报:(1)皓拂晓,七九军所部向新桥攻击,于杨田桥与敌激战终日。英陂方面,敌增援六、七百反扑,被我击退。龚师长所率之六个突击大队,经两日战斗,皓未进至望城坳、铜钱渡附近,与敌激战颇烈,毙敌小队长以下百余名,夺获轻机枪一挺,步枪4支及其他军用品甚多。(2)金兰寺敌,经我十九师连日猛攻,伤亡过半,皓日我再与〔兴〕攻击后,毙敌指挥官一、敌员百余,我夺获枪十三支,战刀一柄,并生擒敌一一六师团辎重联队兵吉田元弘一名。本日,我伤营长一、连排长十四、兵二百余。(3)巧夜,敌分四股向我五八师廖家冲、梅子坳、洪山殿、寒婆坳阵地夜袭,均被击退。(4)东台山【敌】,经十九师两昼夜痛击,不支,于皓日辰回窜涟水北岸。沅江敌二百余,巧午窜扰三眼塘,被我七七师击退。谨闻。职王耀武。午哿巳忱。印。〔邵阳〕

王耀武致林蔚密电
(1944年7月21日)

限一时到。渝委座侍从室主任林:5895密。战报:(一)七九军在蒸水西岸部队,号午攻占年陂塘、沙坪、曾家冲各地,迄晚,仍对新桥猛攻中。龚师长所率各突击大队,号日已由贾里渡、铜钱渡越过蒸水,向衡阳城郊攻击中。惟望城坳及七里井等处,为敌交通要道,敌顽强抵抗,战斗异常激烈。本日毙敌四百余,俘敌兵竺本正一名,步枪六支,小型电机一部,及其他军品多种,我伤亡士兵百余。(二)百军六十三师,号辰攻克集兵滩,当即以一部向树〔樟〕木市攻击前进,主力向望城坳、衡阳北郊攻击前进。〔乘〕其十九师号日完全攻占金兰寺,残敌约六百,退据元公寨顽抗。本日毙敌五十余,我亦伤官二、兵七十余。(三)永丰东南敌,号辰抽集约四百、炮二门,南犯柿子坪(女子桥西南六公里),企图增援金兰寺。经我五八师阻击,敌不得逞。(四)十五师丁团,皓晚袭击岳麓山北银盆岭纺纱厂,毙敌颇多。谨闻。王耀武。午马辰。忱。印。〔邵阳〕

王耀武致徐永昌等密电

(1944年7月23日)

限一小时到。军令部长徐、次长刘:5895密(54号表)。战报:(一)七九军突击队主力,养日由铜钱渡以东过河,攻占五里亭,激战颇烈。另一部由鸡窝山以西渡河,其余在贾里渡附近激战中。蒸水西岸后续部队,仍对新桥东南附近地区及神山市方面之敌攻击中。(二)百军六三师主力,养拂晓对当面之敌猛攻,借空军协力,迄午已将唐家湾、孟家塘、杨家坳(均望城坳西北附近)、甘子冲、祝家寨等处完全攻占,现仍向当面之敌猛攻中。十九师马申起,乘敌出离据点,向我反击之际,予敌痛击,混战至养子,毙敌小队长田中利男以下六十余,夺获轻机枪一挺,步枪十七支。本日我伤官七、兵七十余名。(三)龙塘湾(永丰东南廿公分〔里〕)敌,抽集三、四百,养卯后窜扰女子桥,我五八师除阻击外,并以有力部队迂回敌后伏击中。(四)湘乡、湘潭、岳麓山等处敌,经我七三军连日攻击,凭坚固守,我续派队袭击中。职王耀武。午梗辰。忱。印。〔邵阳〕

王耀武致林蔚密电
(1944年7月24日)

即到。重庆委员长侍从室主任林：5895密。(1)战报：(一)一九四师一部,梗竟日对新桥东南敌猛攻中。(二)九八师一部,漾拂晓由鹰窝山附近渡蒸水南岸,至柿江桥附近与敌恶战。是时,我空军亦参与地面战斗,毙敌二百余,俘敌一一六师团兵竹山贤治一名,获步枪十四支。(三)各突击大队主力,梗拂晓向二里亭猛攻,一部仍与敌激战于贾里渡附近。(2)：(一)六三师养未迫近望城坳,敌利用我国防工事顽抗,敌机廿一架,临空向我轰炸,我反复冲击,亦未得手。申刻,敌五、六百、炮二门反扑,激战竟夜。梗丑敌以二、三百迂回该师侧背,迄卯卒将敌击退。敌遗尸甚多,我亦伤亡官兵百八十余名。(二)元公寨附近敌,梗辰以飞机五架掩护,向我十九师反击,激战至午,敌未得逞。(3)永丰东南山角塘等处敌约二千余,梗辰南窜女子桥、陈家山,经我阻击,毙敌颇多,俘敌竹内孝蕾一名。迄午,敌主力逐〔遂〕向南移,我五八师除以一部仍对永丰东南地区残敌攻击【外】,主力正跟踪追击中。(4)湘乡敌百余,梗辰向西北郊窜扰,被我十五师击退。职王耀武。午敬巳。忱。印。〔邵阳〕

王耀武致徐永昌等密电
(1944年7月25—26日)

(1) 7月25日电

限一小时到。军令部部长徐、次长刘：5895密(54号表)。战报：(一)七九军向师一团,敬拂晓,续向二塘以东敌攻击,激战数小时,敌不支,向东南逃窜,复经我击,毙敌卅余,俘敌兵大野正四一名,获步枪二支。同时,敌百余由新桥附近东窜,被我于周家町、三塘闸截击,回窜洪山庙。其各突击大队,仍与敌战于贾里渡、三里亭附近。(二)衡北辖神渡、望城坳、松木塘亘樟木市等沿阳衡公路两侧地区,为敌交通要冲,敌极重视,连日来敌屡行增兵,我百军赵师,敬日集中全力,再攻望城坳、白马庙、香炉坳,敌顽强抵抗,虽数次冲锋,亦未成功,迄晚仍在激战中。唐师仍围攻元公寨附近之敌,续有斩获。(三)五八师主力,敬丑向窜抵陈镇、山桥、庙子之敌攻击,激战至申,敌以一部顽抗,主力经高汉、召田时南向洪罗庙方向南窜,我续猛追中。是役,毙敌百余,获步枪三支,我亦伤亡官兵六十余。(四)七十三军派队梗夜分袭岳麓山清华中学及沅江东兴垸,颇有暂〔斩〕获。职王耀武。午有巳。孜。印。〔邵阳〕

(2)7月26日电

限一小时到。渝军令部长徐、次长刘:5895密。战报:(一)七九军向师之一团,有拂晓【由】二塘续向当面之敌攻击,激战至午,毙敌数十,俘敌一一六师团兵川生昱成及五八师团兵茜门麻季等二名,获步枪二支及其他军品等件,我亦伤亡官兵二十余。(二)百军十九师,拂晓在机炮掩护下,再度猛攻元公寨,午刻已攻占一部,终因地形险要,敌工事坚固,未得手。(三)由女子桥、陈家山南窜234联队第三大队约五千人(内民夫数百),由联队长户田义直率领,有午窜抵赛桥(洪罗庙西北六公分〔里〕),经我百军搜【索】营伏击及五八师尾击,毙敌四、五十。有未,该敌向西南窜抵豪塘铺,其先头数百,黄昏前继续西窜至洪祥〔?〕塘、杉木桥,企图增援金兰寺。我十九师正迎头痛击中。(四)六三师当面敌,有辰起全面受制。敌另一股千余,炮二门,向该师两翼包围,猛攻激战竟日。现该师左翼被迫已稍后移,至祝家垄、灵官庙之线,其余仍在望城坳、西唐家湾、孟家塘、杨家坳之线激战中。该师毙敌四百余,我亦伤亡官兵三百余,获手枪三支,步枪十四支,地图一百五十余份,其他防毒面具、雨衣、军服等三百余件,通信器材一批。职王耀武。午宥巳。忱。印。

王耀武致林蔚密电

(1944年7月27日)

限二小时到。重庆委员长侍从室主任林：5895密。战报：(一)七九军宥日攻击无进展。(二)一百军：(1)六三师有〔宥〕拂晓对来犯之敌反复冲击，毙敌三百余，敌遗尸六十余。元〔?〕迄未，敌不支，回窜。我乘胜续向望城坳猛攻中。是役，我八九团团长胡修睦负重伤，士兵伤亡三百七十余，俘敌军曹井上哲男一名，获步枪七支及炮弹等军用品甚多。又该师一部，有戍袭击樟木市南之柠〔横〕闯铺，毙敌四、五十，毁敌江面汽艇四艘。(2)窜抵豪塘铺附近敌千余，宥辰经我五八师追击队痛击，宥申，复经我五八师另一部及十九师聚湖峰、邹岗山部队截击，于监塘冲、分水坳、芙盖〔蓉〕冲等地激战至暮。敌死亡枕藉，犯〔状〕极狼狈，我亦伤亡官三、兵六十余。(三)永丰东南山角塘一带敌，乃有千余，今辰抽集六百余，向我梅子坳、沙上阵地窜扰，被击溃退。谨闻。职王耀武。午感辰。忱。印。

王甲本致蒋介石密电

(1944年7月28日)

即到。重庆委员长蒋：5895密。战报：本日拂晓后，我军借飞机掩护下，两线向蒸水南岸新桥、三塘附近一一三七高地、大旧山、观音山、头塘、真仙岭、龙头山诸要点猛攻，午前七时，先后将新桥东南高地及观音山高地占领，至十时前后，战斗异常激烈。左翼铜钱渡、杨梅岭方面，本晨五时有敌五六百，炮二门，由水渡山地区南窜，向我杨梅岭、铜钱渡突击，并侧背攻击，将杨梅岭包围。我龚师长由各方要点抽调零星部队，将铜钱渡东北之敌击退。但杨梅岭之围，仍然未解，副师长霍远鹏、团长周人纪在重围中，所部极力抵抗。至午后三时，官兵伤亡四分之三，该地旋即失陷。余线战斗正

激烈进行中。谨闻。王甲本。午俭未。智茂。印。〔邵阳〕

王耀武致徐永昌等电

（1944年7月28日）

即到。渝军令部长徐、次长刘：战报。（一）七九军五八一团，感日攻击新榆桥西杨田桥、蒋车堰之敌，颇有斩获。二九二团于二九〔?〕附近突击，第五大队于五里亭附近向当面之敌攻击中。（二）窜抵十九师当面敌约千余，向聚湖峰、邹冈山猛犯，自感已迄午，战况至烈。〔向〕以我守备部队之坚强抵抗及增援部队之反攻，并五八师追击队之尾击，【敌】不支，溃窜山麓，我续围攻中。（三）六三师号日迄今，八日间每日均向望城坳、樟木市间之敌约两千攻击，敌伤亡均重。宥日又由衡山南下敌千余，炮数门，未刻经白彩坳窜抵集兵滩附近，向该师左侧蔡家桥、松山铺、集兵滩等处猛攻。同时，该师右翼望城坳、白马山及松木塘、湾塘敌共两千余，亦全线发动反攻。宥、感两日，整日均在血战中。迄今除右翼之一团，仍在望城坳西北之樟木塘、桐花冲附近与敌苦战外，其余部队已被敌人截为数段。（四）由朱良桥向宁乡东北任家铺窜来敌约三百，我七三军正派队堵击中。谨闻。职王耀武。午俭辰。忱。印。〔邵阳〕

王甲本致蒋介石密电

（1944年7月29日）

即到。重庆委员长蒋：5895密。战报：（一）新桥东南地区之敌，趁我渡蒸水南进，本日午前一时，由神山市黄焕渡河，攻我九八师侧背，当与我二九四团在蒸水两岸激战。至七时许，敌陆续增加至四千余，向我右翼积极包围，当抽调二九二团向神山市以北截堵，激战至十二时，将敌阻于大桥邢东西地区。（二）一九四师于昨日午后三时，将南窜之敌击退后，即以一部由金鱼井向水刷山之敌继续攻击,以解侧背威胁。黄昏后,敌三千余由头塘经杨杆岭附近,与水口山方面之敌联合,向我攻击。至本日拂晓,战斗更为激烈,至九时,蒸水南岸之敌,由我阵地间隙纷纷渡河北犯,前后向我包围。至午后一时,我各部将包围之敌分别击退,与敌相持于板桥东西地区。(三)午前九时,有敌三百余,由金兰寺窜至演陵桥附近,经我九八师搜索连及军之工兵营迎头痛击,现相持于竹杆邢以上地区。(四)是役,敌企图大举向我包围,经我各部官兵苦战奋斗,始将敌各个击破,敌我伤亡均重,详情俟查明再报。谨闻。职王甲本。午艳戌。智茂。印。〔邵阳〕

王耀武致徐永昌等密电
(1944年8月1日)

限一小时到。渝部长徐、次长刘:5895密。战报:(1)我百军十九师,世酉占领五塘,续向四塘挺进中。新十九师已到谭子山、鸡笼街间,彭璧生部已到洪昌。(2)五八师追击队,世未向木口湖、面湖塘【进击】,敌掩护队约四、五百,经我猛攻,毙敌百余,我亦伤亡官兵七十余。迄申,敌不支,续向东南溃窜,我继向西渡、新桥猛追中。(3)世拂晓,敌约一大队、炮四门,向我张岭之六三师刘团猛攻,敌冲锋达四次,失而复得者凡三次。敌我伤亡均极惨重,迄未,我右翼移杨泗井,仍与敌激战中。七九军世日正调整部置,作攻击准备位置。(4)七三军宁乡守城部队不足两连,经数日血战,伤亡殆尽,迄世未,与城内连络中断,惟仍闻城内有枪炮声。窜城郊太婆塘、黄泥桥、陆家坟山敌,世竟日均在我围攻中。职王耀武。未东辰。忱。印。〔邵阳〕

王耀武致林蔚密电
(1944年8月4日)

即到。重庆委座侍从室主任林:4355密。战报:(一)李军罗师,江拂晓攻击两〔雨〕母山及二塘东南高地,唐师攻击二塘东无名河东岸,敌顽强抵抗,我在机炮掩护下,进展顺利,午刻攻占两〔雨〕母山一半及二塘东北高地。头塘敌千余增援反扑,未得逞。(二)施军张师,江辰攻占鸡窝山、西连塘、竹山冲之线,正对一〇六六高地亘以北敌猛攻中。(三)王军龚师,正向高家岭、板桥攻击前进,向师由集兵滩向南攻击前进中。赵锡田师胡团,江丑正猛攻江柏堰南窜之敌,王团一部向神王山之敌攻击,正战斗中。其突击队,袭击谢家冲敌,颇有斩获。(四)彭军一部,江辰曾一度攻至宁城西门,迄午仍对战于苑田冲、香炉山之线。又梁师一部,冬午袭击福田铺之敌,毙敌多名,擒敌一一六师团兵西崎诚二一名。谨闻。职王耀武。支卯。忱。印。〔邵阳〕

王耀武致徐永昌等密电

(1944年8月5日)

限三小时到。渝军令部长徐、次长刘:4355密。战报:(一)李军罗师,支日续攻两〔雨〕母山,拂晓敌六百余,在机炮掩护下,由枇杷塘向我右侧竹3〔乡〕漕以南高地迂回,我派队迎击,激战数小时,将敌击退。唐师攻占二塘东北小河东岸高地数处,支拂晓,敌二百余逆袭未逞,刻我罗、唐两师续攻击中。(二)施军张师胡团续攻一〇六六高地,支巳迄申,敌四、五百数度向我鸡窝山反攻,均被击退,毙敌百余。是役我阵亡连长马如龙以下官四员,士兵伤亡六八名。(三)王军龚【师】,支申与由杉桥、黄家冲突入之敌六、七百猛烈搏斗中。向师一部,与由江柏堰附近南窜之敌,在松山铺、通天观附近战斗中。赵师续攻江柏堰南神王山、鸟连庙、毛栗坪等处,其突击队袭击九江渡铺西北之贯冲,颇有斩获。(四)彭军一部,支日仍向宁乡其【进去】,由宁乡经沧水铺北窜敌七百余,支辰,在山青铺附近经我尾击,向东北方向逃窜。又敌三百,经沙头、兰溪,支辰窜抵七里桥,经我阻击,激战至未,敌不支东窜,我尾击中。

谨闻。职王耀武。歌巳。忱。印。〔邵阳〕

王耀武致林蔚电
(1944年8月6日)

即到。渝委员长侍从室主任林：54表。战报：一、李军罗、唐两师,微拂晓在机炮掩护下,猛攻雨母山、杨柳井之敌。自寅至午,每一山峰均经反复争夺。迄申,敌伤亡重大,不支东溃,我现完全占领雨母山、杨柳井。酉刻,敌增援二百余,绕袭我杨柳井,另敌五百余,反扑我雨【母】山,均被击退。二、施军张师,微寅续攻1066高地,激战至午,进展至该高地西侧,卒以高岭之敌增援反扑,未得手,刻仍在鸡窝山、竹山冲之线与敌对战中。是役毙伤敌百七十余,我重伤营长安去病以下五员,阵亡连长一员,伤亡士兵八五名。三、王军龚师,支日杉桥附近战斗激烈空前,阵亡营长黄煦以下十三员,伤六员,士兵伤亡三百十名。高岭以北附近之战斗,伤营长王流海以下二员,士兵伤亡四十一名。支日,向师大道庙附近战斗,伤官四员,兵四十余。四、由各方窜犯益阳敌约两千余,微午已窜至鯿鱼山、桃花岗、益阳东门各附近,我各处守军正痛击中。职王耀武。未鱼辰。忱。印。〔邵阳〕

王耀武致徐永昌等密电
(1944年8月7—9日)

(1) 8月7日电

限三小时到。渝部长徐、次长刘：4507密。战报：(一)微夜,敌约五六百,分四股猛袭雨母山之罗师,混战竟夜,该山仍在我手,迄酉仍争夺中。另敌约四、五百,微夜迄鱼,不断逆袭杨柳井之唐师,均被击退。经一昼夜之战斗,毙伤敌约六百,我罗师伤亡营长以下四百余,唐师伤亡团长郑锡元以下二百七十余。(二)鱼午,呆鹰岭敌二百余,经鳌兴寺犯鸡窝山之张师,未得逞。(三)窜益阳南山门墈敌,微日激战整日,鱼辰我炮兵一部攻击敌阵,敌不支,东窜留梅村。(四)鳊鱼山敌经我攻击,鱼晚窜狮子山。另敌艇八只,载兵二百窜,鱼辰企图在东门登陆,我守军正阻击中。续报。王耀武。未虞辰。忱。印。〔邵阳〕

(2) 8月8日电

限三小时到。渝军令部长徐、次长刘:5895密。战报:(一)虞拂晓,彭璧生部一团接替罗师,续攻两〔雨〕母山,唐师续攻杨柳井以东之敌,敌顽强抵抗,竟日激战中。(二)虞未,我张师向鸡窝山东一〇六六高地及大水塘之敌攻击,敌由呆鹰岭高山(?)数度反击,未逞。我乘胜奋进,迄午占领一〇六六高地西端及四水塘以西高地,敌退大水塘以东高地顽抗,我续攻中。是役毙敌士兵五十余,我亡官三、伤四,士兵伤亡一〇五名。(三)我梁师一部,对宁乡西北郊勖形山敌,唐师一部,对益阳南镇梅村、梓山冲、桃花仑线敌,竟日均在攻击中。窜益阳东门附近敌,经我进击,已乘夜东窜。职王耀武。未齐巳。忱。印。〔邵阳〕

(3) 8月9日电

即到(限二小时到)。军令部长徐、次长刘:5895密(54号表)。战报:齐拂晓,我向敌全面总攻。(一)黎军于巳刻攻占毛塘、菜心后,受敌坚强阻击,战斗颇烈,致未能继续前进。(二)李军于敌周密火网下,不顾任何牺牲突入。同时,占领一二〇七高地、观音山。午刻占领范家坳、许家堰,未刻攻至五里牌、头塘附近,敌先后由月塘、三里亭增来千五、六百名反扑,遂混战于范家坳、五里牌、许家堰各附近,反复肉搏,迄晚仍血战于该地。本日毙敌五百余,我阵亡副团长郑锡元一员,伤亡官十九员,士兵四百余,获重机枪一挺,步枪十余支。(三)施军张师,齐拂晓续向一〇六六高地及大水塘以东高地之敌猛攻,血冲达六次,迄申,始完全将敌肃清,占领各高地。我另一部沿蒸水击溃蓝兴寺敌人后,同时占领王家口,续向贾里渡攻击中。是役,毙敌百六十余,获轻重机枪各一挺、迫击炮二门、步枪廿二支,我伤亡官十二员、兵一一七名。(四)王军各以一营攻击高岭、板桥之敌,齐辰占板桥。又向师江日于江柏堰附近,俘敌五八师团兵小林芳文一名。(五)唐师齐辰将梓木冲、狮子山敌击溃,大部东窜,一部退石头铺、七里桥顽抗。梁师一部,虞未袭朱家冲,毙敌多名,俘柴田秋一名。职王耀武。未佳巳。忱。印。〔邵阳〕

王耀武致林蔚密电

（1944年8月11日）

即到。渝委员长侍从室主任林:4507密。甲、综合敌俘小李玲藏、小林芳抗等口供:(一)此次会战前,敌各师团均曾由关东军抽补一部。(二)敌无线电机,均系报话两用机。乙、据俘敌3D34R兵长株漉秋一名供称:(一)敌之补充兵,均已分批先后到达长衡一带。(二)粤汉路确已通至长沙。(三)34R长铃木八郎。丙、携获文件载:(一)自本年【三?】月三日起,敌将全国之私营小工厂合并。(二)三月廿九日,敌政府下令女性均替国家服役。等情。谨闻。职王耀武。未真午。治。印。〔邵阳〕

梁汉明致徐永昌密电

（1944年12月26日）

限即到。渝军令部长徐:4774密。本军参加长衡会战,详报另案寄呈,谨将概况陈次:(一)军指挥九二、九九、一六二师及一九七师五九一团,未东起固守新市、汨江、洞庭湖南岸迄沧港,横宽达一百廿余公里之正面。自辰艳起,与由新墙及南华安进犯敌,续增至四、五万之敌鏖战至巳齐,敌终未突破湘江及三姐桥山地。由新市以东南犯敌,巳齐窜至捞刀河下游,迂回至军左侧后,转向三姐桥、湘阴包围、攻击,我仍死守奋战,卒至我守营田、湘阴之九九师副师长兼团长周琦失踪,营长以下伤亡过半,守赤山岛之九二师邹团长重伤,守沅江之五九一团营长以下重伤、牺牲殆尽。职军指挥所仍在乔口以北督率余部,扼制湘江,死守益阳及三姐桥山地,【与】前后三面围攻之敌争夺。复因敌一部由沅江绕过益阳,向宁乡七三军进犯我军左侧后,始奉长官薛巳佳未电令,由乔口向百叶铺转进,但我死守三姐桥山地之九九师、一六二师余部,及配属指挥死守益阳之七七师,抱与阵地共存亡之决心,与优敌坚韧搏战中。(二)巳灰,军遵令由乔口转进至百叶铺后,督率九二师及五九一团残部,并指挥第十五师丁团,占领乌山以南地区。自巳真起,右连击岳麓山,左连击宁乡,及我军竭力阻击强渡沩水南犯约三千余之敌,激战迄巳篠,仍死守黑风寺、观音山、白鹤山等要点,岳麓山、湘潭均已相继陷落。及【敌】由湘乡以西地区南犯,亦窜过湘水以南,军复受三面包围,始奉总司令王巳〔?〕卯电令,由道林附近向湘乡转进,同时令九九师、一六二师仍在三姐桥山地截敌,斩获颇多。又守益阳之七七师及守乌山之一团,即奉令各归原制。(三)巳号卯,军遵令由道林转进到湘乡西南山枣,即奉长官薛巳皓未堵电令,另配属指挥新廿三师、卅二师,守卫湘乡。同日,正部署间,至午,由石潭西进及由宁、湘南下先头敌,约二千余,已迫近城郊,与我激战。此时军将直属仅余兵力,扼制朱津渡、山枣沿湘水以南要点。守湘乡各部,共约五营兵力,与陆续增至万余敌血战二昼夜。巳养,我新廿三师守城团长以下,全部牺牲,援弹俱无。当令钟师残余二百余向永丰,樊师将士向白果市转进。巳东,军率廿七师残部,由莲花桥移至蒋市街,即奉长官薛〔?〕巳麻堵电令,经常宁向粤汉路高亭司南进,复奉敬巳堵电令,九九师、一五〔六〕二师脱离三姐桥山地,突围冲向浏阳、醴陵之敌攻击前进中。(四)巳梗,军率廿七师及五九一团一部,遵令由蒋市街经常宁南进,沿途扫荡敌袭击之小部队,至午虞,到高亭司。又奉长官薛冬巳堵电令,统

1327

一指挥一六〇师、暂八师及暂五四师、一四零师各一部,占领公平坪以北东西之线。自奉令日起,协同二六军反攻击,经〔与〕耒阳南犯之敌,争夺拉锯至月半之久,卒于未寒将耒阳以南地区五千余敌全部击溃。又九九师、一六二师自已梗遵令,由三姐桥突围,沿途觅粮觅弹,且战且走,并于巳感至午灰,先后击溃浏阳以南、醴陵东北之敌。后至午皓〔铣〕,复奉长官薛删戌、铣酉两电令,转用至萍乡附近。自午养致〔至〕有,该两师护渌水,次第将刘公庙、峡山口、黄花桥、牛栏桥、狮子石等处约二千之敌击溃。午寝,萍乡陷敌,未微,莲花又失,均经缺〔决〕该师并〔拚〕力奋战,未东、未寒相继克复。后更奉令,以一六二师向茶陵追击,归四四军原制。九九师经浣溪市击溃观音阁、通水铺、竹台圩一带之敌,于申支移抵耒阳以南附近,接替二六军攻击任务。申鱼,猛力克复南京桥、阴田圩等要点。迨我二六军申微向常宁西移后,而暂八师及暂五四师、一四〇师各部,亦先后奉令解除部属归原制,旋奉长官薛戌梗酉堵电令,铣〔先〕统一指挥暂二军,占领粤汉路、小水铺以西之线,与耒阳敌对峙,如现态势。(五)以上各役,除先后配属指挥之七七师、暂七师一团、新廿三师、卅二师、暂八师及暂五四师、一四〇师各部,均因情况紧急,归制未据报外,总计毙敌13000余,马430余,俘敌32,马114匹,击沉敌气〔汽〕船40余艘,毁汽车二辆,获炮一门,轻重机枪、手枪70余支,我伤亡副师长、团长以下8500余员名,马卅余匹,损耗武器另报。谨电鉴核。九九军长梁汉明。亥宥。厚。印。〔耒阳〕

第九战区湖南会战作战检讨①

(1944年8月26日)

湖南会战开始于五月二十六日,迄八月八日衡阳失陷,共经七

---

① 此件选自第九战区:《湖南会战战斗要报》。

十五日,为近年会战时间之最长久者。兹检讨敌我两军之优劣,择要分述如次。

(甲)敌军

子、优点

(1)集中优势兵力,常为纵深部署。敌发动攻势之初,第一线兵力即使用六个师团(3D、13D、40D、68D、116D、34D、17BS)以上,更以两个师团(27D、58D)在第二线推进,约共十五万人。我当时可用于浏长决战之兵力,实仅约六十个团。及越浏阳河后,敌27D、58D先后加入前线,更以37D、64D及5 IBS一部,为第二线兵团,在后推进。故我虽逐次转用兵力增加,亘全战役期间,敌之实力在全面计算虽劣于我军,但在重点方面,均居优势,且对长、浏、衡三要点之攻略,概以绝对优势之兵力(多至二万余),纵深部署,施行攻击。

(2)广正面并进。战斗开始,敌即以约六个师团并列推进,保持140—200公里之广正面,两翼常保持有力掩护,防我包围,致我数度反击,均未成功,即对长、衡围攻,亦伸张其两翼,阻我外援。

(3)选择山径,利用夜间行动。湘鄂边境、通城山地,标高约750公尺,湘赣边境、萍乡以南山地,标高约500公尺,南岳山地标高约600公尺,均属崎岖险道,敌竟以有力兵团,不顾一切,强行突破。又敌一般行动,常选山径僻道,并利用夜暗,减少我空军轰射效力。

(4)战场内迂回包围。我20A方在新墙南岸滞敌进犯,右翼之敌直陷平江,将其包围。我37A在汨罗南岸抵抗,敌自平江、营田两翼迂回,求捕捉该军。及浏阳战斗,敌亦自大瑶铺、洞阳市包围我两翼;长衡攻略,更施行重层四面包围。

(5)渗透钻隙,避实击虚。敌于突破通城山地后,径犯平江及长寿街,突破渌水后,急趋衡阳,我耒阳、莲花方面空虚,均先后钻隙突进。虽其后方连络线被截断,亦不回顾。在古港、宁乡战斗,集中力量,突破一点,亟向南窜。

(6) 利用便衣队,运用伪军。敌窜扰时,多以便衣队为前驱,少者十余,多至百余为一组,随处扰袭,使我处处顾虑,且运用伪军在第二线,使在后方镇摄(如长沙一带伪军,约有万余),或胁同窜犯(如窜莲花时,挟伪军〈4D、5D〉二千余),张大其威力。

(7) 守备要点坚强。敌以"打何处、守何处"训示所部,故守备要点均据险顽抗。如萧家山(安仁北)、小水铺(耒阳南)、水口山(常宁东)、雨母山、白鹤铺、金兰市等处,均以少数兵力坚守,我曾各以一师以上兵力攻击,多未收效,且敌即伤亡重大,亦绝不退避。如金兰市一地,敌已伤亡过半,积尸数百,且无法运埋,亦死守待援。

(8) 小部队威力搜索,呐喊诱射。敌前线与我接近时,常用小部施行威力搜索,借明我之兵力部署,且常呐喊威胁,诱我发射,使我虚耗弹药。

(9) 注重补给及交通。敌进至汨罗江后,即开始修复鄂南、湘北公路,并逐次清扫湘江,使其补给线路畅达,至衡阳将陷落时,长衡公路业通车矣。其前线推进约一百公里时,必停留数日,待其追送补给。渡河时,概遣工兵一部(附便衣队)先行,搜集民船,故敌渡渌水、涟水、涞水、耒河,概未发生困难。

五、劣点

(1) 顾前不顾后,补给不灵活。敌只注意钻隙突击,轻装行动(仅带弹药),待我将其后方截断,或空军制压,则无法追送,前线兵团多分兵就地搜括粮食,乃至食菜果根,弹药更行缺乏。衡阳及小水铺各附近之敌,虽以空中输送补救,其炮兵仍数日间无弹可发。

(2) 纪律废弛,轻视我军过甚。敌突破新墙河后,沿途奸淫烧杀,搜括掳掠,无所不为,且大肆搜掳妇女幼男,在萍乡一地,掳走妇女已达二百。对我军极端轻视,但我常于长浏及衡阳附近,阻敌突进,并向敌后攻击,袭截断其补给线。

(3) 厌战情绪益增。此次作战,俘敌计达二百,而俘掳〔虏〕供述,多侃侃而谈,一切行动及其国内状况,历言甚详,与抗战初期,我所俘甚少,既俘亦缄口不言之情形相较,敌官兵厌战情绪,实日益增高矣。

(乙)我军

子、优点

(1)破坏交通,攻袭敌后。我前线地区公路,早经彻底破坏,变路为田,致敌野炮以上之重兵器及战车无法运用,并于敌后分置有力部队,以山地为根据,不断对敌攻袭,破坏牵制敌援军,阻滞敌补给。

(2)突围巧妙。我军虽后路被截断,四面被包围,仍能选择空间、时间,突出重围。如37A在汨罗江及浏阳河南岸,两次均由三面包围中突出。20A在汨罗江,44A在浏阳附近,99D、162D在三姐桥附近,均由四面重层包围中突出。

(3)始终维持指挥系统,行有组织之战斗。亘全战役期间,始终维持整然之指挥系统,行有组织之战斗,虽军以下兵团常被敌截成数段,然均逐次恢复或续行战斗。

(4)利用地形,坚守阵地。敌对浏、衡攻击,兵力居于绝对优势,但我装械窳乏之44A,利用山地,坚守浏阳至九日。我10A利用河泊,坚守衡阳达四十七日,为抗战来坚守阵地发一异彩。

(5)经常实施侧击、尾击。整个战场,我始终立于外翼,并经常寻求敌侧,实施攻击,亦即无日不行攻击,有机即对敌攻击,若敌超越进犯,则紧蹑敌尾猛击,迫敌与我对战。

(6)陆空协同,良好空中补给确实。我陆、空两军,均互派参谋担任连络,并于事前协定计划。关于破坏敌后交通,与宁乡、衡阳各附近之战斗,均至良好。在衡城被包围时,弹药不济,施行空中补给,地、空连络确实,先后投送四十吨以上,均甚准确。

丑、劣点

(1)逐次使用兵力,步调不齐。战争开始之初,敌我兵力比较,显居劣势,虽逐次转用增加,而前线亦已逐次消耗,始终无机动兵团,无充足决战之兵,故虽准备长沙决战,不克实施。六月廿日,令各兵团向敌夹击,七月七日,令各兵团乘敌攻势顿挫,扫荡当面之敌,而湘右兵团,亦无日不行攻击,但均无效果。及为解衡阳围之攻势,仍系逐次以不充分之兵力,投入战场,且常步调不齐。当62A已突进至衡城南郊,而79A犹在蒸水北岸;及79A攻抵衡西,则62A早被敌摧破矣。即五、六两战区之策应作战,亦概无积极性之行动。

(2)缺乏机动。当敌突破渌水后,我20A、26A、37A、44A、58A、72A六个军,麇集萍乡附近,对敌行无痛痒之攻击,正面则甚空虚。及将主力南调,而敌已轻骑窜据耒阳南我国防工事固守矣。七月一日,围衡之敌,攻势已颓,四出掠粮,炮兵停射,空乏之象毕露,若使控置于祁阳西北之62A、79A两军适时突进,解围甚有希望。迨敌获援兵、增补给后,攻势再兴,我乃攻势前进,致终未达成目的。

(3)各兵团战斗未形成重点。各军以担任正面过广,均以所属部队并列前线,平均部署,未节约不必要方面之兵力,致预备队甚少,甚至全无预备队者。

(4)弃阵地与敌争夺,致增伤亡。4A原负固守长沙任务,兵力且居劣势,自宜借工事之补助,先以火力挫折敌之攻势,乃一与接触,或某一点失陷,即行阵地外之逆袭,终致伤亡增大,阵地无兵可守。

(5)守军与野战军不配合。我62A突进至衡阳南郊之际,与核心守兵隔山相望,如适时配合,内外夹击,最少可收连击之效。乃内围突出时,外无援应,外围攻击时,内徒固守,坐失良机。

(6)侧背感受性太大。62A进至衡阳南郊,只再进一步,即可与核心守军会合,解名城之围,予整个战场以重大影响,对国军前途,放一异光。乃敌向其侧背威胁,即纷向后退,徒增伤亡,功败垂成,皆顾虑侧背太大之故耳。

（7）纪律废弛,战志不旺。整个战场,我军多为退却作战,军行所至,予取予求,民不堪扰,而部队之逃散,尤甚惊人。如99A以四团(92D—R,197D)兵力,仅在湖滨行持久抵抗数日,转至宁乡以东残余兵力,不及一团,沿途散兵骚扰,迄今犹未解决。又若干部队,即奉攻击之命,对少数之敌,亦多长时对峙,虽由火力不足,终嫌攻击精神不旺。

（8）装备劣,兵员少。师以上兵团(一般仅有一部迫击炮),几全为步兵兵器,山炮以上之重兵器甚少配属,故萧家山、水口山、金兰寺等要点之敌,始终顽抗。八月八日,我战车向衡西突击,亦以已感炮兵火力不足,未得效果。再近战兵器之手榴弹,常不发火,有多至十分之八者。各军兵员,平时缺额甚多,战端一起,已属无法补救,乃令其破坏建制〔后〕之后,调师恢复参战,不啻闭户造车。亘全战役期间,各军建制员兵终未足额。

（9）补给不灵活。26A由萍乡向耒阳转用时,后勤机关均告落伍,致粮食不济,医药无闻。又62A进至衡南,两日不得饱食,影响战局极大。即一般部队,粮食亦多系就地设法,甚少由后方追送者。缘兵站输送力甚小,平时无充分准备,仓卒无法编组地方纵列也。

〔十一〕桂 柳 会 战

(一) 作 战 部 署

军令部桂柳会战各战区作战指导要领
(1944年8月24日)

第四、第七、第九各战区今后作战指导要领

甲 第一期(敌未突破衡阳以西我现设主阵地以前)

一、第九战区

(子)湘江以东各军,就现态势续行攻夺要点,牵制消耗敌人,并相机击破之。

(丑)湘江以西各军,调整如次:

(天)李玉堂(归王耀武指挥)指挥37A、62A、79A、46A之新十九师及彭璧生部,以有力一部于现阵地占领前进阵地,与敌接触,其主力于茅桐桥、新桥之线占领主阵地,并抽一部于鸡笼街附近,积极整补,构筑预备阵地。但37A主力应暂控置于松柏西南地区,与主阵地之右翼连系。

(地)王耀武直辖73A、74A、100A。

(1)74A(欠57D)以一部于现阵地占领前进阵地,与敌接触,其主力在新桥以北、蒸水西岸占领主阵地,并控置一部于金兰市一带,积极整补,构筑预备阵地。57D到邵阳后,择要筑工,并积极整补,准备机动使用。

(2) 100A以一部攻袭永丰东南之敌,其主力控置界岭一带(永丰、邵阳间),积极整补,构筑预备阵地。

(3) 73A以原态势向敌攻击。

(寅) 46A先抽调控制部队一个师,集结于柳州,并担任柳州之防务,其余一个师(新十九师)仍在现阵地,服行原任务,与敌保持接触。

(卯) 湖南作战各军,除服原任务外,应以小部队为单位,附必要工兵及爆破器材,编成多数游击队(但每军抽编兵力不得超过一团),采取避实击虚战法,深入敌后,轮番截击敌水、陆交通,并与我空军配合,使敌补给困难。

二、第四战区

(子) 46A之一个师调柳州后,将31A(欠135D)移驻桂林,担任固守。

(丑) 93A以一部占领黄沙河阵地,以主力防守全州。

(寅) 南宁以南各部队,防守现阵地,继续加强工事。

(卯) 发动地方武力,积极予以组训,并分区酌设机构,俾收统一指挥之效。

(辰) 南宁、玉林以南各公路及其他敌可利用之交通线,应继续动员民众,彻底破坏之,并切实疏散各交通线上之壮丁及粮食物资,加强坚壁清野。

(巳) 扩修独山机场,俾我空军始终发挥威力,由航委会另拟办法呈核。

三、第七战区

(子) 以现态势防阻敌人(即在粤汉路南段者,以主力利用南北山险及既设阵地,持久作战,以六个团兵力〈必须以一个建制师为骨干〉固守曲江)。

(丑) 依状况先期抽调二个师,秘密分开连山、梧州,构筑工事而固守之。

乙　第二期（敌突破衡阳西侧我现设阵地后，大举侵桂时）

一、第九战区

（子）李玉堂所率之37A转移湘江南岸，62A、79A及彭壁生部转移湘桂路以南地区，而王耀武直辖各军，侧〔则〕在湘桂路以北地区，并以邵阳为根据地（须以有力一部固守之），积极夹击、侧击西犯之敌。

（丑）其他第九战区各部队，亦应在公、铁路两侧，攻袭敌人，予以牵制消耗。

（寅）游击部队继续袭扰困疲敌人，并断其补给交通。

二、第四战区

（子）93A之任务，谨拟二案如下：

　　（甲）以一部占领黄沙河阵地，以主力死守全州。此案确实有效，但牺牲较大。

　　（乙）在黄沙河、全州、严关口（兴安附近）、大溶江各地区，逐次持久抵抗，再依状况参加桂林决战。此案牺牲较少，但不易确实实施。

右二案以何者为宜，乞钧裁。（应照甲案实施。中正。）

（丑）敌如钻隙深入桂林附近，则适时召集46A及由七战区转用之二个师，协力守军包围而歼灭之。

（寅）南宁以南各部队，采用机动战法，但如可能，仍依既设坚固工事，极力拒止敌人，俾能确实掩护柳州以西我后方交通。

（卯）越北敌如进犯河田路，则以桂绥独三团（主力龙州，一部靖西）向田东逐次转进，阻击敌人。

（辰）利用地方武力，配合正规军，积极打击敌人。

三、第七战区

（子）准备以一军长率两师，适时参加桂林决战。

（丑）梧州仍留一师固守之，并另以西江两侧之挺进部队及地方团队,准备攻袭沿江西犯之敌。

桂柳会战第四战区作战计划

(1944年10月13日)

第四战区作战计划　　爱国字第二号
卅三.十.十三.于柳州策定

第一　方　针

一、战区以确保桂、柳,并掩护柳州空军基地之目的,决以有力兵团于荔浦、桂林各附近地区,拒止湘桂路及龙虎关方面之敌,以优势兵力集结于武宣东南附近地区,先击破进犯西江之敌,以利尔后作战。西江方面会战日期,预定十月二十日以后。

第二　指导要领

二、敌如以主力向西江方面进犯时,集结有力机动部队于武宣、来宾以南地区,乘敌进出浔江、郁江北岸,兵力分离与态势不利之际,即取攻势,一举而击破之。此时荔浦及桂林方面军,各拒止当面之敌,极力迟滞敌人,俾西江方面之作战顺利,但荔浦方面军应以有力一部,策应西江方面之作战。

三、敌如以主力向荔浦方面进犯时,应在平乐、荔浦、阳朔间地区,竭力拒止敌之进犯,并予迟滞消耗。不得已时,应确保修仁隘口。

四、敌如以主力向桂林方面进犯时,外围军应协力防守军,极力拒止敌之进犯。不得已时,以有力部队确保永福隘口。

在敌采取上述二、三两项行动时,西江方面于集中完毕后,索敌而击破之。

五、如敌在西江、荔浦、桂林三方面同时进犯,并以有力一部由越南分向邕龙路进犯南宁及田靖路时,荔浦及桂林两方面,极力拒止敌之进犯,另集结并转用有力兵团,先击破西江方面之敌。靖西、南宁两指挥所,指挥地方团队,利用地形,极力拒止敌之进犯,依情况转用有力一部,击攘该方面之敌,确实掩护黔桂路,以策后

1337

方安全。

第三　兵团部署

六、军队区分(如另纸)〔略〕

七、各兵团之任务及行动如次列：

1. 西江方面军：有击灭西江方面敌人之任务。以一部在江口圩及金田村南北之线占领阵地,拒止敌人,以掩护我主力之集结及进出,并特对黔江控制,封锁敌利用该河道。以有力一部配备于贵桂、石龙一带及其以南地区,对于桂平、社步、下湾一带渡河北犯之敌,相机予以击攘,掩护主力之进出。不得已时,亦须确保蓝田村、牛蕰及上龙村各隘口,以利主力军之作战。

转用葡萄附近及修仁附近之各一个军,利用铁道输送及徒步行军,迅速向桐冈乡及通挽乡附近地区集结,并限十月十九日前完毕及完成会战准备。尔后,主力保持于右翼,对敌攻击,压迫于黔江与浔江而歼灭之。

2. 荔浦方面军：以一部固守阳朔,以主力在平乐、荔浦间地区,拒止敌之进犯,并竭力予以迟滞、消耗,不得已时,应确保修仁高地〔一〕带之要地。另以有力一部进出蒙山、大旺,攻击平南及其以西之敌,以使西江及荔浦两方面之作战容易。

3. 桂林方面军：有固守桂林之任务。以主力之一军固守桂林,以一师位置于良丰附近,另以有力部队位置于桂林西北侧地区,占领阵地,与防守军协同极力击攘进犯之敌。不得已时,除防守军应确实固守桂林外,其余应确保永福要地及百寿方面通桂林方面之后路,以保桂林之交通。并应先以有力部队,沿湘桂路、大榕〔溶〕江、灵川道,极力打击、迟滞、消耗敌之进犯,以挫折敌之企图,尔后转移于桂林西北地区,协力防守军之作战。

4. 靖西及南宁指挥所,任沿边要点警戒,遇敌进犯,极力拒止之,确实掩护黔桂路之安全。

5. 各部作战地境如左：

桂林方面军：寨沙圩——狗瑶——白沙圩——兴平圩——杉木坪——定冈溢之线：上属桂林方面军。

荔浦方面军：桐木圩——马练圩——大王圩——太平圩——大漓口(不含)之线：上属荔浦方面军。

西江方面军：五罗圩——小江圩——沿粤桂边境，经公馆圩至海之线：上属西江方面军。

南宁指挥所

靖西指挥所：果德——龙茗——硕龙——水口——七溪之线：上属南宁指挥所。

6. 第六二军控置柳州，担任警备及工事构筑，依情况固守柳州或策应各方之作战。

7. 第十军在宜山积极整训，准备尔后参加作战。

第四　航空及防空

八、航空：

1. 于作战开始之前，要求战区内空军基地之空军主【力】，使用于西江、龙虎关、兴安以东及其以北公、铁、水路之侦察，及桥梁、渡口运输与敌密集部队之轰炸，一部协力西江、荔浦、桂林各方面军地面部队之战斗。

2. 于西江方面军会战时，以主力协力该方面军之作战，一部侦察并轰炸敌后方之交通及运输，有力一部协力荔浦、桂林各方面军之作战。

九、防空：

防空部队由防空指挥官指挥，主【力】担任桂林、柳州空军基地之机场、铁桥及怀远、三江桥梁之防空，一部担任永福、雒容桥梁及南宁机场之防空。

第五　交通通信

十、交通设备：

1. 会战间极力利用湘桂铁路及柳来铁路之铁道输送，并经常控置一个师使用之列车，并征集必要公、商汽车，以利军需品或兵

1339

之转用及输送。

2. 将柳江及黔江之船舶,征集控置于柳州、武宣、石龙各地,以利运输。

3. 迁江、来宾、镇隆圩、武宣附近各渡口,架设桥梁。在桥梁未架设前,应准备汽船拖渡,以使渡河容易。

十一、交通破坏:

1. 湘桂铁路、黔桂铁路、柳桂公路及柳来铁路,应作破坏之计划,与准备其计划另定之。其实施依命令由方面军行之。

2. 各战地之大小道路,视情况需要,由方面军督饬地方政府适时彻底破坏,以妨碍敌之行动。

十二、通信设施:

1. 以柳州为通讯中枢,永福、桂林、修仁、荔浦、来宾、武宣为基点,构成纵横连络之通信网,尽量利用既设线,并由通信指挥部负责调整之。

2. 来宾至武宣,由通信指挥部迅即架设电话线。

3. 修仁由广西电信管理局开设长途报话局。

4. 本部与各部队之无线电连络,由通信指挥部切实调整,务期畅通无阻。

第六 兵站设施及补给要领

十三、兵站之设施,应顾虑西江、荔浦、桂林各方面之会战补给圆滑,同时,特须注意西江方面之设备,以能适时推进而利其追击。

十四、兵站基地及兵站线:

1. 兵站基地设于柳州。

2. 兵站主地设于宾阳、来宾、武宣、修仁、永福。

3. 兵站线路预定如左(其主要设施在右兵站线):

(1) 右兵站线——柳贵公道、柳江水道末地:黎塘圩、通榄圩、桐岭街、三才乡。

(2) 中央兵站线——柳、桂及荔蒙公路末地:水秀乡、荔浦、阳朔。

(3) 左兵站线——湘桂铁道及中渡、百寿道末地：良丰、苏桥。

十五、各兵站线担任部队之补给，概定如左：

1. 右兵站线：西江方面军所辖46A之两师，64A之三师，周副总部之135D第一、二纵队及直配属部队。

2. 中央兵站线：荔浦方面军所辖37A之一师，20A之两师，26A之两师及直配属部队。

3. 左兵站线：桂林方面军所辖N19D、31A、93A、79A之各两师及直配属部队。

十六、粮弹按左记集积：

1. 西江方面军应于十月十九日以前，按所补给部队，先屯积半个月份粮秣及两基数弹药，尔后适时追送补给之。

2. 荔浦方面军及桂林外围军，应经常储屯半个月份粮秣及一基数弹药，尔后适时追送补给之。

3. 控置及直配属部队，经常补给粮秣，同时对柳州防守军之粮弹，应按一个军三个月量屯储之。

第七　卫　生

十七、应在各兵站主地设置病院及控置卫生列车及卫生船舶，以利伤患之后送。

十八、桂林、柳州之防守军，应各开设能容三千五百人之卫生机关。

蒋介石致白崇禧等密电稿

(1944年8月29日)

限二小时。桂林白副总长，并摘转俞部长、柳州张长官、曲江余长官：密。训令：一、敌主力正围攻衡阳，似有续向湘桂路及粤汉路进犯之企图。二、国军决固守桂林坚固阵地，依第六、第九战区之夹击，及第四、第七战区之协力，先击灭进犯湘桂路之敌。三、第四十六军主力固守桂林,一部在全州、黄沙河占领阵地,任桂林之掩护。桂林阵地,应努力加强工事,储积足供三个月用之粮弹,以备能独立固守。四、第卅一军主力即秘密开柳州待命,准备参加桂林会战。该军后调师及独立一团,固守邕、龙一带现阵地,须确实掩护宜山、河池、南丹我后方交通。五、第六十三军暂位置祁阳,掩护湘桂路及零陵机场,依状况转移全州,参加桂林会战。六、第七战区应秘密准备一军,转移连山方面参加桂林会战,并即时以一师秘密先开连山附近。第卅五集团军除以一五五师续行原任务外,应秘密以一师即开梧州,担任固守,并准备于必要时参加桂林会战。七、南宁、郁林以南各公路,及其他敌可利用之交通线,由白副总长转饬四战区及桂省府动员民众,彻底破坏之,并切实疏散各交通线上之壮丁及粮食物资,以免资敌。以上七项,希将实施情形具报。中〇。艳午。令一元。

张发奎与蒋介石来往密电

(1944年9月2—8日)

(1) 张发奎致蒋介石密电(9月2日)

特急。重庆委员长蒋:4992密。据报越敌五万余,由西贡开北圻,并控制交通运输,限期至申佳止,等情。似有呼应湘敌企图蠢动模样。恳饬九十七军即开驰河池、宜山间。又前奉指定由七战区调来之三个师,恳饬分别向平乐及梧州附近分别集中,并请将各部行动电示,以便连络为祷。张发奎。申冬戌。国战童。印。〔柳州〕

(2) 张发奎致蒋介石等密电(9月4日)

即到。渝委员长蒋、副总长白:4992密。前报越北增敌五万余,并控制交通运输等情,经电呈察核在案。现据报:湘桂路敌二千余,支午窜抵黎家坪(祁阳北)、大忠桥(祁阳南)各附近,似有与越敌呼应、积极进犯企图。本战区对此情况,须对南北两面作战,惟战区防广兵单,而陈、贺两军既奉令固守全、桂,则可能活用者仅黎军一师兵力。以此有限兵力,能否应付各方情况,颇成疑问。拟恳迅饬九七军及七战区部队,速分向平乐、梧州、河池、宜山间集中,以应战机。谨呈核示。张发奎。申支戌。国战伤。印。〔柳州〕

(3) 蒋介石复张发奎急电(9月5日)

急。柳州张长官:申冬戌国战童电悉。4992密。第九十七军先头部队,即可开拔,仍应在黔桂边境控置,归本会机动使用。由七战区转用之部队,除梧州之一师,须依状况再令开该地外,已饬余长官先抽一个师开连山,并即准备以二个师(连山之一师在内),适时参加桂林附近之决战。其遵办情形,俟据报后,再行饬知。中〇。申微。令一元南。

(4) 蒋介石复张发奎密电(9月8日)

柳州张长官:申支戌国战伤电悉。4992密。申微未令一元南电到达。希仍遵该电办理。中正。申齐酉。令一元南。

蒋介石致薛岳等密电

(1944年9月4日)

限即到。郴县薛长官,并转宁冈杨副长官、邵阳王总司令、李家坪李副总司令、柳州张长官:〇密。一、李玉堂所率各军,应在湘桂路两侧及湘江南岸,竭力迟滞敌之西犯,以掩护全州构筑工事。二、王耀武直辖各军,仍在现阵地竭力拒止敌人,确保邵阳,并相机侧击沿湘桂路西进之敌。三、杨副长官所部20A、26A、44A,各军主力仍遵原令,速开新田、零陵地区,阻敌前进。四、全州工事及其他作战诸准备,应迅速完成。仰即遵办具报。中〇。申支戌。

令一元南。

刘斐致余汉谋密电
(1944年9月10日)

限二小时到。曲江余长官幄奇兄:○密。申齐电敬悉。查敌此次进犯,乃为对我最后之挣扎,桂柳要地不但为我抗战形势所必争,且为盟军反攻基地,非竭全力保卫,必难使友邦谅解。贵战区防广兵单,素所深悉,然以全般形势而论,究属次要,且曾经数度转报委座,终未获准,尚望免〔勉〕为其难,速遵委座电令办理,大局利赖。弟刘斐。申○灰。一元南。

蒋介石与余汉谋来往密电
(1944年9月5—6日)

(1) 蒋介石致余汉谋密电(9月5日)

限即到。曲江余长官:4992密。一、湘敌续沿湘桂路西犯,似有侵桂企图。二、该战区应先抽一师,秘密速开连山防守,并即确实准备以两个师(连山之一师在内)归一军长率领,由连山方向参加桂林附近之决战。三、粤敌一部,如沿西江进犯,以策应湘敌作战,则除沿江两侧之挺进队及地方团队,积极攻袭敌人外,西江防守兵力,应增至一个师,竭力拒止敌之西犯,不得已时,逐次向梧州转进而固守之。除以另电张长官外,仰即遵照调整部置〔署〕具报。中○。申微午。令一元南。

(2) 余汉谋复蒋介石密电(9月6日)

限二小时到。渝委员长蒋:4992密。申微午令一元南电奉悉。本战区所有兵力已竭尽棉薄,历遵调出,现实极度薄弱,无可抽调。关于敌情、我方配备及本战区倘被敌控制,不特对大局影响,即对桂省亦难牵制各情,前经迭电详陈,谅邀睿鉴,兹奉前因乞准免再抽调,俾保留现在仅有兵力,支撑危局。又西江方面,前以兵力及交通关系,奉准将一五八师后调之两团,充实担任守备,免另抽调一师,经饬遵办在案。现该方面连六四军留置之两团,已有正规军四个团。谨并奉闻,仍候示遵。余汉谋手禀。申鱼未。智健。印。〔韶关〕

张发奎与蒋介石来往密电
(1944年9月7—12日)

(1) 张发奎致蒋介石等密电(9月7日)

特急。渝委座蒋、副总长白:6057密。据报湘敌已进陷零陵、冷水滩,继续西犯。除饬全、桂守备军加紧备战,并令九三军以一部在黄沙河占领阵地,阻止敌之进犯,同时勿使国军后退,越过黄沙河,于必要时一并编入战斗外,惟零陵至道县、新宁至全县,俱为敌迂回桂林必经之道,请恳将七战区抽调之部队,速开恭城或道县;另请以九战区有力部队,转移新宁,以阻击敌之迂回,而策应桂、全作战。如何,恳速示遵。柳。张发奎。申虞。国战。印。〔柳州〕

(2) 蒋介石复张发奎密电(9月12日)

特急。柳州张长官:申虞国战电悉。4992密。为防敌由道县、新宁分向全、桂迂回,希速遵申齐酉令一元壬电,调整部署,可也。中○。申文午。令一元南。

张发奎致蒋介石等密电
(1944年9月10日)

限三小时到。渝委员长蒋、副总长白:6057密。据邓集团军报告,怀集方面前进之敌,约万余人,似有进犯贺连路及苍梧,并策应湘桂路作战之企图。该方无有野战军,防务堪虞,除饬桂一区李专员新俊率地方团队警戒外,兹谨呈管见如次:(一)恳饬七战区抽调二个师,先头用汽车输送,驰赴贺县及贺连路要点,对该敌予以阻止。(二)恳令六十四军以有力部队,对该敌反击、侧击。(三)请以最迅速方法输送97军前来柳州控置,以便策应,而免桂柳作战之困难。(四)请转令美空军对该方加以打击。当否,迅乞示遵。柳。张发奎。申灰巳。国战树。印。〔柳州〕

蒋介石就调第卅五集团军入桂参战致张发奎等密电

(1944年9月18日)

限即到。柳州张长官、曲江余长官、德庆邓总司令:密。着第卅五集团军全部即改归该长官(对张)、四战区张长官(对余、邓)指挥,担任两江方面之作战,除分令外,仰即遵照为要。中〇。申巧午。令一元南。

张发奎致蒋介石密电

(1944年10月15日)

特急。渝委员长蒋:酉真侍参电奉悉。5738密。顷据杨副长官森申感电请转呈钧座一电文曰,恳转委员长蒋,申齐令一元壬电奉悉。曾令四四军整装待发,顷据该军长申寝电称,长官薛预定接替本军防务之五八军已到湖口圩本军位置,正催促接防。但长官尚无命令,全军将士志切参加桂林会战,以副委座之殷望,恳立转,请速令开拔。等语。查九战区尚有约八军兵力,以之担任敌后游击,顾已有余。现敌正倾全力,分路向本战区全面进逼,我虽号称八军,但完整能用者,实仅第卅一、四六两军。权衡两战区之轻重缓急,明如观火,以是为期确保桂、柳,挽回战局计,经钧座迭次命令,可能增加之兵力,似必须贯彻。拟请严限薛长官速饬四四军及廿军之廿师、廿六军之卅二师、卅七军之六十师,分别归制,以应战机。即须整补,亦以在各该总司令、军长监督指导之下,较易为功。

至七九军之预六师,如情况许可,拟请一并归制。当否,乞复。柳。张发奎。酉删。国战。印。

(二) 作战经过与总结

蒋介石致陈牧农密电
(1944年8—9月)

(1) 8月26日电

限即到。全州九十三军陈军长:6354密。一、该军应以一部占领黄沙河阵地,以主力固守全州,确实掌握该要地,与铁路两侧友军配合,阻敌西犯。二、应准备事项如下:甲、着在全州附近,利用地形,构筑适合于兵力之环状闭锁式子母堡垒群,以增强阵地韧性。乙、依地形设置防敌战车之各种设备,并准备在敌易于接近及攻击可能较大地区,适时敷设地雷群。丙、敌可利用各道路,必须准备彻底破坏,待命实施。丁、积储可供二个月用之粮弹,但储藏地点必求安全,并适当分散。戊、全州城内及其他重要据点仓库,应有防敌轰炸与防止火灾之各设施。仰遵照,具报。中○。未寝。令一元南。

(2) 9月2日电

即刻到。全州第九十三军陈军长:7278密。一、衡阳一带之敌,正积极准备西犯中。二、该军应遵照未寝令一元南电,迅速完成作战诸准备。三、工事之构筑,务加紧实施,并切实讲求纵深配置及秘匿,各据点须能独立作战,并能相互支援。四、粮弹及其他战斗资材之准备,虽以二个月为基准,但须以极激烈之战斗计算,并须将可能之轰炸损耗计入,务期在敌人断续攻击之下,能固守三个月以上。五、仰将准备程度随即详报为要。中

○。申冬。令一元南。

张发奎与蒋介石往来密电
(1944年9月6—9日)

(1) 张发奎致蒋介石密电(9月6日)

即刻到。渝委员长蒋：6057密。查本部对全州守军粮弹、器材之屯备，准后勤部电系奉钧座电令，照两个月计算。兹据陈军长申支廉清电，奉钧座申冬令一元南电，饬完成作战诸准备，固守三个月。而本部奉钧座未宥令一元南电，电饬该军主力死守全州。至申冬，电尚未奉到。究应如何，谨乞核示。张发奎。申鱼。忠站方。印。

(2) 蒋介石复张发奎密电(9月9日)

限即到。柳州张长官：申鱼忠站方电悉。密。全州应死守。至粮弹器材之屯备，限维持约三个月之用，作战三个月后，准备以空运补给。仰即遵照，并转饬陈军长遵照为要。中○。申佳申。令一元南。

蒋介石致陈牧农密电
(1944年9月7日)

陈军长：申鱼午侍参电计达。○密。所发该军补助工事费伍拾万元，业饬军政部照发，希具领。并望设法迅速完成。工事进度随时电报为要。中○。申虞午。侍参。印。

陈牧农致蒋介石密电
(1944年9月11日)

即到。渝委员长蒋：6925密。1.由零陵方面来犯之敌，约步兵、骑兵百余[?]，炮六、七门，于本(十)日三时许，一部(百余人)向我栗山(黄沙河右岸四四公里)阵地攻击,当即被我击退,五时许,敌占纱帽岭,主力由五古岭、黄花岭向我眼门前、港底村一带阵地(廿九团第一营)之既设阵地猛烈攻战。至本〔?〕三时许,毙伤敌百余,该营阵地被毁,伤亡营长以下官兵二百五十余。又尚礼村我阵地廿八团,亦伤亡官兵卅余。2.我廿八团及廿九团第一营,刻在刀刮金山、武家村、大冲里(永安西南三公里)、永发村、粗瓦窑、小鸡河、太圩岭、杨梅岗之线,与敌仍激战中。3.麾田铺亘湘东桥间发现敌战车十四辆,零陵敌续有增加。谨闻。第九十三军军长陈牧农。申真。明仁。印。〔全县〕

蒋介石致张发奎密电

（1944年9月12日）

限二小时到。桂林张长官:1871密。93A留一部坚守全州,不得已时节节抵抗,支持两星期以上时间,主力转移桂柳方面,照兄与白副总长所商定计划实施。黄沙河方面,仍须督饬努力支持为要。中〇。申文辰。侍参。印。

陈牧农致林蔚密电

（1944年9月14日）

限到。渝4685密。主任林:(一)自灰日起,黄沙河方面敌步、炮约二千四向我猛攻,尔后续有增加。文日,分三【路】向我全州外围阵地进攻,激战竟夜,元日形成对峙。入晚,全线向我进攻。(二)左侧翼方面敌五百余,由枫木山南犯,我索搜〔搜索〕营于元晚逐次被迫【退】至龙水附近。(三)全县贮弹因铁路失效,汽车不到,难望抢运。(四)全县地形固守,野战均多不利,尤以龙水方面顾虑甚大。(五)军为既出不利,避出胶着,保持会战力量,于元晚脱离敌军西退。(六)现全均经撤出,弹药抢出一部,余均彻底爆破。(七)尔后在决界首严关镇、大溶江之线阻敌,决遵张长官命令,达成任务。职陈牧农叩。寒申。槐。印。

张发奎致蒋介石密电

(1944年9月17—29日)

(1) 9月17日电

特急。渝委员长蒋:4685密。据邓指挥官报呈,文、元、寒三日间,雷湾方面战况综合如下:(一)文辰,敌步、炮千余,由官桥向中扮进犯,与张师激战至午,中扮失陷,守军转移于大鸡山、佛子岗之线。文晚,敌续增加千余,元辰,窜向石角、合江圩。进犯其石角之敌,于石角东方五公里之杉木坳,与我前哨接触后,即向塘鹢(石角东北)北窜。寒日,张师续与敌激战于车田、富潭一带。(二)为策应张师之作战,暂归守备队指挥之四六五团一营,附化县团队,则向富桥、新安攻击。区副师长以有力一部,同时向中扮附近及其以南攻击,补一团附保六大队,寒晨,推进至连田、林尘之间地区(均化县北),策应中扮方面之战斗。寒辰,我军先后克复中扮、新安、官桥。寒晚,复部署向文村及太平圩方面之战斗。等情。除饬张师主力沿廉贵公路,极力拒止敌人于化县以西,部队攻击中扮、合江之敌;安铺附近之戴部,迅向廉江攻击,协力张师作战外,谨闻。张发奎。申篠申。战雷。印。〔柳州〕

(2) 9月18日电

急。重庆委员长蒋:4685密。雷湾敌自申文陷廉江后,即避实就虚,钻隙北窜,刻与我155(?)师主力及地方团队对战于陆川以南及其东北陆静圩附近之线,似欲乘隙进犯玉、柳,策应湘桂,或流窜平南、丹竹,破我机场之企图。战区为确实掩护柳玉公路安全,打击敌北窜之目的,对该方作战指导如下:(一)着张师主力在陆川附近地区,阻止敌之前进,并极力侧击、袭击敌人。不得已时,逐次打击、阻碍敌人,力向贵玉路方向转进。(二)着刻在化县、中洞、合江附近作战、由区副师长率领之两个团(欠一大队),侧击、尾击敌人后,迅速向陆川、玉林地区加入师主力作战。以上部队到达玉林以南地区后,统归邓指挥官指挥,该指挥部即移驻玉林指挥。(三)着本部少将参谋詹式邦,指挥沿海警备两个大队,及茂、化地方团队仍在原地守备,相机袭击敌人侧背。(四)着雷挺支队在安铺附近之主力即向廉江方向侧击,妨害敌人,策应张师作战。除分令邓指挥官、张师长、戴司令外,谨电核备。张发奎。申巧辰。战雷。印。〔柳州〕

(3) 9月23日电

急。渝委员长蒋:7593密。战报:据邓指挥官暨北流刘县长等申皓、申驾电,节开:(一)据报篠日有敌二千余,在广州湾登陆,被我机炸沉敌舰二艘,除被炸死伤五百余人外,其余向遂城输送。申日来,遂南敌调动频繁,似有蠢动模样。(二)张师之四六五团,仍控置于新安附近地区,负责警备。区副师长率保十团一大队,向玉陆路挺进,侧击北窜容县之敌。(三)申篠,陷北流县属陆靖、康宁两乡之敌,经该县团队堵击,即于陆靖毙敌一、伤二,于白米伤敌十余。敌不支,先后由扶新乡向容县之黎村北窜,陆靖、康宁两地已于驾辰克复。除耗去弹药,另案册报外。谨闻。柳。张发奎。申梗未。雷。印。

(4) 9月29日电

渝委员长蒋:4992密。战报:据本部荔浦指挥所张励申宥战电,转据湘桂边区甘总指挥有未、有酉两电称:本部练习营及学生仅三百,自今晨在龙虎关与步、骑、炮联合之敌千余激战,因兵力过少,被敌冲入鸡嘴峰及其以西高地,几度反扑,得而复失,苇头山高地亦告失陷,受敌牵制及两翼包围,伤亡惨重,战斗至烈,消耗殆尽,苦战至酉刻,阵地遂告失陷。除饬恭县自卫团占领九板、乡桥

1351

附近,拒止敌人,相机夹击外,拟饬龙虎关守备部队撤退于恭城附近,稍事收容整理。当否,谨电示遵,等情。除饬节节抵抗,迟滞敌之行动,并另有命令攻击外,谨电呈核。张发奎。申艳辰。国战炜。印。〔柳州〕

胡栋成致军委会密电

（1944年10月4日）

即到。渝军委会:4685密。东夜,本军奉命撤离兴安,当夜以步兵两营强,在严关口南掩护伏击,敌军均经我拒止。冬晨,敌续增加,沿铁路、公路两侧猛犯黄路坪等处,经我邓营反击、驱逐;另敌一股六百余,由南路界绕龙严关车站附近,邓营被敌包围,仍与敌混战数时,至正午始,突围归还。敌遗尸阵地约五十余具,我伤亡官兵十余。(2)进入老堡村南北阵地线敌军五千余,冬午后二时,进至胁剡,即向我隔江背、梁木塘、老堡村、望花岭阵地进袭。夜九时起,我两侧高地及老堡村东侧高地守兵,伤亡殆尽,先后陷落。江日拂晓,在敌炮六门掩护下,敌复全面猛攻,均经我守兵奋勇击退,我旋以雷团谢营反攻老堡村东侧高地,得而复失者二次。隔江背阵地亦经萧团反攻,得而复失。自七时至午后二时,全线敌一再冲锋,并以公路两侧来【回】反复肉搏数次,敌我伤亡枕藉,我整连牺牲者共六连。午后四时,敌机六架袭我阵地,入晚,仍在苦战中。(3)十师在黄沙河、全县、界庄、兴安、老堡村各役,毙敌近千,我伤亡官长达七十八员,士兵千余,失踪官兵四百余。原有战斗兵三千余,仅余半数。敌于老堡村之役,遗尸约三百余具,计其伤亡约近千人。(4)江晚,奉总司令夏电谕,将十师移回灵州附近稍加整理,以备再战。新八师即于大、小溶江占领阵地,以备痛击敌人,达成任务,仰体钧意。谨闻。九十三军代军长胡栋成叩。酉支巳。明会。印。

张发奎致蒋介石等密电

(1944年10月5—19日)

(1) 10月5日电

重庆委员长蒋:据湘桂边区甘总指挥酉东参一电称,5738密。谨将本部防守龙虎关战役经过报告如下:(一)申有子,敌骑百余由永明窜桃川西进,与我军便探接触,拂晓,敌步百余与我仙姑塘警戒部队发生战斗,七时,敌步、骑七、八百,山炮四门,向我阵地攻击。当急调在丁岗坳布防之步兵一连驰援,十二时,敌猛攻阵地,左翼因兵力悬殊过甚,凉伞顶及虎头山阵地,于十三时卅分相继陷落。桂门关阵地被其重叠包围,即以预备队之学生一区队,向右翼增援,十二时,敌强渡龙虎河、桂门关以南阵地,敌屡以密集步兵冲锋,得而复失。待续,等情。除指复外,谨电呈察。张发奎。酉微巳。国战炜二。印。〔柳州〕

(2) 10月6日电(一)

特急。渝委座蒋、总长何、副总长白、部长徐、政治部张部长:5144密。西江方面综合战报:(一)我一五五师主力卅辰在大安乡、下渡头附近,艳〔续〕攻浔南敌军,激战至午,毙伤敌六十余,马三、四十匹。我伤亡排长以下五十余员名。后奉命转移桂平附近,阻敌西犯,乃于全夜脱离敌人。冬午,敌跟踪西犯,与我渡河掩护队发生激战,计伤毙敌四十余。入夜后,我掩护部队安全撤至桂平,刻平南附近敌正抢筑工事中。日来无大变化。(二)皓日,我雷南部队分袭洋菁、遂城,共毙伤敌卅余,我伤中队长李济群以下十三员名。谨敬闻。柳。张发奎。酉鱼巳。战雷。印。

(3) 10月6日电(二)

特急。重庆委员长蒋:5738密。据九三军胡代军长酉东未明智电称:(一)东晚,我十师遵移老堡村南北阵地,敌尾随追击,被我严关口伏击掩护部队分别截击阻止,苦战竟夜,毙伤敌约三百。(二)冬日拂晓,敌约五百余经李家庄迂回至圩田村右翼,敌我转入混战状态,正面敌攻击亦烈。天明后,敌二千余沿公路突击,经我两度击退,严关口卒为敌陷,我掩护队遂被敌围,血战未归。十时,敌主力约五千,分途续行西犯。午刻,敌以纵队向我君田、小江背、大拱桥警戒阵地猛攻,前仆后继,我君田、大拱桥守兵与敌肉搏,伤亡殆尽。刻我于隔江背、果酒塘、老堡村、杏花岭之线敌激战中。等情。谨闻。职张发奎。酉鱼辰。国战炜。印。〔柳州〕

(4) 10月7日电(一)

特急。重庆委员长蒋、总长何、副总长白、军令部长徐、政治部长张:4462密。战报。据九三军胡代军长酉冬、酉江两电报,兴安城附近战况兹综合如下:(一)申陷,敌三千、炮十余门,向我2810高地及塘城不断轰击,守兵伤亡过半。酉刻,阵地移至兴安城、马鞍岩、鸡塛山,继续恶战,喋血肉搏,伤亡殆尽,该地遂陷敌手。旋敌五百余,分三路钻隙冲锋,遂被窜入福沃村、南襄坪,当夜进入混战状态。而兴安城及殿前村战斗,更为惨烈。(二)酉东,我阵地转移马鞍山、三江口、道兵村、松树岗、吴灯山之线,敌约二千,附炮四门,再度向我314高地北侧三面夹攻,我二九团第一营誓死奋战,全排壮烈牺牲,相持至午刻,仅退回士兵八十余。敌又数次增援,迭向松树岗、点灯山猛烈攻击。我卅团第二营沉着还击,未被突入,但右翼被敌突至宕门、克腊、黑山之线,向三江口进犯。又蜈蚣山敌六、七百,以炮兵掩护,冒险冲入阵地,我二四团主力在马溪山岭、南襄坪附近,后路被断,复冲出重围。计阵亡连长以下七十余员,士兵五百余名,截至发电时止,尚有三排未归。现我第十师主力已撤守严关口以西地区,惟留置严关口部队,仍与敌反复冲杀中。待续。张发奎。酉虞午。国战炜。印。〔柳州〕

(5) 10月7日电(二)

特急。重庆。抄送委员长蒋、总长何、副总长白、军令部徐、政治部张部长:4462密。续酉虞午国战炜电:冬未,敌二百余向我隔江背、梁木塘、老堡村、杏花岭阵地攻击,激战至戌刻,敌增三百余,再度合击隔江、老堡村,守兵伤亡颇重,该地先后陷入敌手。适我二连援兵赶到,即将该地抢回。旋敌又增援,反复争夺,战至江晨,经〔均〕被陷落。追敌沿公路、铁路两侧向我冲锋,肉搏五、六次,敌尸遍野,我步兵六连壮烈牺牲。午后四时,敌机六架向我阵地更番猛炸,支持至申刻,我第十师移至灵川整理,我新八师于大、小溶江占领阵地,继续打击敌人。是役,毙伤敌千余,遗尸三百余具,我方伤亡亦重。等情。谨闻。张发奎。酉虞午。国战炜。印。〔柳州〕

(6) 10月14日电

特急。渝委员长蒋、参谋总长何、副总长白、军令部长徐、政治部长张:5738密。西江方面综合战报:(一)窜据蒙圩附近之敌二千余,附炮四门,文晨在蒙圩附近,与我一五五师激战,顽敌更番向我冲扑,均被我击退,双方死伤惨重,仍在原地对战中。入夜,我为调整部署,乃利用夜暗,以一部与敌保持接触,主力转移至兴隆乡附近,占领阵地。元晨,敌五、六百由蒙圩向西窜犯,经我张师猛烈阻击后即回窜,迄寒日,仍在该圩附近构筑工事中。(二)寒拂晓,我一三五师有力一部,向思旺乡之敌攻击,敌凭工事据守,当即发生激战,迄巳刻,我乃驱逐残敌,克复思旺。谨敬特闻。张发奎。酉寒。国战。〔柳州〕

(7) 10月17日电

渝委员长蒋、参谋总长何、副总长白、军令部长徐、政治部张部长:5738密。湘桂路方面战报:(一)寒辰,敌三百余强渡过榕〔溶〕江河,与五甲庄南下敌二百余会合,围攻榕〔溶〕江镇,当与我守军发生激战、巷战。申刻,我退出榕〔溶〕江镇,自酉刻起,极力往返冲杀,至子刻,被我冲入镇南街。(二)寒辰,敌另一股四百人,攻陷我界脚底警戒阵地,直趋油路界,现仍在该地西南地区激战中。是役毙敌三百余人,遗尸榕〔溶〕江镇郊区百余具,获三八式步枪一支及文件日记等;我亦伤亡六十余人。敬闻。张发奎。酉篠酉。国战炜。印。〔柳州〕

(8) 10月19日电(一)

委员长蒋、总长何、军令部长徐:5738密。据十六集团军夏兼总司令酉删亥镖捷电称:(一)寒辰,敌四、五百沿九三军大榕〔溶〕江前进阵地攻击,激战三小时,我军被迫退出大榕〔溶〕江。寒午,我派兵增援夺回榕〔溶〕江镇之一半,现仍相持中。(二)寒辰,敌一部三百余,由西安乡向明塘口(五万分之一图,西安乡西南约四公里)、界脚底,沿山地小道攻击新八师廿四团之第二连,激战甚久。该连伤亡过半,退至松江口东侧三华里等处。正午,敌续增四百余猛攻,与廿四团第一营之一部激战,十四时,敌撤回松江口村庄。查该敌企图迂回小榕〔溶〕江我九三军主阵地背侧。为解决该敌,经该军饬第十师王师长率该师主力,向松江口附近前进。刻王师已到紫门峡附近(松江口西南约十公里),行攻击准备中。灵川附近仍留王师之一团,继续加强工事。等情。谨闻。张发奎。酉效午。国宪暨。印。〔柳州〕

(9) 10月19日电(二)

总长何:1730密。据夏兼总司令篠戌富战电称:篠午,新八师攻克大溶江,第十师在松江口与六、七百敌激战中。另有敌数百,于篠未陷高上田,续【向】海洋圩窜扰,刻与我五六三团第一营于高上田西侧对峙中。(乙)处置:(一)派阙师副师长郭文指挥五六三团第一营及新19师在大圩之一营,前赴桂〔桃〕子隘拒止高上田之

1356

敌,并相机收复高上田。(二)新19师(欠五七团)配属有山炮二门及原在铁坑之一营,于篠四时,由驻地出发,经须圩向海洋圩搜索前进、推进,拒止敌接近漓江,逼近桂林,并相机击灭高上田之敌,但须各军有力一部随时可转移于铁坑方面。(三)(93)军在小溶江之线,极力拒止敌人,并驱逐松江口附近之敌。(四)(194)师于巧七时前,集结于祝乡,准备进出塔边工事(松江西北六公里)附近,策应松江口方面之战斗。等情。除饬进出该方部队应确实守备海洋圩附近要地及桃子隘、五里亭诸隘路,阻止打击敌之进犯,并饬杨集团以一师主力位置良丰附近,相机策应夏集团之作战,一部仍守备砕〔阳〕朔。除分令外,谨电核备。柳。张发奎。酉皓巳。国战炜。印。

(10) 10月19日电(三)

特急。渝委员长蒋、总长何、军令部长徐、政治部张部长:4701密。(84)号表。西江方面综合战报:(一)删日,我一五五师向新德村(桂平西十二公里)附近之敌施行威力搜索,毙伤敌十余,马二匹,我无死伤。(二)巧,苏塘附近敌三百余,炮二门,向官桥附近我一五五师阵地猛犯,并向我左翼迂回,我即以有力一部,由右翼实行反包围,至未刻,敌再增五百余,向我反攻,经我堵击,激战至申刻,敌不支,向蒙圩溃退,我即实行追击。迄酉刻,克复石塘,恢复原态势。敌伤亡颇重,详情待清查中,我伤亡四十余人。谨闻。柳。张发奎。酉皓。国战西。印。

张发奎致军令部密电

(1944年10月20日)

特急。渝军令部:4701密。综合战报:甲、西江方面:(1)号巳,盘踞十字圩(平南北15公里)之敌二千余,经我猛烈攻击,敌不支,溃退。巧日,我系〔在〕盘石村(在江口东三公里)毙伤敌二百余。迄哿日止,我敌仍在该地对峙。乙、湘桂路方面:(1)酉篠拂晓,我第十师一部,由符节村向松江口之敌攻击,激战至酉马〔?〕,松江口附近高地完全被我克复,兴安、松江口之敌后路被我截断,猷〔犹〕作困兽斗,我正包围歼灭中。(2)大溶江以北敌,炮二门,由廖家村不断向我百家村轰击,余无异动。(3)酉哿,我新19师由海洋圩【向高】上田之敌攻击,未刻先头部队已攻抵莲花塘、大田头、西泉二村之线,迄哿酉止,仍在对峙中。谨特闻。张发奎。酉哿戌。国战炜。印。〔柳州〕

张发奎致蒋介石等密电

（1944年10月23日）

特急。渝委座蒋、总长何、副总长白、部长徐、政治部张部长:5144密。战报:(甲)西江方面:(一)养辰,我64军所部向桂平、平南各附近之敌攻击,蒙圩敌千余据守碉堡顽抗,已刻被我冲入,□正发生惨烈巷战。至未刻,因敌炮火炽烈,退出蒙圩。我一五九师仍在良莠村、小东村、寻窑各村庄以北之线,对蒙圩包围攻击中。(二)桂贵路附近我一五五师,冒敌前进,未刻攻占苏龙村、苏塘,续向东北五雷高地攻击,至未刻,攻占第二山峰。同日,我左翼挺一纵队再于未攻取新德村,续向李家窑攻击。(三)平南附近我由思界向当面敌攻击,敌不支,向竹儿根以东地区溃窜,我攻击安怀乡之37军,已刻攻进安怀乡北端,未刻,敌由来平方向增来一部,向我左翼包围。又十字圩敌二百余,向我攻击,刻我在牛洛、官成乡之线与敌对峙中。待续。谨敬特闻。张发奎。酉梗午。国敌炜。印。〔柳州〕

张发奎致徐永昌密电

（1944年10月24日）

特急。渝军令部长徐:5738密。战报:(甲)西江方面:(一)梗辰,我159师再向蒙圩之敌三面围攻,午刻占领该圩大部,残敌百余退据东北角碉堡顽抗,我正扫荡中。未刻,我155师攻占500高地,我第一纵队占新爵村以东岭脚村、新寨圩之线,该两部续向马羊村、罗阳村、福利村之敌攻击。(二)我37军与由官成乡北窜之敌千余对峙于八宝乡、高登村之线。(乙)荔浦方面:(一)龙虎关方面由源口南窜敌五、六十,经我自卫队痛击,溃退桃川。皓日,由观音阁南窜黄泥江敌二、三百,经我团队截击后,向九板桥方向逃窜。(丙)桂林方面:(一)高上田敌二千余,其一部六、七百,在莲花塘(高上田南)附近,与我十九师战斗。梗未,经我反攻,夺回该地。计毙敌廿余,获轻机枪一挺。另一部二、三百,梗巳与我陶纵队(辖131师、135师、188师之各一营)在桃子隘附近战斗,经我猛烈攻击,激战时许,敌不支,向塘辐溃退。(二)松江口我第十师主力及194师一部,梗辰攻占408.16高地及以东高地后,向该村猛攻,迄已完全克复松江口。计毙敌大队长山井乙〔一〕员,毙敌三百余名,文件甚多,残敌廿余向油路界逃窜,正追剿中。谨闻。柳。张发奎。酉敬亥。国战炜。印。

张发奎致蒋介石等密电

(1944年10月28日)

急。渝委员长蒋、总长何、军令部徐部长:7593密。有、宥两日战况:(甲)西江方面:(一)有日,我攻占上、下乌村,蓝山山头一部,毙敌百余。蒙圩仍被我包围中。另有晨,敌千余,附炮二门,由思旺攻击突破我135师辣椒园、洋塘阵地,该师部队转进长江圩附近抵抗。宥子,复由长江墟攻击莲塘江口、护村、石板之线。(二)有日,我37A向育梧村、八宝乡间之敌攻击,酉刻,我克复高登村、六巧之线。(乙)湘桂路方面:(一)向石儿湾、捉马巷、水源山之线攻击敌,受我猛烈炮火射击,乃□攻我左翼阎王岭预备队,我适时予以反击,毙敌百余,我伤亡官五、士兵百余。阎王岭沿公路线之敌,向下田头、大桥头、大板桥溃窜西犯。敌七、八百有未起,向我吴厂、石坟土、大观音顶攻击,白刃格斗,至为惨烈。迄晚,我转进五里亭东面之线,继续抵抗。谨闻。张发奎。酉俭辰。国战。印。

夏威致蒋介石等密电

(1944年10月30日)

(1)

委座蒋、总长何:4701密。桂林外围战斗要报:(甲)自申真敌窜入黄沙河以来,桂北血战开始,迄酉艳,桂林防守战揭幕。我外围及防守部队,经四十七日之作战,均能迟滞、消耗敌人,其中以兴安、老堡村一役【最为激烈】。我九三军第十师奋勇战斗,杀敌千余,使敌毫无进展,而该师自营长以下伤亡亦大,所属三团仅编足四营。嗣后敌因我大溶江阵地巩固,攻击数次,均受顿挫,即于酉铣,以敌一〇六大队向我右翼松江口方面迂回。经调第十师与一九四师对敌包围攻击,战斗八日,对该大队歼灭大半,于【伤亡】敌大队长山井以下千余名,携获轻机枪、步枪、望远镜、电话机等甚多,生俘敌四名,均因伤重,隔日毙命。敌以迂回不逞,遂于我右翼高上田方面陆续增援至步兵五千余,炮十一门。待续。永。职夏威。酉全。富。(一)。印。

(2)

即到。渝委员长蒋、部长何、部长徐,另发张长官:4701密。续一。"自酉皓起,与我新十九师(实力五营)、九八师(实力四营强)及巢导纵队(防守军四个营编成)、防守军山炮连(四门)发生激战。我凭地形良好,虽予敌甚大之损伤,然有、寝以后,高上田以西【敌】增至六千,高上田东南及铁坑方面【敌】增至二千余,遂于铁坑、桃子隘、大岩岭、五里亭、长冈岭等要点,发生壮烈无比之争夺战。我九八师二九四团步兵两连及铁坑之新十九师两连,全部殉国,其他各部自营长以下伤亡亦重。五里亭九八师指挥所及长冈岭巢【导】纵队指挥所附近,均激战,七九军工兵营迄直属队,亦加入战斗,反复肉搏,拼死抗拒。该两三日大雨不停,山雾弥漫,我空军不能到前线助战,敌攻击更猛。嗣后我七九军之一九四师(实力约四营)及二六军之四四师主力(实力约步【兵】五个连、迫【击】炮十门,无重机枪)分别由松江口、良丰转调,感日甫赶抵战场,而第一线战斗"待续。永福。职夏威。酉全。富(二)。印。

(3)

即到。重庆委员长蒋:4701 密。续二:达最高峰,因伤亡过重,力量稀薄,致金狮洞、水浮峤、城墙陡、大观音顶各处,均被敌突入,险要全失。九三军小溶江阵地右侧背,受敌直接威胁,而同时铁坑被敌突破,东岸部队背临漓江,形成障碍分离,危险太大,遂于感实行有计划转进,于漓江西岸之线协力桂林防守军作战。(二)敌之兵力番号,计湘桂路正面为敌五十八师团,约三大队;高上田方面,敌五十八(?)师团二大队及由兴安增援来之第四十师团一部,与复兴第七联队;铁坑方面,为敌一一六师团步、骑兵各千余,(该敌由灌阳开来,灌敌属一一六师团。)总计敌第一线兵力共约一万五千,后续部队陆续增援,待查中。待续。永福。职夏威。酉全。富(三)。印。

张发奎致蒋介石等密电
(1944 年 11 月 1—10 日)

(1) 11 月 1 日电

特急。重庆委员长蒋、总长何、军令部长徐:5738 密。(一)酉感寅刻,海洋圩附近 44 师当面之敌千五百余,炮六门,分向 460 高地及亘字山一带阵地钳形猛攻,战斗愈趋惨烈。该线阵地曾数度失陷,经反复冲锋,终以夺回。是役我伤营长张秉乾,连长张思三、杨连云,排长史关文、任子康、阎中山、张连荣、杨维贤等八员,阵亡排长彭源生一,伤士兵六十九,阵亡五十名。激战至酉俭申,转进良莠附近集结,以一部在桂林东南沿漓江警戒。(二)酉全酉刻,敌二千余,马三、四百匹,由熊村经大圩向桂林前进,刻抵拓木圩东岸渡河中。艳,窜抵大源乡敌千余,向半皮村准备渡河,艳卯至巳,敌约千人由新圩经崔家圩向大河圩方向前进。全晨,大河圩发现敌五、六百。(三)全子,敌约一中队向桂林江东厢、星子岈、六合路、申山等处狙袭,我奋予以攻袭,毙敌十余,掳获六五、步枪一支,刺刀一把,子弹廿颗。至寅,敌始退去。(四)酉全,由龙虎关窜抵嘉会敌约千人,被我阻于白羊、白燕山间地区,敌伤亡颇重。等情。谨闻。张发奎。戌东戌。国战炜。印。〔柳州〕

(2) 11月2日电

重庆委员长蒋、总长何、副总长白、军令部长徐:7812密。西江方面综合战报:(一)我六四军江右支队,俭日先后攻占油麻、社步。艳日,敌由穆乐方面增援反扑,我一面抵抗,一面向麻洞转进,刻仍在该地附近对战。(二)桂平方面。我四六军艳晚接替六四军防务后,卅日无变化。世辰,第一线敌约千余,分由蒙圩五〇〇高地、蓝山、赵李坳、新德村北高地之线,向林村、优庙、柴村、新寨岭脚、新德村、社岭塘等地进犯,战斗至烈,迄晚,仍在该线鏖战中。(三)黔江左岸方面。卅子,三江敌陷花雷后,续分三股向廿四冲、申〔界〕顶、分龙界之线进犯,与我一五七师从未至亥在该地搏战。世日,敌更番冲锋达七、八次,均被击破,敌伤亡甚重。迄戌东申,双髻山、界顶、分龙界之线,仍为我确实固守中。谨闻。柳。张发奎。戌冬。国战西。

(3) 11月6日电

急。渝委员长蒋、总长何、军令部长徐:5738密。战报:据夏总司令戌江指捷电称,敌千余猛攻新十九师林村,与我六团猛烈搏斗,该团之一连全部壮烈牺牲。另敌一股(兵力不详)犯金虎村,有窜永福侧后堡里圩企图。另敌千余,未刻强渡南岸,与新八师廿七团激战,苏桥敌二、三百西窜上江坪,被我九七军击退。等情。谨闻。张发奎。戌麻辰。国战炜。印。〔柳州〕

(4) 11月8日电

即到。渝委座蒋、总长何、副总长白、军令部长徐:5738密。顷据桂林城防韦司令无线电话报称:齐辰,东地区敌向我猛攻,并施放毒气。传我守军在七星岩内之一连,全连牺牲,月牙山、普陀山、七星岩附近岩洞,尚为我军固守,惟我东地区守军,现已伤亡过半(千三百余人)。等情。谨闻。宜。张发奎。戌齐。或宜。印。

(5) 11月9日电

急。委员长蒋、总长何、副总长白、军令部长徐:5738密。战报:(一)红水窜扰东岸敌先头百余人,戌佳卯窜抵独山(迁江东南十公里),后续于辰刻陷独秀村,刻与我六十四军警戒部队战斗中。(二)齐晚,在来宾、正隆一带渡河敌千余,今晨其一股窜陷来宾北十五公里之古雷圩,我六十二军正竭力拒止中。(三)由象县南鸡沙渡河敌数百,佳晨续向西犯,我一五七师与之激战,敌顽强突进,卒于巳刻攻陷马平圩。(四)由东泉镇西犯敌数百,佳巳猛攻我一八八师柳江东岸警戒阵地,我军与之激战,卒以众寡悬殊,向后撤退,柳城被侵陷。刻一八八师正隔河极力抵抗中。除详情续报外,谨闻。宜山。张发奎。戌佳。国战炜。印。

(6) 11月10日电(一)

限即到。委员长蒋、总长何、副总长白,并译转李主任德公、军令部长徐、第二厅郑厅长介民兄:4701密。综合情报:甲、(一)桂林方面:东地区,我一〔除〕据守普陀山顶之高峰外,普陀山脚、七星

1363

岩及月牙山等均已于昨、今两日先后陷于敌手。其由中正桥附近渡河、经正阳路窜据皇城东华门城楼内数十之敌,似尚盘踞该处,未获歼灭。北地区以坦克十余辆掩护,齐日来反复向我北极路、凤凰山、清风桥〔攻袭〕之敌步、骑兵,仍被我步、炮兵守军压制,敌无甚进展。西地区敌,佳一日以坦克十数辆掩护,分数股围攻狮子山、阳家山,迄晚仍在血战中。南地区方面,连日来有小接触,无激烈战斗。本灰日,桂林通讯中断,敌我〔伴〕正进行猛烈血战中。待续。宜山。张发奎。戌灰申。宜一。印。

(7) 11月10日电(二)

即到。渝军令部长徐:续戌灰申宜一电。乙、柳北方面:佳辰,由三门江渡河犯柳敌约千余,迄佳午窜抵柳州东岸之窑埠附近,与我激战至晚,敌分数股侵入窑埠街。灰日,该方情况不明。又佳经三门江东侧窜、由鸡拉渡河敌约二千,一股于佳夜后窜占大桥圩,主力向柳飞机场方面进犯。迄本灰未,敌我仍在飞机场东南方激战中。至齐,由洛埠沿铁路犯柳敌千余,佳晚进占柳北约九公里南之头背山及凤凰岭、兵营岭等地。至本灰午许,续南犯窜入柳北火车站,与我军血战中。另佳由东泉圩窜陷柳城敌,迄晚增至五、六百,至灰,有敌卅余强渡西岸侵入南丹村,迄灰午陆续增至百余。我曾数度反攻,伤亡百余人,均未完功。刻仍在战斗中。灰巳,有敌百余窜柳城北约五公里之白沙村,渡过西岸,占据开山寺、东站之小村,内有掩护敌后续部队渡河样。现柳城约有敌五百,东泉圩附近约千余。大平及大浦方面尚安静如常。待续。宜山。张发奎。戌灰申。宜二。印。

张发奎致徐永昌密电

(1944年11月13日)

渝军令部长徐:5738密。据二六军丁军长真辰电话称:

(一)我军柳州之战,阳夜至佳夜渐被四面包围,蒸辰遵蒸丑电话,于西侧开放道路。(二)我指挥所于蒸午移至张公岭,晚即受敌迂回队之袭击。同时,城内守军受敌空、地猛攻,牺牲甚大。北岸守兵尚未完成渡河,敌又从侧翼渡河,袭我左侧背。(三)蒸申,逐次掩护与敌战,闻至真子,尚在巷战中。(四)为尔后战斗容易计,职于真辰率四十四师一部到六道附近收容,并即布防。等情。除遵钧座电话指示,向□江河北岸地区转进外,谨闻。河。张发奎。戌元巳。国战炜。印。

张发奎致蒋介石等密电

(1944年11月)

(1) 11月13日电(一)

渝委员长蒋、总长何、副总长白、军令部长徐:5738密。战报:(1)柳城进犯之敌千余,文午攻占流山乡,我一八八师后卫部队在该乡西侧地区,与敌对战。敌增援续犯,我军节节阻击,至元子,我军仍在蹲岔车站与敌激战中。(2)我三十五总部,文日到达忻城;一三五师到达理苗;廿六军到达南乡村;卅七军到达袄岿;一八八师部附一团到洛篊各附近,正就新〔近〕部署中。其余部队待续电呈。谨闻。河池。张发奎。戌元。国战报。印。

(2) 11月13日电(二)

重庆委员长、总长何、军令部长徐:7812密。战报:齐夜,三门江敌与我二六军隔河对战后,敌增援至六、七百,沿江向南窜,屡次强渡,均经击退。佳子,由三门江以北偷渡敌二百余,窜陷六合公司,刻与四一师在天长岭北侧高地激战。另敌一股百余,窜入窑埠村东北,经我四四师压迫,在马草塘附近对战。又一股百余,窜至鹧鸪岗车站,与我对峙,敌后续部队沿柳江东岸续向南犯。(二)佳辰,敌二百余,炮二门,窜抵柳城,当晚渡过南丹村。敌二、三千据守民房,午刻敌百余渡河增援,激战甚殷。另敌二百余,由白芷村、丁融江、放流渡、三角咀、南丹村,向我188师左翼包围,酉刻,敌后续部队四、五百在柳城以重火器猛攻支援,敌我伤亡均重。188师左翼退守穿山、南后山之线,阻敌西窜。待续。河。张发奎。戌元戌。国战炜。一。印。

(3) 11月13日电(三)

重庆委员长蒋、总长何、部〔军〕令部长徐:7812密。战报(续戌元戌国战炜一电):(三)文子,敌三、四百,炮三、四门,突破一八八师阵地,续向南山村、洞口村、三岔乡进击,午刻窜抵冈山乡,敌我再度激战后,复向三岔乡撤退。563、564(185D)两团被围,正突围中。配属该师之军炮兵第二连全部损失。(四)元辰,步、骑、炮混合敌千余,集中火力向我532团阵地突击,迭在毕真岭、羊角山、累山各高地反复恶战,彼此伤亡均重。迄巳刻,三岔街南小高地被击〔敌〕攻陷,第九连全部壮烈牺牲。敌复以步骑数百,分向三岔街左右迂回窜犯。未刻,三岔街被陷。三岔增敌七、八百,进出三岔街西南高地,向□岭北、社村北端高地不断攻击,我守军极力阻击中。各等情。谨闻。张发奎。戌元亥。国战炜。二。印。

(4) 11月16日电

即到。渝委员长蒋、总长何、军令部长徐:5738密。谨将寒、删、铣日战况电报如次:(甲)寒辰,铁路正面我四六军与敌在南乡村、大羊角、雷隘迄龙江河之线对峙,无激战。另敌三、四百由龙江河向洛东攻击,已被占领,该军以预备【队】增加反攻,十时顷,与敌在洛东以北附近对战。自未迄夜,宜山情况不明。右兵团仍与敌在朔河、古万、思练各附近对敌战斗中。左兵团自文日起,仍未向本部连络。(乙)删日,右兵团仍以有力一部,在原阵地与敌对战,经饬以有力一部向宜山、怀远间侧击敌人,并掩护中央兵团主力占领北牙、怀远阵地。删辰,据报三十七军到达北牙,正占领阵地中。迄删戌始悉丁军到达大安,未能遵限占领怀远阵地,乃再令星夜兼程开怀远。左兵团方面,据报在小龙圩(宜山北七公里)么门冷寨之线,与敌对战中。(丙)铣日十时,步、炮联合敌二千余窜怀远附近,令战区干训团教育长王辉武指挥四四师先头到达部队,隔河对战。激战一小时,我炮兵击毙敌三百余,马十余匹,毁敌山炮一门。敌溃散,隐匿搜索山地。迄下午二时,仍由公、铁路渡口附近攻击,敌亦被我击退。酉刻,敌以攻击未成,乃以主力窜同治岭对岸,有乘夜渡河模样。我正严加戒备中。查丁军蒋师戌刻已全部到达怀远,四一师篠日方能到达作战。谨闻。河池。张发奎。戌铣戌。国炜。印。

(5) 11月17日电

即到。渝委员长蒋、总长何、部长徐、第二厅长郑:4701密。战报:(一)到达思练、古万及周安圩之敌,删日以来,与我激战,敌无进展。(二)寒日窜至宜山北方小龙圩附近敌,删日似已窜至宜山。与由铁路西犯之敌会合后,铣日,其一部窜至宜山南之太平,有续南窜石蒙桥;其主力四、五千人,续沿公路西犯,其先头千余人,附炮四门,铣辰窜至怀远西之对河。我当密集炮火予以痛击,毙伤敌数百,并毁敌炮一门。篠子,敌复蠢动,以图渡河,刻正激战中。(三)由落崖向罗城窜犯敌(兵力不详),删日以来,在罗城以东地区,与我激战中。(四)柳州及桂林方面,敌后情况铣日无新得。除分电外,谨特闻。张发奎。戌篠巳。宜。印。〔河池〕

(6) 11月18日电

急。渝委员长蒋:5738密。戌寒,职部颁邓总司令电一件如下:战区目下毫无控置部队,为应不时需要,希迅抽派一个师,取捷径兼程开到河池,一面整补,一面策应,并将开动到达日期电报。顷据邓

1367

总司令戌删未威电称,经遵派一五五师取捷径到河池,归钧部直接指挥等情。谨闻。河池。张发奎。戌巧午。国战。叩。印。

(7) 11月27日电

急。渝委员长蒋、总长何、副总长白、军令部长徐:5738密。战报:(甲)据报,(一)邕田路敌一千五百余,寝日陷罗圩,感未与我在鹰鹗附近战斗。(二)黔桂路正面敌共约六、七千人,感日与我九七军在大厂、车河、八圩之线激战。另一股八百余,由方田窜骆马村(南丹南四公里),与我发生激战。(三)思恩方面敌约三千人,感日与我杨集团之廿军及九七军之一部,在垒石、洛阳村、黎明关各附近对战。各该方面敌似有彼此呼应、积极分进邕田路及黔桂路之企图。(乙)处置:(一)邓集团应确实领有关德、百色地区,阻敌进犯。(二)孙副总司令所部,应竭力拒止敌人,确保南丹。(三)夏集团应于东兰以北地区,积极侧击、尾击敌人,协力孙副司令所部之作战。(四)杨集团应确保黎明关及其附近地区,竭力阻敌西犯。(五)各该兵团非有命令,不得擅自撤退。等语。谨电核备。六寨。张发奎。戌感戌。国战炜。印。

(8) 11月28日电

即到。渝委员长蒋、总长何、副总长白、军令部长徐:5816密。战报:(一)沿铁路、公路向我进犯之敌,俭子续向庙南丹以南打锡村以东西之线猛攻,该地守军四二师阵地要点被突破。据九七军陈军长电话报告,俭辰,敌数百突袭,我以守军兵力薄弱,卒被攻陷,陈军长仅率卫士数名。已令陈军长迅速收容部队,在六寨附近地区节节抵抗。(二)据杨总司令报告,黎明关敌续有增加,感日,猛攻黎明关、地屯一带阵地,黎明关守军九七军之一团,以众寡悬殊,感酉,阵地被敌突破。现廿军已在黎明关北之板寨附近占领阵地。俭晨,敌续向板寨攻击,正在激战中。廿六军已令向翁昂转进,但尚未到达。(三)窜陷罗圩之敌千余,感日续向西犯,与我邓集团在膺圩附近对战中。谨闻。都匀。张发奎。戌俭戌。国战报。印。

邓龙光致蒋介石密电
(1944年12月3日)

急到。渝委员长蒋:戌俭申令一元丁电,亥江奉悉。2671表密。集团指挥六二、六四两军,自红水河前后,即奉命守备渡口、忻城、巴芒村、袄峒之线,后因受中央兵团退却影响,奉命再向柳江右岸及都安之线转进。六二军一五七师四七一团,转进至㴲坳乡附近,与敌一联队遭遇,团长以下几全部牺牲。戌马奉命再渡红水河,向那马、果德、都安间地区前进,先头一师到达那马以南。敌约六千余已先我侵占昆仑关及上林、武鸣一带,我六四军一五六师另附一五九师一部,自戌宥起,与由武鸣方面。待续。邓龙光。亥江。□感。印。

桂柳会战之经验及教训[①]
(1945年2月 日)

第一 作战指导方面

甲、敌军

一、敌攻陷衡阳未及匝月,即进犯桂、柳,可谓合兵贵神速之原则,超出过去敌会战间隔及会战准备之惯性,致我准备不克周到。

二、敌攻陷衡阳后,即积极从事先打通桂越路,致我增援不及,终达目的。

三、敌从广正面分进合击,同时进犯桂、柳,蹈我防广兵单之隙,使我处处无法应援,顾此失彼。

---

① 节自第四战区《桂柳会战作战要报》,1945年2月。

四、敌突破我一处后,即锐意扩张战果,大胆深入,适捕捉我军侧背感觉敏锐之缺憾,故能集中优势兵力于重点方面,以致成功及进展迅速。

五、以支队分别流窜,不顾后方,冒险深入,直扑战场要点及有利目标,以使主力方面作战容易,其指导及运用,俱较圆满。

六、敌利用中国民众运输粮弹,故虽道路破坏,仍可继续攻势,锐意前进。

七、敌之神经〔精神〕攻势,配合军事攻势,容易摇惑我之军心、士气及民心。

乙、我军

一、我军初期以兵力劣势,在指挥方面缺乏积极性,未能乘敌分离之际,予以打击,致敌各路轻易会合,完成包围态势。

二、桂林东北方一带之隘路口,事先未置适当兵力以行扼守,致未获得余裕时间,影响桂、柳工事构〔筑〕及作战准备不少,违背持久战之原则。

三、敌分进合击之势已成,我又图击破西江方面之敌,立案精神固佳,但为时已晚,无补战略上之缺憾。同时,攻守方面俱未达成任务,以致西江之敌畅然进犯,颓势不易挽回。

四、撤退过速,致我阵地尚未占领完毕,敌即跟踪追至。

五、一般指挥官缺乏必胜信念、旺盛精神,以致虽有完善计划及部署,无法遂行战斗。

六、军队一般精神不甚巩固,士气衰落,加之转战千里,疲劳过度,致不能发挥战力。

七、对散兵游勇及难民,事先未加妥善处理,影响前方士气、后方民心甚大。

八、交通状况十分恶劣,公私物资、车辆,梗塞道途,前进后退均受重大牵制,影响作战不小。

九、一般指挥官缺乏冒险果敢性,迭遇良好之侧击、尾击时机,亦避不实施,致敌毫不顾虑后方,大胆抽兵,乃减少我方战略上之价值。

第二 一般战术方面

甲、敌军

一、敌在每一会战,必有其适合战场之编组及装备。在此次发现者为:

1. 小支队之编组,轻装流窜,不要后方。如23BS由雷州半岛窜丹竹,19BS(系一〇四师团之一部)由怀集窜梧州是。

2. 加强山地装备。由西江进犯思旺、金田村之敌,携带梯子、手套及绳索,故攀登较为便利。

3. 配属大量之民伕及伪军,一方加强运输,一方虚张声势。

二、敌之战斗精神及意志,迄今尚未衰落。如蒙圩虽迭经我盟机大举轰炸,我陆军包围攻击逾周,始终顽抗不屈,可见一般。

三、敌惯于钻穴〔隙〕攻击,分遣小部队,到处搜索我之弱点,一经发觉,立即乘之,每每突破我阵地。

四、敌在各方面惯用迂回包围,迭见不爽,此次亦然。

五、敌占领一地必加强工事,立脚一稳,我即不易攻克。

六、敌之伪装及防空纪律特别讲求,对我盟机轰炸,减少不少损害。

七、因预想战场有不少河川,敌对渡河材料准备,特为充分,以致攻势进展,丝毫不受影响。

八、敌因过去及现在知我防御配备,多注重公路及大道附近,故此次多遁小径,每致出我意外。

乙、我军

一、兵力薄,正面广,配备方面不求节约,及形成纵深据点,仍存处处防守之观念,一经被敌突破,即无法维持阵地。

二、各级司令部对陆、空联络不大确实,致盟机效力未能充分发挥。

三、各级干部掌握不确实,阵地被敌突破,即无法收容及连络,无形中战力削去大半。

四、各级干部对情报搜索既不严密,情报判断又不确实,道听途说,往往影响指挥官心理及决心。

五、渡河材料不充分,前进后退,困难特甚,影响作战不小。

第三 一般方面

一、政治不能适应军事要求,军队不能得民众协助。此次作战,各级政府多行迁移,一般民众率多避难,致军队运输方面发生诸多困难。

二、地方政府既行迁移,各部队副食补给发生问题,军队为作战及给养关系,往往涉及民众物资,致军民感情不大融洽,合作方面发生缺憾。

三、战区之间协同不力,未能发挥侧击及牵制之效,敌遂易于集中兵力。

四、各地方团队虽间或协助国军作战,但往往有劫取国军搜索、斥候枪枝情事,致军队对派遣斥候有所顾虑,影响搜索及警戒不小。

五、国军多养成依赖空军惯性,一缺乏空军协助,战斗即感觉困难,当衡阳及桂、柳以东之战斗,国军因受盟机之充分协助,战斗遂行容易。追桂、柳机场破坏,盟机撤至滇、黔后,国军战斗遂行困难。

六、有线及无线通信人员及器材,多不能追随指挥官行动,致各级司令部在移动间,通信中断。各高级司令部在行动间,多因交通困难,司令部主要人员乘车,通信人员大部徒步,不能追随行动,影响指挥及连络甚大。

〔十二〕湘 西 会 战

（一）战前敌我态势与作战部署

湘西会战前敌我形势概要①
（1945年4月8日止）

第 一 节 敌 军

当面之敌，为攻占芷江及破坏我一切反攻准备，巩固其湘桂、粤汉路之交通，自三十四年三月下半月以来，先后以 74D 主力于兴安、全县间，68D 之 58B 于东安、零陵间，116D 于邵阳附近，40D 一部于衡阳、衡山间，47D 于湘潭、湘乡、永丰间，64D 于长沙、宁乡、湘阴、沅江间，伪和平军第二师于衡宾公路西段各地区，分别集结，至四月初旬，兵力已达八万，企图分进合击，包围歼灭我野战军，一举进出安江、洪江，占领我东南要地芷江。

第 二 节 我 军

方面军于三十四年三月初旬由 24AG 改编，仍辖 18A、73A、74A、100A（第十九、六三两个师）。各军自三十三年五月下旬以来，陆续参加长衡会战、邵阳保卫战、策应桂柳会战及黔桂战役，并以突击队同〔向〕湘桂、衡宝、潭宝、长衡各路袭击破坏，我军之交通及后方诸设施泰半均在战斗之中伤亡损耗，未及补充，各部仅能实

---
① 此件选自《第四方面军湘西会战战斗详报》。

施战地机会教育。迄三十四年四月初旬,方面军之一部,守备广西资源经湖南新宁及邵阳、湘乡、宁乡各西郊至益阳亘洞庭湖北岸,广达千一百余里正面之阵地,主力分别控置于武冈、洞口、新化、桃源各附近筑工整补;并遵层峰命令,开始以18A、73A及74A变更编制,改装美械。甫及实施,敌寇即向我窜犯,各军均移于作战,编制亦即中止。

陆军总部及第六战区策应王耀武集团保卫芷江作战指导方案①

(1945年3月?日)

其一 敌情判断

一、粤汉、湘桂两路之敌,有抽集三个师团以上兵力,分路会犯我芷江要地,以排除其大陆交通线及空中威胁之企图。

二、判断敌主力进犯方向,公算最大者,为宝庆、永丰一带,沿宝榆(树湾)公路及其以北地区,分路窜犯芷江、辰溪。次为由桂林沿桂穗公路犯三穗、芷江。而常、桃方面,可能以有力一部或小部进扰策应。至其作战方式,不外分路分股钻隙迂回攻达目标,及肆意掳掠、破坏我反攻设施。

其二 作战指导

第一 方 针

一、陆军总部及第六战区以策应确保芷江要地之目的,各准备有力兵力,适时进出宝榆公路、桂穗公路及常、桃方面,协同王耀武集团击破进犯之敌。本作战准备期于三月下旬完成之。

第二 指导要领

二、王耀武集团(18A、73A、74A、100A),应以主力控制宝榆公路,各以有力一部控制新化、溆浦及常、桃方面。

---

① 此件成文时间不明,依文中内容推断,似系1945年3月。

三、汤恩伯边区以87A任桂穗路之作战,并控置94A、9A,必要时13A一部于要地机动使用。

四、陆军总部准备以N6A、第六战区准备各抽调一个军(王敬久集团主力)及现任清乡之86A主力,策应作战。

五、各部队之行动如次:

甲、如敌以主力沿宝榆公路,以各一部沿桂穗公路及常、桃方面会犯芷江时,王集团主力应固守雪峰山南北之线,并依94A、86A主力之增援,转移攻势。依情况,9A推进芷江附近,N6A推进马场坪、黄平一带,增援作战。

常、桃方面:第六战区一个军(二个师)协同18A一部,击灭进犯之敌于桃源附近地区。

桂穗公路方面:87A应确保通道附近险要,击灭进犯之敌,掩护王集团之侧翼。

乙、如敌以主力沿宝榆公路,以有力一部沿桂穗公路或常、桃方面会犯芷江时,王集团主力应固守雪峰山南北之线,依94A、86A主力及9A一部或主力之增援,转移攻势。

常、桃方面:第六战区一个军(二至三个师)协同18A一部或主力,击灭进犯之敌于桃源附近地区。

桂穗公路方面:以9A主力或一部,适时增援87A之作战,击灭进犯之敌于通道附近地区。依情况,N6A推进马场坪、黄平一带。

丙、如敌以主力沿桂穗公路,以有力一部沿宝榆公路及常、桃方面(可能系一部)会犯芷江、三穗时,王耀武集团除以主力控制宝榆公路外,一部(一个军)机动使用于桂穗公路之东侧地区,协同94A、9A,增援87A之作战,夹击、包围敌人于通道、靖县地区而歼灭之。必要时,得抽调13A之一部及86A主力,推进三穗附近,策应作战。依情况,新六军推进马场坪。

常、桃方面:第六战区一个军(二或三个师)协同18A,击灭进犯之敌于桃源附近地区。

六、我配置粤汉、湘桂两路各突击队,应积极袭破敌后交通。

七、四、六、九战区及黔桂湘边区,发动牵制攻势,策应该方面之作战。

八、何兼总司令应预设指挥所于镇远,统一指挥。

第三 其 他

九、其余空军后勤部队,另行策定。

第六战区策应黔桂湘边区保卫芷江要地协同作战计划

(1945年？月？日)

甲 状 况 判 断

一、如敌进犯芷江,依敌我现态势及过去敌作战(常德及长衡会战)惯技,均有一部兵力向我鄂西(江南)方面积极阳〔行〕动,牵制我兵力转用。查本战区目前兵力甚为单薄,如69A、T9A两个军未能早日调到,则鄂西江南方面仅30A、39A、66A、92A及86A五个军,共十一个师(江北方面计三个军,共八个师)。除第一线应维持最低限度兵力五个师及江防第二线控置兵团两个师、后方清乡一个师,共八个师外,所能策应邻战区作战之兵力,似不能超过三个师。

乙 方 针

二、战区以策应黔桂边区作战,确保芷江要地之目的,准备一个军兵力,适时进出常、桃方面及其以西地区,协同友军侧击、夹击西犯之敌,包围歼灭之。

丙 指 导 要 领

三、如敌以主力由湘黔公路及其以北地区,以一部经由常德会犯芷江时,战区即以92A主力,就近协同18A夹击常、桃一带之敌,确定控制常德城及沅江下游水运,协力围歼进犯之敌。必要时,86A(现担任清乡)抽调一个师归王敬久指挥,参加桃源附近之作战,俾18A全部转用于主作战方面。

四、如敌以主力经由常、桃西犯芷江时,战区除适时抽江防军一个军归王敬久指挥外,应就10AG中先期抽集三个师兵力,侧击常、桃一带之敌,并协力王耀武集团之反攻,包围敌人于沅江下游而歼灭之。86A依状况集结,使用于第二线。

五、战区正面各部队,应适时抽调有力部队,对敌积极行动侦察,并牵制敌人。

六、其他后勤等部分,略。

蒋介石与何应钦来往密电
(1945年4月)

(1) 蒋介石致何应钦密电(4月5日)

即刻到。昆明何兼总司令:〇密。据报敌近在长衡、衡宝各路调动频繁,希饬注意。现驻独山附近之一百九十三师,似应即开新化,归七十三军制。希核办。中〇。卯微。令一元西黄。

(2) 何应钦复蒋介石密电(4月9日)

渝委员长蒋:卯微令一元西黄电奉悉。4888密。已遵转饬汤司令官,令该师按预定运输计划,速开新化归达矣。谨复。昆。何应钦。卯佳。忠严厘。印。

蒋介石与何应钦往来密电
(1945年4月9—25日)

(1) 蒋介石致何应钦密电(4月9日)

昆明何兼总司令:密。卯鱼令一元巳电到达。一、湘、粤、桂敌似有抽集约三至五个师团兵力,向芷江及常、桃进犯之企图。二、以确保芷江机场,并利尔后反攻为目的,以第四方面军所属部队为主,务于洪江、溆浦以东地区,选定主阵地,与敌作战。三、第六战区及第三方面军,应以有力部队策应湘西方面作战。四、各部队应从速完成作战准备。五、希遵照上列指示,速拟具作战计划呈核。中○。卯佳。令一元西。

(2) 何应钦致蒋介石密电(4月11日)

特急。重庆委员长蒋:6897密。湘西之敌有向西进犯之模样,本部为策应第四方面军之作战,对有关之战区及方面军特作如下之指示:(一)着暂编第六师改归王司令官耀武指挥,担任芷江机场守备。(二)已饬汤司令官转饬第九十四军,即速完成一切作战准备,待命向芷江附近推进,协力第四方面军之作战。(三)第三方面军即增强黔桂路、桂穗路之防务,并作策应第四方面军作战之准备。(四)第六战区策应军,即与王耀武方【面】军密切连系,并迅速完成作应准备,以主力适时推进至常、桃以北地区,协力第四方面军之作战。以上四项,除分电外,谨电核备。何应钦。卯真辰。忠整兴。

(3) 何应钦复蒋介石密电(4月14日)

特急。渝委员长蒋:卯佳令一元西电奉悉。军令部徐部长次宸兄:5091密。兹拟第四、第三方面军及王敬久集团协同作战要领如下:

(甲)要领:(一)第四方面军应以主力于武冈、新化附近之线,与敌决战。(二)第三方面军应以一个【军】(九四军),先集结通道、靖县地区,准备向武冈以东进出,参加第四方面军之决战。(三)王总司令敬久,应率所部三个师及第十八军之一个师,准备由桃、常向新化以东进出,参加第四方面军之决战。(四)由上一、二、三项之部署,期于武冈、新化以东之地区击破来攻之敌。(五)新六军应准备一个师空运芷江,为第四方面军之总预备队。(六)为保障第四方面军之作战安全起见,第三方面军应确实拒止黔桂路及桂穗路之敌,使不得越过南丹、龙胜两要地。

(乙)各兵团行动:(一)第四方面军主力(七十三军、七四军、一〇〇军),应立即完成在武冈、新化一带地区之作战准备,其第十八军应立即抽出一个师,集结于马迹塘、安化附近地区,归王总司令敬久指挥,限于本卯月哿日集结完毕,准备向南之攻击行动。其余两个师,应就既设阵地,完成作战准备,拒止由长、岳方面来攻之敌。(二)九十四军应饬即由现在驻地出发,徒步向通道、靖县附近地区集结,并限于本卯月底集结完毕。其笨重器材,另饬后勤司令部派车运输。(三)王敬久集团之三个师,应即开始行动,向常德、桃源附近地区集结,限于卯月有日前集结完毕。并指挥第十八军之一个师,准备向南之攻击行动。(四)第三方面军应准备一个军(一三军)待命,向马场坪、铲山一带地区推进,准备机动。(五)第四方面军突击队应加强活动,侵入敌后,遮断其补给连络,并对进犯之敌后方予以扰乱、袭击及破坏。

(丙)阵地设备:武冈、花园、洞口、赛市、新化、烟溪、马迹塘、桃源、常德间之既设阵地,应加强工事,并完成给养、给水、屯粮、屯弹,请设备。

(丁)决战地带后方之设施:应在后方要点屯粮、屯弹,设备交通通信、空中投掷场等,并应择要尽先完成之。

以上各项,除分电遵照外,谨电鉴核。特电查照。昆。何应钦。卯寒申。忠整兴。印。

(4)何应钦致蒋介石密电(4月23日)

特急。渝委员长蒋:4888密。据报河池之敌,已于养日向我攻击,除详情另报外,兹为增加第四方面军之右侧及第三方面军黔桂路正面之防务,特作如下之部署:(1)着九四军(欠四三师)立即改向会同、靖县地区集结,并限卯月底前集结完毕。(2)四三师守芷江机场之一团,仍应留芷江担任警备任务,该师主力应集结三穗。(3)十三军(欠五四师)立即集中贵定、马场坪、麻江附近地区,限卯艳日前集结完毕。该军五四师仍驻贵阳。以上三项,除分电外,谨电核备。何应钦。卯梗午。忠整兴。〔昆明〕

(5)蒋介石复何应钦密电(4月25日)

限三小时到。昆明何兼总司令:密。卯梗午忠整兴电悉。应饬九十四军提前到达。中○。卯(有)。令一元西黄。

何应钦致蒋介石密电

(1945年4—5月)

(1)4月24日电

特急。重庆委员长蒋:卯东午忠整兴电计呈。6897密。兹规定参加湘西作战各部队之任务及行动如下:(一)王敬久兵团(九十二军暂五十一【师】)迅以主力接替十八军常德、桃源、益阳、宁乡方面之防务,拒止当面之敌,限卯月底接替完毕。第十八师仍归还第十八军之建制。(二)第四方面军主力七十四军、一百军、七三军,应于武冈、洞口、新化线,竭立〔力〕阻止来攻之敌,使尔后之决战有利。其十八军主力,应照前令于卯月底前集结于沅陵,并依情况可不待集结完毕,即由沅陵、溆浦道南下,参加该方面主力决战。第十八师应于交防后,沿安化、蓝田、邵阳方向挺进,以遮断敌后之交通,使主力军作战有利。(三)第十三师于到达辰溪后之行动,由王司令官自行规定。(四)九十四军(欠四三师)应遵照卯梗忠整兴电所示,限本卯月底前集结靖县、会同地区。尔后之任务及行动,另令饬遵。(五)新二十二师控置于芷江,保持机动。(六)第三、第四两方面军,对新宁、城步、绥宁方面之作战,应密切协同。(七)作战地境:(1)王敬久兵团与第四方面军之军事作战地境为迹坪、横铺子、太和桥、石坝咀、银缨市、湘潭城南端相连之线,线上属王敬久兵团。(2)王敬久兵团与第六战区之作战地境,为原第四方面军与第六战区之作战地境,即为何林、酉阳、永顺、大庄、慈利、临澧、罗家桥沿毛湖、东湖、徐湖北岸,经上柴码头达大通湖北岸线,边至三洲再沿洞庭湖北岸至岳阳(属九区)之线,线上属六战区。(3)第四方面军与第三方面军之作战地境,仍旧不变。以上七项,除分电外,谨电核备。何应钦。卯迥午。忠整兴。

(2) 4月26日电

重庆委员长蒋钧鉴:据汤司令官卯皓巳算汀电称,谨调整本方面军部署如次:(一)第廿九军指挥第一六九师及预十一(王铁麟)师,继续担任黔桂路方面之防务,该军军部推进至六寨附近。(二)第廿七集团军:(1)第廿军军部及第一三四师开黎平进至榕江,限卯号前到达。(2)第廿六军军部推进至通道,限卯马前到达。(三)第九四军除留一二一师之工兵营担任旧州机场之警戒勤务外,全部开锦屏、靖县间地区集结待命,限卯有前集结完毕。(四)作战地境:(1)第廿九军右为本方面军与第二方面军之新作战地境相连之线,与第廿七集团军原作战地境线(不变)。又第廿七集团军左为本方面军与第四方面军之新作战地境相连之线。以上四项,谨电核备。等情。除九十四军主力已另电饬,限卯月底前集结靖县、会合地区外,谨闻。昆。职何应钦。卯宥。忠整兴。

何应钦致蒋介石徐永昌密电

(1945年4月26日)

渝委员长蒋、军令部徐部长:卯迥午忠整兴电计呈达。5041密。为加强第四方面军右翼,歼灭来攻之敌:(一)着九十四军(欠四三师所属守备芷江之一个团)归李总司令玉堂指挥,李总司令应以第二十七集团军主力固守桂穗路及其两侧地区,拒止敌人于龙胜以南;以九十四军迅速向城步推进,求敌之外翼而击破之,并随情况之发展,以九十四军主力向武冈东南地区进出,参加第四方面军之决战。(二)李玉堂集团务与第四方面军密切连络,协同作战。其九十四军之进出,不受三、四两方面军作战地境之限制。以上两项,除分电汤、王两司令官遵照外,谨电核备。昆。职何应钦。卯寝申。忠整兴。印。

何应钦致蒋介石密电

(1945年5月4—6日)

(1) 5月4日电

渝委员长蒋:4888密。综合第四方面军最近情况及一般态势,极有利于攻势转移,特指示该方面军及两翼有关部队之作战要领如下:

(一)攻势转移之目标,为击灭进犯之敌,恢复我资水西岸之原阵地,并相机攻略宝庆。

(二)发动攻势转移全期间所需之粮弹补给,应尽速于五月十五日左右,全部准备完竣,并分屯。完成攻势转移开始之日期,即以粮弹准备完成之日期为准。

(三)着新六军归王司令官指挥。其新廿二师应立即向江口北推进,协同江口附近作战之部队,担任江口正面公路上之防御,掩护新六军、军直属部队及新十四师,向安江附近集中。

(四)李玉堂集团之九四军主力,应与第四方面军在安江及宝庆以南之部队密切协同,务于五月十五日以前,击灭城步以北地区之敌,进出于武冈附近,准备协同第四方面军,担任安江、宝庆公路以南地区间攻击,务求敌之外围,予以包围攻击。约详细由汤、王两司令官自行协定。

(五)王敬久集团应竭力拒止当面之敌,掩护我攻势部队之左翼。

(六)第四方面军所属各部队作战之部署,由王司令官依情况自行决定,并立即拟定计划具报。

(七)攻势转移开始后,我各部队应密切协同,全军一齐猛烈进攻,如敌动摇,应不分昼夜,与敌保持接触。并应以钻隙、迂回、超越、追击诸法,分别截断包围退却之敌而歼灭之。

以上七项,除分电饬遵外,谨电核备。昆。职何应钦。辰支申。忠整战。印。

(2) 5月6日电

即到。渝委座蒋:辰支申忠整战电计呈。5953密。兹根据目前情况,再指示三、四两方面军之作战要领如下:(一)右翼方面应照辰支申忠整战电之规定,立即驱逐武冈附近及其以南之敌,并向武冈以东继续攻击前进。(二)中路及左翼方面,在补给确已无顾虑之条件下,其攻击开始时间,由王司令官自行决定。(三)关于新六军之使用,其新二十二师可参加此次攻击,但其攻击之目标,须有限制。第十四【师】应在新二十二师之后方集结,在未集结完毕以前,暂不使用。其集结地点,由王司令官规定。以上三项,除分电外,谨电核备。昆。职何应钦。辰鱼午。忠整战。印。

第四方面军湘西会战之攻势转移计划要旨①
(1945年5月6日)

(一)方面军决于五月八日拂晓,全面转移攻势,置主决战于两翼,协力右翼友军,压迫敌人于雪峰山东麓捕捉歼灭之。

(二) 74A(欠51D、57D,附193D、T6D)除以一部于武冈、唐家坊、瓦屋塘各据点担任守备外,其余即由唐家坊、瓦屋塘、金屋塘之线,重点保持于右,攻击当面之敌。奏功后,进出于武冈、水浸坪、邓家铺、栗山铺之线。

---

① 此件选自《第四方面军湘西会战战斗详报》,并沿用原标题。

(三) N6A(欠14D,附57D)推进至江口附近,就攻击准备位置,逐次攻击肝溪、平江、下查坪及洞口附近之敌。奏功后,进出于斜崔塘、夹水江、菱角田之线。

(四) 100A(附51D)迅速肃清放洞附近之敌,尔后协方〔力〕N6A,重点保持于右,向上查坪、半江峰一带之敌攻击。奏功后,进出于天台界、拉水冲、月塘山、菱角田之线。

(五) 18A(欠18D)即集结于小沙江、隆回司、黄泥井间地区,重点保持于右,攻击当面之敌。奏功后,进出于新屋冲、黄桥铺、易家桥之线。

(六) 73A(欠193D,附18D)以主力迅速击灭洋溪之敌,以有力一部,即集结于大桥边附近,重点保持于右,向滩头、巨口铺等处之敌攻击。奏功后,进出于桃花坪、岩口铺、石马江之线,掩护方面军主力左侧背之安全,并派小部队向永丰、湘乡之敌佯攻。

(七) 各军之作战地境如次(线上均属左方面军):

47A〕下坪—黄土界—岩脚—句岩山—1050高地—王家溪—高坪塘—茶铺子—斜崔塘相连之线。

N6A〕毛头河—大坪—古楼坪—上查坪—拉水冲—月塘山—菱角田相连之线。

100A〕桶溪—北斗溪—马胫骨—竹篙塘—樟树脚相连之线。

18A〕罗洪—乌术下—马家庄—莫家洲—栗山铺相连之线。

73A

(八) 挺进第六纵队,仍以滩头附近为根据地,袭击邵阳、罗家庙、桃花坪、赛市、大桥边、巨口铺间之敌,截断敌连络线,使主力军作战容易。

(九) 13D为方面军之预备队,仍位于牛路口以东古佛山、昇平里之线,担任守备,并准备机动使用。

何应钦致蒋介石密电

(1945年5—6月)

(1) 5月7日电

即到。重庆委员长蒋：辰鱼侍参、辰麻申侍参两电均奉悉。6897表密。(甲)为捕捉战机，速饬第三、四方面军对当面之敌发动全线反攻一节，支日业已下令。(乙)以衡阳为追击目标一节，因(一)距离太远，此次准备之兵力及补给，仅能先恢复原阵地，并相机收复宝庆，如欲攻略衡阳，须于收复宝庆后，另作一次攻势准备，否则恐有受挫之虞。(二)衡阳为四战之地，我攻略衡阳尚须更大兵力及更充分之补给，并须其他方面同时策应。(三)我军此次反攻，为仅以宝庆为目标，则可吸引多数之敌集中于衡阳附近，以便利我军尔后对另一目标之作战。(四)我军装备、整训，全未完成，尚须照原定整训计划，从事加强全部战力，以备尔后之大攻势作战。(五)目前第四方面军之七十三军、七十四军损伤颇大，亟待于反攻后整补，以备再战。(六)以上五项，故拟于攻略宝庆或恢复原阵地后，再依情况相机攻略衡阳。当否，谨电核示。何应钦。辰虞未。忠整战。〔昆明〕

(2) 5月8日电

急。渝委员长蒋：据汤司令官卯有算麟电称，6445密。谨将职部突击部署呈报如次：(一)本方面军为适应目前最需之要求，即以突击部队挺进河池，似宜于桂林、兴安间实施突击、袭敌、扰敌，破坏敌之交通、通讯、厂、库、站、院等军事设施，并捕捉、房〔掳〕及文件，以期获得确实情报。(二)169师编组突击大队一个(以步兵两连、六公分小迫炮一排及工、通兵各一部，附所要卫生、谍报人员为基本)，挺进河池(含)、柳州(不含)、六塘间地区，实施突击。(三)27集团军所属两军，各编组一个突击大队(兵力、兵种同前)，分别挺进柳州、桂林、兴安、全县间地区,实施突击(均含)。(四)各该突击队统限卯皆前编组完竣,候命出发。(五)非会战期间各部战力,即以对敌突破战果之良否,捕获俘虏之多寡为凭,予以奖惩。(六)突击队粮食代金及活动费,另令规定。以上六项,除已令廿七集团军及一六九师分别办理外,谨电核备。等情。昆。职何应钦。辰齐。忠整兴。印。

(3) 5月15日电

急。重庆委员长蒋:6897密。补报战报。据汤司令官佳亥、文酉、真卯、真戌各电称:甲、追击部署。第三方面军为协助第四方面军击溃当面败退之敌,并为确实掩护我全军向宝庆方向追击时之右翼安全计,重新调整追击部署如次:(1)一二一师为中央追击部队,以黄桥铺为目标。(2)四四师一部为右追击队,以桃花坪为目标。该师主力置于武冈东北侧之资水上游东西地区,掩护追击队之右侧安全。(3)第五师一部为左追击队,以高沙市为目标。该师主力位置于武冈附近待命,以上中、左两追【击】队至黄桥铺,达成追击任务后,即分向桃花坪追击前进。(4)九四军军部及四三师主力位于梅口、骁勇镇。乙、佳日战报:1.山口寺附近敌已肃清。2.我一二一师、四四师及五师本晨继续追击,部署如左:(1)沿武冈、桃花坪道。(2)武冈、龙潭铺道。(3)武冈、高沙市道。(4)李溪桥、高沙市道。各于德江、许溪桥、三角塘南北之线及光远市,先后击退分股逃窜之敌二千余,刻正续追中。丙、灰日战报:1.我【武】冈方面,据廿七集团总部电话,敌二百余由三一线铺方面向武冈东南之龙头桥偷袭,为我四四师副官主任率特务连、防毒连等部猛烈反击,激战三小时,毙敌少尉排长一、兵卅余,俘兵三,获步、手枪及其他战利品甚多。敌不支,向东北逃窜。2.向桃花坪方面追击之四四师一三二团,已越岩口井、水浸坪,沿途扫荡残敌,向目标急进中。3.据九四军牟军长灰子电称,武冈、黄桥铺及武冈、高沙市道之敌三千余,于磴子铺、余家桥、杨都寨、四郎庙之线抵抗甚烈,该军再变更追击部署:(1)以第五师全部向黄桥铺。(2)以一二一师向高沙市,于正面及侧翼并进,以期迅速捕敌而歼灭之。(3)四三师仍集结梅口。(4)军指挥部沿梅口、武冈道跟进。丁、一二一师战绩。据牟军长辰灰戌电称。1.我一二一师右翼饶团,于佳辰痛击围困石港之敌,敌据险顽抗,该团奋勇冲杀,敌不支,北窜。2.左翼霍团于佳晨续向唐家岭之敌猛攻,激战至午,敌我伤亡均重。我乃同时以陶团张营向光远市辰〔迁〕回,该敌一部乃向牛角冲逃窜,大部向东北溃退。灰日,我一二一师师部及陶、霍两团,已通过安远寺,向高沙追击前进中。3.一二一师佳、灰两日于石巷之线,计毙敌中队长以下七百余人、马十余匹,俘敌二名,获炮七门、轻机枪六挺、步枪卅四支、战刀三把。我亦伤亡连、排长十一员,士兵卅名。据掳获文件知,朱师当面之敌为六八师团之一一七大队,其代字为承字六○九七号。查该大队在武阳附近就歼及半,今再受痛创,或已被歼殆尽。等情。谨闻。昆。职何应钦。辰咸辰。忠整铨。印。

(4) 5月16日电

渝委员长蒋:6897密。部署。据王总司令敬久辰真巳天前电称,为策应第四方面军攻势转移,九二军变更部署如次:1.二十一师以一团于〔推〕进至太子庙附近,并派一部向益阳敌攻袭。一团推进德山附近,一团任常德城防。2.一四二师四二五团推进至桃花江附近,派队向益阳城南攻袭。四二四团以一营任黄村市守备,一部向宁乡敌攻袭,主力控置安化附近。四二六团推进至马迹塘附近机动。以上均饬辰真部署完毕。等情。谨闻。何应钦。辰铣申。忠整光。印。〔昆明〕

(5) 5月18日电

即到。渝委员长蒋:部署。辰篠午忠整战、辰巧申忠□两电计呈。据第三方面军林处长巧未电话转,据李总司令玉堂巧辰电话报称。6897密。为适应新宁方面情况,已作如下之处置:1.四五师调驻城步。2.一二一师调驻武冈。3.五师以一部继续协同第四方面军进击敌人,主力亦调驻武冈(第三方面军所下命令系以五师全部追击,但据李总司令报告,仅以一部追击。汤司令官已予同意)。4.四四师担任武冈以南敌窜正面之警戒。等情。除电嘱第四方面军王司令官注意九四军抽调后,须切取连系,以免该方面军右翼发生空隙。谨电鉴察。何应钦。辰巧申。忠整光。印。〔昆明〕

(6) 5月24日电

渝委员长蒋:6897(表)。调整部署。据王总司令敬久辰马亥勋电称,本集团为便于整编计:(一)令饬66A185D即日开茶元寺,接替39A56D磨盘沿宜都间防务,限本辰月感日前接防完毕。(二)39A(欠T51D及炮、工兵各一营)于本辰月感日前,将防务交185D接替完毕后,开石门结集〔集结〕待命,限本辰月世日前全部到达。(三)T51D(附军属炮、工兵各一营)即开夏家巷(石门南廿五公里)附近集结待命,限本辰月感日前到达。原驻德山归21D指挥之T51D第二营,已归还建制。其常德正面防务,由92A自行调整。T51D到夏家巷后,应随时有进出常德、策应92A作战准备。等情。谨闻。昆。职何应钦。辰迥巳。辰整光。印。

(7) 6月4日电

D。渝委员长蒋:6897密。部署。据安江王司令官辰卅午理荣电称,职方面军为争取时间,迅速开始整补计,调整部署如次:(1)七四军(五一师归制)以一个师集结于安江西北地区整理,准备担任资源、武冈一带防务;一个师于花园市、洞口、高沙间地区,一个师于龙潭司附近,分别集结整训;军部位置于在头(洪江北九公里)。(2)一百军以一个师续攻当面之敌,恢复前原态势;一个师集结于山门整训;暂六师于交替任务后,集结于石下江附近,准备开黎平归制;军部位置于竹篙塘。(3)十八军(十八师归制)以一个师续攻当面之敌,恢复原态势;一个师于大江口附近,一个师于底竹、花桥间地区,分别集结整训;军部于溆浦。(4)七三军以一个师续攻当面之敌,恢复原态势;一个师集结于连溪桥整理,准备担任孙家桥亘湘乡以西防务;一个师集结于新化附近整训;军部位置于陈家山(新化西北廿公里)。(5)各军之作战地境线如次(线上均属右):(甲)七四军与一百军,高沙、邓家铺、盐田桥、芦洲司之线。(乙)一百军与十八军,横板桥、迈竹塘、罐子窑、白田江往滩渡之线。(丙)十八军与七三军,大桥边、车家桥、渡须桥、五里牌之线。(6)新八军拟于安江、榆树湾、赡江一带地区集结整训。等情。除复应遵照职部五月卅一日呈钧座之报告所指示之部署办理,并规定武冈、新宁、城步地区为九四军之集结区域外,谨闻。何应钦。已支未。样爱。印。

(二)作战经过与总结

何应钦致蒋介石密电

(1945年4—5月)

(1) 4月14日电(一)

特急。渝委员长蒋:卯寒忠整兴电计呈。据王司令官文申荣电称,5041密(表)。文日战报:(一)73A15D以四营于卯真拂晓起,向孙家桥西南地区之敌攻击,敌据险顽抗,并一再向我反扑,激战至申,我卒攻占李家岔(孙家桥西南十公里)、一字塔(孙家桥西南五公里)之线。入暮,敌约千人钻窜三口关(孙家桥西十公里)附近,该军除以一部阻击外,刻正抽集15D主力及77D一个团,向该敌攻击中。(二)该军一部向枫林铺、石马江、乌潭等处之敌攻击,敌顽强抵抗,并以六百余人【于】真酉西窜小塘(长阳铺西北六公里),现正对战中。该军另派一个团,进占龙口溪(巨口铺东北十公里)、小溪(孙家桥西廿一公里)、麻溪市、资水东岸搜索警戒中。等情。谨闻。职何应钦。卯盐。忠整兴。印。〔昆明〕

(2) 4月14日电(二)

特急。渝委员长蒋:卯元忠整兴电计呈。顷据王司令官卯元申理荣电称,5041密(表)。元日战报:(一)村岭西北大庙敌四百余,文辰窜尤麋(兴宁东十八公里)附近,现与我五八师一七二团警戒部队对战中。(二)邵西小塘敌,到百余,附民夫数百,尤午西窜搭石坪(岩口铺北十公里),元寅分窜栗山岭(岩口铺西北五公里),我十九师正以一部阻击、截击中。(三)三口关之敌一部三百余,文辰分窜碛山桥(龙溪市东十公里),我四四团主力当予猛击,敌受创,回窜三口关。文晚,敌另一股四百余窜抵坪上(麻溪市东南十二公里)附近,我二三〇团正派队攻击中。等情。谨闻。职何应钦。卯寒。忠整兴。印。〔昆明〕

(3) 4月16日电

渝委员长蒋:据王司令官寒酉理电称,4888密。(一)新宁东大坳敌,续窜李竹山,与我对战中。(二)元晚,敌百余由罗家庙(岩口铺南一九公里)西渡资水,与我十九师五六团一部接战。伪军、敌三百,元辰向(?)九巩桥渡资水西犯,亦与我五七团一部于迎仙桥(长阳铺南九公里)发生战斗。(三)攻下栗山岭之敌,继续向隙泳窜,其先头于元晚窜抵大观桥(大桥边南十公里)附近,我六三师一部正阻击中。(四)十五师梁师长率四四团主力及四三团、二三〇团各一个营,元辰起,向斟荣桥(麻溪十六公里)、三口关、孙家岭□连之敌攻击,激战至寒巳,进占三溪桥(麻溪东南五公里)小河右岸及峡山桥、东关岭等处,敌受创甚重,以千余分股西窜。一股元午抵上南溪,屡次渡河未逞,乃于元晚以百余折由栗滩(麻溪西南山路八里)强渡资水,复与我一八师搜索部队接战,毙敌甚多。敌由麻溪乘暗强行渡河,我一八九团赶往增援迎击,毙伤敌二百余,我亦伤亡中尉以下官兵四十余员名。刻仍与渡过资水西岸六百余之敌激战中。等情。谨闻。职何应钦。铣。忠整兴。印。〔昆明〕

(4) 4月18日电(一)

渝委员长蒋:据王司令官卯铣辰荣电称,5041(表)。删日战报:(一)邵阳西北敌一一六师团增援五千,寒晚大举进犯,其先头约一大队西窜罗洪界。一百军抽集十五师主力及六三师一部,由都家堡向敌合力围攻,激战至申,将敌全部击溃。计毙伤敌三百余,携重机枪三挺,轻机枪五挺,步枪六四挺。另敌一部北犯顺水桥及巨口铺,与我187团苦斗竟日,【该团】伤亡奇重,仍固守中。(二)小溪附近敌增援西犯,现在资水两岸战斗益烈。(三)沅江敌元晚分三路进犯益阳,寒辰起,向〔同〕我18D54R一部于城区争夺激战,渐入混战状态。寒晚,敌渡资水西岸窜犯,我仍阻击中。(四)寒晚,敌七百余窜抵新宁南十三里之大坪附近,现该处据〔聚〕敌千余,马四百余匹,【由】塘渡口西【渡】资水,我58、15师各一部分别阻击。谨闻。职何应钦。卯巧辰。忠整兴。印。〔昆明〕

(5) 4月18日电(二)

特急。渝委员长蒋:据王司令官卯篠理荣电称,6445密。铣日战报:(一)邵阳西北敌猛扑我六三师一八七团阵地,战斗至烈,巨口铺守备之一连,与三倍敌血战三日,全部殉国。马瑙坳守军连长以下官兵,亦于铣酉与阵地同尽。现乌林〔术〕下、大昌〔桥〕边、顺水桥、龙水铺各地,战斗益剧。另敌四百余,铣未西窜白马寺(山门东北九公里),与我十九师五六团一部战斗中。(二)九鞍桥、枫林铺敌二百余,铣寅合股袭犯,我十九师五七团一部于长阳铺予敌打击后,续于岩口铺地区阻击中。(三)删晚,敌团千余窜新宁西北郊及新宁东北白沙附近,我五十八师一七二团一部分别阻击,激战至铣未,新宁城连络中断,刻在阳胡村、白沙各附近战斗中。由小溪附近西渡资水敌,增至四千余,分股西犯,我六十三师一八九团奋力阻击,双方伤亡均重,刻在黄泥湾、项家岭对战。等情。谨闻。职何应钦。卯巧未。忠整兴。印。〔昆明〕

(6) 4月19日电(一)

渝委员长蒋:战报。据第四方面军王总司令卯巧巳理电称,3041密。篠日战报:(一)七四军方面:新宁西北敌一千余,篠戌分股由龙潭桥、双江口、白马田、高平铺等地北犯,我军奋起阻击,毙敌中队长以下一百五十余,文件证明系卅四师团二一七联队。同日,邵阳西南敌增至四百余,西犯岷口铺。守军【与之】激战两日,仍坚守中。另敌千四百余进犯桂花坪东南,我五七团(配属七四军)一部坚弥阻击,毙敌极众,我伤亡亦重。(二)一百军方面:白马山【敌】增至千余,篠未西窜校雁,我五一师正配属一百军围击中。同时,敌以三百余进窜牛形,该军亦以一部围击中。(三)七三军方面:小溪西岸敌,篠辰起西犯寒婆坳,被我击退。(四)十八军方面:宁乡敌三百余,删未,西南窜石潭叙,与我五二团一部接战。益阳西南敌,其先头约两千余,篠午西犯桂花江,与我54团于猴子山附近战斗中。何应钦。卯皓午。忠整兴。印。〔昆明〕

(7) 4月19日电(二)

急。渝委员长蒋、军令部徐部长:据王总司令敬久卯巧午勋电称,5422密。(甲)本集团军策应芷江作战部队,篠晚位置如次:九十二军军部石门、皂角市,二十一师(欠六三团)到达盘龙桥,一五二师仍任屿湖原防,因时间、空间关系,皓日可交防完毕,马日可在临澧集中。暂五十一师先头到聂家河。(乙)兹遵钧座卯篠酉忠整澹电示,部署如下:(一)九二军军部及一四二师开桃源附近,限养晚到达。二十一师(欠六十三团)开常德,限皓晚到达,于养日接替十八军主力常德及其附近地区防务完毕,阻止当面之敌,并着二十一师尽先接替一一八师常德方面防务。(二)暂五十一师到达王家厂后,卯梗出发,限卯有到达滕家河附近集结待命。(三)职拟于养日先到石门指挥。除各部行动情形随时电报外,等情。除饬将接防情形部队行动随时具报外,谨闻。昆。何应钦。卯皓申。忠整兴。印。

(8) 4月20日电

渝委员长蒋:据王司令官卯皓午理荣电报称,5041(表)。巧日战报:(一)74A方面:敌千四百余猛扑桃花坪,竟日巷战,守军伤亡什九,仍血战中。(二)100A方面:51D巧拂晓开始攻击放洞,敌顽强抵抗,争夺至酉,卒将大黄沙攻克,刻仍猛攻中。同时,我63D顺水桥、范铺守军,各受优势之敌包围,苦战三日,均伤亡殆尽。又巧辰敌向我隆回司、赛市各据点攻击尤猛,激战至酉,终未得逞。(三)73A方面:巧寅,以两师向大桥边、田杆、寒婆坳、雷公井各地攻击,敌据险顽抗,并向我反扑,争夺至酉,我左翼攻占大桥边及其以南一带,毙伤敌三百廿余。现仍续攻中。(四)18A方面:巧辰,宁乡、回龙铺敌千余西犯大成桥。同时,敌七百余窜桃花江西北愤舒塘,我18A刻在大成桥、桃花江各据点坚守阻击中。等情。谨闻。昆。何应钦。卯哿巳。忠整兴。印。

(9) 4月21日电

特急。重庆。分送委员长蒋、军令部徐部长次宸:据王司令长官卯巧戌理鸣电称,5041表密。战报:(一)敌自卯佳开始向职方面军长达千一百余里之战线全面发动攻击。初敌由永丰、青树坪

1393

等地抽调一一六师一三三R及伪军第二师约五千,进犯孙家桥西南之玄壇坳一带地区,企图进出于新化以东,截断我七三军各部之连络,围攻新化,经我十五师坚强阻击下,迅集兵力攻击,该敌被迫向西南折窜,由麻溪、小溪、栗滩等处偷渡资水,北犯新化城。我不断逆袭,毙敌极众,敌迄未得逞。(二)由邵阳西犯敌为一一六D之一〇九〔R〕,总共约六千,其先头约一大队,删酉钻隙西窜至罗洪界,被我一九师及六三师各一部猛烈痛击,歼敌亟〔极〕重,其主力则猛攻我巨口铺、龙溪铺、顺水桥、大桥边、马王坳、隆回司、乌术下等据点。我官兵沉着应战,每地均于〔予〕敌最大创伤,但我亦多壮烈殉职于各据点。(三)由东安北犯之敌,68D及34D各一部千余,经我五八师于大小坳、李竹山予以严重打击后,敌进展迟缓,刻在龙潭桥、白马田、高平铺线激战中。据报敌后续部队约万人,现集结于东安、大庙一带。(四)由九引桥、唐渡口渡河之敌约两千,猛攻岩口铺、栗山铺、桃花坪等处,战斗至为激烈。(五)由宁乡西犯之敌千余,刻在大成桥以东附近,由沅江东兴院西犯敌三千余,现在桃花江附近与我十八师战斗中。等情。谨闻。何应钦。卯马未。忠整兴。〔昆明〕

(10) 4月22日电

渝委员长蒋:据第四方面军王司令官号酉理荣电称,卯皓战报。5041(表)。方面军当面之敌,自巧寅起,遭我各部两日猛攻,伤亡甚重,仍增援反扑各地,战斗益烈。(一)74A新宁西北,敌我在小麦田、岩山前闸线激战。桃花坪附近敌增至二千六百余,猛攻桃【花】坪、芙蓉山、和尚桥各据地,桃花坪于皓辰连络中断。(二)100A51D,马卯攻占放洞、温南里二地,伤毙敌二百卅余,我伤亡连长二、排长五、士兵百余,仍续猛攻中。同日,隆回司附近敌续行围攻我55R阵地,该团陶团长率部力战四昼夜,毙敌中队长以下三百五十余,我亦伤亡奇重,现仍苦战中。(三)73A我各部,奋勇续攻,敌受创甚大。迄晚,15D进至栗坪附近,77D仍与田心西北维山、青山寨、粳华山一带顽敌对战中。(四)18A方面,敌再四猛犯大成桥、桃江花〔花江〕两据点。我军血战两昼夜,仍极力苦战。迄晚,均入混战状态。等情。谨闻。昆。职何应钦。卯养辰。忠整兴。印。

(11) 4月23日电

重庆委员长蒋:6897表密。补报战报。据王司令官养辰理荣电卯马称,方面军各部续向当面之敌全线猛烈攻击,均有进展。(一)七四军五八师一部,攻占新宁西北箭里山、狭山口之线,五七师一部于高沙、石下江各附近,与西窜敌先头约千余激战,五七团仍坚守桃花坪,予来犯之敌千余以重创。(二)一百军五一师对放洞猛攻四日,敌伤亡奇重。复增援反扑之敌,以二百余向东北窜据青山界南侧碉堡。一九师、六七师由鱼鳞洞、隆回司等处夹击土岭界附近三千之敌,激战终日,攻克上山冈。敌遗尸二百四十五具,纷向长冲岭方面逃窜。删我各师续猛攻中。(三)七三军马晨攻占田心西北温溪、爷谷岭等地,敌即由维山向西北反击,企图阻止我之攻击,马竟日均在激战中。(四)一八军一八师一部,号酉克复桃花江后,续追败窜之敌,迄马戌进达益阳附近续攻中。谨闻。何应钦。卯梗申。忠整兴。〔昆明〕

(12) 4月25日电

即到。渝委员长蒋:6897(表)。战报。据安江冷处长卯梗戌珍电称,(一)养申,我19D58R猛攻响水洞(放洞东北廿公里),进展甚速,敌增援反扑夹击,团长刘光宇负重伤,副团长继续指挥攻占长冲(响水洞东北三公里),现正续向响水洞之敌攻击中。另敌一股三百余,向麻塘山(山门西北十公里)经洞水至马胫骨(山门西三公里)附近,与我57D169R接触。(二)养拂晓,敌三百余西犯花桥(山门东十公里),激战至晨,敌增至八百余,骑兵二百余,炮两门,飞机一架,掩护向我攻击,【我】伤亡甚重,现敌窜至山门东南站(?)江。(三)石下江敌千余到达竹节塘南彝南山,与我19D、57D战斗中。高沙东北之敌增至二千余,与我57D170R战斗,未时敌窜至高沙北站五里村,我正堵击中。谨闻。昆。职何应钦。卯有申。忠整兴。印。

(13) 4月25日电

渝委员长蒋:据王司令官卯梗酉理荣电称,5948密。卯养战报:当面之敌经我连日攻击,损失颇为惨重,乃以一部向我方面守军右翼窜犯中。74A:(甲)敌六百余养午窜要(?至)植北真良水东地区,与我58D173R警戒部队接战。(乙)新宁西北敌增援猛犯,养辰起与我172R于岖广观、五里牌之线接战。(丙)沿湘黔公路两侧钻犯敌两千余,与我56D及57D各一部,于高沙侧及竹篙塘、安南山分别战斗中。敌另一部步、骑兵千余,于养辰窜犯结东之芰容,我169R坚强阻击中。(二)一百军续攻当面敌,官兵奋勇战斗,激烈猛攻,至养酉进占万家冲及其附近各高地。我19D营长刘官洲及连长刘静龄均壮烈殉国,另伤连长以下官八员,士兵二百八十余。现我向放洞、长衡〔冲〕一带正猛攻中。(三)73A:养寅,敌向石牛塘猛烈反扑,被我击退。(四)18A续向益阳城攻击中。等情。谨闻。何应钦。卯有辰。忠整兴。〔昆明〕

(14) 4月26日电

渝委员长蒋:补报战报。据王司令官敬辰理荣电称,5948密。(一)74A当面敌六千余,谏寅起全线猛犯,与我58D及57D各一部,于安心观、高沙、竹篙塘各附近展开激战,守山门之169R受敌主力四路、东北三路自朝至暮步、炮、空联合围攻,我奋勇迎击,血战尤烈。(二)一百军续攻放洞、长冲一带五千余敌,19D56R团长刘金率部猛冲,敌亦抽队反击,争夺至巳,我卒将长冲及其附近高地攻占,其余各部均有进展。放洞敌并于梗卯、梗酉屡向黄沙滩之线突击,我乘势痛击,激战至亥,敌伤亡惨重,终未获逞。(三)73A续攻田心西北地区三千余之敌,敌亦向我不断反扑,梗竟日激战,双方伤亡均重。谨闻。职何应钦。卯寝辰。忠整兴。印。〔昆明〕

(15) 4月28日电

限即到。渝委员长蒋:6897密(表)。战报。据王司令官寝申琉荣电称,卯有战报:(一)七四军当面敌,有寅增至九千余猛犯。甲、五八师在城步、北关、峡水东及武岗南木瓜桥、蔡家岭、安心观各地,坚强抵御来犯之敌,敌向西北窜犯企图迄未得逞。乙、五七师前线战斗至烈,凶战五日,竹篙塘坚守三日,守军仍在对峙中。守卫山门之一六九团葛道逐营,受三倍敌围攻三昼夜,毙伤敌达八百,我所剩官兵百余,仍坚守中。另敌千余,有酉窜洞口东南,与我军一部接触。(二)放洞敌有日西犯,激战竟日,敌四、五百突至龙潭司东九公里,被我五一师于海棠楼两部歼灭,其余各处均被击退。同日,我一五师由东北向西南协力猛攻,敌背逐渐压缩包围,连克青山界、南银观、岩豪江、油溪、绢溪各要点。总计毙伤敌高滕佐四郎以下官兵千余,掳获机枪八挺,步枪百余支。现我军仍进展中。(三)田心西北敌三千余,马日五路屡向西北进犯未逞。有卯,复大举猛扑,我七三军十〔五?〕师续于集营东南红岭附近地区痛击中。等情。谨闻。昆。职何应钦。卯俭巳。忠整光。印。

(16) 4月30日电

渝委员长蒋:4646密。战况补报。据王司令官感理荣称,卯寝,盘据云坝山东侧敌增至二千余,寝卯续向西犯。甲、74军报称:(一)正面敌先头八千余,猛犯李家山塔塔岑、花园市、洞口、山门等阵地,竟日突击,均未获逞。我守备山门51师葛道逐营残存官兵仍在苦战,战况均烈。(二)右翼敌千五百余猛犯珠玉山,我58【D】一部据险阻击,双方伤亡均重,激战至亥,仍在珠玉山附近地区争夺中。(三)左翼敌以千五百余钻犯半江峰,寝竟日与169师夏存实营激战于半江峰以北地区,迄晚未止。(四)另真良附近集敌五千余,赛市附近集敌三千余,均图增援蠢动。乙、一百军当面之敌,自朝至暮不断由放洞西犯。我51师与空军协同,屡予重创。同日,19师续由(错码二字)西南迫敌侧背,敌亦负隅顽抗,入晚仍在放洞、大黄沱、狼兴胶附各〔各附〕近地区鏖战中。丙、73军于潭溪东南与敌反复争夺,有、寝两日毙伤敌三百五十余,我伤亡连长周励以下官兵百廿余员名,刻仍激战中。并俘敌军佐宁泱姑、板片民、青里公保、不吕野元、吴海连及韩人李容相、刘光公、望安潭、黄义啸、姜士椒等十名。谨闻。昆。何应钦。卯陷午。忠整铨。印。

(17)5月1日电

即到。渝委员长蒋:据王司令官俭未理荣电称,5948密。卯感战报:(一)74军当面敌增援反扑雪峰山,战斗益烈。(甲)窜珠宝山敌,寝由遭我会攻后负创颇重,感辰增至二千余,夜复被我58师174团痛击,敌乃分股进犯,一股钻窜武阳附近,我奋勇阻击,刻仍激烈对战中。(乙)感晚,敌千余由东、南、西三面会攻武阳,58师部一〔一部〕于城郊展开剧战。另敌千余窜犯李溪桥。(丙)放洞敌猛烈进扑我57师170团阵地,迄午增至四千余,攻击益烈,守军据险阻击,并得空军协助,毙敌甚多。(丁)山门我残存官兵仍坚守血战中。(戊)窜半江峰敌,感寅迄戌,与我169团激战未已。(二)100军与空军密切协同,续攻放洞附近地区顽敌,进展迅速。19师进迫放洞、景兴桥各右侧,51师攻抵大黄沙,歼敌三百余,掳获步枪卅余枝。(三)73军当面敌,感辰向洋溪东北猛扑,我77师奋勇迎击,鏖战竟日,敌未得逞。(四)守备岩口铺19师57团之罗文生连,自卯铣至感,血战争夺12昼夜,毙伤围攻敌达百九十余,该连亦伤亡排长以下官兵廿余员名,阵地屹立未动。同时,桃花坪西北之芙蓉山据点,亦在我坚守中。敌虽数度攻击,均未得逞。待续。昆。职何应钦。辰东辰。忠整铨。一。印。

(18) 5月2日电

急。渝委员长蒋:6445密。补报战报。据汤司令(一)卯卅辰算麟电称,第二十七集团军(廿六)军战报:一、养、梗,丁店界之敌时有小部队向我41师阵地攻击,均被我击退。二、宥日,我44师131团向(城步以北十华里之)清溪挺进,与步兵四、五百,炮二、三门之敌遭遇,激战竟日,敌续向西北窜散。是役,毙敌五十余名,我亦伤亡士兵廿余名。(二)我44师32团于有晚以全力由梅口挺进于双溪以北地区,与步兵七、八百,炮二门之敌遭遇,激战竟夜。宥辰,敌续增至千余,午后战斗更烈。该师133团(欠一营;守长兴子)遂由江口塘、石江冲间,向敌猛力侧击,敌势稍挫。是役,毙敌五十余,获湘省十万分{之}一图廿四分(敌国板〔版〕),步枪两支,手榴弹四枚,钢盔两顶,伪币二千余元,及中队编制表、名册各一份,并于敌俘山田曹长身上搜得俸给支给证一件。于该文件证实,该股敌人系66师团五八旅团之独立大队。是役,我亦伤亡排长张祖夏以下士兵35名。(三)俭夜,梅口之敌企图偷渡巫水,被我44师131团击退。(四)我44师为策应四方面军作战,其部置于下:1.151团城步南盱珠界(城步东各派出一部)向敌警戒,并【对】在真珠、江头间地区之敌搜索攻击。2.132团于梅口、磨石塘地区阻击北犯之敌。3.133团一部长兴子,主力于岩旧田附近地区梯次配备,并向梅口以北活动,以策应132团之作战,44师部于寨坡、绥察东。等情。谨闻。何应钦。辰冬。忠整兴。印。〔昆明〕

(19) 5月3日电

即到。渝委员长蒋:6445密。战报。据安江第四方面军罗副参谋长辰江申电话报称:(一)武冈、兴宁、武阳方面:(1)昨冬午,敌二一七团主力,六十八师、一三师各一部,分别向我窜犯。(2)敌二一七团主力由唐家坊向西北钻隙至水口(瓦屋塘西一〇KM)附近,经我七十四军五十八师反攻,战况至为激烈。我七十四军军长及五十八师师长,亲赴前线指挥。午后得空军大量援助,反攻六、七次,终将敌二一七团主力大部歼灭。计毙敌步兵千余名,马二百匹,敌伤亡达总数三分之二,敌马匹几全部被我空军炸死。夺获敌步枪四十余支,轻机枪三挺,无线电机一架,俘敌二名(内一名重伤)。我军伤亡三百六十余名。(3)水口附近高地均经我克复,敌已退至瓦沙〔屋〕塘以南。(二)洞口公路正面:(1)江口东侧附近,我敌已激战六、七日,是(冬)日战况最为激烈。冬未,敌分三路向铁山、肝溪、青岩进攻,我五十七师师长及参谋长亲赴前线指挥,今(江)辰将敌击溃。掳获步枪廿余支,轻机枪三挺。现铁山我敌各有其半,我继续对敌攻击中。(2)此面之敌为一一六师之一二〇团全部及一三三团一部,及一一军之直属部队。当面之敌续有增加。(3)龙潭叵我五十一师及十九师,继续对敌攻击。是(冬)午后增敌六百余,判断敌续有增援。(三)新化方面我敌仍在冷溪附近之红岭激战。敌企图向西北窜犯,我一五师及七十五师将敌一部包围,敌仍顽强抵抗。等情。谨闻。职何应钦。辰江申。忠整光。印。〔昆明〕

(20) 5月5日电

渝委员长蒋:补报战报。据王司令官辰冬申理枢电、冷处长辰江午珍电及第三方面军辰支申电话汇报,战况如次。6897密。甲、武冈、武阳方面:(一)五师之一五团在李溪桥附近掩护侧背,其一三团、一四团由万福桥北向唐家坊攻击。(二)一二一师主力由毛店井向杉木冲方向前进,今支日可推进至武阳以西地区,其先头严〔巳〕与一九三师右翼取得连络。(三)四四师之一三一团,汀晚向花溪山(在城步东卅公里)推进,该师主力由梅口经关峡向武阳推进,在五师之右侧背。(四)武阳以北唐家坊、瓦屋塘间地区,尚有敌三、四千,敌已将高沙其后方连络线,似改由武冈以北通宝厅方向。乙、公路正面:(一)瓦屋塘西南敌,冬晚与我五八师在茶山、分水界之线战斗。(二)江口东南敌与我五七师战斗中。(三)一百军一部冬寅猛袭放洞之敌,至辰,六三师攻占一四一五高地。刻放洞之敌增援后,向我五一师攻击中。(四)洞口及江口东南地区,均有敌增援,数不详。丙、新化方面:七三军续攻洋溪附近之敌,敌我于南山寨西激战终日。丁、敌后活动:七四军各突击队,为配合主力作战,于湘桂、衡宝、潭衡各路袭击敌后,暂〔斩〕获颇多。等情。谨闻。何应钦。辰微辰。忠整铨。〔昆明〕

(21) 5月6日电

限三小时到。渝委员长蒋:6897密。战报。据安江及贵阳鱼午电话,(一)沙〔瓦〕屋堂〔塘〕以南敌约一千四百余,微日被暂第五十八师攻击,敌伤亡甚大。我第五师向武阳西北攻敌侧背后,进展正〔甚〕速。敌向武冈方向退却,我正追击中。第五师一部已占李溪桥,我四十四师在第五师右翼协攻中。是役,第五师共俘〔掳〕敌炮三门,步枪百余支,电话机一部,马廿余匹。(二)江口以东以〔之〕敌,微晚分三路猛攻,每路约千人。另敌七、八百向我右翼包围,均被我五十七师、四十六师击溃,敌伤亡颇重。我俘〔掳〕敌步枪五十二支,轻机枪五挺,掷弹筒三具。(三)洞口方面战斗正烈,双方均无进展。(四)放洞方面,我向敌反攻,无大进展。(五)第一八军有攻占赛市讯。(六)洋溪情况无变化。(七)我第九十二军正向敌小股窜桃花江东南施〔反击,敌〕即退去。(八)宁乡敌亦出扰后退去。谨闻。昆。职何应钦。辰鱼午。忠齐渺整光。印。

(22) 5月7日电

即到。渝委员长蒋:6897密。补报战报。据安江王司令官支酉璧荣电节称,冬辰敌大、小炮十六门轰击洞口、山门,我一七〇团据守官兵四十余全部殉职。现河口西侧山地敌我争夺仍进行中。江口东侧敌进至四千余,江寅起不断西扑,计青岩方面四次,铁山方面六次。我五十七师(附五十三团主力)李师长督率所部,与空军协同,坚强阻击,当击毙敌中队长以下二百余名,掳获轻机枪二挺、步枪廿八支及其他军用品甚多。我一七〇团连长董绕壮烈殉职。(二)一百军向放洞地区顽敌猛攻,激战竟日,双方伤亡均重。(三)七十三军猛攻南侧,毙敌五十余,生擒敌兵真田恒美、高木柄浩及稽林情灵等三名。等情。谨闻。昆。职何应钦。辰虞巳。忠整光。印。

(23) 5月9日电(一)

渝委员长蒋:6897密。战况补报。据王司令官辰微理荣及鱼午理荣两电报称:(一)江口方面:支日,我抽调暂六师二个团由南向北,51师153团由北口〔向〕南,协力57师三面反攻。189团二营少校营长夏字实,身先士卒,猛攻铁山,再四突击,冲至山岭,毙敌133团中队长翼山勤以次官兵二百五十余人,敌阵摇动。各部乘势猛攻,进至奉家楼,夏营长亦负重伤。讫戌,战斗益烈,微寅起敌分三股,每股约千人,再向青岩、铁山之线猛攻,双方展开激战,伤亡均重。薄暮,敌另一股七、八百人,窜侑查坪西南,企图经塘湾迂回江口阵地之侧背,我天台界守军果敢迎击,敌不逞。入夜后,敌益猛犯,到处渗透攻击,战斗益形激烈。至亥,计毙敌大尉以下五百余,获轻、重机枪五挺,掷弹洞三具,步枪五十二支,双方现仍在青岩、铁山亘子〔天〕台界以东之线激战。(二)武阳方面:74军支日全面向敌反攻,竟日激战。甲、193师梗攻占大王田,向敌续攻中。乙、58师猛攻龙头五个高地,至酉,我克其三,毙伤敌三百余,我伤亡一七三团第二营营长乜纯龙一员,另官兵百廿余名。至微日,58师将龙头五高地全部占领,93师亦协力猛攻,至晚,唐家坊、大背(?)水、百家坪(?)均已先后为我74军克复。敌向东南溃退,我围歼中。(三)放洞方面:微、鱼二日,仍在原线激战。(四)73军猛攻洋溪南侧,于支酉我四五团卒将洋溪西寨边店(?)全克复。等情。谨闻。昆。何应钦。辰青。忠整铨。印。

(24)5月9日电(二)

限即到。渝委员长蒋:6897密。补报战报。据王司令官及汤司令官辰鱼电称:(一)武阳、武冈方面:(1)我四四师先头已进出于新宁、武冈大道,仅遇少数敌人已被击退。(2)瓦屋塘以南至唐家圩以西,已无敌踪,残敌分向李溪桥、黄土塘方向溃窜。五八师俘敌松本平次一名。我五八师及一九三师各以一部尾击中。(3)第五师之十五团控置于李溪桥附近,鱼午由瓦屋塘向武冈方向回窜之敌八、九百,经过该地时,被我侧击,敌复狼狈向花园方向逃窜。又龙烟山东南之大竹山,尚有敌二、三百名盘据顽抗,我一三、一四两团正围歼中。(4)我一二一师主力沿梅口、武冈道推进于木瓜桥,驱逐数十残敌后,其主力已进占转湾头,其先头到达山口桥、丁塔岭,与我五八师守武冈之营取得连络。(二)洞口公路正面:(1)江口东南之敌向铁山、青岩以西之线攻击甚烈,被我击退,遗尸五、六十具。同时,另敌一股约四、五百迎攻天台界,企图窜塘湾,被我击退。(2)放洞附近敌,鱼日约有千余名向我一百军反扑,未逞,刻仍被我围歼中。(3)一八军先头部队,微午攻占苏柴山、杨洲江,现正向麻塘山、白马山分批攻击。今一一八师三五三团一个营,鱼辰进至星子坪北端与敌对战,三五二团先头营微未攻占赛市,敌四、五百狼狈南窜。(三)新化方面:(1)七十三军续攻洋溪南侧,毙伤百九十余。七七师并俘敌嵊业情及中宣嵬及中一等三名。(2)七七师杨支队(副师长率二二九团主力)待机挺进。微日,攻占巨口,伤毙敌颇多。等情。谨闻。昆。职何应钦。辰佳辰。忠整光。印。

(25) 5月9日电(三)

即到。渝委员长蒋:6897密。战报。据安江罗副参谋长辰佳巳电:(一)江日,敌续向我攻击,我暂六师在公路以南,57师在公路上,51师在公路以北,对敌攻击中。(二)我100军攻击放洞方面之敌,稍有进展,现敌增援千余,采取守势顽抗,我100军之19师掳获敌炮一、轻、重机枪五,步枪30余。(三)巨口铺以南,由邵阳增来敌千余,又敌47师团长亲率一个联队,由永丰增加于邵阳方面,另有敌二、三千,由衡阳增加邵阳。判此敌系固守邵阳,尚无增援资水西岸迹象。又据贵阳林处长辰佳子电话称:一、43师遵命停止于梅口附近。二、5师师部武阳,121师部塔塔岑,44师在新宁附近。现3师均已进出于武冈、新宁之线,待弹药追送,再续向高沙市之敌攻击。各等情。谨闻。昆。何应钦。辰佳午。忠整兴。印。

(26) 5月11日电

即到。渝委员长蒋:5977密。补报战报。据安江王司令耀武申理荣电称:甲、齐拂晓,方面军全面转移攻势,各部奋勇出击,进展迅速。(一)74A58D,齐辰进至桥当头,续对该地敌攻击。193D主力为策应57D之作战,向茅溪、大湾方向之敌攻击前进中。57D佳日仍在单薄线与敌激战。(二)57D猛攻放洞,敌约一大队由山门驰援,177D乘势进击,激战至齐午,卒将该残敌击溃,获榴弹960【颗】、炮1门、轻机枪□□挺、步枪卅四支、掷弹筒四具及战利品卅余担。51D及63D均有重大进展。我连杨湫陂、杨洁、唐文友、马继俊、丁清山等五员,均苦战殉国。(三)18A:甲、11D齐午攻占猴子岩,迄申复克岩莺窝,续向山门攻击。乙、118D齐午攻占星子坪,副营长褚佩东忠勇殉职。齐巳,先已攻占横板桥。(四)73A:甲、15D及77D猛攻洋溪南数千敌,将赵庄(洋溪东南四十里,图上无)敌百余完全击灭,并俘敌亘本善男、滋松正懈、新谷方独、李容相

1404

丙、克雨望狄、欧镕维义、嘉姜后白、加圭旁相、植姜太烈、阎保敬德等十名。(2)18D攻占大桥边,先头进至顺水桥,与敌一部战斗中。等情。谨闻。职何应钦。辰真未。忠整光。印。〔昆明〕

(27) 5月12日电

即到。重庆委员长蒋:6897密。战报。据安江真酉及贵阳文辰电话报称:甲、七四军方面:(1)桥当头之敌分三股向高沙市方向溃窜,我五八师、一九三师各以一部追击敌人。(2)桥当头及洞口以东,尚有敌四、五千人(至少亦有二、三千人),真日午后,分股流窜,我五八师、一九三师之主力正从事包围中。(3)五七师一部已占领现江,主力续向现江以东追击前进,并在洞口附近包围敌军数百。乙、一百军方面:望乡山附近地区有敌约千人,内有联队长一人,我五一师、一九师、六三师各以一部攻击之。该敌已断粮三日,并缺乏弹药,突围三次未成,可能全数歼灭。我五一师、一九师、六三师各以一部扫荡该区内之敌。丙、一八军方面:(1)一一师灰午占领山门,敌向东南溃退,并在山门附近将敌一部包围。此役虏敌军官二、炮二门、马六十余匹、步枪百余支。(2)一一八师之三七二团已到石下江,其一个营已到龙潭及黄桥铺。(3)一八师主力在大桥边,正对该地附近之敌(约一千人)攻击中。丁、七三军方面:(1)洋溪附近有敌约二千,我七七师、一五师正对该敌攻击中。(2)七七师之杨支队已到达巨铺以南,与约七、八百之敌战斗中。戊、九四军方面:(1)九四军军部到达武冈。(2)一二一师师部光远市。该师部队昨真于进攻高沙市途中,包围敌军五百余人,悉数歼灭,掳获炮二门、重机枪二挺、步枪百余支。并于昨真晚占领高沙市,续将其附近之敌一部包围,正攻击中。(3)我五师师部在荆竹铺,其先头部队昨晚十时以前,已占领黄桥铺。(4)我四四师向桃花坪超越追击,昨真晚先头到达岩口井,正续进中。等情。谨闻。何应钦。辰文辰。忠整光。〔昆明〕

蒋介石致何应钦密电

(1945年5月12日)

昆明何兼总司令：1619密。辰齐未忠整光电悉。此次敌犯湘西，我空军将士英勇作战，协力地面部队迭挫敌锋，殊堪嘉慰。除另电传令嘉奖外，关于空军第五大队长张哈蛰、美方大队长邓林上校、轰炸第一大队第四中队长声凯旋、美方队长来杨少校等四员，已着铨叙厅从优叙奖。仰另候饬遵。特复。中〇。辰文。令一元西黄。

何应钦致蒋介石密电

(1945年5—6月)

(1) 5月15日电（一）

即到。渝委员长蒋：6897密。补报战报。据王司令官真申理荣电称：灰寅，方面军继续扫荡当面之敌，各部逐渐移于战场外之追击，斩获颇多。（一）七四军方面肃清放洞及桥当头敌，（五八师）俘田翌岷上等兵一名。灰午，该军除以一部攻击高沙西侧顽敌，同时主力正向荆竹铺、黄桥铺之敌追击中。（二）一百军围歼留置望乡山北端黄连江（图上无）之敌，（五一师）谢恺棠团长率部冲杀，生俘敌一〇九团第三大队分队长奥村春夫伍长、井山义仁等二名，获轻、重机枪各一挺，步枪廿支。（三）18军：甲、11师攻占山门。黄涤生团截击由黄连江南窜敌，【敌】官兵猝不及防，生俘敌军官一、卒士兵数名，夺获山炮二门，马一匹，轻、重机枪各一挺，步枪廿五支，毙敌百余。残敌纷纷回窜黄连江。该师主力向竹篙塘推进、截击中。乙、118师续占石下江、黄桥铺各要点地区，将敌人截断。（四）七三军：甲、18师及杨支队协攻窜抵大桥迤〔边〕东南敌三千余，战斗益烈。乙、15师、七七师续攻洋溪南侧敌，获轻机枪一挺、步枪卅余支，毙伤敌三百五十余，我15师伤亡连长二、排长五、士兵百余名。等情。谨闻。昆。职何应钦。辰删辰。忠整光。印。

(2) 5月15日电(二)

即到。渝委员长蒋：6897密。辰真战报：当面之敌抵抗至为顽强，我各部继续围歼中。(一)74军攻击高沙、洞口间三千敌，竟日激战，敌数度图向东南逃逸，均被击回。(二)一百军续围攻黄连江北敌，陆、空协力轰击，毙伤敌二百余。(三)我十八军：甲、黄连江敌一部约千，东窜麻塘山，我十一师当予截击，展开激战。该师主力进攻菱角田、竹篙塘、龙金寨间顽抗敌千余。我各部官兵奋勇战斗，极烈〔竭力〕冲击，至酉，俘敌兵五名，获步枪十余支、战马九十匹及其他战利品二百余担，毙伤敌四百余，我亦伤营附三、副营长二一〔?〕，另伤亡连长以下官兵二百余员名。乙、一一八师一部攻击高沙东马安石敌，激战三小时，俘敌兵一名，获步枪十余支，轻机枪三挺。(四)七三军：甲、十八师及杨支队继续攻击大桥边东南敌。乙、15师及77师猛攻洋溪南侧之敌，韩师长亲临最前线督战指挥，士气益旺，激战终日，卒将红岭(十万分之一图无)附近敌完全击溃，毙伤敌二百余，获步枪卅余支，并俘敌金光珠一名。(五)转击桃花坪伍副团长，微午电称，微辰，敌二百余在桃花坪发生巷战，我官兵奋勇冲杀，毙敌二十余，【敌】纷纷东溃，我获步枪三支。等情。谨闻。昆。何应钦。辰删申。忠整光。印。

(3) 5月17日电(一)

重庆委员长蒋：6897密。补报战报。据汤司令官辰元、辰寒两电称：(一)我四十四师之三十二团，于文午占领桂〔桃〕花坪，该师主力现分散于水漫铺、米山铺、新宁、武冈附近搜索中。(二)我第五师之许团汪加强连，于关家桥阻击炮数门、人数约五、六百之企图突围之敌，战斗惨烈。该连伤亡殆尽后，该师唐团急进增援，协同一二一师于菁竹铺对该敌围歼中。(三)我一二一师于文卯击破高沙市设有铁丝纲〔网〕之敌二千余，进占高沙，续向残敌分途追击，于元辰在风神岩、关家桥、冷水桥、鲤鱼渡、七里村一带，发现敌一股约三千

1407

余,我一二一师及五师尾追堵战,激战终日,敌我伤亡均重。迄晚,敌千余向东南逃窜,我第五师与四十四师同时派队追击中。另敌一股约八百,炮数门,盘据风神岩山地,据险顽抗,我一二一师正围歼中。又敌一股五、六百,炮二门,据荆竹铺西南侧盐泉东南之线顽抗,我第五师正扫荡中。谨闻。昆。何应钦。辰篠辰。忠整铨。印。

(4) 5月17日电(二)

即到。渝委员长蒋:6897密。补报战报。据安江王司令官删酉理荣电称,辰寒战报:1.七四军协同十八军主力,续攻茅铺、菱角田、竹篙塘地区敌,战斗激烈,五八师并俘敌军曹一名。2.一百军寒寅续攻椒岭附近,激战至戌,毙敌二百余,获步枪十五支、掷弹筒四具,战马六匹、钢盔百余顶,五一师俘敌176R兵福亘慕太郎等三名。3.十三师三八团辰文起,配属于十一师,在马胫骨附近与由望乡山方面东南窜敌发生激战。我官兵奋勇冲杀,敌屡图突击,均被我击回,鏖战至寒酉,计俘敌中尉松正次郎及曹长殷田下兔助等二名,毙伤敌二百五十余,获步枪十余支,我阵亡连长张其象一员,另伤连长以下官兵百廿余。4.自卯有窜洋溪附近敌47D三千余,经我七五师猛攻十日,伤亡奇重,迄寒已动摇,一部近百企图向南逃窜,被我击回。现敌仍被围困南山寨以南附近地区,遭我包围中。寒日,我五二团伤营长一,四五团夺获满载弹药之降落伞等具。等情。谨闻。何应钦。辰篠申。忠整光。印。

(5) 5月19日电

重庆委员长蒋:6445密。补报战报。据李总司令玉堂辰文未参战相电称:我在城步、武阳地区击溃之敌,自辰虞前,即纷向武冈以北地区狼狈逃窜,我除以廿六军四四师之一部,经我〔武〕冈、水月坪、米山铺道向桃花坪挺进外,并以九四军主力分经武冈、荆竹铺、冯坪街道及武冈、光道〔远〕市、高家铺道,向黄桥铺、高沙市之线行勇猛之追击。自辰齐迄辰灰晨,敌在渤港、翟家祖、唐家岭、武家冲一带地区集中火力,作困兽斗之举,企图反攻。我一二一师官兵咸报必死决心,往复冲击,战斗至为激烈。灰午,敌四八师团一一七大队几全部就歼,遗尸遍野,残敌仓皇〔惶〕退据高沙市顽抗。辰真,我四四师一三二团一举克复桃花坪,第五师到达马坪街、黄桥铺一带,【一】二一师乘胜迫近高沙市,正聚歼该敌中。此役我一二一师毙敌大尉高勇、少尉灰井义渥以下官兵七百余员名,骡马五匹,生擒敌兵二名、马二匹,夺获迫击炮七门、轻机枪六挺、步枪卅余支、战刀三把,其他重要文件、军用品甚多。我仅亡连、排长十一员、士兵三百余名。谨闻。职何应钦。辰皓未。忠整铨。印。

(6) 5月20日电(一)

即到。重庆委员长蒋:5771密。补报战报。据王司令官铣酉理荣电称,辰删战报:(1)自卯〔辰〕佳渡资水西犯敌一一六师及配属该师团二BAE,经我一百军、七四军于宝庆公路及其两侧各地区坚强阻击、围攻,除工兵及辎重兵于辰佳、灰两日东逃外,其余仅敌千名之残部,我正猛力围攻,指日即可全歼。甲,敌一一六师师团长所率一三三团、一二〇团歼〔残〕存约两千,被我七四军所部一三师、五八师、暂六师及一八军,于竹篙塘北山北山门沿水东西间地区围歼。删日我暂六师已攻占竹篙塘、洋溪两要点,包围圈益见缩小。我九三师并俘敌松田作治一名,我一一师三一团作战班主任刘汉屏、三二团第三营营长牛铁作、营附傅志亚、营长□□□,均于山门附近奋勇战斗,负伤。乙、【敌】一〇九团自卯寒起,于回龙寺、舫水洞、青山界枚洞各附近,遭我五一师、六三师截击、尾击、侧击、围击,联队长龙寸保三郎于辰元,第三大队长宇更加尾于卯〔辰〕东,被我击毙。拂晓,敌各大队。待续。昆。职何应钦。辰哿巳。忠整光。一。印。

1409

(7) 5月20日电(二)

即刻到。渝委员长蒋:续辰哿巳忠整光一电。5977密。及直配属队二七员(?)惊惶混乱,全体匿深山丛林苟延。删日,我63D复捕获公本信庄、佐佐木多藏、山本良作、中野进夫、呼井光雄、大隅富美夫等多名,其余悉予击灭。另获山炮一门、重机枪一挺、轻机枪二挺、步枪四十余支、战线八百丈及其他文件、军品六十担。(丙)57D自辰佳追击扫荡。(一)江口东侧,东溃敌169R于山门西南【被57D截击,我】俘敌三名,获拖马卅五匹、步枪三支、轻机枪一挺、战利品卅余担。现续扫荡磨塘山一带匿蔽山丛林之敌。(二)自卯〔辰〕佳犯孙家桥不逞折溃退资水图犯新化、溆浦之敌47D31R,为我73A围击,残存千余我正由南璃塞、月光山、苍溪山方面加紧围攻中。是役,我18D52R(配属于15D)第一、三营万洪山、唐铁冰两营长,均忠勇负伤。敌47D91R辰阳起,先后于巨口铺、锦三桥一带遭我100A杨师(?)及18D主力猛攻,伤亡亦巨。残余〔敌〕千余,删晚北窜大坪、十者路(龙溪铺西北四公里),我续攻中。(丁)13D靳师长辰寒戌电,38R第一营,元于马脊〔胫〕骨侧与优势敌血战一昼夜,营长余茂斌身先士卒,率部冲杀,毙伤敌中佐庞寺正保以下官兵二百,我忠勇之余营长亦于是役壮烈殉国。等情。谨闻。昆。职何应钦。辰哿巳。忠整光。二完。印。

(8) 5月21日电

即刻到。渝委员长蒋:6897密。补报战报。据安江王司令官皓未理荣电称,辰巧战况:(一)十八军续攻当面敌,篠未攻占破塘,毙伤敌少佐以下二百余,俘敌五名,掳获轻机枪四、步枪十一、掷弹筒七二二,我阵亡连长陈显席以下五十余,继续南攻。巧午暂六师攻克土桥,与十一师取得连络。(二)七三军一部猛攻大桥边以北一带之敌,我一五师五三团第三连【连】长篠戌夜袭殉职。巧午一五师丁秉信营奋勇突入茅坪,反复肉搏,毙伤敌百余,俘敌兵宋立丙一名,夺获轻机枪一及其他军用品甚多。现我一八师于大桥边、观音老巴油之线向东,一五师及七七师于分水界、鸡冠垛、老鸦垛向南,仍续攻中。(三)七四军五八及一九三两师各一部,连日扫荡洞口东南地区之敌,计俘敌曹长一、伍长二、伪军一,获步枪一八、轻机枪一。(四)一三师三八团,铣日扫荡山门附近战场,携获轻机枪一,我坚守芙蓉山之一九师孙廷简营,文辰向桃花坪东附近步、骑兵八百余之敌攻击,激战至申,毙伤敌百余。等情。谨闻。何应钦。辰马酉。忠整光。〔昆明〕

(9) 5月22日电

急。重庆委员长蒋:6897密。战报。据汤司令官辰号午简电称,据九四军牟军长皓未诚庙电称,本皓日部署电呈核备:(1)军以有力一部向东退之敌继续追击,并在资水东西岸搜索敌情,主力即集结武冈附近地区机动使用。(2)第五师以有力一部附无线电跟踪东退之敌,向唐渡追击前进,即在资水东西两岸地区占领要点,防敌回窜。(3)一二一师以有力一部附无线台〔电〕,经三七坳(?)【跟综】向金秤市【东退】之敌,即在资水东西两岸搜索敌情,主力即集结武冈西南地区整补。(4)二(?)追击队搜索地境:赤土铺、寿信岭、蔡家桥、水津渡、大田属左。四三师易团即集结于石狮(梓木山东)东南,进出敌后,并相机进袭之。主力集结下成溪地区,机动使用。谨闻。昆。何应钦。辰养未。忠整铨。印。

(10) 5月25日电

即到。渝委员长蒋:5771密。补报战报。据第四方面军王司令官养申理荣电称,辰马战报:1.暂六师及十八军由石下、横板桥各以东地区续追东退之敌,118师追击部队马晨于和尚桥附近截击东汜山之敌,毙敌二百余、马五十余匹,俘敌兵二名,获步枪百余支、马十匹,敌仓皇〔惶〕奔逃,我续猛追中。同日,桃花坪我19师

57团守军受敌东西夹击,以众寡悬殊,伤亡殆尽。芙蓉山据点守军亦与敌猛烈激战中。2.73军围攻大桥边北灯笼坳一带顽抗之敌,争夺之〔至〕烈。15师参谋皮福民、翻译官李纁恭,偕陆、空连络组亲临茅坪最前线,指导空军轰炸机扫射,毙敌甚众。马午敌突向净坪猛射,李翻译官壮烈殉国,皮参谋亦负重伤,各部奋勇攻至大桥边附近,毙伤敌中队长佐藤丁三以下百五十余,获步枪十余支、马五匹,并续向灯笼坳之敌围攻中。3.十三师三八团皓日扫荡山门以南之敌,又获步枪二支、马一匹。等情。谨闻。何应钦。辰有辰。忠整光。印。〔昆明〕

(11) 5月26日电

即到。渝委员长蒋:补报战报。据王司令官辰梗未理荣电称,5977密。辰养战报:(一)困守在芙蓉山之一九师五七团孙廷简营,自卯皓与敌接触,坚守工事。我屹立邵洞公路近旁,控制进犯敌主要交通线,敌屡犯屡挫,毙伤敌三百余,终未获逞。养晨起,敌千余,炮三门,由东、西、北三面猛攻,我伤亡颇重。敌复借优势火力掩护,至申,该处呈混战状态。我暂六师养寅由沙家坪东追,夺获重机枪一,迄酉,进至芙蓉山以西,对进犯该处之敌猛攻中。(二)三四军一一八师全部进至和尚桥西侧及西北附近,与据守和尚桥一带二千余之敌竟日激战,毙敌甚多。(三)养晨被围灯笼坳之敌企图向南突围,被我一五师击回。同时,七七师攻至大桥边东北之中黄塘,俘敌兵山下一名。(四)马晨湘鄂〔乡〕敌约千余,分头西犯测水以西及石狮江等地,经我五二团坚强阻击,敌受创于马未回窜湘乡及永丰。等情。谨闻。职何应钦。辰寝巳。忠整光。印。

(12) 5月30日电

即到。渝委员长蒋:战报。据安江王司令官感亥理荣电称,6897密表。辰寝战报:寝寅起,方面军继续追击败退之敌,我敌后部队亦加紧袭击,斩获甚多。(一)一百军之暂六师,击溃白竹桥之敌,寝酉推进至监桥铺西侧。(二)118师攻克滩头西北三要点,毙敌百余,获轻机枪一挺、步枪十余支,我亦伤亡80名。刻敌约四千于湾头、山溪市一带筑工事顽抗,迄寝申,仍激战中。(三)73军扫荡大桥边东南之敌,毙伤敌中尉参谋以下百八十余,获步枪33支,获敌重要计划、文件十余件,残敌纷纷南溃,我各部乘胜急追,迄寝未,进转顺水桥东西之线。(四)陈光中纵队连日袭击溃败之敌,夺获轻机枪一挺、步枪十一支、战马五匹、有线电交换机一部、被覆线廿一卷。等情。谨闻。昆。职何应钦。辰陷巳。忠整光。印。

(13)6月1日电

即到。渝委员长蒋:补报战报。据安江王司令官艳申理荣电称,6897密。辰俭战报:(一)俭寅起,我一〇〇军、一八军及七三军各挺进追击部队向周王铺、滩头、山溪市、五湖库、巨口铺一带之敌猛攻,奋战至未,我一一八师一部至滩头东南之爷公山,一五师一部突至渡艳机敌阵地,敌据险顽抗,争夺至晚,毙伤敌五百余。我一〇〇军俘敌松本寅次郎一名,掳获轻机枪三挺、步枪十余支。其他各部掳获正清查中。(二)湘乡附近敌陆续增至五千余,其一部五百余,感日窜邓氏渡,俭卯复增敌百余,猛犯潭市右侧背我敌【后】一部,激战竟日,伤亡百余人,【我】仍在潭市附近坚强抵抗中。等情。谨闻。昆。职何应钦。巳东。忠整光。印。

第四方面军湘西会战作战检讨①

第一节 战胜主要因素

此次敌寇动员八万,企图进窥芷江,我军以连年征战整训未竟之部队,与敌反复争夺,鏖战两月,卒将顽敌击溃,获致会战胜利。

---

① 选自《第四方面军湘西会战战斗详报》。

追本溯源,兹将战胜主要因素,列举于次:

一、指导适切:

甲、兼总司令何于会战初期,即明示以攻为守之原则,追攻势转移及追击时,亦均适时适切,明确指示以方针,遂能把握战机,以勇敢果断之行动,击灭敌人。

乙、我军于会战前,预选要点,构筑工事,屯备粮弹。会战间,选拔精练部队,担任守备,用以吸引消耗敌较大之兵力,并始终控制敌之主要交通线。我军主力,则控置于适当地点,依机动,以尾击、夹击、截击、围击诸战法,对狂妄渗入之敌,实施局部攻势,而予以各个击破。并乘敌主力攻势顿挫之际,全线转移攻势,敌伤亡惨重,侧背危殆,遂致溃败。

二、友军协同:我右翼第三方面军27AG之26A及94A,行动机敏,攻势勇烈,首先击破敌之左侧背,开胜利之先声。左翼第六战区10AG之92A及T51D,亦能迅速行动,接替常德、桃源、益阳、宁乡方面之防务,使我18A能早期交防集结,进出于敌之右侧背,两翼协力猛攻,敌乃全线崩溃。

三、盟军协力:此次会战,美军竭诚协助,关于交通补给,亘会战全期,便利良多,又能完全掌握制空权,各陆、空连络组,均勇敢推置最前线,与空军连络,指示其攻击轰炸目标,故敌军于我陆、空轰炸之下,伤亡特重。

四、官兵用命:我军各级干部,意志坚强,精诚团结,作战时,一以部队荣誉,及克敌致胜为依归,均本成仁取义之决心,亲临最前线督战指挥。各部士兵,受知耻教育之薰陶,于干部忠勇领导之下,士气益为振奋,故官兵一体贯彻命令,用能强攻坚守,重创顽敌,达成任务。

第二节 经验教训〔缺〕

第四方面军湘西会战敌我伤亡统计表①

（1945年4月9日至6月7日）

区分 部队番号	参战人数 官佐	参战人数 士兵	我军 死 官	我军 死 兵	我军 伤 官	我军 伤 兵	我军 生死不明 官	我军 生死不明 兵	我军 小计	敌军 伤	敌军 亡	敌军 小计	备考
18 军部	459	3352		1		1			2				
一一师	583	9588	13	325	37	417			792	1417	801	2218	
一八师	593	9147	20	537	41	770			1368	1307	973	2280	
一一八师	577	9025	14	342	34	537			927	840	651	1491	
A 小计	2212	31112	47	1205	112	1725			3089	3564	2425	5989	
73 军部	440	4379		3		7			10				
一五师	572	7796	34	807	51	1401			2293	1387	764	2151	
七七师	578	7824	15	477	28	1148			1668	1218	542	1760	
一九三师	546	8542	9	397	31	692			1129	932	424	1356	
A 小计	2136	28541	58	1684	110	3248			5100	3537	1730	5267	

① 此件选自《第四方面军湘西会战战斗详报》附件。

(续表)

人数\区分\部队番号		参战人数		我军							敌军			备考
		官佐	士兵	死		伤		生死不明		小计	伤	亡	小计	
				官	兵	官	兵	官	兵					
74A	军部	401	2324											
	五一师	529	7619	35	538	48	940			1561	2112	1196	3308	
	五七师	568	7827	18	978	28	1041			2065	4024	1986	6010	
	五八师	584	8327	28	573	37	960			1598	1869	1360	3229	
	小计	2082	26097	81	2089	113	2941			5225	8005	4542	12547	
100A	军部	243	1960		3	1				4				
	一九师	400	6954	32	927	72	1611			2642	1563	917	2480	
	六三师	434	7842	30	190	59	1177			1456	1633	764	2397	
	小计	1077	16756	62	1120	132	2788			4102	3196	1681	4877	
	一三师	265	4693	6	438	13	329			786	510	270	780	
	暂六师	398	4835	2	40	14	192			248	350	130	480	
总计		8170	112034	256	6576	494	11223			18549	19162	10778	29940	
附记														

何应钦致蒋介石密电

(1945年6月1日)

即到。重庆委员长蒋:据王司令官辰感电报称,6892密。谨将本部卯齐至辰感,湘西战役俘获战利品及敌兵伤亡清查概数呈报如次:甲、毙伤敌大佐龙寺加三郎及重广三岛等二万四千三百十员名。乙、俘虏敌中队【长】胜武雄雅等军官十一员、桃三二郎曹长以下士二百零三名。丙、掳获战马二百八十五匹,大、小口径炮八门,轻、重机枪八十一挺,步枪一千一百廿九支,钢盔一千三百卅顶,较〔轻〕、重掷弹筒五二具,防毒面具、口罩具一千三百六十一具,无线电台三部,敌一一六师团二十号作战情报、搜集计划等重要文件一千二百廿件,及其他战利品约十一吨。现继续清查呈缴。等情。谨闻。昆。职何应钦。巳东忠。齐阳。印。

〔十三〕滇缅会战

（一）缅甸战役

一、作战计划与战斗部署

军令部拟确保滇缅路作战计划

(1941年11月3日)

确保滇缅路作战计划　卅年十一月三日于军令部

第一、方针

（一）国军以确保昆明、巩固滇缅国际通路之目的，应先以第一、第九集团军凭依滇南山险及既设阵地与敌决战，包围突入之敌，于主阵地内各隘路而歼灭之，求主决战于铁道、红河附近地区。如滇南决战不利，应以第一、第九集团【军】各一部在敌后游击，主力转移于南盘江阵地打击敌人。尔后依第一、第九集团军主力截断敌后，尾敌攻击，并依昆明及其附近各要点守备部队之坚守抵抗；同时加入第二线兵团，向敌围击，包围敌人于昆明附近地区而歼灭之，求主决战于宜良、路南附近地区。

（二）第四战区应凭借既设工事，掩护桂西、桂南，并于敌人攻滇之同时，以有力部队进入越南游击，策应昆明行营作战。

第二、集中

（三）第五二军主力应向砚山附近地区集中，第六军主力应向开远附近地区集中，准备滇南作战。

(四)第六六军到达安南、安顺地区后,应续向兴仁、兴义地区集中。第七九军到达河池后,应续向安南附近地区集中。尔后,该两军应适时向师宗两侧地区跃进,准备向路南附近地区进出作战。

(五)第七十一军主力于曲靖、沾益地区集中完毕后,应准备尔后向宜良附近地区进出作战。

(六)第五军应向昆明附近集中,陈明仁部应向安宁附近集中,准备固守昆明、呈贡、宜良、安宁、昆阳、玉溪各要点。

第三、指导要领

(A)昆明行营方面

(七)如敌攻击准备迟滞,我军主力集中完毕后,尚有时间余裕时,应依情况以全力在滇南既设阵地与敌决战。如敌集中迅速,先攻略滇南我主阵地,进出文山、蒙自、开远地区,整顿态势后续向昆明攻击,或停顿于文山、开远地区整备后方,再为昆明会战时,国军应依左记指导作战。

第一期:滇南会战〔计划内容略〕

第二期:昆明附近会战〔计划内容从略〕

(B)第四战区方面

(廿五)如敌攻滇直〔之〕前或同时,以一部向靖西、钦、防牵制,以有力部队向凭祥、龙州附近攻击,企图击破边境我军主力,然后以一部支援法军,于越边防御;或以一部向凭祥、靖西牵制,以有力部队由钦、防登陆,企图占领南宁,威胁柳、庆时,第四战区应避免于边境或沿海附近与敌决战,以一部凭借既设工事,逐次抵抗,一部固守南宁,以主力保持机动,〔依〕诱敌深入,正面固守,截断敌后,包围敌人于郁江南岸附近地区而击破之,并以有力部队乘敌深入,进入越南游击,策应昆明行营作战。在上记状况作战时,本会可相机增加该战区兵力。

(廿六)如敌以有力部队由高平、百南向桂西进犯时,应依正面迟滞,诱敌于天保附近山地而击破之,并以有力部队由龙州附近进入越南游击。

(廿七)如敌乘我军入越,反转向我入越部队夹击时,应依桂西方面部队尾击敌人,并向越边攻击,策应入越部队。

(廿八)如敌以一部向桂西、桂南牵制,或配合法越军于越边防御时,我应以主力向桂越边境敌人攻击,以有力一部乘机进入越南游击。

第四、兵团部署

(廿九)第四战区战斗序列仍旧。昆明行营战斗序列如另纸。

(卅)昆明行营与第四战区作战地境不变。

(卅一)昆明行营各部队任务、行动:

(1)第一、第九集团军应先凭依滇南既设阵地与敌决战,击灭侵入之敌。如决战不利,则以一部向敌后截击、游击,转移主力于南盘江阵地,打击、消耗敌人,尔后应尾敌主力攻击,并亘昆明附近会战之始终,确实截断敌后,协力昆明附近会战。

(2)思茅独立守备队及第六军加强团,应逐次迟滞向滇西山地窜扰【之】敌人,掩护滇南主阵地右翼及滇缅路西段之安全。于滇南会战时期归第一集团军指挥,尔后依情况归昆明防守司令指挥。

(3)昆明防守司令所部,应固守昆明、宜良、呈贡、玉溪、昆阳、易门、安宁各要点及其附近各隘路,死守抵抗,相继转移攻势,协同主力围歼敌人,并于作战之始终确保杨林以西滇缅路之安全。昆明防守司令应编组有力摩托化步兵部队,配属装甲汽车、轻战车一部,策应昆明以西滇缅路之作战,滇缅西段护路之四九师及独立第六旅主力,均归昆明防守司令指挥,服行原任务。

(4)第十一集团军应以一部集中于曲靖、沾益地区,以主力适时跃进于师宗两侧地区,乘敌进出昆明附近,与第一、第九集团【军】主力及昆明各要点防守部队协力,求敌主力决战,包围敌人于昆明附近地区而歼灭之。

(5)第五军装甲兵团配属第十一集团军,使用于主决战方面。

第五、空军〔略〕

第六、后方

(卅九)兵站、补给、卫生计划,由后勤部另行策定。

——完——

〔附图略〕

史迪威签发的中国远征军作战命令

(1942年3月21日)

总长何、部长徐:

命令 三十一年三月廿一日下午十时于腊戍

一、由仰光北进之敌第三十三师团,截至三月十九日止,其先头在列特帕丹(L. ETPADAN)与英军一部战斗中。由培古北进之敌第五十五师团,截至现在止,其先头在派育(PYU)附近与我第五军骑兵战斗中。我第六军前面泰国境内之敌,大部分为泰军,其先头部队在泰缅国境各要道与我第六军警戒部队对峙中,其主力似集结于景莱(CHIENGRAI)、那公兰邦(LAMPANG)之线,另有日军第十八师团,似集结于景迈(CHIENGMAI)附近。

二、英军预定在普罗美(PROME)南方地区拒止由仰光北进之敌,其在同古及毛奇(MAWCHI)方面之部队,将陆续转用于普罗美地区。

三、我军决在同古附近拒止由培古方向北进之敌,并与英军协同作战。其兵力部署如下:

1. 第二百师及第五军直属部队及第六军之第〔暂〕五十五师主力,归杜军长指挥,担任同古方面之作战。第六军第〔暂〕五十五师之主力应即由现在地向瓢背(PYAWBWE)附近输送,听候杜军长命令。

2. 第五军之新二十二师即由曼德勒开唐得文伊(TAUNGD-

WINGYI)附近,归余直接指挥,准备支援普罗美方面英军之作战。

3. 第六军方面,就现在部署,准备拒止由泰国方面来攻之敌。但对毛奇方面,仍应依照参谋团原定计划,派【暂】五十五师之一部接替缅第一师第十三旅之防务,并在该方面确实占领要点,构筑工事,拒止来犯之敌,以掩护同古正面我军之左侧背。

4. 第九十六师为总预备队,即开曼德勒附近,归余直接指挥。

5. 余现在腊戍,今(廿一)日晚即进驻梅苗(MAYMYO),尔后一切报告,均向梅苗及腊戍参谋团分别投递。

右令杜副长官聿明、甘军长丽初

史迪威(签署)

甘丽初呈报第六军缅南作战计划第一号代电

(1942年3月25日)

渝军令部长徐钧鉴:兹随电检呈本军缅南作战计划第一号,即乞核示遵。中国远征军第六军军长甘丽初。寅有午。惟。印。附计划一份。

陆军第六军缅南作战计划第一号

第一、方针

一、军以摧破敌人侵缅之目的,以一部于毛奇(Mawchi)、雷高(Loikaw)、堪都郎(Kantu Long)、南当(Nam-tawng)、彭拔陈(Pungpahkyem)、猛可(Mongko)附近地区与敌保持接触,实施袭击、伏击,以消耗敌之兵力,主力分置于棠吉(Taunggyi)、猛畔(Mongpan)、景东(Keng-tung)附近地区,扼要构筑据点工事,相机求敌主力而击破之。

第二、指导要领

二、军各地区应确实占领要点,构筑工事,拒止来犯之敌,并以攻为守,以协同友军作战。

三、敌如以主力沿缅甸铁路北犯,我即分两路向泰北佯攻,以分散敌之兵力。

四、敌如以主力指向我右翼,则利用有利地形竭力抵抗,诱敌深入,而与第五军左翼有力部队夹击之。

五、敌如以主力向我中央攻击,则乘敌半渡萨尔温江以击之,不得已亦须于猛畔与〔予〕敌以打击后,而诱致敌人于萨尔温江之右岸以歼灭之。

六、敌如以主力攻我左翼,则逐次抵抗,以伏击、截击消耗敌兵力,诱敌于景东以南山地,集中主力与敌决战。

七、敌如不来进犯,我亦应以有力部队不断向敌袭击,以打击敌人,并俟机会以图全面总攻击。

八、对于通敌道路,应彻底破坏,不可留为敌用。

九、各大据点及其附近地区,须严密防范敌第五纵队潜入活动。

第三、兵团部署

十、第四九师(欠一四七团加炮五二团第六连)应以一部占领堪都郎(Kantu-Long)、南当(Namtawng)中间地区,用少数兵力在萨尔温江南岸警戒搜索,并不断对敌实施袭击,主力集结于猛畔(Mongpan)附近,俟敌强渡萨尔温江时而击破之,并相机策应友军之作战。

十一、第九十三师(加一四七团)以一部沿缅泰国境线掌握主要道路,与敌保持接触,并不断实施袭击、伏击,以打击敌人,主力控置于景东(Kengtung)附近地区,扼要补筑据点工事,求敌主力而击破之,并适应战机向泰北之敌佯攻,使右翼友军作战容易。

十二、暂五五师(加炮五二团第五连)应以一部任毛奇(Mawchi)、帕桑(Pasawong)、雷高(Loikaw)等据点之守备,主力集结于瓢背(Pyawbue)附近地区,归副长官直接指挥,其副师长率领雷高、毛奇地区守备部队,归军直接指挥。

十三、作战地境〔略〕

十四、炮十三团第一营将适应战机使用于右翼方面,协同步兵作战。

十五、军直属工兵营即实施猛畔(Mongpan)附近预备阵地据点工事之构筑,尔后控置于雷列姆(Lo-Lem)附近。

第四、其它

十六、关于交通、通信、补给、卫生另行计划。

十七、伏击、袭击另详计划实施。

罗卓英致徐永昌密电
（1942年4月13日）

重庆军令部部长徐:阳辰电奉悉。布密。六六军军部号日可抵腊戍。新卅八师佳日开抵曼德勒,刻分别集结于密克地拉、曼德勒一带地区。新廿八师约号日全部到达曼德勒。谨复。罗卓英。卯元未。宇。印。

罗卓英致蒋介石密电
（1942年4月26日）

即到。XQLA。委员长蒋:□密。甲、情况:一、右翼伊洛瓦底江方面之敌,马日以来情况不明,似有沿伊洛瓦底江西岸向瓦城迂回模样。英军决定宥日开始向伊洛瓦底江西岸转进,我新卅八师亦受英军命令,先向明扬、再向伊洛瓦底江北岸转进。二、仰瓦铁路方面,敌有日仍继续向我猛攻,迄晚进展至瓢背以北与我新廿二师激战。第九十六师宥日晚开始向曼德勒转进之。三、左翼棠吉方面,我戴师敬酉曾一度攻占棠吉大部,后敌复增援,我一面续攻,一面向河邦公路进出。现棠吉仍有敌数百在顽抗中。杜军长及其军直属部队有日晚由黑河向曼德勒转进,宥午经过皎克西北进中。四、甘军方面,第四十九师及九十三师除各留一团防边外,其主力已经苗乃进出雷列姆,截击后路。该军林参谋长所率之一营及军搜索营,据甘军长报告,仍在来卡、孟旁间截敌后路。暂五五师似仍在罗衣考附近活动。五、新廿八师除以一团在曼德勒防守外,主力已于有日晚向素色转用,阻击敌人。乙、处置:一、现英军已开始撤退,我为避免遭敌包围、争取主动,拟转进曼德勒附近打击敌人。二、命第五军除二百师继续前任务外,余即向曼德勒转进,于瓦城南(WSADO)河北岸阵地占领之。三、丫〔?〕职本宥晚偕史参谋长先已向曼德勒移动。谨闻。罗卓英。卯宥午。印。

杜聿明致徐永昌密电

(1942年4月26日)

重庆部长徐:斌密。战报:(一)戴师仍由棠吉山地向通归〔过〕罗爱姆方面之敌攻击中。(二)余、廖两师本黄昏起并用汽车、火车向曼德勒附近转进。(三)军部于有黄昏起向巧克西(KYAUKSE),本黄昏起复向曼德勒西北24里处转进,于本午后十时全部到达。谨闻。曼德勒职杜聿明叩。寝戌。萍昆。印。

罗卓英致蒋介石密电

(1942年4月28日)

即到。委员长蒋:升密。(表)。感酉先电计达。甲、情况:(一)感酉亚力山大邀职与史参谋长会商,英军决心向笈来(KALEWA)撤退。(二)第五军欠二百师感午已转进至萨多河索(SADOWV)布防中。(三)新廿八师主力有日由细包向南索公路集中。甘军及戴师方面,尚未得报。乙、顷与史参谋长会商,决定处置如次:(一)第五军欠二百师附新廿八师于瓦城附近打击敌人后,适时以新廿二师及新卅八师沿然【伊】洛瓦底江西回〔岸〕及瓦密铁道线逐次抵抗,第九六师以伤亡过重,着先开密支那整训及警备密支那县地。(二)第六军及二百师与新廿八师主力仍照前定计划相机围歼深入雷列姆以北之敌。(三)第六十六军张军长指挥新廿八师及新廿九师,除以

1425

一部固守腊成外,主力协同甘军主力围歼突入之敌,不得已时沿腊成至畹町公路扼守,断绝、拒止敌人,最后应确保新唯(HSENWH)要点,掩护中印交通。谨闻。罗卓英。俭未。先。印。

林蔚致蒋介石密电
(1942年4月28日)

即到。委员长蒋：慨密。(加表)。沁机渝电敬悉。丽初事实上已不能来腊,且应集中其被敌隔断之部队,故已嘱其绕道前往萨尔温江东岸,择地收容、整理,并准备再战矣。腊职林蔚。卯俭辰。参一。印。

蒋介石颁发云南方面作战计划要旨密电
(1942年7月3日)

即到。昆明龙主任：征密。极机密。兹随电颁发云南方面作战计划要旨如下：

第一、方针

国军以确保祥云、掩护中印航路之目的,凭依滇南既设阵地及怒江、澜沧江、漾濞江诸要隘,击灭进犯之敌,并控置有力兵团于昆明附近,巩固云南之基地,准备最后之决战。

第二、指导要领

(一) 滇西方面

(1) 以有力一部广领怒江西岸,牵制敌人,掩护第五军撤退,尔后则任游击、破路、搜索敌情。另一部位置云县、镇康各附近,对滚弄之敌,掩护我左侧背。

(2) 主力扼制怒江诸渡口,构筑坚固阵地而固守之。

(3) 澜溪〔沧〕江左岸各控制有力一部,扼制渡口,构筑预备阵地。

(4) 另以一部以西祥公路为中心,扼金沙江左岸,构筑预备阵地,屏障西昌。

(5) 如敌增援进犯时,凭依既设阵地拒止敌渡河。

(6) 万一敌人渡过左岸时,依预备【阵地】之迅速反攻及前岸兵团向敌后方之袭击,乘敌半渡而击灭之。

(7) 如敌极优势,在怒江畔战斗不利时,恶〔可〕在澜溪〔沧〕江及其左侧诸要隘持久抵抗,最后,须固守漾濞江,并依前岸兵团之反转,攻袭、包围敌人于漾濞、功果两桥间而击灭之。此时,如滇南状况许可,则抽调昆明控制兵团之一部及思茅方面之主力,参加决战。

(8) 击破敌人以后,乘胜进占南大门之线,警备国境。未完,待续。中正。午江申。令一元明。印。

即到。昆明龙主任:征密。续午江申令一元明:

(二) 思茅方面

(1) 以最小限兵力警备国境,以主力位置思茅、宁洱,构筑核心据点工事而固守之。

(2) 如敌深入进犯时,以必需一部固守思茅、宁洱两据点,抽出主力,向敌侧背移转攻势。

(3) 依状况则抽出该方面之主力参加滇西或滇南之决战。

(三) 滇南方面

(1) 概依既定滇南作战计划指导作战,必要时招致第二军主力参加昆明之决战。

(2) 如状况许可,则抽出思茅方面之主力及滇西方面之一部参加决战。

(四) 第四战区:敌由越北向滇南进犯时,如状许可,则以有力一部进入越北游击,策应滇南之作战。

第三、兵团部署

(五) 战斗序列如另纸(随计划颁发)。

(六) 作战地境如下:第四战区、第九集团军间如旧。第一集团军、第六军间:新平、元江、李仙渡、江城各东侧之线,线上属第六军。第六军、第十一集团军间:景东、中寨、双江、沧源各东侧之线,线上属第十一集团军。

(七)第一、第九集团【军】及昆明防守部队之任务如旧。

(八)第十一集团军以一部广领怒江前岸地域,牵制敌人,使第五军撤退容易,尔后担任游击、破路并搜索敌情。以主力位置保山以西,守备怒江东岸,拒止敌人渡河。另分置各一部于下关、永平,在澜沧江、漾濞江各左岸扼制渡口,构筑坚固预备阵地。新卅九师位置祥云,推进一团于云县,构筑据点工事而坚守之,并分遣一部于镇康、耿马、沧源间各要点,警备国境,对滚弄之敌,掩护该集团左侧背。新廿八师位置永平附近,积极整理,尔后进出怒江前岸,担任游击。

(九)第六军以一部分置南峤、车里、佛海、镇越、江城各要点,严密警备。以主力分置思茅、宁洱,构筑核心据点工事,以机动祥〔?〕击灭进犯之敌。右与第十一集团军、左与第一集团军保持连络。

(十)第五军撤【至】国境之部队,其整训地点另令指定之。

除计划全案曩经颁发外,希即遵照指导实施为要。中正。午江申。令一元明。印。

中英联合军作战部署的变化①

(1942年9月30日)

〔上略〕

二月廿三日,在昆明奉钧座交下总长何丑皓酉令一亨电,节开如下:

1.本晨已令第五军由英方接运至同古、棠吉(TAUNGGYI)中间地区集中,因英方声请,该军各部入缅后之集中位置由彼计

---

① 此件节选自昆明参谋团:《缅甸战役作战经过及其失败原因与各部优劣评判报告书》第二章"联合军作战部署之嬗变及第六六军主力奉令入缅"。

划,故未将部署纲领予以指示,兹遵电示,补令杜军长应以有力之两团进驻同古,占领阵地,确实掩护集中,其余主力部队可在他希(THAZI)集中,须待集中完毕后使用,切勿逐次加入作战。

2. 第六军一师在景东,一师在芒乃(猛畔西北方),一师在畹町待命,分散太甚。职意五、六两军最好担任萨尔温江或棠吉以东一方面作战,免与英印军混淆,使指挥连系困难。如杜军长必须向南使用时,亦应待全军集中完毕,再加入作战。现英方似有以师或团逐次使用之意,除面告丹尼斯注意外,拟请转告英方。

二月廿五日,接腊戍侯代表腾廿四日报告胡敦司令对于我入缅军部署情形,其内容如下:

1. 第六军以【暂】五五师位置于罗衣考(LOIKAW)地区(毛奇北方),四九师位置于猛畔地区,九三师位置于景东地区,任缅泰国境之守备(正面约三百余英里),军直属队位置于雷列姆,军部位置于棠吉。

2. 第五军以一师位置于棠吉,为第六军预备队,一师位置于同古,一师位置于羊力宾(NYAUNGLEBIN 同古南方七十五英里),任缅第一师与印十七师撤退时之掩护,军部与直属队位置于同古以北地区。

3. 胡敦司令拟即令第五军派兵两团先至同古。

4. 他希附近之梅克提拉(MEIKTILA)与瓢背(PYAWBWE)两地,第五军不含,仍归英方驻防。

5. 胡敦司令不同意派遣连络参谋分驻英师部或旅部,经再三交涉,只允在缅第一师派一员。

6. 第六军与缅第一师之作战地境为同古—毛奇公路以北之线。第五军无地境。

以上实为英方在缅最高军事长官对于联合军整个部署第一次所表示之具体意见。

…………。

二月廿六日,侯代表腾由腊戍飞回昆明,向钧座报告缅甸情况及胡敦司令之意见后,次日(廿七)下达命令,其要旨如下:

一、敌为夺取缅甸,威胁中印国际路线,将企图占领仰光,并继续向缅北曼德勒方面进犯。

二、我以摧破敌人企图之目的,第五、六两军应即全部入缅,协同英军作战。

三、关于入缅部队之指挥系统及输送程序、集中位置,综合规定如下:

1. 第五、六两军暂归杜军长统一指挥,杜军长受胡敦司令指挥。

2. 第五军应不待第六军输送完毕,即开始输送。

3. 第五军之二百师,应于三月一日由现地开始输送,急行入缅,在平满纳(PYINMANA)、同古间地区占领阵地,掩护该军主力集中。第五军主力应继二百师之后续行入缅,集中于杂泽(即他希)南北地区,准备协同英军迎击进犯之敌。

4. 第六军应以九三师及刘支队任景东方面之守备,以四九师任猛畔方面之守备,以暂五五师为军预备队,控置于大靠(TAKAW)、可乌特(HKOVT)、外汪(HWEWAWN)间地区,军部及直属队位置于雷列姆附近。

四、中英两军之作战地境应协定为思戛村(NGAZVN)、敏乌里(MYINVHLE)、巴尼托特(PANITOTE)、密雅内特(MEYALETE)相连之线,线以东属中国军。曼德勒以南至同古间之铁道,应协定归第五军守备。

五、第六六军之新卅八师及宪兵第廿团第一营,在第五军之后输送入缅,任第五、六两军后方连络线之维持。第六六军主力即移驻保山附近,构筑边境国防工事,并准备必要时入缅作战。

…………。

三月一日,钧座在昆明下达寅东电令,其要旨如下:

1. 查第六六军之新卅九师缺额太多,着暂在沾益、盘县间地区整补。

2. 该军主力仍遵前令行动。

一日下午,钧座由昆飞腊,职亦随同飞腊,……。

三月三日,钧座在腊召集职及杜、甘两军长等训话,对作战上指示要点如下:

1. ……。

2. 三月十日为敌之陆军节,敌将企图于三月十日以前占领仰光,我之作战指导应视敌情而定,在:

第一情况,第五军之集中尚未完成,敌即已占领仰光时,我应视敌兵力之大小以决定我是否反攻。若敌兵力小,我可即行反攻;若敌在两师以内,我仍可反攻;若有三师,则我反攻不易,故第五军主力仍应在后方集中。

第二情况,第五军在集中期间敌人毫无行动,仍停滞西当河两岸时,则我应对培古河东岸之敌攻击、歼灭之。

第三情况,我第五军之主力业已集中,而敌对仰光进占时,如敌兵力为一师,我应对其反攻。

第四情况,我第五军主力尚未集中,敌即进攻同古时,二百师应死守同古。一俟第五军大部集中,即行反攻。

…………。

三月十三日,接到昆明本团阮副团长由行营转奉钧座佳申机渝电,其要旨如下:

1. 我第五军未入缅部队暂缓开拔。

2. 第六六军先开一师到祥云、保山守备,余两师仍在昆东地区待命。

(按此项命令前方终未直接奉到,而此后数日内,第五军之新二二师及九六师因在芒市待车,事实上等于暂缓开拔。)

…………。

十八日晚,奉到钧座十六日八时手令,其最重要之指示如下:

1. 第五军主力,仍集中曼德勒东北与美庙间。

2. 如英军要求我防守曼德勒,则不妨先派部队协助其构筑核心工事,最多以一团兵力为限,曼德勒守备,最多不过二团兵力。

3. 第六六军决不能再开,只能派一部到腊戍为止,第六六军主力势不能不〔无〕顾昆明,作为惟一之总预备队。

…………。

三月廿一日,……奉到钧座三月廿日十时、十一时及正午之手令三件,其重要指示如下:

1. 派一师至东定吉(TAUNGDWINGYI 又译唐得文伊)、阿兰庙(ALLANMYO)间地区,作为普罗美方面之英军总预备队,专备反攻、增援之用,决不负为其防守防地之任务。如果敌军有一个师团向普罗美进攻,而英军无久守防地至二、三日之精神,则我军应在东定吉、阿兰庙所驻地区内固守待机。

2. 对史参谋长之命令应绝对遵守。

3. 凡在国外部队,以不轻进、不轻退二言为要诀。在前方全般情势有利于出击、反攻或捕捉战机时,则应决心出之以积极行动。

4. 我军在同古、平满纳方面阵地之兵力,应以现有者为限。

5. 我军决战地区必在曼德勒附进〔近〕之要旨,切不可忽略。

6. 据杜军长十四日函称,亚历山大作战方针在保护叶南阳(即彦南阳)之油田。如果照此方针,则我军一师兵力不可到阿兰庙,只可到东定吉。

7. 棠吉、罗衣考及其前方部队,仍应由【暂】五五师派一团担任,不必变更。

8. 同古必须死守,英军在普罗美未撤退以前,我军决不能先撤同古阵地。

〔下略〕

缅甸战役初期第五军的作战指导与部署①

(1943年3月17日)

〔上略〕

乙、本军之初期作战指导与战斗部署

军基于委员长昆行辕二月二十七日之命令及训令,确定本军入缅为协力英军作战,有击破自仰光北犯之敌,确保曼德勒,掩护中印国际路线之任务,乃决定初期作战方针如下:

先遣有力一部固守同古,占领阵地,掩护军主力之集中,另以一部沿仰曼公路各要点占领据点,坚固守备,逐次打击敌人,主力在曼德勒附近占领阵地,诱敌深入,遮断敌后方交通线,转取攻势,将敌捕捉而歼灭之。

秉上述之方针作下列之战斗指导:

(一)先遣一师并配属骑兵团之一部在同古占领阵地并固守之,以掩护军主力之集中,并相机击破北犯之敌,依状况以同古以东、三塘以北之山岳地带为根据,实行游击战法,深入敌后,遮断其连络,妨害其前进。

(二)敌如以主力沿仰曼公路北犯,突破同古阵地,继续进扰时,平满纳、瓢背、他希各守备部队应坚守不退,予敌以重大打击。同时,同古守备部队应即向其攻击,确实遮断其交通、连络线,主力即行转取攻势。

按照上述之作战指导决定战斗部署如左:

(一)以第二百师在同古附近占领阵地,并以为核心坚固守备,拒止敌人,掩护军主力集中,并相机击破北进之敌。如遇优势之敌压迫,亦应坚守,达成任务后以同古东、北三塘〔三塘北〕附近之山地为根据,待敌深入后实施出击,遮断敌后方连络线,为尔后

---

① 此件节选自《陆军第五军缅甸战役战斗详报》之四。

作战之根据地,并牵制其前进,俾军主力之攻势转移容易。

(二)军应以一部在平满纳、耶麦升、瓢背、梅克提拉、他希等处占领阵地,构筑坚固据点工事且确保之,逐次打击敌人并支援第二百师之作战,主力在曼德勒附近占领阵地,固守核心,吸引敌人,以磁铁战法遮断敌后方交通线,转取攻势,将敌压迫于曼德勒附近河川地障而歼灭之。

三月二十六日,军遵照委员长宥亥侍参电(原电见前)之指示,乃集中主力于平满纳战场,准备与敌作第一次会战,会战不利时再在曼德勒准备与敌作最后之决战。惜乎四月十八日奉令放弃平满纳会战,以后战局急转直下,腊、畹相继失守,曼德勒会战不成。已定计划无一按照实施,战斗指导失准据。此缅战不得不失败也。

〔下略〕

二、中国远征军入缅作战经过

1. 同古保卫战

林蔚致何应钦徐永昌呈

(1942年3月22日)

总长何、部长徐钧鉴:十九日下午五时函,计达钧览。兹谨将二十日以后情况分呈如左:

一、二十日夜十二时,瓢背第五军罗参谋长电话:

1. 昨十九日晨六时起,敌步骑兵约五、六百人进犯派育,与我骑兵团接战。我以步兵一连及骑兵团从两翼突然出击,敌遗弃军器,仓皇溃退,共伤亡少尉以下官兵约二百人,我伤亡士兵二、三十人。在其少尉(梅谋侯腾督代电仍称为敌中尉畿部一郎)身上,搜获地图及日记等重要文件,证明:

(a)敌第【十】五军由曼谷入缅。敌军第十八师团由景迈指向棠吉,五十五师团由培古指向同古,三十三师团由仰光指向普罗美。

(b) 敌五十五师团本月十五日在代库(DAIKU)集中完毕〔齐〕。

(c) 敌系山地师装备,其运动轻便,炮兵以山野炮为主。但其素质,似不如广西昆仑关会战之坚强。

2.【二十日】午后,敌继续增加部队,并发现山炮四门。与我军对峙入夜。

3. 杜副长官十九日在同古。

(注):以上情况,已由皓酉参二电呈报,因稍有出入,故再行补报。至所获得寇军之地图、日记等,已电杜副长官送本团,一俟送到,当即转呈。

............。

四、二十一日夜十一时四十五分,瓢背杜副长官电话:

1. 当面之敌,原有山(野)炮四门,现增加重炮二门,其番号为五十五师之一百一十二团。三日内,敌伤亡三百余,我伤亡一百四十余,阵亡连长一员。

2. 现敌我相持之点地为同古南之 Uoktwin(鄂克春),此处为我同古阵地之前进阵地(按此情形,则派育当已撤退)。

............。
谨呈。敬请钧安。职林蔚。印。谨呈。卅一.三.廿二.下午六时。

闻史迪威在梅谋又决定将新二十二师先开平满纳,职尚未得正式通知。

杜聿明致蒋介石密电

(1942年3月22日)

即到。渝委员长蒋:圜密。加表。(一)同古敌约千余,山野炮六、七门。连日以来,增加至二千余,并野、迫炮数门,飞机多架协助,继续向我第二百师前进阵地鄂克春(OKTSIN)东西之线猛烈攻击。自拂晓至午,炮火之烈为数日以来所未有。敌我冲锋肉搏数次,双方伤亡均重。至本晚止,战斗仍在激战中。(二)我方伤亡连长以下官长十余员,士兵二百余,敌方倍之。迄发电时,战场附近敌便衣队甚多,不时出扰。昨、今两日,各有敌伞兵一名于平满纳附近降落,现仍在缉捕中。谨闻。瓢背副长官杜聿明叩。养亥。印。

侯腾致蒋介石等密电

(1942年3月23日)

重庆委座蒋、总长何、部长徐:OLOGY密。(1)本日拂晓至午后二时,敌以步炮与装甲车、战车等协同,攻击我PYU北方警戒阵地,并由汽车输送部队增援。我击毁其装甲、战车各二辆,汽车七辆。我警戒阵地一部被突破,现仍对峙中。伤亡颇大,待查。本日战斗之敌,除原有121联队外,复增加143联队,并山炮、重炮共约12门。敌空军袭击六次,共约30架。(2)昨两日敌【袭】击马格威(MAGWE)后,英空军在缅者损失殆尽,本日全数逃入我垒允机场,并英通知目前不能派机协同作战。则我军今后战斗,颇感困难,伏恳调派我空军来缅协助为祷。职侯腾叩。漾戌。

杜聿明致蒋介石密电

(1942年3月24日)

(1)

即刻到。委员长蒋:圜密。(表)1446军代。(一)同古正面之敌,于本辰展开大战,以炮空联合向我阵地猛攻,另以一部约五六百人,附小炮数门,于本日午前九时由铁道以西向同古以北地区,拟包围我戴师,企图作战在飞机场。迄午后五时止,正面仍在鄂克春东西之线,侧后方仍在飞机场附近激战中。(二)昨晚戴部坚守,努力歼敌外,并派骑兵一连及以装甲汽车输送步兵一团由北向南协攻,大挫迂回之敌。(三)自上午九时,我瓢背、同古间电话被截断,惟戴师无线电报随时可通。谨闻。瓢背职杜聿明叩。敬午。萍如。印。

(2)

限即到。CPM。委员长蒋:圕密。(加表)。(军代)。战报:(一)袭击同古机动〔场〕之敌,本下午五时后大量增援,攻势愈烈。我以伤亡惨重,午后八时机场卒告不守,且后方连络亦被截断。迄十二时止,全阵地仍在激战中,并不断向机场反攻中。(二)除严限敬即日恢复机场及连络线外,并饬切实遵照钧座意旨,激励士气,抱与城共存亡之决心坚持矣。谨闻。瓢背代司令长官杜聿明叩。敬亥。萍光。印。

杜聿明复蒋介石代电

(1942年3月25日)

委员长蒋钧鉴:三月二十三日夕九时手示敬悉。同古之敌已被我军吸引,拟即遵示以有力之一部击破当面之敌,然后转取攻势,予敌以致命之打击,一举收复仰光。一切准备可于三十日前完成,恳即准第九十六师开平满纳作总预备队为祷。职杜聿明叩。有未。

肖毅肃致蒋介石等密电

(1942年3月27日)

限一小时到。CPM。委员长蒋、总长何、徐部长:盅密。(加表)。本感上午二时半,接倡〔瓢〕背林次长电话:(一)同古西北角于有日下午被敌窜陷,宥日上午,敌主力由该处攻击。迄宥晚同古城敌我各半,敌占铁路西,我占铁路东。(二)感日子刻,接戴师长电称:敌势不甚猛,该师尚可支持。(三)我工兵团、骑兵团在叶达西(YEDASHE)。【新】廿二师正向叶达西输送中,但以输送力太弱太缓,且英方所报输送状况亦不确实,本感日恐不能集中完毕。但我攻击计划仍不变,仅攻击开始日期,势须延缓。等语。谨闻。腊戌职肖毅肃。寅感寅。印。

杜聿明致蒋介石密电
（1942年3月27日）

（1）3月27日电（一）

最机急。XQLA。委员长蒋:圜密。(加表)。(一)同古之敌猛烈攻击,迄未稍止。我戴师仍固守同古铁道以东原阵地,与敌激战中。(二)我新二二师之一部已在同古北方 KYUNGOU 附近展开,驱逐敌掩护部队,搜索前进中。但因输送关系,主力仍未能集结,实施总攻。杜聿明叩。感巳。印。

（2）3月27日电（二）

最机急。渝委员长蒋:夷密。(加表)。(一)围攻同古之敌,自九时敌攻击愈烈,我官兵沉着固守,即以严重打击,敌伤亡惨重,毫无进展。戴师刘团伤亡亦大。迄现在止,仍在原阵地与我激战中。(二)午后,敌炮兵突形〔然〕出动,并向北转移兵力,与我廖师在 KYVNGON 附近东西之线发生接触,伤亡二十余人,战况逐渐演进中。……。谨闻。瓢背代司令长官杜聿明叩。感酉。印。

（3）3月28日电

机急。XQLA。委员长蒋、总长何、部长徐:圜密。(加表)。情报:敌每次向我阵地攻击,步兵多化装英缅农民或土人,穿红衣黑裤,驱运牛车,车上载械弹,覆以农植物,企图混入我阵地后方捣乱。……。谨闻。瓢背副司令长官杜聿明叩。俭辰。萍奚。印。

林蔚致蒋介石密电

(1942年3月28日)

限即到。渝委员长蒋:虫密。(表)。职为明了一切情况,故住瓢背一日夜,刻已回美尼。谨将获悉情形简述如下:(一)敌我沿同古铁道东西对峙中。戴师损失约千余。(二)敌兵力为一师,尚无后续部队,战斗力不甚强。(三)我铁道运输太弱,廖师今晚可在叶达西(YEDASHE)集中完毕,余师艳日可到叶达西。(四)明俭日开始敌前进阵地之夺取,艳日作主力战,三日内应取胜利之果。(五)如预期不能克敌,则请钧座来严令避免增兵,并着陆军【暂】五五师主力预入在平【满纳】。腊【戍】林蔚。寅俭一。印。

杜聿明致蒋介石密电

(1942年3月28日)

即刻到。XQLA。委员长蒋:圜密。(加表)。战报:(一)围攻同古之敌,自本晨来激增无已。十时后,敌飞机多架更番轰炸,掩护战车,纵横进出,炮兵则使用毒气弹,依其炽盛火力向戴师阵地之正面及左翼不断强行攻击。战况之烈,战斗前所未有。我全体将士,仰遵钧座意旨,视死如归,虽伤亡惨重,仍坚守不退,迄现在犹在原阵地与敌激战中。(二)廖师自昨开始攻击敌前进部队,本日总攻以来,因敌已占领纵深阵地,且森林丛集,于我军开始攻击,敌复向我反攻,敌我争夺竟日。我占领村落多处,予敌以严重之打击,而仍不能迅速进展。(三)余师本日因平满纳火车出轨,阻碍输送一日夜之久,不能如期集结,打破整个计划。(四)戴师自战斗以来,计夺获敌步枪百余枝,轻机枪六挺,迫击炮三门,自行车数十辆,防毒面具多件。谨闻。瓢背副司令长官杜聿明叩。俭戌。萍。印。

林蔚致蒋介石等电

(1942年3月28—30日)

(1) 3月28日电

限一小时到。重庆委员长蒋、总长何、部长徐：本俭廿三时注知情况：(1)敌在同古北方要点亦已构成工事。(2)敌对【戴】师猛攻，并用毒气。(3)我进攻部分〔队〕进展迟缓。基于以上情况，对本俭已电决定稍有变更，其指导要旨为：(一)保存戴师战力。(二)勉求调赴安全。(三)自平曼纳以南先站稳脚步，集中力量，再定攻守。其详情另电呈报。林蔚。寅俭戌。眉【苗】。

(2) 3月29日电

限一小时到。重庆委员长蒋、总长何、部长徐：本艳日廿一时情况如下：(一)史、杜同去叶达西，今晚可回瓢背。(二)昨夜戴司令部被敌袭击，当将敌击退，惟发现有敌大部队似向该师背后行动，故略向后转移。该师电台由本艳二时至目前未与军部发电，当系转移所致。(三)【新】二十二师继续攻击，占领南洋(NANGYUA)车站一半。(四)平满纳村落集缅人千余，抢印人牛车，并杀死十二印人，且从事破坏铁道。已令杜军长此后应以军事管理，以利作战。林蔚。寅艳戌。眉苗。印。

(3) 3月30日电

一小时到。渝委员长蒋、总长何、部长徐：本陷廿二时以前情况：(1)第二百师司令部俭夜被敌袭击，惟师长仍指挥部队，掩护同古内部队后退。现第二百师已全部到达叶达西东约六、七公里之河口附近，惟通讯器材及爆炸器具颇有损失。(2)新廿二师方面情况无大变化。职林蔚。寅陷亥。眉苗。印。

侯腾致蒋介石密电
（1942年4月2日）

重庆军委会。HOB密。（表）。蒋委员长钧鉴：据派驻普罗美方面联络参谋冬寅电称：（一）敌东晚渡河占领普罗美。印17师撤至ALLANMYO南约八英里，缅一师部撤至AUANMYO北三英里。（二）渡河袭普罗美之敌为33师219联队。（三）详情另呈。参谋团林团长。谨闻。职侯腾叩。冬酉。

2. 罗衣考战斗

杜聿明致蒋介石密电
（1942年4月14日）

Smd。渝委员长蒋：干密。（表）。据甘军长元辰电称：（一）步骑连合之敌约八百，由毛奇经过数公里处向琴马瓢前进。同古通罗衣考道。（二）雅都（YADO）敌人数百正向东北进出，有向雷高截击暂五十五师后路模样。等情。当经作如次之处置：一、着暂五十五师一部利用毛奇以【北】隘路据〔拒〕扼敌人，另于阵地远前方多设伏兵，阻击敌人装甲车、运输车，以迟滞毛奇之敌，以主力将雅都（YADO）方面之敌于山岳内击灭之。二、特派装甲车一排经唐吉转雷高，归暂五十五师指挥，谨电鉴核。瓢【背】职杜聿明叩。卯寒子。汉昆。印。

林蔚致徐永昌密电
（1942年4月14日）

限二小时到。军令部部长徐：夷密。（加表）。用一英寸等四英里图。甲、甘军长文、元各电综合情况：（一）陈师搜索连真在雅都（YADO）（罗衣考西南约五五公里）与自同古窜来约五百之敌接战,现正节节抵抗中。甘军长已于元日饬伍吉之团第三营即开瓦力苦(HWARIKU)(罗衣考西约廿八公里),掩护罗衣考之侧方。(二)据英方【消】息,由同古向西〔东〕北窜之敌已至罗衣考西北?英里之西方附近,确否正续探中。(三)寇机廿七架元巳袭景东。……谨闻。职林蔚。卯寒戌。参。腊。印。

林蔚致蒋介石密电

(1942年4月)

(1) 4月15日电(一)

限二小时到。XGLA。委员长蒋:夷密。(加表)。……。甘军正面据寒电:罗依考南十六英里之敌,已被我驱逐,现正面尚稳。……。职林蔚。删辰。印。

(2) 4月15日电(二)

限二小时到。委员长蒋:夷密。(表)。(甲)甘军长卯删辰电:一、陈师正面之敌昨日起向我土迁(HTUCHAUNG)二团之阵地攻击,现仍在对战中。(二)英方称毛奇、南也黑(NAMMEHEK)之敌约三千,雅都(YADO)约八百。兹已令陈师派有力部队限期攻取雅都。……。谨闻。职林蔚叩。删亥。参。腊。印。

(3) 4月17日电

限二小时到。重庆委员长蒋:斌密。(加表)。综合罗长官报告、篠辰电及各联络参谋昨夜电,情况如下:……。(三)六军陈师正面稳定,右翼雅都之敌已被击退。……。谨闻。职林蔚。篠巳。印。

(4) 4月18日电

渝委员长蒋:夷密。加表。甲、甘军方面综合情况:陈师第一团缩编为两营,其二、三两团亦相继参战。据丽初篠戌电称:篠未,敌以主力攻南柏(NAMHPE)(罗衣考南西55公里)东方二英里处,我以保拉克(BMWLAKE)之兵要,迄暮仍激战中。陈师仅余四营。军决心以吕师之279团运罗衣考以南36英里处隘道,逐次抵抗,以迟滞敌人。等语。……。职林蔚。巧申。参。腊。印。

(5) 4月20日电

限二小时到。渝委员长蒋:〇密。(加表)。丽初巧、皓各电:(一)南柏(NAMPE)、保拉克方面。巧十时敌增援攻击,陈师一、三两团因兵力过少,已撤至南柏北方高地,保拉克已陷敌手。第二团在土墙被围。(二)自皓丑起,军部与陈师连络隔断,据林参谋长皓六时卅分自罗衣考南方21英里处回来报告,该处已闻枪声。另据陈师司机报告,敌战车九辆,皓五时已冲至师部。(三)陈师兵力已全部消耗。吕师二七九团皓申以前于保拉克北方被围,其师部及二七八团尚远在景东,除彭师一四六团在罗衣考以北占领阵地外,余均不能转用,恐罗衣考即失。等语。查该师篠日在敌阵亡班长身上搜出文件,其番号为龙3733部队联队凡岗部队大队(川村队副中队),此番号查不出。假定其为由仰光新增之兵力,则左路之敌亦必有积极之行动。职林蔚。卯。皓巳。参。印。

(6) 4月21日电(一)

限二小时到。渝委员长蒋:(夷表)。据丽初皓辰、皓午电,自皓拂晓起,我敌在罗衣考激战,我伤亡惨重。迄午已与罗衣考失连络,我敌现在罗衣考北七里附近激战。等情。详情另函肃。职林蔚。卯马巳。腊。参。印。

(7) 4月21日电(二)

限二小时到。渝委员长蒋:夷密。(加表)。丽初皓戌电:敌快速部队配合飞机、便衣队皓拂晓分犯罗衣考及其驻防阵地,我工兵营及一四六团之两营损失甚重,十四时起转入公路东侧山地。现职率一四六团之一营在展邦(HOPONG)(棠吉东十英里公路上)以东占领阵地拒敌。……。职林蔚。马申。参。腊。印。

3. 斯瓦逐次抵抗

杜聿明致徐永昌密电
(1942年4月10日)

部长徐:1138密。谨将本军本月五日至十日于斯瓦(SWA)附近作战经过概要呈述如左:定五日拂晓起,同古之敌开始以飞机掩护炮廿余门,战车十六辆,步骑联合之敌约一师团,向我廖师阵地猛烈进攻。嗣后每日不断以炽盛炮火及飞机多架更番轰炸,聚【继】以滞速〔?〕向我斯瓦主阵地右翼迂回,经我官兵咸抱与阵地共存亡之决心,虽伤亡甚重,仍坚守不退,英勇抵抗,迄本日止,当面之敌经我于斯瓦东西之线猛烈反击,其攻势业已顿挫。作战六日来,计毙敌约二千余,俘敌猪川义雄一名,我伤亡营长三员,连长九员,士兵三千三百余名。刻仍在斯瓦附近与敌对战中。谨闻。副司令长官杜聿明叩。卯灰申。萍昆。印。

林蔚致蒋介石密电
(1942年4月15—16日)

(1) 4月15日电

渝委员长蒋:夷密。(表)。一、四月十四日廿三时手谕及十五日八时致罗长官手谕均奉悉,已遵转。二、职研究结果似以改在曼德勒决战为宜,对平蛮纳地带,仅须予敌相当打击,借以德〔得〕准备时间为目的,理由详函。三、新廿二师正面,刻仍在叶尼(YENI)附近。谨闻。林蔚。卯删。参。腊。印。

(2) 4月16日电

限二小时到。XQLA。委员长蒋：夷密。（加表）。军代。光亭铣未电称：新廿二师之两团，本晨七时已向新阵地转进完毕，另一团在公路224M附近之线掩护该师转进，等语。查新廿二师所转进阵地为平蛮纳本阵地之一部。战斗已入正规阶段，敌受痛击之期已至矣。职林蔚。卯铣亥。参。腊。印。

杜聿明致蒋介石密电
（1942年4月17日）

渝委员长蒋：夷密。（加表）。谨将本军本月十日至十六日于斯瓦（SWA）列威间作战经过概要呈述如左：四月十日拂晓起，斯瓦方面敌五十五师团复开始以飞机多架、炮廿余门、战车二辆掩护，进攻廖师斯瓦阵地，猛烈合击，并每日不断以炽盛炮火及飞机更番轰炸。我官兵虽伤亡惨重，仍能英勇抵抗，坚强固守。迄本月十六日止，已按照军预定计划，逐次抵抗，转移至平满纳西南侧山地新阵地。作战一周来，毙伤敌约二千五百余，我伤亡营长以下官兵千余人。现拟于平满纳附近以攻势防御，待敌攻击胶着时，转移攻势，歼灭当面之敌。谨闻。职杜聿明叩。篠午。萍昆。印。

林蔚致蒋介石密电
（1942年4月18日）

限一小时到。渝委员长蒋：夷密。（加表）。军代。今巧下午，信箱飞出，忽接尤青今上午五时函，已变更问题〔计划〕，放弃平曼纳之会战，并已下令先抽200师回占梅克提莫〔拉〕，其变更之理由，纯为友军关系，即下午函内所附要图之情况，详情另派专机飞送。林蔚。卯巧戌。印。

1445

4. 乔克巴党行动

侯腾致徐永昌密电
(1942年4月15日)

限一小时到。渝部长徐：HOB密。(加表)。(1)寒酉,敌先头沿伊洛瓦底江东岸通过马格威。(2)亚力山大将军已下令破坏油田。除呈林次长、罗长官外,谨闻。职侯腾叩。删丑。印。

蒋介石致林蔚密电稿
(1942年4月17日)

即到。腊戍林团长：〇密。着新三十八师迅以两个团增援英军方面,并具报为要。中〇。篠卯。令。一元。印。

林蔚致蒋介石密电
(1942年4月17日)

限二小时到。委员长蒋：夷密。(表)。篠巳电谅阅。综合杜篠辰、篠午各电：……。又英方缅师主力现向述阳转进,一部沿【宾河】两岸向乔克(CHAUK)方向转进中。昨夜戌时,有敌数百向叶南阳方【向】进攻,及深夜,有主力不明之敌由东绕至叶南阳之北方约七英里,包围英军运输车及战车一营、步兵一营,激战至晓,方突围而出。又朱连络参谋篠申电：缅一军军长已令孙师之一一三团沿公路开赴叶南阳。按：孙师篠拨两团归英指挥。职林蔚。篠亥。印。

杜聿明致蒋介石密电
(1942年4月18日)

限即到。渝委员长蒋：(夷表)。(一)马格威方面敌已越过平河(PIN),向乔克巴当方向前进中。(二)正面之敌仍在平满纳与我警戒部队战斗中。(三)本军奉命即向他希、密克提拉、瓢背间地区转进。谨闻。职杜聿明叩。卯巧未。萍昆。印。

林蔚致蒋介石密电

(1942年4月19日)

限二小时到。重庆委员长蒋：夷密。(加表)。军代。(一)光亭巧未、皓戌电：马格威方【面】之敌已推进宾河,向乔克巴党前进。又朱连参巧亥电：据报,马格威敌本皓辰将向乔克巴党前进。英方已令孙师之一一三〔二〕团由纳特卯克(NATMAUK)向乔克巴党开拨。(二)光亭巧未、皓戌电：1. 平蛮纳正面之敌与我新廿二师警戒部队战斗中。本申,敌炮击我之新廿二师平蛮纳阵地,落弹甚多。2. 我二百师奉命开曼德勒东〔西〕南地区,九十六师向瓢背地区前进,均已开始。谨闻。职林蔚。卯皓未〔亥〕。参。腊。印。

罗卓英致蒋介石密电

(1942年4月20日)

渝军委会：HOB密。〈加表〉。委员长蒋：孙师原派乔克巴党之一一三团,篠日扫荡平河以北敌人后,进而救援在彦南扬破〔被〕围之英军,现据孙师长皓未报称：刘团经两昼夜激战,占彦南扬,救出被围英缅军第一师七千余人(情形狼狈,不复成军),并由敌人手中夺获之英方辎重〔车〕百余辆,悉数交还。敌向南退却,其死伤约五百余名,我亦伤亡百余。该团暂在彦南扬占领阵地。等语。查孙师刘团作战努力,除奖励外,谨闻。罗卓英。号巳。参。印。

林蔚复蒋介石密电

(1942年4月20日)

(1) 4月20日电(一)

限二小时到。XQLA。委员长蒋：夷密。加表。皓机渝电奉悉。一、职与罗长官在梅苗得悉中路之敌慎重攻击。西路方面,我新卅八师刘团已占领彦南杨,救出英军七千余,辎重车百余辆,敌伤亡五百余,我伤亡百余。前据报彦南杨、乔克巴党间地区有敌三千余,位置、兵力太不确实。二、我军方针决照钧座皓日手令第二案部置。三西〔东〕路方面,已令丽初负责维持,并派车卅辆,俾运吕师之后续队。但此路情况,请钧座特别注意。谨闻。职林蔚。卯哿午。参。腊。印。

(2) 4月20日电(二)

限二小时到。XQLA。委员长蒋:夷密。(加表)。军代。一、本哿孙师之一一三团继续在彦南扬搜索,肃清该处敌人。一一二团已到乔克巴党。我200D之一团已抵乔克巴党附近。二、200D后续本哿可完全集结梅克提拉,新22D马日后始能集结于雅美丁(YANETHIN)。……。五、缅一师在乔克巴党至敏扬之公路上。印十七师现在纳蓼卯克与东定吉,其另一旅及装甲旅向乔克巴党北侧附近集中中。谨闻。职林蔚。卯号亥。参。腊。印。

(3) 4月21日电

限二小时到。委员长蒋:夷密。(表)。14837766。(军代)。(甲)光亭哿戌、马辰、马午各电称:(一)第九十六师现在平蛮纳北十里之吉当岗(KYIDAVNGAN)亘(142)高地之线与敌激战中。(二)孙师在营安阳隔宾河与敌对战中。(三)军指挥所已移乔克巴党。(乙)丽初方面,本午后尚未据报。谨闻。职林蔚。卯马亥。申〔?〕。腊。印。

5. 雷列姆—棠吉战斗

林蔚致蒋介石密电

(1942年4月22日)

(1)

限二小时到。XQLA。委员长蒋：夷密。(加表)。雷列姆线高参马未电：(一)敌先头昨午窜至罗衣考以北十四英里后，情况不明。(二)甘军约步兵不足两营，由林参谋长指挥，增援河邦(HOPONG)，占领阵地，但士气不佳。(三)军指挥所已回雷列姆。等情。职林蔚。卯养子。参。腊。印。

(2)

限二小时到。XQLA。委员长蒋：夷密。(加表)。丽初养未及钱高参养酉电：(一)养十时，敌装【甲】车四辆冲破我河邦警戒阵地，向我河邦主阵地猛攻，现正激战。敌并以飞机卅六架轮流向我轰炸，该阵地已显动摇。(二)马申，棠吉缅奸四、五百人入市放火，经我棠吉之部队击退。(三)丽初皓亥电：皓未，新到敌军四千，有一部皓日开打其力一带。戴师先头已抵黑河(HEHO)西侧。谨闻。职林蔚。卯养亥。参。腊。印。

杜聿明致徐永昌密电

(1942年4月23日)

部长徐：斌密。战报：……。(二)棠吉方面已发现敌【情】，我先头在棠吉西八里与敌接触，当即毙敌、获敌廿余，获汽车一辆。现仍在挺进中。谨闻。杜聿明叩。卯梗酉。常(9)昆。印。

林蔚致蒋介石密电

(1942年4月23—24日)

(1) 4月23日电

限二小时到。重庆委员长蒋：夷密。（加表）。军代。钱高参养亥、丽初梗丑、光亭梗巳各电，汇报如下：(一)河邦阵地经激战后，伤亡较大，于养亥转移于猛旁(MONGPAWN)阵地待援。后续本日可到三连。(二)河邦附近之敌除久留米师团(48)联队外，又发现龙7640部队另一联队。(三)第〔暂〕五十五师已一度通电，但位置仍未说明。(四)棠吉方面已发现敌情。第二百师已进占黑河，迫近棠吉。(五)第九十六师现仍在达公(TATKOK)稍南之线与敌激战中。职林蔚。卯梗午。参。腊。印。

(2) 4月24日电(一)

限二小时到。重庆委员长蒋：夷密。（加表）。丽初梗酉电：梗十二时雷列姆已入混战状态，现职暂移至雷列姆北六里之丙隆(PANGLONG)收容。情况急迫，腊雷公路，请速防范。等语。除令驻腊梁团之两营乘车向南急进，掩护丽初，并实施破路外，谨闻。职林蔚。卯回丑。参。腊。印。

(3) 4月24日电(二)

限一小时到。委员长蒋：慨密。加表。丽初现下无兵，昨晚六时至雷列姆之六里处。今早接电，据上午七时飞机侦察报告，有汽车约二百辆由河膀向雷列姆前进。戴部现在棠吉以西与敌接触中。谨闻。职林蔚。卯敬午。印。

杜聿明致蒋介石密电

(1942年4月24日)

(1)

机急。XQLA。委员长蒋：夷密。(加表)。……。(二)棠吉方面之敌附山炮数门,战车数目不详,以一部在棠吉西(SINHE)附近占领阵地,主力在棠吉市郊附近据守。晨攻击开始,已将西南部白塔附近高山占领,并迂回遮峪公路敌之交通,黄昏仍继续攻击。谨闻。黑河职杜聿明叩。敬午。萍昆。印。

(2)

机急。XQLA。委员长蒋：夷密。(加表)。本日黄昏,我军对顽据棠吉市街之敌继续包围猛攻,迄晚十一时,完全克复棠吉。敌寇大部就歼,残余一部向东逃窜,并有少数死守坚固建筑物,刻正扫荡中。谨闻。职杜聿明叩。敬亥。印。

罗卓英致蒋介石密电

(1942年4月24日)

限即到。渝委员长蒋：升密。(表)。据报,敌组快速部队,越过雷列姆北犯,孤军深入,决心围歼。敬申部署电令大要如左：一、戴安澜部不顾一切,攻占棠吉,进出河邦,占据有利地点,阻敌连络,相机蹑敌追击。二、甘军长尽速可能抽调吕、彭两部主力,由东南向西北索敌侧背追击。三、刘伯龙率其主力,迅开希堡,会合由腊戍南进之部队,破路阻击,与戴、甘协力围歼该敌。四、另令杜军长率军直属部队及廖师一团,迅由黑河开回梅克提拉,指挥铁路正面军事。谨报。罗卓英。卯敬戌。印。

林蔚致蒋介石密电

(1942年4月25日)

限二小时到。渝委员长蒋：克密。(加表)。(一)光亭有巳电：余部耶麦升阵地敬午后受敌猛烈合击，刘宪文团长重伤，刻余部在瓢背以南东西之线与敌激战。(二)光亭有日各电：棠吉市区坚固建筑物内之少数残敌，已渐次肃清，敌屡次企图反攻，均被击退，四周山地已完全被我占领。谨闻。职林蔚。卯有亥。参。腊。印。

杜聿明致蒋介石密电

(1942年4月26—27日)

(1) 4月26日电

即刻到。渝委员长蒋：斌密。(加表)。1.增援反攻棠吉之敌昨日午后完全击退，敌兵在近郊隘路负隅顽抗。2.戴师本日绕道向新腊戍之敌后方尾击，并破坏、阻绝交通。3.职奉命于宥晨西返指挥。谨闻。职杜聿明叩。宥午。印。

(2) 4月27日电

机急。渝委员长蒋：夷密。(表)。戴师有日棠吉之役，计毙敌八百余名，击毁十四吨重坦克三辆，虏获重机枪四挺，步枪百余枝，汽车廿一辆，战马数匹。谨闻。曼德勒职杜聿明叩。感辰。萍。印。

6. 腊戍保卫战

林蔚致蒋介石密电

(1942年4月25—30日)

(1) 4月25日电(一)

限一小时到。XQLA。委员长蒋：慨密。(加表)。缅甸间有暴雨,无碍行动。腊雷路铺有路面,无桥梁,地形不险。现惟尽力之可能施行破坏。今日据飞机侦察,敌军已达雷列姆北四、五十英里。职林蔚。有子。印。

(2) 4月25日电(二)

限二小时到。XQAL。委员长蒋:夷密。(加表)。(一)顷据英美空军侦察报告称:本有午敌卡车五十辆正由雷列姆沿公路向北前进,又有敌卡车百辆正在腊戍南方一百七十公里公路交×〔叉〕点之孔海坪(KONGHAIPING)向开西满爽(KEHSIMAN)前进。自开西满爽而北,尚未发现敌情。等语。我调往之两营正在腊戍南方之两条路上破路中。(二)光亭有巳电:棠吉街市之敌即可肃清。谨闻。职林蔚。卯有未。参。印。

(3) 4月26日电(一)

限二小时到。渝委员长蒋:慨密。(加表)。谨将现在腊戍前方守备与破路情形陈报如下:(一)刘师梁团以一营配置细泡至雷列姆公路上之曼松(MANSON)警戒与破路,以一营配置腊戍至雷列姆公路上之寨可(HSAIHKAO)警戒与破路,以一营配置腊戍附近构筑工事,并作该团之预备队。(二)刘师彭营以两连守护机场,以一连配置市区西南近郊,担任市区直接防卫。(三)张军直属部队已到之辎重团,大部配运工具,协助破路,工兵营担任细泡防守及工事。(四)由中印路局派员工二百人,协助破路。(五)前方两路桥梁,已分别炸毁或先完成破坏准备,惟地形平坦,破路仅在雨季始有价值。(六)曼松前线已于今早与敌接触。职林蔚。卯寝酉。腊。印。

(4) 4月26日电(二)

限二小时到。渝委员长蒋:慨密。(表)。西坡、腊戍间部队概系张轸所部,而西路孙师又不归张指挥。张昨来腊布防,罗长官严令即回曼德勒。现腊戍南方接触激烈,暂留张轸在此统一指挥。除电罗长官外,谨请备查。职林蔚。宥未。印。

(5) 4月28日电

限即刻到。重庆委员长蒋:慨密。(一)梁团派出前方两条公路之两营,右路一营已完全牺牲,左路一营感日起与敌接触(迟到报),已失连络。(二)刘伯龙现有之兵仅薛团一营半,梁团一营,刻已退至距腊戍七英里之处。马部之先头团因车辆发生故障,此刻仍未到齐。故张军长决心于腊戍外围及核心作战。(三)职决与俞部长于今晚移贵街,物资决于今晚点火焚毁,电台随职移动。谨闻。腊职林蔚。卯俭酉。参。印。

(6) 4月29日电

限二小时到。委员长蒋:慨密。(表)。顷据新威张军长电话称:俭日下午五时半,敌一部绕袭刘伯龙司令部,经马维骥率军工兵营及步兵两营击退,往新腊东侧三英里布防。俭夜十一时,敌正式开始攻击,战至艳晨七时,发现敌炮十余门,战车、装甲车卅余辆,并有敌机十余架助战,对我猛攻,我伤亡惨重。此时刘师所部及孙师之彭营均已参战。迄十二时半,敌复由南面对老腊戍包围,我预备队与敌巷战。下午一时,遂放弃腊戍,并点火猛炸老腊戍北方之铁桥。刘、马两部共收容约两营,一部与敌保持接触,大部在新威集中之。掩护撤退时,在铁桥附近我新到之战防炮连曾毁敌战车六辆,该连之炮已被破坏三门。又本日作战,敌步兵兵力似约一联队,其番号不详,据土人云为敌四七师团。等语。职刻在贵介指导马师后续部队,随时随即开赴新威北方高地布防,并径令第五军装甲兵团轻战车战防炮一连加强防务。但截至此刻止,马部后续部队到贵介者仅约一营。谨闻。职林蔚。卯艳申。参。印。

(7) 4月30日电

限二小时到。委员长蒋：慨密。（加表）。（一）腊戍失陷，缘于刘、马两师部队未齐，仓促布防，骤被敌袭便失掌握所致。现两师兵力综计约两团两营，除以马师一营分防南坎用保左侧连络外，主力布防新威高地，形势尚佳，但部队久未经战，部署粗疏，深可危惧。若此地不守，则贵格以下无地形，而垒、畹皆危矣。（二）因此，【职】竭尽心力协助布防，但体察该部之精神、技能，能否支持多日或打击轻进之敌，以断其北犯之念，殊少把握。因此，电请钧座布置垒、畹，诚非得已。（三）戴师电台未直接联络，但就杜电，其艳日尚在雷列姆附近，自难与张轸部配合行动。廖师阵地在卖因格河北岸，孙师在瓦城西伊江右岸布防，余师于艳日起转进密支那整理。英军正向伊江西北之喀来瓦撤退。罗、杜、甘与职电台皆连络无间。（四）综观大势，非迅将我军集结于八、畹间以厚兵力，另于畹町再调精锐部队以固边防不可。至戴师如不能转向缅北，不如越萨尔温江与甘军连合，此后甘军则以景东为中心而活跃缅东，杜军则以八畹为根据地掩护缅北，司令长官则位密支那，再视大势另策动向。管见如此，因无航递，故不得已以极密之码电陈。九谷职林蔚。卯卅亥。印。

三、中国远征军的艰难转进与滇西滇南相持战局的形成

1. 第六十六军退出缅北与滇西的相持战局

蒋介石致林蔚密电稿
（1942年5月1日）

即到。畹町林团长：密。训令：一、第三十六师改开保山，归张军长轸指挥，负责布防。二、如当面敌情许可，尚能保有畹町时，准

将该师向畹町推进。三、第三十六师输送完毕后,续输送第二预备师至下关、祥云填防。四、保山、畹町间桥梁应完成破坏准备。中〇。东亥。令一元。

林蔚复蒋介石密电

(1942年5月3—6日)

(1) 5月3日电

渝委员长蒋:江机渝电奉悉。慨密。今日畹町激战竟日,略有动摇,仍图激励将士坚守三日以□。边境潞〔怒〕、澜两江桥正准备破坏中,龙陵以西破路托樵峰部长就近饬县发动民众,准备实施。我三十八〔六〕师拟先开一部至龙陵。谨闻。职林蔚。江酉。印。

(2) 5月4日电

限即到。重庆委员长蒋:慨密。据张军长报告:昨夜,畹町阵地一部敌人从左翼包围,渐次逼近,装备团士兵感受威胁,自由离开阵地,官长脱离掌握。我战车已烧毁两辆,现将五辆联结一气,堵塞隘路。战防炮能否撤回,尚不可知。职现在遮放。等语。查敌对畹町攻击,其装甲部队被我战车制压,未能活动,仅有一大队以下之步兵及少数骑兵进犯而已。倘我步兵团力量坚强,则支持二、三日便可稳定。惜该团全系新兵,且未经射击教育,至弃良好阵地与机会。昨晚,敌并未前进,预料敌人当不至猛进。惟我龙、保一带,须迅速部署,允有把握耳。除令张军长在遮放收容整顿,节节抵抗,以迟滞敌人行动外,关于善后处置另电奉闻。龙陵职林蔚。辰支辰。印。

(3) 5月6日电(一)

限即到。重庆委员长蒋:冠密。据李师长报告:惠通桥对岸之敌约三、四千人,炮十余门,昨午迄今晨以来,屡次企图渡河,均被我击退。我伤亡官兵共二百余名。谨闻。保山职林蔚。鱼辰。参。印。

(4) 5月6日电(二)

限二小时到。渝委员长:冠密。昨、今两日惠通桥所发现敌之兵力及其连日陆、空军行动判断,似尚有深入企图。但缅甸军事未完,即以孤军攻滇,实出军事常理之外。他常有一种对政治间采之攻击,似乎近之。是以目前最要关键,仍为求滇西军事之稳定,故保山战场应力企确保,即其指挥官和兵力均须重新慎重考虑。职意指挥官以宋、关两总司令中择一担任,而兵力则须增加一个师,即先抽七一军一师而调关军一个师填补之,并加紧昆明外围工事,预备二师则仍集结下关、祥云一带,如此则滇局可不致动摇也。时机迫切,乞迅裁夺施行。原驻保山龙奎元旅昨夜已东开,谨以附闻。职林蔚。鱼辰。印。

杜聿明致蒋介石密电

(1942年5月9日)

机急。重庆委员长蒋:升密。(加表)。(一)八莫(BHAMO)及龙陵于江、微两日先后被敌占领,现正与吕师在怒江相持中。……。谨闻。印道职杜聿明叩。佳申。印。

林蔚致蒋介石密电

(1942年5月10日)

限二小时到。重庆委员长蒋:鼓密。光亭佳戌电称:密支那于庚日七时被敌占领,本部仍按原定计划向北推进中,等语。查八莫至密支那道卡车不能行驶,其到达密支那敌想系机踏车及骑兵等之混合队,光亭应可攻下。谨闻。职林蔚。辰灰午。保山。印。

宋希濂致蒋介石密电

(1942年6月1日)

限即到。重庆委员长蒋:由林团长转奉辰世辰令一两明电敬悉。字密。查刘伯龙师前在缅甸作战损失甚大,现正在永平收容补充,一时尚难作用。顾师此次在腾冲附近与敌激战十余日,伤亡颇大,亟需稍事整补。兹特就钧座指示原则下,略为变更部署如次:(一)顾师第五团仍留置怒江西岸,在滇缅公路以北及龙陵、腾冲道以东地区担任游击,其余各部暂移驻施甸附近,稍加整补,再行渡江,担任滇缅公路以南地区之游击。(二)李师除留一营在惠通桥西岸公路南北地区游击外,主力配置于惠通桥东岸,并担任攀枝花、壁店等处渡口之守备。(三)胡师除暂留一团于怒江西岸、滇缅公路以南地区游击,俟将顾师全部渡江游击,再行归还【建制】外,其余即控置于蒲漂附近,并派一团担任双虹桥、惠仁桥等处之守备。(四)胡、李两师之守备地境为辛街、大小干岩、栗子园、大新寨之线,线上属右。(五)打黑渡方面,由顾师派一部前往担任守备。以上部署,除已电令各部利用夜暗,秘密移动,并令各守备部队积极构筑工事,尤时〔需〕注意以火力封锁渡口,令各游击部队随时钻隙进出公路,施行破坏,奇袭敌人,不断予以打击外,谨电呈察。职宋希濂。巳东戌。行参。晋。印。

2. 第六军的转进与滇南相持战局

龙云致蒋介石等密电

(1942年5月16日)

特急。渝。分送委员长蒋、总长何:字密。据甘军长丽初辰灰戌电称:(一)泰北敌袭〔自〕我方克复江勒后,于灰辰起增援反扑,刘支队、蔡营伤亡均重。十六时,敌增至千六百余,炮数门,飞机掩护,再犯江勒、猛戈(MONGKO),血战至真日拂晓,因敌众我寡,蔡营退出猛戈,向三五三五高地转进。其另一股三百余,在下猛海(MONGHAI)与我刘支队一部对峙中。(二)景东、雷列姆公路线上,我军将昆兴、大高间公路破坏后,现在萨尔温江东岸占领阵地。(三)泰北及雷列姆方面,敌后援【部】队源源增加,有夺取景东、威胁车里、佛海企图。又据真酉惟电称:(一)昆兴西之敌攻我吕师不逞后,本日增至千余。另有一部由景卡(KENGHKAM)渡河,正与我彭师文团激战中。(二)敌机二十七架,十三时起炸景东、大高及昆兴东岸阵地终日遭轰炸,我方损失尚微。(三)我刘支队、蔡营齐亥向江勒(HAWNGLUK)反攻,当将泰陆军第一旅三百余人击溃,收复江勒。(四)泰敌第四旅一部佳夜袭大马地(TAWATI),亦被我击退。各等情。除电复并令卢总司令转令思、普守备指挥胡道文严防外,谨闻。职龙云。辰铣申。昆行。参一。印。

甘丽初致何应钦密电
(1942年5月17日)

急。总长何:1138密。据刘代表铣酉电称:(一)猛海阵地日、泰敌五千余整日陆、空攻击,铣申失陷,刻在猛叭河西岸对峙中。(二)猛岭北八五椿处阵地稳定,铣晚敌增援约七千余,并一部由猛白了向猛勇前进。(三)删日,敌约二千余攻猛可,第十连不支,已向猛宽转进。等情。谨闻。甘丽初。篠酉。为。印。

龙云致蒋介石等密电
(1942年5月20日)

即到。分送渝委员长蒋、总长何:字密。据第六军甘军长丽初辰铣酉来电报呈:泰一、四两师与日十八师团一部进犯孟海(MONGHAI)、孟踪(MONGLEN)、孟白了(MONGPALIAO)以北之线,现正激战中。孟信(MUDNGSING)到日越联合敌甚多,有窥车、佛模样。萨江、大高附近之敌逐日增加,彭师仍战中。军以无粮无援,决先撤回车、佛、南峤,掩护国境。但能否脱离敌人,尚成问题。数月作战,彭、吕两师伤亡近半,陈师尤大,军直属队于雷高、雷列姆、丙龙各役伤亡更重,林参谋长在河邦指挥失踪。本部各处人员在芒宫〔市〕、龙稜〔陵〕两度被冲,职现仅率参副七人,收容官兵三百余人,在景东指挥,势须整理方能再战。查此次战役,我军因地理生疏,正面太广,人心不附,补给仰赖他人,交通、通信一无准备,致有此失耳。谨闻。等情。滇职龙云叩。辰哿。昆行。参一。印。

齐常升致徐永昌等密电

（1942年5月23日）

渝军令部长徐、参谋团长林:联密。一、甘军部及陈师已转进至车、佛,吕师最有力之二七七团主力篠晚由猛叭转进后迄无连络。其余各团在景东以北至肯〔打〕洛间布防。彭师主力已通过猛丙向猛养、南峤转进。二、景东吕师留有部队,马申止仍在景东城。三、车、佛、南气候坏,米粮缺,且甘军三个师实力均不足,军部指【挥】机构已毁,似非整理不可,最好由甘军将现有兵员拨足一带〔师〕守备国境,其余调回整补,较为有利。当否仍乞钧裁。职齐常升叩。辰梗申。印。

第六军转进滇南的经过①

（1942年9月30日）

〔上略〕

【五月二十五日】第六军方面,甘军长梗午佛海电:

1. 本军自雷列姆转进后,复经景东外围两旬之战斗,损失颇重。

---

① 此件节选自《缅甸作战经过及失败原因与各部优劣评判报告书》第五章《我远征军作战经过》的第五节《退却》。

2. 九三师277团(按即刘支队)损失三分之一,自十七日后竟失连络。278、279两团战斗兵□及□现在景东、打洛间。

3. 四九师145、146两团均不足半个团,尚余两营正由□□坊、猛丙向南【峤】转进中。

4. 暂五五师全部存二千余人,主力昨(二十二)到车里。

5. 军直属队收容约六百,军部官佐仅有□数人。

6. 通信、卫生机构残缺不全,其损失现正清查中。

7. 职意拟将各师兵力补足九三师,留在车、佛、南守备,其余开回适当地区整补。

8. 景东至二十一日止仍在我手。

……………。

【五月二十六日】第六军方面,甘军长有戌电:

1. 景东迄二十四日晚仍在我九三部一部掌握中。

2. 暂五五师已陆续转进至车里。

3. 四九师先头已转进至澜沧境内,正向南峤续进中。

……………。

【五月二十八日】第六军方面,甘军长感巳电:

1. 九三师胡营二十六日午在景东近郊与敌激战中,同时敌汽车百余辆满载敌军进景东。

2. 据报,猛马南三十里之蛮荷发现泰军数百,正派队迎击中。

……………。

【六月二日】第六军方面,甘军长东酉电:

1. 二十六日窜猛麻(按即猛马)以南蛮荷之敌,已被我击溃南窜。

2. 泰敌窜犯猛养,正派队袭击中。

3. 九三师朱团仍在猛麻至大打江间地区,暂五五师一部在猛勇东北之猛累附近活动。

(按:本电地名未注原文,不知大打江是否打丙江之误)

……………。

【六月三日】第六军方面,齐连络参谋冬电(参阅插图第二十一)〔图略〕:

1. 四九师主力在孟连,其一团冬(二日)可抵南峤。
2. 暂五五师在车里附近。
3. 九三师 277 团(即刘支队)主力冬日可抵猛极,其步兵一连、重机关一排在大猛笼,一营在打洛。278 团在打洛附近。279 团在景东近郊打丙江、猛马间。

【六月四日】第六军方面,甘军长江午电:

1. 三十一日午,敌百余由景东向我 3376 高地(景东北约十六英里打丙江南)进犯,经我九三师朱团朱营击退。
2. 猛养之敌有进犯国境模样,正由猛麻、蛮撒(南峤西南)分向袭堵中。
3. 猛勇、猛信之敌三十一日止无动作。
4. 敌机每日来车、佛、南侦察。

第六军之撤退行动至此为止。以后中缅边境虽续有战斗,但来犯者尽属泰军,经我屡次予以惩创后,即未敢再有积极行动。而第六军之军队【调动】,亦仅属调整配备之范围。

〔下略〕

3. 第五军转进滇西印度

第五军的战略转进经过[①]
(1943 年 3 月 17 日)

〔上略〕

  壬、战略转进

---

① 此件节选自《陆军第五军缅甸战役战斗详报》之五《战斗经过》。

……。

五月二日：军于本日所得情报，知我军两侧均已感受威胁，乃秉承长官部意旨，下达军作命字135号，开始转进。

……。

五月三日至五日：军司令部由兹冈向北转进至干巴鲁（KANBALU），各师均先后到达兹冈，集结待车，向北输送。

……。

五月九日：本日下午判明，敌已先我占领八莫、密支那，而九十六师尚未到达猛拱。

五月十日（卡萨战斗）：本日午后四时，八莫之敌约一大队，由卡萨上游三里处渡河登陆成功，与我掩护部队一一三团发生激战。经不断阻击，终未能阻止其广正面之渡河。时新三十八师、新二十二师距印道约在一日行程之上，我九十六师及炮兵团又南北分离，不能适时参加战斗，且后续之敌增援不已，我一一三团已无战斗力，遂退守卡萨以西之山地，掩护军主力向西转进，希经由孟关、葡萄而转入国境。……。

……。

五月十一日：军司令部率特、通等营及新二十二师六十五团向西北转进至曼许（MANSI），并收容长官部、铁道部、后勤部各后方人员三百余人。

五月十二日：军在曼许待新二十二师及新三十八师到，同时令军部、直属部队及新二十二师由曼许徒步向北转进。……。

……。

五月十三日：军部及直属部队、新二十二师本日开始徒步向北转进，拟取道打洛、猛缓、葡萄返国。第九十六师由猛拱经甘蛮、孙布拉蚌转进。第二百师由棠吉向北转进，渡南渡河，穿细摩公路，经摩哥克向国境腾冲转进。……。

五月十四日：本日正午到达洞洞山中莫的村，车辆已无法再前进。晚将车辆、火炮焚毁,将车重要机件、内胎及观、通器材携行。

五月十七日:本日下午到达南母他(NAMHTA),穿过洞洞山。五日未见人烟,山中无道路,沿溪内乱石内行进,军骡马陷死甚多。

五月二十一日:本日抵斯委定(SHWUDWIN)。由南母他至此经大森林,下雨二日,患病官兵日多。将至斯委定前一日内,因沿途无滴水可解渴,官兵疲困万倍。军在斯委定连奉委员长感未机渝、删酉机渝二电,令本军未奉命不得入印,且嘱派队赴荷马林迎接长官返部队,经呈复所部行动当确遵钧命,决不敢违背钧意,自由入印。等语。

五月二十三日(第二百师细摩公路之战斗)①:本日第二百师通过细泡至摩哥克之公路向缅北转进时,遭敌约一大队之众扼险阻击。我与敌激战数小时,毙敌数百,该师师长戴安澜于此战负重伤,部队由副师长高吉人率领返国。本日晚,军在汉巴(HAUNGBA)所得情报,敌步骑约三百于十二日已到达乐钦,本日下午其先头百余已占领巴于,本军为求安全通过滇缅边境返国,决定改道。……。

…………。

五月三十一日:本日军在清加林、堪地,奉委员长陷西侍参电如下:既到清加林,应即西向印度或列多转进,暂时休息,不必直赴葡萄,以免中途被困为要。军遵即改道由打洛向新平洋前进。

六月六日至十四日:军被山洪阻于打洛以南河边,全军无粮,掘草根、剥树皮以果腹。

六月十七日:我机开始在打洛西大河旁投送粮秣,官兵得粥食度日。

---

① 此次战斗时间,据《陆军第二百师缅甸战役战斗详报》记载,应为五月十八日。

六月廿八日至三十日：军被山洪所阻，迷途新平洋南森林中，官兵无衣无食，饥寒交迫。

六月三十日：第九十六师副师长胡义宾率该师一部通过密支那至孙布拉蚌间之埋通公路时，遭敌数百截击，副师长胡义宾督战阵亡，部队改由该师参谋长胡心愉率领返国。

七月一日至十日：军到达新平洋(Shingbwiyang)，飞机未来投送粮秣，官兵忍饥度日。

八月三日：军率新二十二师到达印度东境之列多(Ledo)，转进行程已毕。第二百师及第九十六师已先后由腾冲、维西向昆东转进。

四、缅甸战役军势检讨

滇缅军势检讨①

滇缅军势检讨　腾越叶伯梁

壬午夏，太平洋战起，日寇陷星港，泰、越附敌。曾竭鄙忱，谬书所见，献于军委会政治部，主旨在："机动使用远征军，闪击泰、越，胁星洲侧背，图解仰光之急"。并建议三原则曰：

一、调合中、印、缅之情感而善用之，以收人和之效，而握地利之机。

二、因粮于缅、印而获补给。

三、注意英美对日机械化军作战之优劣，而为我建军之基点。

乃以盟邦精〔猜〕忌，缓我入缅，坐困数万国军于龙、畹国门，致未能握作战准备之先机、战地、战器等。直至敌陷仰光，近东瓜，局势贻危，始允国军援缅。时泰北、景迈敌已集中数师团之兵力，先处战地，以逸待劳矣。

---

① 此件时间不详。据文内"卅三年反攻之役"判断，其形成时间当在1944年5月后。

国军入缅,时限所迫,又以天时不利,时当盛夏,暑雨连绵,瘴疠丛生,病痛者多,地利不熟。孙子曰:"地形,兵之助,料敌制胜,计险厄达阻,上将之道也。"我被困于国门,未能握地利之先知,而地图不精,亦始料所及。盖上缅甸自密支那至八莫,岗峦起伏,乃隘形地,利于屯垦严守。下缅甸自为瓦城至仰光,平原千里,乃通形地,利于机械军之决斗。盟方借5A、6A血战之际,掩护其秘密撤退,兼之滇缅公路仅有干线,并无支路,【我】进退维谷,而66A系新军,立足未稳,即遭袭击而纷乱,至难胞、物资刀〔?〕未能作大规模之撤退而损失,良可慨叹。

人事欠和。×人治缅,纯以宗教羁众,而减少反抗。男女嗜佛若命,斋僧如祖若宗,僧侣势盛,形成为缺民族意识之社会力量。日寇有见及此,乃交好缅僧,暗中策应,为治安、为扰治安之工具。对东瓜,将我5A、6A吸引于该地。佯攻仁安羌,分散牵制我5A之N22D、N38D,声西出东窜,廿一日卜腊戍①,迂回畹町。我援军66A之N28D、N29D浦下车,立足未完〔稳〕,即陷纷乱。敌长驱直入,全局急转。兼之,英军亚力山大、美军史迪威、我军参谋团,皆为我部队指挥枢纽,系统频烦,莫知所适。夫军机瞬息万变,安能自我迟制,陷指挥权于不灵活耶?时腾冲方面有步兵三个营,若能凭腾龙桥防守,可阻敌锋。惜乎行政首长闻风远循。敌以闪电之势,配合硬、快、锐、密之战术,迎腾、龙,幸工兵机动炸桥,阻敌锋于怒江。其影响也:

一、对国家而言:西南动脉中断威胁边防,丧失大量金融市场。

二、对国家〔敌国〕而言:为入印之便捷基地。

概评:

甲、敌握先知,交好缅僧。计划先于先智,能用先者能握主动。故动速决,锐克众。《孙子·用间》第十三:"先智者,不可取于鬼

---

① 当为"廿四日扑腊戍"。

神,不可象于事,不可验于度,必取于人。知敌之情,……三军所恃而动"。《九地》十一:"不知诸侯之谋,不能豫交。不知山林险阻、沮泽之形,不能行军。不用向导,不能得地利"。反之,我受盟方缓阻,未能掌握战地之支配力,失之主动,处处受敌左右。《孙子·虚实》第六:"凡先处战地以待敌者佚;后处战地而趋战者劳。……以佚待劳"。《军争》第七"举军争利,则不及;……,劲者先,疲者后"。又曰:"不知战地战,则前不救后,左不救右。"

乙、敌大胆握战略眼。敌既先知先决,先发待人,侦我芒、畹后防之虚,大胆锐进,使【我】首尾不相救。《孙子·九地》十一:"兵之情主速,乘人不及,由不虞之道,攻其所不戒。"幸我工兵机动炸桥,得制机先,使36D抢防惠通桥,2RD抢防向阳桥,88D防双虹、惠人〔仁〕桥。乃战局之转折点。

丙(后记)、按滇缅区为战略冲地,亦国防动脉,过去如是,未来亦然。其间地形、交通、补给情况,利害、价值、影响所及,已于卅一年远征之役与夫卅三年反攻之役中见之。乌可不慎,而预之哉!

(二) 缅 北 会 战

一、作 战 计 划

中国驻印军缅北作战计划①

(1943年)

中华民国驻印军缅北作战计划

第一、方针

一、军以协同友军歼灭敌人之目的。于一九四三年十二月中

---

① 此件时间不详,据有关文件判断,其形成时间当系1943年。

旬先向缅北进攻,夺取孟拱、密支那要点,然后经八莫向曼德勒前进,将敌压迫于曼德勒附近地区,包围而歼灭之。

第二、指导要领

二、军应于攻势开始前集中于利杜附近地区,俟利新(利杜至新平洋)公路完成后,即向新平洋附近跃进。

三、军集中时,应派有力部队占领新平洋以北各山路口,掩护集中及筑路。跃进时应增强掩护队兵力,推进至猛关东西之线,担任掩护及搜索敌情。

四、军集中后,应分遣有力一部至葡萄附近,扫荡该地区以南及孙布拉蚌附近之敌并与滇西兵团联络。

五、军应先发动攻势,将敌兵力吸引于缅北方面,使友军由缅南登陆容易。

六、军攻势作战应分期实施。第一目标为孟拱、密支那之线,第二目标为卡萨、八莫之线,第三目标为曼德勒。

七、军攻击前进时应与左右友军密切联系,并对通敌各溪流小径严防敌之渗入及扰乱,确保军侧背之安全。

八、敌如以重兵来犯,军应利用地形极力拒止而抑留之,俟友军攻势得手再勇猛前进,期与友军包围敌人而歼灭之。

九、敌如以少数兵力拒止我军或企图脱离战场时,军应迅速南下,作参加曼德勒会战之准备。

十、要请美空军对缅北各要点尽量予以轰炸摧毁,并配属有力空军协助本军作战。

十一、军作战地域内之游击队应不断扰乱敌之后方,策应军之攻击。

第三、搜索及防空防毒

十二、军航空队应搜索孟拱、密支那及卡萨、八莫方面之敌情,并妨害其行动。

十三、高射炮营应沿东京路(由利杜经新平洋至孟拱)逐次跃进,占领阵地,担任防空。

十四、掩护队应努力搜索当面之敌情,并妨害其行动。

十五、各部队前进间之防空自行处理,兵站及飞行场之防空由航空队长负责。

十六、森林及隘路内之防毒由重迫击炮团(即化学兵团)担任之。

第四、兵团部署

十七、左侧支队兵力约步兵两团、山炮兵一营,由利杜空运至葡萄,扫荡该地区以南及孙布拉蚌之敌后,即向密支那前进。

十八、右纵队以步兵一团、山炮兵一营为基干,由泰洛经隆京向孟拱西侧地区前进,并酌派一部掩护右侧背之安全。

十九、左纵队(军主力)沿东京路由新平洋向孟拱前进。

二十、军直属部队随左纵队前进。

第五、交通通信

二一、交通以东京路为主干,其道路、桥梁之修缮由工兵团担任之。

二二、军与各部队间之通信以有线电为主,无线电及飞机补助之。

二三、军与最高统帅部及友军间之通信连络以无线电为主,有线电及飞机补助之。

二四、军与航空队间之通信由航空通信队任之。

第六、补给卫生

二五、利杜为兵站主地,应储备粮秣三个月份、弹药卅基数及必要卫生材料。

二六、东京路为主要兵站线,除在沿线设置仓库补给站及空运投掷场外,并须准备能逐渐向孟拱、卡萨方面推进。

二七、各部队补给除利用汽车、驮马及人力输送外,并用飞机投掷。

二八、东京路沿线,应利用森林、家屋,设置医院及医疗所,收容伤病官兵。

二、中国驻印军缅北会战第一期作战经过与检讨

1. 虎关河谷的攻略

中国驻印军新一军新卅八师司令部
虎关区作战经过概要(节录)①

(1944年11月14日)

〔上略〕

二、战斗间

1. 战斗之开始

师初期以掩护列多基地及中印公路修筑之目的,当派(114)团为先遣支队,于三十二年一月二十七日由印度蓝伽营区乘车出发。到达列多后,适值防守印度边境卡拉卡、唐卡家一带之英军约千余人,因被日军袭击,向后败退,情况异常紧急,当令该支队以徒步行军,经野人山星夜赶往增援。其余按(112)团、师司令部、直属营连、(113)团顺序,陆续向列多出发(火车输送),集结在列多东北约十五里之卡图附近,并担任列多至该地区内之地面及对空警戒,直接掩护筑路部队与军需物品之集积,作我军反攻缅甸初步之准备。我先遣部队(114)团为援救英军并阻止敌妨害我筑路计划起见,不畏艰险,于三月九日即由列多出发,深入野人山,爬山涉水,宿露餐风,在阴雨泥泞中兼程前进,经十一日抵达卡拉卡、唐卡家之线,当向追击英军之敌猛烈反攻,当被我击退。即以第一营进占唐卡家而固守之,以第二营从拍察海方面进出,对卡拉卡之敌攻击而占领之,英军得以安全后撤。尔后卡拉卡、唐卡家各地区之任务,即由

---

① 此件日期系收文时间。

我(114)团担任之。三月三十一日,敌仍企图贯彻妨害我筑路计划,以兵力约千余,分两股同时向我卡拉卡、唐卡家各阵地猛攻,经半月之战斗,敌伤亡约二百余,以目的难达,乃不敢再逞。尔后虽时有扰乱,但进展毫无。五月廿二日,师以(114)团官兵疲劳过甚,饬(112)团前往换防。此时缅北雨季业已开始,虎关盆地渐成泛滥,敌因补给关系,亦大部撤退,此后除少数斥候活动外,无大接触。九月初旬,中印公路渐达南阳河附近,我(112)团在唐卡家之警戒部队,亦向南推进至他卡沙坎及秦老沙坎。九月底,雨季将止。于十月十日,奉总指挥部命令,着本师(112)团(欠迫炮连及汽车与骡马部队)分三路推进,占领大洛区及下老家沿大龙河之线,并以一部在新平洋地区掩护中印公路及新平洋前进飞行场之构筑,及掩护盟军后续兵团安全进出野人山。于是,遂令(112)团于十月二十四日由原防地出发,向指定地点推进,所遗防务饬由(114)团接替。

2. 战况推演

本师奉命为反攻缅甸之前锋,当以(112)团为先遣部队,预期占领大洛至大奈河与大龙河交会点迄下老家之线,以掩护新平洋前进飞行场、中印公路之构筑,及作盟军后续兵团进出野人山之掩护。十月廿四日,我第(112)团(欠迫击炮、战防炮、汽车、骡马部队)当分为三纵队,由卡拉卡、唐卡家之线,同时向指定目标分进。

第三营为右纵队,由卡拉卡进发,经那醒、奴陆向大洛区攻击。由于大洛区地形特殊,依当时状况及战术上之着眼,系以该营(右纵队)担任牵制大洛区之敌,以警戒师右侧之安全,故令其以主力占领拉家苏高地,以瞰制大洛,并派出适当兵力占领大洛西北岸要点,以牵制该方敌之行动。十一月一日,该营(第三营)经一昼夜之猛攻,当将拉家苏敌阵攻占,尔后即确保该地,并不时分别派小数部队四出向大洛之敌行搜索袭击,而牵制该敌使其无暇与猛缓平原方面防守之敌相呼应。自此以后,该营即始终与敌保持接触。

团部及第一营为中央纵队,十月廿四日由唐卡家进发,经唐卡沙坎、清罗沙坎直趋南下,十月二十九日攻克新平洋,三十日攻克临干,继而南下向于邦之敌攻击。

第二营为左纵队,十月廿四日由唐卡家进发,辟道经海条由北向南,主力对下老、宁边之敌同时攻略,使敌各据点守军无法相救援。十月卅一日,第二营主力开始向下老之敌阵施行果敢之攻击,经一旬来之反复攻击,迄十一月十一日下午,将下老敌阵完全攻略。其一部第五连于十月卅一日亦接近于邦,与敌发生接触。为求迅速击溃大龙河右岸之敌,于十一月一日遂令饬第一营以一连固守康道及宁干,一连对宁边之敌攻击,余即会同第五连对于邦敌核心阵地攻击。

此时之敌,乃凭借于邦既设阵地工事之强固,顽强死守,以待其后续部队之到达。奈本师当时兵力之使用受到指挥部严格之限制,兵力既感薄弱,且又无炮兵及迫击炮之支援,故对敌坚强阵地之攻击,无法能迅速摧毁,至今引为憾事。

十一月四日以后,敌第十八师团先后将其第(55)、(56)两步兵联队由滇西方面抽出,星夜利用汽车输送,转用大龙河增援,并在大龙河左岸展开。山炮兵第十八联队及挺进重炮兵独立第廿一大队来虎关区,其师团司令部亦由密支那推进来乔家、太柏家间,指挥其增援部队,积极强渡大龙河向我反扑(此时,其第(114)联队亦陆续抽回密支那防守及整补)。

此时于邦之敌阵虽被我三面包围,一面背水,然我因正面过广,且系丛林地带,通信连络极感不便,加之敌大量增援,致处处感觉兵力薄弱。

十一月十一日以后,该敌愈逞凶顽,企图更为积极,每夜利用炮兵之掩护,强渡宽约二百公尺之大龙河,积极增加前线,企图乘我后续部队未到达前,将我先遣部队包围而歼灭。时我亦抽调防守临干之一连增加于邦正面,所遗之防务不得不以正在新平洋修筑机场之工兵连暂行接替,当时兵力之不敷与情势之危亟〔急〕概可想见。

为解救当时之危局与情况不利之变化,当向指挥部申请将本师驻唐卡家、卡拉卡之第(114)团开赴增援。然总部以补给困难为词,并云敌决无此强大兵力在虎关区作战,更不信敌有炮兵支援,强词偏见,实不可理喻,致未获邀准。自此以后,于邦前线之攻击战斗,遂陷于苦境。

迄至十一月廿二日夜止,敌(55)、(56)两联队已全部渡过大龙河,我第一营之后路,遂为敌(55)联队所切断,而陷于相互包围之状态。担任攻击宁边之一连亦常为敌步兵(56)联队派出之加强大队所反攻。整个大龙河至新平洋间三角地区,遍皆受敌渗进部队所扰乱,并常发现其小数部队渗入野人山之清罗沙坎附近。

其时,幸赖我官兵奋勇沉着,时予来犯之敌以重创,虽敌兵力五倍于我,亦终未所逞。

我第一营自被敌增援队包围后,敌先后对该营施行十余次步炮联合之大反攻,结果均被击退,如此敌我相持月余。我第一营官兵被围不惊,且勇敢沉着,时予优势来犯之敌以重创,始终保持其阵地,屹然不动,殊属难能可贵。且被围后饮水断绝,官兵即砍野芭蕉、毛竹、藤葛取水以度日,虽处境艰危,然官兵泰然自若,毫无畏惧,更属难能。

事既如此,乃复向总指挥部据情交涉,始得允许增援。由十二月十四日起,我步兵第(113)、(114)两团及炮兵第二营始得陆续赶赴前线,抵达新平洋附近,于是危急之大龙河前线始转危为安。

此时本师既得到兵力之增加,于是重策计划,一面增兵向于邦正面之敌据点攻击,同时以钳形之势,由两翼渡大龙河夹击敌后,迫使于邦之敌崩溃,期于大龙河畔将该敌捕捉而歼灭。

十二月廿一日师长并亲率所要幕僚,先赶赴临干指挥,当令(114)团第三营为右支队,从康道方面渡大龙河,沿大奈河左岸地

1473

区向太柏家方面攻击,令(112)团第二营(欠第五连)为左支队,将下老防务移交(113)团第三营接替后,即由下老方面秘密渡大龙河,沿大龙河左岸密林地区辟路向太柏家方面攻击,以第(114)团之主力,并附山炮两连直趋于邦正面,期将于邦敌阵一举攻略,以肃清大龙河右岸顽敌。

十二月廿三日,我对于邦行正面攻击之各部,均按计划就攻击准备完毕。次晨(廿四日),开始攻击,先以山炮向敌阵地施行一小时之攻击准备射击,继以步兵实行果敢之冲锋。此时,总指挥史亦亲临前线观战。如此经一周连续之攻击,卒于十二月廿九日晨将于邦敌阵完全攻占。该敌阵计纵深为(400)码,横宽为(800)码,设有极坚固之鹿寨,及其他之副防御。是役计毙敌经查明者有管尾队长以下军官十一员,士兵一百七十三名,均遗尸于阵内,其他无法查计者当不在少,造成于邦大捷。从此大龙河右岸地区全为本师占领。

于邦敌最后坚强据点自被我攻占后,大龙河右岸地区之残敌,先后全被肃清。

师旋奉命,有继续将当面之敌驱逐于太柏家以南、甘家以东之线之任务。

于是重新部署,由两翼包围,重点保持右翼,以钳成〔形〕之攻势将当面之敌在太柏家附近包围歼灭。当以第(114)团附山炮兵第二营(欠第四连)、工兵第一连为右翼队,即沿前右支队之前进路【线】(右支队改归该团建制),东越孟羊河进击太柏家,以第一一三团(欠第二营)附山炮第四连为左翼队,在临滨方面渡大龙河,向太柏家夹击,第一一二团第二营为左支队,继续由下老渡河向甘家攻击,驱逐该方面之敌,归(113)团团长指挥。其余为预备队,位于宁干附近,担任大龙河右岸地区之守备,并确保大龙河右岸(卅三年元月八日,第(112)团第三营将拉家苏防务移交友军完毕,返抵宁干归还建制)。

此时之敌,经大龙河右岸败北后,退守太柏家及其东西之线,主力在太柏家以西地区,凭借两侧宛托克山及大奈河为依托,及正面孟羊河等河川地障之险要,构筑数地带之坚强据点阵地,以阻止我右翼队之进出,师司令部则撤回星班(孟缓南二英里)。我右翼队当以果敢之攻击,迄一月十九日止,先后将孟羊河附近之敌据点完全攻占,扼守之敌无一得以生还。右翼队前锋遂进抵太柏家之南森邦卡附近,将公路切断,直接威胁太柏家区之敌。迄二月廿一日将森邦卡迄大奈河渡口之残敌完全肃清。左翼队同时以敏捷之行动,于一月十四日将大堡家攻占,继而南下对太柏家之敌夹击。此时之邦对岸乔家之敌阵不攻自溃,二月一日左翼队于是将太柏家完全攻占,并与右翼队会合。左支队于一月十七日亦将甘家攻占,同时向南压迫,一月廿九日攻占丹般卡,二月十九日攻占拉安家,于是残敌完全被驱逐至大奈河以南地区。

敌遭惨败后,主力即向南溃退,在孟缓及瓦鲁班附近地区集结(其师司令部在瓦鲁班东侧附近之昆年卡),并以一部在腰邦卡、拉征卡及沿大奈河、大宛河之线,设置掩护阵地(收容阵地),企图再战。

时本师奉命为军之左翼师,有继续向当面之敌攻击之任务。当分两翼队,展开于拉貌卡、丹般卡之线,计划先向大奈河与拉曼河所成之三角地区攻击,扫荡余敌,击破该方敌之收容阵地带,使主力迅速进出拉曼河,期对敌主力集结地区攻击。

当以第(112)团第三营为右翼队,即在拉貌卡附近地区集结,向丁克来卡、大林卡、拉曼渣卡攻击前进,以第(113)团(欠第三营)为左翼队,在丹般卡以东地区附近集结,经恩藏卡向丁宣卡、马高、瓦卡道攻击前进。

当时敌在此三角地区,仍留置其(56)联队约一大队以上之兵力,附山炮四门,利用预行构筑之坚固工事及河川之障碍,企图顽强抵抗,阻止本师南下。

二月廿四日,我两翼队先后就开进完毕,当向该敌攻击前进。二月廿六日右翼队将沿途之敌击溃后,在雷达附近敌前渡过大宛河。左翼队亦于廿七日将沿途之敌击溃后,在马高附近强渡大宛河。两翼队直趋深入敌后,继续向拉曼河畔攻击。三月二日下午,右翼队攻占拉曼卡道。三月三日,左翼队攻占瓦卡道。于是拉曼河以北又为本师攻占。残敌因见本师深入之迅速,纷纷绕道向东南地区逃窜,敌军敌斗意志完全丧失,竟有举手投降者。时本师左侧翼之美军麦支队(以步兵一团为基干)得本师之掩护,由超卡方面避实就虚方法,由无敌人之空隙中绕道,逐步向瓦鲁班方向渗透前进。于是当饬令左翼队(第(113)团)以果敢之行动,迅速渡过拉曼河,绕道经拉树卡、散道卡、山那卡、卫树卡向瓦鲁班敌主力集结地区迂回攻击,遮断其归路。正面饬交由第(112)团负责肃清残敌,继而向卫树卡附近推进,阻止敌主力向东逃窜。

三月七日,第(113)团全部迫近瓦鲁班东侧,与美军麦支队取得连络。其时,麦支队在瓦鲁班河东岸地区被敌猛烈袭击,乃向卫树【卡】方面后撤,在撤退中遗弃枪械、炮弹、无线电话机及其他装备甚多。抛盔卸甲,其状颇为狼狈,复更撤至西高卡(在瓦鲁班东北约十一英里)。我(113)团以独立作战之精神,并求迅速完成任务计,当本切断敌后方唯一交通公路之目的,即以第三营第八连向瓦鲁班南之秦诺攻击,并以第二营向瓦鲁班之敌围攻。当发生激战,至三月九日,敌以后方交通被切断,无法补给,且无退路,因此敌阵大乱,企图向西南密林中逃窜,结果敌大半就歼,整个崩溃,造成瓦鲁班之大捷。

3. 战斗终止

敌为阻止我大军南下,以求得其在卡盟区作战准备时间之余裕,遂仍纠集该师团(56)联队残余败众,附重炮二门,山炮二中队,据守丁高沙坎以南、沙杜渣以北杰布班山区,凭借地形之天险及既设阵地之坚固,顽强抵抗。时友军(22)师仍继续沿卡盟公路南下,向该敌行正面攻击①。本师遵令当以步兵第(113)团附山炮一连,由左侧山地辟道,迂回攻击敌后拉班,以策应正面(22)师南下之攻击。

三月十四日,我第(113)团(附山炮一连)在瓦鲁班东北地区附近集结完毕后,当取道由东侧苦蛮山脉,冒极大之艰苦向南急进。迄三月廿七日夜全部进出山地,迫近拉班东侧。廿八日清晨,我(113)团出敌意表,突然渡过南高江,向拉班攻击。敌卒不及防,仓惶应战,拉班敌阵遂被我一举攻略,敌后方主要交通公路乃为我切断。继而向北急进,夹击杰布班山区之敌。廿九日我复将沙杜渣攻占,此时之敌恐遭聚歼,于是抛械弃弹,向西南溃退。杰布班山区遂即为我完全占领而进入卡盟北区。

三、战斗终

1. 获得之战果

本师自卅二年十月廿四日由卡拉卡、唐卡家之线发动攻势以来,迄卅三年三月廿九日攻占拉班、沙都苏〔渣〕,击溃虎关盆地敌最后防御地带止,历时五阅月,向南进展二百余英里,占领面积二千五百平方英里。击败敌十八师团(55)、(56)两联队及其师团直属团队,毙命已查知者有(55)联队藤井小五郎大佐以下官兵三千二百员名,生俘敌兵冬木一郎等三十六名,其他战利品甚多如附表〔附表略〕。

2. 敌我伤亡损害比较

敌我伤亡损害比较表			敌我伤亡损害比较表		
敌	伤 亡	5000 3200	我	伤 亡	1381 752

① 一月初,新廿二师奉命为驻印军右翼师,参加缅北会战。一月卅一日首战克大洛,二月二十一日、二十三日又连克腰班卡、拉征卡,粉碎敌之左翼。遂乘胜进击,由正面沿公路南下围攻孟关。三月五日攻克孟缓,乃沿公路南追败退之敌。三月九日与已克瓦鲁班之新卅八师会合。

3. 各部队之勋绩与过失〔略〕

2. 孟拱河谷的攻略

中国驻印军新一军新卅八师司令部卡盟区作战经过概要(节录)①

(1945年1月15日)

〔上略〕

二、作战间

1. 战斗之开始

自四月七日起,本师各部队均遵命开始行动。由东丁克林东侧、沿南沙河辟路迂回之第一一二团所经路线(系苦蛮山脉),纯为悬崖峭壁,异常险峻,仅人可攀登,骡马不能通行,于四月十五日当即电准配属该团之炮兵连,即归还炮兵二营建制,该团团属骡马部队,亦均撤返拉班附近。四月十八日第一一四团已先后突破敌前进据点,进抵拉克老河北岸之线。该线为敌五十五联队之第一线阵地,工事异常强固,敌步炮兵火力均极活跃。为使该团能迅速摧毁攻占该地敌阵计,当令饬炮兵第二营(欠一连)配属该团使用。

在山央洋—潘家地区之美军麦支队,由我(112)团第一营之支援,并因(112)团主力由南沙河迂回,向瓦兰西侧前进后,围攻麦支队之敌,感受侧背威胁,乃自动弃围后撤,该支队第二营之围遂解。四月廿日,奉到总指挥部命令,着本师在考龙卡地区之112团第一营,即前往接替麦支队山央洋—潘家之防务,该支队即后调至大德卡等地区休息整理。师奉命后即转饬该团长,并径电该营长遵照行动。

四月廿二日一一二团先头已确实占领SC4580上之路口,团

---

① 此件日期系收文时间。

主力正对瓦兰、芒平准备攻击中。是日复奉到总指挥部四月廿一日命令,着该团在山央洋地区之第一营,迅即推进至高利(KAURI)、奥溪(AUCHE)地区。其时高利、奥溪均尚为敌军占据(即前围攻美军麦支队之敌),当即电饬该营,迅即攻占该地,俾得与该团主力协力夹击瓦兰之敌。

自四月廿日至廿四日间,我第一一二团以神速、秘密之行动,出敌不意,突然攻占瓦兰西侧地区以至芒平之线,完全截断卡盟至瓦兰及的克老缅间敌之主要交通线,由敌阵地间隙楔形突入敌在河谷区第一线阵地后方达廿英里,使师正面及卡盟地区之敌感受奇重威胁,形成河谷全军最有利之态势。同时敌第(56)师团(146)联队第二、三大队主力,第十八师团(55)联队一部及第(114)联队一大队之兵力,主对芒平及瓦兰西侧我军阵地连日猛烈反攻,均被我击溃。是时师正面第一一四团旬日来以奋发充溢之士气、优越之战斗技能,冒敌猛烈之炮火,节节向南压迫。敌凭坚强工事,顽强死抗,寸土必争,战况异常激烈。我官兵以再接再励之精神,先后攻陷敌坚强据点十余处,迄四月廿日该团已进抵1225高地——的克老缅北端——SC3191之线,继续与敌激战。由是役掳获之敌阵地配备要图中得悉,该线为敌(55)联队第一线阵地,而其以南之东西瓦拉(WALA)及其以南山地区为敌之第二线阵地,其配备纵深极大,工事构筑甚为坚强,且地势险要,居高临下,易守难攻。

2. 战况推进

四月廿四日,本师复奉总部命令,着本师即以最大兵力,于四月廿七日或四月廿七日以前,占领芒平(MANPIN)、青道康(HKINDUKAWNG)、拉瓦(LAWA)地区,并确保之。

师长奉命后,考虑当时之敌情地形,以左侧地区我112团已获得有利之态势,应利用并扩大其成果,极力向敌之侧背压迫。且敌之正面阵地纵深极大,工事坚强,扼山林川泽之险,处处居高临下,若从正面逐点仰攻,不仅耗费时间,更易招致极大损害。故拟以一部兵力继行攻击的克老缅附近之敌,以主力转用于高利以南地区,击破瓦兰附近之敌后,进占芒平、拉瓦之线,切断敌之后路,同时另以一部兵力占领大班(TATBUM)掩护师侧翼之安全,使正面之敌既感有侧背威胁之恐慌,复受后方退路断绝之危险,极易演成全线崩溃之惨象,如此师之任务亦可迅速达成。惟本师是项攻击计划呈送指挥部,未获同意(盖当时总部对本师当面之敌情不明,地形尤不熟习,故坚持以全力遂行正面攻击之成见)。师长不得已乃改变计划,虽系由正面攻击,然仍极力设法保持重点于左翼,施行左侧迂回,然受地形之限制,致尔后之战斗极为艰苦。当于四月廿七日下达命令,饬各部如左之行动。

(一)着第一一三团(欠第二营)克日进至SC31590沿拉克老河至马诺卡道附近高地之线,接替一一四团在该线之防务,并与一一四团协力,相机向南进出,击灭当面之敌。

(二)着第一一四团迅即以主力击灭的克老缅附近之敌后,以一部向东瓦拉(WALA)进出,主力迅速经拉吉(HLAGYI)进占大弄阳,威胁敌之右侧背,将敌包围于战场而歼灭之。

(三)着第一一二团主力迅速击破当面之敌,占领瓦兰,其一部(第一营)同时迅速击破奥溪之敌而占领之,迅速与主力会合,保持由瓦兰至山央阳之交通线,俾便于尔后之进出及补给。该团占领芒平之第七连,应坚守该地,断敌退路。

五月六日,第一一二团主力正对瓦兰攻击中,其时原在该团左侧后大德卡地区之友军已奉命转锋东向(对密支那发动攻势),师长为减少该团侧背顾虑,俾得以迅速攻占瓦兰计,乃于当日令饬第一一三团,即派步兵一连(第六连)于五月八日以前抵达山央阳地区,担任警戒。

迄至五月十四日,我右翼友军新廿二师,主力尚与敌五十六联队主力在马拉高(MALAKAWNG)相持不下,十余日来毫无进展。是时我第一一二团第二营,已将瓦兰据点凭极度坚强工事顽抗之敌(55)联队第一大队全部包围。我第一一四团于四月廿七日攻克的克老缅后,乘胜推进,迅速突破敌55联队主力之第二线阵地东侧翼,攻克东瓦拉、拉吉等重要坚强据点,并于五月十二日攻克大弄阳后,肃清该地至芒平间之残敌,与第一一二团之部队会合,完成本命令预定之迂回攻击计划,遂将敌(55)联队全部包围于大弄阳西北地区。师除积极扫荡被围之敌外,师长以使全军作战有利为目的,决以主力由芒平、瓦兰地区继续南下攻击,攫取东西拉瓦(LAWA)之线,以威胁卡盟及其以北地区敌之侧背。五月十四日当令饬各部如左之行动。

(一)着第一一三团(欠步兵两连)为右翼队,以一部由南高江东岸谷地,连系〔新〕廿二师,协力攻击前进外,以主力迅速扫荡瓦拉、马兰、下劳地区之残敌而确保之。

(二)着第一一四团(附山炮二连、工兵二排)为中央队,除确保已占领之地区外,并迅速肃清卡汤康(HKATANGKAWNG)、沙姆兰(SAMLAN)至大弄阳以北地区间之残敌,尔后即越过曼平河,接替第一一二团第三营之任务,沿坡苦姆(PAOKUM)及SC4274.5三叉路之线攻击前进,并确保该线,然后再以少数兵力向卡盟方向佯动,牵制敌之兵力,使第一一二团进出容易。

(三)着一一二团(附山炮一连、工兵一排)为左翼队,须迅速攻占瓦兰而确保之,其主力即沿瓦兰班(WARONGBUM)、大班(TATBUM)之线攻击前进,占领东西拉瓦之线而确保之。该团第三营俟第一一四团越过曼平河东岸,接替该营攻击任务后,即沿▲680高地、青道康及西拉瓦之线攻击前进,与该团主力会合。

命令下达后,各部均遵照进行部署中,五月廿一日师长综合各方情报,得知如左之情况:

(一)据历次之俘虏供称及俘获敌之文件判断,得知当面之敌有在雨季以前死守卡盟以北之线、待援反攻之企图。复据一一二团第六连五月廿日在9680高地(瓦兰南三里)附近击毙敌十八师团补充兵大队指挥官野恒光一大尉遗尸中检获敌十八师团步兵团长(即步兵指挥官)相田俊二少将致该员亲笔函称:目前进入第一线后方、妨害第一线补给之敌仅60—70人,本兵团长指挥贵官击退此敌,并应先至拉瓦(LAWA)司令部,与本职同往。但贵官前夜十时自卡盟出发,至翌日夕刻尚未到达。初意贵官不及候本职已先至第一线,当即率司令部人员卅名赶至第一线,然全出意外,贵官等竟尚未到达,现究竟彷徨于何处耶! 部下之疲劳,余自详悉。昼间有敌飞机飞来,余亦尽知。然就第一线全员之疲劳,且缺乏给养,尚须与敌死斗,思之不必要之休憩,与昼间躲避空袭等,乃绝对不许可者。故须激励部下,以最大之速度追及。倘判明贵官等不足赖时,本职决心率领本部卅名,突入敌阵中。研究右函所述,当判知以下二事:(一)当面之敌因伤亡重大,其兵力已全部使用于第一线,后方卡盟附近兵力,必甚感空虚,否则其战斗力薄弱之补充兵,决不集中使用于第一线。(二)敌士气消沉,且甚疲惫,由相田俊二之亲赴第一线及对野恒光一大尉忿恨之语气中可知,即孙子所谓:吏怒者倦也。

(二)我右翼友军新廿二师主力,仍与敌56联队之二个大队在马拉高以北之线对战中,廿余日来尚无进展。

(三)我友军中美混合部队,五月十七日已进抵密支那近郊,对密支那攻击中。

师长依据当时情况,鉴于缅北雨季瞬息将至,应采取积极手段,从速攻占卡盟,南下攫取孟拱,策应密支那地区友军之作战,早日解决缅北战局,实属必要。

按卡盟位于南高江西岸,原属新廿二师作战地境。惟该师与敌在马拉高之线对峙廿余日,尚无进展,是时本师正面已较新廿二师正面突出廿英里,形势极为有利。设使本师仅遵照总部命令,进占东西拉瓦之线,以待我右翼友军南下攻击卡盟,则不仅徒延时日,且足与[予]敌以增援加强抵抗之良机,故为使全盘作战有利计,不拘泥于作战境界而分畛域,乃决心以主力迅速南下,攻占卡盟,期将敌包围于卡盟以北地区而歼灭之,及使我右翼友军之进展容易,并为防止敌乘机逸出战场,及求得时间上迅速计,遂决定以一部由正面对敌牵制,主力由敌配备之间隙,锥形突进,秘密迂回南下,偷渡南高江,切断卡盟以南敌之主交通线,然后向北进击卡盟。

根据上项决定,于五月廿日下达命令,遂饬各部开始行动。

(一)师以迅速攻占卡盟之目的,以一部围困瓦兰之敌,以主力向东迂回,经大奈河(HKA)、瓦拉(WALA)、棠吉河(TAUNGGYE HKA)、西凉河(SELLEN HKA)之线,进占卡盟而确保之。

(二)着第一一二团(配属部队仍旧,该团骡马暂留奥溪附近待命。)为第一纵队,以一营兵力继续围困瓦兰之敌,主力俟第三营之任务交与(114)团接替后,即在奥溪、瓦拉间地区集结,于本(五)月廿一日开始行动,按上述路线秘密前进,占领拉高后,迅速渡过南高江,一举袭占卡盟而确保之。

(三)着第一一四团(配属部队同前)为第二纵队,于廿日以一营兵力接替第(112)团第三营之任务外,余对当面之敌继续扫荡,并有随时候令行动之准备。尔后行动时,即由芒平以南经大班(TATBUM)、青道康(HKINDUKAWNG)之间山谷迅速开路南下,攻击卡盟,期与(112)团协力将敌包围于卡盟而歼灭之。

(四)着第一一三团(师司令部及直属部队随行)为第三纵队,对当面之敌仍继续扫荡,并有随时候令行动之准备。

是项命令下达后,我官兵奋勇奋发,服行任务,各团先后攻占沙劳(SHARAW)、马兰(MARAI)及瓦兰等重要据点,将被包围于大弄阳西北地区之敌扫荡无余。是时第一一二团以果敢秘密之行动,攀高山,涉深溪,冒淫雨,日夜开路挺进,于五月廿六日十三时,在卡盟以南约四英里之地区,全部游泳渡过狂涛汹涌之南高江。廿七日该团以神速之行动,一举突占色当(SETON),并迅速沿公路向南北方席卷,将卡盟区敌军用物资总囤积地区一举占领,并截断卡孟区敌唯一主要之交通线——卡盟至孟拱公路——卡盟及其以北地区之敌,不仅陷于弹尽粮绝,且后方之通信连络、运输、指挥等机构,皆被我摧毁击灭,敌十八师团遂整个陷于纷乱、崩溃状态。

3. 战斗中止

是时,本师综合各方面情报得知,在卡萨地区之英印军第三师已被敌击溃,现敌沿卡萨、孟拱间之铁路向孟拱增援中。师长为不失时机,使师全部迅速南下,早日攻占卡盟,并相机于敌增援未达以前,袭占孟拱,以使缅北我军全般局势有利计,乃一面电请总指挥史,恳请即派一部兵力前来接替本师瓦兰、沙劳、芒平之线防务,俾使全力南下,并同时策定对卡盟、孟拱之攻击计划,继而饬令各部如左之行动:

(一) 着第一一二团(附山炮兵第四连)主力确保既占地区,待第一一三团到达拉芒卡,协同攻占卡盟而确保之。该团第二营迅将瓦兰防务交第一一三团第六连接替后,即循该团主力经路推进,尽早与团主力会合。原配属该营之炮兵第五连,着留置瓦兰附近,暂归第一一三团第六连连长指挥。该两连俟师部通过瓦兰向南推进后,即各归还建制。

(二) 着第一一四团(附工兵一连,即将芒平附近防务交一一三团之一营接替后,即由芒平附近经大旺、青道康之间楔形潜入南下,突占拉芒卡道、拉瓦各要点,截敌后路而确保之。尔后即以一部进占丹邦卡,大高、丹道阳、丁克兰之线,并须向南控制通孟拱各隘路口而扼守之。

(三) 着第一一三团(欠一连)即以一营接替第一一四团在芒平以南地区之任务,并迅速向南击灭当面之敌,俟在西拉瓦地区与一一四团部队会合后,迅即西向攻占支遵,向卡盟攻击。该团主力仍继续肃清现在当面之敌,并随时候命推进至大弄洋附近集结,经瓦兰、大班向拉芒卡道附近推进。

各部队奉命后,即遵照行动。

其时,卡盟区之敌,因在卡萨间切断铁路之英军已被击退,援军继续而来,第二师团第四联队全部及五十三师团之一部,已进抵卡盟附近。五月廿八日,敌以卡盟后路被我切断,极感痛苦,乃以新到增援之生力军第二师团第四联队全部、五十三师团一二八联队及一五一联队各一部及十八师团一一四联队之一部共约两个联队之兵力,附重炮四门、野炮十二门、速射炮十余门、中型战车队,向我一一二团南北两端阵地猛烈反扑,企图打通其生命线,以挽救整个崩溃之危局。遂展开激战,惨烈空前。经廿一天剧烈战斗,迄六月十六日,该团先后共歼敌大队长增永少佐以下官兵一千七百卅余员名。然我当时因空投困难,弹药缺乏,且无炮兵协助,伤亡亦颇惨重。第三连连长周有良于二日拂晓率兵一连抵挡一大队以上敌十四次连续疯狂冲锋,该连奋勇搏战,反复冲杀,予敌重创,时因敌我兵力、火力之悬殊,该连长阵亡,其第一排与敌肉搏达五小时之久,歼敌八十余名,卒以众寡悬殊,全排壮烈成仁。该团虽在此艰苦战况下,然始终确保占领地区,使卡盟及其以北地区之敌,粮弹补给陷于断绝之惨境,虽不惜集结重兵,分由公路南北地区两端向我(112)团屡次拼命反扑,企图打通其生命线,结果又遭失败,故不得不放弃马拉高以南至卡盟凡廿英里之既设坚固阵地带,整个崩溃。

五月廿八日,第一一四团主力于芒平附近地区集结,当经大班及青道康高山密林深谷间,钻隙潜行,官兵冒极大艰险,超越四千尺以上之高山,穿过万丈深坑之谷底,从杳无人烟、兽迹之原始丛林中,经悬崖绝壁,披荆斩棘而出,所历之艰难险阻,并不减于我迂回行动之(112)团。该团在此种极艰难途中,不分昼夜挺进,卒于六月一日突出现于瓦鹿山,出敌不意,一举攻占拉芒卡道。然后席卷东西拉瓦各据点,断敌后路。继于六月五日向南攻占丹邦占,六月六日攻占大高、卡当两地,十日攻占大利、马塘、登浦阳各地,十五日并将孟拱、密支那间之交通冲道巴稜杜攻占,距孟拱仅四英里,此时孟拱城已在我瞰制之下,与我切断卡盟至孟拱公路之(112)团行动密切配合,互为呼应,不仅迫使在孟拱〔卡盟〕区之敌十八师团整个迅速崩溃,且因瞰制孟拱、遮断孟拱至密支那间公路及铁路,使敌人对密支那方面无法增援,则我在密支那方面之友军,得以减少侧背安全之顾虑,于解决缅北整个战局,实已获得决定性之极有利态势矣。

第一一三团于五月廿九日以第二营接替第一一四团在芒平至680高地间地区之任务,团主力于六月一日完全将西瓦拉、马兰间之残敌扫荡,同日第二营攻占青道康。六月四日,团主力推进至拉芒卡道附近。六月五日,第二营攻占纳昌康,同时在西拉瓦与(114)团第一营会合。七日,原在瓦兰地区溃散之敌(55)联队第一大队残余约百余人,经西瓦拉附近向支遵秘密辟路逃窜,当被第二营发觉,当将该残敌完全歼灭,同时攻占支遵。自支遵攻占后,卡盟已在我瞰制中。以当时我旺盛之士气,及有利之态势,本可一鼓直下卡盟,无如是时适值南高江河水暴涨,洪涛汹涌,幅宽流急,且敌沿岸戒备极严,该营虽用竹筏屡行偷渡,均因水流湍急及敌火过于猛烈未能成功。当令饬(113)团第三营由支遵以南准备实行敌前强渡,并电饬(112)团由卡清河(HKACHANG HKA)之线向北猛攻,以牵制卡盟之敌,并同时申请总指挥部配发橡皮舟及75山炮烟幕弹,积极准备渡河。第三营于十四、十五两日,屡次企图渡南高江,均以水流湍急、渡河材料缺乏,未果。迄至十六日晨,总部发给之橡皮舟及烟幕弹均已运到,渡河准备均已完成,卒于十六日十时第三营渡河成功,遂一举攻占卡盟东南侧之637高地,瞰制卡盟。时卡盟之敌,因该高地为我攻占,顿失凭障。卡盟地势低洼,无险可守,乃悄然弃守,向西南溃窜。是日十一时,该营遂将卡盟完全占领。是时,在卡盟以北地区与新廿二师对战之敌,因卡盟已为我占领,侧背大受威胁,乃狼狈溃败,我友军新廿二师六十五团先头部队,遂得于是日(十六日)十五时卅分,乘胜进抵卡盟西端,与我第三营会合。

三、作战终

1. 获得之战果:

甲、战略方面:迅速进出孟拱河谷,确保先制,粉碎敌在缅北增援反扑,阻止我军在孟拱河谷过雨季及妨害我构筑中印公路之企图。

乙、战术方面:

(一)敌十八师团长于阵中训话中,对其部属大言不惭,宣布放弃持久作战而转换攻势作战,并强调:过去之战法为防拂战法,即剑尖只伤及敌(指我军)之四肢,现有之战法采用斩击战法,即以剑尖随处击摧敌之心脏部,斩入其骨髓,故现在当寻求敌心脏之薄弱部而突入,以捕捉、击灭其主力。然敌所谓攻势作战者,仍〔乃〕于卡盟以北地区布置坚固之防御阵地而已。我则以神奇果敢之大迂回,蹈瑕钻隙,反突刺敌之心脏(卡盟),摧毁其指挥中枢、通信中区〔枢〕、补给中枢,使敌之粮弹补给绝源,后方交通、通信、指挥、连络机构瓦解。正孙子所谓:"水因地而制流,兵因地而制胜。故兵无常势,水无常形,能因敌变化而取胜者谓之神"。终迫使孟拱河谷之敌放弃马拉高以南至卡盟凡廿英里之既【设】坚固阵地带,整个崩溃,十八师团之抵抗力至此瓦解而就歼。

(二)迅速适时占领丹般卡及卡盟东侧山地,瞰制孟拱,不仅尔后对孟拱之攻击容易,且使密支那之我军获得侧背之安全。

(三)果敢机动使用师之主力,将当面两个师团之敌各个击破。

丙、战斗方面:

(一)实行最艰苦之大迂回,行动迅速、确实,致获巨大战果。

(二)苦战两月,大小凡三百余战,逐点攻占南高江东岸地区,敌借优势地形构成纵深达十五英里之坚强据点阵地(自的克老缅以北至芒平),进展达七十余英里(自巴杜阳至孟拱以北地区),占领面积一千〇八十平方英里。先后击溃敌四个师团之番号(第十八、第二、第五六、第五三师团)总兵力在五个联队以上之敌(55、146、128、第四联队全部及114、151联队,12辎重兵联队各一部,及第十八师团补充兵【大】队与直属部队等),共击毙敌遗尸确认者计增永少佐大队长以下官兵五千七百五十四具,生俘敌军曹井田定志等廿六名,骡马四百廿六匹,掳获汽车七十五辆,小包车六辆,及重炮、野山炮及各种轻重武器、弹药、器材、重要文件等甚多,如附表〔表略〕。

2. 敌我伤亡损害比较

敌 我 伤 亡 损 害 比 较 表			
区分	伤	亡	附 记
敌	不明	五七五四	敌委弃于战场之死者实数
我	一一七三	五五九	

3. 各部队之勋绩与过失(另案遵报)

〔下略〕

廖耀湘致蒋介石等密电

(1944年6月30日)

特急。重庆委员长蒋、总长何:阪密。(表)。卡马英(加迈)会战自六月一日突破马拉关敌坚固阵地,九号包围敌十八师团于湖沼地带,歼其主力。十六晚进克卡马英。赖友军协力,再将敌残部包围于卡马南以南山地及孟拱河间,其虽作困兽之斗,终因我官兵士气旺盛、用命所致,于廿九号完成扫荡,田中新一率领残卒约一千五百余,钻隙辟路,攀援雪邦山(SHAUBUM)崖壁,向南逃窜。我俘大炮共四十门(内150及105重炮十二门,野炮六门,山炮两门,新式47战防炮七门,37平射炮七门,70榴弹炮两门,中迫击炮四门),高射机枪一挺,载重汽车一百六十七辆,田中新一以下乘车十二辆,轻重步枪、掷弹筒一千六百余枝,仓库卅余所。生俘敌原藤大尉以下七十余名,重要文件、装具弹药等甚多,尚难统计。查此次敌重武器及军用车辆遗失之大,人员死伤疾病、转于沟壑者之众,狼狈溃散惨状,有甚于两年前国军野人山之转进。追昔睹今,因此痛雪前耻,官兵大奋。……。谨电奉闻。职新二十二师师长廖耀湘叩。巳卅。印。

中国驻印军新一军新卅八师司令部孟拱区作战经过概要(节录)①

(1945年1月15日)

〔上略〕

二、作战间

1. 战斗之开始:

我第113团于六月十六日攻占卡盟后,第114团亦同时以破竹之势,进占巴稜杜、亚马楼,瞰制孟拱。时在孟拱城东南二英里处作战之英军第三师77旅(前在孟拱、卡萨铁路间之降落伞部队)受敌攻击,伤亡重大,士气沮丧,形势异常危殆。该师当派少校参谋TYACKE,于十七日到达本师,请求支援,否则仅能支持廿四小时后即向东南山地后撤等语。时本师恐该英军之崩溃,而影响整个战局,乃速电令114团星夜向孟拱东北地区秘密开路,强渡南高江,支援英军,并攻击孟拱。该团以一夜之轻装冒雨挺进,于十八日晨到达SC6737附近,奈南高江雨季后水涨流急,浪势汹涌,我官兵感任务之重大,乃冒万险强渡此四百尺之大江,于是日夜全部进抵大江南岸,即以一部支援英军之战斗,主力于廿日晨向建支、汤包、来生、来鲁等孟拱外围敌重要据点攻击。

时接替英军第三师77旅第一营战斗任务部队,为我114团第

---

① 此件日期系收文时间。

一营之一排。英方官兵不胜骇异,恐为兵力太小,似有轻敌之意,且咸抱不安,表示疑虑。迨该排接防后,顺利攻击前进,且获极大战果,始相信我官兵之战斗力坚强、战斗方法优越及战斗技术精良,于语言、态度之间皆表示无限敬佩,并自认战斗力薄弱,毫不讳言(在孟拱战事告一段落后,该旅长亲率该部中级军官,赴该团作战地区参观我各部队攻击经过,以为资考)。查该旅之部署上最大错误,第一线兵力过于密集。该旅一营兵力之攻击正面竟未过二百米。每届攻击,则于猛烈之炮击后,用密集之混乱队形猛冲,在敌人绵密之火网内冢突,招致无益之极大损害。士兵因伤亡过大而胆却〔怯〕,失去战意;【官长】因屡攻不下而气愤,不顾利害,驱士兵而蚁附之,以为缩小正面,增大第一线兵力,即可突破敌之阵地。故该旅一营在孟拱东南端之攻击,因遭遇敌之炮击及机枪扫射,半日内伤亡竟达150员名以上,且攻击毫无进展,颇属惊人。是为过分密集及运动未能疏散所致。我第一营有鉴于此,故对该旅一营兵力之作战地区,认为派兵一排接替足够,毋须使用如此庞大兵力,徒招损害。我官兵除自信战斗力量坚强,并能以少数兵力足以击灭多数敌人外,其他亦无奇异与奥妙之处。

2. 战况推进:

该团经两日夜之激战,以上诸据点均先后为我攻占,残敌狼狈向孟拱城中逃窜。【我】将孟拱敌之交通线完全切断,城中之敌已为瓮中之鳖。是时有敌军约步兵一个大队及炮兵部队等,原由孟拱驰赴密支那增援,方至南堤,得知本师已强渡南高江直逼孟拱,乃回首南下,企图夹击我114团,使我腹背受敌,以挽救孟拱之危急。廿一日晚,该敌行抵威尼附近,被我第八连排哨阻击。该敌察知该排兵力薄弱,乃倾全力反扑,用密集队形猛冲七、八次,企图突破我排哨阵地,打通通路,我官兵奋勇沉着射击,激战达旦,该敌不但未能解救孟拱之危,反而全部惨遭覆灭。……。

廿三日,第一营继向城区攻击,敌凭强厚之障碍物,拼死抵抗。我官兵奋勇冲杀,经肉搏四小时之久,将城区一半及车站全部攻占。敌倾全力反扑,企图夺回其阵地,经我官兵沉着机警,发扬大无畏之精神,阻敌反攻更不辞坚〔艰〕苦辛劳,经两日激烈之巷战,遂将残敌完全肃清。此缅北重镇之孟拱乃于六月廿五日为我全部攻占。

3. 战斗终止:

其时卡盟至孟拱公路间,敌尚有重兵据守。孟拱至密支那铁路线间,有由密支那方向折返增援孟拱之敌。当令112团由孟拱西进,经五日之战斗,将卡盟、孟拱公路完全打通。113团沿铁路东进,于南堤车站与敌约一个大队之众遭遇,当施以猛烈攻击,敌负隅抗拒,企图阻止我军,经两日之战斗,将南堤完全攻占。敌弃械遗尸,狼狈万状,分向伊洛瓦底江右岸,盲无目标,拚命窜逃,我追击部队猛烈追击,敌军望风披靡,不敢回首西觑。我卒于七月十一日打通孟拱至密支那铁路线,全长凡四十余英里,缅北战役至此告一阶段。于是中印公路之缅北段,可以畅通无阻。敌之阻止我筑路企图完全粉碎,且伤亡惨重,士无斗志。一般俘虏口供,都深叹日军将领之无能、政府之昏庸,极期早日和平,昔日之皇军威仪、武士道精神,已不复存在矣。

三、作战终

1. 夺获之成果

攻占孟拱、建支、汤包、来生、来鲁等大小据点廿余处,打通卡盟、孟拱公路(长卅英里)及孟拱至密支那铁路(长四十英里),占领面积约八百平方英里,击毙敌53师团炮兵联队长高见量太郎大佐及53师团128联队第一大队大队长钉本昌利少佐等以下官兵三千四百员名,生俘敌军官殿代一大尉以下官兵四十三员名,虏获坦克车五辆,150重炮三门,94式榴弹炮五门,70大队炮七门,75山炮三门,轻、重迫击炮十二门,轻、重机关枪十三挺,高射机枪二挺,掷弹筒廿个,步枪682枝,手枪八枝,无线电机四座,火车462辆,卡车47辆,军马125匹,仓库20所,其它弹药、粮服、装具、医药、重要文件等极多如卤获表〔表略〕。

2. 敌我伤亡损害比较:

区分	死亡人数	负伤人数	备　　考
敌	三四〇〇	未　　详	敌死亡人数系在战场内经查悉之尸体实数
我	一一九	三三七	负重伤在医院不治而死亡者列入死亡数字内

3. 各部队之勋绩与过失(另案报呈)。

〔下略〕

3. 密支那的攻略

中国驻印军奇袭密支那作战经过①

(1944年7月16日)

中美联军奇袭密城

密支那(MYITKYINA)居缅甸北部,为缅甸铁道终点,沿此铁道线,可直达孟拱、曼德勒、仰光等要地。另有公路北通孙布拉板(SUM-PRABOM),南通八莫至腊成,接滇缅公路而入我国云南,西至猛拱经卡盟可达胡康谷地,而与中印路衔接。大道北通犄角、片马,东经昔动(SADOM)通腾冲。此外,尚有伊落瓦底江航路,经缅甸中部,流入大海。故交通颇称发达,市区内人口约在一万以上,形成商业之枢纽,为缅北最大城市之一。该城附近有狭小平地,平地四周则有崇山环绕,为天然屏障。其西北乃即闻名之库芒山脉(KUMONBUM),将密支那地区与猛拱河谷间断,造成最

---

① 此件节选自驻印军新一军司令部《胡康及缅北地区战况概述》。

大之天然障碍。山中无道可寻,即有亦属羊肠小径,草莽丛生,步履维艰,实为防御之有利地形,亦为进入缅甸必争之军略要点。自三一年敌侵入缅甸进占该城后,乃以此为其缅北根据地,严密防御设施,岁月经营,迄今已二载有余,工事之坚,不言而喻。

四月下旬,我军与敌仍相持于猛拱河谷之际,即另出奇兵,以胡(新卅师)师之八八团、潘(五〇师)师之一五〇团及重迫击炮团之一连,协同美军步兵两营,袭击该城。其时,马拉高未下,卡盟、孟拱犹在敌手,孤军挺进,从悬坡峻岭、古木蔽日之库芒山区,辟路深入百余里之敌后,此种冒险行动,不唯敌意料所不及,亦为世人料想不到者也。赖我官兵忍劳耐苦,行动秘密,经月余之努力,卒于五月十五日迫近密城西二里之机场。而敌仍未知晓,毫无准备,遂能一举攻占该机场,掩护空运部队之着陆。尔后胡师八九团,龙(十四师)师四二团及廖师山炮兵一部,相继于美方战斗机掩护下,乘坐运输机及滑翔机降落密支那,孙布拉板之英军一部,亦南下密支那,协同作战。随于五月十七日开始向城垣攻击(攻城任务,除有少数之美军参加外,全为国军担任)。但敌军兵力雄厚,计有十八师团——四联【队】之第二、三两大队及直属部队与同师团之工兵十二联队第一中队,五六师团一四八联队之一加强中队,十五【师团】机场守备大队分遣队,宪兵分遣队及少数缅伪军,总数共约三千,复依市区之建筑物及预为构设之坚强工事死守不退。故相持月余,【我】虽已占领城垣之一部,伤毙敌达千余人,并夺获其牟田口部队印,仍未能完全攻克。唯目今敌四围之交通要道及可能增援之地点,皆已为我军扼守,密城之敌孤立无援,有如瓮中之鳖。且敌于缅北三要点(密支那、孟拱、卡盟),我已夺取其二,犄角之势已失,复截断其主要交通线之铁道,故密城之占领,指顾间事耳。

攻克密支那街市战斗经过

(1944年8月21日)

密支那街市战斗经过

一、战斗前敌我形势：

密支那敌寇自受我军奇袭后，即将该地分为北、中、南三个防御地区。计北地区系十八师团一一四联队第二大队所部百余人守备，中地区为第二大队之第二中队、机枪二中队及机场守备队之一部，南地区为一四八联队第一大队第二中队及铁道守备队组合(其配备情形如附图)〔图略〕。复因我空军更番轰炸市区，故敌移据守，敌寇防御重点即由市区更移【至】北区西大坡(SITAPU)方面。

至我参战密支那部队，则为【新】三十师八八团第二营第四连(附重机枪一排)、九十团第二营(缺第六连)，五十师一五〇团第一营(附第八连)及一四九团之第三营。

二、敌我战斗经过(附图二)〔图略〕：

七月十一日，我五十师一五〇团第一营由森林地带攻入市街南端，十四师四二团一、三营各一连亦相机进入村落地带作战。自七月十一日至七月廿七日，各部队均以坑道攻击方式，每日前进一、二百码不等。廿七晚，五十师之一四九团由莫港调密参战。同日，因闻敌二千人由八莫向密市增援，故以十四师四二团一、三营强渡伊洛瓦底江，切断至八莫公路交通线。是日，一五〇团第一营已进占街市第四条马路。

【新】三十师方面，八八团第二连及八九团之第二、四、七连，亦于七月廿五日前进至公路与铁道交叉点。至七月二十七日，开始进入村落战斗。因敌凭村屋构筑强固工事，每一房一屋均有敌三、四人防守，而我各部队之攻击要领甚差，以致前进受阻，伤亡颇大，【新】三十师乃以九十团之第二营接【替】八九团而继续攻击，五十师则以一五〇团第三营增援第一营。至七月三十日，五十师占领

第七条马路,【新】三十师则占领敌营房西端及新街市一部。八月一日,各部仍继续攻击前进,迄晚,一五〇团占第九条马路。同时,我过江部队亦在宛貌与敌发生巷战。是晚,我五十师潘师长因感敌凭强固工事顽抗,长此攻坚,收效甚少,牺牲甚大,乃决定组敢死队,作果敢之攻略。八月二日,五十师组成敢死队百人,携带轻便武器及通讯器材,当晚分组潜入敌后方,将敌通讯设施完全切断,继即猛烈攻击敌指挥所。迄八月三日上午,我一五〇团之第一营及敢死队已将街市全部占领。敌除少数渡江外,余均就歼。【新】三十师所部于八月三日晨在胡师长坚决之指挥下,奋勇攻击,至午后三时,亦将敌人欲作最后死守据点之营房全部占领。

密城北面之美军(GALAHAD)部队一营及战斗工兵二营亦同日占领西大坡(SITAPU),并与我【新】三十师、五十师取得连络。密支那之战事,至此遂告结束。

三、现在敌我态势(如附图三)〔略〕。

四、敌情判断:

据俘云:一一四联队长丸山大佐因感我攻击猛烈,空、炮之轰炸极猛,故于八月一日率健壮战兵三百人向江东撤退,拟在通八莫公路上阻止我军,并留伤病者二百余人在密支那作最后之决斗。由密匿逃之敌,已经作三个月之战斗,困惫已极,且在八莫公路上之 KAZU 及 SIMA 均有我游击队截击。

据报,一一四联队一、三大队由孟拱撤退后,已到达八莫整训。

根据以上情报判断,敌寇除以一部留八莫公路上阻滞我军前进外,其余大部将至八莫集中,准备尔后之战斗。

五、敌之兵力部队特异装备战法〔略〕。

六、战果概数(仅街市战斗):

俘敌二十余名,毙敌军官三,兵二百余,夺获仓库五,轻重机枪三十挺,步枪四百余枝,炮三门,其他战利品无数。

七、检讨〔略〕。

八、经验与教训〔略〕。

4. 作战经验与教训

中国驻印军缅北作战的经验教训①

(1944年9月18日)

〔上略〕

三、作战之经验教训

此次缅北作战,因地形特殊,天候各异,自与其它战场不同,兹将所得经验及教训分述如左:

1. 森林战法。此次缅北作战,无论攻击敌某据点,其成功均用迂回、包围方法,以一部在正面牵制,主力由两侧森林内开路前进,迂回敌之背后,截断敌之退路。故其结果,敌不为我全部歼灭,即溃向森林内乱窜。由此证明迂回包围为森林战不二法门。

2. 防敌埋伏。森林内敌最易设伏,我军开始前进,常遭敌不意之伏击,故在森林内作战,搜索、警戒特须严密,以免敌之伏击。

3. 防树上敌。敌在森林内往往利用树上密架机关枪及其他自动火器,待我军接近,忽由树上发射,向我狙击。我军此次作战,遭敌此种狙击而受不意之牺牲者不知凡几,甚至有一班、一排被敌消灭,而未发现之所在。故森林内作战不仅应对地面之敌伏严防,同时对树上之敌袭亦应严加戒备。

4. 防敌假冒。与盟军并肩作战,往往因言语不同,面目各异,最易发生误会。敌即利用此弱点,冒充我军,施行狡计。密支那围攻时,敌曾冒充中国军官向美军连络,竟将美军官杀死。足见盟军连合作战,彼此密切联络,以免被敌假冒,发生意外。

5. 人人自卫。敌往往利用森林掩护,渗入我后方扰乱,如有

---

① 此件节选自赵学渊《中华民国驻印军缅北作战概况》,其日期系收文时间。

好机并施行偷袭。我进攻于邦时,敌曾窜入宁干沙坎我卅八师某团部,实行夜袭,竟将美连络官及我杂兵多人俘去。究其原因,以我官长及杂兵无自卫力量,以致被少数之敌袭击,无法抵御。故在森林内作战,人人应携带武器,随时随地均能有〔自〕卫,否则易受敌之袭击,作无谓之牺牲。

6. 曲射炮实用。

此次我军在缅北作战,其最有效之火器厥为迫击炮。因在密林内作战,对面不见人,敌我距离甚近,其他武器不易发生效力,只有曲射炮容易发射而奏效。据敌俘供,敌最畏我之迫击炮火,是其明证。

7. 训练重于作战。委座曾提示吾人:"训练重于作战",此次缅北作战足资证明。如新廿二师及新卅八师到印最早,训练最久,故此次作战可谓所向无敌,发挥最大之战斗力,收得辉煌之战果。反之,新卅师到印较迟,补充较缓,甫经补充齐全,即开前线作战,可谓毫无训练,故此担任密支那攻略任务,不但伤亡较大,且围攻许久不下,两者比较即可证明部队无训练即无战斗力,即不能作战。

8. 物质胜于精神。此次我军缅北作战之所以成功者,实以我军装备较敌为优。我之火力完全可以压倒敌人,敌日埋头于工事中,坐受我炮火之轰击。而空军又绝对优势,我昼夜自由活动,敌则昼伏夜动,彼我情势实与我上海战役相反。此足证明我军只要有好装备,即可战胜敌人。此次缅北作战,盟军亦有此认识,全谓我军能吃苦耐劳,饶〔骁〕勇善战。盖我军精神条件早经具备,所缺者物质条件耳。如能以物质上之充实、精到之训练,则可战胜一切也。

9. 补给、运输之重要。未开战之前,即大量储备粮弹于作战基地,既战以后,则利用飞机、汽车不断运输补给。故我军任至何处,粮弹不虞缺乏,即令深入敌后被敌包围,亦可利用空军投掷补充,亦不致发生断绝之危险。总之,物资多,运输便,后方之补给圆滑,前方之战力自可发挥。此足证明补给运输实为战胜之最要条件。

10. 卫生与精神之影响。开战以前,美方即在里杜附近开设大规模医院数所,并准备大量卫生人员、材料,随军推进。开战以后,部队逐渐前进,医院即随之推进,沿途均设有治疗所。前方轻伤即就地医治,短期治愈,仍上前线。重伤者以飞机运送后方医院医治,并用输血救治方法,故虽重伤,而死者极少。此不独不减少战斗力,且与官兵精神上以莫大之鼓励。曾听士兵常言:"打伤了还有飞机坐,还不勇敢去打吗?"足见卫生设备齐全,战场上救护周到,实与士气有绝大关系。

11. 注意方向。森林内作战,最易迷失方向,尤以迂回行动,无路可寻,更宜注意。故官兵应携带指北针,随时规定方向。

12. 开辟道路。缅北密林四布,人迹罕至,羊肠鸟道,亦极稀少。我军深入作战,非自辟道路不可,故官兵均携带大刀,到处逢山开路,遇水搭桥。

13. 提高下级干部能力。森林内作战,指挥连络极不容易,故各级干部均须有独断专行之能力。

附:缅北战役敌我伤亡统计调查表
(1944年9月?日)

(一)

缅北战役我军伤亡统计表

(民国三十三年九月?日)

区别 番号	死		伤		生死不明		备 考
	官	兵	官	兵	官	兵	
第14师	37	623	29	664	—	—	官兵伤亡共计 12729员名
新22师	43	1281	91	3402	—	79	
新30师	10	192	30	1040			
新38师	33	978	83	2071	1	32	

(续表)

区别 番号	死		伤		生死不明		备考
	官	兵	官	兵	官	兵	
第50师	48	679	71	272	—	39	官兵伤亡共计
合　计	171	3754	304	8349	1	150	12729员名

(二)

缅北战役敌军伤亡调查表

(民国三十三年九月？日)

区分 毙敌部队	官伤亡数	兵伤亡数	小　计	备　考
第14师	35	1943	1978	
新22师	41	9099	9140	
新30师	22	1589	1609	
新38师	52	9466	9518	
第50师	63	1737	1800	
合　计	213	23633	23845	

三、中国驻印军缅北会战第二期作战经过与检讨

1. 八莫的攻略

中国驻印军新一军八莫区战斗经过①

(1945年5月4日)

一、八莫之围攻(插图第一)〔图略〕

　　………。

---

① 此件节选自驻印军新一军司令部《缅北第二期作战概述》的"第三、战斗经过概要",其日期系收文时间。

1499

本军自攻占密支那后,八莫随之为我直后攻击目标指向之区,敌我必争之地。本军为继续肩负打通中印公路之重责,于攻占孟拱、密支那东西之线后,即全部集结密城,洗甲金沙,磨刀湾幕,整备继取八莫而下南坎。

时敌为继续贯彻其挫折我军打通中印公路之计划之实施,不惜其在缅北已牺牲之精锐十万,仍本其在缅甸作战之最高方略,即无论两年、三年,或牺牲五万、十万,皆所不顾之决心,企图再战。故敌当密支那被歼之际,被迫仍紧急由缅南方面抽调其第二师团赶赴南坎。旋即以其搜索联队为基干,附十六联队第二大队全部、野山炮一大队、战车十辆,另十八师团五十五联队第二大队等,编为一支队,由搜索联队长原好三大佐指挥,驰赴八莫守备,简称之为原支队。于八月十三日先后抵达市区,分别赶筑工事,企图死守,以待后援部队之到达,转移攻势,并以一大队以上之兵力,推进至庙提(MYOTHIT)、那龙(NALONG)公路间及其两侧山地设防,预料拒止本军于雨季后之反攻。然本军于十月十五日,乘雨季之末,当敌配备未周之际,即出敌意表,先期南下,至促使敌将庙提、那龙间之有利地带自动放弃,而退守太平江以南地区,凭太平江天险,构筑坚强之工事,采取河川防御。

其工事之构筑,系采取极端之强韧性,随时准备我军之包围,以争取时间上之持久,待援队之到达转移攻势,更图以果敢逆袭及火力摧毁我军之攻势。在八莫市区之一隅,利用湖沼错综之险要,背倚伊江,构成一东、北、南及腹廊四大据点,组成一梅花形之主阵地,计南北纵长九千码,东西横宽四千码。其阵地之编成,系以若干火点组成一支点,再由若干支点组成一小据点,火力彼此支援,长短相补,至为严密。阵地外围四周遍设地雷、壕沟及铁丝网等,掩护部多以十至十五层一尺径圆木为掩盖,即十五厘米重炮命中,亦不能摧毁。至八莫之地形,根据地图上研究,似为一平坦地,实地上则沼泽错综,处处形成状若龟背形之高地。敌利用此等龟背形之高地，构筑工事，编成无数之小据点，前方及两侧均有池沼，洼地环抱，使攻者接近为艰，阵内则集结大量弹药、粮秣，准备作长时期困兽之斗。在主阵地外围千码附近要点及飞行场东端南北之线，遍设坚强之警戒阵地，妨碍我军接近。更在八莫东侧九英里之莫马克及太平江南岸之毛平、庙提对岸之807高地等，构筑坚强据点，相连而为前进阵地，直接防止我军渡太平江之行动。其前进阵地及警戒阵地防守之时间，皆准备一月至二月。在太平江北岸地区由那龙至庙提间，敌并设施迟滞我军前进之工事。并为掩护尔后南坎方面增援部队进出八莫至南坎间山地之容易与安全，在曼西附近地区更设侧面阵地（后由55联队第二大队所部扼守）。

当密支那被我攻占之际，缅北雨季正酣，敌得机喘息，使益坚固。

十月既降，缅北雨期将末，军遵命南下进攻，有击灭八莫之敌，占领八莫、曼西地区【并】确保之任务。依据当时所得知之情况，那龙（NALONG）至庙提（MYOTHIT）间约有敌一大队扼守，八莫、曼西、莫马克等地有敌重兵防守，总兵力约五千之众。其阵地工事构筑之情，均未详悉。军当不顾年来作战之疲劳，即在密支那誓师南下，以新卅八师为军第一线兵团，向南推进五十余英里，向那泡（NAHPAW）附近及丹邦阳（DUMBAYANG）、卡当阳（HKAUNGYANG）间地区集中，以新卅师为第二线兵团，暂控置于湾幕（WAINGMAW）及卡里扬（KARAYANG），尔后随第一线兵团之进展，待命前进。

十月十五日，新卅八师当遵命南渡伊洛瓦底江，向指定地区前进，迄十月廿一日集中完毕，当即令向八莫前进。为期在八莫预想战场得对敌完成包围之态势，当以该师主力沿公路（密支那至八莫公路）向南攻进前进，一部由左翼侧之那泡（NAHPAW），经亚鲁本（ALAWBUM）、汪约（WUNGYO）山路攻击前进。沿公路南下之主力先头部队，击破沿途所遇敌滞迟我军行动之部队后，于十月廿七日进抵距太平江北岸二英里之色特（SIHET）。沿左翼山路前进之一部先头，同时进抵亚鲁本，并继续向汪约前进。

军当本既定之作战计划、指导，令饬新卅八师主力先头，即迅速攻占太平江右岸之庙提，并在其左右地区觅取渡河点，向八莫攻击，沿左翼前进之一部，即于太平江上游SS3432铁索桥渡太平江，袭占新兰卡巴（SINLUMKABA），斩击八莫之东侧翼，与渡河部队相策应，并令新卅师主力即由湾幕向那龙至丹邦阳间地区推进、警戒。时庙提附近尚有一中队之敌扼守，新卅八师主力先头部队，当于十月廿八日将该敌击灭，于十月廿九日黄昏一鼓攻占庙提，将太平江北岸地区之敌完全肃清，确占太平江北岸正面全线。十一月一日，主力全部亦进抵大利（TALI）附近，整备渡河攻击。沿左翼山地迂回攻击之一部，经连日来之艰苦攀越标高5750英尺以上之连绵起伏山地，先头部队在太平江上游SS3432铁索桥渡过太平江，相继进抵不兰丹（PRANGHTUNG）。十一月三日，攻占柏坑（PHARAWN）北至太平江上游之线，直趋八莫东侧翼。

时军长以预想激烈之战斗即将开始，为确实指导全般战况及诱而趋于有利之发展，当亲临太平江前线指挥，察知正面之太平江河幅二五〇余码，水流急湍，为一天然之大障碍，且敌沿南岸诸要点，构筑坚强工事，附强大之火力，控制各渡口，尤以对庙提南岸之807高地更为险要，敌前渡河实感困难，且所有船只早为敌所破坏，我岸地形平坦开阔，处处受敌瞰制，发展不易。遂决心利用左侧迂回部队既得之战果，变更部署。当于十一月三日将新卅八师主力由正面之大利以北地区秘密转移于左翼山地，保持重点于左，由SS3432铁索桥渡太平江，由不兰丹及兴龙卡巴之线向八莫、曼西作旋回行动，彻底包围敌军，以一部在太平江北岸正面暂取佯攻,竭力吸引敌军主力,相机渡河与左翼主力攻击部队相呼应,夹击敌人,将敌压迫于八莫市区附近而歼灭之,并饬第二线兵团主力,继续推进至大利及拉龙间地区警戒。

十一月六日,新卅八师转移之部队以迅雷之势,一举袭占兴龙卡巴,准备向西攻击。进出于不兰丹之部队,于四日攻克伦兰(NOMRAWNG)敌一加强排据点阵地后,十一月六日当占领1798高地及SS220198之线。

十一月十八日〔?〕,主力旋回攻击部队以破竹之势,经两日来之猛进,全线进出山地,攻占莫马克东侧要点之卡王(HKAWAN)及将莫马克以北至庙提间公路东侧敌军据点完全攻占,造成全军有利之态势,至使据守太平江南岸之敌感受极端之威胁。

当日夜半,该师在太平江正面攻击之一部,当看破好机,与主力攻击部队相呼应,在庙提附近先以一部秘密偷渡过江,袭占807高地,继以火力掩护,于十一月廿九日〔?〕全部强渡此宽二百五十码、水流湍急之太平江。随即派兵一部沿密八公路南下攻击,图与左翼主力攻击部队南北相会合,其余全部沿太平江南岸大道向八莫城北猛攻前进。该队在江北沿江炮兵队协力下向沿江敌据点猛攻,十一日晨攻占马于滨(MAUBIN),廿四时袭占古利(KHULI),十二日十时克毛平。当以主力经AWNGLAWNG转向城东之奈约(NAYO)及城东南之约吉(YEGYI)攻击,一部继沿江大道向SUBBAWNG攻击。经三昼夜来之血战,迄十一月十六日,当将八莫市郊外围大小村落及飞行场三处完全攻占,于是将敌压迫、包围于八莫城区内。军并于十一月九日当将新卅八师全部渡过太平江后,饬新卅师主力推进至大利、庙提地区,接替太平江北岸之警戒,十四日并饬其一部兵力过江进驻齐不高塘(ZAIBRUGAHTWNG),担任新卅八师之连络。

新卅八师左翼主力攻击部队,自十一月八日进出山地、迫抵莫马克至庙提间公路后,当即向莫马克及公路线上攻击,十日当于十七至十五里路碑两处切断公路,南北席卷。北路于十一月十一日攻占齐不高塘及1220高地,与由庙提南下之部队会合,扫荡该地及附近丘陵地带残敌后,当转而南下对莫马克据点围攻。同时,以兵力一团,由莫马克东侧沿山边小路,向西南急进,对曼西斩击,以切断八莫、南坎公路,阻敌后方连络及增援。十四日当将八莫至南坎间沙王加荡(SAWANGAHTAWNG)公路十英里路碑处攻占,斩断八莫敌唯一生命线。时曼西之敌,当以一部北上向我疯狂反扑,企图救其垂危。我当予以猛烈之夹击,继经三日之激战,于十七日将曼西敌阵完全攻占。从此,八莫之敌不但待援部队到达、转移攻势之企图完全被击灭,且已陷入重重紧密之包围圈中而被困于死地。对莫马克攻击之部队,于十一月十三日对敌完成有力之包围圈后,当由西北角突入,激战至十四日十七时,将该地攻占。残敌企图向八莫回窜,于莫马克西北千码附近之杂林内,复为我捕捉,再度包围,我继经五日之围歼,卒于十九日夜将该敌全部歼灭,遗尸山积。自此八莫之敌全部失却动作之自由,困守城区既设之主阵地内。十一月卅一〔?〕日〔尔后〕,新卅八师除以一部兵力确保曼西外,当将主力全部调至对八莫城区被围之敌作紧密之包围,加强压力,配合空军轰炸,并集中各种大小口径火炮实行有计划之猛击,逐码前进,渐次缩少〔小〕包围圈。此时,敌仍凭借既设阵地之坚固及火网之严密,死力顽抗,屡施逆袭,寸土必争,并集中所有各种火炮及战车疯狂反扑,白刃冲杀,战斗极形惨烈。然终因我攻击精神之旺盛、火力之优势及空军之活跃、计划之绵密,敌坚强阵地终次第为我攻克。同时,我为防敌渡江西窜,于十一月卅一〔?〕日并派兵一部西渡伊江,于八莫之对岸设伏,至使欲乘黑夜渗渡渗出包围圈外之敌每遭歼灭。如是敌我相持,激战至十二月十四日,我当将敌城北据点最坚固之监狱、宪兵营房及老炮台等据点完全攻占。同时乘胜沿江岸马路果敢锥形突进,攻入敌腹廊阵地,直刺其心脏,敌守城司令官原好三大佐当被击毙。敌整个防御机构被摧,军心动摇。我看破好机,黑夜向敌腹廓残留据点总攻,激敌竟夜,终将敌腹廓阵地攻占。余敌被迫整夜沿城西沙滩向南溃冲,我城南攻击部队,当集中各种步兵火器及手榴弹向敌猛烈射杀,敌除仅六、七十名乘黑夜负创泅水逃窜外,余均悉数就歼,江岸沙滩布满敌尸。其在城区而伤病官兵,当其城区阵地崩溃之际,均为其官长将其集团〔中〕,以手榴弹炸杀,悽〔凄〕惨满目。我卒于十二月十五日十二时将八莫城完全攻占。

战斗成绩:军自十月十五日由密支那对八莫发动攻势以来,奋战两月,前进百五十英里,占领土地面积(5800)平方英里,克八莫,攫曼西,攻占其它村落、大小据点凡(480)余处。大小战斗凡七十余次,毙敌经查明者,计有第二师团搜索联队联队长原好三大佐,山中精一中尉,樱井大尉,佐久间中尉等以下官兵二四三〇余员名,生俘敌池田大尉以下和田六郎上等兵等二一员名,卤获敌零式飞机两架,飞机修理厂二所,炮弹二四六〇余发,轻重机枪(65)挺,各种口径火炮二五门,战车八辆,压路机四辆,牵引机四辆,步枪六三〇枝,其它粮秣、弹药、军需物品极多,我亦阵亡军官二〇员,伤三三员,战死士兵二七三名,伤六九五名。

2. 南坎的攻略

孙立人致龙云代电

(1944年12月—1945年1月)

(1) 1944年12月23日电

主任龙钧鉴:兹将本军对南坎发动攻势迄十二月廿二日攻占南坎西北外围之锁钥止战况经过情形,概陈如次:(一)查八莫自为我军攻占后,瑞丽江上游、南坎河谷即为通往我国陆上交通线开放前唯一仅存之障碍。一般预料,敌为阻我与滇西国军会师,或将在此区以重兵死守,以争取战略上之价值,实属诚言。然南坎区地形为一狭长谷地,由东北畹町起,至西南之曼伟因(MANWING)止,长约四十英里,宽仅六英里不等,四面群山围拱,瑞丽河则湾〔弯〕回曲折贯流于其间,构成南坎部落沃野之区。因地质纯为粘土,下挖六尺后,即可得水,故谷内不利于工事之设施。故欲防守南坎河谷,则必确保外围之山地,苟四境山地不守,则此河谷将完全失去作战地形上之价值。故攻击南坎,仅须攻占其外围群山制高点,断其交通线,则南坎河谷,即整个在我瞰制中。故敌为防止我军乘胜沿公路南下,略取南坎,当屯驻其(56)师团(146)联队、(49)师团全部、(18)师团主力及其它特种兵数大队于南坎河谷,并分别于四境山地设防。该敌为拒止本军由八莫沿八南公路之深入,于河谷公路西北进口处,以(49)师团(168)联队及(18)师团(55)联队、炮兵一大队及战车部队等驻守,其外围阵地,则分设于谷地入口、西北廿三英里卡的克(KAIHITK)附近山地高阳之部,八南公路则为其后方主要交通连络线。又八莫至南坎间,即为一带纵深四十一英里连绵起伏山地〔所隔〕,形为两区间之支地。八南公路即攀绕此山区由西北向东南旁山倚水而下,为一极险峻之狭长隘路。由八莫至南坎全长七十一英里,由八莫区之曼西(MANSI)起即入隘口,至曼当洋(MADANGYANG)后山势更形险峻,公路湾〔弯〕绕曲折,急转而上,直至四十一英里路牌处之卡的克后,方转为绕回而下。故卡的克附近及其南北两侧地区,实为本山区之顶峰,亦即南坎西北外围锁钥之地,天险形成。(二)十一月十九日,正当本军新卅八师对八莫被围之敌猛烈围攻,及乘敌先居而不盈同时袭占曼西隘口之际,军为迅速攻占南坎,当不待八莫之敌肃清,以军第二线兵团新卅师主力对南坎同时发动攻势。该师当分三纵队,越过曼西,沿八南公路及其两侧山地长途深入,直迫南坎区之敌而攻击之。十二月六日,该师先头部队分抵八南公路卅九里路牌附近南北之线,在康曼(HKANGMA、SO2770)、南于(NAMYU、

SO27.573.5)、拜家塘（BUMGAHTAWNG、SO3179）等地对敌南坎外围阵地攻击。时值八莫被围之敌二千五百人，因受我新卅八师主力连日来猛烈围攻，情势至为危殆。且我不待八莫之完全攻占，即另以生力军长途深入山地，对南坎发动攻势。敌感形势之严重，为解救八莫被围之原支队（敌称八莫守军为原支队），及乘我对南坎攻击部队之进出隘路，遂于十二月七日以其（18）师团（55）联队全部、（49）师团（168）联队全部、附炮兵一大队及其它辎重兵、工兵等组成一混合支队，归五十五联队长山崎大佐指挥，由南坎西侧七英里曼伟因（MANWING）附近地区星夜出发，企图击破我深入山地之南坎攻击部队卅师（主力）后，以主力沿八南公路经曼当洋（MADANGYANG、SO1584），一部经瓦拉蚌（WARABUM、SO2969）、一康曼（HKANGMA、SO2790）、一麦特（MAHTET、SO2375）、一乌买（UMA、SO1774）、一新的蚌（SINDIPUM、SO2375），倾其全力向曼西（MANSI、SO1095）突进，以达解救八莫被围之原支队之目的。该敌之企图及任务，实异常积极。十二月十日，该敌即先后到达以上所述之线，与我南坎攻击部队发生激烈之接触，战斗之开始即异常惨烈，敌我伤亡续出（以上敌增援突进之事，由击毙敌（55）联队第八中队长岩村澄水遗尸身上搜获敌（55）联队长山崎大佐十二月六日于曼伟因下达之机要作战命令第83号中证实）。此时，我攻击部队全线因获得先制，已立于有利之态势，官兵奋勇，当予敌以惨痛打击。敌屡增援猛扑，均被击退，遂循用其惯技，施行猛烈之钻隙，由山间细流向我正面分四路渗透。现因时值干季，山间细流多能利用以潜行，加之山地战斗，山谷死角等地特多，便于小部队之潜匿行进。故十二月十日晚及十一日间，我南于（NAMYU）公路正面攻击部队因敌之渗透及正面之猛攻，曾一度与敌陷于混战。结果因我军沉着应战，窜入之敌均遭我悉数围歼。十二月十一日，军已察知敌军之企图及兵力之雄厚，遂将新卅师全力增加第一线（按：新卅师八十九团十二月十日到达曼西,当夜出发,十一日到达该师师部,归还建制),并由八莫方面抽调新卅八师一加强团为军独立支队,对南坎方面之敌右侧作秘密深远迂回行动,对敌右后施行斩击。时敌亦察知我公路正面兵力之雄厚,且连日来之突击渗透均遭痛歼,乃极力避免正面沿公路攻击之不利,十二月十三日即改令其正面固守,转移主力向我右翼康马(HKANGMA)方面攻击,企图击破该方面之我军,袭击我右侧背,继续策应八莫被围之敌。时该翼我军已确占5938高地制高点,瞰制该方敌人,并用埋伏及包围。敌虽转移主力,数度猛扑,均被我击灭。我军为彻底全线击灭敌军,粉碎其向曼西突进之野望,争取主动,由十二月十三日,亦同时向敌最感痛苦之点实行左侧迂回。就切敌后方交通公路,将敌捕捉歼灭之部署,当以一团可期必胜之兵力,由左翼之拜家塘(BUMGA-HTAWNG),利用既得之战果,行迅速大胆之迂回,向马支(MASI)攻击前进,切敌正面突击部队全纵深之公路交通线。正面及右翼之部队即令其确保已占领之地区,并向敌实行突击、牵制,与迂回部队协力,将敌前后夹击而歼灭之。十二月十七日,我迂回攻击部队以破竹之势击灭其当面之敌后,将马支(MASI)敌阵地据点完全攻占,切断敌公路主要连络线,正面之敌遂被我包围于八南公路隘路间。我继而向公路东西席卷,一面与〔于〕正面夹击被困之敌,一面为扩大切断地区。十八、十九两日,复先后攻占卡的克(KAIHTIK、SO3074)、卡龙(HKALUM、SO3374)两地敌坚固阵地(按:卡龙系敌混合支队指挥所),廿日与正面攻击部队会合,将敌兵力两联队之众完全击溃。廿一日、廿二日两天,并攻占渣邦(ZAUBUNG)村落三处,将八莫至南坎间山地高阳地区,亦即南坎西北外围山地之锁钥,完全攻占。同时,军独立支队廿二日先头部队已渡过那王河(NAM-WAN)向南坎北部压迫,一部在五十二英里路碑处切断公路,距南坎仅十九英里。从此,八莫至南坎间连绵起伏之山地全掺〔操〕于我,南坎河谷当不难于全部攻占。(三)以上各役,计毙敌已查知者有(四十九)师团(一六八)联队大队长野添少佐、松田少佐、伊藤中尉、岩村中尉等军官(二十八)员,士兵八百一十五名,均遗尸于阵内,伤者当在一倍以上。卤获重机枪五挺,轻机枪卅六挺,步枪四百五十枝,掷弹筒廿六个,重迫击炮两门,卡车一辆,弹药车二百一十五辆,满载弹药、防毒面具一百卅五副及其它战利品甚多,造成南坎外围山地战之大捷。我亦伤亡营长王礼竑以下官兵六百一十一员名。本战役证实战纲第三百零四条:山地攻击,除直接攻击敌人外,并须力图用迂回方法以达成其目的,若状况许可时,则以一部牵制正面之敌,以主力行大规模之迂回之确立性,亦即孙子所谓:"险形者我先居之,必居高阳以待敌,若敌先居之,引而去之勿从也。"【谨】闻。新一军军长孙立人。亥梗。参一。

(2) 1945年1月29日电

昆明行营龙主任:本军自卅三年十二月廿二日将南坎西北外围山地之锁钥卡的克(KAIHTIK)、卡隆(HKALUM)附近地区攻占后,即乘胜向南坎进击。迄元月廿七日止,先后将南坎及南坎迤南绵亘山地敌最后坚强地带占领,并将南畹公路通腊戍之锁钥芒友(MONGYU)攻占,与滇西国军会师。历时三五日,前进八五英里,略地二五〇〇余平方英里。兹将本军攻占南坎及会师经过,概陈如次:(一)南坎位于瑞丽河之南岸,西北距八莫七一英里,东北距畹町三九英里,南距腊戍一三四英里,与国界仅一水(瑞丽河)之隔。自国军进迫畹町,我军攻占八莫后,南坎即为中印公路唯一仅存之障碍,亦即敌人阻止我与滇西国军会师、迟滞我中印公路开通最后之一个坚强据点,其南坎在战略上之价值,则不言而喻矣。公路西北通八莫,东北通芒友,衔接滇缅公路,南出腊戍,北入畹町,敌人自占领后,为军事上之需要,又由南坎新筑公路直通南巴卡(NAMHPAKKA),与滇缅公路相衔接,交通至为便利,实为中缅交界之惟一重镇。瑞丽河湾〔弯〕回曲折,贯流其间,南王河(NAMWAI)亦汇流于此,由东北向西南倾注于伊洛瓦底江。东加亲山脉以雄伟宽广之姿态,耸立于四周,高峰在七千英尺,平均海拔在五千尺左右,构成南坎为一狭长谷地,由东北苗西(MUSE)起,西至曼伟因(MANWING)止,长约卅余英里,宽五、六英里不等。惟因谷地低洼,不利于工事之设施。然四周崇山绵亘,形成外围天然理想之数地带持久阵地,尤以南面为最有利之防御地带,且因谷地平坦宽阔,既不能掩护部队之行动,复受诸高地之瞰制,更有瑞丽河环绕西北,形成天险,故南坎平地之占领,实在外围山地之夺取。欲从战术上取得战略上之效果,更须向西南作深广之占领,在作战地形上之价值始可保之无虞。(二)敌十八师团(55)联队及四九师团(168)联队,自为解救八莫被围之敌,沿八南公路及其两侧山地突进,为我新卅师主力在卡的克击败后,即退据八南公路两侧山地,凭既设阵地扼险固守,企图滞迟我之前进,并在八南公路及瑞丽河之三角地带,构筑坚强桥头堡阵地,倚河守备。南坎南侧山地,则为敌最后固守之主阵地带,在宽五、六英里,纵深四英里之广大地区内,构筑坚固要塞,控制重兵,并囤积大量粮弹、医药,决心死守,并企图由正面及左侧翼转移攻势(敌之此项企图,在所获文件及敌机要作战要图内详载无余)。(三)本军新卅师主力,自卅三年十二月廿二日先后将八莫公路(41)里南坎西北外围之锁钥卡的克、卡隆攻占后,即分两路由八南公路正面及公路右侧向南坎之敌加紧压迫。同时,为策应正面之作战容易,以军独立支队渡过南王河,向南坎北部挺进。十二月廿五日各路向敌发动攻势,激战至廿七日,将公路(52)里以西及潘林(PANGLING)以北之敌全部肃清。其公路左侧之独立支队自偷渡南王河、越入国境钻隙突进后,一举攻占劳文(LOIWING)及其西北之飞行场、原中央飞机制造厂、医院等坚强据点,并将SO527737敌之主要交通线切断。又该支队之另一部,自偷渡南王河后,向南秘密开路推进,廿七日一举袭占般康(PANGHKAM),并为扩大其既得战果,继以破竹之势,攻占江康(KANGHKAM)及二四八八高地,造成控制南坎谷地有利之形势。时敌为阻止我军进入南坎左侧山地及企图迟滞我正面攻击部队之迅速推进,乃在公路左侧山地南卡(NAMHKA)一带及狭长隘路,凭有利之地形及既设之阵地,分股〔段〕扼险据守。惟是〔自〕般康及潘林均入我手后,公路五二里以西及南侧山地之敌即陷入不利之状态。十二月廿九日,我即沿公路及崇山峻岭间,不避艰险,分别向敌猛攻,经六日之奋战,将六四里以西及南侧山地之敌全部击溃,攻占大小村落、据点三十余处,并为策应左侧独立支队之作战,另以一部攀登东面山地,袭占那浪(NA-LONG)。一月五日,在我山炮兵支援之下,全线向敌总攻,激战至一月九日,将瑞丽河以西、八南公路以北之地区及公路南侧曼孔(MANKANG)及拉生(LAPSING)诸据点攻占,并乘胜沿山岭间羊肠小道,向瑞丽河与八南公路三角地带敌最后之坚强据点茅塘(MAWTAWNG)攻击。时我为一举袭占南坎,乃以可期必胜之兵力(新三十师主力)于古当山脉崇岭间秘密迂回,攀山涉险,分别向西朗(SELONG)及曼孔(MANKANG)南面山地挺进,经数日之艰苦攀登,冒尽险阻,一月八日进抵西朗及曼孔南侧2631一带高地。时连日大雨,山洪暴发,山路崎岖、泥泞,人马几不能行。江水骤涨,偷渡似更属不可能之事。然该迂回部队,以任务之重大,本义之所在须赴汤蹈火在所不辞之伟大精神,打破一切艰难险阻,以不可为而为之,终以迅雷骤雨之势,分别在西朗南面及SO465560附近,偷渡三百余公尺洪流湍急之瑞丽河,向南坎左侧背丛山深壑间钻隙突进。一月十四日,进抵南坎南侧六千英尺以上之一带有利地带。时敌主力分散于瑞丽河东岸及西侧山麓之线,我乘敌尚未察觉之际,即星夜钻隙突进,元月十五日上午十一时一举将南坎袭占。自南坎被我袭占,将外围大部顽敌歼灭后,残敌狼狈乱窜,退据南畹公路沿线及南面绵亘山地,利用既筑之坚强工事,拒止我军之前进。时本军即以新三十师主力围攻南坎南面绵亘山地之敌,另以新三十八师主力沿南畹公路及其东南侧山地,分头进击。经旬日之激烈奋战,至廿七日,我新三十师主力已将南坎南面山地北自彭寿(PANGSIO)、南至曼宁(MONNING)西北地区之敌全部肃清,并另以奇兵将南(坎)腊(戍)公路八二里之路碑处切断。其沿南畹公路向东北及向东进击之新三十八师主力,于廿五日一部将扬班(YAWPHAN)、拉弄(NAMLUM)南北之线之一带山地完全占领。该线尽为五千英尺以上之高山,可瞰制南腊公路之一切行动,造成控制芒友(MONGYU)之有利态势。另以主力之大部将苗西(MUSE)攻占后,即以雷霆万钧之势,向南畹公路通腊戍之锁钥及中印公路唯一仅存之障碍芒友进击,经三日之激战,至廿七日上午十时,将该据点完全攻占,与国军第九师、八十八师、三十六师会师。溯本军自一九四三年十月从印缅边【境】发动攻势,奋战莽林,越高山,涉湍水,血洒胡康、孟拱两河谷。五月奇兵降密城,困敌顽斗,费时三月,始拔城池。此后,此军乃一面南下八莫,另以第二线兵团进击南坎,迄一月廿七日,将芒友克复,与国军会师,全国上下所深切期望之国际路线,始告打通,本军所负之艰巨使命,于兹差告完成。(四)以上诸役,敌遗尸于阵地内已查知者,有大队长以下五五员,士兵一七〇〇名,伤者当在一倍以上,俘敌玉山一男等十五名。卤获轻重机枪五四挺,步枪八五〇枝,重迫击炮五门,速射炮五门,掷弹筒七〇个,大卡车十辆,小包车一辆,仓库十余座,其它弹药、粮【食】、服【装】甚多,造成缅北攻击战中之大捷。本战役证实作战纲要草案四五〇条:在山地,防者正面通常坚固,不易攻略,故攻者须极力向敌侧背机动,以求战斗之有利发展。同时更须以迂回达成其目的,若状况许可,则以一部牵制当面之敌,主力行大规模之迂回,以收奇袭之效。【谨】闻。新一军军长孙立人。子艳。缅参一。

3. 新维腊戍战役

孙立人致龙云代电

(1945年3月9日)

昆明行营主任龙钧鉴：查新维 HSENWI 及腊戍 LASHIO 位占中、缅、越、泰四国边境之要冲，铁路由仰光北上直达腊戍，滇缅公路经腊戍、新维而深入中国，故不仅为缅京瓦城之屏障，且亦为滇缅公路通中国之孔道，虎视越、泰两国边境之前哨。一九四二年，国军远征缅中，敌以轻骑出唐奇、袭腊戍，促使战局改观，国军黯然转进，亦即造成敌寇吞占整个缅甸之主要成因。故新维、腊戍在战略上之价值，诚属重要。本军自完成打通中印公路之任务后，即沿滇缅公路继续南下，经三十八日之艰苦奋战，前进一百五十英里，迄三月八日止，将新维、腊戍先后完全攻占，使我青天白日旗重扬于腊戍领空。抚今追昔，感慨良多，兹敬将攻占新维、腊戍之战斗经过，略陈如下：(一)滇缅公路自畹町以南旋回于起伏丘陵之间，矮林密布，丛草遍野，两侧则高山峻岭，高达六千余尺。天干溪涸，饮水难求，且山径崎岖，部队行动甚受限制。贵街(KVTKAI)附近十数里，童山濯濯，草木不生。新维及曼牧(MANMAU)隘路，有一夫当关、万夫莫敌之险。再南则有南育河横阻，新、老腊戍与火车站，天然之三大据点，形成犄角。而新维、腊戍居南而高，可以瞰制南育河两岸。又交通畅达，自腊戍东南有公路通泰国，西南有公路、铁路通曼德勒，故新维、腊戍遂为战略之要点，或得或失，足能影响整个缅甸战局。敌欲固守此区，以其五十六师团主力、第二师团第四联队主力及第十八师团五十五联队，利用沿滇缅公路之天险要隘，构筑坚强工事，层层布防，节节抵抗。当本军打通中印公路向南挺进袭占南巴卡(NAMHPAKKA)后，敌即在公路正面沿南开河左岸布置警戒阵地，企图阻止本军南下。我新卅师以一部以神奇迅速之行动，果敢冒险挺进，于上游迂回偷渡，侧击敌阵而摧破之。顽敌仍死守贵街以北旷地，施行抗拒，我官兵奋勇，彻夜激战，于二月十三日一举攻占贵街，残敌向南溃窜，我乘胜进击。于新维北十里处，敌复居隘路险要，重兵扼守，节节抵抗，敌我展开剧烈战斗，血战四昼夜，顽敌卒因我连续之猛烈攻击，伤亡泰半，城北险隘山地尽入我手。[我]迫近城郊，[敌]乃以大量战车、重炮掩护，反复冲击九次。我愈战愈奋，以雷霆万钧之势，利用月夜，突入城区，经一昼夜之激战，卒于二月廿日晨七时将新维完全攻占。敌守军除少数零星向南渡河逃窜外，余大部受歼。敌自贵街、新维先后被本军新卅师攻占后，即积极布置腊戍近郊阵地，仍图作最后据点之坚守。本军另以新卅八师主力，继续向腊戍进击。即以大无畏之精神，勇猛前进，将沿途顽抗之敌击溃。敌退据曼牧附近隘路，复扼险顽抗，我官兵英勇用命，经两日之惨烈奋战，终将敌阵攻破。死守腊戍之敌，乃以猛烈炮火，封锁南育河渡口两岸地区，拒止我军迫近腊戍。我将士感任务重大，乃冒险于三月六日在公路东侧附近施行强渡，继即向老腊戍进击，展开惨烈之城市争夺战，官兵奋不顾身，以一当十，于十四时攻占老腊戍，并乘胜分兵向车站及新腊戍猛攻。七日晨，攻占飞机场及火车站全部，更扑近新腊戍市郊，下午一时卅分，突破敌坚强据点工事，冲入市区。敌仍疯狂逆袭，展开白刃巷战，我官兵发挥最高度之忠勇精神，经彻夜之肉搏、格斗，卒将顽强守军悉数歼灭，于八日晨八时将腊戍完全攻占。(二)综计此次新维、腊戍二役，经月余之艰苦战斗，敌被我歼灭经查明证实者，有五十六师团一四八联队中队长以下官兵九一七员名。夺获山炮七门，迫击炮十二门，轻重机枪四十一挺，掷弹筒十七个，战车六辆，卡车三三辆，步枪五九一枝，火车厢四十八节，机车三个，其它弹药、服装、文件、机器、仓库无算，并生俘敌十八师团五十五联队上等兵浦岛光行等五名，我亦伤亡连长以下官兵四一一员名，敌遗弃兵工材料于腊戍附近价值以千万计。此二役乃证实孙子之言："故我欲战，敌虽高垒深沟，不得不与我战者，攻其所不救也。其疾如风,其徐如林,不动如山,难知如阴,动如雷震,先知迂直之计者胜,此军争之法也。"信哉!谨闻。新一军军长孙立人。寅佳。参一。

4. 会战尾声与作战检讨

孙立人致蒋介石等密电
(1945年3月16—24日)

(1) 3月16日电

特急。渝委员长蒋、军令部长徐:2367密。(加表)。本军自攻占腊戌后,即乘胜向南挺进,敌仍沿公路扼险节节抵抗,均被击溃。删日晨我攻击部队已攻抵 HPKAHPEM(SZ5838)、HONA(ST59.537.2)区 NAOLUK(ST6536)之线,【敌】继续向我猛击中。共计四日来击毙敌小队长以下一百○四名,夺获兵员整战车一辆,轻机枪二挺,步枪四十六枝。谨闻。职新一军军长孙立人。寅铣。参一。印。

(2) 3月21日电

渝委员长蒋:5215密。一、敌五十六师团一四八联队仍在死守南冒河(NAMMA),以掩护其通泰国之公路。本军自攻占腊戌后,叶刨〔遂乘〕胜南部〔进〕,屡将敌之抵抗摧破后,分兵两路沿通泰国及瓦城公路节节挺进,已于巧、皓两日先后分别强渡南冒河进占南泡(NAMPCWNG)(SZ8434)及那兰(NALANG)(ST47.52565),先头各距腊戌廿五里,刻正继续向当面之敌猛攻中。谨闻。新一军军长孙立人。寅马。参。印。

(3) 3月23日电

渝军令部长徐:4215密。本军自攻进南泛、那兰两据点后,继乘胜向南沿通瓦城及泰国两公路分别猛攻,敌凭沿途山险,坚强顽抗。经三日来之激烈〔战〕,沿瓦城公路攻击之新卅八师王团推进十二英里,攻占洛马(LOIMUT)大小村落、据点卅余处,继以破竹之势,于本日十七时一举将通瓦城之要点康沙(KONGHSA)攻占,战果正清查中。其沿泰国公路进攻之新卅师杨团先后攻占康溪(KAWNKE)等大小村落、据点廿余处,刻已攻抵卅二里材〔路〕标东西之线,正向南攻击前进中。谨闻。新一军长孙立人。寅梗。参一。印。

(4) 3月24日电

渝委员长侍从室。委员长蒋、军令部长徐:5215密。本军自将通瓦城公路上之要点康沙及通泰国公路卅二里路标攻占后,乘胜南下。刻下沿瓦城公路攻击下〔之〕新卅八师王团击破沿途敌之顽强抵抗后,于本月迥日八时卅分在那派(NAPHAI)与五二〔五十〕师四九团会师,至西泡、浈开五十余英里之公路已全部打通,沿泰国公路退出。新卅师杨团已攻占路标卅公里东西之线,刻正向鲁安(LOINGUN)坚强据点猛攻中。谨闻。新一军长孙立人。寅迥戌。参一。印。

索尔登致徐永昌电

(1945年3月29日)

渝军令部长徐:5215密。(一)获敌文件证实,敌五十六师团长松山少将指挥退却部队十五、十六搜索联队与一一三联队及一四六联队欠第三大队,判该大队在芒岩地区,又第四联队现在莱卡地区,全师团官兵四五〇〇人。(二)迥【日】我抵芒岩西北六里,有日进展四里,感日与敌在芒岩接触,刻敌已退去。(三)有报有日LC一一一九地区敌千人附炮及卡车南移。(四)我军克般密特ST三六〇五。(五)感报英方第六师刻抵SS八九一一。谨闻。

索尔登。寅艳。列。总参二。印。

廖耀湘致郑介民密电
(1945年4月4日)

渝军令部第二厅郑厅长介民兄:4455密。表。(一)本军五十师主力沿西堡东南通棠吉公路及两侧山地向南推进,击破原阵地五六师团一四六联队之逐次抵抗,艳日完全占领南洋(NAM-〔Z〕YANG)(LC1118),并已肃清附近残敌,向东南五英里推进换防。该师一部卅日攻占考克美(KYAVKME)(SS9203),敌抵抗微弱,并续西进三英里,刻正追踪扫荡中。计先后毙敌百余人,俘步枪三支及完好之战车一辆,并俘敌文件证实其守军系由第十八、第五三及第五六师团各抽调一部附野、山炮而混合编组之支队,由一四六联队长今冈宗四郎大佐配合,约万人,现正沿西堡东南公路逐次抵抗,企图拒〔正面之敌炮战〕泰缅边区进出之我军南下,以掩护其通棠吉或景东转泰、越之退路安全。新六军军长廖耀湘。卯支。参贰。印。

中国驻印军新一军缅北第二期作战经验与教训①
(1945年5月4日)

第五、经验与教训及可资参考之事项

(一)勿争一地之得失,而忽略全般之行动:溯缅北敌人自孟拱、密支那相继惨败而退守八莫后,即利用外围太平江之天然屏障,作河川直接守备,期于八莫城区以外求战斗之有利。并于八莫城区广大之住民地,利用房屋、围墙及其它建筑物构成坚固之据点,区分为四守备地区(即东、北、南、腹廊四据点),各地区之配备

---

① 此件节选自驻印军新一军司令部《缅北第二期作战概述》,其日期系收文时间。

经过严密之计划与充分之准备,决心死守三月。在战略及政略上之着眼,企图以八莫之死守,牵制我全般之行动,迟滞中印公路之开通。在战术上,则使攻者顿兵坚城之下,旷日持久,而达持久防御之目的。是时,我洞悉敌之狂妄企图,乃本孙子所云:"出其所不趋,趋去所不意"之战法,仅以一部围攻八莫,另以第二线兵团间道而出、直下南坎,使敌前后分离,无余暇、无余力以谋我,乃得使八莫、南坎相继克复,此诚为在全般战局上着眼而致胜也。根据以上事实可得知如下之经验:(1)勿为一城一镇之敌而牵制全般之行动。(2)无论攻防,苟非必要,不可倾注其全部兵力,以俾于他处另谋战局之有利发展。(3)敌若凭坚固守,则宜断其交通,绝其接济,然后以强力攻略之。

(二)对敌据点式阵地攻击法:本军对八莫城区之敌围攻廿余日,敌虽阵地坚固,决心死守,卒被我逐点夺取,歼灭殆尽。根据廿余日之围攻,而得如左之经验:

(1)据点式阵地攻击只能逐次攻略,并在占领一地后,须迅速完成其工事,以备敌乘我立足未稳之际而行逆袭(尤须注意于黄昏、拂晓及集中炮火奇袭射击后之时机),并可由最初即区分地区而行逐次攻略者。同时,重点之选定须在敌最感痛苦之方面,纵深突进。如本军此次围攻八莫,敌北据点工事极为坚强,为整个防御地区之主要支撑,然当我突破一部后,即仅沿三百码宽之正面锥形突进,直逼腹廊阵地,威胁其神经中枢,敌即行动摇而致崩溃。

(2)于攻击之先,须尽各种手段行细密之侦察及威力搜索,俾得敌阵地配备概要及其坚强、薄弱与最感痛苦之所在,敌重火器位置及侧防机能,然后作精密之计划、充分之准备,否则冒昧攻击,轻举妄进,不独蒙受重大损害,难以奏功,更将陷于被动,受制于敌。

(3)对据点攻击之先,须尽量利用飞机及重炮予以毁灭性之轰击,使动摇其战斗意志,毁灭其战斗力量。若徒以步兵作攻坚之战,实兵家之所忌,此即以火力主义采取攻心之法,正孙子所谓强而避之,乱而取之之谓也。如本军攻击八莫时,曾使用飞机连番轰炸,及集中大量炮兵集中射击,将敌坚固阵地大部摧毁,步兵乃得顺利进展。

(4) 各兵种协同之重要:在使用空军时,最好能有空军前进对空连络组随步兵指挥官行动,俾随时通报目标与获得适时适切之支援。如本军攻击八莫时,当敌之坚强顽抗与反扑,偶遇空军到达,获得适时支援,使攻者精神上得到莫大之鼓励,适时予敌以致命打击。又为使步炮兵紧密协同,有将必要之炮兵,紧随步兵前进,直接支援攻击。对敌之侧防机构,尤可适时压制。且炮兵射击,尤以重炮(指口径 CM105 以上炮)因射程远大,若从地面观测,每受地形之限制,无法观测弹着点而修正偏差,更无法发现与指示战场内适时发现之有利目标。故使用炮兵须尽量采用空中观测,不仅观测迅速,修正偏差,确实诱导炮兵精密射击,发挥其强大之威力,更可适时指示广大地区出现之有利目标,收奇袭射击之效果。如本军围攻八莫时,曾使用大量之炮兵,因辅以空中观测而能如所望之时间与地点予敌强固之工事以彻底之摧毁,且对敌坚固阵地之攻击若单靠空军轰炸,则收效甚微,须赖重炮兵之威力,始可予以彻底之摧毁。根据以上事实,得知如下之经验:

1. 欲发挥各兵种之特性,须各兵种能紧密协同,始克有济。

2. 欲协同密切、攻效指顾可期,须各兵种指挥官能随步兵指挥官行动为原则。

3. 对坚固阵地之攻击,须主赖重炮兵之精密射击。而精密射击获得之准据,则赖空中观测有以致之。

(三) 我对敌攻击时之对策:卡提克战役敌对我攻击时,通常先以炮兵对我第一线猛烈射击,然后以强大之兵力,利用炮击后之瞬间大举冲锋,其步炮协同甚为紧密。故当敌炮击时,其步兵通常秘密密集于阵地前七、八十公尺处,准备冲锋。此时,我第一线之步、机枪因受敌猛烈之制压,已不易射击,我最有利之对策,即当敌炮对我第一线步兵射击时,除以炮兵对敌炮压制外,我八一及六〇迫切炮须立即标定射向,向我阵地前密集之敌猛烈射击,如此可使敌遭受其重大损害而消耗其冲力。

(四)对敌小部队所组成之独立据点(排以下)攻击时,使用兵力过大,不但行动因之迟滞,而【且】招致较大伤亡。如优秀之干部率领少数饶有胆识之士兵,秘密接近敌阵,借信号连络迫击炮等之密切协同,以炮火先行摧毁敌阵,然后迅速突进,最易奏功。

(五)敌之惯用战法及对策:

甲、敌惯用战法:

1. 常以小部队钻隙袭击,扰乱我炮兵阵地、指挥机关,并潜伏交通要道,狙击我官兵。兵力通常为三至五人或一班不等。携行数日份干粮,于密林地带作三至四日之潜伏。

2. 组织突击队,惯用肉搏攻击及夜袭,其时机多乘我立足未稳,或于夜七时至十时,或晨三至六时。先集中各种火炮及自动火器,向我甲阵地射击,吸引我对甲阵地方面注意,敌肉搏队则利用炮弹爆炸声,潜行突进至乙地附近,大声狂叫,一举突进,用手榴弹、刺刀、战刀肉搏。其兵力常二〇至三〇人。

乙、我之对策:

1. 广泛范围严密搜索。

2. 采用以毒攻毒方法,于战场内各要点设小组埋伏。

3. 严格养成士兵沉着、敏感及独立作战之精神。

4. 阵地前缘五〇至百码外设置埋伏,使敌无论〔法〕接近。各种自动火器对各交通要道构成交叉火网。

5. 进占每一地后,务于黄昏后完成各种工事。

6. 以小组施行夜袭,使敌无机会出击。山炮兵应择要点频行射击。

(六)山地攻击须力图以迂回达成目的,因山地正面通常坚固,不易攻略,且防者可利用地形及气象,秘密其企图及兵力移动等,故攻者须极力向敌侧背机动,以求战斗之有利发展。若状况许可,则以一部牵制正面之敌,主力钻隙突进,行大规模之迂回,尔后紧密配合,夹击而歼灭之,正孙子所谓:攻其无备,出其不意。以正合,以奇胜。兵之情主速,乘人之不及,由不虞之道,攻其所不戒也。如本军向南坎攻击时,敌以利用四境高山,严密防守,并在南坎南侧山地构筑坚固要塞,凭瑞利〔丽〕河之天险及南坎谷地之地形开阔,扼山林川泽之险,处处居高临下,企图长时期固守。本军以当时之状况,若行正面攻击,不独成功不易,更易蒙受损害,陷于不利之状态,故决以一部牵制正面之敌,并极力利用佯动以转移敌视线,以主力由南坎南侧行深远大迂回,遂得出敌意表,一举将南坎袭占。根据以上事实得如下之经验:

(1)在补给毫无遗憾之情形下,应毫无顾忌,以可期必胜之兵力,行大胆迂回,出其不意,攻其无备。

(2)迂回部队及正面牵制部队行动务须绝对秘密,全军相戒,更要求神速机动。迂回部队以携行干粮为宜,抵达目的地后,再行空投更为有利。

(3)正面牵制部队应强行佯动,采取极端之欺骗手段,以吸引敌主力。

(4)迂回部队须付予独立性,依当时状况及地形,适宜决定可期必胜之兵力及兵种,务使在望之时间内,确能独当一面与能达成艰巨任务。

(5)迂回部队在独立任〔作〕战,且交通、连络均为不便,故各级指挥官独断之时甚多,企图心必须盛旺〔旺盛〕,适时处置,若待上级之命令,往往有失战机。

(七)断敌交通,绝其接济,为速〔迫〕敌迅速崩溃与收歼灭战果之唯一战法。当本军芒友未下与南坎南面老龙山山区核心阵地之敌尚未肃清之际,即以有力一部,钻隙突进,直趋滇缅公路八二

里路碑处而切断之,将五六师团残部全部包围而歼灭获至极大之战果。根据以上事实有如下之教训:

(1)切路部队地点之选定,须为敌后生命线之要害,能制敌死命,且因四面当敌,对作战地形与用兵上之条件,毫无缺陷,始克有济。

(2)切路部队须绝对付予独立性,占领一地后,须迅速完成各种工事,并逐渐加强,以备必然之反攻,更须严密搜索,于各要道设伏,予来犯之敌以不意之奇袭。

(3)此种切路部队,因迂回行动,不是攀高山,便是涉湍水,重火器不易随伴行动,故须有空军为之支援,更须赖空军作远距离之侦察搜索。

(4)对邻近地区之友军,须密切联络,更须明了友军之位置与战力及当面之敌情(敌之兵力、兵种、企图等),特注意勿依赖友军,而为敌之所乘。

(5)若训练与装备精良之军队与能空投补给时,则可大胆行之。

(八)我之优点〔略〕

(九)敌之优劣点〔略〕

附:第五十师缅北第二期攻势作战经过概要①

(1945年6月2日)

中华民国卅三年(一九四四年)四月上旬本师由滇西云南驿空运孟关参加缅北第一期攻势作战,于八月三日占领密支那后,同月下旬师集结孟拱扩编、补充、训练。十月初,缅北雨季告终,我中国驻印军及英美联军继起第二期攻势,以新一军进攻八莫(BHAMO),英军第卅六师进攻卡萨(KATHA),新廿二师攻占税古(SHWEGU)

---

① 此件节录自《陆军第五十师缅北第二期攻势作战战斗详报》的《前言》。其日期系收文时间。

(SH540.048),威胁八莫敌军之侧背,本师于十月下旬奉命先后开赴和平(HOPIN)(SH200.958)、梦英(MOHNYIN)(SH035.695)、毛卢(MAWLU)(SG850.305)各附近,担任缅北铁道走廊之警戒,年终渡伊江(IBRAWADDYRIV ER)南下,集结西宇(SI—U)(SN875.361)附近,本(卅四)年元月十四日攻占万好(MWANHAWN)(SN777.128),二月初渡瑞丽河进攻茂罗(MOLO)(SN6802)、闹支(NAUCHYE)(SN8701),继越崇山向南部(NAMTU)(ST2971)攻击前进,廿三日占领南都后续作东进腊戍之准备。三月上旬改向南进,于九、十六、廿三、廿九、卅各日先后占领南山(NAMH-SAN)、西保(HSIPAW)、南巴(NAPHAI)(ST321.136)、南燕(NAMYANG)(LC115.185)及叫脉(KYAUKME)(SC915.025)各地区。自卅三年十月下旬至卅四年三月底止,为时未及半载,前进三百五十余里,解放领土一万余【平】方里,毙伤敌军三千五百余人,卤获无算。协同友军光复缅北之任务于焉告成。

四、缅北会战结束前后的滇缅战场

1. 日军在缅甸战场的溃退

廖耀湘致郑介民密电
(1945年3月2日)

渝军令部二厅郑厅长介民兄:5816密。加表。(一)俘供敌第49师团第168联队长为吉田大佐,第一大队长奥大尉,第二大队长冈田大尉阵亡,由烟衾【少】佐继任,第三大队长为神田少佐。并文件证实,该联队已于上(一)月底开始向同古撤退,归还主力建制。(二)俘敌、伪供,敌酋近在仰光开会,讨论放弃缅甸,并有大量军需物资及兵员运往泰缅边境之补给吉(Taun-ggi),似有入泰模样。(三)土民供仰光有敌森(缅甸方面军)、冈(南洋派遣军所属)、京(第30师团)及光(第十师团)等部队。目下仰光敌为尽力收买黄金及珠宝,故黄金一两达六千余盾。(四)曼德勒驻敌第56师团,考克美(Kgaukme)(SS9103)有敌第18师团司令部,梅苗敌军为第二师团,并在腊成附近发现其第四联队,且判断第二师团似与第四九师团调防。新六军长廖耀湘。寅冬。参二。印。

何应钦致徐永昌电

(1945年3—4月)

(1) 3月2日电

渝军令部长:据美方寅东电报:(一)缅敌近将大批队伍东调。景东以西公路上,夜间运输频繁,现正通过萨尔温江上之大高渡口向景东前进中。(二)法方报告称,敌将于本月内有一新师团由缅甸开金边。(三)据报,敌第十七师团已由津调贡,在土伦附近登陆,确否待查。(四)卢总部所报山中一郎师团长姓名,正饬查中。何应钦。寅冬。忠齐谣。印。

(2) 3月3日电

渝军令部徐部长、情报处:廖耀湘丑有电报称:(一)俘供新加坡敌一师团有增加缅甸战场,在梅苗与我作战,判为近卫师团,确否待查。(二)敌第四十九师团第一六八联队长吉田大佐,前误为神田,第三大队长为滕田崎一少佐。该师团系由朝鲜第二二、第二三、第二四部队编成,其中朝鲜人占百分之五十,琉球人占百分之十,日人占百分之四十。其编制甚小,总步兵联队约千五百人,全师团共约七千余人。在开缅途中,于越南金兰湾、祧湾损失达半数。其一六八联队在畹町有四战斗,伤亡奇重,目下每中队仅卅余人,补给困难,战意低落,不堪再战,似有调回伤古附近归主力建制可能。该师团以上干部为日人,伍长为琉球人,对朝鲜人甚为虐待,军心锥散,潜逃及自杀者甚多。(三)敌第五十六师团第一四八联队长抄裸保大佐,第一大队长为辍已大尉,第二大队长为石川大尉,第三大队长为旨田大尉。目下全师团总有人数约三千四百余。等情。特闻。何应钦。寅江。忠齐震。印。

(3) 4月3日电

渝军令部徐部长次宸兄:4646密。情报。据远征军及新六军寅俭、寅卅电报称:(一)由腊戍、曼特勒溃退敌近于昱〔景〕东、景迈一带集结,企图不明。(二)寅删有敌军约千余驾到玲麻,铣日复开昱〔景〕东。(三)判断缅北、缅中及缅西敌似均已经昱〔景〕东或棠梯撤往泰、越,其退却掩护部队为第五十六师团。(四)据报,缅敌四个师团经泰国开越南,并先后发现第十五、第十八师团及第卅四旅团番号。(五)敌第廿一师团参谋长为陆川泰三郎。等情。谨闻。何应钦。卯江。忠齐震印。

2. 中印公路通车与英美在滇缅的活动

董建勋致龙云等电

（1945年2月16—18日）

(1) 2月16日电

急。昆明行营主任龙、参谋长刘:……。(二)美运输队一六辆开至腾冲,本日行通车典礼,各界人士前往参加。职董建勋叩。丑铣。腾【冲】。印。

(2) 2月18日电

昆明行营主任龙、参谋长刘:中印公路委座限一月十五日通车,经美工程队及腾冲民夫之努力,漏夜赶工,决准十九日通车。闻雷多运输队已开抵密支那,公路畅通。准备(7000)辆大车,开□

滇西,每日开入(150)辆,车系装军用品。职董建勋叩。子巧。腾【冲】。印。

卫立煌致蒋介石密电
（1945年3月1日）

渝委员长蒋:5816密。丑养决柏电计呈。复据新卅三师杨师长丑感电称:(一)美军在新维、刚猛区扩大自卫队组织,不断空运武器至乃岛胛。(二)新维至刚猛、镇康人曾充英兵者达三千余人,现大部参加自卫队。(三)刚猛自卫队现由美军装备二百余人,武器有六〇迫炮、重机枪、冲锋枪及半自动式手枪,均着美军服装。等情。谨闻。卫立【煌】。寅东。决柏。印。

卫立煌致徐永昌密电
（1945年3月30日）

渝徐部长次宸兄:据十一集团军黄总司令寅元参情电称。5816密。据报:(一)近日英人鼓励土人与汉人买物,强迫使用纸卢比,【与硬卢比】同样价值。查过去纸卢比十元只值硬卢比一元,因【此】土人与汉人纠纷日趋严重。(二)近日芒尼有汉人十余人卖布匹洋货,土人强迫使用纸卢比,结果被土人砍死五人。又鱼日在班树踪、拍坪公西南十五华里,亦因强使纸卢比,汉人被砍死八人,财物、金银被抢,价值百余万元。(三)连日来各地排汉之风日甚。等情。敬闻。卫立煌。寅卅。决钧。印。

何应钦致蒋介石电
（1945年4月21日）

重庆委员长蒋:据黄副司令杰寅迥参三奎电称,据十一分监部李分监寅梗参光付电转据猛卯安土司报称6445密:司属附近有山头人,世居高地,自该地陷敌后,曾有美人以予装备,施以短期训练,受美人指挥。近来时携大量武器成群结队,于遮东等十一寨附近横行侵扰。居民畏之,均逃避一空。恐征粮无法进行,曾派人前往交涉,亦无效果。据称须停止纳粮,始可免于扰害,否则仍将大肆焚抢。等情。除电黄司令琪翔转饬第二军妥为调查、镇压、具报外,谨闻。昆职何应钦。卯马未。忠整民。印。

(三) 滇西会战

一、中国远征军策应驻印军作战方案

徐永昌致何应钦转蒋介石呈稿

(1944年4月19日)

前奉谕研究远征军策应驻印军作战方法,经拟具方案呈核,奉批照准在案,兹为补足该项方案,又因远征军部署变动,对于战斗序列亦有重加调整之必要,谨另拟远征军策应驻印军作战指导方案,随文赍呈,敬乞鉴核。谨呈总长何。转呈委员长蒋。职徐〇〇。

附呈远征军策应驻印军作战指导方案一份。

远征军策应驻印军作战指导方案

方　　针

一、远征军以策应驻印军攻击密支那之目的,拟以53A(116D、130D)为第一线,54A(36D、198D)为第二线,于栗柴坝—双虹桥间地区超越防守部队,渡河攻击当面之敌,向固东街、江苴街之线进出,相机攻占腾冲。各部队作战准备,限四月底以前完成,待命开始攻击。

指导要领(参阅要图)〔图略〕

二、第一线攻击部队对于渡河攻击之准备,应绝对秘密隐蔽,

力求出敌意表。

三、攻击部队对少数敌所盘据之坚固据点,仅留必要兵力围攻或监视,其余仍向攻击目标超越前进,勿为所牵制、抑留。

四、攻击步骤:

第一步:渡河攻击开始,第一线攻击部队(53A)即以一部利用栗柴坝、双虹桥间各渡口一举强渡,于怒江西岸占领桥头堡阵地,掩护主力渡河。

第二步:第一线攻击部队主力渡河成功后,即极力进占当面高黎贡山通陇川江谷地之各要道口,掩护第二线攻击部队(54A)渡河,并继续向桥头、林家铺之线进出,务求于高黎贡山西侧获得尔后攻击所要之展开地域。

第三步:第五十三军攻抵桥头、林家铺之线后,即占领有利阵地,一面构筑工事,一面为尔后攻击前进之准备,等待第五十四军到达,再向固东街、江苴街之线攻击。

第四步:攻占固东街、江苴街之线后,即构筑工事固守,并依状况调整部署续向腾冲攻击。

五、原任怒江东岸防守各军(6A、71A、2A)之第一线师,应各派一营以上之兵力加强怒江西岸游击活动,牵制当面之敌,并设法破坏敌交通线,使攻击部队易于进展。

六、当我攻击部队攻击进展至固东街、江苴街各附近之线,而敌56D以其主力集中于腾北,企图向我攻击部队反击时,我第二军应相机以一个师之兵力由三江口以北地区渡河,乘虚奇袭龙陵,以策应腾冲之攻略。同时,第七十一军应以一个团之兵力由惠仁桥附近渡河攻击,以期与我腾北攻击部队合围腾冲之敌而歼灭之。

七、滇康缅特游击区所部,应集中力量袭击片马、拖〔地〕角,并相机向密支那挺进。

八、空军须派有力部队直接协力地面部队之攻击,并集中力量轰炸芒市、龙陵、腾冲、固东街、瓦甸街等地之敌及其间之交通线。

部署(含战斗序列)

九、20AG 辖 53A、54A 两个军,由霍总司令揆彰负责指挥,担任攻击,而以 53A 为第一线攻击部队,54A 为第二线攻击部队。

十、11AG 辖 2A、6A、71A 三个军,由宋总司令希濂负责指挥,担任怒江第一线防务。

十一、8A 开滇西后,归远征军直辖,控置于祥云附近地区,为总预备队。

十二、11AG 副总司令方天(兼 54A 军长)与 20AG(现任副总司令有梁华盛、施北衡两员)副总司令施北衡对调。

附记:详细攻击计划已饬远征军长官部拟具呈核。

徐永昌再致何应钦转蒋介石签呈

(1944 年 5 月 20 日)

我远征军出击部队(53A、54A 及 76D、88D、N39D 之各一团)自本月十一日开始强渡怒江以来,进展顺利,已先后攻占马面关、桥头、红木树、平戛等据点,并围攻斋公房、大塘子等地。又我驻印军一部(88R/N30D、150R/50D)配合美军支队复于昨(十八日)迂回至密支那,占领密支那机场,并随即以运输机、滑翔机运输增援部队在该机场降落。此际我远征军主力似应即乘机渡河,扩张战果,进攻腾冲、龙陵、芒市之敌而占领之。谨对此具申意见于左:

一、判决

我远征军应乘出击部队进展顺利及我驻印军一部奇袭密支那之机会,于敌增援部队未到达前,即以主力渡河,扩张战果,攻击腾冲、龙陵、芒市之敌而占领之。主力指向龙陵。渡河于准备完毕后即开始。

二、理由

(1) 缅敌主力因进攻印度失败,损失甚重,进退维谷。卡萨附近之英美远程突击队及我驻印军之奇袭密支那,又均为敌腹心之患。判断缅敌对滇西短时内难有大量部队增援,故此时适为我远征军反攻腾、龙、芒之好机。

(2) 我远征军出击部队既获有良好进展,主力自应乘机渡河,扩张战果。

(3) 占领腾冲、龙陵后,可能与驻印军会师于缅北,提前打通中印陆地交通线,甚有利于大局。

(4) 占领腾冲、龙陵、芒市之线,可使尔后反攻缅甸之攻击发起较为便利。

三、处置

(1) 令71A(欠一个师)向龙陵攻击。

(2) 令2A(欠N33D又一个团)以主力向芒市攻击,截断敌后方连络线,一部协力71A攻击龙陵。

(3) 令2RD/6A(欠一个营)由栗柴坝以北渡河,经明光、固东街协力20AG攻击腾冲。

(4) 令6A之N39D(欠116R)由惠仁桥经龙江桥,协力20AG攻击腾冲。

(5) 令71A以一个师、2A以N33D(欠一个团)及另一个团,及6A之116R/N39D为防守部队,守备怒东原阵地各重要渡口,以防敌之袭击。

(6) 令滇康缅特游击区郑坡部(配属2RD之一个步兵营),经片马、圳角向密支那挺进。

(7) 令荣1D/8A即用汽车输送至保山集结,为总预备队。

上列意见,是否有当,恭乞核示。谨呈
总长何转呈委员长蒋。

附呈:要图一份(侍二组抽存)备考〔图略〕。

昨十九日夜,与肖参谋长用电话商议,大体同意。
〔批语〕:照办。中正。五、廿一。

二、中国远征军策应驻印军作战概况

1. 腾 冲 战 役

第二十集团军腾冲战役战斗经过①

(1944年9月)

腾冲会战经过概要

本集团军奉令反攻滇西并策应密支那作战,遵于卯梗由弥渡、祥云间开始运动,至辰友于怒江东岸双虹桥、栗柴坝间地区集中完毕,保持重点于双虹桥,于真日黄昏后,分七处强渡怒江成功。次(文)晨与灰坡、唐习山、大塘子等据点之敌五六师团一四八联队主力及一四六联队一部展开要点争夺战。敌既死守,我亦猛攻,血战九日,敌不支溃退,我即分别攻占各该据点后,乘胜追击至南北斋公房附近。该两地为高黎贡山之顶点,海拔万余公尺〔?〕,形势险峻,道路崎岖,气候恶劣,人烟绝迹,运动、补给极端困难,况敌军早经凭险设备坚强据点群,诚有一夫当关之概。我为迅速进出该山计,乃以有力一部牵制当面之敌,以主力向绝无道路可循之处,迂回攀登,艰难险苦,出生入死,冻饥致毙之人马,日以数百计。经十余日,始进出于桥头、马面关、瓦甸、江苴各附近之线,断敌归路。此时我围攻南北斋公房之部队,与迂回部队遥相呼应,开始隘路战。依当时情况,本可一举歼灭,旋因该敌陆续增援,113、114、116、56 搜、56 炮等五联队,猛烈反扑。幸我士气旺盛,锐不可当,歼彼顽寇,将达半数,敌遗尸遍野,抱头鼠窜,我乃攻占腾北咽喉之

---

① 此件日期系收文时间。

北斋公房,而超越险峻艰难之山顶隘路,并猛追败退之敌。迫抵桥头、瓦甸、江苴时,敌又凭既设据点顽强抵抗,经廿二日之血战,顽敌不支,又复溃退,我当决心使敌无法脱离战斗,乃以向阳桥为轴,由又〔又由〕右翼桥头、瓦甸进出陇川江,向固东顺江左旋回,猛烈追击至固东河东西之线,一面扫荡固东以北至片马之残敌,一面整顿态势,准备腾冲会战。当残敌甫告肃清时,察觉当面之敌,纷纷向南溃退,我当乘机由固东河东西之线,发起猛烈攻势,即饬五三、五四两军分由向阳桥、固东两道,向腾冲迈进。沿途迭遇抵抗,均予节节击退,而迫近腾城北郊。已俭,我五四军以迅雷之势,攻占南北宝凤山。兹为出敌意表,于午东夜变更部署,将五三军主力由腾北上、下马坞转至腾东飞凤山附近,所遗阵地由五四军延伸。迄于江日,我五三军一举攻占飞凤山,五四军亦于同日攻占蛰凤山。于是,我已打破腾城屏障,三面迫近城郊矣。是时也,残敌一部仓皇南窜,其主力编成一个混成联队,由148联队长藏重大佐指挥,死守来凤山及腾城。该城为滇西最坚固之城池,兼有来凤山之屏障,并构筑坚固之工事及堡垒群,准备充分之粮弹,奉命困守至十月底,以待援军来到。我军既于微日迫近城郊后,除以五三军之一个师尾击溃敌,挺进至南甸、龙头街之线,并阻敌增援外,随即策定攻击腾冲及来凤山之计划。部署就绪,准备完成,于午宥在我空军掩护之下,以优势之兵力,向敌最后唯一之屏障来凤山四个堡垒群同时猛攻。官兵奋勇,前仆后继,血战竟日,迄傍晚止,歼敌大部,确占该山。复于次晨将腾城东、南两城门外繁华市区之敌全部肃清。残敌退据城内,四门紧闭,深沟高垒,企图困斗。我当将该城四面包围,惟该城之墙概为坚石砌成,高而且厚,兼有大盈江及饮马水河环绕东西北面,形势天然,有险可凭,况城墙上端堡垒环列,其距离不过十公尺,而城之四角更有坚固堡垒侧仿〔防〕,欲求接近,良非易事。经月围困,攀登乏术,乃不时以空军猛烈轰炸,陆续炸成缺口十余处,我各部队即利用轰炸成果,冒敌浓密火网,先后登城,对城上之敌堡垒以对壕作业,逐次攻击。至未号始将东、南、西三面城墙上之敌大部肃清,于马晨开始向城内之敌攻击,我预二师、一九八师、卅六师、一一六师各部主力奋勇直前,由南面城墙下城,突入市区,激烈巷战于马展关。惟城内人烟稠密,房屋连椽,大都坚实难破。且顽敌家家设防,街巷堡垒,星列棋布,尺寸必争,处处激战。我敌肉搏,山川震眩,声折江河,势如雷电,尸填街巷,血满城沿。嗣以各部损耗惨重,而各级预备队,既早用罄,又无援兵以济急难,不得已将原任南甸、腾龙桥阻敌增援之一三〇师调入腾城,聊增实力。苦战廿余昼夜,所赖将士忠勇,克敌致果,业于九月十四日将困守腾城之敌全部歼灭。青白之旗乃复飘扬边陲重镇,万民鼓舞,同声庆幸。综合自渡江起,至克复腾冲止,所历大小战役四十余次,共生俘敌军官四员,士兵六十余名,营妓十八名,毙敌少将指挥官及藏重大佐联队长以下军官一〇〇余员,士兵六〇〇〇余名。卤获野山炮七门,步兵炮六门,迫击炮十门,重机枪十九挺,轻机枪四七挺,步、骑枪千余枝,汽车十余辆,有、无线电机廿五部,及其它军品无算,我亦伤亡官佐一三三四员,士兵一七二五名。是乃腾冲会战之概略情形。

2. 松 山 战 役

卫立煌致蒋介石密电

(1944年6—7月)

(1) 6月30日电

即到。渝委员长蒋:阪密。兹令第八军何军长即日指挥荣一师第三团(欠一营。含新兵编成之工作队、战防炮队)、新二十八师(含配属该师之七十一军山炮两连)、新卅九师之一一七团及炮十团、炮七团混合营,担任松山、大垭口敌堡垒阵地之攻击。七十一军钟军长仍回龙陵方面,指挥该军主力作战。除分令外,谨电核备。职卫立煌。巳卅亥。诚金。印。

(2) 7月1日电

即到。渝委员长蒋：6393密。巳卅亥诚金电计呈。兹令第八军八十二师之二四六团渡过怒江西岸，参加攻击松山、大垭口之作战。在该团到达后，除七十一军之山炮两连仍留原地归第八军何军长指挥外，新二十八师及新三十九师之一一一七团即归还十一集团军建制。除分电外，谨电核备。职卫立煌。午东未。诚金。印。

何绍周致何应钦密电
（1944年9月10日）

总长何：4992密。本军围攻松山迄今两月，谨将战斗经过及摘要电呈：(1)松山扣惠通桥要塞司令部喉，距桥西北六公里许。其南北山麓、山腹棋布邱〔丘〕陵，滇缅公路自(785)公里至(801)公里依邱〔丘〕傍陵，环绕松山，复经宽不满(35)公尺之狭长起伏岗岭滚龙坡西入龙陵。敌即以松山、滚龙坡为其东西两大坚强支据点，互为犄角。其〔筑〕堡垒群则作有体系，散布于松山南北之密林丛草、复杂丘陵。〔及〕一一三联队欠第三大队及特种兵等大队连伤兵约二千余，轻、重炮十余门，由松山东端(785)〔公里〕至滚龙坡(801)公里间正面约四千余公尺，构成若干堡垒群为其主要阵地带。每一堡垒均构成其上有射击设备及交通壕、下为坑道式骑兵部。其掩体材分四层。由下至上，第一层中经四十至五十公分，第二层三十至四十公分，第三层廿五至卅五公分，第四层廿至廿五公分。其最上层均有辨〔?〕板。周围则以大石油浸，三层装土为被履，并围以纵深四公尺之铁丝网数层。除重炮直接命中始有破坏效力外，山野炮均难破坏。故我最近战法，依炮火威力，常迫敌余【于】其堡垒内而聚歼之。(2)敌借其巧妙配备之堡垒与射击精确之技术、机动果敢之逆袭,常乘我冲入其阵内而后决战。故一再冲入其阵地,均因石〔此〕中断,伤亡惨重,不易凑〔奏〕功。尤以达到时间,深〔?〕得友军通报敌约三百余,均〔我〕于午支、微即向松山猛烈突击。讵两日成果,仅占领其北侧高地及山腹数处,即知攻坚挫锐,徒增伤亡。即转移阵地于较易接近之滚龙坡方面,始而威力搜索,继以主力猛攻。攻占虽易,迫及薄暮,潜伏于其复杂掩蔽部及坑道、交通壕之敌,立即四出以手榴弹、掷弹筒、轻机枪、刺刀、战刀等逆袭,我欲扩张战果甚难。此后,遂另定战法,实施近迫作业。蚕食攻击时,先以炮击迫敌于堡垒部内,步兵乃乘机〔?〕射击之瞬间,一举跃入敌壕,而以手榴弹、冲锋【枪】、机枪、火焰放射器消灭敌于掩蔽部内。本此要领,于午文攻击迄午寒,终将顽抗之滚龙坡敌完全肃清。(3)松山方面,拟先攻其南侧诸高地,尔后再围攻松山。惟因松山诸峰瞰射,常受重大【伤亡】,故〔方〕达成果。哿午〔午哿〕已深入南北侧诸高地,直径千余公尺地区之敌完全肃清。惟残余仍据松山之北黄土坡及松山以西之堡垒群负隅顽抗。(4)自申江起,分别向松山北脉及其西侧扫荡中,迄现在止,【向】松山寨北进中。(5)作战两月,兵力由一个团逐次增至六【个】团,伤亡重大,干部伤亡殆尽,营、连、排长更迭有伤亡,甚感兵力不足。遂请求增加兵力,一面准备坑道爆破,先巅〔颠〕复〔覆〕松山正面,再图肃清其南诸高地。未哿丑爆炸准备已经完成,而增兵未到,【为】防敌作业,〔致〕我坑道矮室均于九时点火,十时即行占领正峰。敌复抽集兵力,再行反扑。经两昼夜血战,前仆后继,至未篠陈团到达,即以扩张战果,迄申东始将松山及其他之〔以下电文脱漏〕。多数〔以下电文脱漏〕。团长重伤二员,不仅重火器业已抽编数□,杂、兵工、特诸部队亦已参战。详细经过除另行呈报外,谨先电鉴核。第8A军长何绍周叩。申鱼申。钉。印。

3. 龙 陵 战 役

宋希濂致蒋介石等密电

(1944年6月10日)

委员长蒋、总长何、卫戍总司令刘:2979密。此次我远征军渡江反攻,职奉命为左翼军,已于巳东开始行动,由职亲率七十一军及第二军主力,分别由毕寨渡、打黑渡渡过。我军向龙陵、梓市之【敌】攻击前进,沿途各地之敌均顽强抵抗,我军士气旺盛,连克腊猛、□□、【镇】安街各要点,鱼日迫近龙陵近郊,经分别围攻于蒸申攻克龙陵。此后〔役〕敌伤亡约数千人,遗尸三、四百具,卤获战利品正清查中。我伤亡团长以下官兵约数百人。刻残敌向龙陵西南溃退,除继续扫荡、确保战果外,谨电呈鉴。职宋希濂。巳蒸。甸参。龙。印。

卫立煌致何应钦抄电

(1944年6月17日)

本日下午,侍从室吕参谋由电话传达钧谕,饬即查明放弃龙陵系何人所下命令,迅速具报,等因。下午十时,接到宋总司令巳篠未参一普代电一件,此电系该司令用无线电发至由旺总部,再由该总部写成代电,专车送至保山。其原文如下:职部自巳阳围攻龙陵,各官兵连日浴血苦战,逐渐将包围圈缩小,先后攻克猛林坡、广林坡、老东坡、南东敌〔坡〕、封家坡、桅杆坡、文壁坡脚、文营营、赵家祠堂各据点,〔之〕敌不过二百人,仅凭西山坡、黄土坡、观音寺三据点,负隅顽抗。龙陵收复,本已指顾可期,惟敌工事坚固,决非步兵兵器所能摧毁,乃因连日天雨,飞机既未能输送弹药,又不能协力轰炸。兵站输力薄弱,亦不能及时追送粮弹,以致迁延数日,未能将敌防御核心迅速扫荡。又因二十集团军方面进展稍缓,未能同时进出腾冲附近,致腾敌抽出兵力二千余附大野山炮,用汽车输送南下增援。虽经我八十七师主力删日在邦乃以南高地占领阵地、激战两日,我以伤亡甚大,铣日黄昏被敌突破阵地左翼,冲入龙陵。各官兵目睹功败垂成,各个嘘声叹气。现腾敌主力已南移龙陵,难免不豕突狼奔,企图向我七十一军先行击破。为谋整顿态势,先事站稳脚步,即令七十一军除以一部固守现有阵地外,主力暂转移镇安街以西垄田坝、赵家寨、五四五〇高地及红木树之线,第二军除以一部连系我七十一军左翼,固守邦武山、象达各阵地外,主力暂位置于小黑山、大硝河各高地之线,一面向松山、平戛之敌严行肃清,然后再以二十集团军协力围攻龙陵。惟二十集团军主力应饬先行进出龙陵以北地区,俾使敌不敢继续东犯,并恳加派得力部队及大批飞机,协攻松山,期将该敌迅速肃清,俾尔后补给圆满,后顾无忧。以上部署,似与我军进战退守,均可运用自如,是否有当,敬乞裁决电示。等情。谨电鉴核。

卫立煌致蒋介石密电
（1944年6月22日）

（1）

即到。渝委座蒋：6393密。兹已令：甲、十一集团军应立即集结主力,击破当面敌之攻势,至少亦须于黄草坝以西地区利用地形,站稳脚跟,拒止当面之敌,非有命令不得向东移动。乙、二十集团军应立即进出固东河之线,主力保持于左翼,乘敌主力由腾冲转向龙陵时,迅速南下,向腾冲之敌攻击而占领之。为避免敌人利用既设工事,迟滞我军前进,该集团应先以一部由左翼断行迂回,奇袭腾冲。谨电核备。职卫立煌。巳养午。诚金。印。

（2）

即到。重庆委员长蒋：已㪍申诚金电计呈。6393密。兹令第八军荣一师（欠第三团及第二团之一营）于渡江后,不接替新廿八师之任务即径开镇安街,控置待命,限敬日到达。对松山敌之攻略仍由新廿八师继续担任之。谨电核备。职卫立煌。已养申。诚金。印。

卫立煌致蒋介石密电

(1944年6月27—29日)

(1) 6月27日电

即到。重庆委员长蒋：7090密。谨将宥日战况分报如下(天晴微云)：(甲)右集团军因总部移动,电话线未接通,情况待补报。(乙)左集团军：(一)惠通桥对岸宥日未攻击。(二)龙陵方面。宥日上午四时以来,敌向我攻击甚猛,我八七师正面五三五高地有日下午夺回,宥日午复失,但迄晚被我夺回,并将来攻敌击退。我八八师正面亦将敌击退,并俘获山炮一门,详情因电话中断,待补报。荣一师四个营已到猛昌街,据报该部已加入八八师方面战斗。上午十时,有敌七百余、炮数门到龙头街,似将由腾龙桥、猛外坝、达摩山、镇安街增援松山模样。(三)第二军方面无报告。谨闻。卫立煌。已感。诚金。印。

(2) 6月28日电

即到。渝委员长蒋：阪密。据十一集团军宋总司令巳有酉电称：半月以来,我八十七师遵命在达摩山、黄草坝附近占领阵地,与由龙陵东犯之敌约二千余苦战甚烈,伤亡极重。今晨敌复增援,沿滇缅公路向该师阵地猛扑,虽经该师长亲加督率,全力抗拒,以敌战车及炮兵火力之激烈,复以粮弹缺乏,其二〇团五二五五高地被敌突破。该师长张绍勋目下情形恶化,诚恐无法挽回,乃愤而自杀,弹由左乳左胁下出,由美医治疗中。现该师仍在黄草坝附近与敌激战,其师长职务暂由该师副师长黄炎代理。等情。谨闻。职卫立煌。巳俭午。诚金。印。

(3) 6月29日电

即到。重庆委员长蒋：阪密。谨将俭日情况分报如下：……。(二)龙陵方面。八七师俭日攻占百家寨西南侧之五二五五地高〔高地〕，八八师及荣一师第一团俭日攻占长岭冈之一半。因电话不明，详细战况待补报。谨闻。职卫立煌。已艳晨。诚金。印。

蒋介石致杜聿明密电稿

(1944年8月23日)

急。昆明杜总司令：密。着第五军第二〇〇师即用汽车输送至保山，归卫长官指挥，并将开拨日期具报。中〇。未( )。令一元明。

卫立煌致蒋介石密电

(1944年9月7日)

限二小时到。渝委员长蒋：1730密。查敌第二师团已开芒市及其以北地区，顷据确报，敌昨晚又由遮放开芒市汽车二百余辆，今晨一部向龙陵北进。又敌卅三军部已进驻芒市，判断龙、芒地区将有更大战，自应积极准备，击溃增援之敌。惟自我军以四月以来之攻坚作战，伤亡特大，各战斗力均已失去十分之七、八。本日已攻下松山，最短时日亦可攻克腾冲，但第八军及廿集团军均已无力再战，确保既得战果，并确实击破增援之敌以掩护中印公路之修筑。拟请即将第五军军部及九六师迅开滇西参战为祷。职卫立煌。申虞申。诚。印。

霍揆彰与蒋介石往来电

(1944年9月)

(1) 霍揆彰致蒋介石密电(9月10日)

限三小时到。渝委员长蒋：4992密。窃本集团自辰真渡过怒江攻击作战，迄今五月。越高黎贡山扫荡腾北，攻击腾城，经激烈战役四十余次，官兵伤亡十之六、七，尤以未冬登城开始巷战，寸土必争，血流成渠，惨烈之状难以形容，官兵伤亡更倍于前，各部战力消耗殆尽。迭次请援，而第八军及二百师先后开到，均已使用于龙陵方面，本集团【军】既无一兵增加，即各师伤亡、缺额，亦未予以补充。各军、师长迭次面诉苦情，请求增加实力，而职仍竭力坚忍，督励所属，勉力达成任务，以副钧座期望。不料城内正攻占大部之时，忽奉长官部通告，敌增兵龙陵，请甚急。复据报敌有由邦乃渡龙川江北犯模样，职为保障集团军侧翼安全，不使腾城功亏一篑，于部队困难万状、战况十分紧张之际，由城内抽调三六师残部占领南甸迄龙头街、龙川江右岸，阻敌北进增援腾城。不料，三六师尚未部署完毕，即奉长官卫申佳亥诚电令，着该师归宋总司令指挥，立刻渡过龙川江，夹击向龙陵北犯之敌，等因。是本集团军侧翼已完全毕露，敌倘即窜扰，职已再无一兵可以抽调堵击，影响腾城攻略，实堪顾虑。除电长官卫核示外，谨电奉闻，伏乞察核。霍揆章〔彰〕。申灰巳。信。印。

(2) 蒋介石复霍揆彰密电稿(9月×日)

保山霍总司令：4992密。申灰巳信电悉。该集团【军】自渡河攻击以来，备历艰苦，战绩卓著，至为嘉慰。关于卅六师划归宋总司令指挥一节，仰遵候卫长官核示办理可也。中○。申（　）。令一元远。

卫立煌致蒋介石密电
（1944年9月11—13日）

(1) 9月11日电

限即到。渝委员长蒋：4992密。谨将灰日陆空协同之商定及实施分报如下。甲、商定：(一)战斗机以一部于拂晓后轰炸腾城东城楼东北角，以主力掩护二百师空运。如敌机袭腾冲则前往迎击。(二)轰炸机全力轰炸芒市之敌,如因气候不佳,不能发现目标时,则回炸龙陵之敌。(乙)实施:……。(五)灰日下午二时二十分,敌机十二架在黄草坝附近投下小型炸弹八枚,炸死伤兵三名及民众数名。又我二百师一部在黄草坝附近休息,因队形密集,被敌机扫射,略有死伤。……谨闻。职卫立煌。申真晨。诚金二。印。

(2) 9月12日电

即到。渝委员长蒋:6057密。谨将真日陆空协同之商定及实施分报如下。(甲)商定与灰日同。(乙)实施。(一)敌机十余架突袭黄草坝,我士兵伤五名,亡六名。我驮马十九匹被击毙,另有汽车三辆被扫射,我驾驶员一名毙命。……。谨闻。职卫立煌。申文。诚金。印。

(3) 9月13日电

即到。重庆委员长蒋:扑密。谨将文日陆空协同之商定及实施分报如下。(甲)商定。战斗机除以主力掩护二百师空运外,并以一部轰炸龙陵已指定之目标,同时任黄草坝附近我部队运输集结之掩护。……。谨闻。职卫立煌。申元晨。诚金。印。

宋希濂致何应钦密电

(1944年9月25日)

总长何:4992密。职负责指挥龙、芒地区之作战,为时四月。现奉命在陆大将官班受训,业于本(九月)梗日离前方指挥所。途首谨将作战四月来较为重要事项,缕呈如下:一、自六月十四日起至现在止,本集团军始终与敌主力对战。敌军屡次企图歼灭本集团军驻〔于〕龙陵东南地区,均为我军猛烈反击所粉碎。尤以八月感日以来,敌(56)师团主力及第(2)师团(16)联队全部、第(4)联队

1541

之一部共约五、六千人,沿龙芒公路北犯,来势凶猛,企图一举【歼灭】龙陵附近之我军,进而解救松山、腾冲之危。职当时严令各官兵抱战至最后一人之决心,予来犯之敌痛击。经两旬恶战,卒将敌增援部队击溃,使友军对于松山、腾冲之围攻,得以顺利完成。二、与本集团军对战之敌军番号、兵力,计为(56)师团主力约七千人(连八月间新到之补充兵二千余名在内),第二师团(16)联队全部及第四师团廿九联队各一部共约四千余名,(53)师团搜索联队及(119)联队之野中大队共约(1600)人,第(18)师团(114)联队猪濑大队约(700)人,第(15)师团(67)联队之秋叶中队约(150)人,总共一万三千人,其他印、缅军约二千余人,尚不在内。经我先后击毙者约九千人,遗尸有数稽者约三千(3129)具,大部经美国摄影者摄有照片。计俘虏敌军及印、缅军(326)名。卤获步枪(1189)枝,轻机枪(81)挺,重机枪(20)挺,各种火炮(10)门,掷弹筒(54)具,及其他战利品甚多。三、本军集团〔集团军〕原奉令为防守军,所有兵站输力,概拨交廿集团军使用。及奉命渡江出击,临时征集地方输力,漫无组织,加以时值雨季,道路泥泞,补给线过长,适出人想象以外。飞机正式出动,则受气候之限制。而龙陵山多田少,产米甚微,仅足供全县五万人三月之食,无法就地征购,较之腾冲,即和顺乡,一般可供四年二月之食,实有特殊之别。致各部队常发生绝食二、三日及弹药奇缺情形,马料则从未追送,骡马倒毙达三千匹以上。四、职所指挥各部,自作战以来截至九月廿一日止,计伤亡官长(1343)员,士兵(1)万(7207)名。每次作战补给之艰,伤亡之重,实为抗战八来年所仅见。查作战首要在求歼灭敌之野战军,我各官兵茹苦含辛,浴血奋战,所得之战果,实有优〔不〕容埋没者。除战斗详报另文赍呈外,谨电鉴核。职宋希濂。申有午。参。晋。印。

卫立煌致蒋介石密电

(1944年11月3日)

限二小时到。渝委员长蒋：5738密。我军于九月间相继克复松山、腾冲并击退龙、芒敌人之反攻后,与敌相持月余,近复积极调整部署,充分准备,于酉艳日对龙陵再兴攻击。经五日之激战,将龙芒公路截断,并逐次攻略龙陵城区外围坚固据点,于戌江丑时我遂完全克复龙陵。查据守龙陵之敌军为五十六师团一四六联队余部及十八师团一一四联队、第二二九联队之各一部,被我歼灭大半,我俘获甚多。残敌仅余四、五百由小路突围向芒市逃窜,我正追击中。谨闻,职卫立煌。戌江午。诚。印。

4. 芒市、遮放战役

宋希濂等致蒋介石密电

(1944年11月20日)

即二小时到。渝委员长蒋：5738密。芒市之敌千余人,自戌皓开始经我一昼夜之猛烈围攻,连克其外围据点十余处,该敌伤亡颇重,于哿子开始向西南退却。哿寅,第二军第九师即将芒市老街、新街占领,同时各部队分别跟踪追击,扫荡残敌。迄哿申芒市境内余敌悉被我肃清,芒市完全克复。卤获甚多,正清查中。刻我七一军正渡过芒止〔市〕大河,向三酉山(芒遮间之锁钥点)攻击,第六军及第二军分别向芒市西南及猛戛追击,五三军已向遮放阻截。谨闻。职宋希濂、黄杰。戌哿酉。参一。雄。印。

周福成致何应钦密电

(1944年12月1日)

总长何：5816密。职军奉命由腾冲转移龙陵方面战场,先集结于龙陵西北之董家寨、河艾〔头〕街附近地区,于十一月十五日开始行动,沿陇川江东岸,经梁子街、石板寨、下寨大道南进,行大迂回作战,直插芒市敌军之左侧,破坏芒市、遮放公路,阻敌北进,并相机攻占遮放之霸肉。经二日战备之急行军,先头部队于篠日午后在巷球山与敌遭遇,先头驱逐敌之小部队,与主力激战半日,即将巷球山高地占领,于巧日拂晓开始猛攻,激战终日,将来劳山一部及雉瞄山完全占领。历两日之激战,将遮放西北重要据点之者别丙别、空邦国等处占领,敌斯时立感左侧背过受威胁与压迫,致促芒市会战历经不久而告克复。敌恐全被包围,芒市败退【之】敌主力皆由猛戛向缅境退去。我更紧而围攻遮北锁钥部之共球山、红球山及来劳山等地,敌虽竭力顽抗,死守各该战略要点,我逐次极有进展,每日反复冲杀,必突入敌阵内部,席卷每一据点,造成全包围,始能攻占一处。继之,各军围攻遮放,本军复受命以主力沿陇川江东岸对西警戒,掩护右侧背之安全,以一师偷袭当面敌人,并行大迂回,由德下以南地区渡过芒市大河,截断遮放、畹町公路,并适时策应友军对遮放之攻击。当即令130师主力驱逐红球山及来劳山附近敌人,同时以116师之347团配属130师390团进行迂回,由板伐蛮、窝头屋、云盘道南下,由德下以南地区渡芒市大河,截断遮畹公路。经数日之激战,压迫顽敌节节后退,乃于亥东我右翼116D之迂回队分为两纵队,于辰时挺进至德下附近,切断遮畹公路,第130师主力于亥东拂晓续【向】各当面敌人猛攻,后激烈异常,于八时遂将来劳山、红球山及老城、蚌哈、蛮里各据点先后攻克,并积极渡芒市【大】河,协助友军,于十一时将遮放完全占领。谨闻。53A 周福成。亥东午。参。印。

宋希濂等致何应钦密电
(1944年12月2日)

总长何:5816密。龙、芒相继克复后,残敌并原有驻遮放之敌约二千人,据三台山(芒遮公路间之锁钥点)、白羊山、猛戞等要点及芒市大河北岸,继续凭坚顽抗。我军自戌养分四路开始围攻,赖官兵忠勇用命,再接再厉,苦战至戌艳,继续攻占其要点,迫近遮放外围。至是,该敌死伤重大,三面陷我包围,陷晚向西南溃退。我乘胜追击,亥东遮放完全被我克复。卤获甚多,正清查中。谨闻。职宋希濂、黄杰。亥冬辰。参一。雄。印。

5. 畹町战役

卫立煌致蒋介石密电

(1944年12月3—9日)

(1) 12月3日电

即到。渝委员长蒋:1730密。冬日除一三〇师三九〇团在小街与敌小有接触外,其余各部队无战斗。谨闻。职卫立煌。亥江。智诚守。印。

(2) 12月9日电

即到。渝委员长蒋:1730密。齐日战况:胧滕竟日炮战,其余均小接触。谨闻。职卫立煌。亥佳。晨诚守。印。

蒋介石与何应钦卫立煌往来电

(1944年12月)

(1) 蒋介石致何应钦卫立煌密电稿(12月12日)

限三小时。贵阳何总司令、保山卫长官:密。着远征军迅速攻击畹町之敌,限亥月养日以前占领畹町具报。中〇。文酉。令一元。

(2) 何应钦复蒋介石密电(12月13日)

渝委员长蒋:亥文酉令一元电奉悉。5816密。已饬卫长官遵办矣。职何应钦。亥元申。参五。印。

(3) 卫立煌复蒋介石密电(12月15日)

即到。渝委员长蒋：亥文酉令一元电奉悉。5816密，自应遵办，惟考虑〔对〕本军实力，审慎行动，谨申意见，恭请睿察：(一)滇西反攻伊始，所属各部缺额，约十万有奇。腾冲、芒市等役，官兵伤亡又达六万余，其间补充仅万余(各序列部队现共缺十二万余)。下级干部极为缺乏，现时作为战斗部队，各师战斗兵多则千余，少至数百。根据以往作战经验，我攻占敌之较大战略要点，兵力必须绝对优势。查畹町附近之敌为十八、五十三、四十九等师团各一部，共约七千余，轻、重炮数十门。黑山门一带阵地，扼畹町咽喉，地形险峻，工事坚强。就本军现有兵力，发动大规模攻势，实胜算难操，万一顿挫，反噬堪虞。(二)会战前粮弹、汽油筹屯，公路、桥梁抢修，交通工具(输力)调配，会战【时】兵站向前推进，粮弹追送，伤患后运，通信线路延伸，各种器材筹集，在在需时限，于实际无法及时完成准备。(三)本军胜利与否，关系抗战至巨。不明其内容者，难保不生猜疑。但事实所在，不敢出以轻率从事，贻钧座南顾之忧。拟恳即令兵役部在最短期内设法空运补充兵六万名，并于〔予〕以训练时期，借以完成一切作战准备，适机呼应驻印军，一并收复畹町，巩固中印路线，当否乞核示祇遵。职卫立煌。亥删。诚。印。

(4) 蒋介石致卫立煌密电稿(12月19日)

即到。保山卫长官：5816密。亥删诚电悉。查我驻印军已克八莫，进迫南坎，希仍遵前令，即向畹町攻击，以期早日会师。除饬兵役部迅速补兵外，仰遵照。中○。亥(皓)。令一元远。

(5) 蒋介石致何应钦、卫立煌密电稿(12月21日)

限二小时到。昆明何总长、保山卫长官：5816密。据报畹町敌军数目不大，且驻印新一军自攻克八莫后，继续推进，颇为顺利。希仍遵前令，从速进攻畹町，以期与驻印军早日会师。立着将开始进攻日期具报。中○。亥(马)。令一元远。

(6) 卫立煌复蒋介石密电(12月22日)

即到。重庆委员长蒋：1733密。亥皓、亥马令一元远及亥马侍机电均奉悉，遵已部署进攻中。谨闻。职卫立煌。亥养。正诚守。印。

卫立煌致蒋介石密电

(1944年12月23—27日)

(1) 12月23日电

重庆委员长蒋：5816密。养日战况：本日遮畹公路敌向我预二师小湾山、大椿山、兔尾山各阵地射击数十发，我无伤亡。谨闻。卫立煌。亥梗。正诚甲。印。

(2) 12月25日电

重庆委员长蒋：5816密。敬日战报：遮畹公路预二师方面炮战，我左翼第二军部队向南推进中。谨闻。卫立煌。亥有。正诚甲。印。

(3) 12月26日电

重庆委员长蒋：有日战报：猛古街二百师方面续有小战斗。我第五十三、第二两军正向南推进中。谨闻。职卫立煌。亥宥。正诚甲。印。

(4) 12月27日电

即到。重庆委员长蒋：5816密。本日战况：(一)龙川江西岸我116D申刻由小普浪(猛卯东北,十万分之一图)攻击发起点,分两路向萌龙寨及凸卡之敌攻击。激战迄酉,我完全攻占该两地,残敌已潜逃,我正继续向南推进中。(二)【进攻】畹町各部队已就指定位置。谨闻。职卫立煌。亥沁。正诚甲。印。

周福成致何应钦密电
（1945年1月7日）

总长何：5816密。职军奉命参加畹町会战,于去年亥月感日开始行动,在畹町以西将陇川江北岸敌所据各要点先后克复,于子月文日首占猛卯城,稍有卤获。刻以军之一部转移于猛卯东南,方强渡陇川江,驱逐当面之敌人,威胁畹町方面敌人之右侧背,并相机截断滇缅公路之任务。谨闻。周福成。子虞。印。

周福成致钱大钧密电
（1945年1月21日）

渝侍从室主任钱：5816密。职军于支日攻占猛卯后,积极转移军主力,于微日拂晓在敌前强渡陇川江成功后,敌屡增援,我屡攻击,背水激战半月,敌我伤亡均极惨重,威胁敌之侧背及后方交通线甚大。【我】相继攻占木遮、威马、道坎等要点,截断滇缅公路及通南坎、八莫两条公路,协助友军,号日攻克畹町。谨闻。第五十三军军长周福成。子马。参。印。

宋希濂等致蒋介石密电
（1945年1月20日）

渝委员长蒋：5816密。我军自亥月俭日开始对畹町攻击以来,敌惟步步凭坚固守顽抗,赖我官兵前仆后继,奋勇搏斗,进展尚称得手。计亥陷克佛蚌,子冬克戛中及黑猛龙,子支克猛卯,子灰克回龙山,子寒克佛结,子删克信结,子巧克南虎,子皓克佛棒、九谷及其东南高地。至是,畹町之敌创亡惨重,三面陷我包围,乃于皓晚乘夜向南面突围,我军先后又将大黑山、黑山门及佛令各要点占领。迄哿午,残敌肃清,畹町完全被我克复。卤获殊多,正清查中。谨闻。职宋希濂、黄杰。子哿亥。参一。雄。印。

6. 中国远征军与驻印军胜利会师

徐永昌致蒋介石签呈

(1944年12月31日)

对远征军、驻印军于攻下畹町、南坎会师后之使用,谨拟腹案于左:

一、远征军以11AG(2A、6A、71A)留驻国境线内,实施补训,并构筑坚固防线,掩护中印公路,其余(53A、54A)调回。

二、驻印军(50D、N30D、N38D)继续推进至马宾、新维之线,停止整训,改取守势。

(理由)(1)远征军、驻印军会师后,中印公路打通,已达到国军在缅北作战之目的。

(2)缅敌总兵力共有十一个师团之多(28A:49D、54D、55D;15A:15D、31D、33D、53D、24BS、34BS;33A:2D、18D、56D),其目的在坚守战略要地,对盟军实施持久消耗战,在盟军对缅实施全面攻势前,国军单独深入,将适中敌消耗战略之阴谋,故应适可而止。

(3)国军深入缅境作战,英方疑忌甚多(已有事实征候表现),勉强行之,在政略上、战略上均属害多利少。

(4)以驻印军入缅,既可达成美方利用中国部队在印、缅获得有利地位,又可避免中英间直接冲突。

上拟腹案,是否有当,敬乞鉴核。谨呈
委员长蒋。
〔批语〕:可如拟。中正。元、五。

卫立煌致蒋介石密电
（1945年1月23日）

Smd。渝委员长蒋:子篠令一元远奉悉。5816密。查畹町已于子哿攻克,养晨一一六师与驻印军新卅八师于木姐会师。谨复。职卫立煌。子洋。正诚守。印。

蒋介石与何应钦等往来密电
（1945年1月24日）

（1）蒋介石致何应钦等密电稿

提前即到。昆明何兼总司令、保山卫长官:○密。(一)远征军所有部队即撤至畹町或中缅边境北部地区。(二)扫荡公路残敌与占领腊戍任务,交由索尔登将军指挥之驻印军负责。特电遵照。中○。子敬。令一元西。

（2）何应钦复蒋介石密电

即到(一小时到)。渝委员长蒋:子敬令一元西电奉悉。6503密。查驻印军系在远征军之右前方,刻远征军之正前方尚有敌人,如远征军立即后撤,则敌必跟踪而至,而驻印军之扫荡战亦必增加负担,除已饬卫长官转令所部立即停止前进并严防敌之反击,俟远征军当面已无敌踪,并驻印军已确实进至远征军之正前方后,再行后撤。职恳饬索尔登将军转令新一军迅速前进为祷。

昆职何应钦。子敬申。忠渲。印。

蒋介石致索尔登密电稿

（1945年1月25日）

即到。中国驻印军索尔登将军：子敬令一元西电计达，〇密。为使远征军适时后撤及防敌反扑计，请督饬新一军迅速前进，并与何总司令密切连系。除电何兼总司令知照外，特电遵照。中〇。子有。令一元西。

卫立煌致蒋介石密电

（1945年1月28日）

渝委员长蒋：5816密。感日战报：（一）感卯第九师、八八师、新三八师协力攻占猛于（道坎东南），残敌大部向东南方向溃逃。（二）猛于以南公路已为新一军破坏多处。（三）三〔五〕三军进居道坎、蛮卯，【新】三八师道坎，八八师猛于以南，第九师猛于东南，七六师猛于东，八七师大蚌各附近地区，对南警戒中。谨闻。职卫立煌。子俭。正诚宪。印。

董建勋致龙云等密电

（1945年1月30日）

特急。昆明行营主任龙、参谋长刘：我军于感日晨攻占芒友，于时是地完成大规模会师，双方高级将领互相慰劳，并举行会师仪式。又第一批运输队俭日经缪斯入我国境内，已完成军事、运输两大任务。谨呈。职董建勋叩。子陷。腾。印。

何应钦致蒋介石密电

（1945年2月1日）

即到。渝委座蒋：5041密。子世晚鲁克鲁将军转达索尔登将军来函，节称：新一军在猛友以南遭遇敌人坚强抵抗，请转知远征军继续担任猛友迄畹町一带之防务,俟情况明朗后,再行后撤,等语。除已转令远征军转饬照办,非另有命令勿行后撤外,谨电核备。昆职何应钦。丑东巳。忠渊。印。

徐永昌致蒋介石代电稿

(1945年2月7日)

委员长蒋钧鉴:据何兼总司令呈钧座丑江未忠整民电转据远征军长官部二月三日九时电话称:远征军部队已撤至芒友以北迄遮放间地区,第一线防务已交新一军接替。等情。谨随电附呈部队位置要图二份〔图略〕,恭请鉴核。徐永○。丑虞。一元远。

何应钦致蒋介石密电

(1945年2—3月)

(1) 2月12日电

特急。渝委员长蒋:丑东巳忠渊电计呈。5142密。兹据美军总部通知略称,索尔登将军来电,谓滇缅公路之畹町、猛友间已不需远征军保卫,远征军可即按计划后撤,等语。除电卫长官知照外,谨闻。竝溥何应钦。丑□午。忠整。印。

(2) 2月21日电

急。渝委员长蒋:5041密。丑篠令一元明电奉悉。据远征军长官部丑哿电报告称:(一)远征军各部队均已撤至畹町、圣匕地区。(二)现五三军在猛卯附近,第二军及第六军在畹町、遮放间地区,七一军芒市附近,五四军腾冲附近,二百师芒市。(三)以上各部队均在待运中。谨闻。职何应钦。丑马巳。忠整民。印。

(3) 3月6日电

渝委员长蒋:丑篠令一元明电奉悉。5142密。兹据卫长官寅东筹〔?〕时电称:(1)长官部及炮十团、重迫炮三团三营驻保山。(2)第十一集团军驻龙陵,第二军(第九及七六师)、第六军(预二师)驻遮放,第七一军(第八七及八八师)驻芒市,新三三师驻猛撒,新三九师驻施甸,第二百师驻芒市。(3)第廿集团军驻保山、蒲缥,第五四军(第卅六及第一九八师)驻腾冲,第五三军(第一一六及一三零师)驻辛街。余无变更。等情。除饬另遵照编并、装备计划调动具报外,谨闻。昆职何应钦。寅鱼。忠整民。印。

三、滇西会战简况与经验教训

中国远征军反攻缅北战斗经过概况①
(1945年10月21日)

盘据滇缅边境之敌 56D 主力及 16R/2D、29R/2D、119R/53D 各一部沿滇缅公路线上要点,利用地形构筑半永久工事,企图扼要固守,拒止国军南下,掩护缅东安全,并策应缅北之防御,以迟滞中印公路之打通。

第一期——强渡怒江

远征军为策应驻印军攻击密支那,打通中印公路之目的,以 20AG 为攻击集团,由栗紫〔柴〕坝、双虹桥间渡河,以腾冲为攻击目标,以 11AG 为防守【集团】,负怒江西岸防守之责,另以 N39D、76D、88D 各派一个加强团渡江攻击,策应 20AG 之攻击。20AG 及各加强团五月十日完成攻击准备,十一日 N39D 之加强团由惠通桥附近渡河,十二日攻占红树木。五月十一日,76D、88D 加强团分由三江口南北渡河,会攻平戛。十三日,残敌突

---

① 此件节选自《远征军反攻缅北战斗》。

围,窜往芒市。

甲、右翼198D/54A于五月十一日由栗柴坝渡河,其593R于十六日迂回攻占桥头、马面关。198D主力围攻北斋公房,敌148R凭险坚守。

乙、左翼36D/54A由双虹桥附近渡河成功,因伤亡太重,继以53A于五月十三渡河增援,十四日攻克大塘子,乘胜追击,越高黎贡山进抵瓦甸、江苴街以东之线。

第二期——围攻据点

渡河攻击各部队奏效后,统帅部见于我驻印军一部已开始攻击密支那,敌于短期内难有大部队增援滇西,遂下令远征军应迅速攻占腾、龙,与驻印军会师缅北,打通中印公路,即以主力渡河,扩张战果。于是变更部署,以20AG配属2RD为右集团,攻击腾冲。11AG(欠2RD)为左集团,攻击龙陵、芒市。并限11AG各部队于五月底以前完成攻击准备。

甲、右集团20AG

A. 右翼军。六月初,2RD渡河,接198D桥头、马面关防务。198D全力攻克北斋公房及大塘子后,36D即经北向瓦甸前进,准备进攻瓦甸。六月九日敌反扑,突破我桥头、马面关阵地,并与困守北斋公房之残敌取得联络。我军命36D一部监视瓦甸之敌,主力北援桥头,98D、2RD、36D协力于六月十四日攻克北斋公房,十六日再克桥头、马面关,残敌分由明光、瓦甸逃窜。我2RD先后攻占明光、固东街,六月底进抵腾冲西北。36D于廿日攻克瓦甸,六月底亦抵腾冲,准备攻击。

B. 左翼军。53A于六月廿日攻占江苴街,尾敌前进,于六月底迫腾冲城,准备攻击。

乙、左集团——11AG

A. 右翼军71A(配属N39D)。71A于六月一日由惠通桥、三江口间地区渡河,六月四日N28D攻克腊猛街,进围松山(113R、

56R),历久不下。87D渡河后,其一部六月九日克镇安街,其主力及88D于六月十日攻克龙陵。旋敌29R/2D由腾、芒增援,71A于六月十六日退据龙陵东北郊【拒】敌,并令N38D〔N39D〕由龙江桥南下掩护军之右侧。七月初旬,71A获H1D主力增援。八月中,对龙陵开始第二次围攻。

B. 左翼军2A(欠N33D)。六月上旬渡江,以76D一团攻平戛,其余向象达、芒市前进。9D于六月廿四日克象达,续向芒市推进。76D主力八月上旬攻克放马桥,截断敌龙、芒间公路。

第三期——攻克腾、龙

甲、右集团。20AG〔一〕围攻腾冲。七月初,116D、2RD攻迫腾冲城垣。八月上旬我116D、36D、198D、130D先后攻入,九月十四日克腾冲,敌148R/56D尽数就歼。

乙、左集团11AG。

A. 右翼军。71A之87D、88D、N29D〔N28D〕及H1D、N39D围攻龙陵。八月中旬迫城垣。九月上旬,200D/5A由昆增援,迂回攻击敌龙、芒间连络线。十一月三日我攻克龙陵,向芒市追击。

B. 左翼军。2A(欠N33D)由象达攻芒市,71A、6A亦协同攻击。十一月廿日攻克芒市。

C. 围攻松山。8A何军长指挥H1D、82D、103D之各一团攻松山,进展甚缓。八月下旬,复以主力/103D、一部/82D增加攻击,尽歼松山之敌,占领松山。

第四期——会师芒友

敌因兵力不足,遂采取逐次抵抗部署,除56D外曾以16R/2D、29R/2D及119R/53D交互支援,掩护撤退。

左集团(11AG)攻克龙陵、芒市后,以53A、71A(主力)、2A(一部)及200D向遮放追击。十二月一日克遮放,一月廿日克畹町。一月廿二日我53A与N1A先头部队取得连络,一月廿七日会师芒友,中印公路完全打通。

中国远征军滇西会战的经验与教训①

(1945年10月21日)

经 验 教 训

1. 训练重于作战,细研我军缺点与错误太多,由于官兵训练不足,故今后国军官长应奉最高统帅"训练重于作战"、"平时多流汗,战时少流血"的训示,根据国军作战经验,参照最新各国兵学思想,努力研究,以求进步。对士兵则根据研究结果,勤加训练。

2. 国军对于攻防观念拟应根据此次作战经验,予以修正。

A. 攻击战术上对不准备侦察、不研究而尚以勇敢自命,徒耗国力之盲目硬攻等错误观念必须纠正。在技术上,须尽量利用各种火力配合,发挥各特种兵之性能。

B. 防御须纠正过去线式阵地之错误观念,须尽量采取纵深据点阵地之编成。同时,须构筑模范阵地,使各部队多行演习。

〔3. 敌军优劣点〕

A. 敌军优点

(1) 绝对奉行命令,高度发【扬】献身为国精神,善于独立作战,运用兵力灵活。

(2) 准备周到,企图秘密,情报确实,搜索周祥〔详〕。

(3) 阵地位置巧妙,能扼制要点。阵地编成良好,发挥高度火力。战斗技术优良,能以寡制众。

B. 敌军劣点

(1) 估计我军过低,认〔为〕我军渡河仰攻,绝难奏效,又以松山、斋公房、龙陵、腾冲等皆非我军所能攻克。故作战指导与兵团部署,均欠正确。

---

① 此件节选自《远征军反攻缅北战斗》。

(2)敌对我军企图判断错误。我攻腾北时,即判断我主力在腾北,目的在求与驻印军会师,遂以主力援腾北,故我军得乘虚直捣龙陵。

(3)敌忽略盟、我空军力量,故其工事位置多在山顶,是以轰炸多遭摧毁。

〔4. 我军优劣点〕

A. 我军之优点

(1)我军作战指导正确,先攻腾北,吸引敌主力,然后乘虚直捣龙陵。

(2)敌情判断正确,策应作战(第一期)部队渡河攻击奏效后,判断短期内【敌】难以增援,遂乘机扩张战果。

(3)渡河准备周到,一举成功。

(4)主宰战场,以绝对优势兵力及炮火与空军协同,猛烈反攻,并大胆包围、迂回,完全立于主动。

(5)官兵士气旺盛,作战奋勇。我军于极端困难之地形,向筑有坚固据点之敌攻击,耐严寒,忍匮乏,奋不顾身,克服万难,达成任务,士气之旺盛不难想象得之。

B. 我军之劣点

(1)补给、医药、卫生均差,兵站输力不足,粮弹时虞匮乏,伤病官兵死亡甚众。

(2)据点攻击准备欠周,战前对敌坚固据点之侦察及攻击坚固据点之训练都欠缺,以临阵盲目硬拼,旷日持久。

(3)疏于攻击筑城之重要,不知注重攻击筑城,以致蒙受过重牺牲。

(4)军机防护大〔太〕差,在俘供及文件中敌对我了如指掌。

(5)对特种战斗训练太差,敌屡乘夜暗、浓雾夺我据点。

附录：美国空军对中国远征军投送粮弹数量统计表

（1944年10月25日）

美国空军对我远征军投送粮弹数量统计表 三十三年十月二十五日

种　类 接受部队	粮　　弹	其　　它	备　　考
第二十集团军	二一一九.五吨	火焰放射器黄色药五十个	对二十集团军投送火焰放射器二次，其中一次为十六枚。
第十一集团军	二〇三七.〇吨	通信器材	投送器材一次，数量不明。
第九十三师		服装二架、食盐二架、器材八架	按每架运输机载重二吨计算，约为二十四吨。
附　记	一、自六月十一日起，美机开始对远征军投送粮弹，初次试投情形不明，未列入。 二、远征军长官部电报投送数量时，粮弹合报，故无法分列。 三、本表系根据远征军长官部每日陆空协定反实施电报调制。		

附录：

抗日战争时期
中国军队陆军序列表

(1937.7—1945.9)

〔一〕一九三七年

各战区及预备军司令长官、副司令长官姓名表

职　别	姓　名	任命日期
第一战区司令长官	蒋中正（兼）	8.20
	程　潜	10.25
副司令长官	鹿钟麟	10.25
第二战区司令长官	阎锡山	8.20
副司令长官	黄绍竑	10.13
第二战区预备军总司令	阎锡山	10.4
第二战区前敌总司令	卫立煌（兼）	12.9
第三战区司令长官	冯玉祥	8.20
	蒋中正（兼）	10.4
	顾祝同	12.30
副司令长官	顾祝同	8.20
第三战区前敌总司令	陈　诚	11.12
	薛　岳	12.27
第三战区左翼军总司令	薛　岳	11.11
第三战区右翼军总司令	张发奎	11.30
第四战区司令长官	何应钦	8.20
副司令长官	余汉谋	8.20
第五战区司令长官	蒋中正（兼）	8.20
	李宗仁	9.19

职　别	姓　名	任命日期
副司令长官	韩复榘	10.4
第六战区司令长官	冯玉祥	9.26
副司令长官	鹿钟麟	10.2
第七战区司令长官	刘　湘	10.26
副司令长官	陈　诚	12.3
第八战区司令长官	蒋中正(兼)	11.9
副司令长官	朱绍良	11.9
第一预备军司令长官	李宗仁	8.20
副司令长官	白崇禧(兼)	8.20
第二预备军司令长官	刘　湘	8.20
副司令长官	邓锡侯	8.20
第三预备军司令长官	龙　云	8.20
副司令长官	薛　岳	8.20
第四预备军司令长官	何成浚	8.20
副司令长官	徐源泉	8.20

各集团军正、副司令姓名表

职　别	姓　名	任命日期
第一集团军总司令	宋哲元	10.2
副总司令	冯治安	10.2
第二集团军总司令	刘　峙	10.4
副总司令	孙连仲	10.4
前敌总司令	卫立煌	10.4
第三集团军总司令	韩复榘	10.4
副总司令	沈鸿烈	10.4
	于学忠	10.4
第四集团军总司令	蒋鼎文	10.4

职　别	姓　名	任命日期
第五集团军总司令	顾祝同	10.4
副总司令	上官云相	10.4
第六集团军总司令	杨爱源	10.4
副总司令	孙　楚	10.4
第七集团军总司令	傅作义	10.4
第八集团军总司令	张发奎	10.4
副总司令	黄琪翔	11.10
	廖　磊	12.30
第九集团军总司令	张治中	10.4辞
	朱绍良	10.4
	顾祝同	12.3
副总司令	黄琪翔	10.4
	香翰屏	11.10
	上官云相	12.3
第十集团军总司令	刘建绪	10.4
第十一集团军总司令	李品仙	12.2
副总司令	廖　磊	12.2
第十二集团军总司令	余汉谋	12.4
第十四集团军总司令	卫立煌	10.4
第十五集团军总司令	陈　诚	10.4
	罗卓英	11.12
	陈　诚(兼)	12.3
副总司令	罗卓英	10.4
	刘建绪	12.3
第十七集团军总司令	马鸿逵	11.4
副总司令	马　麟	10.12
第十八集团军总司令	朱　德	10.4

职　别	姓　名	任命日期
副总司令	彭德怀	10.4
第十九集团军总司令	薛　岳	10.2
副总司令	吴奇伟	10.2
	香翰屏	12.3
第二十集团军总司令	商　震	10.2
副总司令	万福麟	10.30
第二十一集团军总司令	廖　磊	10.18
第二十二集团军总司令	邓锡侯	10.23
副总司令	孙　震	10.23
第二十三集团军总司令	刘　湘(兼)	10.23
副总司令	唐式遵	12.3

各军团长姓名表

职　别	姓　名	任命日期
第一军团军团长	孙连仲	9.13
第二军团军团长	徐源泉	9.13
第三军团军团长	庞炳勋	9.13
第四军团军团长	邓锡侯	9.13
第五军团军团长	刘文辉	9.13
第六军团军团长	杨　森	9.13
第七军团军团长	廖　磊	9.13
第八军团军团长	夏　威	9.13
第九军团军团长	李品仙	9.13
第十军团军团长	谭道源	9.13
第十一军团军团长	上官云相	9.13
第十二军团军团长	张　钫	9.13
第十三军团军团长	刘茂恩	9.13

职　别	姓　名	任命日期
第十四军团军团长	冯钦哉	9.13
第十五军团军团长	刘　兴	9.13
第十六军团军团长	罗卓英	9.30
第十七军团军团长	胡宗南	9.30
第十八军团军团长	吴奇伟	9.30
第十九军团军团长	冯治安	10.2
第二十军团军团长	汤恩伯	10.16
第二十一军团军团长	邓宝珊	10.17
第二十二军团军团长	陶　广	10.30
第二十三军团军团长	刘建绪(兼)	12.3
第二十四军团军团长	唐式遵(兼)	12.30
第二十五军团军团长	潘文华(兼)	12.30

各军军长、副军长姓名表

职　别	姓　名	任命日期
第一军军长	胡宗南	
副军长	范汉杰	
第二军军长	李延年	
第三军军长	曾万钟	8.27补实
第四军军长	吴奇伟	
副军长	欧　震	12.30
第五军军长	薛　岳	
副军长	郭思演	
第六军军长	韩复榘	
第七军军长	廖　磊	
	周祖晃	10.19
副军长	周祖晃	

1565

职　别	姓　名	任命日期
	徐启明	10.19
第八军军长	黄　杰	8.9
第九军军长	郝梦龄	
	郭寄峤	11.6
副军长	裴昌会	11.9
第十军军长	徐源泉	
副军长	马登瀛	
第十一军军长	马鸿逵	
第十二军军长	孙桐萱	8.19
第十三军军长	汤恩伯	
副军长	鲍　刚	12.20
第十四军军长	李默庵	9.7
副军长	王劲修	9.20
第十五军军长	刘茂恩	
副军长	徐鹏云	
第十六军军长	李韫珩	
第十七军军长	高桂滋	8.7
第十八军军长	罗卓英	
第十九军军长	王靖国	
副军长	霍原璧	
第二十军军长	杨　森	
副军长	夏　炯	10.26
第二十一军军长	唐式遵	
副军长	范绍增	
第二十二军军长	谭道源	
副军长	岳　森	
第二十三军军长	潘文华	

职　别	姓　名	任命日期
第二十四军军长	刘文辉	9.8
副军长	陈光藻	9.8
第二十五军军长	万耀煌	
副军长	卢本棠	11.2
第二十六军军长	萧之楚	
副军长	冯兴贤	11.20
第二十七军军长	刘　兴	
副军长	戴　岳	
第二十八军军长	陶　广	
副军长	郭持平	
第三十军军长	田镇南	8.25
第三十一军军长	刘士毅	9.30
副军长	覃连芳	9.30
第三十二军军长	商　震	
副军长	李竟容	
第三十三军军长	孙　楚	
副军长	周原健	
第三十四军军长	杨澄源(兼)	7.19
副军长	傅存怀	
第三十五军军长	傅作义	
副军长	叶启杰	
第三十六军军长	周浑元	
副军长	姚　纯	
第三十七军军长	毛秉文	
副军长	许克祥	
第三十八军军长	孙蔚如	
副军长	段象武	8.20

职别	姓名	任命日期
第三十九军军长	刘和鼎	
副军长	戴民权	11.9
第四十军军长	庞炳勋	
副军长	马法五	
第四十一军军长	孙 震	
副军长	董宋珩	
第四十二军军长	冯安邦	8.25
第四十三军军长	郭汝栋	
副军长	刘公笃	
第四十四军军长	王缵绪	
第四十五军军长	邓锡侯	
副军长	马毓智	9.8
第四十六军军长	樊崧甫	
副军长	施伯衡	10.3
第四十七军军长	李家钰	
副军长	罗泽洲	9.16
第四十八军军长	韦云淞	
副军长	何 宣	
	张义纯	10.26
第四十九军军长	刘多荃	
副军长	董彦平	
第五十军军长	杨渠统	
副军长	晁广顺	
第五十一军军长	于学忠	
副军长	李振堂	7.27
第五十二军军长	关麟征	8.9
第五十三军军长	万福麟	

职　别	姓　名	任命日期
副军长	黄显声	
第五十四军军长	霍揆彰	8.9
第五十五军军长	曹福林	8.19
第五十六军军长	谷良民	
第五十七军军长	缪澂流	
副军长	朴炳珊	7.20
第五十八军		（已委人）
第五十九军军长	宋哲元	8.31
副军长	李文田	10.1
第六十军军长	卢　汉	8.30
第六十一军军长	李服膺	7.19
	（9月不战而退被正法）	
	陈长捷	10.5
第六十二军军长	张　达	8.22
第六十三军军长	张瑞贵	8.22
第六十四军军长	李汉魂	8.22
第六十五军军长	李振球	8.22
第六十六军军长	叶　肇	8.22
第六十七军军长	吴克仁	
副军长	贺　奎	
第六十八军军长	刘汝明	8.31
第六十九军军长	阮肇昌	8.31
副军长	李松山	
第七十军军长	李　觉	8.31
第七十一军军长	王敬久（兼）	9.12
第七十二军军长	孙元良	9.12
第七十三军军长	王东原	8.31

职别	姓名	任命日期
副军长	陈孔达	
	彭松龄	11.19
第七十四军军长	俞济时	8.30
副军长	蒋伏生	9.9
第七十五军军长	周碞	8.31
第七十六军军长	陶峙岳	9.31
副军长	卢兴荣	11.17
第七十七军军长	冯治安	8.31
副军长	张凌云	10.6
第七十八军军长	宋希濂	
第七十九军军长	夏楚中	
第八十军军长	刘绍先	9.29
	孔令恂	11.9
第八十一军军长	马鸿宾	10.4
第八十二军军长	马步芳	10.11
第八十三军军长	邓龙光	10.14
第八十五军军长	王仲廉	11.6
副军长	王万龄	12.10
第八十六军军长	何知重	12.18
新编第一军军长	邓宝珊	
新编第二军军长	马步芳	
新编第四军军长	叶挺	10.2
骑兵第一军军长	赵承绶	8.31
骑兵第二军军长	何柱国	8.31
骑兵第三军军长	郑大章	8.31
骑兵第四军军长	檀自新	8.31
骑兵第五军军长	马步青	9.8

职　别	姓　名	任命日期
骑兵第六军军长	门炳岳	10.17
副军长	刘凤歧	11.5
陆军汽车兵团司令	斯　立	
陆军铁道兵团司令	奚望青	
陆军装甲兵团司令	杜聿明	
税警总团总团长	黄　杰	

〔二〕一九三八年

各战区正、副司令长官姓名表

职　别	姓　名	任命日期
第一战区司令长官	程　潜	
副司令长官	鹿钟麟	
	宋哲元	2.20
	刘　峙	3.9
第二战区司令长官	阎锡山	
副司令长官	黄绍竑	
第三战区司令长官	顾祝同	
副司令长官	唐式遵	
第四战区司令长官	何应钦	
	蒋中正(兼)	7.25
	张发奎(代)	12.25
副司令长官	余汉谋	
第五战区司令长官	李宗仁	
副司令长官	韩复榘(1.26被撤职枪决)	
	李品仙	1.26
第八战区司令长官	蒋中正(兼)	
副司令长官	朱绍良	
第九战区司令长官	陈　诚	6.18

各集团军正、副总司令姓名表

职　别	姓　名	任命日期
第一集团军总司令	宋哲元	
	龙　云	10.1
副总司令	冯治安	
	卢　汉	12.1
第二集团军总司令	孙连仲	
第三集团军总司令	韩复榘（违令被枪决在案）	
	孙桐萱	6.7
副总司令	于学忠	
	孙桐萱	1.13
	曹福林	6.7
第四集团军总司令	蒋鼎文	
第五集团军总司令	于学忠	6.7
第六集团军总司令	杨爱源	
副总司令	孙　楚	
第七集团军总司令	傅作义	
第八集团军总司令	张发奎	12.4
副总司令	黄琪翔	
	叶　肇	3.4
	李汉魂	9.2
第九集团军总司令	顾祝同	
	吴奇伟	8.5
副总司令	上官云相	
	叶　肇	9.2
第十集团军总司令	刘建绪	
第十一集团军总司令	李品仙	

职　别	姓　名	任命日期
第十二集团军总司令	余汉谋	
第十四集团军总司令	卫立煌	
第十五集团军总司令	陈　诚	
副总司令	刘建绪	
第十七集团军总司令	马鸿逵	
副总司令	马　麟	
第十八集团军总司令	朱　德	
副总司令	彭德怀	
第十九集团军总司令	薛　岳	
	罗卓英	1.26
副总司令	香翰屏	
	吴奇伟	5.3
第二十集团军总司令	商　震	
副总司令	万福麟	
第二十一集团军总司令	廖　磊	
第二十二集团军总司令	邓锡侯	
	孙　震(兼)	5.1
副总司令	孙　震	
	李家钰	5.1
第二十三集团军总司令	刘　湘(兼)	(1.20病故)
	唐式遵	
第二十四集团军总司令	顾祝同	
第二十六集团军总司令	徐源泉	1.13
第二十七集团军总司令	杨　森	1.27
第二十八集团军总司令	潘文华	1.27
第二十九集团军总司令	王缵绪	1.27
副总司令	许绍宗(兼)	7.15

职别	姓名	任命日期
第三十集团军总司令	王陵基(兼)	4.28
第三十一集团军总司令	汤恩伯	6.8
第三十二集团军总司令	上官云相	6.24
第三十三集团军总司令	张自忠(兼)	10.13
副总司令	冯治安	12.22

各军团正、副军团长姓名表

职别	姓名	任命日期
第一军团军团长	孙连仲	
第二军团军团长	徐源泉	
	(12.28作战不力被撤职)	
第三军团军团长	庞炳勋	
第四军团军团长	邓锡侯	
第五军团军团长	刘文辉	
第六军团军团长	杨森	
第七军团军团长	廖磊	
第八军团军团长	夏威	
第九军团军团长	李品仙	
第十军团军团长	谭道源	
	石友三	7.27
第十一军团军团长	上官云相	
	毛秉文	3.10
	李延年	8.5
第十二军团军团长	张钫	
	樊崧甫	8.5
第十三军团军团长	刘茂恩	
第十四军团军团长	冯钦哉	

职　别	姓　名	任命日期
第十五军团军团长	刘　兴	
	万耀煌	6.14
第十六军团军团长	罗卓英	
第十七军团军团长	胡宗南	
副军团长	彭进之	6.27
第十八军团军团长	吴奇伟	
第十九军团军团长	冯治安	
第二十军团军团长	汤恩伯	
副军团长	王家烈	8.30
第二十一军团军团长	邓宝珊	
第二十二军团军团长	陶　广	
第二十三军团军团长	刘建绪(兼)	
第二十四军团军团长	唐式遵(兼)	
第二十五军团军团长	潘文华(兼)	
第二十六军团军团长	万福麟(兼)	3.28
第二十七军团军团长	张自忠	4.13
副军团长	李文田	5.3
第二十八军团军团长	刘汝明	6.4
第二十九军团军团长	李汉魂	6.8
副军团长	邓龙光	9.29
第三十军团军团长	卢　汉	6.14
副军团长	高荫槐	9.5
第三十一军团军团长	孙蔚如	6.21
第三十二军团军团长	关麟征	6.17
第三十三军团军团长	李默庵	6.21
第三十四军团军团长	王东原	6.29
第三十五军团军团长	曾万钟	7.2

职　别	姓　名	任命日期
第三十六军团军团长	俞济时	8.5
第三十七军团军团长	王敬久	8.5
第三十八军团军团长	叶肇	9.23

各军军长、副军长姓名表

职　别	姓　名	任命日期
第一军军长	胡宗南(兼)	
	李铁军	5.12
	陶峙岳	7.28
副军长	范汉杰	
	李英	7.18
第二军军长	李延年	
副军长	陈应龙	5.27
第三军军长	曾万钟	
副军长	唐淮源	7.18
第四军军长	吴奇伟	
	欧震	6.24
副军长	欧震	
第五军军长	薛岳	
副军长	郭思演	
第六军军长	甘丽初	8.5
第七军军长	周祖晃	
	张淦	6.21
副军长	徐启明	
	王赞斌	9.19
第八军军长	黄杰	
	李玉堂	6.8

职　　别	姓　名	任命日期
第九军军长	郭寄峤	
副军长	裴昌会	
第十军军长	徐源泉	
副军长	马登瀛	
第十一军军长	马鸿逵	
第十二军军长	孙桐萱	
副军长	刘书香	2.6
第十三军军长	汤恩伯	
	张　轸	5.11
	张雪中(代)	7.30
副军长	鲍　刚	
第十四军军长	李默庵	
	陈　铁	6.21
副军长	王劲修	
第十五军军长	刘茂恩	
第十六军军长	李韫珩	
	董　钊	8.5
副军长	李　英	1.27
第十七军军长	高桂滋	
第十八军军长	罗卓英	
	黄　维	5.30
副军长	黄　维	2.10
	陈　沛	9.23
第十九军军长	王靖国	
副军长	梁培璜	
第二十军军长	杨　森	
副军长	夏　炯	

职　别	姓　名	任命日期
第二十一军军长	唐式遵	
副军长	范绍增	
	刘熙鉴	6.12
第二十二军军长	谭道源	
	高双成	7.18
副军长	岳　森	
第二十三军军长	潘文华	
	陈万仞	9.29
副军长	陈万仞	3.6
第二十四军军长	刘文辉	
副军长	陈光藻	
第二十五军军长	万耀煌	
	王敬久	6.16
副军长	卢本棠	
第二十六军军长	萧之楚	
副军长	冯兴贤	
第二十七军军长	刘　兴	
	桂永清	4.13
	王敬久	5.8
	胡宗南(兼)	6.18
	范汉杰	9.1
副军长	戴　岳	
	李树森	4.15
	蒋伏生	8.19
第二十八军军长	陶　广	
副军长	郭持平	
第二十九军军长	陈安宝	8.5

职　别	姓　名	任命日期
副军长	李祖白	12.20
第三十军军长	田镇南	
第三十一军军长	刘士毅	
	韦云淞	2.16
副军长	覃连芳	
	贺维珍	9.2
第三十二军军长	商　震	
副军长	李竟容	
第三十三军军长	孙　楚	
第三十四军军长	杨澄源	
第三十五军军长	傅作义	
副军长	叶启杰	
第三十六军军长	周浑元	
	姚　纯	2.8
副军长	姚　纯	
	谢溥福	3.13
第三十七军军长	毛秉文	
	黄国梁	8.5
副军长	许克祥	
第三十八军军长	孙蔚如	
	赵寿山	6.21
副军长	段象武	
第三十九军军长	刘和鼎	
副军长	戴民权	
第四十军军长	庞炳勋	2.23
副军长	马法五	8.19
第四十一军军长	孙　震	

职　别	姓　名	任命日期
副军长	董宋珩	
第四十二军军长	冯安邦	
副军长	萧毅肃	6.17
	张砚田	7.21
第四十三军军长	郭汝栋	
	沈　克	9.17
副军长	刘公笃	
第四十四军军长	王缵绪	
	廖　震	10.8
副军长	王　士	
	彭成孚(兼)	3.6
	王泽浚(兼)	9.27
第四十五军军长	邓锡侯	
	陈鼎勋	4.26
副军长	马毓智	
	陈　离(兼)	4.26
第四十六军军长	樊崧甫	
副军长	施伯衡	
第四十七军军长	李家钰	
副军长	罗泽洲	
第四十八军军长	韦云淞	
	廖　磊(兼)	2.7
	张义纯	7.7
副军长	张义纯	
	王赞斌	2.7
	区寿年	9.13
第四十九军军长	刘多荃	

1581

职　别	姓　名	任命日期
副军长	董彦平	3.28
	陈　沛(兼)	7.3
	高鹏云	9.22
第五十军军长	杨渠统	
	郭勋祺(兼)	2.5
副军长	晁广顺	
第五十一军军长	于学忠	
副军长	李振唐	
	刘忠干	3.24
	牟中珩	7.27
第五十二军军长	关麟征	
	张耀明	9.27
副军长	欧阳棻	10.2
第五十三军军长	万福麟	
	周福成	12.21
副军长	黄显声	
	王景儒	2.7
	朱鸿勋(兼)	12.21
第五十四军军长	霍揆彰	
第五十五军军长	曹福林	
副军长	许文耀	2.10
	李益智(代)	9.27
第五十六军军长	谷良民	
	郭昌明	3.19
第五十七军军长	缪澂流	
第五十八军军长	孙　渡	6.6
第五十九军军长	宋哲元	

职　别	姓　名	任命日期
	张自忠	2.11
副军长	李文田	
第六十军军长	卢　汉	
副军长	张　冲	9.5
	安恩溥	12.31
第六十一军军长	陈长捷	
副军长	黄士桐	
第六十二军军长	张　达	
第六十三军军长	张瑞贵	
第六十四军军长	李汉魂	
	邓龙光	12.21
第六十五军军长	李振球	
副军长	马毓智	3.26
第六十六军军长	叶　肇	
副军长	谭　邃	2.26
第六十七军军长	许绍宗	2.5
副军长	贺　奎	
	王　士	3.28
	廖　震	9.1
	彭诚孚	9.25
第六十八军军长	刘汝明	
副军长	田温其(暂代)	12.31
第六十九军军长	阮肇昌	
	石友三	3.28
副军长	李松山	
	王清翰	4.22
第七十军军长	李　觉	

职　别	姓　名	任命日期
副军长	顾家齐	8.20
第七十一军军长	王敬久	
	宋希濂	5.1
副军长	凌兆尧	12.21
第七十二军军长	孙元良	
	王陵基	4.6
副军长	韩全朴	7.27
第七十三军军长	王东原	
	彭位仁	12.31
副军长	彭松龄	
	陈孔达	2.6
	赵　毅	9.27
第七十四军军长	俞济时	
副军长	蒋伏生	
	詹忠言	9.15
	王耀武	12.22
第七十五军军长	周　碞	
第七十六军军长	陶峙岳	
	李铁军	7.28
副军长	卢兴荣	
第七十七军军长	冯治安	
副军长	张凌云	
	何基沣	5.3
第七十八军军长	宋希濂	
	张　再	5.11
副军长	夏首勋	10.25
第七十九军军长	夏楚中	

职　别	姓　名	任命日期
第八十军军长	孔令恂	
第八十一军军长	马鸿宾	
第八十二军军长	马步芳	
第八十三军军长	邓龙光	
	莫希德	9.27
第八十四军军长	夏　威(兼)	4.12
	覃连芳	6.21
副军长	徐文明	8.10
第八十五军军长	王仲廉	
副军长	王万龄	
	冯占海	6.20
第八十六军军长	何知重	
副军长	吴剑平	4.4
第八十七军军长	刘膺古	1.22
副军长	陈孔达	3.10
第八十八军军长	范绍增	2.5
第八十九军军长	韩德勤	2.18
副军长	李守维	4.24
第九十军军长	彭进之	2.7
	李　文	6.27
副军长	金奎璧	
	李松山	3.2
	胡伯翰	7.15
	李树森	12.31
第九十一军军长	郜子举	2.12
副军长	张庆余	7.8
第九十二军军长	李仙洲	2.12

职　别	姓　名	任命日期
第九十三军军长	刘　戡	3.7
副军长	朱怀冰	3.7
	魏　巍	3.31
第九十四军军长	郭　忏	4.19
副军长	柳际明	9.2
第九十五军军长	黄　隐	4.26
副军长	刁世杰	4.26
第九十六军军长	李兴中(兼)	6.21
第九十七军军长	朱怀冰	6.22
第九十八军军长	汤恩伯(兼)	6.21
	张　刚	7.27
副军长	郑洞国	7.4
第九十九军军长	傅仲芳	6.29
第一〇〇军军长	陈　琪(兼)	9.29
新编第一军军长	邓宝珊	
新编第二军军长	鲁大昌	9.27
新编第三军军长	张　冲	10.11
新编第四军军长	叶　挺	
副军长	项　英	4.3
新编第十一军军长	徐庭瑶(兼)	11.15
骑兵第一军军长	赵承绶	
副军长	白濡青	
骑兵第二军军长	何柱国	
副军长	郭希鹏	
骑兵第五军军长	马步青	
骑兵第六军军长	门炳岳	
副军长	刘凤歧	

〔三〕一九三九年

各战区正、副司令长官姓名表

职　别	姓　名	任命日期
第一战区司令长官	卫立煌	1.9
副司令长官	孙连仲	1.9
	冯钦哉	10.21
第二战区司令长官	阎锡山	
副司令长官	朱　德	3.12
	杨爱源	3.13
第三战区司令长官	顾祝同	
副司令长官	唐式遵	
第四战区司令长官	蒋中正	
	张发奎(代)	
	张发奎	11.4 实任
副司令长官	余汉谋	
第五战区司令长官	李宗仁	
副司令长官	李品仙	
	孙连仲	11.26
第六战区司令长官	陈　诚	10.2
副司令长官	杨　森	10.5
	商　震	10.2
	谷正伦(兼)	12.1

职别	姓名	任命日期
第八战区司令长官	蒋中正(兼)	
	朱绍良	1.14
副司令长官	朱绍良	
	傅作义	1.14
	马鸿逵	2.28
第九战区司令长官	陈　诚	
	薛　岳	10.2
副司令长官	薛　岳	1.17
	（代司令长官职务）	
	商　震	1.9
	王陵基	10.2
第九战区前敌总司令	罗卓英	1.9
第十战区司令长官	蒋鼎文	1.14
冀察战区总司令	鹿钟麟	1.14
副总司令	石友三	1.22
	庞炳勋	2.25
鲁苏战区总司令	于学忠	1.14
副总司令	沈鸿烈	1.14
	韩德勤	2.7

各集团军正、副总司令姓名表

职别	姓名	任命日期
第一集团军总司令	龙　云	
	卢　汉	1.7
副总司令	卢　汉	
	高荫槐	2.28
第二集团军总司令	孙连仲	

职　别	姓　名	任命日期
副总司令	庞炳勋	1.20
	刘汝明	1.20
	田镇南	2.17
第三集团军总司令	孙桐萱	
副总司令	曹福林	
第四集团军总司令	蒋鼎文	
	孙蔚如	2.7
副总司令	李家钰	2.6
第五集团军总司令	于学忠	
	曾万钟	2.7
副总司令	刘茂恩	2.7
第六集团军总司令	杨爱源	
	陈长捷	5.26
副总司令	孙　楚	
	杨澄源	3.2
第七集团军总司令	傅作义	
	赵承绶	3.25
第八集团军总司令	张发奎	
	孙　楚	2.7
副总司令	李汉魂	
	赵承绶	3.12
第九集团军总司令	吴奇伟	
副总司令	叶　肇	
	香翰屏	1.19
	缪培南	5.24
第十集团军总司令	刘建绪	
副总司令	陶　广	1.28

职　别	姓　名	任命日期
	俞济时	10.18
第十一集团军总司令	李品仙	
	夏　威	11.1
	黄琪翔	11.26
副总司令	刘和鼎	9.28
第十二集团军总司令	余汉谋	
副总司令	叶　肇	1.11
	王　俊	4.22
第十三集团军总司令	王靖国	2.6
副总司令	陈长捷	3.9
第十四集团军总司令	卫立煌	
	冯钦哉(代)	3.15
	刘茂恩	10.24
副总司令	冯钦哉	2.7
	李默庵	2.8
第十五集团军总司令	陈　诚(兼)	
	薛　岳(兼)	5.11
	关麟征	10.2
副总司令	刘建绪	
	关麟征	5.11
第十六集团军总司令	夏　威	2.6
	蔡廷锴	11.1
	夏　威	11.26
副总司令	蔡廷锴	3.3
	韦云淞	11.1
	邓龙光	
第十七集团军总司令	马鸿逵	

职　别	姓　名	任命日期
副总司令	马　麟	
	马鸿宾	4.22
第十八集团军总司令	朱　德	
副总司令	彭德怀	
第十九集团军总司令	罗卓英	
副总司令	刘膺古	2.27
	俞济时	6.4
第二十集团军总司令	商　震	
副总司令	万福麟	
	俞济时	1.25
	霍揆彰	6.4
第二十一集团军总司令	廖　磊	
	李品仙	10.27
副总司令	张义纯	11.20
第二十二集团军总司令	孙　震(兼)	
副总司令	李家钰	
	董宋珩	1.11
第二十三集团军总司令	唐式遵	
副总司令	郭勋祺	1.11
第二十四集团军总司令	顾祝同	
	庞炳勋	9.21
第二十五集团军总司令	陈　仪	3.8
第二十六集团军总司令	徐源泉	
	黄琪翔	10.2
	蔡廷锴	11.26
副总司令	李默庵	10.2
第二十七集团军总司令	杨　森	

第二十八集团军总司令	潘文华	
第二十九集团军总司令	王缵绪	
副总司令	许绍宗(兼)	
第三十集团军总司令	王陵基(兼)	
第三十一集团军总司令	汤恩伯	
副总司令	关麟征	1.17
	周碞	1.22
第三十二集团军总司令	上官云相	
副总司令	王东原	1.28
	王敬久	2.7
第三十三集团军总司令	张自忠(兼)	
副总司令	冯治安	
	郭忏	1.11
	周碞	9.17
第三十四集团军总司令	蒋鼎文(兼)	1.14
	胡宗南	8.4
副总司令	胡宗南(兼)	1.14
	宋希濂	11.22
第三十五集团军总司令	李汉魂	10.8
副总司令	邓龙光	10.8
第三十六集团军总司令	李家钰	10.24
副总司令	高桂滋	10.24
第三十七集团军总司令	叶肇	11.20
第三十八集团军总司令	徐庭瑶	12.11
副总司令	李默庵	12.11
第五军团军团长	刘文辉	

(除该军团保留外,其余各军团均于1939年2月8日撤销)

各军军长、副军长姓名表

职　别	姓　名	任命日期
第一军军长	陶峙岳	
副军长	李　英	
	张坤生	1.13
	罗历戎	4.29
第二军军长	李延年	
副军长	陈应龙	
	沈发藻	5.26
	郑作民	11.23
第三军军长	曾万钟	
	唐淮源	7.21
第四军军长	欧　震	
副军长	梁华盛	2.23
	柏辉章	7.21
第五军军长	薛　岳	
	杜聿明(代)	2.17
	俞济时	6.5
	杜聿明(代)	6.21
	杜聿明	11.19 实任
副军长	郑洞国	2.19
第六军军长	甘丽初	
第七军军长	张　淦	
副军长	王赞斌	
第八军军长	李玉堂	
副军长	梁立柱	3.19
第九军军长	郭寄峤	

职　　别	姓　名	任命日期
副军长	裴昌会	
第十军军长	徐源泉	
	梁华盛	7.5
副军长	马登瀛	
第十一军军长	马鸿逵	
第十二军军长	孙桐萱	
副军长	刘书香	
第十三军军长	汤恩伯	
	张雪中	8.7
副军长	张雪中	2.15
	马励武	8.7
第十四军军长	陈　铁	
副军长	王劲修	
	彭杰如	1.14
第十五军军长	刘茂恩	
	武庭麟	10.26
副军长	徐鹏云	
	姚北辰	4.25
第十六军军长	董　钊	
副军长	李　英	
第十七军军长	高桂滋	
第十八军军长	黄　维	
	彭　善	5.26
副军长	陈　沛	
	章亮基	4.24
第十九军军长	王靖国	
	孟宪吉	8月

职　　别	姓　名	任命日期
副军长	梁培璜	
第二十军军长	杨　森	
	杨汉域	1.23
副军长	夏　炯	
第二十一军军长	唐式遵(兼)	
	陈万仞	2.4
副军长	刘熙鉴	
第二十二军军长	高双成	
第二十三军(空缺)		
第二十四军军长	刘文辉	
副军长	陈光藻	
第二十五军军长	王敬久	
	张文清	8.16
副军长	卢本棠	
	梁华盛	1.30
	张文清	7.10
	詹忠言	10.21
第二十六军军长	萧之楚	
副军长	冯兴贤	
	焦其凤	2.14
第二十七军军长	范汉杰	
副军长	蒋伏生	
	周士冕	6.21
第二十八军军长	陶　广	
副军长	郭持平	
	余泽篯	8.8
第二十九军军长	陈安宝	

职　别	姓　名	任命日期
	刘雨卿	5.14
副军长	李祖白	
	周志群	7.12
第三十军军长	田镇南	
	池峰城	3.25
副军长	鲁崇义	4.11
第三十一军军长	韦云淞	
副军长	贺维珍	
第三十二军军长	商　震	
	宋肯堂	1.11
副军长	李竟容	
	傅立平	1.11
	周熹文	7.28
	李兆锳	9.18
第三十三军军长	孙　楚	
	郭宗汾	7.1
第三十四军军长	杨澄源	
	彭毓斌	6.1
第三十五军军长	傅作义	
副军长	叶启杰	
	陈炳谦	9.18
第三十六军军长	姚　纯	
副军长	谢溥福	
第三十七军军长	黄国梁	
	关麟征(兼)	1.11
	陈　沛	5.30
副军长	许克祥	

职　别	姓　名	任命日期
	陈　沛	1.10
第三十八军军长	赵寿山	1.21专任
副军长	段象武	
第三十九军军长	刘和鼎	
副军长	戴民权	
	刘尚志	1.25
第四十军军长	庞炳勋	
副军长	马法五	
	沈　克	1.20
第四十一军军长	孙　震(兼)	
副军长	董宋珩	
	曾宪栋	10.6
	杨俊清	10.6
第四十二军军长	冯安邦	
	杨德亮	8.5
副军长	萧毅肃	
	张坤生	9.8
第四十三军军长	沈　克	
副军长	刘公笃	
第四十四军军长	廖　震	
副军长	王泽浚	
第四十五军军长	陈鼎勋	
副军长	陈　离	
第四十六军军长	樊崧甫	
	夏　威(兼)	1.26
	何　宣	11.15
副军长	施伯衡	

职　别	姓　名	任命日期
	何　宣	1.26
第四十七军军长	李家钰	
副军长	罗泽洲	
第四十八军军长	张义纯	
	区寿年	11.19
副军长	区寿年	
第四十九军军长	刘多荃	
副军长	高鹏云	
	林岳生	5.25
第五十军军长	郭勋祺	
	佟　毅	12.8
副军长	晁广顺	
第五十一军军长	于学忠	
	牟中珩	3.18
副军长	牟中珩	
	周毓英	3.18
第五十二军军长	张耀明	
副军长	欧阳棻	
	梁　恺	6.17
第五十三军军长	周福成	
副军长	朱鸿勋	
第五十四军军长	霍揆彰	
	陈　烈	7.5
副军长	陈　烈	2.11
第五十五军军长	曹福林	
副军长	李益智(代)	
	李益智	7.12 实任

职　　别	姓　名	任命日期
第五十六军军长	郭昌明	
第五十七军军长	缪澂流	
第五十八军军长	孙　渡	
副军长	鲁道源	7.13
第五十九军军长	张自忠	
副军长	李文田	
第六十军军长	卢　汉	
	安恩溥	7.13
副军长	安恩溥	1.11
第六十一军军长	陈长捷	
	吕瑞英	7.1
副军长	黄士桐	
第六十二军军长	张　达	
	黄　涛	9.18
第六十三军军长	张瑞贵	
第六十四军军长	邓龙光	
副军长	陈公侠	1.21
第六十五军军长	李振球	
	黄国梁	11.15
副军长	马毓智	
	曾友仁	5.26
第六十六军军长	叶　肇	
	谭　邃	4.11
	陈　骥	7.26
副军长	谭　邃	
	陈　骥	10.4
第六十七军军长	许绍宗	

职　别	姓　名	任命日期
副军长	彭诚孚	
	王　士	12.9
第六十八军军长	刘汝明	
副军长	田温其(代)	1.14
	李金田	7.27
第六十九军军长	石友三	
副军长	王清翰	
第七十军军长	李　觉	
副军长	顾家齐	
	宋英仲	6.9
	段　珩	11.22
第七十一军军长	宋希濂	
副军长	凌兆尧	
第七十二军军长	王陵基(兼)	
副军长	韩全朴	
第七十三军军长	彭位仁	
副军长	赵　毅	
	汪之斌	4.29
第七十四军军长	俞济时	
	王耀武	6.24
副军长	王耀武	
	冯圣法	7.9
	施中诚	9.21
第七十五军军长	周　碞	
副军长	张　琪	1.15
	陈瑞河	11.13
第七十六军军长	李铁军	

职　别	姓　名	任命日期
副军长	卢兴荣	
	王文彦	4.29
第七十七军军长	冯治安	
副军长	何基沣	
	张凌云	1.3
第七十八军军长	张　再	
	夏首勋	2.10
副军长	夏首勋	
	刘若弼	3.2
第七十九军军长	夏楚中	
副军长	王甲本	11.23
第八十军军长	孔令恂	
副军长	高卓东	3.27
	温剑鸣	10.23
第八十一军军长	马鸿宾	
第八十二军军长	马步芳	
第八十三军军长	杜春沂	
第八十四军军长	覃连芳	
	莫树杰(代)	6.29
副军长	徐文明	
第八十五军军长	王仲廉	
副军长	冯占海	
	陈大庆(代)	1.5
	陈大庆	2.22
第八十六军军长	何知重	
	俞济时(兼)	6.23
	冯圣法	12.29

职　别	姓　名	任命日期
副军长	吴剑平	
	冯圣法	8.16
	莫与硕	12.29
第八十七军军长	刘膺古	
	周祥初(兼)	2.7
副军长	陈孔达	
第八十八军军长	范绍增	
第八十九军军长	韩德勤	
	李守维(代)	3.19
	李守维	8.22实任
副军长	李守维	
	贾韫山	8.22
第九十军军长	李　文	
副军长	李树森	
	曾志远	2.22
第九十一军军长	郜子举	
	宣铁吾	2.4
副军长	张庆余	
第九十二军军长	李仙洲	
副军长	傅立平	
第九十三军军长	刘　戡	
副军长	魏　巍	
	陈牧农	4.21
	蒋在珍	9.5
第九十四军军长	郭　忏	
副军长	柳际明	
	黄壮怀	2.9

职　别	姓　名	任命日期
第九十五军军长	黄　隐	
副军长	刁世杰	
第九十六军军长	李兴中	1.21 专任
副军长	王根僧	1.21
第九十七军军长	朱怀冰	
副军长	潘善斋	3.11
第九十八军军长	张　刚	
	武士敏	10.23
副军长	郑洞国	
	柳彦彪	10.22
第九十九军军长	傅仲芳	
副军长	张一能	5.12
	傅立平	7.26
	张一能	9.19
第一〇〇军军长	陈　琪	
新编第一军军长	邓宝珊	
副军长	张坤生	4.29
新编第二军军长	鲁大昌	
新编第三军军长	张　冲	
	高荫槐(兼)	7.20
新编第四军军长	叶　挺	
副军长	项　英	
新编第五军军长	孙魁元	1.26
副军长	邢肇棠	4.24
新编第六军军长	薛　岳(兼)	6.1
副军长	沈久成	6.1
新编第十一军军长	杜聿明(代)	1.14

职 别	姓 名	任命日期
		（不久改为第五军）
暂编第二军军长	邹 洪	11.23
副军长	古鼎新	12.6
骑兵第一军军长	赵承绶	
	白濡青	
骑兵第二军军长	何柱国	
副军长	郭希鹏	
骑兵第五军军长	马步青	
副军长	马步荣	10.12
骑兵第六军军长	门炳岳（该军 2 月裁撤，10 月又成立）	

〔四〕一九四〇年

各战区正、副司令长官姓名表

职 别	姓 名	任命日期
第一战区司令长官	卫立煌	
副司令长官	冯钦哉	
第二战区司令长官	阎锡山	
副司令长官	卫立煌(兼)	
	朱 德(兼)	
	杨爱源(兼)	
第三战区司令长官	顾祝同	
副司令长官	唐式遵(兼)	
	刘建绪	7.30
第四战区司令长官	张发奎	
副司令长官	余汉谋	
	夏 威	1.31
	(6.6免职,专任集团军总司令)	
	吴奇伟	1.31
	(6.6免职,专任集团军总司令)	
第五战区司令长官	李宗仁	
副司令长官	李品仙	
	孙连仲	
第六战区司令长官	陈 诚	

职　别	姓　名	任命日期
(5.15.曾撤销,其作战地域归并第九战区)		
	商　震	2.3
	陈　诚	7.8
(7月该战区又重设)		
副司令长官	谷正伦	
	杨　森	
	吴奇伟	7.13
第七战区司令长官	余汉谋	8.7
副司令长官	蒋光鼐	9.20
第八战区司令长官	朱绍良	
副司令长官	傅作义	
	马鸿逵	
第九战区司令长官	薛　岳	
副司令长官	王陵基	
	罗卓英	2.21
	杨　森	4.29
第十战区司令长官	蒋鼎文	
(该战区于5.15撤销)		
鲁苏战区总司令	于学忠	
副总司令	沈鸿烈	
	韩德勤	
冀察战区总司令	鹿钟麟	
	卫立煌(兼)	4.1
副总司令	石友三	
	庞炳勋	

预备军司令长官姓名表

职　别	姓　名	任命日期
第三预备军司令长官	龙　云	

各集团军暨战区正、副总司令姓名表

职　别	姓　名	任命日期
第一集团军总司令	卢　汉	
副总司令	高荫槐	
第二集团军总司令	孙连仲	
副总司令	田镇南	
	刘汝明	
第三集团军总司令	孙桐萱	
副总司令	曹福林	
第四集团军总司令	孙蔚如	
第五集团军总司令	曾万钟	
副总司令	陈　铁	8.22
第六集团军总司令	陈长捷	
副总司令	杨澄源	
第七集团军总司令	赵承绶	
第八集团军总司令	孙　楚	
第九集团军总司令	吴奇伟	
	缪培南（代）	1.31
	缪培南	7.5实任
	关麟征	7.13
副总司令	缪培南	
第十集团军总司令	刘建绪（兼）	
副总司令	陶　广	

1607

职　别	姓　名	任命日期
	俞济时	
第十一集团军总司令	黄琪翔	
	（该集团军 9.8 撤销）	
副总司令	刘和鼎	
	萧之楚	5.5
第十二集团军总司令	余汉谋	
副总司令	王　俊	
	徐景唐	5.24
第十三集团军总司令	王靖国	
第十四集团军总司令	刘茂恩	
副总司令	李默庵	
	刘　戡	8.22
第十五集团军总司令	关麟征	
第十六集团军总司令	夏　威	
副总司令	韦云淞	
第十七集团军总司令	马鸿逵（兼）	
副总司令	马　麟	
	马鸿宾	
第十八集团军总司令	朱　德	
副总司令	彭德怀	
第十九集团军总司令	罗卓英	
副总司令	刘膺古	
第二十集团军总司令	商　震（兼）	
	霍揆彰（代）	7.19
副总司令	霍揆彰	
	万福麟	
第二十一集团军总司令	李品仙	

职别	姓名	任命日期
副总司令	张义纯	
第二十二集团军总司令	孙 震	
副总司令	董宋珩	
	陈鼎勋	
第二十三集团军总司令	唐式遵	
副总司令	郭勋祺	
第二十四集团军总司令	庞炳勋	
第二十五集团军总司令	陈 仪	
第二十六集团军总司令	蔡廷锴	
	周 碞	7.7
副总司令	李默庵	
第二十七集团军总司令	杨 森(兼)	
第二十八集团军总司令	潘文华	
第二十九集团军总司令	王缵绪	
副总司令	许绍宗	
	廖 震	11.29
第三十集团军总司令	王陵基(兼)	
第三十一集团军总司令	汤恩伯	
副总司令	王仲廉	11.5
	许绍宗	12.2
第三十二集团军总司令	上官云相	
副总司令	王敬久	
	刘雨卿	5.8
	郭勋祺	12.17
第三十三集团军总司令	张自忠	
	冯治安	5.24
副总司令	周 碞	

职　别	姓　名	任命日期
	李文田	7.5
	刘和鼎	9.11
	刘雨卿	12.17
第三十四集团军总司令	胡宗南	
副总司令	宋希濂	
	樊崧甫	1.11
	陶峙岳	6.15
第三十五集团军总司令	李汉魂	
	邓龙光	1.6
副总司令	朱晖日	
第三十六集团军总司令	李家钰	
副总司令	高桂滋	
第三十七集团军(空)		
第三十八集团军总司令	徐庭瑶	
副总司令	李默庵	
第三十九集团军总司令	石友三	4.9
预备集团军总司令	黄琪翔	9.8
(11.29 该集团军撤销)		

军团长姓名表

职　别	姓　名	任命日期
第五军团军团长	刘文辉	

各军长、副军长姓名表

职　别	姓　名	任命日期
第一军军长	陶峙岳	
	丁德隆	6.15

副军长	罗历戎	
第二军军长	李延年	
副军长	郑作民	
	张 琼	3.7
第三军军长	唐淮源	
第四军军长	欧 震	
副军长	柏辉章	
第五军军长	杜聿明	
副军长	邱清泉	
	刘嘉树	11.4
第六军军长	甘丽初	
副军长	周志群	
第七军军长	张 淦	
副军长	王赞斌	
第八军军长	李玉堂	
(李5.6调任第十军军长、该军空缺)		
第九军军长	郭寄峤	
	裴昌会	6.6
第十军军长	梁华盛	
	李玉堂	5.6
副军长	詹忠言	
第十一军军长	马鸿逵	
第十二军军长	孙桐萱	
第十三军军长	张雪中	
副军长	马励武	
第十四军军长	陈 铁	
副军长	彭杰如	
	陈鸿远	2.1

1611

职　别	姓　名	任命日期
第十五军军长	武庭麟	
副军长	姚北辰	
	杨天民	5.25
第十六军军长	董　钊	
副军长	李　英	
	李梦笔	2.19
	杨光钰	9.19
第十七军军长	高桂滋	
第十八军军长	彭　善	
	方　天	12.12
副军长	章亮吉	
	罗树甲	5.18
第十九军军长	孟宪吉	
	梁培璜	3月
第二十军军长	杨汉域	
副军长	夏　炯	
第二十一军军长	陈万仞	
副军长	刘熙鉴	
	周绍轩	6.28
第二十二军军长	高双成	
第二十三军军长	（空）	
第二十四军军长	刘文辉	
副军长	陈光藻	
第二十五军军长	张文清	
副军长	温鸿钊	
	詹忠言	1.29
第二十六军军长	萧之楚	

职　别	姓　名	任命日期
副军长	焦其凤	
	李梦笔	2.19
第二十七军军长	范汉杰	
副军长	周士冕	
	刘　进	
第二十八军军长	陶　广	
副军长	余泽篯	
第二十九军军长	刘雨卿	
	(5.6调走,该军空缺)	
第三十军军长	池峰城	
副军长	鲁崇义	
第三十一军军长	韦云淞	
副军长	贺维珍	
第三十二军军长	宋肯堂	
副军长	李兆锳	
第三十三军军长	郭宗汾	
第三十四军军长	彭毓斌	
第三十五军军长	傅作义	
副军长	陈炳谦	
第三十六军军长	姚　纯	
	赵锡光	5.12
副军长	魏炳文	9.19
第三十七军军长	陈　沛	
副军长	梁仲江	5.14
	罗　奇	10.19
第三十八军军长	赵寿山	
副军长	段象武	

职　别	姓　名	任命日期
第三十九军军长	刘和鼎	
副军长	刘尚志	
第四十军军长	庞炳勋(兼)	
副军长	沈　克	
	马法五	11.4
第四十一军军长	孙　震	
副军长	曾宪栋	
	杨俊清	
第四十二军军长	杨德亮	
副军长	张坤生	
第四十三军(空)		
第四十四军军长	廖　震	
	王泽浚(代)	11.29
副军长	王泽浚	
第四十五军军长	陈鼎勋	
副军长	陈　离	
第四十六军军长	何　宣	
	周祖晃	5.1
副军长	黄鹤龄	
第四十七军军长	李家钰	
副军长	罗泽洲	
第四十八军军长	区寿年	
	苏祖馨(代)	7.1
第四十九军军长	刘多荃	
副军长	林岳生	
第五十军军长	佟　毅	
	范子英	

职　别	姓　名	任命日期
副军长	佟　毅	
第五十一军军长	牟中珩	
副军长	周毓瑛	
第五十二军军长	张耀明	
副军长	梁　恺	
第五十三军军长	周福成	
副军长	朱鸿勋	
第五十四军军长	陈　烈	
	黄　维	11.11
副军长	唐俊德	9.17
第五十五军军长	曹福林	
副军长	李益智	
	荣光兴(代)	9.11
第五十六军军长	郭昌明	
第五十七军军长	缪澂流	
副军长	朴炳珊	
第五十八军军长	孙　渡	
副军长	鲁道源	
	刘正富	12.17
第五十九军军长	张自忠	
	黄维纲	5.29
副军长	李文田	
	刘振三	7.8
第六十军军长	安恩溥	
副军长	刘正富	8.5
	鲁道源	12.17
第六十一军军长	吕瑞英	

职　别	姓　名	任命日期
第六十二军军长	黄　涛	
第六十三军军长	张瑞贵	
副军长	梁世骥	
第六十四军军长	邓龙光	
	陈公侠	3.19
副军长	张　驰	3.19
第六十五军军长	黄国梁	
副军长	曾友仁	
	孔可权	
	李　振	12.17
第六十六军(空)		
第六十七军军长	许绍宗	
	佘念慈	11.29
副军长	王　士	
	佘念慈	7.18
	王卓凡(代)	12.16
第六十八军军长	刘汝明	
副军长	李金田	
第六十九军军长	石友三	
副军长	王清翰	
第七十军军长	李　觉	
副军长	段　珩	
第七十一军军长	宋希濂(兼)	
	陈瑞河	7.29
副军长	凌兆尧	
	沈　克	9.17
第七十二军军长	王陵基(兼)	

职　别	姓　名	任命日期
	韩全朴	2.13
副军长	韩全朴	
	陈良基	2.13
第七十三军军长	彭位仁	
副军长	汪之斌	
第七十四军军长	王耀武	
副军长	施中诚	
第七十五军军长	周　嵒	
副军长	张　琪	
第七十六军军长	李铁军	
副军长	王文彦	
第七十七军军长	冯治安(兼)	
副军长	张凌云	
第七十八军军长	夏首勋	
副军长	刘若弼(兼)	
第七十九军军长	夏楚中	
副军长	王甲本	
第八十军军长	孔令恂	
副军长	高卓东	
第八十一军军长	马鸿宾	
第八十二军军长	马步芳	
副军长	马继援	
第八十三军军长	杜春沂	
第八十四军军长	莫树杰	
副军长	徐文明	
	凌压西	
第八十五军军长	王仲兼	

职　别	姓　名	任命日期
	李楚瀛	11.5
副军长	陈大庆	
	李宗鉴	7.18
第八十六军军长	冯圣法	
	莫与硕	3.21
副军长	莫与硕	
	唐云山	
	杜道周	11.29
第八十七军军长	周祥初	
副军长	陈孔达	
第八十八军军长	范绍增	
副军长	罗君彤	
第八十九军军长	李守维	
副军长	贾韫山	
第九十军军长	李　文	
副军长	曾志远	
	杨光钰	7.1
	李梦笔	9.19
第九十一军军长	宣铁吾	
	冯圣法	3.21
	（5月后空缺）	
第九十二军军长	李仙洲	
副军长	傅立平	
第九十三军军长	刘　戡	
副军长	蒋在珍	
第九十四军军长	郭　忏	
	李及兰	1.24

职　别	姓　名	任命日期
副军长	黄壮怀	
	牟廷芳	
第九十五军军长	黄　隐	
副军长	刁世杰	
第九十六军军长	李兴中	
副军长	王根僧	
第九十七军军长	朱怀冰	
	(该军5.6后空缺)	
第九十八军军长	武士敏	
副军长	柳彦彪	
第九十九军军长	傅仲芳	
副军长	张一能	
第一〇〇军军长	陈　琪	
副军长	涂思宗	
	刘广济	11.17
新编第一军军长	邓宝珊	5.8免职
新编第二军军长	鲁大昌	
	陈大庆	4.25
副军长	欧阳棻	9.12
新编第三军军长	高荫槐(兼)	
	杨宏光(代)	5.10
副军长	张兴仁(代)	12.17
新编第四军军长	叶　挺	
副军长	项　英	
新编第五军军长	孙魁元	
副军长	邢肇棠	
新编第七军军长	张人杰	8.12

职　别	姓　名	任命日期
副军长	李忠毅	8.12
	宋克宾	11.23
新编第十一军军长	杜聿明(代)	
	郑洞国	4.2
副军长	何绍周	9.10
新编第十二军军长	刘元塘	6.21
暂编第一军军长	傅存怀	
暂编第二军军长	邹　洪	
副军长	古鼎新	
暂编第三军军长	孙兰峰	6.12
副军长	梁立柱	
暂编第四军军长	董其武	6.12
副军长	唐俊德	
	吕汝骥	
暂编第九军军长	冯圣法	11.5
副军长	陈式正	11.5
骑兵第一军军长	温怀光(代)	
骑兵第二军军长	何柱国	
副军长	郭希鹏	
	安俊才	
骑兵第五军军长	马步青	
副军长	马步荣	
骑兵第六军(空缺)		(6.18裁撤)

〔五〕一九四一年

各战区正、副司令长官姓名表

职　别	姓　名	任命日期
第一战区司令长官	卫立煌	
副司令长官	冯钦哉	
第二战区司令长官	阎锡山	
副司令长官	卫立煌（兼）	
	朱　德（兼）	
	杨爱源（兼）	
第三战区司令长官	顾祝同	
副司令长官	唐式遵（兼）	
	刘建绪	
第四战区司令长官	张发奎	
第五战区司令长官	李宗仁	
副司令长官	李品仙	
	孙连仲	
第六战区司令长官	陈　诚	
副司令长官	吴奇伟	
	黄琪翔	6.13
第七战区司令长官	余汉谋	
副司令长官	蒋光鼐	
第八战区司令长官	朱绍良	

职　别	姓　名	任命日期
副司令长官	傅作义	
	马鸿逵	
第九战区司令长官	薛　岳	
副司令长官	王陵基	
	罗卓英	
	杨　森	
鲁苏战区总司令	于学忠	
副总司令	沈鸿烈(兼)	
	王懋功	2.1
冀察战区总司令	卫立煌(兼)	
副总司令	庞炳勋	
	孙良诚	3.19

预备军司令长官姓名表

职　别	姓　名	任命日期
第三预备军司令长官	龙　云	

各集团军暨战区正、副总司令姓名表

职　别	姓　名	任命日期
第一集团军总司令	卢　汉	
副总司令	高荫槐	
第二集团军总司令	孙连仲	
副总司令	田镇南	
	刘汝明	
第三集团军总司令	孙桐萱	
副总司令	曹福林	
第四集团军总司令	孙蔚如	

职　别	姓　名	任命日期
第五集团军总司令	曾万钟	
副总司令	陈　铁	
第六集团军总司令	陈长捷	
副总司令	杨澄源	
	梁培璜	3.6
	吕瑞英	11.25
第七集团军总司令	赵承绶	
副总司令	彭毓斌	3.6
第八集团军总司令	孙　楚	
副总司令	楚溪春	3.6
第九集团军总司令	关麟征	
副总司令	缪培南	
第十集团军总司令	刘建绪(兼)	
	王敬久	8.25
副总司令	陶　广	
	俞济时	
	刘多荃	11.30
第十一集团军总司令	宋希濂	11.25
副总司令	张　轸(兼)	11.25
第十二集团军总司令	余汉谋	
副总司令	王　俊	
	徐景唐	
第十三集团军总司令	王靖国	
副总司令	刘奉滨	3.6
第十四集团军总司令	刘茂恩	
副总司令	刘　戡	
第十五集团军总司令	何柱国	5.6

职　别	姓　名	任命日期
副总司令	李仙洲	5.6
第十六集团军总司令	夏　威	
副总司令	韦云淞	
第十七集团军总司令	马鸿逵(兼)	
副总司令	马　麟	
	马鸿宾	
第十八集团军总司令	朱　德	
副总司令	彭德怀	
第十九集团军总司令	罗卓英	
副总司令	刘膺古	
第二十集团军总司令	霍揆彰(代)	
副总司令	霍揆彰	
	万福麟	
第二十一集团军总司令	李品仙	
副总司令	张义纯	
第二十二集团军总司令	孙　震	
副总司令	董宋珩	
	陈鼎勋	
第二十三集团军总司令	唐式遵	
副总司令	刘雨卿	
第二十四集团军总司令	庞炳勋	
第二十五集团军总司令	陈　仪	
副总司令	李　觉	8.24
第二十六集团军总司令	周　嵒	
第二十七集团军总司令	杨　森(兼)	
第二十八集团军总司令	潘文华	
第二十九集团军总司令	王缵绪	

职　别	姓　名	任命日期
副总司令	廖　震	
第三十集团军总司令	王陵基(兼)	
第三十一集团军总司令	汤恩伯	
副总司令	王仲廉	
	许绍宗	
第三十二集团军总司令	上官云相	
副总司令	王敬久	
	陶　广	12.23
	郭勋祺	
第三十三集团军总司令	冯治安	
副总司令	李文田	
	刘和鼎	
第三十四集团军总司令	胡宗南	
副总司令	宋希濂	
	陶峙岳	
第三十五集团军总司令	邓龙光	
副总司令	朱晖日	
第三十六集团军总司令	李家珏	
副总司令	高桂滋	
第三十七集团军(空)		
第三十八集团军(空)		
第三十九集团军总司令	卫立煌(兼)	2.1
副总司令	高树勋	2.1
	孙良诚	2.1

各军军长、副军长姓名表

职　别	姓　名	任命日期
第一军军长	丁德隆	
	韩锡侯	5.25
副军长	罗历戎	
第二军军长	李延年(兼)	
副军长	张　琼	
第三军军长	唐淮源	
	周体仁	7.1
副军长	李世龙	7.1
第四军军长	欧　震	
副军长	柏辉章	
第五军军长	杜聿明	
副军长	刘嘉树	
第六军军长	甘丽初	
副军长	周志群	
第七军军长	张　淦	
副军长	王赞斌	
	程树芬	7.28
第八军军长	郑洞国	9.9
副军长	何绍周	
第九军军长	裴昌会	
第十军军长	李玉堂	
	钟　彬	11.30
副军长	余锦源	5.25
第十一军军长	马鸿逵(兼)	
第十二军军长	孙桐萱	

职　　别	姓　　名	任命日期
第十三军军长	张雪中	
副军长	马励武	
第十四军军长	陈　铁	
副军长	陈鸿远	
第十五军军长	武庭麟	
副军长	杨天民	
第十六军军长	董　钊	
副军长	杨光钰	
第十七军军长	高桂滋	
副军长	刘祁祺	1.16
第十八军军长	方　天	
副军长	罗树甲	
第十九军军长	梁培璜	
	刘召棠(代)	3.28
副军长	艾子谦	
第二十军军长	杨汉域	
副军长	夏　炯	
第二十一军军长	陈万仞	
副军长	周绍轩	
第二十二军军长	高双成	
第二十三军军长	梁春溥	3.28
副军长	武玉山	
第二十四军军长	刘文辉	
副军长	陈光藻	
第二十五军军长	张文清	
副军长	温鸣剑	
	唐云山	9.22

职　别	姓　名	任命日期
第二十六军军长	萧之楚	
副军长	焦其凤	
第二十七军军长	范汉杰	
副军长	刘　进	
第二十八军军长	陶　广	
副军长	余泽篯	
第二十九军军长	陈大庆	2.26
（由新编第二军改编扩建而成）		
副军长	欧阳棻	
第三十军军长	池峰城	
副军长	鲁崇义	
第三十一军军长	韦云淞	
	贺维珍	7.31
副军长	贺维珍	
	黎行恕	7.31
第三十二军军长	宋肯堂	
副军长	李兆瑛	
第三十三军军长	郭宗汾	
	于镇河	3.28
副军长	韩文彬	
第三十四军军长	彭毓斌	
	王乾元(代)	1.1
副军长	滑廷璧	
第三十五军军长	傅作义	
副军长	陈炳谦	
第三十六军军长	赵锡光	
副军长	魏炳文	

职　别	姓　名	任命日期
第三十七军军长	陈　沛	
副军长	罗　奇	
第三十八军军长	赵寿山	
副军长	段象武	
第三十九军军长	刘和鼎	
副军长	刘尚志	
第四十军军长	庞炳勋	
副军长	马法五	
第四十一军军长	孙　震	
副军长	曾宪栋	
	杨俊清	
第四十二军军长	杨德亮	
副军长	张坤生	
第四十三军军长	赵世铃(代)	12.17
副军长	王恩灏	
第四十四军军长	王泽浚	5.26
第四十五军军长	陈鼎勋	
副军长	陈　离	
第四十六军军长	周祖晃	
副军长	黄鹤龄	
第四十七军军长	李家钰	
副军长	罗泽洲	
第四十八军军长	苏祖馨(代)	
副军长	程树芬	6.26
	莫德宏	7.28
第四十九军军长	刘多荃	
	王铁汉	12.17

职　别	姓　名	任命日期
副军长	林岳生	
	史克勤	10.12
第五十军军长	范子英	
副军长	佟　毅	
第五十一军军长	牟中珩	
副军长	周毓英	
第五十二军军长	张耀明	
第五十三军军长	周福成	
副军长	朱鸿勋	
	赵锡庆	1.31
第五十四军军长	黄　维	
副军长	唐俊德	
	王育瑛	1.31
	傅正模	11.8
第五十五军军长	曹福林	
副军长	荣光兴	6.5
第五十六军军长	郭昌明	
	潘文华(兼)	8.20
第五十七军军长	丁德隆	5.25
第五十八军军长	孙　渡	
副军长	刘正富	
第五十九军军长	黄维纲	
副军长	刘振三	
	陈继淹	5.4
	张凌云	11.26
第六十军军长	安恩溥	
副军长	鲁道源	

职别	姓名	任命日期
第六十一军军长	吕瑞英	
	梁培璜	11.25
副军长	郝士文	
第六十二军军长	黄涛	
副军长	练惕生	9.2
第六十三军军长	张瑞贵	
副军长	梁世骥	
	陈章	1.20
第六十四军军长	陈公侠	
副军长	张弛	
第六十五军军长	黄国梁	
副军长	李振	11.16
第六十六军(空)		
第六十七军军长	佘念慈	
副军长	王卓凡	9.29实任
第六十八军军长	刘汝明	
副军长	李金田	
第六十九军军长	毕泽宇	2.1
	米文和(代)	11.15
副军长	王清翰	
第七十军军长	李觉	
	陈孔达	8.24
副军长	段珩	
	张言传	1.16
第七十一军军长	陈瑞河	
副军长	沈克	
	杨彬	4.29

1631

职　别	姓　名	任命日期
第七十二军军长	韩全朴	
副军长	陈良基	
第七十三军军长	彭位仁	
副军长	汪之斌	
第七十四军军长	王耀武	
副军长	施中诚	
第七十五军军长	周　嵒	
	施北衡	3.28
副军长	张　琪	
	柳际明	3.28
第七十六军军长	李铁军	
副军长	王文彦	
第七十七军军长	冯治安(兼)	
副军长	张凌云	
	陈继淹	11.26
第七十八军军长	夏首勋	
副军长	刘若弼	
第七十九军军长	夏楚中	
副军长	王甲本	
第八十军军长	孔令恂	
副军长	高卓东	
	丁友松	11.15
第八十一军军长	马鸿宾	
第八十二军军长	马步芳	
副军长	马继援	
第八十三军军长	杜春沂	
	孙福麟(代)	3.28

职　别	姓　名	任命日期
副军长	贾毓芝	
第八十四军军长	莫树杰	
副军长	凌压西	
第八十五军军长	李楚瀛	
副军长	李宗鉴	
第八十六军军长	莫与硕	
副军长	杜道周	
第八十七军军长	周祥初	
	高卓东	9.22
副军长	陈孔达	
	王育瑛	11.18
第八十八军军长	范绍增	
副军长	罗君彤	
第八十九军军长	李守维	
	冷　欣	2.1
	韩德勤(兼)	4.29
	顾锡九(代)	10.11
副军长	贾韫山	
	顾锡九(代)	2.1
	顾锡九	7.23实任
第九十军军长	李　文	
副军长	李梦笔	
	曹日晖	11.16
第九十一军(空)		
第九十二军军长	李仙洲	
副军长	傅立平	
第九十三军军长	刘　戡	

1633

职　别	姓　名	任命日期
副军长	蒋在珍	
	刘希程	10.3
第九十四军军长	李及兰	
副军长	牟廷芳	
第九十五军军长	黄　隐	
副军长	刁世杰	
第九十六军军长	李兴中	
副军长	王根僧	
第九十七军(空)		
第九十八军军长	武士敏	
	刘希程	11.20
副军长	柳彦彪	
第九十九军军长	傅仲芳	
副军长	张一能	
第一〇〇军军长	陈　琪	
	刘广济	6.26
副军长	刘广济	
	詹忠言	8.21
新编第三军军长	杨宏光	1.17
副军长	张兴仁	3.28
新编第五军军长	孙魁元	
副军长	邢肇棠	
	王廷瑛	2.26
	康　翔	8.24
新编第七军军长	张人杰	
	彭杰如	4.4
副军长	宋克宾	

职　别	姓　名	任命日期
新编第八军军长	高树勋(兼)	5.6
副军长	张弥川	6.24
新编第十二军军长	刘元塘	
副军长	李绳武	5.6
暂编第二军军长	邹　洪	
副军长	古鼎新	
暂编第三军军长	孙兰峰	
副军长	梁立柱	
	安荣昌	11.9
暂编第四军军长	董其武	
副军长	吕汝骥	
暂编第九军军长	冯圣法	
副军长	陈式正	
骑兵第一军军长	温怀光(代)	5.6
副军长	刘效增	
骑兵第二军军长	何柱国	
	徐　梁	5.6
副军长	安俊才	9.22
骑兵第三军军长	郭希鹏	1.21
副军长	王天任	1.21
骑兵第五军军长	马步青	
副军长	马步荣	

1635

〔六〕一九四二年

各战区及远征军正、副司令长官姓名表

职　别	姓　名	任命日期
第一战区司令长官	卫立煌	
	蒋鼎文	1.12
副司令长官	冯钦哉	
	曾万钟	3.30
	汤恩伯	1.14
第二战区司令长官	阎锡山	
副司令长官	蒋鼎文(兼)	1.16
	朱　德(兼)	
	杨爱源(兼)	
第三战区司令长官	顾祝同	
副司令长官	唐式遵(兼)	
	黄绍竑	9.28
	上官云相	9.28
	刘建绪	
第四战区司令长官	张发奎	
副司令长官	夏　威	1.11
第五战区司令长官	李宗仁	
副司令长官	李品仙	
	孙连仲	

职　别	姓　名	任命日期
第六战区司令长官	陈　诚	
副司令长官	吴奇伟	
	黄琪翔	7.5
	王缵绪	7.10
第七战区司令长官	余汉谋	
副司令长官	蒋光鼐	
第八战区司令长官	朱绍良	
副司令长官	马鸿逵	
	胡宗南	7.23
第九战区司令长官	薛　岳	
副司令长官	王陵基	
	杨　森	
远征军第一路司令长官	卫立煌	3.16
	罗卓英	4.18
副司令长官	杜聿明	3.16
中国驻印军总指挥	史迪威	7.11 特派
中国驻印军副总指挥	罗卓英	7.11
鲁苏战区总司令	于学忠	
副总司令	沈鸿烈	2.20 撤职
	韩德勤	
冀察战区总司令	卫立煌(兼)	
	蒋鼎文(兼)	1.12
副总司令	庞炳勋	
	孙良诚	

各集团军暨战区总司令姓名表

职　别	姓　名	任命日期
第一集团军总司令	卢　汉	
副总司令	高荫槐	
	孙　渡	10.16
第二集团军总司令	孙连仲	
副总司令	田镇南	
	刘汝明	
第三集团军总司令	孙桐萱	
副总司令	曹福林	
第四集团军总司令	孙蔚如	
副总司令	陈　铁	4.2
第五集团军(空)		
第六集团军总司令	杨爱源(暂兼代)	
副总司令	吕瑞英	
第七集团军总司令	赵承绶	
副总司令	彭毓斌	
第八集团军总司令	孙　楚	
副总司令	楚溪春	
第九集团军总司令	关麟征	
副总司令	缪培南	
	张耀明	6.6
第十集团军总司令	王敬久	
副总司令	刘多荃	
	范绍增	3.16
第十一集团军总司令	宋希濂	
副总司令	张　轸(兼)	

职别	姓名	任命日期
第十二集团军总司令	余汉谋	
副总司令	徐景唐	
	张 达	7.23
第十三集团军总司令	王靖国	
副总司令	刘奉滨	
第十四集团军总司令	刘茂恩	
副总司令	刘 戡	
	裴昌会	3.30
第十五集团军总司令	何柱国	
副总司令	李仙洲	
第十六集团军总司令	夏 威(兼)	
副总司令	韦云淞	
	周祖晃	12.2
第十七集团军总司令	马鸿逵(兼)	
副总司令	马 麟	
	马鸿宾	
第十八集团军总司令	朱 德	
副总司令	彭德怀	
第十九集团军总司令	刘膺古(暂代)	4.16
	罗卓英	10.30 撤销
第二十集团军总司令	霍揆彰	6.29 实任
副总司令	万福麟	
	郑洞国	8.25
	夏楚中	10.30
第二十一集团军总司令	李品仙	
副总司令	张义纯	
第二十二集团军总司令	孙 震	

职　别	姓　名	任命日期
副总司令	董宋珩	
	陈鼎勋	
第二十三集团军总司令	唐式遵	
副总司令	刘雨卿	
	陈万仞	1.24
	李　觉	3.30
	陶　广	12.17
第二十四集团军总司令	庞炳勋	
副总司令	张　轸	9.7
第二十五集团军总司令	陈　仪	
	李　觉	
第二十六集团军总司令	周　碞	
副总司令	施北衡	10.13
第二十七集团军总司令	杨　森(兼)	
副总司令	李玉堂	1.16
	欧　震	1.16
第二十八集团军(空)		
第二十九集团军总司令	王缵绪	
副总司令	廖　震	
第三十集团军总司令	王陵基	
副总司令	萧之楚	10.30
第三十一集团军总司令	汤恩伯	1.14
副总司令	王仲廉	
	许绍宗	
	张雪中	7.30
第三十二集团军总司令	上官云相	
	李默庵	9.28

职别	姓名	任命日期
副总司令	郭勋祺	
	陶 广	
第三十三集团军总司令	冯治安	
副总司令	李文田	
	刘和鼎	
第三十四集团军总司令	胡宗南	
副总司令	陶峙岳	
	范汉杰	1.17
	李延年	6.25
	董 钊	6.25
第三十五集团军总司令	邓龙光	
副总司令	朱晖日	
	邹 洪	5.30
第三十六集团军总司令	李家钰	
	高桂滋	
	陈 铁	11.20
第三十七集团军总司令	陶峙岳	6.25
副总司令	李铁军	6.25
	韩锡侯	6.25
第三十八集团军总司令	范汉杰	6.25
副总司令	赵锡光	6.25
	丁德隆	6.25
第三十九集团军总司令	卫立煌(兼)	
	蒋鼎文(兼)	1.12
	高树勋	1.16
副总司令	米文和	10.9
	胡伯翰	10.9

各军军长、副军长姓名表

职　别	姓　名	任命日期
第一军军长	韩锡侯	
	张　卓	4.18
	施中诚	11.5
副军长	罗历戎	
	李正先	10.15
第二军军长	李延年	
	王凌云	6.25
副军长	张　琼	
	钟　松	6.25
第三军军长	周体仁	
副军长	李世龙	
	邱开基	8.31
第四军军长	欧　震	
副军长	柏辉章	
	张德能	4.21
第五军军长	杜聿明	
副军长	刘嘉树	
第六军军长	甘丽初	
副军长	周志群	
第七军军长	张　淦	
副军长	程树芬	
	漆道征	10.25
第八军军长	郑洞国	
副军长	何绍周	
	李　弥	5.30

职　别	姓　名	任命日期
	万倚吾	6.16
第九军军长	裴昌会	
	陈瑞河	3.30
副军长	张东凯	8.13
	郭贻珩	8.14
第十军军长	李玉堂	
	方先觉(代)	3.28
副军长	余锦源	
第十一军军长	马鸿逵	
第十二军军长	孙桐萱	
	贺粹之	12.2
副军长	唐邦植	5.30
	周遵时	9.22
第十三军军长	张雪中	
	石　觉(代)	7.30
副军长	马励武	
	王毓文	10.9
	吴绍周	3.28
第十四军军长	陈　铁(兼)	
副军长	陈鸿远	
	陈　武	7.23
第十五军军长	武庭麟	
副军长	杨天民	
第十六军军长	董　钊	
副军长	杨光钰	
	谭辅三	10.15
第十七军军长	高桂滋	

职　别	姓　名	任命日期
副军长	刘礽祺	5.25
第十八军军长	方　天	
副军长	罗树甲	
	方　靖	3.28
第十九军军长	刘召棠(代)	
副军长	艾子谦	
	崔　杰	2.27
第二十军军长	杨汉域	
副军长	夏　炯	
	杨干才	7.1
第二十一军军长	陈万仞	
	刘雨卿	1.24
副军长	周绍轩	
第二十二军军长	高双成	
第二十三军军长	梁春溥	
	许鸿林	11.11
副军长	武玉山	
	阎应禧	3.30
第二十四军军长	刘文辉	
副军长	陈光藻	
第二十五军军长	张文清	
副军长	唐云山	
	唐冠英	3.26
第二十六军军长	萧之楚	
	丁治磐	1.16
副军长	焦其凤	
	王修身	4.27

职　别	姓　名	任命日期
第二十七军军长	范汉杰	
	刘　进	1.31
副军长	刘　进	
	黄祖壎	1.31
	李　洁	10.15
第二十八军军长	陶　广	
副军长	余泽篯	
	陶　柳	3.31
第二十九军军长	陈大庆	
副军长	欧阳棻	
	李　强	3.28
第三十军军长	池峰城	
副军长	鲁崇义(兼)	
第三十一军军长	贺维珍	
副军长	黎行恕	
	冯　璜	12.2
第三十二军军长	宋肯堂	
副军长	李兆瑛	
	唐永良	4.1
第三十三军军长	于镇河	
副军长	韩文彬	5.31
第三十四军军长	王乾元(代)	
	张　翼(代)	8.11
副军长	滑廷璧	10.7
第三十五军军长	傅作义	
副军长	陈炳谦	
第三十六军军长	赵锡光	

1645

职　别	姓　名	任命日期
	刘元塘	6.25
	罗历戎	10.15
副军长	魏炳文	
	周士冕	6.25
第三十七军军长	陈　沛	
副军长	罗　奇	
第三十八军军长	赵寿山	
副军长	段象武	
	耿志介	7.5
第三十九军军长	刘和鼎	
副军长	刘尚志	
	厉鼎璋	8.15
第四十军军长	庞炳勋	
	马法五	5.30
副军长	刘世荣	5.30
第四十一军军长	孙　震(兼)	
副军长	杨俊清	
	曾甦元	5.24
第四十二军军长	杨德亮	
副军长	张坤生	
第四十三军军长	赵世铃(代)	
	刘效曾	9.22
副军长	王恩灏	11.10
第四十四军军长	王泽浚	
副军长	杨勤安	10.14
第四十五军军长	陈鼎勋	
副军长	陈　离	

职　　别	姓　名	任命日期
	王士俊	3.22
第四十六军军长	周祖晃	
	黎行恕	12.2
副军长	黄梦年	
	王景宋	12.2
第四十七军军长	李家钰	
副军长	罗泽洲	
	李青廷	10.14
第四十八军军长	苏祖馨	3.28实任
副军长	莫德宏	
第四十九军军长	王铁汉	
副军长	史克勤	
	韩文英	11.5
第五十军军长	范子英	
副军长	佟　毅	
第五十一军军长	牟中珩	
	周毓英	3.26
副军长	韩世儒	11.10
第五十二军军长	张耀明	
副军长	赵公武	7.17
	杨学房	10.15
第五十三军军长	周福成	
副军长	赵锡庆	
	李汉章	9.22
第五十四军军长	黄　维	
副军长	傅正模	
第五十五军军长	曹福林	

职　别	姓　名	任命日期
副军长	荣光兴	
	王振声	10.9
	理明亚	5.20
第五十六军军长	潘文华(暂兼)	
第五十七军军长	丁德隆	
副军长	周开勋	
第五十八军军长	孙　渡	
	鲁道源	10.16
副军长	刘正富	
第五十九军军长	黄维纲	
副军长	张凌云	
	孟绍濂	10.12
第六十军军长	安恩溥	
副军长	鲁道源	
	万保邦	12.26
第六十一军军长	梁培璜	
副军长	郝士文	5.3
第六十二军军长	黄　涛	
副军长	练惕生	
第六十三军军长	张瑞贵	
副军长	陈　章	
	巫剑雄	10.15
第六十四军军长	陈公侠	
副军长	张　弛	
	王德全(代)	3.30
	王德全	10.8 实任
第六十五军军长	黄国梁	

职别	姓名	任命日期
副军长	李振	
	林廷华	8.12
第六十六军军长	张轸	4.23
副军长	成刚	2.11
第六十七军军长	佘念慈	
副军长	王卓凡	
第六十八军军长	刘汝明	
副军长	李金田	
	陈新起	11.7
第六十九军军长	米文和	1.12实任
副军长	朱明轩	4.21
第七十军军长	陈孔达	
副军长	张言传	
	胡蕴山	7.3
第七十一军军长	陈瑞河	
	钟彬	1.21
副军长	杨彬	
	陈明仁	3.19
	向凤武	6.16
第七十二军军长	韩全朴	
	王陵基(兼)	4.1
副军长	陈良基	
	傅翼	3.28
第七十三军军长	彭位仁	
副军长	汪之斌	
	陈为韩	3.31
第七十四军军长	王耀武	

1649

职　别	姓　名	任命日期
副军长	施中诚	
	李天霞	12.4
第七十五军军长	施北衡	
	柳际明	10.13
副军长	柳际明	
第七十六军军长	李铁军	
副军长	王文彦	
	钟　松	2.11
	林　英	4.2
	王世和	11.7
第七十七军军长	冯治安(兼)	
副军长	陈继淹	
	刘自珍	5.20
第七十八军军长	夏首勋	
	沈久成	7.1
副军长	刘若弼	
	汤敏时(代)	9.22
第七十九军军长	夏楚中	
副军长	王甲本	
	郭礼伯	10.14
第八十军军长	孔令恂	
	王文彦	1.5
副军长	丁友松	
	王治岐	6.1
	曹大中	4.27
第八十一军军长	马鸿宾	
第八十二军军长	马步芳	

职　　别	姓　名	任命日期
副军长	马继援	
第八十三军军长	孙福麟(代)	
副军长	贾毓芝	4.21
第八十四军军长	莫树杰	
副军长	凌压西	
	张光玮	5.5
第八十五军军长	李楚瀛	
副军长	李宗鉴	
	石　觉	3.28
	吴绍周	10.9
第八十六军军长	莫与硕	
	方日英(代)	7.19
副军长	杜道周	
	方日英	5.23
	陈颐鼎	7.19
第八十七军军长	高卓东	
副军长	王育瑛	
第八十八军军长	范绍增	
	何绍周	3.16
副军长	罗君彤	
第八十九军军长	顾锡九(代)	
第九十军军长	李　文	
副军长	曹日晖	
	李梦笔	4.21
第九十一军军长	韩锡侯(兼)	7.10
	（该军7月前空缺）	
第九十二军军长	李仙洲	

职　别	姓　名	任命日期
副军长	傅立平	
	侯镜如	5.31
第九十三军军长	刘　戡(兼)	
	陈牧农	9.22
副军长	刘希程	
	陈牧农	1.31
	符昭骞(署)	7.23
	胡栋成	12.17
第九十四军军长	李及兰	
	牟廷芳	10.13
副军长	牟廷芳	
	杨文瑔	10.18
第九十五军军长	黄　隐	
副军长	刁世杰	
第九十六军军长	李兴中	
副军长	王根僧	
第九十七军(空)		
第九十八军军长	刘希程	
副军长	柳彦彪	
	郭景唐	3.30
	王宏业	5.23
第九十九军军长	傅仲芳	
副军长	张一能	
	梁汉明	5.18
第一〇〇军军长	刘广济	
	施中诚	11.5
副军长	詹忠言	

职别	姓名	任命日期
	韩文英	3.31
	吕济	5.2
新编第一军军长	邱清泉	12.7
新编第三军军长	杨宏光	
副军长	张兴仁	
	李文彬	10.16
新编第五军军长	孙魁元	
副军长	康翔	
新编第七军军长	彭杰如	
副军长	宋克宾	
	曹大中	6.25
新编第八军军长	高树勋(兼)	
副军长	张弥川	
暂编第二军军长	邹洪	
	古鼎华	5.30
副军长	古鼎华	
	詹忠言	4.8
	张简孙	7.27
暂编第三军军长	孙兰峰	
副军长	安荣昌	
暂编第四军军长	董其武	
	(10.13裁撤,改为骑兵第四军)	
副军长	吕汝骥	
暂编第九军军长	冯圣法	
	方靖	12.18
副军长	陈式正	
暂编第十五军军长	刘昌义(代)	

职　别	姓　名	任命日期
骑兵第一军军长	温怀光(代)	
副军长	刘效增	
	商得功	9.22
骑兵第二军军长	徐　梁	
副军长	安俊才	
骑兵第三军军长	郭希鹏	
副军长	吴允周	
骑兵第五军军长	马步青	

〔七〕一九四三年

各战区及远征军正、副司令长官姓名表

职　别	姓　名	任命日期
第一战区司令长官	蒋鼎文	
副司令长官	曾万钟	
	汤恩伯	
第二战区司令长官	阎锡山	
副司令长官	蒋鼎文(兼)	
	朱　德(兼)	
	杨爱源(兼)	
第三战区司令长官	顾祝同	
副司令长官	唐式遵(兼)	
	刘建绪	
	黄绍竑	
	上官云相	
	罗卓英	3.19
		(4.22免职)
第四战区司令长官	张发奎	
副司令长官	夏　威	
第五战区司令长官	李宗仁	
副司令长官	李品仙	
	孙　震	3.23

职别	姓名	任命日期
	孙连仲	
第六战区司令长官	陈诚	
代司令长官	孙连仲	2.23
副司令长官	吴奇伟	
	王缵绪	
第七战区司令长官	余汉谋	
副司令长官	蒋光鼐	
第八战区司令长官	朱绍良	
	傅作义	
副司令长官	马鸿逵	
	胡宗南	
	盛世才(兼)	1.9
第九战区司令长官	薛岳	
副司令长官	王陵基	
	杨森	
远征军司令长官	陈诚	2.12
	卫立煌(代)	11.23
	卫立煌	
副司令长官	黄琪翔	2.23
鲁苏战区总司令	于学忠	
副总司令	韩德勤	
	李明扬	10.21
	何柱国	
冀察战区总司令	蒋鼎文(兼)	
副总司令	马法五	12.10
驻印军总指挥	史迪威	

各集团军暨战区总司令、驻印军总指挥姓名表

职　　别	姓　　名	任命日期
第一集团军总司令	卢　汉	
副总司令	孙　渡	
第二集团军总令司	孙连仲	
	刘汝明(代)	2.23
	刘汝明	8.1
副总司令	曹福林	3.14
	田镇南	
	孔令恂	2.23
第三集团军总司令	孙桐萱	
	(3.14撤销,9.28重建)	
	李铁军	9.28
副总司令	曹福林	
	张雪中(兼)	2.18
	郭希鹏	9.28
	於　达	9.28
第四集团军总司令	孙蔚如	
副总司令	陈　铁	
	裴昌会	2.21
	张雪中	3.14
第五集团军总司令	杜聿明	1.28
副总司令	黄　杰	1.28
	王耀武	8.4
第六集团军总司令	杨爱源(兼)	
副总司令	吕瑞英	
第七集团军总司令	赵承绶	

职　别	姓　名	任命日期
副总司令	彭毓斌	
第八集团军总司令	孙　楚	
副总司令	楚溪春	
第九集团军总司令	关麟征	
副总司令	张耀明	
第十集团军总司令	王敬久	
副总司令	刘多荃	
	范绍增	
	夏楚中	
	彭　善	3.22
	张文清	10.5
第十一集团军总司令	宋希濂	
副总司令	张　轸	
	黄　杰	
	梁华盛	4.10
	方　天	9.22
第十二集团军总司令	余汉谋	
副总司令	徐景唐	
	张　达	
第十三集团军总司令	王靖国	
副总司令	刘奉滨	
第十四集团军总司令	刘茂恩	
副总司令	裴昌会	
	米文和	2.21
第十五集团军总司令	何柱国	
副总司令	李仙洲	
	李楚瀛	1.6

职　　别	姓　名	任命日期
	徐　梁	10.5
第十六集团军总司令	夏　威	
副总司令	韦云淞	
	周祖晃	
第十七集团军总司令	马鸿逵	
副总司令	马鸿宾	
第十八集团军总司令	朱　德	
副总司令	彭德怀	
第十九集团军总司令	罗卓英	
	王仲廉	4.22
	汤恩伯	9.24
副总司令	孙元良	
	万建藩	
	陈大庆	9.24
第二十集团军总司令	霍揆彰	
副总司令	夏楚中	
	施北衡	7.20
	黄　杰	9.22
第二十一集团军总司令	李品仙	
副总司令	张义纯	
	刘和鼎	1.14
	张　淦	
第二十二集团军总司令	孙　震	
副总司令	董宋珩	
	陈鼎勋	
第二十三集团军总司令	唐式遵	
副总司令	陶　广	

职　别	姓　名	任命日期
	陈万仞	
	佟　毅	9.17
第二十四集团军总司令	庞炳勋	
	蒋鼎文(兼)	6.30
副总司令	马法五	
	刘　进	
第二十五集团军总司令	李　觉	
副总司令	刘多荃	4.15
	张文清	12.7
第二十六集团军总司令	周　嵒	
副总司令	施北衡	
	区寿年	2.23
	宋肯堂	7.20
第二十七集团军总司令	杨　森	
副总司令	李玉堂	
	欧　震	
第二十八集团军总司令	李仙洲	2.24
副总司令	陈又新	
	孙元良	9.24
	唐　星	11.6
第二十九集团军总司令	王缵绪	
副总司令	廖　震	
	彭位仁	
	傅仲芳	4.6
第三十集团军总司令	王陵基	
副总司令	萧之楚	
	彭位仁	3.17

职　别	姓　名	任命日期
第三十一集团军总司令	汤恩伯	
	王仲廉	9.24
副总司令	许绍宗	
	陈大庆	2.18
	李楚瀛	10.5
第三十二集团军总司令	李默庵	
副总司令	郭勋祺	
	竺鸣涛	9.16
第三十三集团军总司令	冯治安	
副总司令	李文田	
	张义纯	1.14
第三十四集团军总司令	胡宗南	
	李延年	2.17
副总司令	董　钊	
	李　文	2.17
第三十五集团军总司令	邓龙光	
副总司令	朱晖日	
	邹　洪	
第三十六集团军总司令	李家钰	
副总司令	高桂滋	
	陈　铁	
第三十七集团军总司令	陶峙岳	
副总司令	李铁军	
	韩锡侯	
	王文彦	6.30
第三十八集团军总司令	范汉杰	
副总司令	赵锡光	

职　别	姓　名	任命日期
	丁德隆	
第三十九集团军总司令	高树勋	
副总司令	胡伯翰	
第四十集团军总司令	马步芳	9.28
副总司令	马步青	9.28

各军军长、副军长姓名表

职　别	姓　名	任命日期
第一军军长	张　卓	
副军长	李正先	
	李用章	3.14
第二军军长	王凌云	
副军长	钟　松	
第三军军长	周体仁	
副军长	李世龙	
	邱开基	
第四军军长	欧　震	
	张德能(署)	3.16
副军长	柏辉章	
第五军军长	杜聿明	
	邱清泉	1.28
副军长	刘嘉树	
	彭璧生	
	梁　恺	4.15
	余　韶	1.28
第六军军长	甘丽初	
	黄　杰	1.10

职　别	姓　名	任命日期
副军长	周志群	
	史宏烈	2.9
第七军军长	张　淦	
	徐启明	7.19
副军长	程树芬	
	漆道征	
第八军军长	郑洞国	
	何绍周	1.29
副军长	何绍周	
	李　弥	
	万倚吾	
	马润昌	11.25
第九军军长	陈瑞河	(8.24去职)
	韩锡侯(兼)	10.23
副军长	黄永安	10.11
第十军军长	方先觉	4.21
副军长	余锦源	
第十一军军长	马鸿逵	
	马敦静(代)	9.22
第十二军军长	贺粹之	
副军长	倪祖耀	
	张测民	4.10
第十三军军长	石　觉	5.17
副军长	王毓文	
	王公亮	3.8
	舒　荣	6.17
第十四军军长	陈　铁	

职　别	姓　名	任命日期
	张际鹏	3.14
副军长	陈鸿远	
第十五军军长	武庭麟	
副军长	杨天民	
	陈　武	
	张　琼	2.12
	姚北辰	11.1
第十六军军长	董　钊	
	李正先	6.30
副军长	杨光钰	
	谭辅三	
第十七军军长	高桂滋	
副军长	刘礽祺	
	高建白	12.27
第十八军军长	方　天	
	罗广文	8.3
副军长	曹大中	
	罗广文	2.24
	胡　琏	7.13
	石祖黄	10.5
第十九军军长	刘召棠	
副军长	崔　杰	
第二十军军长	杨汉域	
副军长	夏　炯	
	杨干才	
第二十一军军长	刘雨卿	
副军长	周绍轩	

职　别	姓　名	任命日期
	岳新明(署)	1.9
	潘　左	9.7
第二十二军军长	高双城	
副军长	左世允	10.7
第二十三军军长	许鸿林(署)	
副军长	阎应禧	
第二十四军军长	刘文辉	
副军长	陈光藻	
第二十五军军长	张文清	
	黄百韬	10.5
副军长	唐云山	
	韩文英	4.25
第二十六军军长	丁治磐	
副军长	焦其凤	
	王修身	
第二十七军军长	刘　进	
	周士冕	9.28
副军长	李　洁	
	林　英	4.17
第二十八军军长	陶　广	
	陶　柳	3.17
副军长	余泽篯	
	曾戛初	9.23
第二十九军军长	陈大庆	
	马励武	2.18
副军长	欧阳棻	
	赖汝雄	6.13

职　别	姓　名	任命日期
第三十军军长	池峰城	
副军长	鲁崇义	
	张华棠	2.18
	耿幼麟	9.16
第三十一军军长	贺维珍	
副军长	冯　璜	
第三十二军军长	宋肯堂(兼)	
副军长	李兆瑛	
	唐永良	
第三十三军军长	于镇河	
副军长	韩文彬	
第三十四军军长	张　翼	
	高倬之	12.21
副军长	滑廷璧	
	赵　恭	1.9
第三十五军军长	傅作义	
副军长	陈炳谦	
	张濯清(署)	1.29
第三十六军军长	罗历戎	
副军长	周士冕	
	张占魁	6.30
	陈金城	8.14
第三十七军军长	陈　沛	
	罗　奇	4.8
副军长	杨　彬	
	李　棠	1.6
第三十八军军长	赵寿山	

职　别	姓　名	任命日期
副军长	耿志介	
第三十九军军长	刘和鼎	
	刘尚志(署)	3.17
副军长	厉鼎璋	
	黄铎五	
第四十军军长	马法五(兼)	
副军长	刘世荣	
	李振清	
第四十一军军长	孙　震(兼)	
	曾甦元	4.10
副军长	杨俊清	
	曾甦元	
	陈宗进	4.10
第四十二军军长	杨德亮	
副军长	张坤生	
	李忠毅	8.14
第四十三军军长	刘效曾	
副军长	王恩灏	
第四十四军军长	王泽浚	
副军长	杨勤安	
	孙　黼	10.5
第四十五军军长	陈鼎勋	
副军长	陈　离	
	王士俊	
第四十六军军长	黎行恕	
副军长	黄梦年	
	王景宋	

职 别	姓 名	任命日期
第四十七军军长	李家钰	
	李宗昉	11.15
副军长	李青廷	
第四十八军军长	苏祖馨	
副军长	莫德宏	
	曹颜式	10.5
第四十九军军长	王铁汉	
副军长	史克勤	
	唐子长(署)	4.25
	王克俊	12.22
第五十军军长	范子英	
	佟 毅	1.9
	田钟毅	9.7
副军长	佟 毅	
	吴鹤云	1.9
	周绍轩	
	潘 左	12.18
第五十一军军长	周毓英	
副军长	韩世儒	
	杨震南	3.11
第五十二军军长	张耀明(兼)	
	赵公武	2.18
副军长	杨学房	
	覃异之	4.8
	梁 恺	8.3
第五十三军军长	周福成	
副军长	赵锡庆	

职　别	姓　名	任命日期
	李汉章	
第五十四军军长	黄　维	
	张耀明(兼)	4.8
	方　天	8.3
副军长	阙汉骞	10.14
第五十五军军长	曹福林	
副军长	王振声	
	理明亚	
第五十六军军长	潘文华(兼)	
第五十七军军长	丁德隆	
副军长	周开勋	
	王卓凡	2.24
第五十八军军长	鲁道源	
副军长	刘正富	
	梁得奎	2.25
第五十九军军长	黄维纲	
	刘振三(代)	8.17
副军长	张凌云	
	孟绍濂	
第六十军军长	安恩溥	
	万保邦(代)	12.22
副军长	万保邦	
	郭建臣	
第六十一军军长	梁培璜	
第六十二军军长	黄　涛	
副军长	练惕生	
第六十三军军长	张瑞贵	

1669

职　别	姓　名	任命日期
副军长	陈　章	
	巫剑雄	
第六十四军军长	陈公侠	
副军长	王德全	
	邓　鄂	2.10
第六十五军军长	黄国梁	
副军长	李　振	
	林廷华	
第六十六军军长	方　靖	10.4
	（由暂九军改编）	
副军长	陈式正	10.4
	宋瑞珂	10.4
第六十七军军长	何文鼎	9.15
第六十八军军长	刘汝明	
	刘汝珍	4.23
副军长	李金田	
	陈新起	
第六十九军军长	米文和	
副军长	朱明轩	
第七十军军长	陈孔达	
副军长	胡蕴山	
	张言传	
	陈颐鼎	12.25
第七十一军军长	钟　彬	
副军长	陈明仁	
	向凤武	
第七十二军军长	王陵基(暂兼)	

职　　别	姓　名	任命日期
	傅　翼	2.18
副军长	傅　翼	
	汤敏时(代)	
第七十三军军长	彭位仁	
	汪之斌(署)	3.14
	彭位仁(兼)	12.23
副军长	汪之斌	
	陈为韩	
	韩　浚	11.12
第七十四军军长	王耀武	
副军长	李天侠	
	余程万	9.16
第七十五军军长	柳际明	
副军长	朱鼎卿	1.25
	陈守锋(署)	3.10
	陈守锋	11.2 实任
	沈澄年	10.11
第七十六军军长	李铁军	
	廖　昂	9.28
副军长	王世和	11.17
	黄祖壎	4.17
第七十七军军长	冯治安(兼)	
	何基沣	9.16
副军长	陈继淹	
	刘自珍	
	李宝善	10.9
第七十八军军长	沈久成	(6.13 裁撤)

1671

职　别	姓　名	任命日期
第七十九军军长	夏楚中	
	王甲本(署)	3.17
副军长	郭礼伯	
	甘登俊	8.29
第八十军军长	王文彦	
	袁朴	6.30
副军长	王治岐	
	曹大中	
	吉章简	7.28
第八十一军军长	马鸿宾	
副军长	马腾蛟	8.1
第八十二军军长	马步芳	
	马继援(代)	3.11
副军长	马继援	
	马步銮(代)	12.13
第八十三军军长	孙福麟(代)	
副军长	贾毓芝	
第八十四军军长	莫树杰	
	张光玮	7.19
副军长	张光玮	
	凌压西	
	粟廷勋	8.16
	谭何易	12.13
第八十五军军长	李楚瀛	
	吴绍周	10.5
副军长	吴绍周	
	张测民	

职　别	姓　名	任命日期
	倪祖耀	2.18
第八十六军军长	方日英(代)	
	朱鼎卿	7.13
副军长	杜道周	
	陈颐鼎	
	张言传	12.25
第八十七军军长	高卓东	
副军长	王育瑛	
	刘翼峰	4.10
第八十八军军长	何绍周	
	刘嘉树	1.29
副军长	罗君彤	
	萧冀勉	9.16
第八十九军军长	顾锡九	12.13 实任
副军长	姜云清	
	王光汉	12.18
	孙启人	12.18
第九十军军长	李　文(兼)	
副军长	曹日晖	
	李梦笔	
第九十一军军长	韩锡侯	
	周士冕	6.30
	王　晋	10.23
副军长	叶　成	
	杨　显	
第九十二军军长	李仙洲	
	侯镜如	1.6

1673

职　别	姓　名	任命日期
副军长	傅立平	
	柴济川	4.15
	刘鉴秋	12.18
第九十三军军长	陈牧农	
副军长	符昭骞(署)	
	胡栋成	
第九十四军军长	牟庭芳	
副军长	杨文瑔	
	杨　勃	1.6
第九十五军军长	黄　隐	
副军长	刁世杰	
第九十六军军长	李兴中	
副军长	王根僧	
第九十七军军长	李明灏	2.13
副军长	王劲修	
	陈　武	10.5
第九十八军军长	刘希程	
副军长	王宏业	
	贺光谦	
第九十九军军长	傅仲芳	
	梁汉明	4.6
副军长	张一能	
第一〇〇军军长	施中诚	
副军长	吕　济	
	唐冠英(代)	4.25
新编第一军军长	邱清泉	
	郑洞国	1.29

职　别	姓　名	任命日期
新编第三军军长	杨宏光	
副军长	李文彬	
新编第七军军长	彭杰如	
副军长	曹大中	
	蔡洪范	8.4
新编第八军军长	高树勋(兼)	
	胡伯翰	10.15
副军长	张弥川	
	马润昌	12.14
暂编第二军军长	古鼎华	
副军长	詹忠言	
	张简孙	
暂编第三军军长	孙兰峰	
副军长	安荣昌	
	王雷震	7.22
暂编第四军军长	谢辅三	12.24
副军长	张信成	12.24
暂编第九军军长	冯圣法	
	方　靖	1.2
	霍守义	4.22
副军长	王毓文	
	宋瑞珂	2.24
	陶景奎	7.29
暂编第十五军军长	刘昌义	
副军长	李　强	
	路可桢	10.29
骑兵第一军军长	温怀光(代)	

职　别	姓　名	任命日期
	沈　瑞(代)	
副军长	商得功	
骑兵第二军军长	徐　梁	
	廖运泽	10.5
副军长	安俊才	
	王照堃	12.13
骑兵第三军军长	郭希鹏	
	贺光谦	9.28
副军长	姚黎天(代)	10.2
骑兵第四军军长	董其武	
骑兵第五军军长	马步青	
	马呈祥(代)	12.13
副军长	韩有文(代)	

〔八〕一九四四年

各战区及远征军正、副司令长官姓名表

| 职 别 | 姓 名 | 任命日期 |

第一战区司令长官　　蒋鼎文
　　　　　　　　　　陈　诚　　　7.6
　　副司令长官　　　胡宗南　　　7.6
　　　　　　（中原会战失利,撤职留任）
　　　　　　　　　　曾万钟
　　　　　　　　　　汤恩伯
　　　　　　（中原会战失利,于8.9撤职）
　　　　　　　　　　郭寄峤　　　7.20
　　　　　　　　　　孙蔚如　　　9.20
第二战区司令长官　　阎锡山
　　副司令长官　　　蒋鼎文(兼)
　　　　　　　　　　朱　德(兼)
　　　　　　　　　　杨爱源(兼)
第三战区司令长官　　顾祝同
　　副司令长官　　　唐式遵(兼)
　　　　　　　　　　刘建绪
　　　　　　　　　　黄绍竑(兼)
　　　　　　　　　　上官云相
第四战区司令长官　　张发奎

1677

职　别	姓　名	任命日期
驻印军指挥部总指挥	史迪威	
	萨尔登	10.28
副总指挥	郑洞国	5.1
冀察战区总司令	蒋鼎文(兼)	
	陈　诚(兼)	7.6
	高树勋(代)	9.4
副总司令	马法五	
	董英斌	
副司令长官	夏　威	
第五战区司令长官	李宗仁	
副司令长官	李品仙	
	孙　震	
第六战区司令长官	孙连仲	
副司令长官	吴奇伟	
	郭　忏	1.5
第七战区司令长官	余汉谋	
副司令长官	蒋光鼐	
第八战区司令长官	朱绍良	
副司令长官	傅作义	
	马鸿逵	
	胡宗南	
	盛世才(兼)	8.29调离
第九战区司令长官	薛　岳	
副司令长官	王陵基	
	王缵绪	3.6
	杨　森	
远征军司令长官	卫立煌	7.20实任

职 别	姓 名	任命日期
副司令长官	黄琪翔	

各集团军暨战区总司令、驻印军总指挥姓名表

职 别	姓 名	任命日期
第一集团军总司令	卢 汉	
副总司令	孙 渡	
第二集团军总司令	刘汝明	
副总司令	曹福林	
	田镇南	
第三集团军总司令	李铁军	
	赵寿山	2.11
副总司令	郭希鹏	
	於 达	
第四集团军总司令	孙蔚如	
副总司令	张耀明	5.8
	张雪中	7.20
	李兴中	7.29
	裴昌会	11.23
第五集团军总司令	杜聿明	
第六集团军总司令	杨爱源(兼)	
第七集团军总司令	赵承绶	
副总司令	彭毓斌	
第八集团军总司令	孙 楚	
副总司令	楚溪春	
第九集团军总司令	关麟征	
副总司令	张耀明	
	何绍周	5.19

职 别	姓 名	任命日期
第十集团军总司令	王敬久	
副总司令	张文清	
	夏楚中	
	彭 善	
第十一集团军总司令	宋希濂	
副总司令	黄 杰	2.12
	方 天	
	施北衡	4.29
第十二集团军总司令	余汉谋	
副总司令	徐景唐	
	张 达	
第十三集团军总司令	王靖国	
副总司令	刘奉滨	
第十四集团军总司令	刘茂恩	(7.20撤销)
副总司令	米文和	
	刘祖舜	5.1
第十五集团军总司令	何柱国	
副总司令	陈又新	
	徐 梁	
第十六集团军总司令	夏 威	
副总司令	韦云淞	
	周祖晃	
	吴 石	
	甘丽初	10.15
第十七集团军总司令	马鸿逵	
副总司令	马鸿宾	
	马 麟	

职别	姓名	任命日期
第十八集团军总司令	朱德	
副总司令	彭德怀	
第十九集团军总司令	汤恩伯	
	陈大庆(代)	1.9
	陈大庆	6.20实任
副总令司	陈大庆	
	万建藩	
第二十集团军总司令	霍揆彰	
副总司令	施北衡	
	黄杰	
	梁华盛	2.12
	方天	4.29
第二十一集团军总司令	李品仙	
副总司令	刘和鼎	
	张淦	
第二十二集团军总司令	孙震	
副总司令	董宋珩	
	陈鼎勋	
第二十三集团军总司令	唐式遵	
副总司令	陈万仞	
	佟毅	
	陶广	
第二十四集团军总司令	王耀武	2.25
副总司令	彭位仁	2.25
	傅仲芳	3.6
第二十五集团军总司令	李觉	
副总司令	刘多荃	

1681

职　别	姓　名	任命日期
	张文清	
第二十六集团军总司令	周　碞	
	宋肯堂	
副总司令	宋肯堂	
	区寿年	
	刘祖舜	7.20
第二十七集团军总司令	杨　森	
副总司令	李玉堂	
	欧　震	
第二十八集团军总司令	李仙洲	
副总司令	唐　星	
	孙元良	
第二十九集团军总司令	王缵绪	
	李铁军	
副总司令	彭位仁	
第三十集团军总司令	王陵基	
副总司令	萧之楚	
	廖　震	3.6
第三十一集团军总司令	王仲廉	
副总司令	许绍宗	
	李楚瀛	
	张雪中	11.23
第三十二集团军总司令	李默庵	
副总司令	陈　沛	1.16
	郭勋祺	
	竺鸣涛	
第三十三集团军总司令	冯治安	

职　　别	姓　名	任命日期
副总司令	李文田	
	张克侠	
第三十四集团军总司令	李延年	
副总司令	李　文	
	周体仁	4.15
第三十五集团军总司令	邓龙光	
副总司令	朱晖日	
	邹　洪	
第三十六集团军总司令	李家钰	
	（5.21于陕县秦家坡阵亡）	
	刘　戡	6.6
	李玉堂	12.27
副总司令	陈　铁	
	方先觉	12.27
第三十七集团军总司令	陶峙岳	
	丁德隆	4.20
副总司令	王文彦	
	韩锡侯	
第三十八集团军总司令	范汉杰	
副总司令	高桂滋	
	赵锡光	
	刘祖舜	7.20
第三十九集团军总司令	高树勋	
副总司令	胡伯翰	
	张雪中	5.8
	裴昌会	
第四十集团军总司令	马步芳	

职　别	姓　名	任命日期
副总司令	马步青	

各军军长、副军长姓名表

职　别	姓　名	任命日期
第一军军长	张　卓	
副军长	李用章	
	严　明	4.15
	杨　彬	4.15
第二军军长	王凌云	
副军长	钟　松	
	张金廷	10.7
第三军军长	周体仁	
	李世龙	4.15
副军长	邱开基	
	吕继周	4.15
	杨光钰	7.27
第四军军长	张德能	
	欧　震(兼)	7.27
副军长	萧冀勉	
	沈久成	8.21
第五军军长	邱清泉	
副军长	余　韶	
第六军军长	黄　杰	
副军长	周志群	
	史宏业	
第七军军长	徐启明	
副军长	程树芬	

职　别	姓　名	任命日期
	漆道征	
第八军军长	何绍周	
副军长	吴剑平	1.5
第九军军长	韩锡侯	
	陈金城	6.5
副军长	黄永安	
	张东凯	
第十军军长	方先觉	
	陈素农	5.8
	李玉堂	10.7
	方先觉(兼)	12.27
副军长	余锦源	
第十一军军长	马敦静	
副军长	马全良	
第十二军军长	贺粹之	
副军长	倪祖耀	
	周遵时	
	赵桂森	7.17
第十二军军长	霍守义	
	(10.23由暂九军改成)	
副军长	王君培	
	蒋当翊	2.3
第十三军军长	石　觉	
副军长	王公亮	
	舒　荣	
第十四军军长	张际鹏	
副军长	陈鸿远	

职　别	姓　名	任命日期
	王连庆	
第十五军军长	武庭麟	
副军长	杨天民	
	姚北辰	
第十六军军长	李正先	
副军长	杨光钰	
	魏炳文	
	陈鞠旅	7.23
第十七军军长	高桂滋	
副军长	刘礽祺	
	高建白	
第十八军军长	罗广文	
	胡　琏	8.13
副军长	石祖黄	
	胡　琏	
	戴之奇	8.13
第十九军军长	刘召棠	
	史泽波	1.18
副军长	崔　杰	
第二十军军长	杨汉域	
	杨干才	
副军长	杨干才	
	刘席涵	9.29
第二十一军军长	刘雨卿	
副军长	周绍轩	
	岳新明	
	孟浩然	6.20

职　别	姓　名	任命日期
第二十二军军长	高双城	
副军长	左世允	6.13
第二十三军军长	许鸿林	
副军长	阎应禧	
	鲁应禄	7.20
第二十四军军长	刘文辉	
副军长	陈光藻	
第二十五军军长	黄百韬	
副军长	唐云山	
	韩文英	
第二十六军军长	丁治磐	
副军长	焦其凤	
	王修身	
第二十七军军长	周士冕	
	谢辅三	
副军长	李　洁	
	林　英	
第二十八军军长	陶　柳	
副军长	余泽笺	
	曾戛初	
第二十九军军长	马励武	
	孙元良(兼)	7.10
副军长	欧阳棻	
	吴求剑	6.13
第三十军军长	池峰城	
	鲁崇义	11.9
副军长	鲁崇义	

1687

职　别	姓　名	任命日期
	耿幼麟	
第三十一军军长	贺维珍	
副军长	冯　璜	
	罗　活	8.5
第三十二军军长	宋肯堂	
	唐永良	5.8
副军长	赵　毅	
	王　严	8.12
第三十三军军长	于镇河	
副军长	陈震东	
	鲁应禄	7.20
第三十四军军长	高倬之	
副军长	赵　恭	
第三十五军军长	傅作义	
	董其武	1.18
副军长	张濯清	
	刘万春	10.23
第三十六军军长	罗历戎	
副军长	张占濯	
第三十七军军长	罗　奇	
副军长	李　棠	
	杨　彬	
第三十八军军长	赵寿山	
	张耀明	2.11
副军长	耿志介	
	姚国俊	11.20
第三十九军军长	刘尚志	

职　别	姓　名	任命日期
副军长	厉鼎璋	
	刘赐熙	1.18
第四十军军长	马法五(兼)	
副军长	刘世荣	
	李振清	
第四十一军军长	曾甦元	
副军长	陈宗进	
	杨俊清	
第四十二军军长	杨德亮	
副军长	张坤生	
	李忠毅	
第四十三军军长	刘效曾	
副军长	王恩灏	
	韩步洲	6.9
第四十四军军长	王泽浚	
副军长	杨勤安	
	孙 黼	
第四十五军军长	陈鼎勋	
副军长	王士俊	
第四十六军军长	黎行恕	
副军长	黄梦年	
	王景宋	
第四十七军军长	李宗昉	
副军长	李青廷	
	李 伦	2.3
第四十八军军长	苏祖馨	
副军长	莫德宏	

职　　别	姓　名	任命日期
	颜僧武	
第四十九军军长	王铁汉	
副军长	王克俊	
	唐子长	
	应鸿伦	6.20
第五十军军长	田钟毅	
副军长	吴鹤云	
	潘　左	
第五十一军军长	周毓英	
副军长	韩世儒	
第五十二军军长	赵公武	
副军长	覃异之	
	梁　凯	
第五十三军军长	周福成	
副军长	赵锡庆	
	李汉章	
	赵镇藩	4.9
第五十四军军长	方　天(兼)	
	阙汉骞	7.20
副军长	阙汉骞	
	郑挺锋	4.3
	叶佩高	8.11
第五十五军军长	曹福林	
副军长	王振声	
	理明亚	
第五十六军军长	潘文华	
第五十七军军长	丁德隆	

职别	姓名	任命日期
	刘安祺	4.20
副军长	周开勋	
	王卓凡	
第五十八军军长	鲁道源	
副军长	梁得奎	
第五十九军军长	刘振三	1.11 实任
副军长	张凌云	
	孟绍濂	
第六十军军长	安恩溥	
副军长	万保邦	
	郭建臣	
	周天健	9.19
第六十一军军长	梁培璜	
副军长	郝士文	
	娄福生	6.13
第六十二军军长	黄涛	
副军长	练惕生	
第六十三军军长	张瑞贵	
副军长	陈章	
	巫剑雄	
第六十四军军长	陈公侠	
	张弛	6.5
副军长	王德全	
	邓鄂	
第六十五军军长	黄国梁	
副军长	李振	
	伍诚仁	2.28

职别	姓名	任命日期
第六十六军军长	方　靖	
	宋瑞珂	8.29
副军长	陈式正	
	宋瑞珂	
第六十七军军长	何文鼎	
副军长	朱钜林	
第六十八军军长	刘汝珍	
副军长	李金田	
	陈新起	
第六十九军军长	米文和	
副军长	朱明轩	
第七十军军长	陈孔达	
副军长	陈颐鼎	
	胡蕴山	
第七十一军军长	钟　彬	
副军长	陈明仁	
	向凤武	
第七十二军军长	傅　翼	
副军长	汤敏时	
第七十三军军长	王之斌	
	彭位仁(兼)	1.8
副军长	韩　浚	
	陈为韩	
第七十四军军长	王耀武	
	施中诚	3.4
副军长	张灵甫	5.30
	余程万	

职 别	姓 名	任命日期
第七十五军军长	柳际明	
副军长	沈澄年	
	陈守锋	
第七十六军军长	廖 昂	
副军长	黄祖壎	
	王世和	
第七十七军军长	何基沣	
副军长	李宝善	
	刘自珍	
第七十八军军长	赖汝雄	2.29
副军长	谭煜麟	
第七十九军军长	王甲本	
	方 靖	8.29
副军长	郭礼伯	
	甘登俊	2.5
第八十军军长	袁 朴	
副军长	吉章简	
第八十一军军长	马鸿宾	
副军长	马腾蛟	
第八十二军军长	马继援	
副军长	马步銮(代)	
第八十三军军长	孙福麟(代)	
副军长	贾毓芝	
第八十四军军长	张光玮	
副军长	谭何易	
	粟廷勋	
第八十五军军长	吴绍周	

职　别	姓　名	任命日期
副军长	张测民	
	王毓文	2.3
	张文心	7.10
第八十六军军长	朱鼎卿	
副军长	杜道周	
	张言传	1.8
第八十七军军长	高卓东	
	罗广文	8.13
副军长	王育瑛	
	刘翼峰	
第八十八军军长	刘嘉树	
副军长	柏辉章	
第八十九军军长	顾锡九	
副军长	王光汉	
	孙启人	
	刘琛	6.14
	许良玉	10.9
第九十军军长	李　文(兼)	
	曹日晖	
副军长	李梦笔	
第九十一军军长	王　晋	
副军长	叶　成	
	杨　显	
第九十二军军长	侯镜如	
副军长	傅立平	
	柴济川	
第九十三军军长	陈牧农	

职　别	姓　名	任命日期
	甘丽初	10.15
副军长	符昭骞	
	胡栋成	
第九十四军军长	牟庭芳	
副军长	杨文瑔	
	杨　勃	
第九十五军军长	黄　隐	
副军长	刁世杰	
第九十六军军长	李兴中	
副军长	王根僧	
第九十七军军长	李明灏	
	陈素农	7.20
	陈　武	12.26
副军长	王劲修	
	陈　武	
第九十八军军长	刘希程	
（12.26 该军编并为师,归汤恩伯指挥）		
副军长	王宏业	
第九十九军军长	梁汉明	
第一〇〇军军长	施中诚	
	李天霞	3.4
副军长	唐冠英	
	赵锡田	6.3
新编第一军军长	郑洞国	
	孙立人	5.1
副军长	胡　素	7.25
新编第二军军长	李铁军(兼)	

职　别	姓　名	任命日期
新编第三军军长	杨宏光	
副军长	李文彬	
新编第六军军长	廖耀湘	5.1
副军长	舒适存	7.18
新编第七军军长	彭杰如	
	吉章简(代)	
副军长	蔡洪范	
	宋克宾	
新编第八军军长	胡伯翰	
副军长	张弥川	
	马润昌	
暂编第一军军长	王毓文	9.14
副军长	王秉钺	9.14
暂编第二军军长	古鼎华	
	沈发藻	2.25
副军长	詹忠言	
	张简孙	
暂编第三军军长	孙兰峰	
副军长	王雷震	
暂编第四军军长	谢辅三	1.5
副军长	张信成	1.5
暂编第五军军长	李汉章	12.13
暂编第九军军长	傅立平	10.23
暂编第十五军军长	刘昌义	
副军长	李　强	
	路可贞	
骑兵第一军军长	沈　瑞(代)	

职别	姓名	任命日期
副军长	商得功	
骑兵第二军军长	廖运泽	
副军长	王照堃	
骑兵第三军军长	贺光谦	
副军长	吴农华	
骑兵第四军军长	董其武	
	袁庆荣	1.18
副军长	吕汝冀	
骑兵第五军军长	马呈祥(代)	
副军长	韩有文	

〔九〕一九四五年

各战区及远征军正、副司令长官姓名表

职　别	姓　名	任命日期
第一战区司令长官	陈　诚	
	胡宗南（代）	1.12
	胡宗南	7.13 真除
副司令长官	曾万钟	
	汤恩伯	
	郭寄峤	
	孙蔚如	
	裴昌会	6.26
	范汉杰	7.20
	石敬亭	8.8
第二战区司令长官	阎锡山	
副司令长官	朱　德（兼）	
	杨爱源（兼）	
第三战区司令长官	顾祝同	
副司令长官	唐式遵（兼）	
	刘建绪	
	黄绍竑	
	上官云相	
	韩德勤	1.5

职　别	姓　名	任命日期
第四战区司令长官	张发奎	
副司令长官	夏　威	
第五战区司令长官	李宗仁	
	刘　峙	2.11
副司令长官	李品仙	
	孙　震	
	郭寄峤	2.11
第六战区司令长官	孙连仲	
	孙蔚如	6.26
副司令长官	吴奇伟	
	郭　忏	
	陈继承	2.11
	周　嵒	8.7
	冯治安	8.7
第七战区司令长官	余汉谋	
副司令长官	蒋光鼐	
第八战区司令长官	朱绍良	
副司令长官	傅作义	
	马鸿逵	
第九战区司令长官	薛　岳	
副司令长官	王陵基	
	王缵绪	
	杨　森	
	吴奇伟	8.7
第十战区司令长官	李品仙	1.5
副司令长官	何柱国	1.5
	牟中珩	1.5

职　别	姓　名	任命日期
	王懋功	1.5
	李明扬	1.5
		(8.4 免职)
第十一战区司令长官	孙连仲	6.26
副司令长官	高树勋	6.26
	李延年	6.26
	马法五	6.26
	刘茂恩	8.9
第十二战区司令长官	傅作义	6.26
副司令长官	马占山	6.26
	邓宝珊	6.26
	刘多荃	6.26
远征军司令长官	卫立煌	
副司令长官	黄琪翔	
驻印军指挥部总指挥	萨尔登(6月底撤销)	
	惠　勒	6.21
副总指挥	郑洞国	
冀察战区总司令	高树勋	2.1 实任
		(6.26 撤销)
副总司令	马法五	
	董英斌	
	胡伯翰	2.1

各方面军司令官、副司令官姓名表

职　别	姓　名	任命日期
第一方面军司令官	卢　汉	3.5
副司令官	黄　杰	3.5

职　别	姓　名	任命日期
(6.7 调任中印公路东段警备副司令)		
	关麟征	3.5
	霍揆彰	6.11
第二方面军司令官	张发奎	3.5
副司令官	夏　威	3.5
	邓龙光	3.5
第三方面军司令官	汤恩伯	3.5
副司令官	霍揆彰	3.5
	张雪中	3.5
	郑洞国	6.11
第四方面军司令官	王耀武	3.5
副司令官	夏楚中	3.5
	彭位仁	3.5

各集团军总司令及驻印军总指挥主官姓名表

职　别	姓　名	任命日期
第一集团军总司令	卢　汉	
副总司令	孙　渡	
第二集团军总司令	刘汝明	
副总司令	曹福林	
	田镇南	
第三集团军总司令	赵寿山	
副总司令	郭希鹏	
	於　达	
第四集团军总司令	孙蔚如	
	李兴中	6.26
副总司令	裴昌会	

职　别	姓　名	任命日期
	张耀明	
	李兴中	
	韩汉英	6.26
第五集团军总司令	杜聿明	

（该集团军 4.10 撤销，杜聿明任昆明防守司令）

职别	姓名	任命日期
第六集团军总司令	杨爱源(兼)	
第七集团军总司令	赵承绶	
副总司令	彭毓斌	
第八集团军总司令	孙　楚	
副总司令	楚溪春	
第九集团军总司令	关麟征	
副总司令	吴绍周	
第十集团军总司令	王敬久	
副总司令	夏楚中	
	彭　善	
	刘尚志	6.23
	朱鼎卿(代)	6.23
第十一集团军总司令	宋希濂	
副总司令	黄　杰	
	施北衡	
第十二集团军总司令	余汉谋	
副总司令	徐景唐	
	张　达	
第十三集团军总司令	王靖国	
副总司令	刘奉滨	
第十五集团军总司令	何柱国	
副总司令	陈又新	

职　别	姓　名	任命日期
	徐　梁	
第十六集团军总司令	夏　威	
副总司令	周祖晃	
	吴　石	
	甘丽初	
第十七集团军总司令	马鸿逵	
副总司令	马鸿宾	
	马　麟	
第十八集团军总司令	朱　德	
副总司令	彭德怀	
第十九集团军总司令	陈大庆	
副总司令	万建藩	
	陈　铁	4.10
第二十集团军总司令	霍揆彰	
副总司令	方　天	
	梁华盛	
第二十一集团军总司令	李品仙	
副总司令	刘和鼎	
	张　淦	
	苏祖馨	8.26
第二十二集团军总司令	孙　震	
副总司令	董宋珩	
	陈鼎勋	
	李宗昉	9.8
第二十三集团军总司令	唐式遵	
副总司令	陈万仞	
	佟　毅	

职别	姓名	任命日期
	陶 广	
第二十四集团军总司令	王耀武	
副总司令	彭位仁	
	傅仲芳	
第二十五集团军总司令	李 觉	
副总司令	张文清	
	刘多荃	
第二十六集团军总司令	宋肯堂	
副总司令	区寿年	
	刘祖舜	
	米文和	2.1
第二十七集团军总司令	杨 森	
副总司令	李玉堂	
	欧 震	
第二十八集团军总司令	李仙洲	
副总司令	唐 星	
	孙元良	
	方先觉	4.10
第二十九集团军总司令	李铁军	
副总司令	张 卓	1.9
第三十集团军总司令	王陵基	
副总司令	萧之楚	
	廖 震	
第三十一集团军总司令	王仲廉	
副总司令	许绍宗	
	李楚瀛	
	张雪中	

职　别	姓　名	任命日期
第三十二集团军总司令	李默庵	
副总司令	郭勋祺	
	竺鸣涛	
	陈　沛	
第三十三集团军总司令	冯治安	
副总司令	李文田	
	张克侠	
第三十四集团军总司令	李延年	
	李　文	1.9
副总司令	周体仁	
	李明灏	2.7
第三十五集团军总司令	邓龙光	
副总司令	朱晖日	
	邹　洪	
第三十六集团军总司令	李玉堂	
	(3.22恢复,6.26撤销)	
	俞济时	3.22
副总司令	方先觉	
	文朝籍	1.23
第三十七集团军总司令	丁德隆	
副总司令	韩锡侯	
	王文彦	
	李世龙	1.9
第三十八集团军总司令	范汉杰	
	董　钊	1.9
副总司令	高桂滋	
	赵锡光	

职别	姓名	任命日期
	刘祖舜	
第四十集团军总司令	马步芳	
副总司令	马步青	

各军军长、副军长姓名表

职别	姓名	任命日期
第一军军长	张卓	
	罗列	1.9
副军长	严明	
	刘超寰	1.9
	杨彬	
第二军军长	王凌云	
副军长	钟松	
	张金廷	
第三军军长	李世龙	
	罗历戎	1.9
副军长	吕继周	
	杨光钰	
第四军军长	沈久成	
副军长	萧冀勉	
第五军军长	邱清泉	
副军长	余韶	
	高吉人	4.9
第六军军长	黄杰	
副军长	周志群	
	史宏业	
第七军军长	徐启明	

职　别	姓　名	任命日期
	钟　纪	8.26
副军长	程树芬	
	漆道征	
第八军军长	何绍周	
	李　弥	1.23
副军长	吴剑平	
第九军军长	陈金城(4月后该军空缺)	
副军长	黄永安	
	张东凯	
第十军军长	方先觉(兼)	
	赵锡田(代)	2.1
副军长	余锦源	
	周庆祥	2.7
第十一军军长	马敦静	
副军长	马全良	
第十二军军长	霍守义	
副军长	周遵时	
	赵桂森	
第十三军军长	石　觉	
副军长	王公亮	
	舒　荣	
第十四军军长	张际鹏	
	余锦源	2.8
副军长	陈鸿远	
	王连庆	
第十五军军长	武庭麟	
副军长	杨天民	

职　别	姓　名	任命日期
	姚北辰	
第十六军军长	李正先	
副军长	陈鞠旅	
	魏炳文	
	杨光钰	
第十七军军长	高桂滋	
副军长	刘礽祺	
	高建白	
第十八军军长	胡　琏	
副军长	石祖黄	
第十九军军长	史泽波	
副军长	崔　杰	
第二十军军长	杨干才	
副军长	刘席涵	
第二十一军军长	刘雨卿	
副军长	周绍轩	
	岳星明	
	孟浩然	
第二十二军军长	高双城	
	左世允	2.20
第二十三军军长	许鸿林	
副军长	阎应禧	
	鲁应禄	
第二十四军军长	刘文辉	
副军长	陈光藻	
第二十五军军长	黄百韬	
副军长	唐云山	

职　别	姓　名	任命日期
	韩文英	
第二十六军军长	丁治磐	
（丁治磐桂柳战役不力,撤职留任）		
副军长	焦其凤	
	王修身	
第二十七军军长	周士冕	
	谢辅三	6.4
副军长	林　英	
	李　洁	
	张信成	6.4
第二十八军军长	陶　柳	
副军长	余泽筬	
	曾戛初	
	谭道平(代)	6.21
第二十九军军长	孙元良(兼)	
（6月后该军空缺）		
	陈金城	5.10
副军长	欧阳棻	
	吴求剑	6.9
第三十军军长	鲁崇义	
副军长	耿幼麟	
	靳力三	6.23
第三十一军军长	贺维珍(4月后该军空缺)	
副军长	冯　璜	
	罗　活	
第三十二军军长	唐永良	
副军长	赵　毅	

1709

职　别	姓　名	任命日期
	王　严	
第三十三军军长	于镇河	
副军长	陈震东	
	鲁应禄	
第三十四军军长	高倬之	
副军长	赵　恭	
第三十五军军长	董其武	
	鲁英麟	5.24
副军长	张濯清	
	刘万春	
第三十六军军长	罗历戎	
	李世龙	1.9
	钟　松	7.9
副军长	张占濯	
第三十七军军长	罗　奇	
	（4月后该军空缺）	
副军长	李　棠	
第三十八军军长	张耀明	
副军长	耿志介	
	姚国俊	
	陈子坚	6.26
第三十九军军长	刘尚志	
	（6.23该军撤销）	
副军长	厉鼎璋	
	刘赐熙	
第四十军军长	马法五（兼）	
副军长	刘世荣	

职　别	姓　名	任命日期
	李振清	
第四十一军军长	曾甦元	
副军长	陈宗进	
	杨俊清	
第四十二军军长	杨德亮	
副军长	张坤生	
	李忠毅	
第四十三军军长	刘效增	
副军长	韩步洲	
第四十四军军长	王泽浚	
副军长	杨勤安	
	孙　黼	
第四十五军军长	陈鼎勋	
副军长	王士俊	
第四十六军军长	黎行恕	
	韩烁成	5.24
副军长	黄梦年	
	王景宋	
第四十七军军长	李宗昉	
	陈鼎勋	9.8
副军长	李　伦	
第四十八军军长	苏祖馨	
	张光玮	8.26
副军长	莫德宏	
	颜僧武	
第四十九军军长	王铁汉	
副军长	王克俊	

职　　别	姓　名	任命日期
	应鸿伦	
第五十军军长	田钟毅	
副军长	吴鹤云	
	潘　左	
第五十一军军长	周毓英	
副军长	韩世儒	
第五十二军军长	赵公武	
副军长	梁　凯	
	郑明新	4.14
第五十三军军长	周福成	
副军长	赵锡庆	
	赵镇藩	
第五十四军军长	阙汉骞	
副军长	郑挺锋	
	叶佩高	
第五十五军军长	曹福林	
副军长	王振声	
	理明亚	
第五十六军军长	潘文华	
第五十七军军长	刘安祺	
	（4月后该军空缺）	
	聂松溪	2.3
副军长	周开勋	
	王卓凡	
	胡长青	2.3
第五十八军军长	鲁道源	
副军长	梁得奎	

职别	姓名	任命日期
第五十九军军长	刘振三	
副军长	张凌云	
	孟绍濂	
第六十军军长	安恩溥	
副军长	万保邦	
	郭建臣	
	周天健	
第六十一军军长	梁培璜	
副军长	郝士文	
	娄福生	
第六十二军军长	黄涛	
副军长	练惕生	
第六十三军军长	张瑞贵	
副军长	陈章	
	巫剑雄	
第六十四军军长	张弛	
副军长	王德全	
	邓鄂	
第六十五军军长	黄国梁	
副军长	李振	
	伍诚仁	
第六十六军军长	宋瑞珂	
副军长	陈式正	
	阮济	6.23
第六十七军军长	何文鼎	
副军长	朱钜林	
第六十八军军长	刘汝珍	

职　别	姓　名	任命日期
副军长	李金田	
	陈新起	
第六十九军军长	米文和	
副军长	朱明轩	
第七十军军长	陈孔达	
副军长	陈颐鼎	
	胡蕴山	
第七十一军军长	陈明仁(代)	
	陈明仁	6.4实任
副军长	向凤武	
第七十二军军长	傅　翼	
副军长	汤敏时	
第七十三军军长	彭位仁	
	韩　浚	1.26
副军长	陈为韩	
第七十四军军长	施中诚	
副军长	张灵甫	
第七十五军军长	柳际明	
副军长	沈澄年	
	陈守锋	
第七十六军军长	廖　昂	
副军长	黄祖壎	
	王世和	
第七十七军军长	何基沣	
副军长	李宝善	
	刘自珍	
第七十八军军长	赖汝雄	

职　别	姓　名	任命日期
副军长	谭煜麟	
第七十九军军长	方　靖	
副军长	郭礼伯	
	甘登俊	
第八十军军长	袁　朴	
副军长	吉章简	
	周嘉彬	1.9
第八十一军军长	马鸿宾	
副军长	马腾蛟	
第八十二军军长	马继援	
副军长	马步銮	
第八十三军军长	孙福麟	
副军长	贾毓芝	
第八十四军军长	张光玮	
副军长	谭何易	
	粟廷勋	
第八十五军军长	吴绍周	
副军长	张文心	
	王毓文	
第八十六军军长	朱鼎卿	
（该军于6.23番号撤销）		
副军长	张言传	
第八十七军军长	罗广文(5月后该军空缺)	
副军长	王育瑛	
	刘翼锋	
第八十八军军长	刘嘉树	
副军长	柏辉章	

1715

职 别	姓 名	任命日期
第八十九军军长	顾锡九	
副军长	许良玉	
	刘 琛	
第九十军军长	李 文(兼)	
	严 明	1.9
副军长	曹日晖	
	李梦笔	
第九十一军军长	王 晋	
副军长	叶 成	
	杨 显	
第九十二军军长	侯镜如	
副军长	傅立平	
	柴济川	
	乜子彬	6.23
第九十三军军长	甘丽初	
	卢浚泉	6.4
副军长	胡栋成	
	符昭骞	
第九十四军军长	牟庭芳	
副军长	杨文瑔	
	杨 勃	
第九十五军军长	黄 隐	
副军长	刁世杰	
第九十六军军长	李兴中	
	(6.26 该军番号撤销)	
副军长	王根僧	
第九十七军军长	陈 武	

职　别	姓　名	任命日期
	王毓文	6.4
副军长	王劲修	
第九十八军军长	刘希程	
副军长	王宏业	
第九十九军军长	梁汉明	
第一〇〇军军长	李天霞	
副军长	赵锡田	
	周忠道	9.8
新编第一军军长	孙立人	
副军长	胡　素	
	舒适存	
新编第二军军长	李铁军(兼)	
新编第三军军长	杨宏光	
副军长	李文彬	
新编第六军军长	廖耀湘	
新编第七军军长	彭杰如	
	(该军于7.9裁撤)	
	钟　松	4.13
副军长	蔡洪范	
	宋克宾	
新编第八军军长	胡伯翰	
副军长	张弥川	
	马润昌	
暂编第一军军长	王毓文	
副军长	王秉钺	
暂编第二军军长	沈发藻	
副军长	詹忠言	

职　别	姓　名	任命日期
	张简孙	
暂编第三军军长	孙兰峰	
	袁庆荣	8.4
副军长	王雷震	
暂编第五军军长	李汉章	
暂编第九军军长	傅立平	
骑兵第一军军长	沈　瑞	
副军长	商得功	
骑兵第二军军长	廖运泽	
副军长	王照堃	
骑兵第三军军长	贺光谦	
副军长	吴农华	
骑兵第四军军长	袁庆荣	
副军长	吕汝骥	
	施建康	6.21
骑兵第五军军长	马呈祥	
副军长	韩有文